21世纪国际博物馆学基础书系

安来顺 段晓明 主编

20世纪西方博物馆
研究著作指南

A Companion to
20th Century
Western Museum Studies

尹 凯 编著

江苏凤凰文艺出版社
JIANGSU PHOENIX LITERATURE AND
ART PUBLISHING

图书在版编目（CIP）数据

20世纪西方博物馆研究著作指南 / 尹凯编著. — 南京：江苏凤凰文艺出版社，2024.3
（21世纪国际博物馆学基础书系 / 安来顺，段晓明主编）
ISBN 978-7-5594-8230-3

Ⅰ.①2… Ⅱ.①尹… Ⅲ.①博物馆学—著作—介绍 Ⅳ.①G260

中国国家版本馆CIP数据核字（2024）第013347号

20世纪西方博物馆研究著作指南

尹　凯　编著

主　　编	安来顺　段晓明（21世纪国际博物馆学基础书系）
出 版 人	张在健
策划编辑	费明燕
责任编辑	胡雪琪
特约编辑	叶姿倩
书籍设计	宝　莉
封面设计	孔嘉仪
责任印制	杨　丹
出版发行	江苏凤凰文艺出版社
	南京市中央路165号，邮编：210009
网　　址	http://www.jswenyi.com
印　　刷	江苏凤凰通达印刷有限公司
开　　本	787毫米×1092毫米　1/16
印　　张	29.5
字　　数	430千字
版　　次	2024年3月第1版
印　　次	2024年3月第1次印刷
书　　号	ISBN 978-7-5594-8230-3
定　　价	78.00元

江苏凤凰文艺版图书凡印刷、装订错误，可向出版社调换，联系电话 025-83280257

"21世纪国际博物馆学基础书系"
丛书编委会

总策划 段 勇

丛书主编 安来顺　段晓明

执行主编 王思怡　黄 磊　张 遇

编　委（按姓氏笔画为序）

李丽辉　李明斌　李慧君　郑君怡　赵化锋

徐 坚　黄 洋　黄继忠　谢 颖　潘守永

目录

序 / 安来顺　　　　　　　　　　　　　　　　viii

一场与经典的对话 / 张誉腾　　　　　　　　　xi

秀木出林：整体观的博物馆学研究路径 / 宋向光　　xv

回望经典：20世纪博物馆学选读指南 / 潘守永　　xviii

《人类学和公众：博物馆的角色》/ 彭野　　　　　1

《艺术之爱：欧洲艺术博物馆及其公众》/ 曹金羽　　12

《博物馆的社会史：观众的视角》/ 巨洒洒　　　　21

《八十年代的博物馆——世界趋势综览》/ 张书良　　31

《科学与技术中心》/ 伍熠　　　　　　　　　　41

《有影响力的博物馆》/ 张书良　　　　　　　　52

《展览论：博物馆展览的21个问题》/ 桑荣生　　　62

《博物馆时光机：展示文化》/ 王思怡　　　　　71

《新博物馆学》/ 尹凯　　　　　　　　　　　　82

《重思博物馆及其他》/ 丁晗雪　　　　　　　　92

《博物馆专业：外部和内部关系》/ 唐子璇　　　101

《博物馆语言：物件与文本》/ 赵慧君　　　　　110

《展览文化：博物馆陈列的诗学与政治学》/ 温琦　　120

《博物馆和社区：公共文化的政治学》/ 郭岚　　　130

《表征过去：后现代世界的博物馆和遗产》/ 肖懿洋　　140

《博物馆与知识的塑造》/ 汪彬　　149

《博物馆体验》/ 赵星宇　　159

《博物馆、公众与人类学：博物馆人类学论集》/ 尹凯　　169

《让木乃伊跳舞：大都会艺术博物馆变革记》/ 宋艳　　179

《博物馆、实物和藏品：文化研究》/ 罗兰舟　　189

《在博物馆的废墟上》/ 赵信姚　　198

《博物馆与观众》/ 马丽嘉　　208

《博物馆手册》/ 田田　　219

《博物馆文化：历史、对话和奇观》/ 潘怡菲　　229

《物与藏品的阐释》/ 张书良、石倩雯　　238

《博物馆、媒介、信息》/ 周夏宇　　249

《论收藏：欧洲收藏传统探究》/ 徐佳艺　　261

《博物馆的诞生：历史、理论与政治》/ 汪彬　　272

《文明化的仪式：深入公共艺术博物馆》/ 冯小旦　　282

《珍奇柜：探寻博物馆及其愿景》/ 丁晗雪　　292

《博物馆大师：他们的博物馆和他们的影响》/ 吴心怡　　303

《博物馆展览的理论与实务》/ 陈霏　　313

《理论博物馆：变化世界中的一致性与多样性》/ 唐梅　　324

《制造表征:后殖民时代的博物馆》/ 汪彬　　　　　　334

《博物馆这一行》/ 刘皓妍　　　　　　　　　　　　345

《管理博物馆和美术馆》/ 赵婧　　　　　　　　　　355

《博物馆伦理》/ 曾曈曈　　　　　　　　　　　　　365

《营销博物馆》/ 邱文佳　　　　　　　　　　　　　376

《美国博物馆:创新者和先驱》/ 尹凯　　　　　　　387

《博物馆与美国的智识生活,1876—1926》/ 冯雪　　397

《学在博物馆》/ 唐子璇　　　　　　　　　　　　　407

《博物馆的教育角色》/ 段若钰　　　　　　　　　　417

　　著者与编者简介　　　　　　　　　　　　　　　430
　　后记 / 尹凯　　　　　　　　　　　　　　　　　448

序

  2022年，国际博协的博物馆新定义发布，距今已一年有余，博物馆的角色、任务与定位正在发生着新的变化。博物馆文化可以让我们的社会更坚韧、人民更团结，可以对公众心理健康和福祉产生积极影响，可以极大拓展与教育之间广泛紧密的联系。博物馆可以成为受到社会公众高度信赖的公共机构，可以与科技深度融合提供新的文化交流生态……事实上，全世界约10.4万座博物馆中80%以上博物馆的历史并未超过40年，广泛的博物馆实践需要更多思想的沉淀与理论的指导。正如库尔特·勒温（Kurt Lewin）所说，"没有什么比一个好的理论更实际"。

  在上述语境之下，《20世纪西方博物馆研究著作指南》（以下简称《指南》）的编辑出版便有了非常有益的尝试价值。《指南》虽然尚未穷尽20世纪博物馆研究的所有著作，但是确在编著者所能及的范围内做了最大努力。全书共评述了42部博物馆学著作，其中大多数尚未被翻译成中文；涉及37位作者，既有耳熟能详的知名博物馆学家，又有一些稍显陌生的名字；参与书评写作的述评人既有来自国内外知名高校的青年学子，又有博物馆运行管理一线的实践者。我们从中看到的是真正的多元视角和多样贡献。

  从"21世纪国际博物馆学基础书系"的立场上看，对20世纪国际博物馆研究的爬梳，既不是"怀旧"（批判现实），也不是"表彰"（见贤思齐），而在于知道"一代有一代的问题和方法"。记得1992年，作为一名青年博物馆人的我参加了在捷克布尔诺举办的博物馆暑期学校，书中提到的多位作者都是我们的特邀老师，使我感受到博物馆学的魅力及其显著的跨学科性。通过《指南》我们可以清晰地捕捉到博物馆学在探索博物馆作为社会现象和文化表达方面的作用，它不仅已然超越了对相关遗产的机构化，而且作为与当代知识、传播理论和信息社会中跨文化对话的联系纽带。耐人寻味的是，来自人类学、社会学和符号学等学科的学者对博物馆拥有兴趣，为博物馆学术文献贡献了大量的智慧。

我于1994年成为国际博物馆协会博物馆学专委会（ICOFOM）学术大家庭中的一员，还阴差阳错地于1998—2010年期间在ICOFOM中担任了6年理事和3年副主席，2010年后入选国际博协执委会，一干就是4届12年。此番经历带给我最大的收获之一，是有机会及时接触最新的博物馆学动态和文献，并与诸多杰出的国际博物馆学者进行交流和切磋，对我的研究与实践启发颇多。例如书中提到的加里·埃德森（Gary Edson），他一直是我尊敬的学术前辈和工作同事。加里堪称20世纪世界博物馆研究的活字典，他领导了著名的1974年博物馆定义的修正，也是2007年博物馆定义的主要贡献者之一。一个博物馆定义的产生，不是专家学者给出一段逻辑上可以成立的文字，而是研究者、管理者、运营者就博物馆机构属性、价值观念、工作对象、功能体系、行为坐标、内外部关系等关键要素共同探寻并达成最大公约数的过程，在某种程度上讲，也是特定时代的博物馆或博物馆学现象的集中折射。

观察发现，20世纪国际博物馆学的成果确实是丰硕的，这可以从几个看似偶然实则必然的"事件"中得到印证。1917年，波兰学者米切斯瓦夫·特雷特（Mieczyslaw Treter）出版了《当代博物馆学研究》（*Muzea Wspolczesne Studium Muzeologiczne*），这一作品分为两部分刊登在《波兰博物馆》杂志上，他写道："博物馆不能成为目标本身——它们只是实现更高目标、理想目标的手段……"20世纪60—70年代博物馆学理论迎来了一个发展的小高潮，捷克马萨里克大学将博物馆学理论列入大学课程，博物馆学家们将理论视角应用于博物馆学，将博物馆学视为一门科学学科并肯定了其跨学科性。在法国最先发声的"新博物馆学"也日益成为国际博物馆学思维碰撞的标志性理论；1972年的《圣地亚哥宣言》和1974年博物馆定义的颁布也预示着"社会博物馆学"的兴起。20世纪80—90年代同样是博物馆学理论发展的转折点，由于全球政治变迁、经济分工细化和文化创意市场的繁荣，更多的人文社科基础理论加入博物馆学的研究中，比如书中提到的彼特·弗格（Peter Vergo）主编的论文集《新博物馆学》，书中诸多作者便是以批判理论的视角来审视博物馆的新变化。

《指南》将20世纪国际重要的博物馆思考者及其关键理论一一展

示，是梳理博物馆学史的一次有价值的努力，更是将那100年博物馆学的一些代表性标本放在显微镜下，供人们观察与审视。如果说有遗憾的话，也许是因为翻译文本或原文的获取难度较大，书中尚未包含科学博物馆学派的诸多代表人物及其出版物，例如马罗耶维克的《博物馆学基础》（*Introduction to Museology*）等。但我相信，本书依然可为广大博物馆研究者、博物馆工作者与博物馆学习者提供更宽广的理论视野和较为细致的研究素材。

我常常思考，如今的博物馆学将向何处去？因为不少人可能在繁忙琐碎的实践中忽略博物馆理论的价值，但仍有不少人在实践中感悟到博物馆理论的重要性而不懈求索。衷心希望《20世纪西方博物馆研究著作指南》对大家日后的研究与思辨有所裨益。

安来顺

上海大学特聘教授

国际博物馆协会亚太地区联盟（ICOM-ASPAC）主席

国际博物馆协会研究与交流中心（ICOM-IMREC）主任

2023年12月

一场与经典的对话

尹凯编著的《20世纪西方博物馆研究著作指南》即将作为"21世纪国际博物馆学基础书系"之一在江苏凤凰文艺出版社出版，本人很荣幸受邀为之作序。

尹凯是一位勤奋的学者，在繁重的研究和教学工作之余，本着金针渡人的心情，戮力搜罗了1960—1999年32位西方学者的42本博物馆学经典作品，并号召国内一批年轻博物馆学者一一为之撰写导读和评介。这样一本集大成作品的出版，映照了当代西方博物馆在20世纪所达到的高度、深度和广度，在国内博物馆界前所未见，堪称饶具抱负的创举。

博物馆是社会的产物，当社会兴趣或活动重点转移时，博物馆性格亦随之改变。博物馆学是一种理论还是一套实践？是一门科学还是只是博物馆的工作？这都是博物馆发展历史中一再出现的疑问。相较于其他人文学科，现代博物馆学滥觞于20世纪中叶，可算是一门新兴学问。

在博物馆学脉络下，我这里所谓的"经典"，主要是指经过历史的淘汰选择，被人们公认的一种在形式、观点和价值上具备代表性和讨论意义的作品，这本博物馆学经典选集反映了博物馆的复杂样态以及从事这个行业的人的多元思维，是我们认识这门新兴学科的重要途径。

经典之所以成为经典，是因为它们能在不同时代引起共鸣，这种"共鸣"并不止于对作品本身的理解，更可以透过作者心灵与探索的思辨历程，引发读者反思自身时代的困境与机会，增强自己面对所处时代的能力。

意大利著名作家卡尔维诺（Italo Calvino，1923—1985）在《为什么读经典》一书中曾说："经典是每次重读都会带来初读时满满发现的快意之书。"对我个人而言，阅读本书初稿犹如一场与自己过去学思历程的对话，勾起许多温馨回忆。由于篇幅所限，在此仅能浮光掠影地谈谈和本书几位作者让我印象深刻的邂逅经过，或有助于勾勒这本精彩纷呈的选集于一斑,并诚挚期盼能引领读者进入大师的博物馆世界、感受他们的治学热情和学术风采。

1983年我进入台中的自然科学博物馆服务,负责规划第一期科学中心的教育活动,维克多·丹尼洛夫(Victor J. Danilov)的《科学与技术中心》(Science and Technology Centers)甫出版。他在1972年被任命为芝加哥科学和工业博物馆馆长,在任期间为该馆带来了许多创新改变,使该馆在当时成为全美国最受欢迎的博物馆之一。1987年,他从该馆退休后,在科罗拉多大学开设了一门面向博物馆馆长和部门主管的暑期博物馆管理课程,并连续17年主持该课程。我一面阅读他的这本作品,一面逐篇翻译,发表在1987年自然科学博物馆创刊的《博物馆学季刊》里,它是我接触现代科学博物馆经营管理的启蒙之作,也是我当时工作的"葵花宝典"。

1988年,我开始在英国莱斯特大学博物馆学研究所攻读博士学位,本选集多次出现的三位杰出女性博物馆学学者:苏珊·皮尔斯(Susan M. Pearce)、艾琳·胡珀-格林希尔(Eilean Hooper-Greenhill)和盖诺·卡瓦纳(Gaynor Kavanagh)都是当时业师。皮尔斯当时是博物馆学研究所所长,也是我博士论文口试委员之一,胡珀-格林希尔还曾带过我的摄影课程,给我打了很高分数。我还记得当时所上邀请了选集多次出现的作者肯尼斯·赫德森(Kenneth Hudson)前来演讲,演讲内容已不复记忆,印象深刻的是他的一头白发以及一句名言:"博物馆里的一只老虎,就是博物馆里的一只老虎,而不是真正的老虎。"(A tiger in a museum is a tiger in a museum and not a tiger.)我之后才发现他是国际博物馆协会以及"欧洲博物馆年度奖"(European Museum of the Year Award)的联合创办人,是推动现代博物馆创新求变的重要旗手。

史蒂芬·威尔(Stephen E. Weil)一直是我很喜欢的美国博物馆学者,他被誉为美国博物馆界的"思考者",我从1990年代开始耽读他的文章。本选集出现的两本著作——《重思博物馆及其他》和《珍奇柜:探寻博物馆及其愿景》中的许多文章,尚未结集成书时,我便已经在美国博物馆协会(AAM)的会刊《博物馆新闻》(Museum News)中一一拜读过了。威尔很喜欢说两句话,一是博物馆应该"从'以物为主'转为'以人为主'"(from being about something to being for somebody），二是博物馆不是怀旧机构，要积极参与社会，作为"社会变迁的催化剂"（museum as a catalyst for social change）。我也经常在讲课时引用。因为太喜欢他的著作，我在台北历史博物馆馆长任期内，花了三年时间翻译出版了他的最后一本著作——《博物馆重要的事》（*Making Museum Matter*）。

1996年，我离开台中的自然科学博物馆，转往台南艺术大学博物馆学研究所任教。刚刚开始教书，经验不足，苦于缺乏有系统的中文博物馆学教科书，于是动了翻译乔治·埃里斯·博寇（G. Ellis Burcaw）的《博物馆这一行》（*Introduction to Museum Works*）这本书的念头。博寇一直任教于爱达荷州立大学，同时担任其所创立的博物馆学系主任及学校博物馆馆长，退休之后仍坚持写作，并担任博物馆顾问。这本书是他一生从事博物馆实践和研究的心血，经过和学生们一年的辛勤翻译和之后两年的修稿、校对和编辑工作，终于由台北五观艺术事业公司出版。内子桂雅文十分慎重，特别写信给博寇，请他提供相关照片原稿，并为中文读者写了一篇序言，序中有一段话："我深信本书提供有关优秀博物馆如何运作的基本原理，不管在台湾或湖南，都将一体适用。"

本书所选择的42本博物馆学著作是否有遗珠，一些专有术语翻译是否准确无误，个别著作的导读和书评是否有见仁见智之处，还有许多可待斟酌、厘清以及商榷之处，尹凯还告诉我，本书可能有"续集"——《21世纪西方博物馆研究著作指南》，以后还可能延伸出版西方学者以文化遗产为主题的选集，他推广中国博物馆学、开拓中国博物馆学未来的心意，值得高度赞扬和鼓励。

博物馆与现代博物馆学主要从西方发展，中国博物馆学界要在西方知识殖民的不对等状态下争取学术自主，并无一蹴可几的解决之道。唯有通过逐步翻译、转介、批判和反思，博物馆学才能一步步在地化，博物馆工作人员心态也才能一步步自主化，这是无法避免的学科基础建设工程。

博物馆学要在当代中国成为一门专业学科，道路仍然相当漫长。顾炎武在《五十初度时在昌平》里有两句诗，胡适之先生经常引用，我自己也很喜欢，那就是："远路不须愁日暮，老年终自望河清。"祝福本书及其续集能够尽快顺利出版，也殷切期盼年轻学子能够经由本书进入博物馆学这门风华正茂、趣味横生的学科，并和尹凯一样全心投入，以之为一生的学术志业，最终目的就是以中文来学习和教授博物馆学的内容，以中文进行阅读、思考、写作和对话，让博物馆学内化为中国人自己的学问。

张誉腾

台北历史博物馆前馆长

国际博物馆协会博物馆管理委员会前理事

2023年11月

秀木出林：整体观的博物馆学研究路径

这本书介绍了42部20世纪海外学者博物馆学研究著作。其中一些著作是海外大学博物馆学、博物馆研究课程的基础教材，一些著作在博物馆学研究领域产生过深刻且持久的重要影响。这些著作是考察和研究现代博物馆学理论发展和变革的节点指示器。研读这些著作，可以为学习博物馆学理论指明思想进路，为掌握博物馆专业技能提供标准做法。

近现代公共博物馆是科学研究范式、科学研究方法和专业科研群体形成的孵化器，在近代科学知识体系的形成中奠定了重要的基础、发挥了桥梁作用。公共博物馆如同漂浮在知识海洋中的冰山，呈现给公众的只是璀璨的冰山一角，其更多的科研资源和学术能力则隐藏在知识海平面之下。

作为科学发展和知识构建的孵化器，公共博物馆催生了诸多基础性学科，也为许多传统知识领域注入了新的内涵。社会科学领域的考古学、人类学、民族学，都萌发于公共博物馆，博物馆也为艺术史框架体系奠定了基础。自然科学领域的生物学、地质学等以自然世界为研究对象的学科建设更与博物馆息息相关。卡尔·马克思在英国的博物馆中研究资本主义经济制度，他回忆说，"英国博物馆中堆积着政治经济学史的大量资料"（马克思：《〈政治经济学批判〉序言》）。由公共博物馆孵化出来的各个学科，不仅带走了学科的研究对象、带走了特殊的研究方法，也带走了汗牛充栋的学术文献。望着从公共博物馆走出的渐行渐远的各个学科的背影，公共博物馆在欣慰的同时，不免有一丝惆怅。博物馆在促进科学知识发展的同时，丢失了自己的知识基础和学科内容。这迫使博物馆学从构建自然世界知识向构建有关自身知识的转换，这一转变发生在20世纪初期。研究者们开始了以博物馆现象、博物馆实践和博物馆制度为对象的书写。

本书收录的西方博物馆研究论著是20世纪博物馆研究艰辛历程的写照。博物馆学要重新定位研究对象、探索新的研究方法、书写新的学术文本。博物馆中收藏的自然物和人工物已成为专门学科的研究资料和研究对象，博物馆学需要在现代社会存在和社会认知中区分特殊的客观性实存。公共博物馆在数百年的发展过程中逐渐形成的稳定的物质性存在及其稳定的结构性秩序，逐渐成为博物馆学关照的特有对象。博物馆学研究方法在藏品分类、内容抽象和秩序化结构的自然科学方法的基础上，逐渐采纳社会学、语言学、符号学、传播学、系统论、信息论、管理学等社会人文学科的方法。多学科理论应用于博物馆学研究，积极的方面是深化对博物馆本性及特质的认识，分析并回应博物馆实践中遇到的新问题，消极的方面则是使博物馆学的整体面貌更加模糊，研究对象随不同研究方法而偏移，这使得博物馆学颇有雾里看花的感觉，从而使很多相关学科的研究者认为博物馆学如同宇宙中的星云，是混沌的存在，还没有形成耀眼的星辰。

20世纪的博物馆学研究在寻找自我与突破自我的矛盾中开辟着前进的道路，在博物馆研究实践中逐渐形成了两个主要的研究路径：一个路径是确定博物馆的特殊性，即博物馆"是什么"；另一个路径是探究博物馆的意义，即博物馆"为什么"存在。博物馆特殊性路径的研究主要表现为对博物馆专业性、规范性和制度性的辨识和提取，采取的方法是对博物馆行为和博物馆表象进行概括和抽象，进而厘清博物馆构成要素及结构关系，确定博物馆行为的边界，从而确定博物馆研究的特殊对象；博物馆意义路径则注重对博物馆功能的效果和效益进行考察，从博物馆的社会效益和社会反响确定博物馆的价值内涵和实现水平，多采取联系、分析和阐释的方法。前一个研究路径的成果主要由博物馆从业人员和博物馆专业人员培训机构书写，如《八十年代的博物馆——世界趋势综览》《博物馆这一行》《展览论：博物馆展览的21个问题》《博物馆专业：外部和内部关系》《博物馆与观众》等著作；后一个研究路径的成果主要是用社会人文科学理论研究博物馆的学术科研人士的书写，如《人类学和公众：博物馆的角色》《艺术之爱：欧洲艺术博物馆及其公众》《博物馆和社区：公共文化的政治学》《博物馆的诞生：历史、理论与政治》等论著。

仿佛是博物馆研究中突然崛起的偏师，《新博物馆学》一书于1989年面世。从20世纪博物馆学研究过程来看，"新博物馆学"是前述博物馆学研究两个路径的接触和缠绕，补足了两个路径的薄弱之处。博物馆特殊性路径有利于加强博物馆业务活动的专业化，但容易陷入只见树木不见森林的窘境；博物馆意义路径讨论博物馆与社会发展的关系，丰富博物馆价值的内涵和维度，为博物馆创新实践提供理论支持，但容易落入博物馆同质化和概念化的困境。"新博物馆学"聚焦博物馆的目的，运用多学科理论和深描方法阐释博物馆物和博物馆业务的内涵，探讨博物馆藏品利用的多种可能性，扩展博物馆与社会接触的界面。更为紧要的是，新博物馆学体现了博物馆学研究对博物馆学理论和方法的反身审视及批判，从而标志着现代博物馆学研究的对象、条件、方法的浮现，现代博物馆学理论体系初露端倪。

本书介绍的42部著作，有各自的视角、立场、方法和目的，但也有共同点，即这些文本都是博物馆学研究的书写。书写人要陈述客观的事实，更要呈现自己的思考过程和写作目的。原著作者是初始书写者，他们在自己的语言条件和学术环境中，用学术界认可的术语、概念、理论和逻辑述说自己对客观对象的认知以及对其本质的理解。例如历史博物馆学视角从人类收藏行为在不同历史阶段的形式和功用论述博物馆存在的必然性，社会博物馆学则从制度的视角论述博物馆在现代社会治理中的重要作用，进而证明博物馆存在的必要性。原著译者是再书写者，尽管要贯彻"信达雅"的翻译原则，但选择翻译哪类、哪本书却反映了译者的价值判断，例如20世纪90年代北京市文物局主持翻译的"当代博物馆学前沿译丛"，就偏重于博物馆实务。译著所选用的术语、概念和语句表达对阅读者的影响深刻且深远。举个不太恰当的例子，20世纪后期国际博协博物馆定义文本的翻译，同一英文文本有多个版本的中文译文，由此而衍生出多种理解。本书各位述评人是原著和译著的阅读者和阐释者，也是再再书写者，在博物馆学理论框架中确定各个原著和译著文本的位置，在博物馆学研究进程中呈现各个文本的意义。在本书中，述评人尽量使用同一概念、术语和大同小异的文本格式，从而使不同理论背景和文本格式的原著及译著文本在博物馆学研读的语境中整合为一体，为读者提供了一幅时间、空间、逻辑上有序的知识导图，为学习者和研究者提供了思维利器，善莫大焉。

以上文字是我阅读后的思考和再再再书写的文句。

宋向光
北京大学考古文博学院教授（荣休）
2023年11月

回望经典：20世纪博物馆学选读指南

  尹凯博士精心策划、编著，众多青年博物馆学人共同参与编写的《20世纪西方博物馆研究著作指南》，收录了42本博物馆学著作，大致可以代表20世纪英文世界中博物馆学研究进展的"总体面貌"，因此它必将成为一本中文世界里的博物馆研究必读书和参考工具书。作为"21世纪国际博物馆学基础书系"之一，它与同书系的《全球最佳遗产利用案例集》（一、二）等，构成了站在21世纪的我们回望20世纪以及向前贤们致敬的作品。

  博物馆学的研究读本和选读指南，此前有两本英文著作最为有名。第一本是贝蒂娜·梅西亚斯·卡伯内尔（Bettina Messias Carbonell）主编的《博物馆研究：经典文选》（*Museum Studies: An Anthology of Contexts*，2004），该书按照博物馆学：文本汇集，博物馆中的"自然"状态：自然史、人类学与民族学，国家地位与博物馆，博物馆里的地方历史，艺术、工艺与观众五个单元，选择了53篇代表论文（或章节）。2012年出版了修订后的第二版，增加了第六部分"博物馆内外：关系、互动与责任"，调整或新增了19篇论文，论文总量达到59篇。这本"读本"更注重北美学者的"学术体系"和研究成果，国内的博物馆学人对此会相对陌生一些，其实它选择的论文更能系统反映博物馆研究的学术史和思想历程。第二本是麦夏兰（Sharon MacDonald）教授主编的《博物馆研究指南》（*A Companion to Museum Studies*，2006），这本书大家可能会更熟悉一些，该书分为六个部分（单元），即观点、原则和概念，历史（histories）、遗产与身份，建筑、空间与媒介，观众、学习与互动，全球化、专业化与实践，文化战争、转型和未来，收录33篇代表性的英文论文（或章节）。两本书的区别很明显，在后者的选材中，欧洲学者的贡献明显多了许多，六个部分的分类也能看出编者更偏重后现代主义以来的学术探索，有更突出的理论色彩。同一家出版社出版了两本同类作品，选择不同编者，一定有特别的考虑。麦夏兰在清华、北大、人大和中央民族大学都讲过课（讲座），是我们"博物馆人类学论坛"的常客。当年,尹凯博士在中央民族大学的"博物馆人类学工作坊"期间,曾主持过这两本书的读书会,从选读到对每一篇的详读,都做过,也曾经计划把两本书全部翻译过来。我当时觉得每本都超过600页,体量太大,或许没有必要全部翻译,还不如直接看英文更方便。这两本书的缺点也很明显,即所选择的内容主要是论文或著作的章节,对于具体问题的研究很有帮助,但对于读者而言,难以通过这两个"读本"全面了解博物馆研究著作的情况。

尹凯主编的这本著作导读和评介刚好补充了上述两本书的不足。据统计,42本著作是由32位作者写成的,也具有相当的广泛性和代表性,出版的年代涵盖了1960—1999年的40年,差不多是三代学者的成果,所选择的作品基本上是博物馆学的经典作品,代表了20世纪西方博物馆学(主要是英文博物馆学界)所达到的高度、广度和深度。为了便于读书,尽快了解和掌握每一本著作,本书的体例包括了著作导读(介绍核心内容、观点)和评介(从纵向、横向的不同角度,适当展开论述),融合了读书报告和书评两个角度。

有人说,当代的博物馆研究(博物馆学)正在经历从"知识论"到"认识论"的转变。所谓知识,就是普遍的事物规律;所谓认识,是主观的思维意识。福柯在《词与物》中做了很小心的区分,把"知识论"写作"épistémologie",把"认识论"写作"épistémè"。知识论解决起源(Ursprung)和本质的问题,解决连续性,解决发生问题。认识论解决渊源(Herkunft)和谱系问题。如果一定要对博物馆研究(博物馆学)做这样的区分,那么似乎麦夏兰的"选材"更倾向于"认识论"角度。湖南博物院前院长陈建明先生组织翻译过休·吉诺韦斯和玛丽·安妮·安德列主编的《博物馆起源:早期博物馆史和博物馆理念读本》(*Museum Origins: Readings in Early Museum History & Philosophy*,2014),选材涵盖从古代到1925年的一些卓越的博物馆研究者的共50篇论文,涉及博物馆起源、理论研究、现代新形式、教育、展览、和大学的关系及生态博物馆理论等多个话题,这个历史读本,带有明显的"知识论"特色。与本内特(Tony Bennett)的《博物馆的诞生:历史、理论与政治》(*The Birth of the Museum: History, Theory, Politics*,1995)也形成鲜明对比,后者是一部非常重要的社会学和历史学理论著作,也是文化研究的经典论述。有人说,知识论的作品是从博物馆内部到内部（或外部），认识论的作品则是从外部到内部（或外部）。这也是一种区分和理解的视角。

一般来说，博物馆收藏之物（或现象）是"实然之物"，属于知识论的范畴。但现代博物馆的收集行为受制于学科的限制，更受制于物质本身的特性，博物馆是社会文化的产物，并非一成不变，除了社会能动性的因素，博物馆馆长和馆员们也是塑造本馆品格的重要力量。所以，有关博物馆研究领域中的"epistemology"议题以及理解，还会存在进一步争议。本书的出版也为这些议题提供了一个集中阅读、思考和辨析的新机会，42本著作呈现了博物馆研究的相似或不同的"面貌"与"面向"，期待读者读出新意。

学术研究如积火传薪，每代学者都有自己的使命，同一代学者的表达方式和侧重也不见得完全一致，但学术论文和著作的确一直是最重要的学术产出和表现形式。学术传承的重要环节是阅读前贤佳作，在共情之阅读的基础上建立一种批评思维方式，进而壮大自身，探索博物馆研究的新天地和新高度。

是为序。

附记：尹凯新近出版的《博物馆与公众》（文物出版社，2023年）也索序于我，我迟迟未能写就，甚为遗憾，在这本新作中立此存照，以为提醒。

潘守永
上海大学特聘教授
上海大学图书馆馆长
2023年12月

《人类学和公众：博物馆的角色》

Anthropology and the Public: the Role of Museums

作者：赫尔曼·海因里希·弗雷塞（Hermann Heinrich Frese）
出版年份：1960

❖———·　本书短评　·———❖

关于博物馆人类学的最早著作。

述评人：彭野

1954年，为了一改博物馆教育活动的零散局面，荷兰莱顿民族学博物馆（Rijksmuseum voor Volkenkunde）成立独立的教育部门。作为新部门的负责人，赫尔曼·海因里希·弗雷塞（Hermann Heinrich Frese）以此为契机，着手研究和讨论博物馆的教育和展览，以及它们与其他博物馆之间的关系。1957—1958年，弗雷塞组织了一次地跨多个国家的博物馆问卷调查。在此基础上，他结合自己多年的博物馆研究成果及在博物馆工作的经验，著成此书。

本书的研究对象是西方的人类学博物馆，具体包括奥地利、比利时、丹麦、法国、德国、荷兰、挪威、瑞典、瑞士、英国、澳大利亚、新西兰、加拿大和美国的人类学博物馆。虽然这些人类学博物馆涉及国家较多，但由于19世纪后半叶西方殖民主义的扩张与文化人类学在西方的兴起，这些国家的人类学博物馆在性质和内容上具有一定的相似性。

从内容上来说，本书以作为媒介（intermediary）的人类学博物馆为焦点和线索，分别论述人类学博物馆的缘起，人类学和人类学博物馆、博物馆和公众之间的关系，并从文化阐释的角度进行综合讨论。本书不仅考察了人类学博物馆的不同主体和主题，涵盖了博物馆的主要工作内容，同时，文中提出的视角及问题至今仍有思考和借鉴价值，兼具专业性和实践性。

一、人类学博物馆的缘起

回溯历史可发现，三个前后相继的因素对人类学博物馆的兴起与发展起到了推动作用：珍奇柜（cabinets of curiosities）的发展；19世纪西方国家在政治和经济上的扩张；以人为研究对象的独立学科的发展。[1]

早期的珍奇柜因其保存藏品的奇特、稀少而著称，因此，此时的收藏不成体系且归类困难。现代意义上西方博物馆的兴起一方面沿袭了珍奇柜的传统和职能，比如保管、收藏以及作为国家宝库的象征，另一方面也对藏品进行了科学归类和阐释。由此发展起来的藏品早期分类标准大多具有普遍意义，比如按地理区域分类。同时，物在反映历史和文化史实方面的价值受到重视，普通且为人所熟悉的物品开始成为博物馆收藏和研究的对象，可以说，这是博物馆收藏的一次历史性转向。[2]

15世纪后半叶开始的大航海运动激发了西方对其他文明区域的关注，绝大多数的大型博物馆都在这一时期成立。西方的扩张运动一方面催生了了解异域的需求，另一方面，借由大规模的探险和旅行，藏品稳定流入博物馆，人类学博物馆因此而建立。这一时期的藏品来源清晰，且更具系统性。更重要的是，人类学家参观展览后形成的报告兼具理论关怀和现实意义，这使得西方和非西方国家之间的关系在展览中得到关注，展览与现实之间的关联也由此建立。

作为全球化真正的契机和开端，大航海运动以时间和空间想象为基础，推进世界一体化逐渐形成。其中，展览起到了类似报纸这种媒介的作用。同时，追求科学性促使对人的研究从无序状态整合为系统性的事实和理论，这种变化主要表现在三个方面：征伐、旅行、旅居国外等经历扩展了人们的视野；史前历史的新发现产生了理解"时间"的新视角，人类历史因此不断提前；与传统的哲学和玄学思维方式相比，进化论思想有望在自然科学领域得到发展，人类学对进化问题的讨论因此被重新提起。[3]以上构成了人类学博物馆兴起的知识背景（intellectual climate）。

基于动机和取向的不同，这一时期的人类学博物馆主要分为两大类：以科学研究为导向的博物馆和非科学导向的博物馆。前者包括百科全书式博物馆（encyclopaedic museums）、自然史博物馆（natural history museums）、民族志与民族学博物馆（ethnography and ethnology museums）、人类博物馆（museums of man）以及史前史、考古和民族学博物馆（prehistory, archaeology and ethnology museums）；后者包括地理—经济博物馆（殖民博物馆）[geography-economy museums（colonial museums）]、传教博物馆（missionary museums）和艺术博物馆（art museums）。[4]不同类型博物馆的藏品主体、展览目的和观念各有不同，这和今天博物馆之间高度融合的状态是不同的。但同时，它们都有同一个重要特征：人类学博物馆不仅拥有其自身所属文化之外的"物"，而且都在人类学和博物馆这两个话语体系中对"物"进行阐释和传译。[5]

二、人类学和人类学博物馆

人类学和人类学博物馆之间的关系是双向的。首先，人类学是人类学博物馆的根源和核心，它对博物馆的重要性主要体现在三个方面：大多数人类学博物馆的起源和发展在一定程度上源于对人的研究；对人的研究是新兴的对物进行科学分类和阐释的重要基础；人类学概念和理论导向随着科学发展进程不断更新，同时也推动博物馆完善自身收藏。其次，人类学博物馆对人类学的发展同样具有重要意义，尤其在它们共同发展的初期阶段。一方面，博物馆的物质性收藏为人类学提供了随时可供研究的证明材料，为学者研究时空上不复存在的他者及其文化提供了可能性；另一方面，人类学博物馆也是人类学研究的中心之一。[6]

上述有关人类学与人类学博物馆之间关系的描述是相对概括、抽象与静态的，实际上，深入讨论两者之间的关系还需引入历时的维度，以考察两者之间动态调和和相互促进的特性。与此同时，这也提供了一窥人类学阐释非西方人工制品演变历程的机会。

（一）早期的人类学和人类学博物馆

人类学博物馆的建设时期也是人类学发展为独立学科的时期。早期博物馆创建者的学科背景和发展理念多样，他们主要通过探险家和旅行家的日记和记录获得研究资料，同时结合社会理论研究人类物种的多样性。物的分类，同时也是人类文化的分类问题是这一时期人类学博物馆的研究重点，主题分类法和地区分类法是当时主要的分类原则。在展品选择上，克里斯蒂安·尤尔根森·汤姆森（Christian Jurgensen Thomsen）在原来藏品的基础上加入日常用品，并通过精心安排向大众呈现不同的气候、种族和宗教知识，构建一幅"文化图景"（culture picture），使观众能够理解展览所表达的含义。[7]

从早期人类学博物馆的创立者和人类学观念倡导者的讨论中可以归纳出当时人类学研究的一些主要特点。第一，发现新大陆带来的航行和旅行使得这一时期的人类学研究对地理领域兴趣浓厚，并带来多样性的知识。第二，体质人类学开展对人类演变历程的研究，尤其是对种族的研究使得生物性信息和民族志信息得以互用互证；第三，史前史的科学研究为修正人类历程的远古性提供了越来越多重要的物质材料。[8]

（二）进化论对人类学博物馆的影响

人类的演化一直是备受关注和争议的话题。受生物进化论的影响，19世纪后半叶至20世纪初的人类学也采用进化论的思路研究人类文化。人类学家和社会学家将文化特征从其语境中抽离出来，重新进行进化排序，进而延伸至其所属的文化和社会，并进一步抽象出社会进化及其所要经历的进化阶段。在他们看来，进化是根据固定的规律和阶段单线进化发展的。不仅如此，从心理学的角度看，地球上的人类在智力和情感上的区别在于程度不同，而非性质或种类的差异，因此，相似的条件必然引发相似的事件。

在这一阶段，人类学家集中关注原始族群。由于原始族群的文化被认为是文化进化初级阶段的形态,而19世纪的西方文明则代表了进化的最高阶段,因此人类学家和博物馆都一致认为,必须抓紧时间搜集和抢救原始族群的遗存物,否则将为时过晚。这种焦虑指向的是,由于政治和经济的扩张,西方文化的不断涵化意味着非西方文化的不断消失,这一点对遗存物和科学技术的研究影响深远。[9]

随着时间的演进,进化论的思想开始受到挑战。首先,进化论支持者开始意识到历史进程的差异以及传播因素的影响,进化原则本身在很大程度上失去了合理性。同时,脱离文化语境的物的研究开始受到质疑。由此,个体文化的历史逐渐受到重视,人类学和人类学博物馆即将走向新的发展阶段。[10]

(三)历史学派对人类学博物馆的影响

和进化论不同,以弗朗茨·博厄斯(Franz Boas)为代表的历史学派强调个体文化研究的重要性。在研究方法上,他们延续美国早期人类学田野调查的传统,反对当时欧洲流行的坐在"摇椅"上的人类学研究方法。人类学家意识到,对物的理解需要结合更多的藏品信息,并将其放在一定的文化背景中。由此,文化内部不同元素的相互关系和组织结构得以被考察。这一时期的人类学博物馆不仅有专业的人类学家,还有资金支持,因此成为当时人类学研究的中心。人类学家开始以藏品为线索开展田野调查,并形成叙事性、专题性的著作,这样的研究方法也应用在博物馆的展览中。历史学派重视历史和地理因素对文化的作用和影响,其传播的观点也受到了很多人类学家的认可,他们的任务是重建借用关系的发生点,并追溯传播路径。在研究文化特征和文化主体地理分布的过程中,人类学家提出文化区(culture area)概念,即有着共同文化特征的地理分布区。同时,弗雷塞提到,克拉克·威斯勒(Clark Wissler)意识到武断划分文化区的风险,他提醒读者,地区的划分并非绝对。[11]并且,文化区是归纳性和非历史性的(a-historical),只具有地理上的重要性。与此同时,书中采用以弗里德里希·拉采尔(Friedrich Ratzel)为代表的文化历史学派提出的文化圈(Kulturkreislehrede)概念作为比较,后者主要通过检验形式标准来考察文化事象的分布,其历史性更强。[12]

事实上,历史学派的优势也是它备受批评的原因。博厄斯注重个案研究,反对进化论对文化发展做毫无根据的总结和泛化。他的批评者认为他走向了另一个极端,即只注重对文化多样性的资料搜集,不总结文化发展的规律和普适性理论。总之，虽然历史学派并没有形成认识文化和历史发展的综合理论，但是这样的批判和分析思想推动了人们对原始文化的创新性认识。另外，对文化多样性和调查对象特性的强调孕育了客观态度，成为人类学的一个里程碑。[13]

（四）功能主义对人类学博物馆的影响

功能主义是20世纪初人类学的主流学派之一，它将个体文化视为有机整体的组成部分，并研究其相互间的功能关系。涂尔干提出"总体社会事实"（fait social total）的概念，[14] 承认事实之间的关系及其与社会整体之间的功能性关系，并坚持社会事实应该用其他社会事实来解释。莫斯是涂尔干学说的直接继承者，他认为任何社会性的问题都必须从现实的各个方面来考察，正是这一点道出了他对博物馆重要性的认识。[15] 他不止一次提到，人类学博物馆是研究社会的物质档案馆，博物馆志（museography）是民族志的分支，包括一个文明所有的创造物。同时，博物馆志不应该只包括物质实体，还应当包括社会结构、科技、美学、经济学、司法以及宗教问题，因为纯粹物质性的因素是不存在的，对纯粹物质的研究是一项综合研究。[16]

英国的社会人类学则另辟蹊径，主要针对非西方人群进行共时性研究。由于对物的考察降至次要位置，英国的功能主义和博物馆的互动大大减少。同时，美国的部分博物馆和巴黎人类博物馆（Musée de l'Homme）开始重视对藏品功能性的展示，有意强调展品的用途及其在总体文化背景下的重要性。直到第二次世界大战结束，功能性的展示方法才得到充分承认。

总之，人类学和博物馆都见证了功能主义这一科学转向，我们却很难证明人类学的功能主义和博物馆的功能主义之间存在相互借鉴（cross-reference）的关系。但可以确定的是，今天博物馆人类学采用的功能主义在一定程度上是人类学功能主义后来产生的结果。

（五）分散发展

总体来看，20世纪60年代欧洲国家的博物馆仍然在关注传统的研究领域，进化、传播、发明和发现、个体文化研究、狭义和广义上的文化历史仍然是有效的研究主题。然而，这些领域的影响力已经大大减小，只作为研究文化现象的一种途径继续发挥作用。而在美国，人类学独领风骚，新的研究主题纷纷出现并充分发展，如文化涵化、文化气质、民族心理学、民族语言学、种族和文化，以及最近兴起的人类学和教育的结合等。整体看来，博物馆的发展滞后于文化人类学的发展，这并非由于美国的博物馆发展落后于其他西方国家博物馆，而是因为美国的人类学发展飞速。面对文化人类学的整体发展，博物馆主要需要解决两方面的问题：一方面，如果博物馆想要充分利用人类学的新知识、新见解，它们就得扩充藏品，尤其是当代藏品，包括影像、照片和录音材料等。在这个过程中，文化涵化的问题浮出水面，即物作为文化表征的意义日益模糊，从西方传入的物在当地的不同用途，及其适用、融合和功能性关系成为研究者新的兴趣点。另一方面，博物馆的藏品和展览能够在多大程度上展示文化涵化？博物馆旨在向现代世界的人们解释历史收藏以及藏品背后的文化，这就需要其他辅助展示手段的配合，如照片、影像等。[17]

可以说，文化人类学的新方法和新视角对于博物馆的传统主题和新的研究兴趣都有启发，博物馆的分散发展存在与人类学合流的可能性。有些博物馆已经开启了这个过程，但大部分博物馆还没有开始行动。

三、作为媒介的博物馆：学术与公众

博物馆的媒介作用主要体现在两个方面。一方面，在带有精英属性的传统观众群体和普通的新观众群体之间，博物馆起到了沟通和连接的作用。因此，对两类不同观众群体的深入了解就成为博物馆新的研究领域。另一方面，在人类学和公众之间，博物馆通过对人类学的阐释进行再阐释，将学术语言转化为公众可以理解的日常语言，并连接情感和价值观，形成博物馆对人类学的表达。

（一）人类学博物馆与公众

和人类学与博物馆的互动相比，博物馆对公众的文化服务一直处于相对滞后的状态，公众在博物馆以自行参观为主。社会基础的改变并未让博物馆立即回应公众的需求，直到后来公众对博物馆提出批评，以及一些有影响力的个人和群体持续施压，博物馆才开始致力于提供更好的公众服务。

在本书中，作者将博物馆观众划分为六大类：业余收藏家、艺术家和设计师、学者、相关专业的大学生、中小学校师生和普通公众。[18]前四种群体是博物馆的传统观众，自博物馆兴起之时就占有重要地位。虽然他们规模较小，但兴趣浓厚，和博物馆关系密切，具有精英属性，因此常常受到高度尊重和重视。后两类群体是新观众群体，他们和博物馆之间的联系是新建立的。他们规模庞大，如果能将其吸纳为博物馆观众，将对博物馆发展产生巨大影响。

博物馆公众研究的第一个面向是，在传统观众群体和新观众群体之间，博物馆作为媒介，发挥了重大作用。对此，弗雷塞引用了卡尔·曼海姆（Karl Mannheim）的精彩分析，即精英群体的主要作用是"唤起文化的活力，赋予文化以具体形式，并在社会生活的不同领域创造鲜活的文化"。但是，这样的领导作用并不能直接作用于大众，"社会结构"（social structures）在精英群体和大众之间起到了文化媒介的作用，而博物馆就是这样的社会结构。[19]

博物馆公众研究的第二个面向是文化理解中的事实性和虚构性（或者说想象性）。观众调查显示，公众对文化的理解显示了他们走进博物馆之前就存在的知识和想象。在博物馆，他们的意识层面被唤起，形成视觉上的完整图像或语言上的详细描述，即沃尔特·李普曼（Walter Lippmann）提出的"刻板印象"（stereotype）。客观知识和想象世界看似矛盾，但实际上并存不悖。对事实的客观追求和对虚构不加辨识的信念构成了天平的两端，就博物馆公众群体而言，人类学家处于天平的一端，新公众群体处于另一端，其他的公众群体则处于天平中的不同位置。人类学博物馆所要服务的就是处于天平不同位置的观众群体，虽然它和不同群体之间的关系各异，并且不同的兴趣和动机之间似乎相互冲突，但是它们的共性也足以使得博物馆与公众建立教育活动所必需的友好关系。[20]

不仅如此，博物馆公众研究必须要区分博物馆提供的信息和公众对此的解读。公众对博物馆展览的理解主要受两个因素影响：日常生活方式（everyday life approach）和以民族为中心的关注（echnocentric interest）。一方面，公众倾向于用自己的日常生活和其他文化的生活作对比。比如，对木匠来说，石斧是重要的工具，而水手和渔夫只会关注其谋生不可或缺的船只。另一方面，正是由于日常生活对比法的价值判断属性，使得公众通常以西方的话语解读非西方的文化及其产物，这是一种以民族为中心的关注，也是博物馆公众研究的第三个面向。[21]

（二）人类学博物馆、人类学与公众

自西方帝国权力扩张衰落伊始，西方国家无法再对文化进行简单的优劣划分。但同时，经济上的不平等真实存在，那么，该如何解读现存文化之间的差异？其中最重要的问题之一就是文化涵化。由于文化涵化的影响，博物馆抢救式收藏的非西方文化之物已经难以辨认，这些文化对于当下研究的重要性受到质疑，人们理解和利用物的方式因此发生转变。博物馆物的价值来自对物的阐释和物背后的语境，因此，人类学和公众对物的阐释和理解成为核心问题，这也意味着博物馆这一媒介角色并非偶然形成，而是本质需求。由此可以看到，博物馆的发展显示出三种趋势：不同类型博物馆之间的差异在消融，文化人类学的重要性在增强，新公众群体正在推动博物馆扩大其教育范围。[22]

人类学的研究成果属于文化建构，即对文化的阐释。人类学的阐释对于外行，比如博物馆公众来说是难以理解的。人类学陌生又晦涩的术语和概念不仅不是公众日常生活的原则，其客观、相对化的方法与公众以民族为中心的倾向背道而驰。因此，博物馆要履行公众教育的职能，就需要再阐释，这就是博物馆作为媒介的意义。为了履行其媒介角色，博物馆一方面要了解人类学提供的科学知识，另一方面要将这些知识转化为公众可以理解的话语，且不能牺牲对人类学的理解。因此，教育活动中的交流便十分重要，但在这方面，博物馆要么给观众提供了过多的知识，增加了观众的负担，要么尚未充分总结文化特点，无法满足观众情感需求。鉴于这一难题，博物馆可以通过寻求文化的对应物，结合展览中的认知和感情因素共同创建公众的想象。认知主要由人类学阐释来实现，感情因素的共通则需要文化翻译的艺术，它们在展览中共同作用，实现追求知识、体会审美和满足好奇心这三个目的。[23]

由此，我们可以总结再阐释的特性，以便和人类学阐释区分开来。再阐释和人类学阐释属于不同类型的文化解读，前者旨在实现科学和公众兴趣之间的和谐共赢；可以说，再阐释是人类学阐释根据公众兴趣的特殊要求对自身的调整，它更多涉及艺术方法而非科学方法。尽管如此，再阐释也需要对六种不同类型的观众进行深入的考察和分析。

四、结语

本书成书于20世纪60年代，时隔60多年，书中的理论和实践对今天依然具有现实意义和借鉴意义。博物馆学著作大多专注于对某一方面或主题进行专题介绍和分析，以深度见长。但是，将单个因素还原至博物馆整体研究和与其他影响因素彼此互动的语境中时，往往陷入整体性不足的困境，不仅难以实现理论自洽，而且在实践中缺乏可操作性。弗雷塞通过本书发起了一场综合而全面的讨论，他以"博物馆的角色"为聚焦点和讨论线索，通过人类学和公众的视角来考察博物馆媒介角色的形成和发展过程。

本书成书年代正是新博物馆学运动兴起的时代，书中所呈现的博物馆变局对时代思潮的反映和对博物馆世界的贡献主要体现在以下三个方面。

首先，提倡平等意识。由于人类学博物馆和西方国家殖民历史联系紧密，人类学博物馆的发展体现了国家之间以及国家内部不同社会阶层之间的结构和关系变迁。博物馆对非西方文化从猎奇到承认其多元文化价值，对普通观众从忽视到重视，体现了一种更平等的国际秩序和公民秩序的建立。第二，承认博物馆展览的阐释性。新博物馆学思想挑战了博物馆知识的客观性和权威性，博物馆开始关注文化解读的主体立场和知识被塑造、被生产的过程，博物馆的阐释性或者说叙事性得到充分发挥。一方面，博物馆物的语境化使得博物馆藏品不只是作为历史资料而存在，通过合理想象，它们不再只代表冷冰冰的、遥远的过去，而可以引出其背后的人群和社会，使得探索历史的复杂性和历史真相成为可能。另一方面，博物馆多主体在场的意识兴起。弗雷塞以丰富的例子阐释了研究者、人类学家和不同类型的观众对于博物馆展览的想象，博物馆看似独立的发展实际上是不同主体共同作用的结果。第三，研究视角的承上启下。作者对博物馆物和观众的研究思路显示出跨时代的连续性，类似的讨论一直延续到本世纪，比如托尼·本内特（Tony Bennett）提出"展览复合体"（exhibitionary complex）的概念，[24]强调博物馆作为建立和巩固国家和社区身份的公共场所的作用。受福柯的影响，博物馆被视为知识和权力的空间，观众参观博物馆的过程也被赋予了规训的意味。另外，受后殖民思想的影响，博物馆意识到展览中被展示的文化所有者的权利和其遭受的不公平待遇，[25]从而探讨不同主体在博物馆的在场，以及历史叙事的伦理问题和复杂性。[26]

以法国大革命和启蒙运动为肇端，博物馆逐渐走下神坛，其神秘的权威性不断被消解。与此同时，博物馆的专业权威性正得以重建，博物馆的发展进入一个前所未有的新时期：一方面，随着民主思想的不断深入和公民社会地位的提高，公众的诉求成为博物馆必须重视的问题，这在部分国家和地区已经成为一种常态化的工作意识；另一方面，博物馆的发展历史和保留下来的传统要求其以学术思想、理论及其研究成果为基础对物进行阐释和解读，但学术对认知水平和专业基础的要求构成公众理解其话语体系的门槛。由此，博物馆的媒介角色成为必需和必然，社会各界都在对博物馆新角色的具体化进行探索，并提出博物馆发展为"论坛"的可能性。事实上，不同博物馆媒介属性的发展程度处在以"神坛"和"论坛"为两端的光谱中的不同位置，影响其所处位置的主要因素包括以下方面：博物馆所属国家的性质、博物馆在本国的社会属性、博物馆的资金来源、博物馆的评价体系，以及公众对博物馆的认可度和参与度等。其中，不仅每一项因素都可以进一步细化，而且博物馆所处的位置也会因其思想意识和行动实践的转变而发生位移。以上只是笔者初步的思考和探索，建立系统化的性质评估体系及其应用有待进一步研究和实践。

（彭野，云南大学西南边疆少数民族研究中心博士研究生，云南省博物馆馆员。主要研究方向为中国西南民族历史与文化、博物馆人类学。）

注释：

[1] Hermann Heinrich Frese, *Anthropology and the Public: The Role of Museums*, Leiden: E.J. Brill, 1960, p. 6.
[2] Ibid., p. 8.
[3] Ibid., pp. 9-11.
[4] Ibid., pp. 14-15.
[5] Ibid., p. 5.
[6] Ibid., pp. 36-37.
[7] Christian Jurgensen Thomsen, "The Study of Man", *The American-Scandinavian Review*, 1937, December, p. 310.
[8] Hermann Heinrich Frese, *Anthropology and the Public*, p. 44.
[9] Ibid., p. 48-49.
[10] Ibid., p. 51.
[11] Ibid., pp. 54-55.
[12] Ibid., pp. 57-60.
[13] Ibid., pp. 56-57.
[14] Ibid., pp. 63-64.
[15] Ibid., pp. 63-64.
[16] Ibid., p. 64.
[17] Ibid., p. 70.
[18] Ibid., p. 79.
[19] Ibid., pp. 83-84.
[20] Ibid., pp. 93-94.
[21] Ibid., p. 91.
[22] Ibid., p. 102.
[23] Ibid., p. 121-122.
[24] Tony Bennett, *The Birth of the Museum: History, Theory, Politics*, London: Routledge, 1995, pp. 99-100.
[25] Cunera Buijs, "Shared Inuit Culture", *Études/Inuit/Studies*, 2018, 42(1), p. 40.
[26] Gordon Fyfe, "Established-Outsider Relations and the Socio-Genesis of the Museums", *Historical Social Research*, 2016, 41(3), p. 62.

《艺术之爱：欧洲艺术博物馆及其公众》

The Love of Art: European Art Museums and Their Public

编者：皮埃尔·布迪厄（Pierre Bourdieu）、
阿兰·达贝尔（Alain Darbel）
出版年份：1966，法文版；1991，英文版

◆—— 本书短评 ——◆

用详细的调查与数据洞悉了博物馆在社会结构再生产中扮演的角色。

述评人：曹金羽

20世纪60年代中期，受法国文化部委托，皮埃尔·布迪厄组织团队对欧洲五国（法国、西班牙、希腊、荷兰、波兰）艺术博物馆及其观众进行系统调查。在调查结论中，他批评了博物馆的民主化假象，认为博物馆仍受制于社会结构限制，阶级结构、不平等关系等依然在此运行，博物馆并不是自由、充满可能性的空间，而在不断强化区隔感、强化人们对不平等的确认。[1]在本书结尾，他以指责的口吻写道：

> 作为一种公共遗产，博物馆向所有人展示过去辉煌的丰碑，以及对之前时代伟大人民的夸张赞颂：（但这是）虚假的慷慨，因为自由的进入也是有选择性的，预留给那些有能力理解艺术作品的人，他们有特权利用这种自由，并因此发觉自己的特权是合法的，即他们拥有理解文化产品的手段，或套用马克斯·韦伯的话，他们垄断操纵文化产品和文化救赎的制度符号。[2]

在这段批判中，布迪厄等人关注了三类问题：首先，博物馆是谁的博物馆？自由进入的假象如何维持？其次，博物馆及其展览是如何被理解的？知识的传播呈现何种模式？最后，这种进入与理解又是如何帮助特定群体获得文化支配权的？简言之，谁会进入、理解、参观博物馆，对个体的价值而言并不是纯粹的审美命题，而关涉文化支配权。20世纪60年代的法国，文化支配权问题尤为突出。一方面，战后经济的繁荣发展将资产阶级，尤其将白领和中层管理人员推向了社会主导位置。[3]作为社会"中间阶层"，资产阶级介于贵族与底层民众之间，同时向上层和下层输出自己的象征资本，从而加剧不同阶层的冲突。在此背景下，博物馆作为争夺文化支配权的空间属性就更容易理解了。

本书法文版于1966年出版，1969年完善了调查数据后出版了扩展版，英译本于1991年由卡罗琳·贝蒂（Caroline Beattie）和尼克·梅里曼（Nick Merriman）据扩展版译出，日文版于1994年由山下雅之翻译。布迪厄等人的研究在法国之外产生的影响，尽管远不如《区分》（*La Distinction*）为读者所知，但《艺术之爱：欧洲艺术博物馆及其公众》预先为《区分》中的观念提供了丰富的个案研究。在博物馆研究领域，布迪厄等人的发现为人们理解博物馆在社会中的角色、博物馆的文化价值、博物馆与观众的关系等提供了重要启示。受其影响，托尼·本内特在《博物馆的诞生》（*The Birth of the*

Museum）中将文化与治理（culture and government）作为理解博物馆诞生的关键因素，将其视为新式权力的载体、治理工具，支配者通过高雅的文化作品、形式、机构来实现教化被支配者的目的。本内特直言，博物馆空间越来越多地被抵押给了阶级分化的实践。[4]在意识到博物馆空间的矛盾属性后，越来越多的博物馆学家开始思考如何破除这样的困境，梅里曼、赖特（Peter Wright）等学者提出新博物馆学，对博物馆教育和可及性提出了新的思考，试图通过倡导多种解释世界及历史的方式，重视观众及其体验，强调观众参与，以此来真正实现博物馆的"民主化"。[5]这些举措未必能解决博物馆的矛盾，但正是民主与封闭这两股力量的此消彼长，推动了博物馆的发展。

一、谁之博物馆，何种呈现？

在本书第一章，布迪厄以"时代征兆"（Signs of the Times）为题铺陈了讨论背景。所谓时代征兆，就是一种艺术宗教（religion of art），强调在艺术中以恩典话语提出文化救赎问题，[6]使艺术理解染上救赎的神秘色彩，审美体验被视为天赋，只有被选中的少数人才有艺术之眼，能够真正欣赏艺术。这种将艺术经验拔高到超验地位的做法被布迪厄拒绝，他所期待的是将超验性的理解方式还原到社会现实中，以科学方法破除神秘主义，让不可认识之物显露真实面貌。

在布迪厄看来，博物馆是培育艺术宗教的重要场所。他提到两种艺术理解方式，一种是基要主义，另一种是现代主义。前者在艺术欣赏上鼓励克制欲望，以此传达自身忠诚，以期获致恩典。[7]对基要主义支持者来说，博物馆就是圣所，唯一与之匹配的状态只有沉默。但现代主义支持者并不认为仪式性的苦修是与艺术品交流的唯一手段，他们相信有更多方式去接触"圣物"，例如购买珍贵的宝石、稀有的花瓶、珐琅或织物等，他们相信作品有神秘力量，凭借这样的力量能够改变或保留出身高贵的灵魂，将文化救赎从物质性客体转向非物质性事实。

对二者而言，博物馆都成为崇高的场所，艺术被神秘化，成为一种痴迷、崇拜。在布迪厄看来，神秘化的艺术会成为控制手段，给社会塑造一种宿命感，让人们相信艺术欣赏能力是与生俱来的。对于想依靠理性方法学习艺术欣赏的人来说，审美能力的区隔成了无法跨越的鸿沟。布迪厄未直接言明的是，那些基要主义的支持者往往是社会中的支配者，他们通过神秘化的艺术方式让被支配者接受宿命论的安排，文化救赎成为新的精神性饥饿的控制手段，而现代主义的支持者更多是"支配阶级中的被支配者"（dominated fraction of the dominant class），通过接受、认同支配阶级的文化救赎策略来说服自己，进而实现社会飞跃之梦，这无疑内化了支配阶级的文化理念，二者最终共谋了秩序。艺术实践在此充当着将社会区隔合法化的角色，进而掩饰并再生产了不平等。

二、文化实践的社会条件

为了更真实地呈现文化实践的社会条件，布迪厄团队系统调查了博物馆观众的主要社会与教育特征、对博物馆的态度和艺术偏好等。在问卷设计上，团队有意避免带有审美不可知论的"高尚"答案（如"因为我喜欢艺术"），进而追问观众进入博物馆的真实原因。[8]为了更准确地找到样本，团队依据进入便利性、策展人活力、展出作品数量、作品总数、作品类别、作品质量等对博物馆进行分类，以期在博物馆不同特征之间找到核心的影响变量。

在对数据进行整理和分析后，布迪厄等人得出了本书的核心观点，即博物馆观众的行动、态度或意见与其社会特征有着重要关系。观众多久进一次博物馆、进什么样的博物馆、看多长时间、看什么类型的展览等与观众的社会地位有着对应关系。作者提到几项重要影响因素：性别、年龄、职业、受教育水平等，其中最重要的是受教育水平，参观博物馆的人数随着教育水平的提高而增加。以法国为例，参观艺术博物馆的观众只有9%没有任何形式的资格证书，11%持有小学教育证书，17%持有普通中等教育证书，31%持有业士文凭（baccalauréat）[9]，24%持有更高学位文凭。

以上数据更多针对制度性教育，以此来区分受访者。而教育水平只是一个面向，布迪厄等人进一步区分了相同教育水平下受访者行为差异的原因。如在相同教育水平下，接受古典教育的人在博物馆有更好的体验，因为社会阶层越高、原生家庭文化水平越好的人越容易接触古典教育。制度性教育之外，家庭提供的文化资本造成了文化实践和艺术偏好的巨大差异，[10]且家庭文化资本往往在很长时间里潜移默化地发生作用，产生的效果更加牢固，是属于文化贵族自身的血统。[11]

接下来，布迪厄等人考察了旅游业对博物馆文化实践的影响。一般来讲，人们认为旅游深化了博物馆的文化实践，当旅游度假人数在总人口比例大幅增加时，参观博物馆的人数也会显著增加，但我们并不能推断出整个人口中参观博物馆人数比例的增量，因为并不是旅游这个行为本身提高了博物馆的参观率，起作用的仍是收入、教育等因素。收入越高、受教育水平越高，选择文化旅游的人数比例就越高，通过旅游参观博物馆的人数比例也随着社会阶层的提高而增加，这个比例在工人阶级是45%，中产阶级是61%，上层则是63%。在博物馆观众中，越是下层或缺乏文化资本的人，越会表明自己为了打发时间偶然走进博物馆。随着社会阶层提高，说自己是偶然进入博物馆或陪孩子来的人比例显著下降。这表明即使在理论上旅游机会是平等的，但不同社会类别的成员仍会以不同方式进行文化旅游。

旅游并不能弥补艺术教育、智识教育上的缺失，真正起作用的还是文化资本。当个体拥有充足的文化资本时，伴随旅游而生的是真正的归属感，一种属于艺术品所塑造的世界的自由，而不是一次简单、偶然的参观。布迪厄称此为文化使命感（cultural imperatives），个体通过遵循特定（欣赏、评价艺术品等）的规则来展示自身与高雅世界的从属关系。[12]下层之所以会强调偶然参观，是认为自己出现在博物馆会显得格格不入；相反，中产阶级或上层群体不断给自己强化使命感，会让他们觉得自己有强烈义务去传承并维护既有的审美与文化秩序。由此，一种文化实践被置于现实世界里，受制于社会和经济条件，这种在客观现实中追求高雅文化的愿望，并不是某种文化奇迹。

三、教育、性情倾向与文化再生产

在分析文化实践背后的社会条件时，教育成为重点，它对个体行动起到了决定性作用，承担着分类与区隔的功能，尤其在文化资本作用下，它掩盖甚至再造了等级化秩序，例如那些从小接受良好家庭教育的儿童，他们累积的文化资本由制度化教育认证后得以合法化，特权的社会性继替得以维持。统计数据反映了一个现实：接触文化作品往往是高雅阶层的特权。这种特权有其合法性的外衣，尽管其背后有着悖谬的逻辑基础，即文化特权的运作逻辑是区隔，通过区隔将被支配者排除在特权之外。但发生这样的现象，往往又是因为被支配者自身会预先认同这种分隔，这种认同是被支配者的误识（misrecognition）。[13]

所谓误识指为了确保既有秩序的延续，社会机制会在行动者身上施加被认可的符号暴力。博物馆的符号暴力集中表现在文化需求（cultural need）

上，对于下层群体来说，博物馆在文化需求上预先排除了他们，并且这种排除也被下层承认。这就可以解释下层民众出现在博物馆时的不适感，也决定了下层民众参观博物馆的模式，如他们更喜欢与亲戚、朋友一起去，或者依赖导览、指南等，以消除他们的不安之感。相较之下，越是上层则越喜欢单独参观博物馆，因为下层民众并不会对文化实践有过多需求，也不会意识到这种需求的缺失有什么问题，相反，中上阶级会有更多文化需求。在布迪厄看来，这正是教育的结果，学校创造了文化需求，同时又提供了满足文化需求的手段。所谓对艺术品的审美能力，并没有什么抽象的神秘色彩，它本质上是一系列特定的符码、解释性图式、分类手段等，上层群体相对来说有更多途径掌握这样的解读方式，所以他们能迅速阐释艺术作品，解读艺术家、流派、时期、风格、主题等信息，以此完成分类工作。教育不断教会行动者分类的能力，先行划定诸多分类的知识手段，因此，在教育实践中，不同群体有与其自身阶级相匹配的分类系统，个人的艺术能力其实是对这套分类系统的掌握能力，这个体系越精细、越复杂就意味着其所在的社会层级越高。

  分类系统不依赖于个人意志存在，并且先行作用于人，为人们定义行动的社会空间。教育反复灌输的正是对现实社会分类的工具，此分类工具在个人智识结构与社会结构之间建立了稳固的等级化秩序，系统内的所有行动者都会自然接受客观结构的真实性，从而认同其合法性。人们对特定艺术品的解读看似与个人能力有关，事实上却由其社会位置决定，通过对某件艺术品的欣赏和理解，社会性的制度安排与个人的行动能力被稳固地并置在一起。布迪厄等人具体描述了不同阶级群体的参观风格，这些行动策略也进一步固化了既有的分类系统。布迪厄提到，下层群体参观博物馆，在被邀请对作品及其展览方式发表意见时，他们总是会给予发自内心的肯定，以免暴露自身的无知。为了消解在博物馆中的迷茫，他们通常会采取各种方式来掩饰自己的不足。这种毕恭毕敬的态度显然也是对既有分类体系的认同与崇拜，分类体系的神圣性无疑在迫使下层群体远离博物馆。相反，上层群体在博物馆体会更多的则是自由与享受，这是一种内化了主流阶级文化价值后的自由，它再一次证明文化资本有力地决定了个体行动的差异。

  不适与自由，这是表现在个体身上的性情倾向，学校将这些性情倾向转化为一种博学气质，包括对艺术作品价值的承认、理解、批评，对艺术家、作品体裁、流派、时期等的分类能力，这种看似中立、客观的学术价值，仍然依附于特定的社会群体，通过智识的包装，该群体的支配地位得以合法化。相比于下层群体在文化实践中排除自身的行为，教育也存在一种现象，即它往往只接纳那些已经被接纳了的人。[14]这就引出了第五章的核心：文化传播的规则。

四、文化传播的规则

作为传播知识的学校，艺术教育提供的更多是普适性的规则，如对位法则、构图规则、流派风格、艺术家特色等。这些普适性规则有个不言而喻的前提，那就是能够快速掌握这些规则的个体往往早先就被赋予了丰厚的资本，尤其是家庭教育提供的资本。因此，被教育合法化的那部分文化价值，本身就已经被支配阶级所熟知，教育倾向于认可并合法化那种由文化资本差异带来的不平等。

我们前面提到了文化传播规则略显悖谬的逻辑，博物馆也遵循这一逻辑，即文化传播总是对那些有解读和欣赏能力的人有意义和价值。[15]简言之，文化总是传播给有文化之人，"向已经信教者传教"，那些真正需要从中获得利益的人，却缺乏理解的兴趣或手段。对博物馆来说，它看似向所有人提供开放的信息，但这些信息在传播时很可能被不同的人以不同方式解读。那些定期参观博物馆的人，往往是掌握了解读方法的人，而衡量这部分人群的指标正是教育水平。学校创造了文化需求，同时提供了满足需求的手段。在这个过程中，信息传播是封闭的循环，对于下层群体来说，他们很难进入这一循环。如博物馆往往会提供不同的展品，但下层群体完全不会被此吸引，他们更多是偶然参观博物馆，而非基于预先对作品掌握的信息。博物馆的展览实践所传达的信息显然与社会结构保持了高度的同构性，博物馆更像社会再生产的空间，而非打破智识界限的空间。

由此，布迪厄质疑了博物馆学的合法性，认为它不过是一系列以扩散或非正式方式传递的套路或经验规则，如出版目录、组织博物馆之友团体、举办特展等。这些活动不过是将分散的作品以新的方式组合，以此唤醒和维持艺术爱好者对博物馆的兴趣，赋予艺术活动以时尚仪式或社会事件的吸引力，通过这种方式不断完成博物馆的神圣化。对此，布迪厄又回到了开头的问题，即去除艺术宗教化的神秘倾向。博物馆在艺术宗教化过程中被视作神圣的殿堂，而布迪厄则告诉人们，这个殿堂本质上是世俗的，服务于世俗秩序的构建与维系。人们在博物馆最终追求的美学体验，是确保自身利益的行为。各种文化话术喜欢认为对文化的兴趣是与个人利益无关的，但表面与利益无关同样能够产生利润。人人都可接触艺术或文化产品的理念更多是"文化共产主义"的幻觉,接触艺术品需要途径,而这些途径却不易得,拥有这些途径的人势必会为了确保自身利益而不断神圣化自身的实践。[16]

书中提到了加入博物馆之友的例子,人们为了确保自身利益,会不断强调与之相关的活动,以表明自身是这种文化活动的狂热爱好者。工人阶级之所以在博物馆感到茫然无措,是因为这个空间的审美规则是被中产阶级以及上层群体定义的,当被视作没有审美品位之人时,工人阶级自然不可能体会到自由。布迪厄在这里批判了康德对纯粹审美的设想,审美不仅不纯粹,反而与社会现实有密切关联,它与不同阶级间的竞争有关,也是上层用来完成区隔的工具。在文化传播过程中,这种竞争与支配的现实始终存在,博物馆在给予部分人归属感与自由时,又给另一些人带来了疏离感。

五、反思与结语

在本书结语部分,布迪厄再次表达了社会学处理艺术主题时遭受的质疑:通过描述艺术品存在的条件,来质疑审美的神秘性。布迪厄团队正是希望用详细的调查来证明审美准则建立在社会基础之上,将审美准则神秘化的策略正是支配阶级为维护其支配地位而散播的误识。

布迪厄的分析可概括如下:首先,审美的神秘化表达的并不是无功利的自由,而是一种阶级关系,以完成阶级区隔的功能;其次,教育并没有打破区隔,反倒是将区隔合法化,其中最重要的原因是文化资本,它在教育实践过程中被合法化,从而完成阶级再生产;最后,在不平等再生产过程中,被支配者因为误识而与支配者共谋了既有秩序,他们以先行自我排除的方式进一步固化了结构,使得社会秩序得以维持。博物馆的调查证实了布迪厄的文化分析,即置身博物馆的自由,并不是一种带有神秘色彩的天赋,而是不断学习、锻炼、制造的过程。审美不是先验的产物,而是社会性的建构,要回到社会和历史条件中考察这一点。

通过布迪厄团队的调查与分析,我们似乎看到了社会结构极为固化的一面,旨在促进改变现实的行动最后落入思想上的怪圈,一如博物馆无论采取何种直接手段吸引公众,公众的社会和文化特征并不会发生真正改变,那究竟要如何做呢?

布迪厄带给我们的启示在于,首先,要质疑加诸个体之上的支配力量,只要系统地呈现其社会条件,就能够帮助我们从支配关系中走出来。同样,当我们意识到"文化需求"本身的支配特征时，审美的愉悦和价值就从神圣地位下沉，为更多个体提供掌握它的工具和手段。其次，文化支配的有效逻辑在于被支配者的自我剥夺，社会学在某种程度上为个体提供了行动与改变的可能性。这意味着我们需要时刻关注文化实践的社会条件，还原其真实面向，以便让个体能够真正接触、思考和欣赏文化所传达的价值。

尽管在布迪厄的分析中，教育并没有摆脱权力机器的特征，但我们也不能极端地放弃教育，而应改变教育方式，让它成为促进智识平等的工具。真正的教育在于让文化实践回归现实，让行动者获得新的可能。同时更要给予大众充分的主动性，因为区隔的逻辑并不是行动者缺乏真正的主体性，而是行动者被预先从系统中排除了。正如朗西埃在总结布迪厄逻辑时所写，工人阶级之所以被排除，是因为他们不知道或不能理解自己被排除在外的原因，而对被排除的误识正是排除系统本身制造的结构效果。[17] 换句话说，被排除才是文化实践最有力的工具，扭转这一局面最有效的手段也只能是不断容纳更多行动者，激发行动者的能动性，改变系统无法打破的局面。博物馆亦是同理，通过各种方式影响公众，从而提供公众行动和改变的可能性。

（曹金羽，深圳大学政府管理学院社会学系助理教授，北京大学社会学系博士。主要研究方向为社会理论、宗教社会学、文化社会学等。）

注释：

[1] 朱国华：《权力的文化逻辑：布迪厄的社会学诗学》，上海：上海人民出版社，2016年，第298页。

[2] Pierre Bourdieu *et al.*, *The Love of Art: European Art Museums and Their Public*, Cambridge: Polity Press, 1991, p. 113.

[3] 理查德·沃林：《东风：法国知识分子与20世纪60年代的遗产》，董树宝译，北京：中央编译出版社，2017年，第6页。

[4] Tony Bennett, *The Birth of the Museum*, London: Routledge, 1995, p. 170.

[5] Jennifer Barrett, *Museums and the Public Sphere*, Hoboken: Wiley-Blackwell, 2011, p. 3.

[6] Pierre Bourdieu *et al.*, *The Love of Art*, p. 1.

[7] Ibid., p. 2.

[8] Ibid., p. 5.

[9] Baccalauréat，业士文凭，法国高中毕业生通过毕业会考后被授予的文凭，属于第三等级文凭，想要接受高等教育的法国人必须持有此文凭。

[10] Pierre Bourdieu *et al.*, *The Love of Art*, p. 20.

[11] Ibid., p. 20.

[12] Ibid., p. 25.

[13] Ibid., p. 37.

[14] Ibid., p. 62.

[15] Ibid., p. 71.

[16] 皮埃尔·布迪厄：《社会学的问题》，曹金羽译，上海：上海文艺出版社，2022年，第7—9页。

[17] Jacques Rancière, *The Nights of Labor*, Philadelphia: Temple University Press, 1991, p. xi.

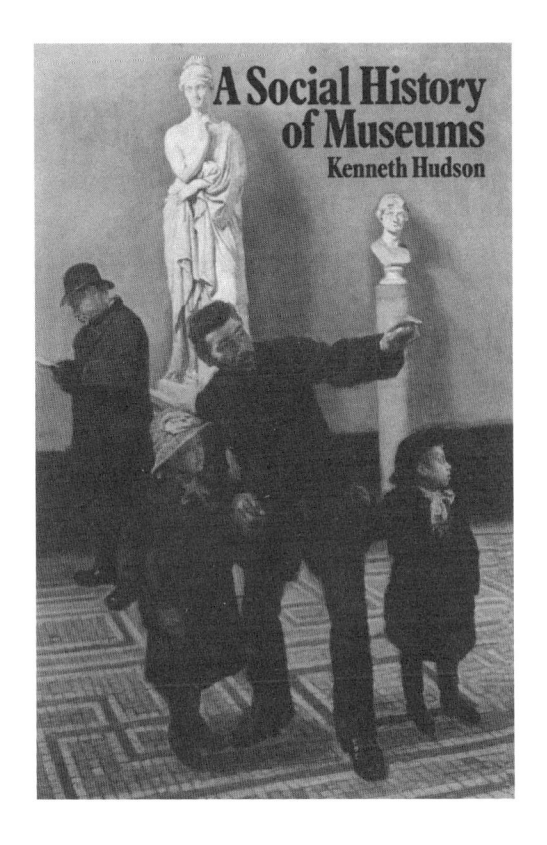

《博物馆的社会史：观众的视角》

A Social History of Museums: What the Visitors Thought

作者：肯尼斯·赫德森（Kenneth Hudson）

出版年份：1975

❖—— · 本书短评 · ——❖

从社会史视角关注博物馆及其与公众关系的典范之作。

述评人：巨洒洒

第二次世界大战（简称"二战"）结束后，博物馆数量激增，伴随着两项重大变化，即博物馆门类的显著增加和公众角色的彻底转变。在传统艺术类和自然类博物馆之外，新出现了生态博物馆、社区博物馆、遗址博物馆等。这些从传统模式的批判中成长起来的新事物也间接证实了第二项转变的广泛影响。为了在竞争日趋激烈的休闲市场生存，公众成为博物馆需要主动争取和满足的对象。博物馆不再是专属于少数精英、静态肃穆的藏宝地和供人瞻仰的殿堂，而是可供社群中心共享、交流的"新式教堂""集市""论坛"。

在《博物馆的社会史：观众的视角》（以下简称《博物馆的社会史》）问世之前的1974年，国际博物馆协会（ICOM）刚结束第10届会议并重新修订了博物馆的定义。尽管这版1974年的定义已是半个世纪前的"过时品"，在当时却是划时代的突破，"为社会和社会发展服务""向大众开放""以研究、教育、欣赏为目的"等表述，揭示了博物馆为公众服务已成为当时国际领域的共识。

博物馆界在二战以来经历的重大转变和博物馆与社会之间关系的重铸均宣告着博物馆进入了急剧变革的时期。与其他顺其道而为的研究不同，赫德森选择了一条逆流而上的路径，将这种转变进行回溯式探索，并将研究时段延长至博物馆诞生以来的近四百年历程。赫德森充分发掘不同时期的观众书信、新闻报道和批评家的描述，试图探究博物馆是如何一步步被塑造成当下形象的。

《博物馆的社会史》出版于1975年，暂无中译本。严建强译介过此书的前言，并在1987年第1期《中国博物馆》中对全书进行简述。[1]不同于赫德森其他几部聚焦于当代博物馆发展视角的著作，这本书从以下三方面塑造了博物馆社会史的完整图景：以历史视角梳理了博物馆诞生以来近四百年间与观众关系的演变；其思考角度超越博物馆之外，结合背后更为广阔的社会背景与社会变迁；以观众视角为出发点，试图探讨人们对所谓"公众利益"（public interest）的理解，即副标题所示"观众的视角"（What the Visitors Thought）。

作为一部博物馆史著作，本书有一条清晰的时间脉络贯穿始终，书中的五个章节对应着博物馆不同的历史阶段。第一章呈现了17—18世纪早期，参观博物馆是一种特权现象；第二章将叙述视角转向美国，从而引出18世纪末至19世纪中叶，参观博物馆转变为公民权利；第三章介绍了19世纪中叶起被视为一种教育机构的博物馆教育观念；最后两章则聚焦于20世纪后半叶博物馆在市场营销时代面临的挑战和应对，以及对观众需求的回应。该线索清晰地表达了作者一贯以来的观点：博物馆如果不呼应社会变化并对此做出反应，则必将失去公众的支持。

一、从特权到权利

本书前两章梳理了17—19世纪中叶博物馆的社会历史演变，意图探寻参观博物馆如何从少数精英的特权转变成公众普遍享有的权利。赫德森提出，在公共博物馆产生之前的17世纪，私人收藏及私人博物馆已将一种传统观念根植人心，即艺术与知识是封闭的，这种贵族与等级社会的藏品只能由有同等身份、品位和知识水平的精英欣赏，放低姿态吸引普通观众的想法在当时的经营者看来极其荒谬。[2]17世纪中叶，以私人收藏为基础在伦敦创办自然史博物馆的阿什顿·莱弗爵士（Sir Ashton Lever）曾在报纸上公开表示，只有那些受过挑选的观众才被允许参观他的博物馆：

> 我已经厌倦了平民的傲慢，现在我决定拒绝下层阶级进入博物馆，除非他们能提供来自与我相识的某位绅士或女士赠予的门票。[3]

当现代意义上的公共博物馆建立时，名义上为公共用途和公共利益而设立、由政府主导与公共资金赞助的博物馆理应对公众一视同仁。戏剧化的是公共博物馆竟然保留了对公众群体的区别对待，进入博物馆仍是少数精英群体的特权。与此同时，博物馆的决策权由少数专业人士掌握，由他们决定展示什么、哪些要被排除在外、设计何种建筑、接待哪些群体。在这种情况下，公众对博物馆的看法和批评无关紧要。大英博物馆（The British Museum）最初制定的参观规则中要求观众应为求知若渴又满腹好奇、外表体面之人，且须提前进行书面申请。[4]这种规定一方面是为了排除不符合身份和文化定位的观众，另一方面则是为了控制观众的数量和行为。

然而，赫德森并未站在后来者的高度上一味指责这种现象。在强调受限的观众时，他也留意到当时的社会情境，即彼时博物馆的潜在观众（potential audience）本身就有局限性。17—18世纪的欧洲，知识和教育基本只在上层社会流通，绝大多数普通人没有读写能力，这使他们被排除在需要解读信息的博物馆门外。即使是受过教育的上流人士也未必会产生参观动机，处于当时社会情境下的博物馆并未成为更多人的需求。赫德森在文中罗列了人们参观博物馆的七种动机，并认为第一、三、四、六项正符合18世纪公众参观博物馆的普遍心理动机：

> （一）学习，提升自己的专业；（二）辅助自学；（三）好奇心，开阔眼界，乐于看到新鲜事物；（四）结识与自己有相同文化品位的人；（五）出于势利的原因，与知识、品位或社会地位优越的人相遇；（六）为了证明自己的到访；（七）出于政治原因，证明国家的文化财产属于全体人民。[5]

与欧洲的发展模式相反，美国的公共博物馆始于私人收藏兴盛之前，从而在根源上建立了以公共利益为目标的博物馆观念。[6]赫德森列举了查尔斯顿博物馆（Charleston Museum）、皮尔博物馆（Peale's Museum）和塞勒姆博物馆（Salem Museum）的做法。其中，皮尔博物馆尽管由私人建立，但其创建人皮尔却意识到博物馆的存续与前途需要与公众相关联。他拥有强烈的公共关系意识：通过广告向公众发布博物馆的发展计划，在博物馆印刷品和展品标签上注明捐助者或捐赠人的姓名，组建委员会监督博物馆的活动与发展。[7]这些博物馆给多位来自欧洲的旅行者留下深刻印象，例如英国旅行者詹姆斯·西尔克·白金汉（James Silk Buckingham）称赞塞勒姆博物馆可以为所有阶层的观众提供丰富的信息和娱乐活动。[8]

很难证实旅行者带回的碎片化信息能够影响欧洲博物馆的转变。但至少在19世纪初，变化已开始出现，例如从门票、身份上解除公众进入博物馆的限制。大英博物馆全面废除以前的入馆规定，一般观众只需在玄关处签名就可进入。当时的文艺评论家西德尼·史密斯（Sydney Smith）曾留下记录：

> 我昨天在大英博物馆待了4个小时，尽情参观。博物馆所有的职员都变得很亲切、热心，我在的时候，参观的观众主要是酒廊女侍。[9]

此时主要的欧洲报刊开始对艺术评论投以更多关注，有关博物馆和艺术的话题引起社会广泛讨论。以上种种变化与工业革命和启蒙运动带来的社会经济和生活变迁的持续影响密不可分。正如英国历史学家特里维廉（G. R.

Trevelyan，旧译屈勒味林）所说，18世纪下半叶的英国社会各阶层逐渐拥有了财富和闲暇时间。[10]赫德森认为从根本上转变博物馆与公众关系的契机是1851年伦敦万国博览会的举办，以此为标志，往后历届万国博览会逐步赋予博物馆前所未有的社会力量。越来越多的观众使得政府和博物馆负责人认识到，科学和艺术可以成为社会不同阶层的关注点，文化的定义被大大拓宽，正规学习和社会需求间的关系结合得更为紧密，博物馆开始在设立宗旨、开放程度、展览主题等层面关照普通观众。[11]

然而，参观博物馆从特权到权利观念的转变并非一蹴即成。当公众意识到博物馆可以作为正规教育之外的补充，可以满足他们休闲娱乐需求等更多期待时，"公众利益"才开始真正得到重视。

二、博物馆的教育观念

第三章"作为教育机构的博物馆"探讨了19世纪中期以来人们对博物馆教育功能的不同认知。赫德森在本章开篇引用美国自然史博物馆洛塔尔·维特博格（Lothar Witteborg）的一段话：

> 自然史博物馆应该从自然、生活以及科学理论、概念中汲取要素，将它们组合成一个有意义的呈现，讲述一个故事。基于这种理念，博物馆策展人的工作是将材料布置成一个好的展览。[12]

赫德森据此揭示了博物馆教育领域长期存在的一个基本假设——观众按照博物馆预想的方式做出反馈并得到预设的教育。事实上无论专家如何坚信这一立场，观众均会以出乎意料的个性打破这种单方面的主张。例如在参观核反应堆工作原理的模型时，观众可能对物理学知识漠不关心，反而被装置的外形所吸引。[13]基于这种"绝对"教育观的存在，人们对博物馆实现教育功能的方式有着不同的理解。

19世纪早期，博物馆的创建者秉持着两种不同的教育观。一种以约翰·索恩爵士（Sir John Soane）为代表，希望观众能够自由观赏与交流，不被指导说教，而是让物品为观众提供自我教育；另一种旨在向观众传递某种情感，主要通过博物馆营造的神圣庄严氛围，唤醒观众对艺术的崇敬之感，用艺术取代逐渐消退的"宗教"。[14]赫德森认为这种情感在民族志博物馆中有更多延伸——使观众平等看待自身文化与其他文化，并意识到自己以往对世界的认识具有局限性。在当时民族国家概念被提出的背景下，这种教育目的在于鼓励爱国情怀和激发国家认同，法国与德国博物馆的建立就受到这种立场的影响。

19世纪中叶至20世纪初，人们开始认识到博物馆的"有用性"，即这种公共机构的创建为公众进行自我教育提供机会。相应地，博物馆被描述为"一所先进的自学学校"，是弥补缺少时间学习、实现教育抱负的机构，甚至能够直接参与当地学校系统的正式教育项目。[15]然而对于博物馆"有用性"的内涵却存在巨大分歧：一种观点认为它可以帮助人们有效完成工作，另一种则将之解释为增加知识或提供价值观。此外，还有一种观点认为这意味着国家使命感。[16]总体而言，此时的博物馆教育被视为一件严肃的事情。

20世纪以后，随着社会政治和心理环境的变化，教育的严肃态度逐渐消减，娱乐的目的有所提升，以至后来存在两类主流的教育认知，一类出于教导、改进，视教育为严肃的事业；一类为了取悦、娱乐，以个人舒适和情感为重。博物馆教育摇摆在这两个极端类型之间。

即使博物馆作为教育机构的身份已得到公众的广泛认可，但时至今日，它们依旧不能摆脱自证教育效果的困境。赫德森认为，假设存在一个绝对的"教育"概念，这种认知开端可能会导致荒谬的结果。"教育"对学者和公众来说意义不同，在决定博物馆履行其"教育功能"的作用前，必须先解释这是"谁的教育"，很多博物馆批评者并未完全意识到这一点。只有当公众成为事实上的博物馆到访者，并且能够在离开时"头脑清醒并丰富了体验"[17]，此过程才有可能产生教育意义。

随着市场营销时代的到来，博物馆作为非正式教育机构的角色受到多方位评判：如何评估博物馆的教育成果？如何满足不同类型观众对于学习的需求？如何应对教育功能以外的新情况？面对上述挑战，博物馆不得不放下身段主动开始了解观众。

三、回应公众的需求

20世纪后半叶，博物馆陷入市场营销时代背景下各类休闲活动无休止的竞争旋涡中。面对筹措资金的压力，博物馆要向捐助人证明机构的存在价值，能否争取身份更广泛的参观者似乎成为衡量博物馆成功与否的重要标准。因此，围绕观众需求的一系列举措成为博物馆开展各项工作的关键。

赫德森以博物馆建筑设计的变化为例说明这种转变的迹象。早期博物馆建筑多以古典主义风格为主,保留着来自传统宫殿、教堂的多种元素,庄严肃穆的外观旨在让观众感受艺术的神圣与崇高。为了完成这样的宏伟建筑,多数资金被用于豪华建筑的修建,建筑师和决策者注重建筑的艺术风格和装饰,绝大部分空间被用于展览,牺牲了存储和研究空间,藏品往往被悉数展出,因此博物馆存在空间拥挤、照明不足、管理不当等问题。[18]此时的博物馆默认观众只需用眼睛观看即可。19世纪下半叶后,新型材料、设备和建筑技术被用于博物馆建造,增添了诸如供暖、电梯、屋顶照明等基本设施,建筑师们试图丰富这种新型公共建筑类型的特殊功能,观众的需求开始被重视。例如,因为频繁地上下行走对观众精力和参观欲望的消磨极大,人们开始注意到多层或高层博物馆建筑的缺陷,不再单纯追求高层、大型和高规格的博物馆建筑。[19]

这种转变同时体现在另一方面,即现代博物馆已经不再是一成不变的神圣场所。古老建筑与艺术的结合不再流行,更自然、活泼的博物馆建筑和展示氛围开始受欢迎,与在地社区结合、更贴近公众的新型博物馆拓展了博物馆的类型和边界。1967年,史密森学会(Smithsonian Institution)在华盛顿黑人社区设立的社区博物馆,开创了"没有围墙的博物馆"(a museum without walls)概念,确立一种博物馆与观众关系的新模式。[20]这类小型的地方性博物馆在贴近公众方面具备大型博物馆难以企及的优势:可以与外部世界存在创意、展品和人员等多方面的互动,能够与所在地区互相影响。甚至有学者设想未来的博物馆或将成为仓库,藏品可在不同的场所间运输。[21]博物馆的多元类型同时体现在露天博物馆(open-air museum)、生态博物馆(ecomuseum)、遗址博物馆(site-museum)、故居博物馆(house museum)等新门类上。显然,这些新型博物馆正在以多元化、可达性、包容性等方式回应新的社会情境下公众的想法与需求。

在博物馆围绕观众需求的一系列举措中,更为瞩目的是为适应市场营销规则而进行的观众研究。关于这一点,博物馆专业人士中存在质疑的声音,他们并不认可观众研究可以作为一项常规、有用的专业工具,对此评价为"做得很差"。[22]赫德森认为该评价或许存在两层含义,一方面表明市场调查存在统计不足、抽样方法和问题设置不当等问题,这些误差会影响最终的调查结果;另一方面则暗示了试图量化观众反馈的行为可能会误导或扭曲真实情况。然而赫德森坚信市场调查是一种科学方法,博物馆应该"遵循正常

《博物馆的社会史:观众的视角》 27

的商业秩序"。[23]

为了全面而清晰地理解观众研究之于博物馆的价值，赫德森简要回顾了博物馆观众研究的发展历史。早期主要以行为研究为主，尤其是对观众注意力的研究，例如爱德华·罗宾逊（Edward S. Robinson）对观众停留时间的研究。相比其他国家，美国的博物馆比较重视观众研究。华盛顿国家美术馆（National Gallery of Art）曾对展览免费折页的阅读情况进行评估。密尔沃基公共博物馆（Milwaukee Public Museum）曾对观众进行持续而全面的调查，包括调查观众年龄、性别、教育背景、收入等基本情况，也包括他们对展览技术的反馈。当时进行的各项观众调查主要以特定项目或了解观众的全局想法为主。1967年，英国的阿尔斯特博物馆（Ulster Museum）实施了一项规模很大的观众调查，作为其博物馆扩建和重塑计划的前置性研究，通过问卷和采访的方式调查五日内七岁以上的到访者，了解其个人基本信息、参观的具体细节以及对具体事物的评价和感受。[24]

博物馆的观众研究并非局限于对现有博物馆教育、展览、服务方面的评估考量，对观众参观动机的研究试图对博物馆的用户群体进行更明确的分类。由于个体在兴趣、能力、背景和性格等多方面存在差异，精准契合所有人的需求便难以实现，因此，最有效的方式是满足人们参观博物馆的普遍核心动机和因素。荷兰莱顿国家民族学博物馆（National Museum of Ethnology）馆长皮特·波特（Peter Pott）认为，人们参观博物馆的动机可以分为三类，分别是美学目的、浪漫主义或逃避现实的目的以及求知欲。博物馆可以有针对性地满足以上三种动机，例如经过缜密思索和安排，在安静和中性的背景中突出展品的艺术价值，满足人们的美学需求；通过一系列有趣的作品和身临其境的参与感，满足人们对浪漫主义或逃离琐碎生活的需求；以一种引导式、充满逻辑的方法带领观众取得知识的增进。[25]

不可否认的是，博物馆专家和公众之间存在无形的壁垒。赫德森认为，大型博物馆面临着如何处理"我们"和"他们"（we-and-they）之间关系的难题，一端代表受过高等教育的专业人士或专家团队，另一端则代表普通公众，二者很难在认知与审美层次上达到理解与契合。[26]不同于大型博物馆与公众之间的边界感，小型、社区或生态博物馆更擅长打破边界与权威，试图让在地社区的公众直接从规划开始参与到博物馆的各个工作节点，从而使规划运营博物馆的人与参观博物馆的人没有文化或权力上的差距。20世纪下半叶出现的"新博物馆学"（new museology）在某种程度上代表着对传统博物馆与公众关系的重新反思。以美国纽约布鲁克林的MUSE博物馆为例，该博物馆甚至拒绝了"社区"这一传统的地理边界，转而采用"利益共同体"（community of interest）或"相关共同体"（community of concern）概念。博物馆的负责人洛伊德·赫齐卡亚（Lloyd Hezekiah）认为这种理解跨越了机构狭窄的地理界限，打破了社会、经济、种族等多种障碍。他认为将博物馆比作大教堂或寺庙的观点已完全过时，博物馆应该是剧院，博物馆的内容是在剧院上演的戏剧，展品设计类似于演员在舞台上使用的道具，观众是演员。只有让观众与所展示的内容相互关联，才能让戏剧变得生动。[27]

四、余论

赫德森对博物馆与公众关系近四百年关系的演变投以注视并非在故纸堆中进行考证和辨析，而是带领读者完成一场跨时空的注视与对话，其最终落脚点是20世纪后半叶以来博物馆该何去何从。

相比其他西方博物馆史著作，赫德森的研究不仅描述了博物馆在时间纵深上的漫长演变，更是在整体观的视角下完善人们对博物馆在社会历史进程当中的认知，开启后续更广泛的博物馆史研究视角。不同于其他以地区、类型、时间分期或以知识与权力为切入角度的博物馆史研究，赫德森的社会史梳理带来更宏观和整体的思考，书中大量引用的观众书信、报纸评论和博物馆专业人士的看法，让读者能从一种更直观的角度发现与思考。与此同时，这一点也正是本书的缺憾之一，致使整体行文松散而凌乱，结构性内容和更鲜明的观点不够突出。

我们距离赫德森生活的年代已近半个世纪，世界政治、经济和文化格局已发生重大转变，博物馆不仅面临着更复杂的政治、经济局面，信息技术的发展也使博物馆的阐释媒介和传播渠道有了新的变化。即便如此，博物馆在当下社会和公众生活中的定位问题依旧是永不过时的话题，这也是本书仍值得一读的原因。纵观赫德森从社会史角度对博物馆与公众关系演变脉络的解读，从特权到权利，从教育观念的发展到市场营销时代的观众研究，古老的观念从未消失，传统思想与新思想不断交锋与碰撞。博物馆也从单一模式衍生出多样性，传统博物馆与新型博物馆并存。然而博物馆的未来何去何从，我们依旧无法下定论。但回顾博物馆史能够带来新的思考，正如赫德森所言：

> 人们感觉到在全世界有两种对博物馆极为重要的发展情况：一种是日益感到过去和现在相互渐变，对过去成就的感受是对了解现在的一个很大的帮助。[28]

这句话同样适用于当下情境。亦如杭侃在《博物馆的不变与变：致敬苏东海先生》一文中提出的观点，博物馆的"不变"在于其收藏的经典性，"变"的部分则表现在"从诞生至今其定位作用乃至形态一直处在变化之中"，追根究底要使博物馆适应社会历史情境的变化。[29]

（巨洒洒，西北大学文化遗产学院讲师，主要研究方向为博物馆学。）

注释：

[1] 两篇文章分别是：肯尼思·赫德森：《变化着的博物馆观念》，严建强译，《中国博物馆》，1985年第4期，第37—40页；严建强：《博物馆与观众——介绍肯尼思·赫德森的〈博物馆社会史〉》，《中国博物馆》，1987年第1期，第55—59页。

[2] Kenneth Hudson, *A Social History of Museums: What the Visitors Thought*, London: The Macmillan Press Ltd., 1975, pp. 3-4.

[3] Ibid., p. 25.

[4] Ibid., pp. 9-10.

[5] Ibid., p. 27.

[6] Ibid., p. 31.

[7] Ibid., pp. 33-36.

[8] Ibid., p. 36.

[9] 出口保夫：《大英博物馆的故事》，吕理州译，杭州：浙江大学出版社，2018年，第70页。

[10] 屈勒味林：《英国史》，钱端升译，上海：商务印书馆，1934年，第785—802页。

[11] Kenneth Hudson, *A Social History of Museums*, pp. 41-47.

[12] Ibid., p. 48.

[13] Ibid., pp. 48-49.

[14] Ibid., pp. 50-53.

[15] Ibid., p. 61.

[16] Ibid., p. 58.

[17] Ibid., p. 71.

[18] Ibid., pp. 76-81.

[19] Ibid., p. 84.

[20] Ibid., pp. 86-87.

[21] Ibid., p. 87.

[22] Duncan Cameron, D.S. Abbey, "Museum Audience Research", *Museum News*, Oct, 1961, pp.34-38.

[23] Kenneth Hudson, *A Social History of Museums,* pp. 100-101.

[24] Ibid., pp. 102-113.

[25] Ibid., p. 74.

[26] Ibid., pp. 119-120.

[27] Ibid., p. 120.

[28] 肯尼斯·赫德森：《八十年代的博物馆——世界趋势综览》，王殿明译，北京：紫禁城出版社，1986年，第11页。

[29] 杭侃：《博物馆的不变与变：致敬苏东海先生》，《博物院》，2021年第4期，第6—9页。

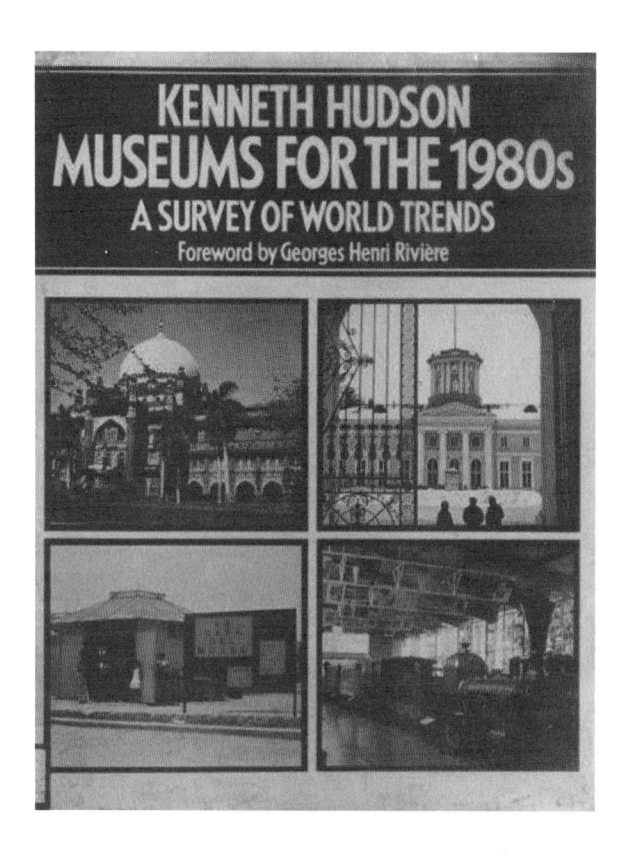

《八十年代的博物馆——世界趋势综览》

Museums for the 1980s: A Survey of World Trends

作者：肯尼斯·赫德森（Kenneth Hudson）
出版年份：1977

❖—— · 本书短评 · ——❖

全面展现了肯尼斯·赫德森对20世纪80年代世界博物馆的预测和期盼。

述评人：张书良

一、成书背景：从博物馆概念谈起

《八十年代的博物馆——世界趋势综览》是肯尼斯·赫德森受联合国教科文组织（UNESCO）委派，在世界范围内调查"博物馆前沿思想"的成果。作为"中国博物馆学会丛书"之一，本书于1986年经王殿明等人翻译为中文并在中国出版，在当时的博物馆学界产生了巨大的影响。本书最早出版于"八十年代"前夕的1977年，并非对20世纪80年代博物馆的铺陈与总结，而是立足于20世纪70年代的博物馆现实对下一个十年展开透视。译名"八十年代的博物馆"未能精准传达英语原文中介词"for"所具有的前瞻性意味。因此，我们需要首先将目光投向20世纪70年代，这也正是赫德森在本书导言中所描绘的成书背景。

1974年，国际博物馆协会对博物馆定义进行了修订。赫德森直接指出了这一修订所带来的根本性转变："博物馆不再被认为仅仅是保管一个国家文化和自然遗产的宝库或代理人，而是最广泛意义上的强有力的教育手段。博物馆想要达到的目标比它现在那种样子更为重要。"[1]这种从执着于藏品或机构本身到强调其目标的转变使得"博物馆"的外延空前广泛，也使关于博物馆的认知异彩纷呈。或许在赫德森看来，"博物馆"的概念仅存在两个实际的锚点："实物"与"目标"。对于前者，"实物"是传达信息的主要手段，"根本不利用物品，或者没有把物品用作主要的信息传达工具"可以成为"博物馆"的"反定义"；[2]对于后者，赫德森反复追问："博物馆为什么要存在？它是否切合自己所处社会的需要和情况？"[3]

"存在之问"贯穿于赫德森对于博物馆不断变化的职能与目标的分析中。他从社会史的角度指出，早期博物馆是贵族阶级社会的产物，在与公众交互的过程中，各种艺术品"从其原来的说明其意义的背景中搬开，迫使观众把它作为一件孤立的抽象的艺术品来看待"[4]。由此衍生出两个结果：一方面这种视角需要"崭新的态度、不同的专门知识和特殊的语汇"，并以此诞生了"行家"与"普通人"的划分；另一方面与作品有关的感情体验被扼杀，理智得到了充分的强调。[5]博物馆因此成为学术神殿，使没有受过教育的人感到低人一等。相比之下，美国博物馆走上了相反的发展道路，公共博物馆的发展先于大规模私人收藏，它使"为整个社区利益而建立博物馆"的思想深深扎根。[6]

基于这种"存在之问"，赫德森对许多博物馆就三个问题的回答展开研究，并据此总结了一些博物馆的发展倾向。一是对无墙博物馆、社区博物馆和生态博物馆的兴趣日益增长，这对前述的孤立性视角提出了挑战。二是把博物馆的活动带给公众，这代表了一项博物馆学革命，即人们的注意力从对藏品的占有和保存转向藏品的使用。三是广泛的公共活动被纳入博物馆内以吸引公众。同时，资金的匮乏仍将持续，效率和独创性成为博物馆最主要的竞争筹码。[7]此外，20世纪70年代，世界上正在发生的社会、经济和文化变革向博物馆学发起挑战，解决当代社会问题不能局限于单一学科，而需要社会各界的全力参与，[8]会议最终达成了"完整型博物馆"（integrated museums）[9]的基本共识，亦即本书的基本着眼点。

二、完整型博物馆的基本设想

赫德森认为"完整型博物馆"是通往新途径的关键，"完整型"指博物馆的存在，是为了满足人们的需要，而不仅是为了保护文化遗产。为此，某种由来已久的传统必须被取缔。从全书来看，这种传统指博物馆对于其存在意义的认知偏差和封闭、孤立、狭隘的专业视野与组织结构，完整型博物馆意在对此进行整合与重塑。[10]为此，赫德森从"博物馆资源""藏品保护""博物馆建筑""博物馆及其观众""人员的选择与训练""博物馆管理"六个角度，对以"完整型博物馆"为核心的现代博物馆思想展开讨论。或许是对其"完整型"理念的贯彻，或许如他本人所说，"这本书意在激发试验与讨论，而非百科全书或教科书"[11]，其论述在相对松散的框架下进行，仿佛兴之所至的信笔闲谈。下文将依次从博物馆的目标与使命，博物馆的理念、方法与技术，博物馆的学科视野和社会资源三个方面展开，以期对赫德森的"完整型博物馆"理念进行系统的梳理。

（一）立身之本：为社会及其发展服务

应首先回答"博物馆为什么要存在"的问题。如赫德森所说："许多博物馆，也许是大多数博物馆，不知道它们想做什么。它们之所以存在，可以这样说，就因为它们存在着。"[12]这一问题也与赫德森在序言中描述的社会背景一脉相承。1971年国际博协格勒诺布尔会议上，来自贝宁的代表的发言可视为一种"反回答"，即博物馆之所以消失，是因为它没有投入当代社会——那么博物馆之所以存在，是因为它能满足社会的需要。从前述博物馆社会史的角度来看，对于欧洲早期博物馆而言，这一回答或许是：为了贵族阶级的兴趣；而在渐趋民主的现代化进程中，对于逐步向社会公众开放的博物馆而言，这一回答必须得到改变；与此同时，这种"立身之本"的转变与博物馆的方针和政策之间出现了"错位"，这也是为什么赫德森认为：某种由来已久的传统必须被取缔。[13]

赫德森为我们展现了许多这样的错位。[14]其一是不合时宜的收藏方针或藏品体系。如阿根廷国家历史博物馆（Argentine National Historical Museum）以最现代的原则对藏品进行编排，但藏品反映的尽是领导者与战争的历史，普通人的缺席使其名实难副。其二是藏品价值与商品价格的牵连，它使博物馆收藏了大量于社会无用的"珍宝"，怂恿了文物与艺术品的盗窃与走私。如英国汉利的一家博物馆收藏了两百余件同时期、同造型的陶奶壶——这是"投资银行学"而不是博物馆学。其三是无法适应现代博物馆需要的建筑，如许多博物馆所处的18—19世纪宫殿建筑富丽堂皇，难以变动，维护成本高，令人望而生畏。其四是"为其他设计师而设计"的画地为牢的模式。1972年《设计师》（*The Designer*）期刊在一期中大篇幅讨论博物馆设计师面临的问题，其内容却几乎没有涉及公众。其五是教育理念的滞后，维多利亚时代的教育在很大程度上等同于获取实际资料，而今天的教育原则在于培养完整的人，但许多博物馆仍将"教育"视同"教学"。

与此同时，现代博物馆这一"立身之本"得到了赫德森的反复强调。这一问题存在着三种表述：首先是导向性和反思性的，即"是不是"的问题。在前述的种种错位中，赫德森一边指出博物馆所服务的"特殊人群"与一般公众乃至社会之间的偏差，一边勾勒出他的博物馆理想，如藏品具有其社会目的和价值；建筑是一座公众的建筑；展览的目标在于与观众产生最大限度的交流。[15]其次是关于执行，即"如何做到"的问题。对于博物馆而言，这往往意味着围绕其特定目标所制定的明确方针。方针与两个问题密切相关，一方面，"社区"乃至"观众"这类总括性的概念需要被"降格"为具体的人或人群，以考虑他们之间的特征与差异，且"不到博物馆来的人"也应该得到关注。[16]另一方面，需要充分考察博物馆所在的自然与文化背景，这也正是赫德森所擅长的社会史方法在其博物馆研究中的体现。本书最常用的一种分析方式便是将不同地区、不同规模、不同类别博物馆的同一类博物馆业务活动并置，分析它们与特定背景之间的联系与交互，以及它们所采用的方法在其他地方适用或转用的可能性。最后是再次评估与反思，针对"是否能做到"的问题。赫德森进一步追问：我们是否真的了解观众？他指出，博物馆对公众常常有着不切实际的想象，例如博物馆眼中"老生常谈"的事物，在观众看来却很可能是令人振奋的创新——而这类想象往往是不自觉的。[17]与此同时，观众调查本身也需要更仔细的审视，它既可得到不同的解读，也可能失真，如观众的回答常常受制于博物馆的特殊气氛，因此这是一种集体思维的运作而不是独立客观的表达。正因如此，赫德森提倡非正式、即时性、经常性的观众调查，同时认为这类调查需要更为系统的记录。[18]

鉴于受众和其背景的特殊性与复杂性，赫德森认为，博物馆若要与社会建立广泛而紧密的联系，一方面需要将各种理念、方法、技术进行整合，避免顾此失彼；另一方面需要打破博物馆内外的种种边界，使各种资源得以联动。

（二）为我所用：理念、方法和技术的整合与利用

对博物馆所面临的种种"二元关系"进行界定是书中另一种常用的分析方法，但赫德森无意于评判其优劣，而是将它们作为光谱的两端，追求二者的整合或寻找适用方案，使它们可以在不同条件下为博物馆所用。

这一系列二元关系及其衍生物可分为几个相互关联的层次，即理念、方法与技术。理念是博物馆对自身和公众所秉持的态度，如赫德森指出关于"教育"的两类认知：传道授业与增进乐趣。尽管不同国家间存在差异，但教育和乐趣紧密联系的观点正在得到广泛的承认。方法即博物馆实践其特定理念所采取的手段，例如本书将与"教学/娱乐"有关的方法二分为"情节化/非情节"与"逻辑或事实/气氛"。其中，"非情节"的极端体现是马歇尔·麦克卢汉（Marshall McLuhan）基于1967年世博会提出的"参加型博物馆"主张，对情节的彻底摒弃使观众"自由地去发现、参加并投身总体之中"，并因此"毫无疲劳之感"；[19]与之相对的"情节化"的极端体现则是不容讨论的结构性教学。赫德森对此回应：全部依靠情节或全部依靠印象的表现方法都是行不通的。[20]赫德森用"气氛"来概括博物馆通过各种感官或心智体验带给观众的情绪感染力，并强调气氛与事实内容的契合。实现这一契合的故居博物馆和遗址博物馆被赫德森称为"气氛型博物馆"，因为它们"在观众中所引起的想法和感受，才是它们受欢迎的源泉"[21]。此外，诸如世博会、重大展览、流动博物馆所具有的"刺激效应"与话题性也应被视为一种气氛的调动。技术是特定方法在执行时的体现，例如前述通过博物馆选址及建筑设计营造空间氛围，通过展会、重大展览、流动博物馆等方式产生超越惯例的刺激，按报纸的排版方式安排展览标题、解说文字和照片的排布，使之兼具历史情节与情景再现等均属于这一范畴。技术与博物馆的所处

的环境及可利用的资源密切相关，也因此具有更丰富的细节与变数，即使同一类技术也有不同的组织方式。

这种"二分—整合"理念也涉及博物馆的运营与人员管理。例如，赫德森以尼日尔国家博物馆（The National Museum of Niger）的手工艺培训、展示与产品销售为例，指出通过产品推广与品质控制的结合，传统手工艺的发展与其商业上的成功完全可以平衡。[22]对于博物馆资金问题，赫德森指出了美国博物馆一直以来存在的两种"根本对立"的派别：主张私人资助者与主张政府资助者，并分析了各自的局限性，认为它们均只能给未来的博物馆提供有限的指导。[23]对于博物馆的人员管理而言，赫德森一方面试图解构博物馆中业余人员与专业工作者之间泾渭分明的界限，以数据和实例突出义务工作者和所谓的"非专业人员"对于博物馆的重要作用，另一方面则强调博物馆学方面的训练和经验对于博物馆领导者的重要性。[24]

整合不同于简单的组合或调和，而是意味着被整合的各个部分在内容与形式上的一体化。赫德森反对简单的拼接，如对于"教学/娱乐"二分而言，赫德森强调："娱乐"绝不是"钩上的饵""药丸上的糖"，不是为了吸引观众而提供纯粹的娱乐，也不是赋予藏品虚假的或不相干的意义，这是"不诚实的""不道德的"，相反，"好的东西可以靠其本身而存在"。[25]与之类似，赫德森指出目前部分博物馆为应对"博物馆疲劳"而设置的座位、咖啡馆、餐馆等往往具备这样一层含义：休息是为了从一个回合的参观中恢复过来，再为另一个回合做准备，而认为参观博物馆本身就是休息、就是玩乐的看法是极少的。[26]

基于这类二元关系的分析，赫德森强调博物馆的理念、方法、技术对于其"立身之本"，即要达到什么目标和为什么人服务，以及其所处的环境和可利用资源的适用性，并不拘泥于特定的模式或概念。如伦敦科学博物馆和慕尼黑德意志博物馆用旧有方法管理得当，也能达到良好的效果，但其面临的社会现实是：其所在国的学校教育发展较为充分，对博物馆提供"科学俱乐部"的需要并不高。[27]从与社区合为一体的"我们的博物馆"到卢浮宫，从为当地居民而办的博物馆到为旅游者而办的博物馆，从"最小限度的博物馆"到"由天才创办和管理的"瑞士运输博物馆，从技术先进且昂贵的法国林德博物馆流动陈列车（Linder Muséobus）到加尔各答印度博物馆（Indian Museum in Calcutta）办的流动博物馆，从"一个人的博物馆"到人数庞大、岗位众多的纽约现代艺术博物馆（The Museum of Modern Art）[28]——赫德森不厌其烦地列举着这些"极端"案例,费尽心思地延展着博物馆学与博物馆话术的光谱,或许正是为了提醒我们:博物馆有无数种方案可资利用——千馆自当有千面。

(三)畛域无分:作为"混合物"的博物馆

赫德森援引莱斯特大学博物馆学系创始人雷蒙德·辛格尔顿(Raymond Singleton)的观点,指出博物馆是一种"混合物"。[29]一方面是指博物馆藏品不仅种类繁多,而且在其原生环境中存在着广泛的社会联系,因此藏品的研究、展示、保存、教育需要牵涉众多领域;另一方面,博物馆面对的社会现实也具有混合性,这要求博物馆工作者既要精通自身所学专业,又要兼顾行政、传播、科研、经营等多方面工作。因此,博物馆的畛域之见无异于自我囚禁。这类畛域之见主要体现于三处:博物馆相关学科间、博物馆间和博物馆内部。

学科边界很大程度上与前述博物馆"去语境化"的过程有关,正是这一过程产生了"行家"与"普通人"的区别,也使考古与艺术在博物馆领域独当一面。这一现象首先掣肘了博物馆对于藏品的价值认知及其管理与陈列方式——赫德森指出了与之相关的另一现实:"有一种相当普遍的观点,即自然史、考古学、音乐、美术、自然科学与技术对于博物馆来说是'保险'的,而历史、文学和社会科学则是危险的课题。"[30]由于博物馆的"财源"往往攥在非常保守的人手中,卷入政治纷争便很可能为博物馆带来风险。在赫德森看来,以"事实"和"看法"划分学科毫无意义,而博物馆的"中立政策"割裂了其与社会公众之间的联系,在这个时代其实是自取灭亡。[31]这一现象同时也渗透到藏品保护人员的培训之中:考古和美术方面的课程过多,而民族志、工业技术、装饰艺术和自然史相关的课程严重不足。赫德森指出,若要使这种不平衡有所转变,文化财产的定义必须得到大范围的扩展。[32]需要强调的是,在博物馆需要纳入的种种学科之中,真正的"博物馆学",即博物馆对社会公众的职责仍需放在最首要的位置。赫德森如是问未来的博物馆人:"你认为自己首先是动物学家(或其他),其次是博物馆工作人员,还是首先是博物馆工作人员,其次才是动物学家?"[33]

博物馆间的边界一方面由于前述学科分野的延伸,另一方面则来源于博物馆的"私有制"传统。对于前者,赫德森以非常生动的案例向我们指出:尽管植物标本和植物、植物和动物、自然史与农业之间均存在着紧密联系,植物博物馆与植物园、植物园与动物园、自然博物馆与农业博物馆之间却被人们生硬地分开;尽管艺术品的工艺对于观众有着巨大的吸引力,但是在艺术博物馆中,这一部分却只能被故意忽略。赫德森认为,这样的划分违背了普通人看待世界的方式,除了管理方便别无好处——完整的图景才是合理的。[34]与此同时,前述的"中立政策"也体现在博物馆跨区域的馆际交流中:考古与艺术占据绝对地位,而真正"迷人、易于解读的藏品"并不会送至国外,这使得这种馆际交流仿佛一般等价物的交换,而不是价值与观念的交流。对于后者,赫德森指出博物馆界存在的"投资银行学"及"地方观念"之荒谬,并呼吁一种真正的文物"共有制"。[35]在经济上,共有制可以促进文化机构联合征购而不是彼此竞争,避免艺术品的溢价;在观念上,共有制强调文化财产是国际遗产社区的一部分,能减弱极端的民族倾向与地方倾向;在博物馆工作上,共有制为博物馆之间的国际交流创造了极大的便利。[36]

博物馆内部的边界体现为博物馆的某种"等级制度",即博物馆管理者、高级职员与一般工作人员的区隔。博物馆似乎并不需要一般工作人员对藏品或者博物馆的业务活动产生兴趣,他们一直被贴着"技师"或者"服务员"的标签,而鲜有机会晋升至更有意思、负更多责任的工作岗位上。赫德森指出,这种做法将直接接触社会公众、倾听并回答公众疑问的工作人员排除在外。这些工作人员应该被视为合作者,而不是苦力。[37]此外,这种等级制度也体现在博物馆的人员培训与学术交流上,很多为培养博物馆专业人员而设的课程几乎全部都是理论性的,教学人员往往也不具备实际工作的经验。在一些国家,完成了博物馆学课程的人会被马上吸纳到行政机构中,高高在上地控制着实际管理博物馆的人,实践性训练因此变得多余。此外,赫德森指出,经常出席国内外各种学术会议的人往往是博物馆的馆长或者资深人员,而真正参与一线工作的年轻人——那些给会议做出更多贡献、从会议中收获更多但地位相对较低的人却被拒之门外。[38]

三、余论

"完整型博物馆"的对立面,如果追溯起来,或许是一种"有限型博物馆",它把自己藏于高墙深院之中,又用种种含糊的概念把自己围合起来,固执地守着自己那一亩三分地。相比之下,"完整型博物馆"显然是"自由的",它打破了重重围合,灵活地适应着瞬息万变的社会形势——恰如赫德森所说:"一个好的博物馆是永远在变的。"同时,它是"不自由的",因为它再也无法隐匿于种种"春秋笔法"之后,而不得不直面它的"天命"。

今天的情况与赫德森所描绘的20世纪70年代场景或多或少有些相似。继2019年国际博协的博物馆新定义提案在京都大会上搁浅后,2022年8月24日,国际博协布拉格大会最终完成了博物馆定义的修订。这也是自1974年定义之后,国际博协在表述博物馆定义上改动最大的一次修订。"具有可及性和包容性,促进多样性和可持续性""以符合道德且专业的方式""社区参与""提供多种体验"是"为社会及其发展服务"的具体化体现。其中,"具有可及性和包容性"是服务社会的态度要求,"促进多样性和可持续性"是服务社会的目标,"以符合道德且专业的方式"恰与赫德森前述"不道德的""不诚实的"方式相对,"社区参与"是服务社会的必然途径。在很大程度上,修订这一定义的方式正与赫德森的博物馆理念相契合,即拒绝躲在含混不清的理念之后,而是直面具体的社会现实与具体的人。遗憾的是,国际博协博物馆定义面对"众口难调""吃力不讨好"的窘境,这些新增补的措辞也免不了带有这种含糊性。或许,国际博协博物馆定义所激发的讨论远比其措辞本身重要。如赫德森所说,国际博协成立的半个世纪以来对博物馆产生的最根本影响,就是现在几乎全世界都确信博物馆的存在是为公众服务的,我们当然也乐见这些新措辞带来的实质性变化。[39]

由加拿大的一位前博物馆馆长、独立作家罗伯特·R.琼斯所写,出版于2009年的《混乱世界下的博物馆:再造、无关或衰败》(*Museums in a Troubled World: Renewal, Irrelevance or Collapse?*)[40]一书可视作对这种"现实相似性"的佐证。这两本书均始于对博物馆所面临的"挑战"或"危机"的勾勒,赫德森所揭示的种种错位,在琼斯那里被概括为"无关性"。面对危机和挑战,两人均强调博物馆的灵活应变。但是在具体的应对方针上却有所不同:赫德森的"完整型博物馆"更强调不同理念、方法、技术、学科、资源的整合,以重建博物馆与社会的联系;而琼斯的"静观冥想的博物馆"(mindful museum)则与赫德森的"存在之问"相呼应——它意味着对当下的警醒和对我们时常忽略的事情的反思,要求我们时刻明确自己在做什么,并帮助我们更深入地了解外在世界及我们自身。相对而言,赫德森更多地以一个旁观者乃至"外行人"的视角介入,更关注博物馆的公众关系;琼斯则更多地以业内人士的视角介入,更关注博物馆的管理与"自救"。赫德森是"外向"的,琼斯则是"内省"的。

这样的对比显示，房间里可能不只有一头大象。对于博物馆而言，如何从不同的角度明确自身的主体性、打破惯性、关注相关性，仍然是值得常行、常思、常新的问题。

（张书良，上海大学文化遗产与信息管理学院博士研究生，主要研究方向为博物馆展览策划。）

注释：

[1] 肯尼斯·赫德森：《八十年代的博物馆——世界趋势综览》，王殿明等译，北京：紫禁城出版社，1986年，第1页。
[2] 肯尼斯·赫德森，前揭书，第6—7页。
[3] 肯尼斯·赫德森，前揭书，第8页。
[4] 肯尼斯·赫德森，前揭书，第14页。
[5] 肯尼斯·赫德森，前揭书，第14—15页。
[6] 肯尼斯·赫德森，前揭书，第16页。
[7] 肯尼斯·赫德森，前揭书，第26—27页。
[8] 肯尼斯·赫德森，前揭书，第31—32页。
[9] 从全书来看，"整合型博物馆"是更贴近赫德森本意的翻译，但本文沿用1986年中文版本的译法。在圣地亚哥圆桌会议上，"the integral mueseum"和"the integrated museum"均有出现，前者指"积极参与国民生活，并重建展品语境的博物馆"，后者指"跨学科的博物馆，它对应着另一个新概念：生态博物馆"。赫德森所理解的"integrated museums"兼具上述两种含义。详见："Basic Principles of the Integral Museum", *Museum International*, 2014, 66, pp. 1-4, 175-182; Conrad Wise, ed., *The Role of museums in Today's Latin America*, Paris: UNESCO, 1973, pp. 127-128.
[10] 肯尼斯·赫德森，前揭书，第33页。
[11] Kenneth Hudson, *Museum of Influence*, Cambridge: Cambridge University Press, 1987, pp. 1-4.
[12] 肯尼斯·赫德森，前揭书，第418页。
[13] 肯尼斯·赫德森，前揭书，第33页。
[14] 肯尼斯·赫德森，前揭书，第38—223页。
[15] 肯尼斯·赫德森，前揭书，第49、154、189页。
[16] 肯尼斯·赫德森，前揭书，第176页。
[17] 肯尼斯·赫德森，前揭书，第187页。
[18] 肯尼斯·赫德森，前揭书，第320—347页。
[19] 肯尼斯·赫德森，前揭书，第12页。1986年中译本中的"1976年世界博览会"有误，应为1967年加拿大蒙特利尔的世界博览会。
[20] 肯尼斯·赫德森，前揭书，第194—195页。
[21] 肯尼斯·赫德森，前揭书，第139—143页。
[22] 肯尼斯·赫德森，前揭书，第243—245页。
[23] 肯尼斯·赫德森，前揭书，第408页。
[24] 肯尼斯·赫德森，前揭书，第360—364页。
[25] 肯尼斯·赫德森，前揭书，第224页。
[26] 肯尼斯·赫德森，前揭书，第202—203页。
[27] 肯尼斯·赫德森，前揭书，第250页。
[28] 肯尼斯·赫德森，前揭书，第200—202、213、276—280页。
[29] 肯尼斯·赫德森，前揭书，第368页。
[30] 肯尼斯·赫德森，前揭书，第210页。
[31] 肯尼斯·赫德森，前揭书，第206—207页。
[32] 肯尼斯·赫德森，前揭书，第386—388页。
[33] 肯尼斯·赫德森，前揭书，第376—377页。
[34] 肯尼斯·赫德森，前揭书，第218—220页。
[35] 肯尼斯·赫德森，前揭书，第73—74页。
[36] 肯尼斯·赫德森，前揭书，第53—55页。
[37] 肯尼斯·赫德森，前揭书，第394—386页。
[38] 肯尼斯·赫德森，前揭书，第374—376页。
[39] 肯尼斯·赫德森、王今：《博物馆拒绝停止不前》，《中国博物馆》，1998年第2期，第33—37页。
[40] 罗伯特·R.琼斯：《混乱世界下的博物馆：再造、无关或衰败》，林永能等译，台北：华腾文化股份有限公司，2012年。

《科学与技术中心》
Science and Technology Centers

作者：维克多·J. 丹尼洛夫（Victor J. Danilov）
出版年份：1982

❖—— 本书短评 ——❖

最早、最全面地介绍科学中心的著作。

述评人：伍熠

第二次世界大战之后，科学技术类博物馆在美国蓬勃发展，其不再注重面向过去的、具有历史价值的物件收藏和陈列，转而聚焦当下和未来，使用能运转、可参与的展品吸引观众注意，以此来传达科学与技术的变化发展动向，促进公众对科学的认知和理解。这类新型博物馆在功能上超越了传统的"博物馆"，转而成为一种非正式的辅助性教育机构。[1]传统意义上的"博物馆"（museum）一词很难定义和涵盖这一类新型机构。于是，这类机构不再被称为科学博物馆，而开始被称为"科学与技术中心"（science and technology center）或"科学中心"（science center）[2]。20世纪60—70年代间，世界范围内相继涌现数十座新建立的科学中心，与此同时，旧有的科学博物馆的展览和活动也相继向新的科学中心模式转变。

　　在此背景下，《科学与技术中心》（*Science and Technology Centers*）于1982年面世，成为最早全面介绍科学中心的文献之一。其时，本书作者丹尼洛夫正担任芝加哥科学和工业博物馆主席兼馆长，他从自己在科学中心的多年工作经历、心得体会及研究成果出发，将建设运营科学中心的方方面面梳理并归纳成书，旨在"为期望创办和经营科学中心的人士提供有用的信息"[3]。本书全面回溯了科学与技术中心的发展变迁历程，并从理论说明和案例展示两个方面"为规划、建设和运营这类机构提供了具体、可操作的指南"[4]。具体而言，本书内容广泛涵盖了机构的目标定位、馆舍的建设、理事会的组织建立、行政管理、人员配置、资金筹措、安全保障、宣传推广、藏品与展品、常设展览、临时展览与巡回展览、教育活动、会员计划、社会服务、展览评估方法等方面。

　　1987—1988年，由台湾自然科学博物馆主办的《博物馆学季刊》分期翻译并刊载了本书部分章节的内容，包括科学中心的定义、种类、创办过程、收藏、永久展示、教育活动以及评估研究。[5]从其选择翻译的篇目来看，内容既涉及科学中心所应关注的核心议题——科学中心与"博物馆"的主要区别，也充分考虑了对科学中心建设极具参考价值和借鉴意义的话题。1989年，中国科技馆编译完成本书全文，并由学苑出版社出版发行。[6]

　　写作伊始，笔者分别阅读了《博物馆学季刊》刊载的文章、中国科技馆的编译版本和英文原著，几经对比得出如下结论：中国科技馆编译的版本存在较多翻译不通畅、不准确以及信息错漏之处；《博物馆学季刊》的编译版本，则对原文进行了较多的概括整理，且在正文中插入了较多译注。虽然这些错漏之处和归纳整理并不会掩盖两部编译版本的价值与意义，但是为求更准确、真实地反映原著面貌和作者观点，笔者在本文写作中将以英文原版为基础进行梳理与论述。

从章节安排来看，本书共分为"科学中心概述""组织与管理""展览与活动"三个部分。但是本文未对第二部分"组织与管理"展开分析和讨论。一是因为其描述的内容与传统意义上的博物馆并无显著差异；二是其相关内容均为美国语境下的流程和规范，对我国当下的科学中心建设不太有指导意义和参考价值。故此，本文对著作内容和观点的评述主要从如下三个方面展开：首先，探讨博物馆世界对科学中心这一新型机构形态的理解和认识，借此说明科学中心规划建设过程中应注意的要点；其次，深入分析与探讨科学中心所涉及的展览、教育活动、评估等特性问题；再次，站在当前的中国语境下重新思考本书的价值与意义。

一、理解科学中心：源流、特征与规划建设

本书第一部分"科学中心概述"分为四章，为科学中心的定义、源流、建设和运营提供了总览。其中，第一章主要介绍了"科学中心"这一机构的定义及特征，并比较了科学中心与传统博物馆的异同之处，总结了当时学界对科学中心的态度与评判；第二章谈论了科学中心的起源、当代发展动向；第三章列举并分析了科学中心的类型划分；第四章则归纳列举了创建并管理科学中心的各阶段所要考虑的问题。

（一）科学中心的源流与特征

科学中心不仅是时代的产物，而且是历史演变的结果。在本书伊始，丹尼洛夫梳理了当代科学中心由传统的技术博物馆、国际博览会等形态经过几个世纪逐渐演变而成的过程。[7]早在17—18世纪，便存在陈列机械模型、科学仪器设备等私人收藏的科学史博物馆及技术博物馆。19世纪，工业革命的到来和国际博览会的出现，掀起了创建以展示工业生产成果为导向的技术博物馆的热潮。20世纪初期，科学技术的飞速发展为人们的日常生活带来了诸多便利，公众对科学技术的热情日益高涨，并渴望增进对这些新生事物的理解和认知。由此，对于科学类博物馆的需求和期待也发生了相应的变化。正是在这样的背景下，为观众普及科学与技术知识的非正式教育机构——科学中心——产生并急速增多。[8]

这类新型的非正式教育机构在展示方向、展品形式、目标观众和机构人员等方面都与传统的科学博物馆有所区别。这类机构不以藏品为导向

（object oriented），也因此没有研究藏品的研究员（curator）。相较之下，它们更注重展示当下的科学技术原理及应用，主要通过参与式的体验、可以触碰的展品以及科学演示来吸引公众。[9]这一模式为不同年龄段的观众提供了极为愉快的学习体验，许多教育工作者也认为参与式的展品能够有效补充学校的课内教育。[10]基于此，丹尼洛夫将这一类机构简要概括为"一种鼓励观众自己动手（do-it-yourself）的博物馆"[11]。

由于上述差别的存在，对于这类机构是否可以被称作"科学博物馆"，学界开展了广泛的探讨。史密森学会策展人伯纳德·芬（Bernard Finn）指出：

> 一些策展人认为"博物馆"这一名称足够能描述这类机构的特性，同时也表明这类机构很有益处和价值；而另一些人则认为应该避免对这类机构使用"博物馆"这一名称，因为其暗示了这类机构和传统意义上的博物馆一样陈旧、乏味、枯燥。[12]

丹尼洛夫援引了伯纳德·芬的这一综述，并赞同了后一种观点。后一观点也成为新建机构不再愿意采用"博物馆"这一名称的原因。最终，在学界的建议下，这类新型的科学博物馆逐渐被统称为"科学中心"。[13]

与名称所引发的争论类似，科学中心的价值与地位也在学界引发了广泛争论。认可性的观点多为对科学中心新的展示手段的赞赏，因为科学中心将娱乐性与教育性相结合，在教育功能方面实现了突破。而批判的声音则集中抨击了科学中心在内容和目标方面的局限性，主要包括两个方面：其一，科学中心的展示忽视了科学史，弱化了科学技术的发展变迁历程，这或许不利于公众对科学技术全貌的完整理解；其二，科学中心在呈现科技成果时，缺乏辩证的态度，回避了科学技术发展过程中的复杂性和艰难性，几乎没有提及可能伴随科技发展而产生的问题和负面结果，这或许会使得公众盲目迷信科技的力量。[14]

丹尼洛夫虽承认上述问题的存在，却认为这些批评之辞未免有些夸大。他认为科学中心之所以能够取得成功，是因为其"为回应社会之需要开辟新的路径"[15]，填补了传统博物馆所忽略的领域。考虑到大多数科学中心创立的目的并不在于展示科学技术发展史或者批判科学技术，因此，其在展示视角上有所缺漏也情有可原。

（二）科学与技术中心的规划建设

从本质上说，每一座科学中心都是利用互动性展品展示科学和技术的非正式教育机构，但它们的形式不尽相同。丹尼洛夫依据规模和内容主题的差异将科学中心归类，分为综合类（comprehensive centers）、专门类（specialized centers）和限定类（limited centers）三大类别，进而又根据机构的创建原因、资金来源、建设目标在各类别内部细分。

其中，综合类科学中心规模大、涵盖内容广泛，组织架构也发展得最为健全。根据其创建宗旨、展品性质和教育活动性质的不同，又可以进一步细分为：以工业发展为展教重点的工业型科学中心（industrially oriented centers），与学校课程相关联、推广科学教育的教育型科学中心（educationally oriented centers），涵盖物理、生命科学、自然史各个学科的科学型科学中心（scientifically oriented centers）。[16]相较于综合类科学中心，专门类科学中心往往聚焦于某一具体的科学学科或技术领域，如健康、能源、交通、宇宙、自然等。[17]此类科学中心主要由政府相关部门或领域内的相关专业机构、公司资助建立，为观众提供细化领域的科技知识普及。而限定类的科学中心则主要指那些规模较小，或是带有一部分互动科技展品的其他类型展馆。[18]

诚然，科学中心的类型并非仅限于上述几类。丹尼洛夫尽力列举了丰富的类型，期望为相关人士在建设科学中心的准备过程中拓展思路、打开视野。同时，读者也应当注意，科学中心所衍生出的多元形态，一方面佐证了其建设发展如火如荼，已成为世界性的趋势；另一方面也意味着在蓬勃的建设浪潮中，缺乏针对性研究和考量的科学中心极有可能面临潜在的困难或失败。

对此，丹尼洛夫归纳了创建和运营科学中心各个环节所需关注的要点，期望帮助相关工作者提前思考、预见并避免潜在问题。他指出创办科学中心是系统性的工作，并将过程中所需考虑的要点概括为三大类：创建之前的思考与筹备，对于展览、教育活动等核心业务项目的整体规划，对于内部运营管理的规划。

关于创建阶段，丹尼洛夫特别强调了事前思考及规划的重要性，并指出这一阶段的工作和维持科学中心的日常运营同等重要，关乎科学中心整体的成败。[19]事前筹划需要不同专业人士集智聚力，在这一阶段要考虑并执行的要点事务包括：成立规划委员会、寻求立项专业建议、决定待建科学中心的类型与目标、确定法定结构、选址、考虑建筑条件、筹资、设立理事会、任命馆长及招聘馆员等。尽管丹尼洛夫对这些事务的解释清晰易懂，但既没有按照流程先后排列，也没有按照工作模块的总分关系展开。因此，各项事务本身固然可以引发读者反思，却难以形成系统性的指导。相较之下，后两项——核心项目的整体规划和内部运营管理的规划——涉及的内容则都是科学中心日常的常规工作事务，并不关乎流程先后。因此丹尼洛夫对这些事务的逐一介绍，在内容结构上显得清晰明白。在核心业务方面，他分别论及了科学中心的收藏、展示、教育活动、研究、会员服务、社区服务；在内部运营方面，分别论及了管理架构、财务工作、建筑维护、安全保卫、公共关系、经费筹措。

总体来说，对于上述各项事务，丹尼洛夫并未提供明确的执行模式或是所谓的办事"套路"。正如他在全书开篇所申明的那样，"成功创办一座科学中心没有固定的模式和套路可言"[20]。在本部分他再次解释道，书中所论及的内容并非提供给所有问题的特定答案，而是希望能够激发相关人士的思考。

二、科学中心的核心议题：展览、教育活动与评估

本书第二、第三部分延伸第一部分第四章的内容，对科学中心建设运营所涉及的工作模块逐一详细介绍，并提出了相应的思考及建议。其中，第二部分"组织与管理"讲述科学中心运营过程中的内部事务，内容多与科学中心的架构、组织管理和资金筹措相关，且相关讨论大多基于美国社会当时的语境。这一章关于运营工作的建议并未展现科学中心的特性，因此，笔者在此暂不赘述。第三部分"展览与活动"则涉及科学中心的核心业务和面向社会公众的事务，包括藏品、常设展览、临展和巡展、教育活动、会员计划、社区服务及评估。接下来，笔者将以丹尼洛夫在书中梳理的工作过程及建议为依托，重点介绍展览开发、教育活动与展览评估这三个最能反映科学中心本质的环节。

（一）展览开发

科学中心利用各项展示技术和活动使得展览内容更加丰富、有趣，这挣脱了传统博物馆以藏品为核心的束缚。虽然许多科学中心都没有一般意义上的"藏品"，但在展览或教育活动中仍然会使用"物件"（objects）[21]。科学中心展览对待藏品或物件的态度及利用方式与博物馆展览不同，即聚焦科

学知识及观念的传播,而非藏品本身的价值与意义。由此,藏品和物件的地位退居其次,作为辅助性展品用以补充解释科学原理或技术应用。[22]丹尼洛夫指出,这种展示方式的差异正是科学中心能够广受大众欢迎的原因。[23]

因而,开发科学中心式的展览,需要考量的因素也与策划博物馆展览有所区别。丹尼洛夫认为,与传统的博物馆相比,科学中心在展览开发过程中应该更加注重展示设计。[24]诚然,思考与打磨展示主题、故事架构等内容具有重要意义,但展示设计才是"吸引观众"与"传递信息"的关键所在。[25]这里所说的展示设计包括空间规划、参与性展示手法(participatory techniques)的设计、辅助展品的应用、说明牌设计、灯光及色彩设计、动线设计等。

科学中心开发展览时,内容的知识性和形式的趣味性之间往往容易形成冲突。丹尼洛夫剖析了这一现象,认为其问题在于负责内容的专家想要传达的信息时常过多,且难以充分展示。与此同时,展示设计人员常常会为了增强形式的吸引力,而忽略所展示信息的内涵。[26]对此,丹尼洛夫并未深入探讨并给出明确有效的建议,只是在文中表示,设计并无定式,需要不断去尝试新的展示概念和展示方式,由此找出向大众阐释展品的更有效的方法。[27]

(二)教育活动

与传统博物馆以收藏、陈列为宗旨不同,科学中心的主要宗旨是教育。但关于科学中心在学术定义上是否属于"教育机构",当时的学界并未达成共识。丹尼洛夫在书中避开了关于机构属性的讨论,转而切入教育活动的视角。他明确提到,科学中心的"教育活动"(educational program)通常是指在展示和日常运行之外所组织的一类以教育为目的的活动。[28]由此,他进一步模糊了科学中心与传统博物馆的边界,仅从教育活动的角度将博物馆非正式教育与学校教育相比较。丹尼洛夫将这类非正式教育活动概括为"一种新的教育维度"(a new educational dimension)[29]。然而,大多数博物馆和科学中心在当时却尚未完全发展出一套适合自身的教学方法。丹尼洛夫进一步援引奥本海默的观点,认为这一现象是由于博物馆的相关工作者在观念上还没有突破、职责上也颇受岗位所限。[30]在丹尼洛夫看来,尽管科学中心的馆长和教育负责人的职责范围有限,但教育活动的可能性是无限的。[31]

因此,丹尼洛夫把科学中心所举办的教育活动分为三大类——基本教育活动(basic educational activities)、学校及对外服务(school and outreach services)以及其他教育活动,并逐一详细列举了各类别下细分的教育活动形式以及相关案例。通过罗列的案例，我们不难发现教育活动的开放性和多元性特征，即科学中心可以通过和学校、社区、企业、基金会等多样的社会机构合作，开展内容多样、形式多元的教育活动。

遗憾的是，丹尼洛夫并未根据列举的教育活动案例深入阐明其目的、意义、成效等相关信息。同时，关于科学中心的教育活动与传统博物馆的异同，书中也未论及。

（三）展览评估

展览的质量和效果通常能够决定一个科学中心的成败。丹尼洛夫分析了多位专家评判科学中心展览的标准，并做出总结归纳：

> 一个"有效的"（effective）科学中心展览应该能够激发并维持观众的兴趣，允许观众从行为上或思维上参与互动，以观众能理解的方式阐释知识及概念，给观众带来愉悦的体验并传达预期的信息。[32]

而判断一个展览是否符合上述标准，抑或是否需要改进提升，则需要一种可行且有效的评判方式。

丹尼洛夫在全书的最后一章讨论了展览"有效性"的评估标准。他直言，大多数科学中心在规划展教活动时完全依靠直觉，极少能以评估研究作为依托；展览评估在执行时也大多流于形式，未能真正地做到为决策提供参考。[33]其困境在于，既有的用于评估学校课程教育效果的方法，并不适用于评估科学中心展览的有效性，而分析采用这一方法所得的评估结果，并将其转化为有用的数据，便显得更加困难。

为此，丹尼洛夫借用美国博物馆评估研究先驱斯克里文（C. G. Screven）所提出的"目标指向式"（goal-referenced）研究来说明评估展览的理想方式，即以展览的预期目标为基准进行评价。[34]在设计展览评估方案之前，必须首先明确三个基本问题：人们希望展览达到怎样的效果？如何通过展览及展品达成预期效果？有没有办法衡量展览是否达到预期效果？唯有界定清楚展览目标、思考清楚上述问题，才能着手开展切实有效的展览评估。

丹尼洛夫参照"展览效果的三因素"（three factor theory of exhibit effectiveness）理论进一步指出了衡量展览是否达到预期效果的参考因素。首先是展览是否一开始就能吸引观众注意，其次是观众是否能在观展过程中持续保持兴趣，最后是展览能否让观众收获相应的知识或感触。[35]这三点因素分别涵盖了观众在展前、展中、展后的行为表现。

关于调研的类型，丹尼洛夫介绍了观众调查和实验评估两种主要类型。后者的研究过程相对更正式且科学，但开展起来却更为复杂。实验评估可以进一步分为形成性评估（formative evaluation）和总结式评估（summative evaluation）。前者是展览的事中评估，可以帮助工作人员及时调整展览策略以呈现更佳的效果；后者则是确认已完成的展览是否达到预期目标，并总结和反思。[36]

丹尼洛夫在随后的篇幅里，就不同的评估方法分别列举了若干科学中心的代表性实例以供读者参考。然而，本章节的内容仅仅止于这些案例参考。尽管丹尼洛夫意识到了展览评估的难点包括"将调研结果转化成对博物馆专业人员有用的数据"[37]。但他却并未对开展调研活动之后的事项，即如何总结归纳数据、得出有效结论并改进提升展品及展览做出更进一步的说明与探讨。

三、余论

总体而言，本书的内容可以为科学中心的工作者提供参考与启示，也为对科学中心工作事务怀有好奇的业内外人士提供了快速认知的渠道。然而，本书的内容也存在一些公认的局限。首先，书中第二、第三部分所介绍的内容过于简单、基础、且罗列的案例众多。正如美国学者梅尔文·克兰兹伯格（Melvin Kranzberg）关于本书的评论文章所言，全书更像是一本介绍科学中心相关问题的"实操指南"（"how-to" manual），而其中的内容对于科学中心从业人员而言也许并不新鲜。[38]并且，这些内容几乎并未深入触及科学中心的核心问题，尤其是展览、教育活动和展览评价等与科学中心"本质"相关的章节，本应重点展现相关工作与传统博物馆的不同，却未能展开深入的探讨。[39]

此外，丹尼洛夫所表达出的对科学中心的理解，也是有所取舍、并不客观的。克兰兹伯格[40]和英国学者克里斯托弗·希尔（Christopher Hill）[41]分别在本书的评论文章中对此诟病，他们认为在这样一本全面介绍科学中心的著作中，丹尼洛夫应该对科学中心的优势和弊端加以更加深入且客观、平衡的探讨，并以此对科学中心在当时的面貌和未来发展方向做出思考和指引，而丹尼洛夫却并没有深入阐释科学中心有缺陷的一面，以及这些不足之处对于科学中心的展示而言将会意味着什么。

纵览全书，需要注意的一点是，丹尼洛夫所论及的相关经验和注意事项，大多是基于其本人的工作实践经验，立足于美国的科学中心在20世纪70—80年代间的状况。时至今日，无论科学中心自身还是相关展示技术都有了进一步的拓展提升，因此书中的有些内容便显得有些过时，特别是与技术应用相关的一些建议。另一方面，由于地域性的差异，书中与机构和管理相关的经验对于我国科技馆工作而言，借鉴价值较少；而有关藏品、常设展览、临展与巡展、教育活动、展览评估等与展览和活动相关的部分则更有参考价值。

最后，由本书未尽的问题出发，我们可以进行一些延伸阅读与思考。例如：斯特拉·巴特勒（Stella Butler）在1992年所著的《科学技术博物馆》（*Science and Technology Museums*）一书中，关注到动手型展览在教育效果上的缺憾之处，也思考了科学博物馆及科学中心的发展趋势以及在21世纪将面临的挑战。他提到动手型展览仅关注现象，而无法给观众展现科学的发生过程，也质疑了其是否能帮助观众真正理解科学原理、是否真的能引导观众热爱科学。[42] 又如：斯万特·林德奎斯特（Svante Lindqvist）2000年主编的《现代科学博物馆》（*Museums of Modern Science*）一书，其中辑录的文章探讨了互动展品之动手与动脑的区别，认为涉及大脑积极活动的展品才算是真正的"参与性"展品。[43] 此外，该书中也辑录多篇相关文章，着重探讨丹尼洛夫在《科学与技术中心》中并未触及的一些话题，包括如何利用展览影响观众真正开始关心科学，以及如何在展览中有分寸地呈现科学史上的争议性话题等。时至今日，这些议题仍然值得科学中心相关工作者深思。

（伍熠，北京智景未来科技发展有限公司主案策划，硕士毕业于伦敦大学亚非学院。现主要从事文博类、科技类展览的内容策划与形式创意工作。）

注释：

[1] Victor J. Danilov, *Science and Technology Centers*, Massachusetts: MIT Press, 1982, p. 29.

[2] Ibid., p. 2, 6.

[3] Ibid., p. ix.

[4] 见 https://www.goodreads.com/book/show/3481076-science-and-technology-centers?from_search=true&from_srp=true&qid=06DbCzVtUo&rank=10

[5] 张誉腾、王维梅译，刊载于《博物馆学季刊》，1987年第4、7、10期，1988年第1、4期。

[6] 维克多·丹尼洛夫：《科学与技术中心》，中国科技馆编译，北京：学苑出版社，1989年。

[7] Victor J. Danilov, *Science and Technology Centers*, p. 13.

[8] Ibid., p. 3.

[9] Ibid., p. 2.

[10] Ibid., p. 5.

[11] Ibid., p. 5.

[12] Bernard S. Finn, "The New Technical Museums", *Museum News*, 1964, 43, pp. 24-25.

[13] W. T. O'Dea, L. A. West, Editorial, *Museum*, 1967, 20, p. 150.

[14] Victor J. Danilov, *Science and Technology Centers*, pp. 9-11.

[15] Ibid., p. 12.

[16] Ibid., pp. 42-44.

[17] Ibid., p. 44.

[18] Ibid., p. 47.

[19] Ibid., p. 52.

[20] Ibid., p. ix.

[21] Ibid., p. 182.

[22] Ibid., p. 181.

[23] Ibid., p. 194.

[24] Ibid., p. 200.

[25] Ibid., p. 200.

[26] Ibid., p. 201.

[27] Ibid., p. 201.

[28] Ibid., p. 62.

[29] Ibid., p. 245.

[30] Frank Oppenheimer, "Schools Are Not for Sightseeing", Katherine J. Goldman, ed., *Opportunities for Extending Museum Contributions to Precollege Science Education*, Washington: Smithsonian Institution, 1970, p. 10.

[31] Victor J. Danilov, *Science and Technology Centers*, pp. 246-247.

[32] Ibid., p. 198.

[33] Ibid., pp. 294-295.

[34] Ibid., p. 295.

[35] Ibid., p. 297.

[36] Ibid., p. 301.

[37] Ibid., p. 295.

[38] Melvin Kranzberg, "Reviewed Work(s): *Science and Technology Centers* by Victor J. Danilov", *4S Review*, 1984, 2(1), p. 19.

[39] Christopher Hill:《科学中心》，张誉腾译，《博物馆学季刊》，1988年第1期，第86页。

[40] Melvin Kranzberg, *op.cit.*, pp. 18-20.

[41] Christopher Hill，前引文，第85—86页。

[42] 斯特拉·巴特勒：《科学技术博物馆》，张婪婪译，北京：北京师范大学出版社，2021年，第101页、第117页。

[43] 斯万特·林德奎斯特主编：《现代科学博物馆》，蒋澈译，北京：北京师范大学出版社，2021年，第182—183页。

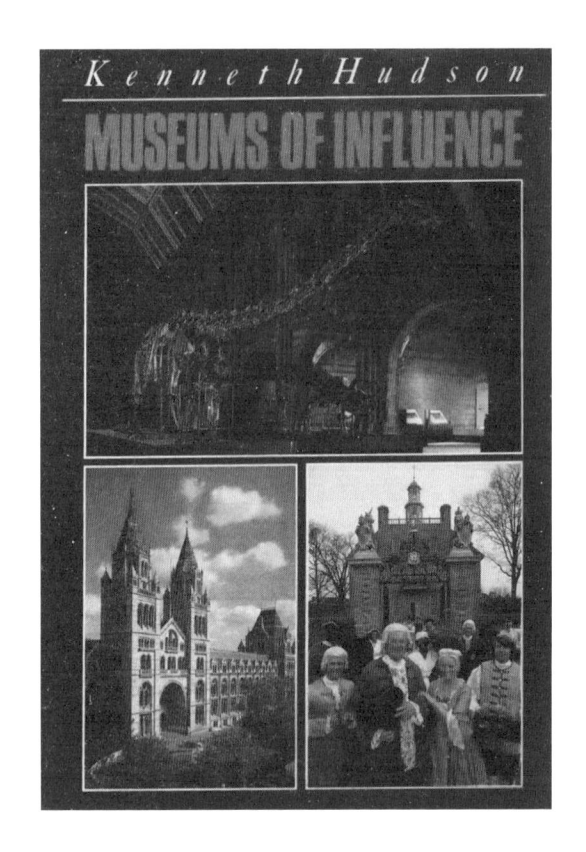

《有影响力的博物馆》

Museum of Influence

作者：肯尼斯·赫德森（Kenneth Hudson）
出版年份：1987

◆——· 本书短评 ·——◆
"影响力"视角下的博物馆史研究代表作。

述评人：张书良

一、何为"有影响力的博物馆"

在《有影响力的博物馆》一书中,肯尼斯·赫德森选出18—20世纪13个国家的37座博物馆先驱,对其进行批判性考察,讨论什么是影响力及其具有影响力的条件。当时,源自西欧的博物馆机构正在全世界迅速扩张,在适应新的社会环境时充斥着误导与矛盾。赫德森认为,真正的传播更在于触发灵感,而非机械照搬实践方式,为此需要对传播过程进行考察。[1]与《八十年代的博物馆——世界趋势综览》相比,十年后出版的《有影响力的博物馆》[2]更多将视线聚焦于博物馆自身的能动性,关注能动性背后具体的人与故事。

书中的"影响力"指"以原创或引人注目的方式开辟新天地……使其他博物馆愿意或被迫效仿它们"[3],体现如下特征:以自上而下的方式发生并逐步蔓延;以思想为前导,而非技术或方法;本身是"中性"的,无关乎影响是积极还是消极。"影响力"发挥作用依赖于三点必要条件:具有卓越眼光和原创性思维的人使新思想得以发展;合适的时间与社会环境;传播新思想的手段。[4]

《有影响力的博物馆》全书共八章。第一章描绘博物发展与变化的成书背景。第二至七章对六类不同的博物馆及其影响进行描述与分析。第八章对当前趋势进行判断,并对未来"有影响力的博物馆"进行预测。若将前述"影响力"的特征与条件视作一种历史哲学,那么第二至七章中的每一章均可被视为一类博物馆的发展史,第八章则构成了彼时博物馆的当代史,后文将对此进行逐章简述,讨论博物馆影响力的特征与意义。

二、"有影响力的博物馆"面面观

(一)古物学与考古学

此类博物馆包括古物学与考古学两种传统,大英博物馆横跨于二者之上。[5]赫德森认为,大英博物馆难副"有影响力"之名,因为其影响源于规模而非革新,偏重于业务活动与外在形象而非思想与方法,具体包括两方面:一是由罗伯特·斯默克(Robert Smirk)设计的希腊复兴风格式建筑体现了19世纪"博物馆作为艺术神庙"的普遍观念,影响了欧洲和美洲大量博物馆、美术馆和图书馆的建筑风格;二是由安东尼·帕尼齐(Anthony Panizzi)推动的图书馆和阅览室建设对全世界的图书馆规划产生了影响。

但大英博物馆的实际进展缓慢，良好的口碑更像是迫于其宏大规模的"洗白"；从博物馆学的角度来看，最重要的进步往往不是来自博物馆巨头，而是来自规模相对更小的机构。[6]

丹麦国家博物馆（National Museum of Denmark）见证了古物学到考古学的关键一步。克里斯蒂安·尤尔根森·汤姆森进而以"三期说"为基础整理藏品，使该馆成为世界上首个系统性的考古博物馆。[7]皮特·里弗斯（Pitt Rivers）以探究人类文化发展为目标进行考古发掘，将进化原则和类型学方法应用于藏品的收集与整理，他将自己的博物馆与大英博物馆进行对比：后者是服务于学者的"参考博物馆"（museum of reference）或"研究博物馆"（museum of research），而他想建立的是教育博物馆。尽管这种教育是出于政治目的：传播社会达尔文主义，扼杀社会革命于萌芽。此外，他还将博物馆作为乡村郊游的一部分，利用种种"诱因"吸引观众参观。[8]

菲什伯恩罗马宫博物馆（Roman Palace Museum）被认为是考古遗址博物馆的先驱，它使被发掘的遗物与遗迹在原址得到保护与阐释。据此，赫德森质疑大型博物馆通过"吸收"外来文化遗产扩大规模的权利，这种做法使藏品与原生环境分离，而二者对于全面了解历史均不可或缺。[9]

（二）艺术

艺术不是纯粹的"审美"，而关乎权力和财富。赫德森提出艺术博物馆发展的三个阶段：19世纪初，博物馆里的艺术品得到系统组织，公众被准入；19世纪中叶起，富裕阶层介入艺术市场，艺术的价值判断被扭曲；20世纪后期，新一代博物馆人试图绕过对经济价值的痴迷，使人们再次从艺术家及其所处社会的视角审视艺术品。[10]

作为法国大革命的成果，拿破仑的征战将欧洲的艺术珍品卷入卢浮宫博物馆。强调教育目的成为藏品"合法化"的手段，每个人都有权免费参观，藏品被划分为意大利、佛兰德、荷兰、法国四大"流派"，每幅作品都被附以一段解释性文字，说明作者和主题，这在当时是一个全新的展示方式。[11]19世纪，民族主义在英、法、德以不同的形式发展，德国浪漫主义思潮使"艺术殿堂"（Tempel der Kunst）的概念广泛流行，艺术成为将民族主义神圣化的工具。柏林旧博物馆（Altes Museum）意在利用艺术产生"神圣庄严的氛围"，试图建立最具"代表性"的艺术品收藏与展示体系，并赋予艺术史在博物馆中的话语权，至今鲜有对这种权利的质疑。[12]诞生于万国博览会的南肯辛顿博物馆在历史与纯艺术之外另辟蹊径，为工业设计与实用艺术正名,其藏品、建筑及与之相关的艺术与设计课程对工业设计产生了巨大的教育作用。[13]

大都会博物馆建于纽约财富迅速积累的时期,以建立"完整的"艺术收藏为愿景,完全依靠私人资金运作,建立了相应的经营体系、赞助与会员制度,其中的"借展"(loan exhibition)制度具有重要的公共关系价值。大都会博物馆确立了20世纪美国博物馆的一种发展方式,商业成功引人瞩目,并确实在收藏上"胜过"欧洲的博物馆,但在博物馆学及艺术学方面未有重要建树。[14]纽约现代艺术博物馆延续了这种"买下世界"的传统,不同的是,它绕过了艺术史,回到艺术家等创造性社群上,传递出这样的理念:艺术无门槛,博物馆可以是一个社区中心,而不仅是藏品的安身之所。[15]

(三)人、自然与环境

在林奈建立起物种分类与命名的体系之前,自然史收藏往往被视作奇珍异宝而非研究材料。通过19世纪英国的殖民活动,伦敦自然史博物馆的前身——大英博物馆自然史部完成了当时世界上最大的自然史收藏。在成为馆长后,威廉·亨利·弗劳尔(William Henry Flower)试图阐明和恢复"博物学"本质,突破日益僵化的学科划分。他提出博物馆的两个功能——为研究提供设施、为公众组织展览,并建立起一套展示原则,以清晰简明的形式阐释自然规律和进化事实。这同时意味着观念的转变:观众被视作学习者,而不仅是来看奇珍异宝的人。[16]但伦敦自然史博物馆在政治上始终保持谨慎,相比之下,在战后重建时,德国法兰克福的森肯堡博物馆(Senckenberg Museum)开始积极介入人口、环境等重要社会问题。[17]

荷兰埃门动物园(Northern Animal Park)通过动物展示传播知识,使用各种视觉辅助工具激发观众兴趣。它尝试实现动物园与自然史博物馆的结合,挑战了知识的碎片化与专业化现状,影响了整个欧洲的理论和实践发展。[18]

希腊古兰德里斯自然史博物馆(Goulandris Natural History Museum)是一家私人运营的"国家自然史博物馆",它立足于希腊自然史"缺位"的社会现实,意图在全国范围内唤醒人们对自然史的兴趣。博物馆不可避免地会受到所在国的条件制约,该馆的实践反映了全球性与在地性间的关系。[19]

(四)科技与工业

制作物品本是日常生活的一部分,工业革命使其隐藏于工厂高墙后,科技与工业类博物馆应运而生。在芝加哥科学和工业博物馆馆长维克多·J. 丹尼洛夫（Victor J. Danilov）的研究基础上，赫德森将这类博物馆划分为四个阶段。

第一阶段如法国国家科技博物馆和伦敦科学博物馆，它们把藏品本身作为教学材料。法国国家科技博物馆使笛卡尔对科技博物馆的构想更加接近现实，催生了社会对科技博物馆的兴趣。[20]伦敦科学博物馆发挥了类似的作用：它使诸多重要的科学与技术材料得以保存，促进了科技教育事业的长足发展。[21]

第二阶段以慕尼黑德意志博物馆为代表，它具有复杂的组织框架和筹资方式，融入工业、商业和政治结构。在展示时，"大部分设备都处于工作状态"[22]，工业技术的特征与源流得到了清晰的展示，但是对工业的依赖使之倾向专注于技术本身而疏于关注技术的社会影响。[23]

第二阶段的博物馆本质上仍属于科技史博物馆，第三阶段的博物馆则将关注投向当代科技，如巴黎探索宫（Palace of Discovery）与芝加哥科学和工业博物馆，它们提供大量的科学实验展示与可操作装置，物件的保存退居次位。芝加哥科学和工业博物馆主要通过工业企业的赞助获得运营资金，其弊端在于：博物馆展示难以具有整体的风格与方法，而更接近展会；博物馆倒向技术建制派，缺乏批判的声音。[24]

第四阶段的博物馆将科学技术与社会紧密结合，吕塞尔斯海姆市博物馆是其中的先锋。它将视野扩展到工业化下人们的生活转变，讨论工业对人的意义，实际上已然成为一座社会史博物馆。[25]

（五）故土的历史与传统

赫德森认为，大多数所谓的历史博物馆其实仅仅是"历史"（history）的原材料、"过去"的仓库与陈列室，缺乏统一的历史哲学，不愿正视藏品的文化与政治价值。基于这种分析，赫德森将博物馆史观的发展分为四个阶段。[26]

第一阶段体现为"对我们国家过去的浪漫态度"[27]。第二阶段关注民族国家的历史，肇始于一系列的卫国战争中，如巴黎国家陆军博物馆（Museum of the Army）：作为第一座现代军事博物馆，它仿佛是法国军队的一座神庙，在"真空"中呈现关于战争、将领和条约的历史。[28]

第三阶段关注普通人的历史，如斯堪森露天博物馆（Skansen）、比米什露天博物馆（Beamish Museum）、法国民间艺术与传统博物馆（National Museum of Popular Arts and Traditions）。赫德森指出斯堪森带来的"负面影响"：其一，它割断了民间生活与社会情境的联系；其二，人们更多地关注其露天博物馆的形式，后继者大多沦为"建筑博物馆"；其三，它助长了人们对"民俗"的浪漫化误解，使这类博物馆力求避免这类争议。[29]比米什露天博物馆将工业纳入民间生活的领域，意在建立"更多地研究社会历史而不是民间生活的博物馆"，挑战了前述对于"民俗"的成见。[30]法国民间艺术与传统博物馆专注于前工业时代凭借其学术声望与乔治·亨利·里维埃（Georges Henri Rivière）的开创性工作产生了重要的学科影响。[31]

第四阶段关注在地性的历史，如华沙城市历史博物馆（Museum of the History of the City of Warsa）、德国历史博物馆（Museum of German History）、特拉维夫犹太人博物馆（Museum of the Jewish Diaspora）。其中，华沙城市历史博物馆与德国历史博物馆从多元视角出发，直面政治纷争，以简单易懂的方式讲述城市或国家的故事。[32]特拉维夫犹太人博物馆的首任馆长杰萨亚·温伯格（Jesaja Weinberg）以"沟通"而非"保存"为目标，充分利用复制品与模型讲述犹太人分散到世界各地的故事。[33]

（六）历史发生地

赫德森指出"遗址博物馆"的占比较高且仍将增加，其原因包括：经营成本低、广受欢迎；遗址存量增加；交通工具的发展；美国博物馆实践的推动作用。赫德森认为，遗址博物馆可追溯至中世纪的圣地，具有一种生命力，他更愿意将之称为"历史发生地的博物馆"[34]。

与斯堪森开创的欧洲露天博物馆传统不同，美国人倾向于原址保护，殖民地威廉斯堡（Colonial Williamsburg）是此类大规模保护的先驱。它对历史进行审慎解读以避免浪漫化，培养了一大批传统建筑工匠，促进了历史时期考古学的发展。它彰显了总体规划保护的价值，使"活的博物馆"理念与"现场阐释"方法得到广泛的应用与发展。[35]

铁桥谷博物馆（Ironbridge Gorge Museum）是大规模工业遗址博物馆的先驱，它建立起由单一、非政府组织对历史遗迹进行综合管理的模式，通过对历史遗迹的阐释、宣传和综合性服务吸引观众。赫德森提出了此类博物馆的一个悖论：大规模意味着对公众有更大的吸引力，同时也意味着高昂的运营成本所带来的风险。[36]

勒克鲁索人类与工业博物馆（Museum of Man and Industry）是法国最具国际影响力的生态博物馆，该馆的建立意在为业已没落的勒克鲁索注入活力，赫德森将其称为"博物馆疗法"（museum therapy）。区域内的一切可移动或不可移动的人与物均被视为文化组成：施耐德家族的城堡被作为中心解释型博物馆，另有五个作为"触角"（antennae/antennes）的微型博物馆。较之于铁桥谷博物馆，该馆则以当地居民为核心，形成由当地居民和专业工作人员共同组成的"双输入系统"[37]。

瓦萨沉船博物馆（Wasa）利用沉船本体与出水文物展示船员生活，同时是座巨大的、向公众开放的文物保护实验室。但赫德森认为，它的视野局限于瓦萨号及其所属海军的小世界，而未能投眼于更广阔的社会背景。然而，相较"船上的金银值多少钱"的态度，它的确有了巨大的进步。[38]

（七）未来的指南

赫德森认为，博物馆之所以产生影响，是因为时机已经成熟，因此对未来影响力的预测以对当前社会问题的关照为前提。赫德森认为最重要的五个问题是：自然环境的恶化、美苏两极格局、去殖民化的失败、知识的分化与专业化、当权者用概括和含糊的术语筑起保护自己的高墙，其共性在于：它们使天平向权力倾斜。为此，博物馆务必扫除传统的学术隔阂，给公众信心。[39]

艺术博物馆被赫德森视作"后进者"，它们大多仍然是鉴赏家的神庙。而在大卫·昂热画廊（David d'Angers Gallery）中，除了艺术品，观众们还可以看到艺术家的个人生活与职业活动，艺术家因此变得可信，观众的自卑感和隔阂感也得以消解。[40]如果说大卫·昂热画廊使高高在上的艺术品得以"降格"，那么阿那考斯提亚博物馆（Anacostia Museum）赋予日常物品以价值，以一只毫无市场价值的死老鼠为核心，有效地展示老鼠在贫民窟社区的文化重要性。[41]塔库巴亚博物馆之家（Museum House）展现了社区博物馆实践的另一种方式，墨西哥国家人类学博物馆（Museo Nacional de Antropologia）的藏品以最平易近人的姿态进入当地社区，使这里迅速成为当地的信息咨询处与文化中心。[42]

传统观念中，博物馆教育是学校教育的附庸。布鲁克林儿童博物馆（Brooklyn Children's Museum）对此发起了挑战，旨在通过与科学、文化和历史物品的直接互动，帮助孩子们了解自己和周围的世界；它积极介入学校教育，通过实物教学提供有益经验。赫德森认为，在不远的将来，博物馆与学校的关系或将发生根本性的转变。[43]

赫德森将萨尔甘斯博物馆（Sarganserland Museum）作为小型博物馆的代表。汉斯·伍德特利（Hans Woodtli）的设计与该馆对藏品的精心编排使其不仅极具视觉吸引力，而且以清晰的语言讲述当地故事，传达当地特色。它表明了热情的服务与专业的展示相结合可以使博物馆受到游客的欢迎。[44]同样的评价也适用于琉森交通之家（House of Transport），它完全由私人资金建立，通过门票收入、经营利润、会员会费实现了自足的运营；灵活实用的博物馆建筑降低了运营成本；以社会和技术的视角讲述交通的故事，其带来的社会变革与可能性得以呈现。[45]

坦桑尼亚姆万扎附近的苏库马博物馆（Sukuma Museum）在大卫·克莱门特（David Clement）的启发和指导下建立，它通过成立文化研究委员会、安排传统手工艺品的展览、组织手工艺品学校和高标准传统舞蹈表演者三个方面帮助苏库马人调整其技能、传统和习俗以适应现代世界。赫德森将其作为未来博物馆的范例：它们具有博物馆的声望，却不拘泥于传统；它们在西方的影响下建立，却打上了地方文化的烙印；它们利用当地资源得到有效运作。[46]

根据第八章的内容，赫德森为未来的博物馆提出了三点方针：基于所在国经济政治结构的可行性财政、与当地社区积极而密切的联系、在健全的学术基础上的知识普及。[47]

三、博物馆史书写下的"影响力"

通过简单勾勒前述"影响力"视角下博物馆的过去、现在与未来，我们可以从共时性与历时性两个维度反观赫德森的"影响力"理念，其中，前者指不同历史语境中影响力所共有的特征与条件，后者指这种影响力在历史上所呈现出的演变规律。

（一）"影响力"的特征与条件

"影响力"的共时性特征大多已经由赫德森本人进行了说明，只是这种说明散布于全书各个章节中，笔者总结在此：

其一，影响力依赖于合适的时机与社会环境。例如：早期的古物学与自然史博物馆因对历史与远方的浪漫主义态度而诞生，其科学化进程却始于类型学方法与进化论出现之后；工业革命下的社会分工催生了科技与工业类博物馆；一系列卫国战争催生了关于民族历史的博物馆；交通工具的发展促进了遗址博物馆的扩张等。

其二，影响力不会随着社会环境的变化自然而然地发生，而需要有远见和决心的人来推动。"博物馆"概念下所寄寓的组织形态与思维方式是一个庞大且牢固的实体，必须有先驱者打破旧形式，说服人们去改变习惯，这样的过程往往也需要调动社会资源。

其三，影响力依赖于可行的财政手段。赫德森对大量博物馆的资金来源与运营方式进行分析，筹资模式上的创新也被视为影响力的重要组成。此外，博物馆也会通过其经济作用嵌入社会环境，例如：20世纪30年代中期美国联邦政府大幅增加文物保护资金，为技术人员提供工作岗位；勒克鲁索人类与工业博物馆被视为"工业锈带"发展转型的药方。

其四，影响力依赖于技术性或社会性的传播渠道。如：华沙城市历史博物馆和德国历史博物馆受彼时国际政治格局的影响遭受埋没与非议，赫德森将其列入书中以为之正名；赫德森提出，交通工具、传媒技术与行业组织的发展，将影响世界博物馆的发展格局。

其五，影响力的发挥形式与博物馆的规模有关。大型博物馆的规模与声望使其易于得到认真对待，成为"样板"，但这种影响常常浮于表面；此外，大量"沉没成本"使其革新陷入迟滞，官僚主义也会抑制创新思维。基于类似的原因，赫德森视中型博物馆为革新的中坚力量，小型博物馆则往往受限于资源的匮乏。

（二）"社会史博物馆"作为历史终结？博物馆史的再书写？

赫德森将社会史博物馆作为博物馆史的终点："所有的博物馆，不论其类型如何，都（应该）是社会史的博物馆。"[48]这一理念立足于他对博物馆过度专业化的批判。他指出，普通人根本不会以这种人为划分的方式看待世界，观众们并不是在为动物学、农业工程学、人类学、艺术史或任何特殊专业的考试而学习，但绝大多数博物都做出了这种预设。[49]也正是在这样的过程中，种种概括性和含糊的术语筑起知识的壁垒，使普通人对博物馆望而生畏，博物馆也可以躲在壁垒之后，以"超然"的姿态回避真实社会的纷扰，"为社会服务"便成为空谈。

赫德森对博物馆史的叙述似乎也体现了基于这一终点的反观，这在他对艺术、科技与工业、历史与民俗三类博物馆的叙述中最为明显：某类博物馆的思想及其社会背景的过往被分为数个阶段，社会史均占据终点——虽然它不是终点，而是蕴含无限可能的奇点——这便是赫德森在书中的另一层历史哲学。其中的悖论在于，"阶段"等概念体现了线性史观的特征，但"社会史的博物馆"显然无法笼络于这样的叙事之下，繁杂的社会现实让我们不可能把"博物馆"视作同一体。为此，我们还需要以一种基于"承异"

(discent)[50]的复线历史叙事模式重述赫德森讲过的故事，去辨析不同的博物馆在施展创造力与影响力的过程中，何以传承、何以散佚、何以创新、何以影响。

（张书良，上海大学文化遗产与信息管理学院博士研究生，主要研究方向为博物馆展览策划。）

注释：

[1] Kenneth Hudson, *Museum of Influence*, Cambridge: Cambridge University Press, 1987, pp. 1-4.
[2] 本书中译本于2003年由徐纯翻译，海洋生物博物馆筹备处出版。笔者本文写作基于英文版内容。
[3] Kenneth Hudson, "Preface", *Museum of Influence*.
[4] Kenneth Hudson, *Museum of Influence*, pp. 4-16.
[5] Ibid., p. 19.
[6] Ibid., pp. 24-28.
[7] Ibid., pp. 28-31.
[8] Ibid., pp. 31-35.
[9] Ibid., pp. 35-38.
[10] Ibid., pp. 39-41.
[11] Ibid., pp. 41-43.
[12] Ibid., pp. 42-47.
[13] Ibid., pp. 47-54.
[14] Ibid., pp. 54-60.
[15] Ibid., pp. 60-64.
[16] Ibid., pp. 65-76.
[17] Ibid., pp. 65-76.
[18] Ibid., pp. 76-82.
[19] Ibid., pp. 82-87.
[20] Ibid., pp. 88-90.
[21] Ibid., pp. 92-94.
[22] Ibid., p. 99.
[23] Ibid., pp. 95-99.
[24] Ibid., pp. 99-107.
[25] Ibid., pp. 108-112.
[26] Ibid., pp. 113-117.
[27] Ibid., pp. 114-115.
[28] Ibid., pp. 117-120.
[29] Ibid., pp. 120-126.
[30] Ibid., pp. 126-131.
[31] Ibid., pp. 131-133.
[32] Ibid., pp. 134-140.
[33] Ibid., pp. 140-143.
[34] Ibid., pp. 144-146.
[35] Ibid., pp. 147-154.
[36] Ibid., pp. 154-160.
[37] Ibid., pp. 161-167.
[38] Ibid., pp. 168-171.
[39] Ibid., pp. 172-177.
[40] Ibid., pp. 175-179.
[41] Ibid., pp. 179-181.
[42] Ibid., pp. 181-182.
[43] Ibid., pp. 182-188.
[44] Ibid., pp. 188-190.
[45] Ibid., pp. 190-192.
[46] Ibid., pp. 190-192.
[47] Ibid., p. 194.
[48] Ibid., p. 176.
[49] Ibid., p. 174.
[50] 杜赞奇：《从民族国家拯救历史：民族主义话语与中国现代史研究》，王宪明等译，南京：江苏人民出版社，2009年。

《展览论：博物馆展览的21个问题》
On Display: A Design Grammar for Museum Exhibitions

作者：玛格丽特·霍尔（Margaret Hall）
出版年份：1987

❖──·　本书短评　·──❖

博物馆展览设计的开山之作。

述评人：桑荣生

一、引言：从历时性角度理解本书

20世纪60年代的英国博物馆正经历着一场策展与设计跨领域交织的运动。此时，英国博物馆已经认识到设计可以在策展中凸显作用，并有一批博物馆率先聘请了专职设计师设计展览，大英博物馆正是其中之一。1964年，玛格丽特·霍尔就职于大英博物馆，但此时的她还不清楚自己的具体工作，她唯一的任务是"看看自己能做什么"。而当时大英博物馆的理事们认为，设计师可以在博物馆展览中扮演重要且必不可少的角色。[1]以此为起点，霍尔开启了自己在大英博物馆的设计人生。

20世纪70年代初，大英博物馆的民族学部（department of ethnography）从大英博物馆搬出，并利用其藏品筹建了人类博物馆（Museum of Mankind）。霍尔为人类博物馆策划了10个主要展览，并以此作为人类博物馆的开幕展览。1972年，她设计了"图坦卡蒙宝藏"（The Treasures of Tutankhamun）特展，此展览与350万观众共同见证了"超级特展"（blockbuster）时代的到来。借此机会，霍尔创造了公众广泛关注的真正意义上的考古大展。[2]正是得益于在大英博物馆积累的深厚展览设计经验，《展览论：博物馆展览的21个问题》（*On Display: A Design Grammar for Museum Exhibitions*，以下简称"《展览论》"）一书才得以在1987年出版。回溯本书即可发现，本书不仅浓缩了霍尔的个人展览设计生涯成就，更是英国此前20余年博物馆展览设计发展史的真实写照。

1987年，《展览论》第一版出版，正式为大众揭开博物馆展览设计的面纱。2007年，本书由环球启达翻译咨询有限公司翻译、北京燕山出版社出版，并被列入"北京市文物局当代博物馆学前沿译丛"。如今，国内业已出版多部关于博物馆展览设计的专著，成果日渐丰硕，而本书历经37年时光，仍为广大中国博物馆工作者所熟知。巧合的是，霍尔在大英博物馆任职的时长也正好是37年（1964—2001）。基于此，笔者谨以本文向霍尔表达敬意。

我们在理解本书时需先梳理本书的时代背景。20世纪50—70年代，世界博物馆正经历第二次博物馆革命，这次革命的核心内容是对博物馆社会教育作用的再认识。博物馆定位的变化深刻影响了博物馆的工作，其基本原则被界定为辅助教育的再创造、藏品的动态展示和对观众的亲切服务。[3]在英国，20世纪60年代之前的博物馆在展览工作中长期依赖传统策展人，那时的展览与展品的说明常常内容简单且语焉不详。引入的设计师则恰好弥补了这一点缺陷,成为视觉审美与展览语言之间的平衡者,并在其后的工作中与策展人共同构成博物馆传播者团队。[4]在写就本书时,霍尔的设计办公室已经拥有了一支由三维图形设计师、编辑、行政人员和制作人员共同组成的25人团队,且为大英博物馆创建了展览设计档案。[5]目前来看,书中所述的设计师工作仍未落伍于时代,甚至愈发凸显作者的前瞻性。在如今的策展工作中,设计师已经成为策展团队不可或缺的一员,我们也仍能在本书中一寻设计师在展览工作中的结构性价值,并从博物馆史的历时性角度思考设计师在展览工作中的过去、现在和未来。

总的来说,《展览论》一书主要由三部分构成,具体包括博物馆展览的21个问题、设计师手册、附录。博物馆展览的21个问题讲述了设计师参与策展布展全过程的工作内容,细化的21个问题贯穿团队构成、概念设计、大纲设计、配套设计、评价总结。设计师手册则为设计师提供了关于展览的设计技巧、展品分析和专题展览分析思路,使设计师可迅速学习展览的主要设计工作内容。附录部分则提示了无障碍设计和核查清单。本书内容翔实、结构明晰,设计师视角贯穿全书,绝不只是策展人了解策展工作的入门书,更是一部将设计师融入策展全过程的指南。正如当时的大英博物馆馆长大卫·威尔逊(David Wilson)对本书的评价一样:"这本书将成为馆长、策展人、设计师在内的所有博物馆工作者的必读书目。"[6]

接下来,笔者将跟随作者的思路,并结合当下的展览设计环境,去探索设计师在策展工作中的曼妙旅程。

二、设计图式:聚焦与拆解的策展全过程

博物馆展览为什么要引入设计师?如何最大化发挥设计师在展览工作中的作用?设计师应如何理解并介入博物馆展览的各项工作?笔者认为,这正是《展览论》一书的写作初衷,也是本书想要表达的主要内容。提及设计策略时,霍尔考虑了历史、哲学和博物馆等多种要素,以便为博物馆策展人和设计师提供一种适用性较强的展览设计语法。21个问题、9个术语、22种展品类型、8项专题展览分析……霍尔为展览设计师精心准备了一整套图文并茂的思维清单,并将这套思维方式融入展览设计程序和流程,供设计师选择遵循何种路径和步骤来进行展览设计。本书的首要重点——博物馆展览的21个问题——聚焦设计师在策展团队中的角色,并跟踪展览从大纲到设计、制

作和维护阶段的全过程。[7]为此，笔者结合当下的设计环境，将其划分为背景切入、团队构成、概念设计、大纲设计、配套设计、评价总结，由此依次分析，以飨读者。

  博物馆展览的繁荣发展是本书的背景切入点。在20世纪60—80年代，博物馆观众数目剧增，艺术设计独特的临时展览吸引了大批观众，[8]博物馆展览也发展了固定展览、临时展览、专题展览和国际展览等多种类型的展览。以博物馆史观之，早期的欧洲博物馆从世界各地获取了众多文化遗产以进行收藏和研究，19世纪的博览会是英国博物馆展览的里程碑事件，格调和平面的设计作为一种组织方法被引入展览工作。在此后的发展中，"讲故事"和对于空间的设计成为展览组织者的新期待，其中，意大利的设计文化和剧院展览成为20世纪50—60年代博物馆展览的主导者。然而，此时的博物馆却又面临来自其他媒体和娱乐方式的间接竞争，这种不断激化的竞争也加强了博物馆改变的速度。或许是感受到此种危机，20世纪70年代的英国博物馆界开始一种新的尝试，即在展览工作中引入设计师。霍尔便在这一背景下打造了"图坦卡蒙宝藏"、"中国天才"（Genius of China）、"黄金国"（El Dorado）等轰动一时的超级特展。[9]这一系列的创新尝试，不仅改变了过去展览的组织方式，更对之后的博物馆展览设计产生了深远影响，推动了博物馆展览设计行业标准的建立。

  博物馆展览是一项工程，这项工程的组织者必须搭建一个由不同角色构成的团队。在团队中，学术、设计、保管、安全、教育、评估、宣传是主要内容，有时甚至需要公众的参与，团队合作贯穿展览团队从概念起点到运行展览工作始终。在展览制作过程中，设计师主要负责展览布局与外观，目的是"帮助观众理解展品的自身表达"[10]，因此，很多设计问题体现在实际技术上。在团队中，策展人和设计师应是相互合作、依次主导、致力平衡的关系，以达成各自领域的职责、创造合格的展览。譬如加拿大安大略科学中心（Ontario Science Centre）和芝加哥科学和工业博物馆（Museum of Science and Industry, Chicago）便有20人以上的展览设计团队，团队内部有着明确的设计业务分工来协作完成展览项目。

  博物馆展览的起点是什么？应该是由内到外、由思想到空间的概念设计，且要让所有观众都能了解并认识展览背后真正的含义。为此，展览组织者首先要明白展览出于何种目的策划，然后为之匹配展览类型、设计规划和展览场地的考量。对于展览类型，组织者需综合考虑场地物品、展览寿命、类型策略、展览互动、展览风格及后续的变更可能性等必要因素。在设计规划时，团队对时间的控制是关键，设置时间表、分阶段展开、排列优先次序、关键路径管理、进度检查等能够帮助团队更好地管控展览工程。在场地问题上，展览与其建筑空间在内部形式上几乎难以趋同，且由于参观者的需求往往非常不确定，故通常按照参观需求的共性特征为参考设计空间形式，同时需要考虑在空间设计中融入刺激观众想法和思维的元素。此时，设计师便需以展览自身概念设计特质为核心思考建筑学、遗址、实物、背景、展厅等要素，使展览与上述几者之间达成内容和形式的和谐。

在当下的展览设计环境中，大纲设计是核心一环，是整个展览设计工作流程的起点。[11]大纲主要包含如下内容：展览的目标和性质及整体战略、展览的详细信息、展览场地和装置设施的详细数据、是否收费、配套活动和文创的设计信息、团队中工作内容的目标及项目调整规则等。大纲的内容看似复杂，却足以用四个要素概括：目标观众、展示主题、展示媒体及展示空间，[12]这是其内容性的一面。而以流程性观之，展示空间形态形成的过程包含策划、设计和实施三个阶段，大纲则是展览从内容转化为形式的衔接点，是策展人与设计师团队多次磨合的最终成果，是整个展览项目过程从宏观步骤到微观细节的必要参考。

博物馆展览仅仅是展品、展项和说明牌吗？也许这只是早期展览的形态。然而，当代的博物馆展览是多个具有自身特色、功能的子系统构成的大系统，子系统包含环境背景、观众、内容、说明、设计、展具、多媒体、安全、服务等。[13]霍尔将设计融进了众多展览配套的"子系统"工作，包含传播信息、安全保护、保存风险、光线照明、散热通风、展柜装置、展柜内部、展板位置、导引信息、文化创意、内外沟通等11项内容，[14]几乎涵盖了博物馆展览工作的各个方面。也许在没有设计师加入之前，上述11项内容只需人员各司其职完成即可，但霍尔为其设置了这样的行业标准，即设计师必须深入这些工作中，保证以展览为核心的各项配套工作全部到位。如此，才能形成以策展人与设计师为主导、以展览工程系统设计为保障、以观众体验观感为核心的展览设计体系。

展览落地开展的那一刻，还远不是结束，还有展览设计工程的最后一个环节——评价总结。设计师做好向管理者和维护工作者解释整个展览如何运作的工作了吗？设计师做好目录、外观、数据、宣传等的各项记录了吗？整个展览做到何种程度？有没有对展览进行有效的评估和评价？设计师是否建立了一套行之有效的评估标准？设计师从观众的观展行为中学习了什么？展览团队如何自我评价？设计师将提升下一场展览的哪些内容？这些都是对展览设计师工作的反问、总结和评价，为下一场展览提供最佳动能。展览的运作是一个系统工程，是博物馆内部组织机构、各部门以及馆外相关团队合作的结果，但观众看到的最终形态只是一个作为整体出现的视觉展览。著名策展人汉斯·乌尔里希·奥布里斯特（Hans Ulrich Obrist）曾提出"双足理论"，即"一条腿跨专业领域，一条腿跨大众领域"[15]，这被认为是当代博物馆陈列展览的先进理念。所谓"一条腿跨大众领域"，实质上就是时刻将观众感受作为展览评价总结的中心。

但博物馆展览还远不止如此，时代总在进步发展，霍尔在她所处的年代做出预见：未来的展览一定是公众兴趣日益浓厚的，展览设计策略更加多样，展览资源投入更加节约，展览装置设计标准化，展览设计电子化，展览展示信息电子化，展品展示及复制技术应用更加广泛，展柜技术智能化。[16]如今的我们可以看到，上述展望均已实现，全世界博物馆与观众数量呈平稳上升趋势，不同类型的展览有不同的策划设计策略，展览资源更为可持续，展览装置成为标准化工业产品，设计师普遍使用计算机软件进行设计，展览中充斥多种多样的多媒体电子屏，展品复制可以随用随做甚至扫描成为三维图像，展柜可以实时监控展品动态。现实甚至发展得更快，虚拟展览、智慧博物馆、元宇宙等已逐步进入博物馆领域。展览设计，似乎已进入一个新时代。

三、设计策略：关键技巧与互逆思路

在对本书第一部分"博物馆展览的21个问题"进行解读后，我们可以宏观了解设计师如何在展览工作的全过程中发挥自己的作用。但设计师并未止步于此，还需要在博物馆语境中以展览设计语法为核心构建一套成熟的设计策略。毕竟博物馆展览设计有其特殊性，设计师需要一套合适的策略去适应展览设计工作。博物馆设计师有一个非常矛盾的任务，即博物馆藏品是无价且脆弱的，但必须以博物馆的方式来展示。霍尔则描述了执行这项任务的方法，[17]并在书中阐述，要想说明设计师在博物馆展览工作的各项理论，需要进行实际展出展品的研究、梳理实际处理的专题和实际采用的设计术语，但没有人能写出这样的百科全书。[18]正是考虑到此种情况，霍尔在"设计师手册"部分阐释了展览设计师术语及技巧、博物馆展品、专题展览等方面，为展览设计师提供了一套行之有效的展览设计策略。

首先,设计师需要理解博物馆展览语境的关键术语和技巧,以便在展览工作中时刻把控工程的整体和细节。对于展览设计师来说,其任务目标是"将观众的注意力吸引到展览与展品中,并使他们快速接受展览的背景与描述"[19],或是以形象化的手段把展览想要表达的主题加以细化和提升,效果最大化地传递给观众。因此,霍尔提出了一些关键术语和技巧以帮助设计师快速了解展览与观众的契合点,[20]换句话说,展览空间要遵循建筑及其内部空间的设计规律,安排一个和叙事、结构、空间、脉络高度融合的展示路线。设计师则需以设计手段控制和引导观众的注意力、行为、方向、路线、(内心)感觉,并用标识提醒、节奏调整、展品强调、氛围渲染、结尾升华等方式向观众传递展览的故事和思想,以解决展览中的视觉传达和跨文化理解与阐释的问题。[21]

其次,展品是什么?霍尔认为,展品是展览设计师的出发点和能够运用的独特要素,展品决定展览的格调和展览的阐释方法。[22]因此,霍尔按照"由展品设计展览"的思路为设计师列举适应不同展览方法与类型的22种博物馆展品,分别是盔甲、书籍、建筑物、陶瓷制品、硬币或勋章、服装、图片或印刷品、家具、地质标本、玻璃制品、彩绘玻璃、珠宝、手稿或文献、模型、自然史标本、绘画、照片、房间设置或重构、雕刻、邮票或钞票、纺织品、玩具。[23]在此基础上,她叙述了适合上述展品的展览类型、保存与展览条件、展柜、标识和说明牌等内容。尽管如今,部分展品的应用展览领域已经远超书中所述,但霍尔撰写此部分的重要意义在于为那个时代及之后的展览设计师们编织了一张展览、展品、设计相交互的知识网络。即便以如今的目光视之,其中对各类展品的类型分析、保管分析、展示分析、标识和说明分析仍有重要的借鉴意义和参考作用。

既然有了展品分析,展览类型分析自然也不能缺席。霍尔在设计师手册的最后一节分析了"由专题展览选展品"思路的工作方法、展示内容、设计策略、信息表达等内容。霍尔首先表明,为众多明显相似的展品来设计一个展览,和设计一个某种专题的展览是完全不同的两种思路,[24]即"由展品设计展览"和"由专题展览选展品"的互逆思路。在专题展览的分析中,设计师需依次分析专题范围、观众意图、科学与技术的分离或组合,然后依据不同的专题处理涉及的艺术品、历史遗存、科学技术等内容。霍尔以考古展览、建筑展览、传记展览、展览"设计"、民族学展览、历史展览、科学与技术展览、运输展览等八大类型专题展览为例,[25]期望能为展览设计师提供处理展品和设计最合适的方法。

当然,设计师需要关注观众和展品的每一处细节。霍尔在书中的最后部分特意添加了四份附录,分别是为残障人士设计展览、展览预算核查清单、现场细节核查清单、保安/消防/安全检查清单。[26]在为残障人士设计展览部分,无障碍设计思想直到今天仍能作为博物馆设计的指导,无障碍通道、无障碍设施、无障碍导引、信息可及性是设计师必须为残障人士考虑的要素。在核查清单部分,资金预算、现场细节勘测、安保消防则要求设计师必须考虑展览费用、展览设施、展览安全这三大要素,以确保展览能在正常的资金、设备、安全范围内落地实施,圆满开幕及闭幕。

四、余论

至此,本书的结构已经明晰。综观全书,霍尔首先讨论了博物馆展览设计的基本原则、团队角色、工作步骤、工程风险等内容,为设计师纵向地、由宏观至微观地展开了一幅博物馆展览设计流程导航图;其次,霍尔提出了在博物馆展览设计工作中常用的关键术语与技巧,并提供了分析"展品"与"展览"之间设计关系的两种互逆思路,为设计师横向地、由技巧至思路地写就了一部展览设计策略书。

如前所述,《展览论》一书既是霍尔在大英博物馆设计部工作的经验总结,也是英国博物馆界20余年展览设计小史。20世纪60年代,英国博物馆界开始探索设计与策展的融合,与此同时,各类休闲娱乐媒体开始与博物馆争抢观众。面对艰难处境,博物馆应当何去何从?我们或许可以从霍尔的书中找到答案。霍尔为英国乃至全世界的博物馆爱好者揭开了"超级特展"时代的序幕。在热潮褪去之后,霍尔为博物馆学界贡献了一部真正意义上能够打通策展与设计渠道之书,为博物馆策展人与设计师贡献了一部专业的跨领域指南。

博物馆是一个会随着历史发展而变迁的空间,对于博物馆策展人与设计师来说,固守过去和当下的工作结构与模式只会故步自封。面对20世纪60—80年代的英国博物馆境况,霍尔以本书回应,将博物馆展览提升到"策展与设计"的共同层次,实现了面对多种媒体竞争与自我限制的突破。从小处而言,博物馆展览组织者及设计师需要考虑如何创新自身的工作结构;从大处而言,博物馆需要考虑的则是如何紧跟社会议题以争取在博物馆与社会的共生关系中创造更多价值。面对当今的博物馆形势，创新的展览设计及活动既可改变其难以亲近的传统形象，亦可积极地参与社会议题拓展观众。如何在历时性的特征中去探索开辟未来的特征，也是我们这一代展览设计师要关注的时代任务。

在新技术革命迅疾而来的21世纪，博物馆与通信技术的结合被联合国教科文组织列为博物馆面临的四大挑战之一，未来的展览设计师所面临的状况将更加复杂。博物馆如何通过展览融入这个世界？博物馆展览设计师未来的工作会是何种模式？博物馆展览团队会在未来加入何种元素？博物馆展览会在未来面临与何种技术的更新与融合？博物馆及展览设计师如何适应这个快速发展的时代？本书既解答了部分问题，也给我们留下了永恒之问。

（桑荣生，山东省作家协会山东省文学馆职员、策展人，研究方向为博物馆展览、文学传播及展示。）

注释：

[1] Kate Guy, "Miss Hall and Her Busy, Energetic Design Group: The Emergence of Professional In-house Design at the British Museum", paper presented at *Museum Exhibition Design: Histories and Futures*, https://musex-design.org/panel-9/

[2] Margaret Hall, *On Display: A Design Grammar for Museum Exhibitions*, London: Lund Humphries Publishers, 1987.

[3] 杨玲、潘守永主编：《当代西方博物馆发展态势研究》，北京：学苑出版社，2005年，第12页。

[4] Margaret Hall, *On Display*, p. 7.

[5] Margaret Hall, *On Display*.

[6] Ibid., p. 119.

[7] Ibid., p. 10.

[8] Ibid., p. 9.

[9] Ibid., p. 20.

[10] Ibid., p. 23.

[11] Ibid., p. 42.

[12] 吕理政：《博物馆展示的传统与展望》，台北：南天书局，1999年，第14页。

[13] 宋向光：《系统观的博物馆陈列设计》，北京博物馆学会编《策展：博物馆陈列构建的多元维度》，北京：中国书籍出版社，2012年，第5页。

[14] Margaret Hall, *On Display*, pp. 45-112.

[15] 黄春雨：《"十大精品"陈列展览内容设计述评》，李耀申、安来顺主编《回眸创新：全国博物馆陈列展览学术研讨会论文集》，南京：译林出版社，2014年，第16页。

[16] Margaret Hall, *On Display*, pp. 119-123.

[17] Michael R. Preston, "On Display: A Design Grammar for Museum Exhibitions Book Reviews", *RSA Journal*, 1988, 136, (5381), pp. 356-357.

[18] Margaret Hall, *On Display*, p. 127.

[19] Ibid., p. 127.

[20] Ibid., pp. 127-134.

[21] 严建强：《展览阐释：美术馆和博物馆策展比较——兼谈博物馆的美术馆化》，《东南文化》，2021年第5期，第133—142页。

[22] Margaret Hall, *On Display*, p. 135.

[23] Ibid., pp. 136-211.

[24] Ibid., p. 213.

[25] Ibid., pp. 215-240.

[26] Ibid., pp. 241-246.

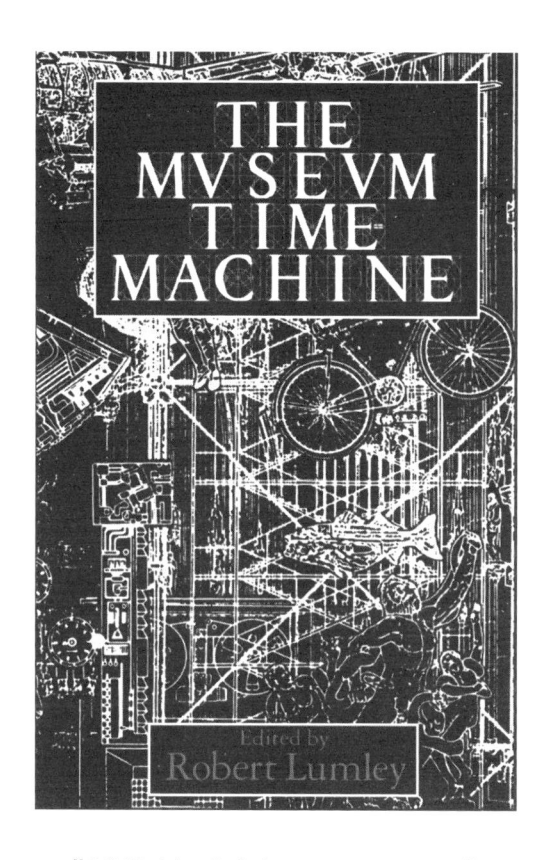

《博物馆时光机：展示文化》
The Museum Time-Machine: Putting Cultures on Display

编者：罗伯特·拉姆利（Robert Lumley）
出版年份：1988

❖———— 本书短评 ————❖

文化研究视角下的博物馆学代表作，批判博物馆学典范。

述评人：王思怡

20世纪晚期，博物馆正在经历一场"文艺复兴"[1]。欧美国家掀起了博物馆建设浪潮，大规模的博物馆新建与改建项目提上日程，如新建法国蓬皮杜艺术中心、奥赛美术馆以及翻新卢浮宫，建设德国柏林博物馆岛等；与此同时，"超级特展"与世界巡回展吸引着大众的视线，成为当时博物馆的新潮流。"文化商品化"也成为相伴而生的一大趋势，由于欧洲各国的财政紧缩政策，博物馆的国家经济资助与干预逐渐减少，博物馆开始寻求市场的赞助，从而发展出整套商业政策，通过文创产业达到收支平衡。而在博物馆展览中，不仅寓教于乐的趋势日渐显著，利益相关方在展览中的对话、博弈、冲突也愈发频繁，这也在一定程度上反映了20世纪末的社会变迁与矛盾。

作为博物馆学科史上重要的理论论著之一，《博物馆时光机：展示文化》（*The Museum Time-Machine: Putting Cultures on Display*）于1988年在英国出版，主编拉姆利时任英国考文垂大学艺术史与传播系讲师，他写道："《博物馆时光机：展示文化》一书的编写给长期被忽略的领域（博物馆）带去了文化研究的途径。"[2]本书通过不同的案例来解释涉及广泛的文化、政治与社会问题，包括当代社会遗产保护、女性与工人阶级在展览中的展示、媒体的影响力以及博物馆与公共关系等。可见，文化研究的主要议题同样也需要博物馆的直面与探讨。博物馆就像一个管道和平台，使文化研究的视角更为聚焦和鲜活，而文化研究也为博物馆赋予了来自社会的意义，是社会变迁的缩影，亦是历史价值的重塑，更是公民生活的场所。

本书由来自英国、法国、澳大利亚等国家和地区的10位博物馆学者与博物馆工作人员分别从博物馆内外两个视角撰文构成，用"怀旧的景观""变迁世界下的博物馆""博物馆公众的社会学研究"三部分向读者展示了20世纪末的欧洲博物馆新面貌和新转向，而这一发展趋势也在世纪之交的全球博物馆之中蔓延。第一部分"怀旧的景观"聚焦如何通过"遗产"概念来再现历史，第二部分"变迁世界下的博物馆"则以博物馆工作人员的内部视角来审视不同类型博物馆面临的问题及其更广泛的社会影响与意义，第三部分"博物馆公众的社会学研究"主要讨论对博物馆公众的批判性思考。可以说书中的讨论对象和观念都偏向欧洲大陆传统，这也被本书的书评作者维拉·佐尔伯格（Vera Zolberg）和罗伯特·戈勒（Robert Goler）指出缺乏来自美洲的声音及新的博物馆运营模式。[3]虽然客观上，本书缺少美洲博物馆界的理念与实践，但其反映的20世纪80—90年代博物馆的"过渡性"最终成为全球博物馆的整体趋势，正如拉姆利在前言中所说："博物馆的新价值是作为一个强有力的社会隐喻而存在。"[4]

一、重释"遗产"：从"博物馆物"到"博物馆现象"的过渡

第一部分聚焦逐渐增多的露天博物馆、生态博物馆、工业博物馆等非传统博物馆，并认为遗产的概念正在不断扩大，甚至涵盖被视为"历史证据"的一切事物。正如菲利普·瓦约（Philippe Hoyau）提到的那样：遗产可"从矿工小屋或公共洗衣房到凡尔赛宫大厅"[5]。他考察了遗产定义被拓展的过程，并称之为"新遗产"，与其说"新遗产"代表了一个保护与庆祝"纪念碑式"的学术史愿望，不如说它是基于全新的传统与民族遗产观念来宣扬新价值观的一次尝试。[6]遗产的概念从"物"的层面扩大，这一过程最为典型的便是法国的生态博物馆。其中"社区""区域""遗产"的概念尤为重要，遗产属于社区而不是博物馆，而这里的遗产是扩大化的概念，既是自然的也是文化上的，既是物质的也是非物质的，因此，"区域"的概念取代了简单的"建筑"概念，这也使博物馆不再仅仅是一个建筑物，而是一个更为广泛的整体，是一个人们生活的地方。生态博物馆作为探索社区居民文化身份的工具，致力于搜集与展现集体记忆。这恰恰挑战了传统博物馆中"遗产"和"物"的主张，使"新遗产"在20世纪70年代开始便拥有了讨论的空间。

在此背景下，博物馆也慢慢通过展现当时人的说话方式、想法、习惯及生存状态使观众进一步探索历史时空下的真实感，即在博物馆中体验历史上人们的生活。英国比米什露天博物馆的前馆长彼得·路易斯（Peter Louis）就曾说道："我们除了收集建筑，还同样收集人们的生活。"[7]早期博物馆依靠引发人们兴趣的藏品而成立，但20世纪80年代以来，单靠藏品已经无法满足观众对博物馆展示的期待。如果将博物馆展示视为文化诠释与再现的过程，不仅被收藏的物与遗迹成了沟通工具，展示本身也是沟通的主要工具。如历史服装、角色扮演、工作场景、真实地点、气味、声音以及"体验"使美国的遗产地，殖民地威廉斯堡"重建为一个迷人的世界，一切都像两个世纪前一样"[8]，它代表了当代博物馆展示的一种思路和模式。正如托尼·本内特在《博物馆与"人们"》（*Museums and "the People"*）中提到，露天博物馆的根源是斯堪的纳维亚民族的复兴，这种

复兴最初是一种"进步"。[9]

而加拿大人西里尔·希马尔（Cyril Simard）在生态博物馆和露天博物馆的基础上创造了"经济博物馆学"（economuseology）这个标签，即一些产奶、产黄油、造纸的作坊或小型企业，它们采用特定技艺进行手工生产，这在一定程度上可转变为一种需要被保存的文化遗产和非物质文化遗产。[10]因此，这些经济博物馆既可以承担保护文化遗产的角色，组织讲解参观、游览等，同时又能自给自足，通过企业的收入运营，通过销售牛奶、纸张、蜂蜡等产品存活。这一现象也引发了人们对于"文化商品化"的思考，鲍勃·韦斯特（Bob West）在《制造英国工人的往昔：铁桥谷博物馆的批判性分析》（*The Making of the English Working Past: a Critical View of the Ironbridge Gorge Museum*）一书中将铁桥谷博物馆视为"政治经济学"的实例。他认为："新的博物馆商业帮助我们改变了过去的主流看法，创新了历史的表达形式，以及根本地改变了如铁桥等地的环境与经济状态。"[11]同样地，本内特将比米什露天博物馆作为英国"将工业化从一系列破坏性事件转变为统治者与被统治者间和谐关系的展现"[12]的例证。而韦斯特在对铁桥谷博物馆的评价中，尤其批判了自由企业精神，在他看来，在地工业革命的重构，即将制造业转为服务业，重新制造了相同形式的创业管理，进而带动整个地区成为旅游消费区域。此外，艾伦·莫顿（Alan Morton）在《未来可期：科学博物馆和未来》（*Tomorrow's Yesterdays: Science Museums and the Future*）中写到了娱乐休闲领域的竞争关系："购物中心和主题公园越成功，博物馆就越感到压力，从而需要举办壮观而昂贵的展览（比如和奥兰多迪士尼乐园的新世纪乐园竞争），甚至要在博物馆显眼的地方开设'商店'。"[13]市场正在进入博物馆和文化遗产领域，而且市场导向的价值观和方法（营销学、广告学、零售学）似乎正在取代博物馆原有的宗旨和实践方式。博物馆已然成为文化历史商业化的前沿阵地。

总之，观众逐渐将注意力从欣赏物的外形转移到探索物的内在，即关注物背后的信息与现象，随着博物馆现象的出现，博物馆试图将人的日常生活赋予联结，让物在联结中产生新的价值与意义。博物馆中所展示的遗产范畴也因此不断扩展，摆脱了原来文化遗产即"物"的观点，并为"遗产"的重新释义提供了契机，从"物"到"现象"的转向使得博物馆得以收藏与展示过去的文明或文化，并同时增强人与整个世界的联系。"博物馆现象适切地提供了表达的过程和感知的空间，因此博物馆……提供人们建立与现实世界关系的环境"[14]。而在20世纪末，这一俨然存在但尚未清晰的转向在拓展了"遗产"概念与激发新型博物馆诞生的同时，也为文化商品化和博物馆商业化提供了可能。商业化成为当时博物馆重新解释人与现实关系的方式之一，循着皮埃尔·布迪厄的思路，引入博物馆商店和借鉴商业橱窗展示技术的展览陈列，以及将日常物品与"艺术"并置的方式，都能增加博物馆的"可及性"[15]。

二、重思"偏见"：从"现代"到"后现代"的过渡

第二部分反映了博物馆专业人士的内部视角。休·柯比（Sue Kirby）在《政策与政治：收费，赞助和偏见》（*Policy and Politics: Charges, Sponsorship, and Bias*）中阐述了当时围绕博物馆的主要公共争议，不仅讨论了通货膨胀和财政紧缩给博物馆带来的资金压力，还讨论了因收费参观、出售藏品及愈加依赖赞助而岌岌可危的博物馆宗旨与原则。这些是博物馆人、媒体和政治家们经常讨论的问题，然而这些长期的争议悄然演变成针对"偏见"的疑虑。如柯比引用了科学博物馆"核能展厅"的最大投资者英国核燃料组织对博物馆施压的案例，这导致核能在社会与经济方面的弦外之音"销声匿迹"。可见，"现实主义效应"取代了揭示历史进程的行为，而如何呈现历史进程成为本书作者尤为关心的问题，一方面，他们指出了被省略、排除的历史，例如工人阶级女性"被隐匿的历史"、生产者对其所处环境的口述文化等；另一方面，他们批评那些正在展出的展品——这些历史的遗物却被用于钝化而非唤醒我们对历史的感知。这恰恰能反映对现代主义的质疑、批判，甚至否定，这一过程暗含了从"现代"迈向"后现代"的隐约转向。戴维·哈维（David Harvey）在谈论后现代主义文化时，便提到了博物馆文化的增长和20世纪70年代初迅速增长的"遗产工业"现象，他意识到现代的"现代性"出现了问题，历史变成了一种"当代的创造，更多的是古装戏和重新演出，而不是批评性的话语"[16]；而铺陈、暴露并大规模批判现代性的问题，正是"后现代"主要的工作。[17]

第二部分的文章便开始尝试完成这样的"后现代"工作，加比·波特（Gaby Porter）在《做好分内事：展现女性和家庭生活》（*Putting Your House in Order: Representation of Women and Domestic Life*）中提到，全新的、接受高等教育的一代人已经在20世纪70年代左右进入博物馆，他们对

当时的现状发出质疑，比如博物馆职业领域中男性主导与性别视角的问题。因此，第二部分的字里行间都充满了对"偏见"的揭露、审视与思考，包括政策的偏见、性别的偏见、他者的偏见以及感官的偏见等。[18]

本书的大多数作者喜欢用如"表征"（representations）等术语来指代人们通常没有意识到的思想和行为结构或模式。例如，波特分析了女性是如何在博物馆的历史论述之中被排斥和被边缘化的，与其说个体男性策展人有意识地排斥女性，不如说是更深层次下理解现实的过程在起作用，这导致了如科学博物馆做展览时将家用电器的发明放在了远低于科技成就的展位上。无独有偶，分别在科学博物馆和民族学博物馆工作的艾伦·莫顿和布赖恩·达兰斯（Brian Durrans）发现，他们的工作有时会与时间和变化产生奇怪的关系。莫顿在《未来可期：科学博物馆和未来》中点明了科学博物馆面临的两难困境，科学博物馆几乎成了"人们共同欢呼的巨大技术进步（如电影、电视的出现）下的受害者"，似乎成了"国家废品站"，并接纳那些已然被时代淘汰的工业社会产物。[19]与此同时，达兰斯在《他者的未来：改变民族学博物馆中的文化展示》（*The Future of the Other: Changing Cultures on Display in Ethnographic Museums*）[20]中写道，民族学博物馆受到了我们通常用于展现他者及其社会形态模式的影响。一种将时间视为"进步"或"进化"，从低级向高级发展的模型，长久地支撑着19世纪后半叶以来的博物馆哲学及其空间组织。两位作者在文中都对以上博物馆的"遗产"进行了批判，同时也指明在现代世界中这种"遗产"依然未被取代。因此，意识到深埋在现代性中的"偏见"会为博物馆开辟新角色与新意义提供基础，如对于达兰斯来说，实物中的"光晕"（aura）能够跨越文化差异传达价值，从而确认人类共同的命运。民族学博物馆曾经是帝国主义思想的化身，而如今它秉持开放和交流的精神，为跨文化比较提供了可能性。这可以说是"后现代主义"倡导的知识生产方式的变化，是一种理解世界的新认识论范式。但是"后现代"的方式也将博物馆在处理社会重要问题时选择回避而带来的争议与冲突"搬上台面"，比如第一世界和第三世界的历史与现实关系，或是将科学技术用于军事目的等。

以上所说的大多涉及和停留在博物馆"实物"或视觉方面的内容上，而这便是马歇尔·麦克卢汉所称的文化中的"感官偏见"（sensory bias）[21]。正如杰里米·西尔弗（Jeremy Silver）在《"惊奇佐以害怕"：听觉文化的保存与发展》（*"Astonished and Somewhat Terrified": the Preservation and*

Development of Aural Culture）中对于声音的探讨："书面史对口述史的排斥，准确地反映了文化和历史上对最不可能参与的人群（如妇女、工人阶级和文化少数群体）的排斥。"[22]尽管"声音让空间变得容易理解，它引入了时间、节奏、动作，所有这些都是日常生活中活跃的成分"[23]，但这一体验是当时大多数博物馆不曾探索过的。当时的博物馆甚至仍致力于强调与"严肃"的学习过程关联的"静默"属性。而这种偏见也在慢慢地发生改变。西尔弗提及，技术的发展使得人们能够存储声音，更重要的是，人们能够更加容易地接触档案中的声音，同时，口述历史学家进一步强调了声音在文化中的重要性。

第二部分的文章中流露了一种介于"现代"与"后现代"之间的思考与批判：没有脱离特定语境而存在的客观真理、客观的知识和客观意义。[24]正如尤尔根·哈贝马斯（Jürgen Habermas）在《交往行动理论·第二卷》里指出的，其实整个现代的精神所形成的，无非是系统，而这个系统会介入我们的生活世界。原有的"草根性"创造力量被系统的逻辑控制了，这就是系统对"生活世界的殖民化"（colonization of the life world）[25]。但最重要的是如何通过一个不断沟通的历程，使这些多元的、自发的力量，通过沟通逐渐形成一个大的共识方向。因此，对差异的尊重，并不只是维持纯粹差异，而是期盼不同的力量能在沟通之中找到新的方向。

三、重回"公众"：从"权力空间"到"公共空间"的过渡

第三部分分析了博物馆观众的构成与行为。然而讽刺的是，长久以来，在博物馆中很少能找到尊重观众想法以及渴望了解他们的博物馆人。艾琳·胡珀-格林希尔（Eilean Hooper-Greenhill）在《观众：统计数字还是真实个体？》（Counting Visitors or Visitors Who Count?）中点明，策展人牢牢占据着"专家"席位，观众则位于该知识水平之下的位置。第三部分更明确地意识到博物馆对观众的身份、目的与偏好的忽视程度，比如博物馆人通常十分重视免费参观，将其视作一项权利；然而，纳塔利亚·海因里希（Nathalia Heinich）在《蓬皮杜中心及其公众：乌托邦式的限度》（The Pompidou Centre and its Public: the Limits of a Utopian Site）中观察到："蓬皮杜中心免除（部分）门票被视为文化民主化过程中关键性的武器，但实际上对观众数量的影响很小，因为文化的障碍源于文化因素自身而非经济因素。"[26]

这一文化的传统可以追溯至19世纪博物馆的形象，现代国家陆续成立的公共博物馆，往往成为统治阶级向公众展示权力的视觉空间。因此，博物馆虽然也都公开展示藏品，但主要是以国家与博物馆的权力关系为立场，研究人员将物视为博物馆的权力领域，而没有将之视为公共领域，博物馆也就欠缺为公众服务的思维。布迪厄等人在研究了西欧的博物馆参观情况后发现，定期参观博物馆的人数与教育水平有关，虽然理论上博物馆对所有人开放，但它们无一例外都成为"有教养阶层的专属领域"[27]。这让文化领域超越了简单的社会阶层，从而得到文化资本的广泛关注。他们的研究还表明，除了社会阶层，其他社会因素（例如，家庭成员的影响和教育背景）也会影响博物馆的参观人数和文化产出，[28]因此博物馆受到的影响不再是单纯的社会阶层的经济影响，而是更大范围、包括文化领域的影响。格林希尔指出："在很多情况下博物馆所传递的信息足够吓退那些不懂古典文化的、深谙法律力量的和不喜欢历史图像的人。"[29]她接着描述了大多数博物馆是如何为了"囚禁"物件而并不是为观众设计的。上述对于传统博物馆的批判，一定程度上受知识民主化进程的影响，并非仅有上流阶层成为知识创造的主体。同时，这些知识更贴近生活，并使用日常语言生动叙述。

不仅如此，博物馆一直以来都有能力影响观众的想法以及他们的态度和价值观。史蒂芬·威尔（Stephen E. Weil）认为博物馆的这种能力可以用于发挥更积极的社会作用和影响："如果博物馆不是以改善人们生活为终极目标，那我们还能通过什么其他方式寻求公众的支持？"[30]博物馆确实也有社会责任和义务去建设一个更为包容、公平和相互尊重的社会，至此，博物馆的社会定位和社会作用开始了转向。

这种转向也同时催生了新的博物馆，当时最著名的例子当数巴黎的蓬皮杜艺术中心，它从设想之初便向那些因为感觉博物馆"并不是为我们而建"而不去参观的人群敞开大门。因此，海因里希对蓬皮杜艺术中心10年运营中所接触的不同观众与适用类型的分析具有很大价值。从常规的统计数据来看，蓬皮杜艺术中心取得了惊人的成功，每年接待730万游客，是预期的两倍；然而，海因里希在文中表明，"流行度"并不等同于公众的到访，受益者仍是受教育的中产阶级。这项研究提醒我们，自由的表象可能会导致漫无目的的漫游，而漫游会转化为焦虑，"畅游其间"（drift）的能力并不像人们想象的那样容易拥有。[31]

从蓬皮杜艺术中心的例子来看，博物馆尝试开始抛弃精英审美价值的传统博物馆学，转而支持更积极和开放的做法，[32]虽然当时这样的转变仍不充分，但足以体现博物馆在社会中独特而又重要的角色。例如，将博物馆打造成一种"公共空间"，为人们提供学习或观念改变的机会，或将其作为一种个人成长和增强社会凝聚力的机制，博物馆最终能为社会中每个人带来积极的社会效应。达兰斯在文中也提倡更多的公众参与，而不是简单地提供"动手做"的体验："利用观众的想象力、洞察力和经验参与组织展览更令人兴奋。"[33]这样的策略展现了博物馆是一个过程而不是成品，并鼓励观众将自身视为主动的角色。

四、博物馆时光机：过去与未来之间

20世纪末出现了各式各样的博物馆，它们都面临着一个问题——如何像时光机那样工作，是偏向历史视角还是当代视角去叙述？[34]我们如果从当下回看成书的20世纪80年代，乘坐时光机从未来的视角来审视这个问题，也许会惊讶地发现，世纪之交提出的问题——何为"遗产"？何为"偏见"？何为"公众"？——也是目前博物馆界所关注的问题，只不过"遗产""偏见""公众"的范畴更加广泛，且当下的博物馆已逐渐落实了具体的应对策略。作为过渡期的20世纪80—90年代，"博物馆物"到"博物馆现象"，"现代"到"后现代"，"权力空间"到"公共空间"的转向似乎仍然模糊不清，而当下，这些转变过程依然持续，并形成了不同的阶段，出现了全新的现象，甚至产生争论或割裂。但可以肯定的是，我们已然不再愿意将博物馆仅仅视为被动的"展示柜"——或用来展示某些大师作品，或用"奇观"来吸引观众。博物馆已逐渐作为探讨与辩论的平台而存在，观众可以通过这个平台与博物馆人进行沟通与对话。几十年后的当今，博物馆领域的议题始终离不开以上三个转向，"博物馆现象"的数字化、信息化及虚拟化方兴未艾，"后现代"视角下的博物馆去殖民化以及对于社会公正与包容的追求，"公共空间"中的博物馆可及性和可持续性的新要求和新发展成为现在博物馆的应有之要义。

（王思怡，上海大学文化遗产与信息管理学院副教授，硕士生导师。上海"晨光学者"，ICOM可持续发展委员会委员、定义委员会理事。主要研究方向为博物馆学理论、博物馆观众研究、博物馆策展、博物馆疗愈、博物馆教育等。）

注释：

[1] Robert Lumley, Introduction, Robert Lumley, ed., *The Museum Time-Machine: Putting Cultures on Display*, London: Routledge, 1988, p. 1.

[2] 见https://www.ucl.ac.uk/european-languages-culture/people/robert-lumley

[3] Vera Zolberg, "Book Reviews", *Journal of Arts Management and Law*, 1989, 19(3), pp. 109-111; Robert I. Goler, "Book Reviews", *Technology and Culture*, 1990, 31(3), pp. 557-559.

[4] Robert Lumley, *op.cit.*, p. 2.

[5] Philippe Hoyau, "Heritage and 'the Conserver Society': the French Case", Robert Lumley, ed., *The Museum Time-Machine*, pp. 29-30.

[6] Ibid., pp. 27-28.

[7] Sten Rentzhog, *Open Air Museums: The History and Future of a Visionary Idea*, Kristianstad: Jamtli F. rlag & Carlssons Bokf. rlag, 2007, p. 126.

[8] Germain Bazin, *The Museum Age*, New York: Universe Books, 1975, pp. 256-257.

[9] Tony Bennett, "Museums and 'the People'", Robert Lumley, ed., *The Museum Time-Machine*, p. 70.

[10] Cyril Simard, "'Economuseology': A New Term that Pays its Way", *Museum International*, 1991, 43(4), pp. 231-232.

[11] Bob West, "The Making of the English Working Past: a Critical View of the Ironbridge Gorge Museum", Robert Lumley, ed., *The Museum Time-Machine*, p. 57.

[12] Tony Bennett, *op.cit.*, p. 72.

[13] Alan Morton, "Tomorrow's Yesterdays: Science Museums and the Future", Robert Lumley, ed., *The Museum Time-Machine*, p. 136.

[14] 弗德力希·瓦达荷西：《博物馆学理论：德语系世界的观点》，曾于珍等译，台北：五观艺术管理有限公司，2005年，第56页。

[15] Pierre Bourdieu, "The Aristocracy of Culture", *Media, Culture and Society*, 1980, 2, p. 238.

[16] 戴维·哈维：《后现代的状况：对文化变迁之缘起的探究》，阎嘉译，北京：商务印书馆，2003年，第87页。

[17] 沈清松：《从现代到后现代》，《哲学杂志》，1993年第4期，第5页。

[18] Gaby Porter, "Putting Your House in Order: Representation of Women and Domestic Life", Robert Lumley, ed., *The Museum Time-Machine*, pp. 101-126.

[19] Alan Morton, *op.cit.*, p. 128.

[20] Brian Durrans, "The Future of the Other: Changing Cultures on Display in Ethnographic Museums", Robert Lumley, ed., *The Museum Time-Machine*, pp. 143-168.

[21] Marshall McLuhan, *Exploration of the Ways, Means, and Values of Museum Communication with the Viewing Public*, Proceedings of a seminar held on October 9 and 10, 1967 at the Museum of the City of New York, 1969.

[22] Jeremy Silver, "Astonished and Somewhat Terrified: the Preservation and Development of Aural Culture", Robert Lumley, ed., *The Museum Time-Machine*, p. 175.

[23] Brian Durrans, *op.cit.*, p. 169.

[24] 张国清：《中心与边缘》，北京：中国社会科学出版社，1998年，第25页。

[25] Hugh W. Baxter, "System and Life-World in Habermas's 'Theory of Communicative Action'", *Theory and Society*, 1987, 16(1), pp. 39-86.

[26] Nathalia Heinich, "The Pompidou Centre and its Public: the Limits of a Utopian Site", Robert Lumley, ed., *The Museum Time-Machine*, p. 201.

[27] Pierre Bourdieu *et al.*, *The Love of Art: European Art Museums and Their Public*, Cambridge: Polity Press, 1991, p. 51.

[28] Pierre Bourdieu, *Distinction: A Social Critique of the Judgement of Taste*, Abingdon: Routledge Classics, 2010, p. 365.

[29] Eilean Hooper-Greenhill, "Counting Visitors or Visitors Who Count?", Robert Lumley, ed., *The Museum Time-Machine*, p. 222.

[30] Stephen E. Weil, "From Being about Something to Being for Somebody: The Ongoing Transformation of the American Museum", *Daedalus*, 1999, 128(3), p. 242.
[31] Nathalia Heinich, *op.cit.*, p. 207.
[32] Oliver Bennett, *Cultural Pessimism: Narratives of Decline in the Postmodern World*, Edinburgh: Edinburgh University Press, 2001, p. 19.
[33] Brian Durrans, *op.cit.*, p. 164.
[34] Robert Lumley, *op.cit.*, p. 17.

《新博物馆学》
The New Museology

编者：彼特·弗格（Peter Vergo）

出版年份：1989

❖—— · 本书短评 · ——❖

充分展现了英语世界对"新博物馆学"的理解。

述评人：尹凯

1989年，彼特·弗格主编的论文集《新博物馆学》出版面世。[1]与之前以生态博物馆和社区博物馆为代表的新博物馆学运动不同，该书的立意并非激进而疯狂的"反博物馆"（anti-museum）[2]论调，而是呼吁重思博物馆与社会的关系，实现博物馆自我调适与蜕变。如此，本书诞生的初衷与动力是什么？这个问题的答案需从当时的社会背景和主编弗格的身上寻找。

20世纪80年代是英国迷茫而躁动的十年，新浪漫主义、达达主义和超现实主义引领的风尚席卷整个社会。相较于社会结构的暗流涌动，博物馆则处于相对滞后的状态，新型艺术品无法通过博物馆的收藏、展览与诠释得到合理的表达。[3]艺术史与艺术理论专业出身的弗格不仅目睹了博物馆的政治性和排他性，而且深深意识到博物馆与社会的严重脱节。有感艺术界对博物馆的不满，弗格成功将心中的焦虑付诸行动，并组织学者讨论博物馆的困境及其未来命运。时至今日，这些思考依然在无形中左右着我们对新博物馆学的表达。

在介绍完该书的理论取向和时代背景后，让我们把目光转向本书的主要内容。提及本书，有一段极为经典的表述频繁地出现在后人的引用中，甚至到了一种吊诡的地步：究竟是这段话因为这本书而广为流传，还是这本书因为这段话而为人熟知？这段描述新旧博物馆学分野的论断出现在弗格的序言中：

> "新"博物馆学是什么？就最简单的层面来说，所谓的"新"其实是来自博物馆专业和外界对"旧"或传统博物馆学的普遍不满。虽然读者会因为这个定义的消极性和循环论证的嫌疑而予以反对，但是在我看来，对"旧"博物馆学的质疑是有效的。"旧"博物馆学过多关注博物馆方法（methods），而对博物馆目的（purposes）着墨甚少，作为一门理论学科或人文学科的博物馆学并未得到应有的重视。一直以来，上述提及的一系列问题没有被提出，更不用说深入讨论了……除非彻底地对博物馆在社会中所扮演的角色予以重新检验，即并不仅以诸如更多的收入或更多的观众作为标准来衡量博物馆的成败，否则，英国或世界范围内的博物馆可能会被贴上"活化石"的标签。[4]

弗格据此表达了维多利亚时代以来博物馆在价值体系和专业化发展方面

遭遇的危机，并成功实现了博物馆从"怎么存在"到"为何存在"的问题转向。"目的"是一个关键概念，博物馆理应从机构自洽的合理性中抽身出来，培养一种基于理论和人文关怀的"目的感"。

麦夏兰（Sharon MacDonald）和斯图尔特·戴维斯（Stuart Davies）的相关研究提供了梳理该论文集的策略：前者立足于博物馆研究的学术潮流，从博物馆物件、博物馆外延性和博物馆观众三个方面评述此书，提出博物馆及其意义从一成不变到场景性的研究转向。[5]后者着眼于博物馆的核心价值，从保管职责（guardianship）、可及性（access）和社会目的（social purpose）三个方面重申了英国博物馆的未来之路。[6]据此，笔者根据文章的内容与研究思路将本文归纳为如下三个方面：博物馆物件、社会议题和观众体验。

一、博物馆物件：有关意义、知识与表达的思考

查尔斯·史密斯（Charles Smith）是维多利亚和阿尔伯特博物馆（Victoria and Albert Museum）的助理保管员，博物馆工作经历和设计史学术背景使其关注博物馆内人工制品遭遇的挑战与困境。在《博物馆、人工制品与意义》一文中，史密斯首先从博物馆史的维度回溯了维多利亚时代博物馆的价值取向：展示藏品以促进知识进步，藏品以系统的、可辨识的分类框架进行组织，所有权从个人转向公众，这提高了公众的可及性。[7]然而，20世纪后半叶，博物馆作为一个安全、中立空间的理念受到挑战。为此，史密斯以撒克逊雷神雕像（the Saxon god, Thuner）、马克街的拱廊（Mark Lane archway）、克利福德内室（Clifford's Inn Room）为代表的时代展（period rooms）为例[8]，呈现了不同案例中物件收藏选择性、展示优先性，以及意义流动性的复杂进程。我们不得不承认，博物馆中的物件展示实际上是认识论的问题：物件的表征受到设计者自身知识的影响，物件的解读与观众的多样性密切相关，博物馆空间环境和展示策略影响物件意义的建构，机构的变化和社会的更迭对物件的阐释也同样重要。在文章的最后，作者提出了现今博物馆应在陈列与诠释物件上的方法论路径[9]：其一，不仅要关注人工制品的原初面貌，而且要探寻物件的生命历程；其二，不仅要考虑展览设计的优先合理性，而且要反思展示策略和方法的人为性和相对性；其三，不仅要提升博物馆学术研究的理论素养与人文关怀，而且要积极促成博物馆对社会关系的维系。

路德米拉·乔丹诺娃（Ludmilla Jornanova）是埃塞克斯大学历史系的高

级讲师,是艺术史、视觉文化、思想史方面的专家。在《知识之物:博物馆的历史维度》一文中,乔丹诺娃质疑了博物馆场域内观看与获取知识之间的天然联系。首先,这篇文章分别界定了博物馆与知识的概念与范畴:前者是一种分类的实践,通过认知与观念层面的秩序追求来塑造知识,博物馆类型、组织法则和单个物件都会在不同层面对知识产生影响;后者则可以细分为两种类型,一种是诸如科学的客观知识,一种是诸如价值的现象知识。[10] 在接下来的大段篇幅中,乔丹诺娃采取案例研究的方式就博物馆与知识之间的关系展开讨论。约克维京中心(Jorvik Viking Center)对归属感的探寻、伦敦贝思纳尔格林童年博物馆(Bethnal Green Museum of Childhood)对童年记忆的展示揭示了一个事实,那就是在博物馆中,单纯地观看物件并不能获得有效的知识与体验。那么,通过博物馆的展览技术与机制所塑造的社会关系和知识体系是否能有效地获取知识?在作者看来,自然科学、医学与民族志展示虽然是西方认识世界的客观呈现,但是其深层次的动力基于表达统治关系。就算是那些特定类型的博物馆,比如民族志博物馆和艺术博物馆也存在知识叙事的不确定性,前者追求差异叙事,而后者偏向于被全人类普遍认可的价值。作者在文章的最后提醒我们,社会史和文化史对于理解博物馆是极为必要的,这样才能把握变动不居的物件"知性"。

接下来是本书主编弗格的文章《沉默之物》,这篇文章开启了他对博物馆展览的思考,并延续到《博物馆展览的修辞学》[11]中。弗格深切体认了当时英国博物馆展览的糟糕状况,并对这种不假思索、为了展出而展出的现象表达了不满。"沉默之物"的说法相当具有学术创造性,不仅为藏品研究提供了合法性,还承认了博物馆展览的能动性。因此,弗格在《沉默之物》中的研究焦点看似是物件,其实是展览,即让物件"开口说话"的机制。展览制造是该文首先予以交代的内容,包括主题的确定、利益群体的介入、展品的选择、展览的价值判断、展品的目的性等方面。[12]在此基础上,弗格总结了两种表述物件的方式,或者说是两种展览修辞,即艺术展览(aesthetic exhibition)和场景展览(contextual exhibition)。[13]既然沉默之物将自身的解释权让渡给展览制造,那么,博物馆达成教育功能的关键落在了展览身上。弗格认为未来的博物馆设计者应该从如下方面入手来化解这一危机:开展观众调查,尽可能地了解观众的思维结构和期望;促进文字说明向视觉阐释的过渡,生动形象地呈现事件场景;直面展览的目的性和人为性,与物件、观念持有者保持对话与沟通。弗格在这篇文章中并未给出衡量好展览的标准究

《新博物馆学》 85

竟是什么，但是他对物件的选择、展出与组织的种种思考却值得我们深入思考与探究。

二、社会议题：有关时间、娱乐、认同和文化权的思考

上述三篇文章构成了《新博物馆学》的"物件篇"，接下来的四篇文章则属于"议题篇"的思考范畴。有关时间、娱乐、认同和文化权的诸多思考超越了围困物件的博物馆围墙，触及博物馆存在于社会的目的及其价值。换句话说，在新博物馆学时代，应对社会议题的目的感应该是博物馆亟待培养的性格。

科林·索伦森（Colin Sorensen）是伦敦博物馆（the Museum of London）现代收藏部门的保管员，同时也是一位影像制作者和评论家。他的文章《主题公园与时间机器》洞悉了当代社会日益增长的疏离感，及社会对于"回到过去"的热衷，诸如博物馆、主题公园和遗产地等所场为此提供了一种走出困境的"怀旧疗法"（reminiscence therapy）[14]。毫无疑问，强调情感、服务、感觉体验、信息品质、参与互动、活态展演的主题公园在挑战博物馆的同时，也成为博物馆改革借鉴的他山之石。为此，索伦森为我们呈现了萨姆·汉娜（Sam Hanna）和阿瑟·埃尔顿（Arthur Elton）的相关研究，并受此启发讨论博物馆应用电影和其他视听媒介的方式，以活态与生动的记录唤醒物件背后的文化内涵与价值。对于错综复杂的过去，人们无法通过物件的累积探寻其内核，因此，其他的辅助材料以及作为"传信人"的专业人员就变得至关重要。唯此，博物馆才能借鉴主题公园的有益策略，承担穿越时间、阐释历史的社会责任。

保罗·格林哈尔希（Paul Greenhalgh）是装饰艺术史和设计理论方向的学者。他的文章《教育、娱乐与政治学：国际博览会的启发》以当代博物馆与历史上博览会时代在经济和社会状况上的相似性作为切入点，对比1851—1914年间英国和法国在教育、娱乐和政治上的态度。[15]在格林哈尔希看来，教育并非水晶宫万国博览会的应有之义，而是一个意外收获。1862年，教育目的得以确认和发扬，并逐步走上专业化和专题化的道路。与此同时，教育和娱乐的二分结构却一直存在，深刻影响着英国博览会的使命与价值。在英国，造成教育与娱乐分离的原因不仅有阶级偏见，而且有19世纪关于伦理观念和道德主义的讨论。[16]与英国截然不同的是，法国的博览会在圣西门主义和拿破仑三世的影响下，走上了百科全书、平等主义的道路。因此，法国

的博览会无关乎教育与娱乐之争，而是一场巨大的欢宴（revelry），娱乐价值、情感泛滥和肆无忌惮成为法国的传统价值所在。不过，英法两国的博览会都是特定政治理念下的社会表达，两者在这一点上是一致的，这也与吉见俊哉有关博览会政治性的观点[17]一致。更进一步的是，格林哈尔希就政治目的"是否言明"再次区分了英法传统，相较于英国的掩饰与刻板，法国在政治意图上始终保持开放、生机与活力。通篇文章看似在言博览会之事，实际上却诊断了当代博物馆病症，并以史为鉴，开出良方。

斯蒂芬·巴恩（Stephen Bann）是英国当代艺术史学家和艺术评价家，《生活在一个新国度》一文充分展示了他的学术才华，及其对日常生活和平凡细节的把握与洞察。文章开始于作者在等待巴士时偶然获得的一封信件：一位生活在澳大利亚的英国移民试图寻求帮助以"重建家族史"。与博物馆建构历史的普世性主题不同，巴恩关心的是由实体维系的过去情感，以及鲜活生命的历史认同。新国度（a new country）并非与过去一刀两断的全新开始，而是一个知道过去如何呈现以及如何作用的清醒状态。为此，巴恩认为，过去是一种想象之物，新的价值会以继承和传统的名义顺理成章地得到宣扬，过去认同的组织一般以家庭、节日和乡村三种模式展开。在英国的殖民地阿德莱德，移民与定居博物馆（the Migration and Settlement Museum）强调现实与想象交织的澳大利亚多元文化，移民群体叙事与认同构成了历史的展开主线；澳大利亚南部的海事博物馆（the Maritime Museum）则以个人认同为导向，相应的，多样的历史物件成为主角，人与物的互动、移情与融入成为博物馆的价值所在。最后，巴恩回到英国伊丽莎白乡村屋舍（Littlecote House）的案例上来，介绍了这一历史"物件"在不同时期、不同群体、不同个人眼中的认同变迁与不确定性。巴恩在这篇文章中没有明确提出问题或答案，却流露博物馆在建构认同方面的复杂性。

诺曼·帕尔默（Norman Palmer）在《博物馆与文化财产》一文中从法律角度解析了获取与储藏博物馆物件过程中遭遇的困境。围绕文化财产所有权、控制权和阐释权展开的讨论[18]是后殖民主义时代博物馆的重要议题，更重要的是这关涉身份认同、文化权利、殖民遗产等诸多方面。正如帕尔默在文中所说的那样："当代博物馆管理无法独立于政治和经济场景，其基本的法律信条也受制于政策与财务状况。"[19]虽然如此，文章的讨论远远比这复杂。法律在处理这些关键议题时也存在自身缺陷，比如多运用共识而非学科知识，国际惯例而非自我主张，视角主义而非普遍主义。在获取物件过程

《新博物馆学》

中，价值的认定标准、适用的法律条款、国际贸易的协商都是特定案例中需要考虑的影响要素。习俗、传统、出借、责任、义务等方面也是博物馆在物件陈列过程中要考虑的基本要点。帕尔默这篇文章虽然以法律的视角切入，但是有关博物馆法规的讨论更像是一个文化体系而非法律体系的事实，流露出了整体主义和人文主义的思量与关怀。

三、观众体验：有关学习、沟通与参观现象的思考

系统的博物馆观众研究，虽然有一条相对自足的发展轨迹，但不免受到博物馆教育职能的影响，两者之间甚至是相辅相成的关系。1970年代出现了两种新型的教育理念，并逐步在博物馆领域达成共识：一方面，意义阐释与生成中心从博物馆转向观众；另一方面，教育在语义和观念层面转向学习与体验。[20]这本论文集同样兼顾了博物馆观众的议题讨论。剩下的两篇文章聚焦于博物馆与观众之间复杂关系的研究，笔者将其归为"观众篇"。

菲利普·赖特（Philip Wright）的《艺术博物馆中观众体验品质》一文关注的问题非常简单，也非常棘手：博物馆因为尚未就观众层次、类型或维度达成共识而无法满足公众需求与期待。据此，赖特选取了独具特色的艺术博物馆作为分析对象，讨论博物馆与公众沟通过程中出现的诸多问题。博物馆工作人员必须清醒地认识到，当前的博物馆不是一个令人生畏的空间，也不再是基于评量传递信息的场所，实际上，参观博物馆更多的是一种社会体验，或者说是一个表演和探索的过程。基于理念上的转变，下一步即是实务工作上的具体落实。在此，赖特为我们罗列了一些可供借鉴的策略路径：为观众解释物件、展览分类的原因，照顾首次来馆的观众；为艺术的理解提供多层面的参照物，保持博物馆的开放性；适时改变展览方法，调整观众学习和参观的节奏；设置诸如休息室之类的空间；设置丰富化的标签说明；展览的内容应考虑观众的认知结构；关注物件广阔的背景信息，兼顾共时性和历时性；完善机构评估机制，确定博物馆在社会中的适合位置。[21]在文章的最后，赖特跳出了具体的博物馆实践，站在时代的前沿为博物馆提高观众参观与体验的品质出谋划策。[22]在笔者看来，处于枢纽地位的博物馆专业人员能否转变传统认识并落实在具体工作中，是这场变革运动能否成功的关键所在。

尼克·梅里曼是公共考古与博物馆研究方面的专家[23]，现为曼彻斯特

大学博物馆研究方向的荣誉教授。梅里曼在《作为文化现象的博物馆参观》一文中表达了对已有的观众研究及其分析阐释的不满。为此，他以一项国家规模的研究来探讨博物馆与观众之间的关系，即将博物馆参观放在广泛的社会文化背景下来理解其文化意义。在有关观众研究的分析中，首先应该考虑的是观众的分类。梅里曼以博物馆参观频率为指标，对观众进行了基本的分类[24]。在此基础上，梅里曼系统比较了不同类型的观众在参观动机、对博物馆的态度、在博物馆的形象、参观行为等方面的特点。

如果说上述研究对观众研究的问卷设计有所启发的话，接下来的内容则对结果的分析与阐释有所裨益。梅里曼在玛丽莲·胡德（Marilyn Hood）、胡珀-格林希尔、大卫·普林斯（David Prince）、皮埃尔·布迪厄、罗伯特·凯利（Robert Kelly）等学者的基础上，从认知心理学、文化社会学和"休闲机会"学说三方面评述了博物馆参观的解释路径。[25]前两种理论都有其自身的优势和缺陷，第三种理论则是一种综合的尝试。20世纪80年代是博物馆与遗产盛行的时代，诸如个人主义和家庭导向的社会景观等新变化随之出现。与过去常见的阶级同化与模仿不同，这一时期的社会主体更具有创造力和积极性，相应的则是对博物馆参观行为的新认识与新解释。在文章的最后，梅里曼基于博物馆多样化和包容性的社会事实，对博物馆未来的发展展现了乐观主义心态。

四、目的感：有关新博物馆学方向的思考

大卫·卡尔（David Carr）的短评从博物馆与图书馆的现实困境入手，讨论文化机构在面临社会角色与专业价值转型时的未来命运。[26]桃乐西·沃什伯恩（Dorothy Washburn）将该论文集与同时代的几本有影响力的博物馆著作相提并论，表达了新一代博物馆学家和学术理论家对于传统博物馆实践的普遍不满。[27]书评虽然并未面面俱到，但是批判与反思的主题贯穿始终。丹尼尔·舍曼（Daniel Sherman）的书评另辟蹊径，他将该论文集与罗伯特·拉姆利的论文集——《博物馆时光机：展示文化》[28]进行比较，比较学者的出身背景、博物馆的类型、研究的视角等。[28]通读上述几篇书评即可发现一个现象：《新博物馆学》并非横空出世的杰作，而与其他相关研究共同构成了有关新博物馆学的整体表述。

毋庸置疑，该论文集在当代博物馆研究中占据重要地位。各位学者建言献策，从不同研究主题和问题意识出发，质疑传统博物馆形态在新时代的合

理性与有效性。在笔者看来，该论文集的价值远非对以往博物馆理论与实践的不满情绪和批判精神所能概括的，其更大的贡献隐含在论文的主题分类中，或者说体现在20世纪90年代英国博物馆研究的脉络中。换句话说，重思英国博物馆自维多利亚时代以来的价值体系——将关注点从方法转向目的仅是这本论文集"承前"价值的体现；奠定20世纪90年代以来英国博物馆学界有关博物馆研究的基本格局则是"启后"价值的集中反映。前者梳理了博物馆的历史遗产，而后者则开启了博物馆的后来之路。

迄今为止，《新博物馆学》一书遭到的最大指责无外乎质疑新博物馆学的英国传统。新博物馆学是针对"过去""传统""旧"而言的，因而新博物馆学理应是无关乎特殊语境、有关当代博物馆的普遍认识。这一提法看似有理，实际上却失之偏颇。一方面，任何文化机制都是特定语境的产物，英国的新博物馆学理念和实践也不例外，自然要框定研究对象的适用范围。另一方面，当代新博物馆学是一个复数概念，即英国传统和拉丁美洲传统，聚焦于传统博物馆价值重思的《新博物馆学》属于前者。如此看来，《新博物馆学》一书是关于传统博物馆如何根据时代变迁重置自我的作品，它与聚焦博物馆转向的拉丁美洲传统共同构成了有关当代博物馆理念的整体表达。

（尹凯，山东大学文化遗产研究院副教授，硕士生导师。研究方向为博物馆研究、遗产研究、人类学理论与方法。）

注释：

[1] 本书已出中文译本，彼得·弗格：《新博物馆学》，王颖译，北京：北京师范大学出版社，2021年。
[2] 张誉腾：《生态博物馆：一个文化运动的兴起》，台北：五观艺术管理有限公司，2004年，第4页。
[3] 珍妮特·马斯汀编著：《新博物馆理论与实践导论》，钱春霞等译，南京：江苏美术出版社，2008年，第7页。
[4] Peter Vergo, "Introduction", Peter Vergo, ed., *The New Museology*, London: Reaktion, 1989, pp. 3-4.
[5] Sharon MacDonald, "Expanding Museum Studies: An Introduction", Sharon MacDonald, ed., *A Companion to Museum Studies*, Oxford: Blackwell Publishing Ltd., 2006, pp. 2-3.
[6] Stuart Davies, "A Sense of Purpose: Rethinking Museum Values and Strategies", Gaynor Kavanagh, ed., *Museum Provison and Professionalism*, London and New York: Routledge, 1994, pp. 35-37.
[7] Charles Smith, "Museums, Artefacts, and Meanings", Peter Vergo, ed., *The New Museology*, p. 8.
[8] Ibid., pp. 10-19.
[9] Ibid., pp. 20-21.
[10] Ludmilla Jordanova, "Objects of Knowledge: Historical Perspective on Museums", Peter Vergo, ed., *The New Museology*, pp. 23-25.
[11] 彼得·佛格：《博物馆展览的修辞

学》，罗杰·迈尔斯、劳拉·扎瓦拉主编《面向未来的博物馆——欧洲的新视野》，潘守永等译，北京：燕山出版社，2007年，第168—180页。

[12] Peter Vergo, "The Reticent Object", Peter Vergo, ed., *The New Museology*, pp. 43-45.

[13] Ibid., pp. 48-52.

[14] Colin Sorensen, "Theme Parks and Time Machines", Peter Vergo, ed., *The New Museology*, p. 61.

[15] Paul Greenhalgh, "Education, Entertainment and Politics: Lessons from the Great International Exhibitions", Peter Vergo, ed., *The New Museology*, pp. 74-75.

[16] Ibid., pp. 85-88.

[17] 吉见俊哉：《博览会的政治学：视线之现代》，苏硕斌等译，台北：群学出版有限公司，2010年，第1—24页。

[18] George Stocking, "Essays on Museums and Material Culture", George Stocking, ed., *Objects and Others: Essays on Museums and Material Culture*, Madison: The University of Wisconsin Press, 1985, pp. 3-14.

[19] Norman Palmer, "Museums and Cultural Property", Peter Vergo, ed., *The New Museology*, p. 177.

[20] 尹凯：《博物馆教育的反思——诞生、发展、演变及前景》，《中国博物馆》，2015年第2期。

[21] Philip Wright, "The Quality of Visitors' Experiences in Art Museums", Peter Vergo, ed., *The New Museology*, pp. 136-143.

[22] Ibid., pp. 146-148.

[23] 尼克·梅里曼：《让公众参与博物馆考古》，黄洋、高洋译，《南方文物》，2012年第1期。

[24] Nick Merriman, "Museum Visiting as a Cultural Phenomenon", Peter Vorgo, ed., *The New Museology*, p. 151.

[25] Ibid., pp. 159-164.

[26] David Carr, "Reviewed Work: *The New Museology* by Peter Vergo", *The Library Quarterly*, 1991, 3, pp. 340-341.

[27] Dorothy Washburn, "Reviewed Work: *The New Museology* by Peter Vergo", *Museum Anthropology*, 1992, 2, pp. 58-61.

[28] Robert Lumley, ed., *The Museum Time-Machine: Putting Cultures on Display*, London: Routledge, 1988.

[29] Daniel Sherman, "Museums and Their Discontents", *Art History*, 1990, 3, pp. 409-413.

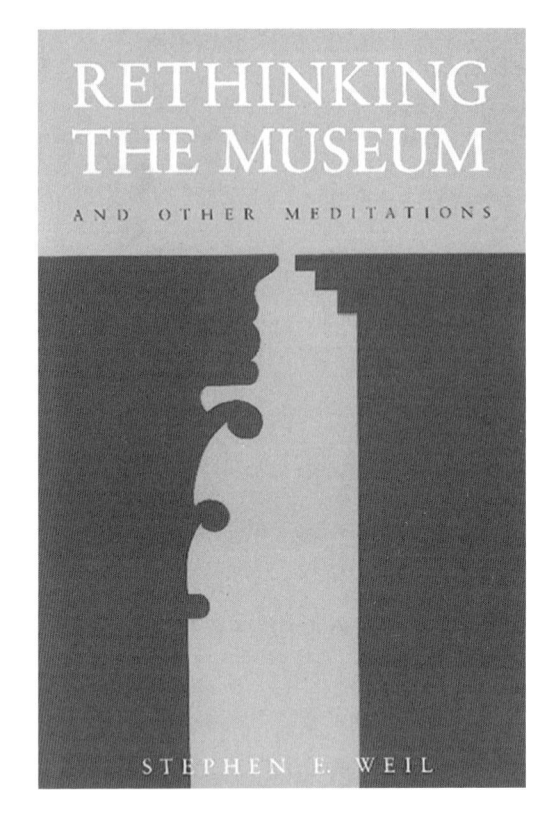

《重思博物馆及其他》

Rethinking the Museum and Other Meditations

作者：史蒂芬·威尔（Stephen E. Weil）

出版年份：1990

❖———· 本书短评 ·———❖

史蒂芬·威尔极具思辨性地重思了20世纪末博物馆的功能和目的。

述评人：丁晗雪

一、写作背景与内容概述

从法律工作者到博物馆馆长,威尔认为从事当代艺术相关的工作可以提供更好的、更受人敬重的工作环境,有助于开拓视野,提升对艺术的理解与认识,但并未过多思考博物馆的社会角色等议题。《重思博物馆及其他》基于威尔担任赫胥宏博物馆和雕塑园(Hirshhorn Museum and Sculpture Garden)副馆长的博物馆工作经验写成。他的早期研究重点关注博物馆的收藏、保存、研究、展示和阐释藏品等功能,在本书中他更关心博物馆这样做的原因。

20世纪60年代末至70年代初,美国的艺术家们发起了对纽约市美术馆的批判运动,尤其是其中的艺术工作者联盟(Art Workers Coalition)呼吁博物馆关注并致力于解决战争、性别问题等不平等的社会现象。20世纪80年代以来,"新博物馆学运动"强调博物馆的目的,"许多博物馆收藏、保存和展示物品,但它们仍然与当前的经济、社会和文化背景相距甚远,忽略了其服务社会发展的使命"[1]。批判博物馆的运动对作者思想转变的影响颇深,促使他开始反思博物馆的目的、价值和责任,从关注博物馆做了什么、博物馆日常运营的技术层面,转向博物馆更本质、基础的问题,即博物馆这么做的原因和目的是什么。提出了诸如"博物馆是如何造福社会公众的?博物馆能否为社会带来积极的改变?为什么博物馆值得社会继续支持?"等问题。

本书包含了威尔1983—1989年写作的19篇文章,内容涉猎广泛,散布在"重思博物馆""博物馆管理:工作人员、藏品和其他问题""其他的法律说明"三个部分之中。第三部分阐述了威尔对艺术、艺术组织、艺术博物馆与相关法律问题的思考,他将法学专业背景和博物馆工作结合,并觅得了两者的共通之处。虽然文章篇幅比较短、内容精简,但也包含一些行业热点话题,包括被盗艺术品的诉讼和返还时效,博物馆展示复制品时涉及的相关法律等。在这一部分,作者也思考了艺术家、工作人员与工作范式,以及作为律师如何与合作的艺术家互惠互利等问题。即便如此,本文对该部分内容暂不详述,而是将焦点集中在与博物馆世界更相关的前两部分。

威尔认为,博物馆不是必然的、永恒的、理想的,也不是神圣的,[2]而是由人塑造的,是不断变化和发展的社会产物(social artifact)。[3]其中,博物馆的"独特性"(specificity)、"专业化"(professionalism)和"潜在目的"(potential purposes)三个主题贯穿了本书的前两部分,作者用富有洞察力且幽默诙谐的语言集中探讨了20世纪末博物馆的目的和功能，从不同的角度重新思考了博物馆机构的角色、目的、潜力和未来。

二、独特性：博物馆差异性与共性的思考

第一个主题讨论的是博物馆机构的独特性。在浩瀚的博物馆宇宙中，不同博物馆之间在规模、知识领域、观众、历史、意识形态、资金来源、背景环境以及目的上的差异性远远超过它们之间的共性，但这往往被我们所忽略。具体可见书中《博物馆足够多了吗？》（*Enough Museums?*）、《对大型和小型博物馆的思考》（*A Meditation on Small and Large Museums*）等四篇文章。

第二次世界大战后，随着博物馆的不断扩张和建成开放，博物馆成了文化领域数量增长最多、发展速度最快的机构之一。美国一半以上的博物馆都在1950年之后建成，到1980年，近2500个新博物馆开放。对于人口较少的英国来说，这一时期博物馆的增长速度同样惊人，每隔一周就有一座新的博物馆建成开放。

面对博物馆数量的激增，威尔发问："什么时候会有足够多的博物馆？""当人类可以凌驾于时间之上，当年轻人甘愿舍弃改变世界的想法（甘愿接受父辈留下的一成不变的世界），当艺术家只寻求复制前辈的作品的机会（不愿意创造新的作品），当所有人都相信已经没有什么新事物可以被发明出来时，当最后一个不安现状的移民最终定居而坚信没有比现在更好的居住地时，在这个充满可能的世界里不再有更好而只有最好时，博物馆就不再被需要了。"[4]显然，只要世界不断发展，博物馆就被需要着。

关于不同规模、类型的博物馆，威尔在《对大型和小型博物馆的思考》一文中分析了这两种博物馆之间的差异和各自的优势。他认为："比起消除差异，更应该充分利用它们的不同优势，小型博物馆具有独特的优势，比如管理更加灵活，没有庞大体量藏品的压力。"[5]小型博物馆更具实验性，推动美国博物馆向更具社会相关性发展，发挥出博物馆"为社会及其发展服务的"作用和贡献，更契合博物馆世界从"以物为中心"到"以社区为中心"的转变趋势。

"应该平等对待所有的博物馆"[6]这一观念一直影响着美国博物馆的运营管理，同样体现在美国博物馆协会（American Association of Museum）的博物馆认证项目中。自1970年起，新认定博物馆的数量逐年递减，大型博物

馆的认证率远高于小型博物馆，一些差异甚大的博物馆却获得了几乎相同的资金资助。事实上，博物馆在藏品、规模、设施、形式、资金来源、组织方式、历史背景、观众结构以及与社区的关系等方面上相差甚远。并非"所有博物馆都是平等的"，博物馆有不同的类型和规模，以不同的程度和方式收藏，提供不同的服务，有不同的需求。

威尔提出有必要制定博物馆的分类标准，博物馆的分类可以更加具体和细致。他还列举了一些指标，来衡量博物馆学活动（museological activity）的力度和提供服务的数量或规模（quantum of "museological service"），包括薪资、出版物、资助、员工培训和平均参观时长等因素，还有一个主观的衡量标准，即机构收藏的重要性（the significance of an institution's collection）[7]。

第二个话题是威尔对博物馆职能范式的演变与思考。1970年，约瑟夫·维奇·诺贝尔（Joseph Veach Noble）在《博物馆宣言》中将博物馆的基本职能概括为收集（collect）、保存（conserve）、研究（study）、阐释（interpret）和展示（exhibit）。荷兰博物馆学者彼得·冯·门施（Peter van Mensch）将诺贝尔概括的五项功能简化为三项，体现了20世纪八九十年代博物馆实际工作和人们对博物馆功能认识的变化：一是保藏（preserve），收集仅被视为保藏过程中的第一步，收集和保存紧密联系在一起；二是研究（research），这一职能未做根本改变；三是阐释与展示，两个功能交织、融合得更加紧密，他建议将阐释与展示合并为交流（communication）。

威尔认为冯·门施提出的博物馆第三个职能"交流"高估了博物馆的意图，也低估了游客反应的丰富性和情感范围。如果认为参观博物馆是一种体验，但控制权完全在博物馆一方，博物馆便是一个单向交流的空间，博物馆工作人员的行为、价值观和技能水平始终优于其观众。但是博物馆不仅是传播的场所，参观博物馆还可以是富有情感的参与体验，参观博物馆的人可以合法地寻求消遣、安慰、社会地位、尊重、陪伴、独处的机会，或达成其他团体/个人目标。"提供"可能比"交流"更能反映体验的多样性（虽然他认为"提供"似乎太被动，但目前为止还没有找到更合适的术语），即博物馆不仅为参观和非参观的公众提供通道、信息、标准等，而且也为可能完全超出博物馆控制或意图的重要体验提供环境。威尔认为，博物馆的第三个职能——交流，能为保藏和研究藏品这两项相互关联且重要的职能提供更加坚实的纽带。[8]

三、追求专业化：美国博物馆的实践

这一时期"专业"一词频繁地在博物馆的出版物和研讨会中出现，本书也包含了威尔对博物馆管理与培训、美国博物馆专业化实践与进程、博物馆藏品退藏以及非营利组织与公众政策等诸多话题的思考。具体可见书中《好的博物馆管理》（The Well-Managed Museum）、《追求职业：美国博物馆工作的地位》（Pursuit of a Profession: The Status of Museum Work in America）等九篇文章。

什么是好的博物馆管理？威尔认为好的博物馆管理体现在博物馆有能力证明它尽可能高效地利用其所拥有的资源，这也许不是衡量一个卓越博物馆的唯一标准，但这是一个重要的先决条件。他列举了博物馆要有明确的使命、长期的发展目标和基本价值观等12条具体的指标。[9]

关于博物馆培训，《博物馆管理学院》介绍了博物馆管理学院从20世纪70年代开始筹办到20世纪90年代发展的过程。这是盖蒂信托基金的一个项目活动，由美国艺术博物馆协会和加州大学伯克利分校（University of California, Berkeley）联合管理。项目包括为期四周的博物馆管理和商业实践住宿培训，面向所有类型博物馆的中高级工作人员，以提高他们在博物馆领域内的领导能力，帮助博物馆在日益复杂的社会环境中高效运作。

威尔在书中还介绍了美国博物馆学者劳伦斯·韦尔·科尔曼（Laurence Vail Coleman）的博物馆思想：推动博物馆工作走向专业化的两个目标，一是需要制定职业标准，二是要承担群体责任。此思想提出30年后的1970年，美国博物馆协会才启动了博物馆的认证工作，博物馆工作人员直到20世纪90年代才开始对"群体责任"展开探索。只有当博物馆内部的工作人员通过某些一致的目标团结起来共同努力时，员工才不需要对馆长或某项目研究员负责，只需要对博物馆机构忠诚。只有当博物馆是一个特定的机构、处在特定的领导下时，博物馆才能实现其最大的潜力，走向卓越。[10]

美国的博物馆工作被公认为是一种独立且特殊的职业，博物馆工作者也被视为"专业人士"。也有学者质疑博物馆工作的内部多样性使其永远不能被归为一个独立的职业，在博物馆工作的人虽然大多数人是专业人士，但他们有着不同的学科背景和职业。[11]威尔认为追求博物馆专业化十分重要。一方面，在专业化的过程中，博物馆不断提高工作标准，并将其应用到实际工作中，帮助博物馆发挥更大的潜力；另一方面，公众可以更好地理解博物馆工作的独特性，即博物馆不再只是布满灰尘的文物仓库或是带来短暂热闹的娱乐场所，博物馆拥有收集、保存和展示物件的能力，这不仅能加深我们对过去的理解，还能丰富我们当下的生活，可以为我们以及子孙后代塑造更美好的未来。[12]

在回答"更高效的决策者（博物馆馆长）：学科专家还是管理通才？"这个问题前，威尔提出了三个问题帮助我们思考：一是博物馆的展示是价值中立的，还是不可避免地反映着某些观点？二是如果的确反映了观点，在博物馆中保持一致是否有必要？三是如果有必要或需要在博物馆中反映一致的观点，那么应该反映谁的观点？[13]在美国，博物馆都被独立管理，因此，决定博物馆要讲述的真相和传递的信念，既是馆长的特权，也是其责任。回到这一问题，威尔认为博物馆馆长必须扮演好博物馆传递理念的制定者和向公众传播的发言人这两个角色，此要求倾向于期望馆长是学科专家。

美国博物馆以专业化为目标在四个层面取得了显著成功：一是形成了博物馆以提供公共服务为主要目的的职业精神；二是建立和维持了与各国家、区域和地方组织的联系，直接处理专业问题；三是创建了强调高标准成就的机构认证计划；四是颁布了适用于整个博物馆领域的职业道德准则。但还存在缺乏专业自主权（individual autonomy），缺少对博物馆培训项目的授权、监督和评估，博物馆培训与博物馆实际工作脱节，博物馆职业准入门槛、职业道德道准则的执行程度低下等问题。

威尔在《美国博物馆的退藏实践》中介绍了博物馆退藏的主体、缘由、程序、决策者、处置方式、收益的用途和公共监管体系等具体的实践。当时美国还没有任何州或地方法律对私人博物馆藏品退出进行规范，相较于不断增加藏品保存设备、维护预算和工作人员的费用等成本，或者完全停止收藏行为，建立完善和健全的博物馆藏品退出政策是对博物馆自身和其所服务社区负责的明智做法。新的艺术品数量繁多，以至于博物馆和美术馆不可能全部保存这些作品。在《艺术过剩》一文中，威尔建议建立一个由公众支持的机构，以便存放艺术家未发表的作品。通过定期的展览和拍卖，以支付机构的管理费用。任何不能出售的作品可能被转移到博物馆、学校、医院和其他选择接收和保存它们的公共机构。他在《现代与当代艺术品的退藏》中讨论了美国艺术博物馆在出售艺术品时的一些问题。1971年，美国艺术博物馆馆长协会（Association of Art Museum Directors）首次颁布《艺术博物馆专业实践指南》（*Professional Practices in Art Museums*），明确规定了艺术品的退藏流程：博物馆退藏艺术品应当遵守严格的审查程序和政策，出售艺术品获得的资金必须用于新的藏品征集。

除此之外，威尔还讨论了在专业化以及向非营利组织转变的过程中美国艺术组织与公共政策的关系，他重点讨论了三个问题：一是艺术与公共政策制定的核心。美国的非营利艺术组织对市场的依赖程度较高，艺术家、策展人和评论家青睐的带有创新性的展览不容易出现在非营利机构之中，艺术受众的社会范围将会缩小。二是不同的资金来源给非营利艺术组织带来的影响，随着个人投资的下降，政府对艺术补贴的增长，从人员的雇佣到项目的决策，机构管理方式也发生了相应的变化。三是特殊组织形式的适应性，如表演艺术团体向非营利艺术组织转变的过程中是否存在代价过大等问题。书中还有对艺术家培训、如何更好地将艺术融入公共教育、艺术组织内部如何在管理能力和艺术理想之间取得更令人满意的平衡等话题的讨论。

四、博物馆的潜在目的（potential purposes）

第三个主题是威尔对博物馆的潜在目的的思考。他从日常博物馆的开放运营等技术上的讨论转移到更基本的问题上，即博物馆的目的是什么，博物馆希望在观众和社区中达到何种实际的效果。他特别强调："博物馆不在于它们收藏和保管物件的能力，而在于用这些东西做了什么，博物馆藏品更大的价值不在于它们的保管和保护，而在于它对社会和社会发展的意义。"[14]具体可见书中《如何与干腐病、蛀虫和湿气作斗争》（*Fighting off Some Dry Rot, Woodworm, and Damp*）和《博物馆的正当业务：理念还是物品？》（*The Proper Business of The Museum: Ideas or Things?*）两篇文章，他呼吁博物馆工作者要转变一成不变的知识结构、意识观念和思维方式，就像定期检查博物馆的干腐病、蛀虫和潮湿等问题一样。

长期以来，博物馆界普遍认为，所有博物馆都是平等的，加强专业精神应是组织博物馆运作的基本原则。美国博物馆的专业主义与功能联系紧密，但对博物馆的目的有所忽略。例如，美国博物馆协会的博物馆认证项目这样定义博物馆："博物馆是一个有组织的、永久性的非营利性机构，其主要目的是教育或审美，有专业的工作人员，拥有和使用有形物品，照顾它们，并定期向公众展示它们。"[15]虽然该定义提出了博物馆的目的是教育或美学，但主要强调的是博物馆的功能，即由专业人士在博物馆中收藏、保管并展出物件。相较于美国博物馆协会的定义，1974年国际博协的博物馆定义更加强调博物馆的功能要服务于其目的，"专业"（professional）一词也没有出现。

威尔认为，强调博物馆的目的不是要博物馆放弃对专业精神的追求，反而是敦促博物馆必须以更高的专业水平，使工作人员在满足社区需求上和收集、保存、研究、展示和阐释藏品一样专业和熟练。博物馆的存在不仅是为了藏品的保存、管理、研究、阐释与展示，也是为了他人，更是为了社区，而不只是工作人员"履行职责的工具"。"我们应该为公众提供一份菜单，而不仅仅是把食材摆在他们的面前，这是一份由我们的食材、符合我们口味标准、但公众可以从中做出选择菜品并发挥想象力组成的菜单。"[16]

在《博物馆的正当业务：理念还是物品？》一文中，威尔也思考了博物馆理念与业务的关系，他认为博物馆"不仅保管和展示物品，也是孕育思想、激发灵感之所。博物馆存在的目的是增进公众福祉，而不是仅仅提供保管藏品和学术研究的服务"[17]，呼应了新博物馆学运动中博物馆"从功能到目的"的内容。他还指出："博物馆是信息的提供者，价值的传播者，还可以为观众带来非凡体验。通过激励和赋权（stimulation and empowerment），重塑对我们对这个世界的理解和认知，参与社会的发展、转型与变革（就像生态博物馆和社区博物馆一样）。观念、观点和洞察力为博物馆发展提供了动力，而不是对藏品的保管。"[18]对此，我们必须扪心自问：博物馆是否真正改变了公众的生活并产生了积极的影响？如果没有，博物馆便只是藏品的仆人。但如果社区生活因博物馆而更加丰富多彩，这便是对博物馆工作人员在日常工作中投入的热情和精力的最好回报，也会促使他们更加热爱这项事业。

五、结语

虽然威尔更聚焦美国艺术博物馆和美术馆，但他的博物馆学观点和思想同样启发了其他国家、地区和类型的博物馆。中国博物馆学者就非常喜欢引用威尔的这句话："博物馆不在于有什么，而在于用这些东西做了什么。"他在书中的完整表述为："博物馆不在于它们收藏和保管物件的能力，而在于用这些东西做了什么，博物馆藏品更大的价值不在于它们的保管和保护，而在于它的对社会和社会发展的意义。"[19]返景入深林，梳理威尔从律师到博物馆馆长转型期间的博物馆研究文献，可以清晰地看到他思想的转变过程、研究关注的重点，以及他在担任赫胥宏博物馆和雕塑园副馆长期间的工作体悟。

威尔在本书前言中写道，撰写本书的初衷是面对20世纪90年代博物馆内部系统和外部社会的不断变化发展，希望探索更好地利用博物馆在藏品和设施、工作人员学术和技术专长，以及社会声望或地位等方面有形和无形资源的方法，从而实现国际博协在1974年定义中提出的博物馆为"社会和社会发展服务"的目标，此目标将博物馆置于社会发展的进程中，强调了博物馆与社会、社区的紧密联系。

2022年8月24日，随着在布拉格举行的国际博物馆协会第26届大会的闭幕，经历了2019年新定义草案的搁浅，历时五年半（2016年启动博物馆定义的第九次修订工作），国际博协正式公布了修订后的博物馆定义。在博物馆新定义中，博物馆"为社会和社会发展服务"的指向更加具体，"可及性""包容性""多样性""可持续性""社区""参与""反思"等术语首次出现，代表了近十几年来博物馆在新时期对其机构使命、功能及其实现方式认识的更新，回应了时代变革的号召。

（丁晗雪，上海大学文化遗产研究专业博士研究生，主要研究方向为博物馆学。）

注释：

[1] MINOM Communique, Lisbon, 1985.
[2] "Council on Museums and Education in the Visual Arts", Barbara Y. Newsom, Adele Z. Silver, ed., *The Art Museum as Educator: A Collection of Studies as Guides to Practice and Policy,* Berkeley：University of California Press, 1978.
[3] Stephen E. Weil, *Rethinking the Museum and Other Meditations,* Washington: Smithsonian Press, 1990, p. 10.
[4] Ibid., p. 17.
[5] Ibid., p. 39.
[6] 史迪芬·E. 威尔：《博物馆的再认识》，张爱东、朱天舒译，《文博》，1992年第1期，第83页。
[7] Stephen E. Weil, *Rethinking the Museum and Other Meditations*, p. 24.
[8] Ibid., p. 60.
[9] Ibid., pp. 63-64.
[10] Ibid., pp. 82-84.
[11] A. E. Parr, "A Plurality of Professions", *Curator: The Museum Journal,* 1964, 7(4), pp. 287-295.
[12] Stephen E. Weil, *Rethinking the Museum and Other Meditations*, p. 80.
[13] Ibid., p. 85.
[14] Ibid., p. 33.
[15] Ibid., p. 45.
[16] Ibid., p. 29.
[17] Ibid., p. 50.
[18] Ibid., p. 52.
[19] 同注14。

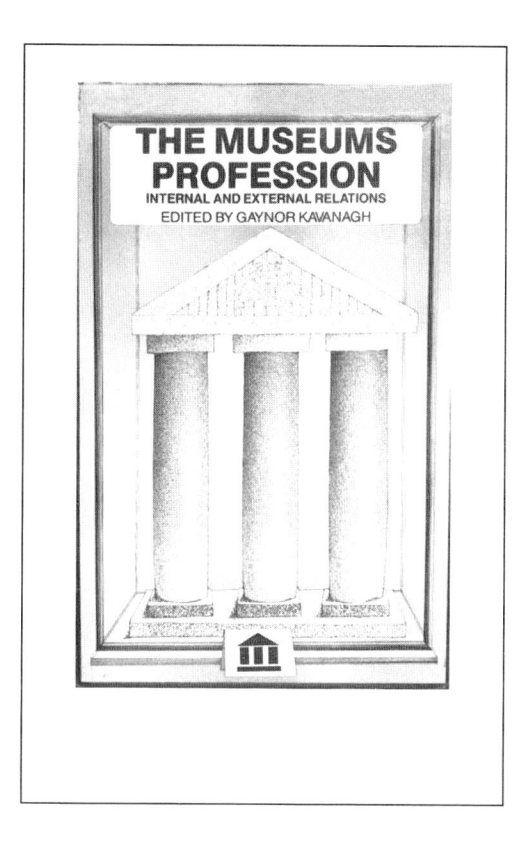

《博物馆专业：外部和内部关系》

The Museums Profession: Internal and External Relations

编者：盖诺·卡瓦纳（Gaynor Kavanagh）
出版年份：1991

本书短评

深刻洞悉了内外部因素之于博物馆发展的重要性。

述评人：唐子璇

1990年4月，英国莱斯特大学博物馆学系举办了第二届博物馆学会议。会议汇集了一群博物馆学者与博物馆工作人员，目的是为博物馆领域提供一个可供探讨和分享的平台。《博物馆专业：外部和内部关系》（以下简称《博物馆专业》）和《博物馆语言：物件与文本》（*Museum Languages: Objects and Texts*，1991）基于此会议内容编撰而成。《博物馆语言：物件与文本》主要以批判性态度审视博物馆对物件的解释及展示。相比之下，《博物馆专业》则主要从博物馆内外两个视角展开，前者涉及博物馆内部的管理、专业人员、绩效标准等；后者则涉及影响博物馆发展的外部环境或机构，如地区博物馆委员会、博物馆与地区经济的关系等。

本书题目中的profession一词可翻译为专业、行业或职业，可理解为与博物馆行业相关的职业或专业领域，同时也包括为确保博物馆的正常运营和展示功能而在博物馆内从事各种工作、担任不同职务的专业人士，例如主要负责设计和组织博物馆展览的策展人；主要从事博物馆藏品研究和学术研究的典藏研究员；负责宣传推广博物馆的市场营销和传播人员。在本书中，museums profession旨在分析博物馆内部管理和外部环境等因素，这些因素使得博物馆行业趋于专业。因此，根据原文语境，profession在本文中译为博物馆专业、行业或职业。在博物馆世界，博物馆领域的专业人士共同努力，致力于博物馆的发展和文化遗产的保护工作，以便公众能更好地了解历史、文化、艺术和科学。[1]

本书主要聚焦该历史时期博物馆职业的专业化发展。近年来，博物馆职业的发展日益多元。除了传统的博物馆，还出现了各种非传统类型的博物馆。这些新型博物馆对人才提出了新的需求，需要他们具备更广泛的知识和技能。虽然本书仅涉及20世纪的博物馆发展，但是其内容和视角可为现在的博物馆专业人员及读者提供理解博物馆职业和专业的思路，例如，博物馆职业如何从无到有发展，然后走向专业化道路。

本书由11章组成。为了让读者更加清晰地理解本书的主旨和章节构成，笔者将本书划分为三大部分：第一部分由第一章和第二章组成，为全书做历史背景铺垫；第二部分由第三章和第四章组成，主要涉及影响博物馆发展的内部因素；第三部分由第五至十一章组成，主要涉及博物馆与其外部机构或环境的关系。

一、历史背景：从两个悖论谈起

第一部分主要概括了20世纪的博物馆在发展道路上所遇到的机遇与挑战，并为全书内容定下基调。英国著名历史学家尼尔·科森斯（Neil Cossons）在第一章中描绘了博物馆在发展过程中遇到的矛盾和挑战，及当时人们对博物馆的看法和讨论。本书第二章由马克·奥尼尔（Mark O'Neill）撰写，主要讨论博物馆作为以藏品为基础的机构，面临所有以知识为基础的机构所面临的共同挑战，即如何开放自己，进而转变成为公众可参观、可参与的机构，从而弥合基于专业知识的权威机构与基于公众利益的民主机构之间的裂缝。

科森斯指出，在10年前这样的会议内容可能会更多关注藏品、收藏或策展。但是随着社会对包容性、多样性和公平性的不断关注，博物馆开始反思自身的角色，并重新定义其作用。早期的博物馆通常由君主、贵族或富商建立私人收藏，用于保存和展示各种珍奇的物品。这些博物馆常常以个人兴趣为导向，以展示自己的财富、权力和文化背景。[2]到了18世纪，随着启蒙运动的兴起、科学和人类知识的扩展，人们更加关注藏品的保存和学术研究，这促进了一系列现代博物馆的建立。在此背景下，博物馆逐渐发展为公共机构，并对广大公众开放。19—20世纪初是博物馆发展的重要时期，博物馆的类型不断增加，除了传统的艺术博物馆和历史博物馆，还出现了科学博物馆、自然博物馆、工业博物馆等。

本书的博物馆话题基于此历史背景展开。科森斯和奥尼尔在书中主要讨论有关博物馆发展的两点争论或困惑。首先，博物馆应该以怎样的形象面对大众？通过对该问题的分析，科森斯提出博物馆藏品或其自身存在阶级之别，例如，英国维多利亚和阿尔伯特博物馆馆长想将博物馆打造成一个更容易接近的机构，比如在博物馆里建立咖啡厅，或是在展览中加入有趣、通俗易懂的元素，让不同背景的观众更能理解。[3]但是，这些举措在当时的社会招致了大量批评，批评认为这将把博物馆变成历史主题公园，还有人指出维多利亚和阿尔伯特博物馆在哗众取宠。讽刺的是，该馆所处的英国伦敦南肯辛顿区还存在其他类型的博物馆，这些科学类或自然史类博物馆正在用同样的、简单易懂的方式解释展览内容，然而，它们却深受社会好评。[4]对此，科森斯追问，为什么维多利亚和阿尔伯特博物馆用同样的做法是哗众取宠，而它的邻居们却备受赞扬？

科森斯指出，关键原因是英国人对科学和艺术的态度。在英国，对科学一无所知并不可耻，但艺术不容亵渎，这种区分艺术和科学的方式能反映博物馆藏品或博物馆本身存在的阶级结构。在本书中，他指出博物馆藏品的社会金字塔结构，即哪些藏品属于贵族阶级、哪些则占据最底层的位置。譬如，意大利文艺复兴时期的绘画一般占据金字塔的最顶层，而无轨电车等工业或科学物品则处于最底层。[5]对此，科森斯主张，所有文化物件皆是人类创作的产物，无论是艺术品、科学品、工业品还是手工艺品都应被同等对待，而非依其美观度、价值等标准被区别对待。换句话说，博物馆及其藏品不是为贵族阶级或富人保存文化，而是为人类留下一份准确反映社会、文化或社区的记录。

科森斯和奥尼尔探讨的第二个主要矛盾点是博物馆学术化和博物馆普及化、商业化之间的争议。奥尼尔说道，博物馆馆长和策展人意识到博物馆现在所面临的挑战，即需要让观众在参观博物馆的过程中享有不同的文化、情感或感官体验。[6]换句话说，就是让观众认识到博物馆是社会公共机构，而非学术研究机构。对于大部分观众来说，博物馆所展示的藏品都是沉默的。这些藏品并不会为自己发言，因此便需要博物馆专业人士用通俗易懂的语言或方式解释这些藏品及其所承载的背景。

不过，如果想让更多的观众参观和了解博物馆，博物馆便需要投入更多费用，这导致部分博物馆走上以成本为导向的管理和经营之路。争议的声音随之出现：有的博物馆开始接受多元资助并实行门票收费，却被其他人视为背叛了博物馆行业的神圣原则。一些人认为博物馆的绩效指标和馆长的定期合同体现了市场手段的阴险渗透，而另一些人则认为这是改善博物馆工作的真正机会。[7]在此背景下，博物馆的政策及其制定、博物馆的内部运作、资金来源和管理方式，都成了公众热烈讨论的话题。那些信奉藏品至上、学术至上的人，则开始不满于博物馆现状。他们或许认为当博物馆走向商业化或普及化时，学术或藏品的研究质量就会下降。与此同时，该时期英国人对工业革命的矛盾情绪，也影响了大众看待博物馆商业化或大众化的方式。工业革命对文化、社会、经济和环境产生重要影响，从根本上改变了人们的生活方式。与此同时，许多知识分子认为工业革命使崇高的劳动被邪恶的资本所压制。19世纪下半叶，知识分子开始对工业发展进行道德讨伐，因此，当资本或者商业开始走向博物馆时，人们的抵制态度愈加强烈。[8]

科森斯和奥尼尔在本书中并未给予任何解决思路。不过，他们坚持认为，普及与学术之间并不矛盾，所有博物馆的共同组带必须是藏品。学术研究的核心是揭开藏品背后的历史和真相，而博物馆可以通过多种方式向公众展示和诠释藏品。与此同时，观众也需要发言权，并参与其中。科森斯和奥尼尔为本书奠定了一个基调，即认同博物馆学术研究重要性，同时不排斥博物馆商业化、大众化。此外，他们还强调，博物馆不是以保存藏品为主要功能的组织，而是由人管理的机构，其任务是组织公众与藏品进行互动。

二、内部因素：从"从业人员"到"绩效标准"

本书探讨影响博物馆发展的内部因素主要包括从业人员行为规范（或行业书面准则）和绩效标准两个方面。

卡瓦纳探讨了规范博物馆从业人员等问题。她认为，从业人员的专业能力会影响博物馆行业的发展。她引用了伯纳德·巴伯（Bernard Barber）在其1963年发表的文章《职业社会学的若干问题》（*Some Problems in the Sociology of the Professions*）中所确定的四个职业基本属性：高度概括和系统化的知识、以社会利益而非个人私利为导向、奖励制度和工作成就、高度的自我控制。[9]

其一，高度概括和系统化的知识意味着从业人员需要在学科（如考古学）或技能（如设计）方面具有相对系统的知识储备，同时对博物馆及其相关理论和实践也有较全面的了解。这通常以拥有如今的博物馆研究硕士学位为标准。其二，职业需以社会利益而非个人私利为导向。卡瓦纳在讨论这点时，提出了一个值得探讨的问题，即如何定义博物馆给社会带来的利益。博物馆给社会带来的意义，到底在于其保护和记录不同意义的藏品，还是在于工作人员用自己的专业知识和技能为公众阐释物品？[10]其三，职业涉及个人在工作中的成长和发展，包括晋升、培训和专业发展等。职业往往是为了获取报酬，可以是薪水、工资、津贴或其他形式的经济回报。因此，如果要鼓励拥有相关技能和知识的人才从事博物馆工作，就必须考虑目前的奖励制度以及通过博物馆工作获得的满足感，需要评估博物馆专业人员（以及那些打算在博物馆工作的人）对其工作的依恋和期望，及其认可的方式。其四，通过伦理准则在工作社会化过程中内化或者通过工作专家组织和运营的志愿组织，实现对行为的高度自我控制。[11]这句话强调了伦理准则和自我约束对个体在行为上自我控制的重要性，也强调了由专业工作人员自行组织的志愿组织在维护行业道德和标准方面的重要作用。卡瓦纳引用了1925年美国博物馆协会通过的《博物馆工作人员道德准则》(the Code of Ethics for Museum Workers)和1983年通过的《博物馆研究员行为准则》(the Code of Conduct for Museum Curators)等行业书面准则或从业人员行为规范,向读者展示该阶段博物馆职业发展的举措。[12]

随后,彼特·埃姆斯(Peters Ames)讨论了目前评估博物馆价值或优势的发展阶段和方法。埃姆斯指出,绩效指标和数据评估在营利和非营利的机构都非常常见。通过确立明确的绩效标准,博物馆可以更好地衡量自身的运营表现和成效,有助于识别并优化资源使用方式,提高运作效率。同时,制定绩效标准可以帮助博物馆明确自己的目标和使命,并定量评估是否能够实现目标。这样能够确认博物馆保持其使命和愿景的一致,并持续朝着预期目标前进。

不过,博物馆在20世纪发展期间,除了年度参观人次、预算规模和员工人数等衡量标准,几乎没有其他数据衡量指标。[13]埃姆斯还提到,目前没有任何公开发表的文章为博物馆提供建议甚至制定相关绩效指标。对此,他提出几点建议。首先,应了解博物馆管理者、监管者或资助者对博物馆哪些方面的绩效感兴趣,然后确定每个领域可衡量的绩效指标。[14]第二,以主题为基础的博物馆协会应考虑确定这些指标的实际绩效范围及可取性。[15]第三,应鼓励各博物馆发展确定和报告自身绩效的能力,并考虑制定各馆的最低标准。[16]在确定哪些领域和指标应该受到监督,以及达到一定标准的过程中,可以鼓励大家讨论特定博物馆应该成为怎样的博物馆,以及博物馆相关部门应具备怎样的特质。只有达成某种共识,博物馆的各个部门才会因共同的目标而团结,同时,这会为机构指引方向,优化管理系统。

三、外部因素:从"地区博物馆委员会"到"社会变革"

上一部分主要谈及影响博物馆发展的内部因素,这一部分将分析影响博物馆行业的外部因素。总体而言,影响博物馆的外部因素主要包括地区博物馆委员会、影响博物馆活动的因素和社会变革。通过对不同因素的分析,读者可一览影响博物馆发展的错综复杂的原因,这些因素环环相扣、彼此影响。

蒂莫西·安布罗斯(Timothy Ambrose)主要讨论一些博物馆、文化机构和利益相关者组成的地区博物馆委员会(Area Museum Councils),旨在促进地区间博物馆之间的合作、交流和协作。这些委员会常常通过共享资源、知识和经验等方式，共同推动博物馆事业的发展、促进地区文化遗产的保护和传承。

安布罗斯主要探讨了英国地区博物馆委员会近年来积极参与的研究领域。首先，英国地区博物馆委员会在过去五年中开展的最常见的研究类型是对其辖区内博物馆藏品的研究，以获得有关保管和策展的整体观点。藏品研究项目涉及考古学、自然科学、生物学等多个学科。另外一个备受关注的研究方向是藏品保存或保护。[17]1989 年 1 月，苏格兰博物馆理事会公布了应对苏格兰博物馆藏品保护需求进行的历时两年半的研究结果。[18]这项研究的目标是评估和量化苏格兰地方博物馆和美术馆藏品的保护需求、为长期藏品保护提供建议、提供充足的地区资源以满足国家对藏品保护要求。该研究对苏格兰藏品保护工作的发展至关重要，首次以合理、客观的方式强调了苏格兰在保护藏品方面所面临的挑战，不仅为苏格兰博物馆理事会制定藏品管理政策提供依据，也为地区博物馆制订保护计划提供依据。由此可见，地区博物馆委员会在研究层面发挥着重要作用；不过，由于种种原因，比如政策或资金，它们也受到一定的限制。对此，安布罗斯呼吁，地区博物馆委员会应鼓励其成员将研究纳入前瞻性规划，并支持其成员单独或联合提出有价值的研究项目。[19]

随后，休·布拉德福德（Hugh Bradford）总结，博物馆营销或活动的成功举办涉及三个层面：博物馆自身的管理、声誉及与赞助群体的关系。这里提到的赞助是指为博物馆提供资金的人，可能包括政府、赞助商、资助机构等。[20]布拉德福德强调，博物馆与其他服务行业的不同之处在于博物馆需在观众中建立声誉，不过这并不一定能带来资金和财务上的保障，尤其是那些不收门票的博物馆。对于博物馆而言，基本的生存法则或者财务上的成功更加依赖赞助群体。这意味着博物馆需与赞助群体保持良好关系。以上所总结的三个层面相互影响：博物馆的良好管理是博物馆获得良好声誉的基础，加强了博物馆与其赞助者之间的关系；这种关系一旦建立起来，资金就有了保障，反过来又使馆长能够在博物馆内做更多的工作，进一步提高博物馆的声誉。[21]

与此同时，托米斯拉夫·索拉（Tomislav Sola）也提出了一个强有力的论点，即馆长和博物馆都是这个世界的一部分。他认为，博物馆未能积极参与有关社会和社会变革的讨论就证明博物馆出了问题。[22]他建议，博物馆馆长和博物馆应成为生活和文化的积极参与者，应该与遗产领域的其他机构和组织更加紧密地联系在一起。[23]由于认识到博物馆需要与社会变革联系，博物馆协会委托维克多·米德尔顿（Victor T. C. Middleton）开展研究并编写报告，展望未来十年（1990—2001年）可能影响博物馆需求的趋势。[24]为此，他研究了英国基本人口结构的变化，考虑了教育和旅游业的变化以及这些变化对博物馆参观的影响。米德尔顿还评估了博物馆面临的来自其他娱乐和教育机构的竞争。[25]

四、博物馆专业化：内外结合与张力

本书强调，博物馆的专业化发展实际上受到内外部多种因素的共同影响。需指出的是，本书虽未直接讨论内外因素之间的相互作用和影响，但彼此相融的关系贯穿全书，这可以使博物馆在专业化发展的道路上走得更加稳健。例如，在书中第四章，卡瓦纳提出将外部因素与内部因素结合，可以更准确地了解社会和公众的需求。博物馆可以通过市场调研和社会反馈，了解受众的兴趣和需求，并根据这些信息优化展览和教育活动。这样能够使博物馆的专业化服务更具针对性，提高游客满意度和参与度。书中第八章也提到内外结合可以帮助博物馆扩大影响力，与政府、学术界、企业等外部机构合作，可以促进博物馆的学术交流、文化合作和资源共享，这样的合作可以帮助博物馆拓展更广泛的受众，增加文化交流的机会，同时也有利于形成合作共赢的局面。总而言之，本书强调专业化的发展需要博物馆不断适应变化的环境和需求。内外结合可以帮助博物馆获得来自内部员工和外部合作伙伴的智慧和经验，提高适应环境变化的能力。这种持续发展和适应性可以使博物馆在激烈的市场竞争中保持优势。

贯穿全书的另一个要点是内外因素之间可能存在的张力。这种张力源于内部和外部因素之间的相互作用和影响，这可能会导致一些挑战和困难。例如，第二章和第三章提到，博物馆作为文化机构，一方面要维护专业学术的水平，推进高质量的研究和展览；另一方面，博物馆也要考虑大众化，吸引更多的游客和观众。博物馆需要在专业化与大众化之间找到平衡点，既要保持学术价值，又要提供吸引人的展示和活动。后三章中也间接提到，博物馆的自主性和政策约束之间可能产生张力。博物馆希望有更大的自主权，以便更好地展示收藏品和规划展览。然而，政府的监管和相关政策可能对博物馆的运营和发展产生指导和限制。在这种情况下，博物馆需要在发挥自主性和遵循政策之间找到平衡，以确保在合规运营的同时保持独立的专业判断。这些内外的张力不是绝对的,而是需要在实践中进行平衡和协调。博物馆的成功发展需要充分理解和应对内部与外部因素之间的互动关系,寻找最佳的发展路径,以提升专业化水平和满足社会和观众的需求。

博物馆通常拥有悠久的历史和传统,但随着时代的变迁和科技的发展,保持与时俱进的状态并引入创新技术变得至关重要。然而,传统与创新之间可能存在一种张力,部分人可能担心创新会破坏博物馆传统的核心价值。据此,博物馆需要审慎平衡传统和创新,在保留文化传承的同时做出改革创新,这也是我们现在的博物馆发展需要思考的问题。

(唐子璇,剑桥大学教育系博士研究生,主要研究方向为博物馆教学理论、线上博物馆课程开发、中英博物馆对比等。)

注释:

[1] Susan Mancino, "The Museum Profession: Protecting and Promoting Professional Commitments", *Curator*, 2016, 59(2), p. 141.
[2] Patrick J. Boylan, "The Museum Profession", Sharon Macdonald, ed., *A Companion to Museum Studies*, Oxford: Blackwell Publishing Ltd., 2006, p. 420.
[3] Neil Cossons, "Class, Culture and Collections", Gaynor Kavanagh, ed., *The Museums Profession: Internal and External Relations*, Leicester: Leicester University Press, 1991, p. 17.
[4] Ibid., p. 18.
[5] Ibid., p. 18.
[6] Mark O'Neill, "After the Artefact: Internal and External Relations in Museums", Gaynor Kavanagh, ed., *The Museums Profession*, p. 27.
[7] Ibid., p. 28.
[8] Ibid., p. 32.
[9] Gaynor Kavanagh, "The Museums Profession and the Articulation of Professional Self-consciousness", Gaynor Kavanagh, ed., *Museums Profession*, pp. 48-49.
[10] Ibid., p. 49.
[11] Ibid., p. 50.
[12] Ibid., pp. 49-50.
[13] Peter Ames, "Measuring Museums' Merits", Gaynor Kavanagh, ed., *The Museums Profession*, p. 59.
[14] Ibid., p. 68.
[15] Ibid., p. 68.
[16] Ibid., p. 68.
[17] Timothy Ambrose, "Area Museum Councils and Research", Gaynor Kavanagh, ed., *The Museums Profession*, p. 74.
[18] Ibid., p. 79.
[19] Ibid., p. 81.
[20] Hugh Bradford, "A New Framework for Museum Marketing", Gaynor Kavanagh, ed., *The Museums Profession*, p. 94.
[21] Ibid., p. 96.
[22] Tomislav Sola, "Museums and Curatorship: The Role of Theory", Gaynor Kavanagh, ed., *The Museums Profession*, p. 128.
[23] Ibid., p. 129.
[24] Victor T. C. Middleton, "The Future Demand for Museums 1990-2001", Gaynor Kavanagh, ed., *The Museums Profession*, p. 139.
[25] Ibid., p. 140.

《博物馆语言：物件与文本》
Museum Languages: Objects and Texts

编者：盖诺·卡瓦纳（Gaynor Kavanagh）
出版年份：1991

❖ —— · 本书短评 · —— ❖

借助文本理论、符号学、传播学等研究领域的成果批判了"博物馆的迷思"。

述评人：赵慧君

一、引言

1990年4月,来自世界各地的博物馆学者、咨询家和从业人员齐聚莱斯特大学博物馆研究系,参加主题为"开辟新天地"(Breaking New Ground)的会议。此次会议上,与会各方从不同的视角出发,共同探索当时的博物馆议题,并试图探寻革新之路。[1]次年,这次会议的成果最终被盖诺·卡瓦纳(Gaynor Kavanagh)编撰成两本极具影响力的论文集——《博物馆语言:物件与文本》(Museum Languages: Objects and Texts,以下简称《博物馆语言》)[2]和《博物馆专业:外部和内部关系》(The Museums Profession: Internal and External Relations,以下简称《博物馆专业》)[3]。虽然这两本论文集均根植于20世纪80年代英国博物馆现状和博物馆研究趋势,但在内容上却各有侧重,前者更关注博物馆传播、参观与收藏的多种形式;后者则着重探讨博物馆内外的专业发展、博物馆管理和运作等相关议题。

从根本上说,本书源于对博物馆展览模式,甚至是对传统博物馆观念的普遍不满,并试图借助文本理论、符号学、传播学等研究领域的最新成果来对其进行批判。[4]在此情况下,其时博物馆领域内的一些共识性观点就再也经不起推敲,比如:博物馆是一个中立空间,博物馆仅用来传播文本内容,经由物件传播的博物馆知识是准确无误的,博物馆公众是内部缺乏异质性的普遍公众(general public)。[5]当上述提及的这些"博物馆迷思"开始动摇之时,博物馆如何经由展览来沟通公众、如何经由自身关涉社会议题就成为不得不去探究的学术命题。换个角度来看,这也是本书标题的旨趣所在。

与《博物馆专业》不同,本书没有在标题中提及内部或外部关系,但是沟通与关系依然是从博物馆的内部和外部两个维度展开的。所谓的"博物馆语言",首先指的是博物馆内部不同方面或不同方式的沟通,最具代表性的当数连接物件和公众的博物馆展览。着眼于此,我们可以窥探博物馆内知识的集聚与交流的方式。其次指的是博物馆自身作为一种语言的媒介价值,即博物馆与其所在的社会、历史情境之间的关系。在这种情况下,作为社会文化机构的博物馆以其独特的方式回应潜在的社会议题。

本书共有十章,其中第一章为前言,第二到六章聚焦博物馆内部,探究展览在何种程度上被视为一种博物馆语言,其中涉及博物馆展品的意义、博物馆沟通模式、观众的参观体验、博物馆文本的书写、博物馆展览的评估等内容。第七到十章则着眼于博物馆外部,分析博物馆在何种程度上被视为一种博物馆语言，从而介入知识、社会、种族、性别和阶级等领域和社会议题。接下来，笔者将从上述提及的内与外两个维度来组织本书文章，借此一窥其时博物馆世界对"博物馆语言"这一命题的思考。

二、博物馆之内：展览作为一种语言

博莱特·麦克马纳斯（Paulette McManus）对博物馆沟通模式的阐释源于对传统博物馆沟通模式的不满。作为一种线性的、三分式的沟通模式，传统的博物馆沟通模式通常要求设计者有强烈的目的性，并在设计过程中追求一种内在的确定性，即注入信息。如果不这么做，就会出现为了完成工作而堆砌知识、沉迷设计等情况。很显然，这种传统的博物馆沟通模式存在难以回避的问题：其一是信息成为自我存在之物，忽视了观众的参与；其二是博物馆的沟通是单向的、有方向性的；其三是沟通信息存在分裂与片段化的风险，导致观众无法把握沟通过程。[6]为此，麦克马纳斯提出了一种新的沟通模式，即作为过程的博物馆沟通模式。博物馆沟通的过程模式吸纳了语言学和心理学对人类相互沟通的理解，并富有洞察力地指出一个事实，即博物馆中的信息不是独立存在的天然之物，而是建构、协调与交易的结果。[7]具体而言，信息是在一系列问题中生成的，涉及生产者与信息之间的关系（说什么、对谁说、说了吗）、观众与信息之间的关系（谁在说、在什么框架和结构内说、说了什么主题）。[8]在探讨影响信息塑造与传递的因素时，麦克马纳斯着重分析了参观博物馆的社会情境会以何种方式影响观众的参观行为。从观众的态度、动机和行为模式入手，他有理有据地讨论了参观的社会语境对观众参观行为和沟通需求的影响，并对博物馆提出了新要求，即博物馆应该通过设计鼓励更加亲切的社会语境的形成，以此促进面对面沟通和平等互动。[9]

如果说麦克马纳斯还聚焦博物馆内部的信息传递和沟通问题，那么艾琳·胡珀-格林希尔的研究则具有更强的解构主义意味，即站在博物馆内考虑信息背后隐藏的社会逻辑和议程。在《一种新的博物馆沟通模式》（*A New Communication Model for Museums*）[10]一文中，她敏锐地指出，当前的博物馆展览旨在制造一种强调普遍被认可的价值和人文主义的神话，以此来彰显永恒的、不受时间影响的、和谐共处的状态。在这种情况下，博物馆内实际存在的差异、竞争、冲突等要素被有意识地掩盖了。[11]为了破除长久以来的想象，胡珀-格林希尔试图将符号学的研究成果引入博物馆领域，旨在将博物馆视作一个社会文化现象来分析。博物馆符号学分析的基本思路是首先提出一个假设，随后经由对建筑、藏品、文本的分析来验证假设，最后再从假设推演到隐藏的知识议程，比如阶级、种族和性别。[12]较之于沟通的符号学（semiology of communication），博物馆的符号学分析是一种意义的符号学（semiology of signification），更为关注展览中的非意图信息，也就是那些未被操纵却可以经由与观众的相关性而具有意义的指号（indice）。有关博物馆的符号学分析从本质上来说是理论导向的，似乎对博物馆实践的帮助非常有限。即便如此，经由指号而将观点与特定的现象联系在一起的相关性（pertinence）概念在现实世界仍极具启发性。[13]在博物馆领域之内，相关性概念有助于我们研究物件如何与展览目的关联，在博物馆领域之外，有助于我们考察现象如何经由关系而变得有意义。

通常情况下，博物馆依靠非语言的视觉形式来传递信息和生产意义，譬如物件的关系、位置、数量，展览的技术及博物馆的物理情境等。[14]从这个意义上来说，博物馆世界对博物馆文本的语言和内容的关注较少。就既有研究来看，贝弗利·塞雷尔（Beverley Serrell）、麦克马纳斯、乔治·克利尔（George Klare）等学者也关注了博物馆文本这一命题。[15]虽然他们的侧重点不同，但是涉及的学术话题超不出博物馆文本的可及性和相关性这两个维度。为此，海伦·考克萨尔（Helen Coxall）旨在提出一种不同于可及性和相关性的替代性方案，即作为博物馆文本，标签、信息板、指南和图录是如何传递信息的。不同于传统的研究，考克萨尔的基本假设是，展览语言、文本和主题的选择能够折射博物馆机构的官方政策和策展人的个人世界观。[16]在博物馆中，为了公众能够理解展览，博物馆必须对沉默的物件做出阐释。虽然物件是真实的、客观的，但是语言的选择和展览的建构也存在问题：一方面，展览信息是挑选出来的，其背后承载着特定的、片面的价值；另一方面，语言的选择看似是个体行为，实际上却是社会建构的无意识结果，往往带有刻板态度与偏见。从现实层面来看，博物馆的语言、主题、阐释、意义深受外部力量的影响，因此，博物馆文本与语言不仅涉及语言的使用和信息的选择，而且涉及更多的社会议题。[17]从这个角度看，语言学的学科视野和批判语言学的方法论路径至关重要。需要指出，批判语言学的路径并非为了达成无偏见、完全客观公正，而是要让人意识到博物馆语言和策展人本身的社会建构性，并借由自我反思予以警惕。[18]

如果说考克萨尔关注的是博物馆文本中的语言如何发挥意义，那么艾伦·拉德利（Alan Radley）则将视野转向博物馆的消费端，即公众如何记忆参观博物馆这件事。在《无聊、迷恋和死亡：博物馆参观体验的思考》（*Boredom, Fascination and Mortality: Reflections upon the Experience of Museum Visiting*）[19]一文中，拉德利指出，博物馆参观体验实际上是一种对参观的回忆，这涉及观众在记忆和感知过去的基础上建构鲜活体验的方式。[20]作为体验空间，博物馆一直存在两种意象或隐喻：其一是宫殿或教堂，其二是百货公司。具体而言，这两种意象存在如下三个方面的不同：首先是物件在展览中的状态，前者是一种纯化而独特的状态，后者点明其交换与经济的属性；其次是物件与观众之间的关系，前者在于唤醒集体的崇敬之情，后者则鼓励个体的自由选择；第三，两种意象传递出的过去感，前者认为博物馆本身即是过去，后者认为过去是公众从博物馆中建构的。[21]虽然博物馆形象和体验物件的方式深刻影响了观众对博物馆参观的记忆，但正如上文所述，观众在博物馆中的某些感觉、体验和感知并非封闭的，而是开放的。换句话说，观众的参观建立在体验过去的基础之上，与此同时，这种体验又与文化层面上人们把握过去的方式相关。[22]因此，站在公众的角度来看，公众与物件、情境在博物馆的相遇构成了个人生命历程的一个关键点。为了将参观博物馆纳入更大的范畴，拉德利采取跨学科视野，将社会记忆研究、心理学的相关洞见引入博物馆领域，有理有据地阐述了博物馆及其物件如何能动性地建构了公众与博物馆之间的关系。[23]

作为最重要的博物馆沟通渠道，展览的重要性不言而喻。在改进与提升博物馆展览的众多举措中，评估作为有效促进展览知识的科学方法日益得到博物馆领域的重视。较之于博物馆领域的展览评估，对项目、方案或政策的系统评估在其他领域的使用要早得多。[24]为此，奇斯莱恩·劳伦斯（Chislaine Lawrence）追溯了展览评估的发展历史，并归纳总结了不同评估方法的独特之处。总体而言，博物馆评估的系统化有赖于其他学科的启发与介入。20世纪以降，博物馆评估先后受到心理学、社会学和文化研究等不同学科和领域的影响，并逐渐成型。心理学视野可细分为行为主义心理学和认知心理学，前者主张个体行为可以通过实证主义等自然科学方法来观察、量化与分析，而且个体发现经由归纳可推及社会的一般观点。认知心理学挑战了行为主义心理学的核心——"刺激—反应"这一中间环节，转而从观念、动机和其他意识要素等不可观察的构造中寻求行为的阐释。[25]社会学视野内部也存在一些细微的差别与分歧。文化社会学基于对社会人口的大规模调查研究获得公众的人口统计学数据，进而对影响博物馆参观的要素进行分析与解释。阐释社会学在摒弃定量、预先设定的自然科学研究方法的基础上，主张一种定性、开放的建构式的姿态和策略。[26]文化研究视野提倡使用类似于民族学或人类学田野调查的方法，试图破译在所指符号之上构建的隐涵代码，因为这些代码"必然是文化的、传统的、历史的"[27]。很显然，这是教育学和传统社会学忽视的内容。

上述五章在内容上各有侧重，有的着眼于整体的博物馆沟通模式，有的聚焦参观或文本等具体环节，有的则关注展览的整体评估，但是其基本的问题意识是共同的，即博物馆内部的沟通如何以及为何发生。接下来，笔者将梳理与分析剩下的另外四篇文章，相较之下，这四篇文章关注的是，博物馆作为语言如何回应与连接社会议题。

三、博物馆之外：博物馆作为一种语言

在《部分的真相》（*Partial Truths*）一文中，盖比·波特（Gaby Porter）旗帜鲜明地指出，她关注的是展览的生产与意义而非展览的内容，进而研究博物馆如何整理、阐释与表征历史。[28]在本文中，"部分的真相"有两层所指：其一，博物馆提供的真相是局部的、不完整的；其二，知识是有立场的，基于某种方法和路径生产而来。很显然，波特更关注后者。为了发现常识与知识背后的立场，波特摒弃了人文主义和传统批判主义的传统，主张引入新的批判主义，以此发现意义建构的开放性、冲突性和权力色彩。[29]一直以来，博物馆都是一个被二元性控制的空间，无论是对物质性的强调还是知识的分类、主题的选择，这些看似客观的、确定的、习以为常的实践背后都隐藏着某种无意识的立场和偏见。实际上，性别议题也是如此，博物馆通常会通过限制、重复和指涉等方法来建构性别差异。[30]为了更直观、更具说服力地呈现上述理论构想，波特以谢菲尔德的凯勒姆岛工业博物馆（Kelham Island Industrial Museum）为例，阐明女性角色如何在博物馆中被建构。[31]在该博物馆中，女性通过传统工艺来表征。这种女性的看似在场实际上经不起推敲，因为女性形象始终是模糊的、不安的、混乱的，其所有价值不在于表征自我，而在于限定男性的活动边界——工业技术领域，以此来讲述男性的故事。在文章最后，波特敏锐地指出，仅靠在博物馆中增加与女性有关的物件和展览在某种程度上无法改变性别差异的表征实践，唯有在解构基础上重思展览的生产机构、重建表征才是根本出路。[32]

1981年，撒切尔领导的保守党政府面临自维多利亚时代以来最为严重的种族骚乱，20世纪60年代以来的种族矛盾和移民政策遭到前所未有的挑战。为了改善这样的局面，英国社会开始在观念、政策和资助等方面做出调整。[33]在这样的社会背景下，尼玛·普瓦亚·史密斯（Nima Poovaya Smith）以其时举办的展览为例，详细考察展览以何种方式连接多元社区，以及社会思潮、展览实践与艺术思想之间相互形塑的关系。在布拉德福艺术馆与博物馆（Bradford Art Galleries and Museums）举办的"黄金宝库"（A Golden Treasury）展览中，策展人史密斯走进社区，充分倾听社区成员对展览主题的意见和建议，因此，社区声音自展览伊始就被纳入博物馆的整体架构。[34]然而，在社区导向、表征多元文化主义的展览制作过程中出现了两个困境：其一，社区的公众群体并非如我们想象的那么同质，其内部也存在观点的差异。其二，如果来自社区的意见、建议和观点失之偏颇，那么，博物馆应当如何处理。[35]相较之下，莱斯特郡博物馆服务处（Leicestershire Museum Service）举办的"古吉拉特传统印度艺术"（Traditional Indian Arts of Gujarat）展览在合作程度上更加深入，当地社区群体充分参与展览规划、主题确定、藏品选择、展品阐释和操作执行等不同阶段。在展览过程中，博物馆还基于社区传统文化，同时开设了工作坊、讲习班、时装表演、节日活动等。[36]虽然这些举措显示了博物馆在回应社会议题上取得的进展，但是仅靠危机、骚乱和政策等外部力量驱使的改变不是长久之计。此外，当这些社区被贴上多元文化主义等标签时，博物馆难道不是在人为地制造差异吗？

　　在《重思收藏》（Collecting Reconsidered）一文中，苏珊·皮尔斯（Susan Pearce）有感于主导学科和相关领域对藏品研究的不足，从而站在博物馆学立场上提出并阐释了她的藏品研究（Collection Studies）。在皮尔斯看来，此研究包括三大领域：首先是收藏政策，涉及博物馆应该和不应该收藏的物件等方面；其次是收藏历史研究，涵盖长久以来收藏实践与博物馆理念之间的关系；再次是收藏本质的研究，关涉人们收藏背后的个体、知识、心理或社会原因。[37]在本文中，皮尔斯将研究的重点聚焦收藏本质，以此来探讨其中的文化含义。[38]从本质上来说，收藏是人类探索与外部物质世界之间关系的一种方式，收藏行为的起点和终点都是个人或机构，其最终指向个人或机构如何经由收藏实践来认同自己、表征自己。在文中，皮尔斯区分了三种收藏方式："纪念品式的收藏"（collections as souvenirs）、"拜物式的收藏"（collections as fetish objects）和"系统的收藏"（collections as systematics）。[39]前两者主要在个体层面展开，后者则以博物馆机构为代表。较之于个体与物件之间直观而单纯的关系，机构层面的收藏本质因为社会与时代的复杂性和隐蔽性而难以把握。由此可以发现，皮尔斯关于博物馆机构的收藏研究，尤其是关于收藏本质的探讨显然受到了个体层面收藏实践与哲学的启发。与此同时，系统的收藏也有其自身的独特之处，比如物件的分类与展示、知识的介入与创建、组织的构建与设计、公众的开放与参与……作为理解与建构人类与外部世界的方式，收藏不仅体现了某种既有观念，而且还经由实践不断参与知识的建构，相应的，收藏研究也会在博物馆之外更大的世界中站稳脚跟。

博物馆史的研究不仅应该关注不同历史时期的博物馆现象和博物馆学行为，而且还应该将与博物馆密切相关的同源机构和文化现象纳入分析范畴。1824—1851年间，英国近700个城镇建立了机械学院和教育工作阶级的协会，长久以来，这都是历史学研究的对象。相较之下，博物馆学领域对展览的受欢迎程度和展览意图方面关注不够。[40]基于此，凯文·摩尔（Kevin Moore）以19世纪40年代利物浦机械学院的系列展览为例，细致入微地考察了机械学院的运作机制、与博物馆之间的关系及其背后所涉及的阶级议题。在博物馆领域存在一个普遍共识，即19世纪的欧洲博物馆是资产阶级对工作阶级进行治理、教化和控制的机构。[41]然而，利物浦机械学院所举办的一系列展览却并非如此。这些展览的初衷是减轻财政压力，宣扬这种自由主义观点在整个国家阶级分化和政治危机日益严重的时期尤为可贵。独具策略的物件与展示技巧让上层阶级经由了解下层民众的生活而达成共情和理解，这促进了利物浦的阶级和谐。[42]此外，摩尔对利物浦机械学院的关注与其说有着历史学视角，不如说有着博物馆学视角，换句话说，其有关机械学院的诸多洞见基本上都有当代的现实考量，因此在一定程度上也具有以史为鉴的价值。譬如摩尔对展览运作机制的比较研究显示，为了最大限度地吸引观众，每一次展览都应当在内容和形式上有所创新。[43]很显然，这对缺少政府经济投入且陷入与其他休闲方式竞争观众泥潭的博物馆世界具有一定的参考价值。

即便有些论述和内容离不开博物馆的收藏、展览和历史等传统范畴，但是上述四篇文章的立足点都在博物馆之外，其关涉的社会议题分别是种族、性别、身份和阶级。相应的，博物馆的行动框架也未专业化，而是来自博物馆之外的社会议题。博物馆整体作为一门语言，不仅实现了博物馆机构与所在社会之间的沟通，而且作为桥梁连接了人们对社会问题的理解。此外，博物馆在回应社会议题的同时，也能动地参与社会议题的制造、协商与解决，这又是理解博物馆作为语言的另一维度。

四、结语

自20世纪70年代中期开始，欧洲、北美、东亚等地区的博物馆数量大幅增加。随着博物馆数量和博物馆工作人员的增加，加之博物馆所在社会情境的变动，博物馆内外的一些问题开始浮出水面。譬如，博物馆如何经由物件、文本传递信息？博物馆观众的参观体验究竟如何？博物馆工作人员在传递真实客观的知识，还是在外部影响下无意识地生产偏见？博物馆应该以何种面貌参与性别、种族、阶级等社会议题的讨论？其中，最为重要的两个议题是博物馆的专业化和博物馆的社会性。从某种意义上来说，这两者之间充满矛盾与张力，前者将眼光局限在博物馆围墙之内，以解决实际的日常实践问题为目标；后者则着眼于博物馆所在的社会情境，意在回应广泛存在的社会议题。虽然如此，博物馆的专业化和社会性之间又呈现出一种相互促进的关系，如果博物馆在两者之间实现了共情与理解，这对其未来发展无疑是一件好事。

相较于《博物馆专业》一书，本书更关注博物馆的社会性，更准确地说是不仅要知其然，而且要知其所以然。作为重要的社会机构，博物馆通过物件向公众展示与阐释过去。直到现在，我们即便已经在收藏、研究与展示物件方面投入大量精力，但是距离理想状态还有距离。不仅如此，博物馆在如何做这方面倾注的精力再多，也无助于窥探这一命题，即技术、实践、常识和知识究竟缘何如此。在本书中，各位作者积极借鉴语言学、符号学、传播学、文本理论、文化研究、社会学、历史学等学科或领域的最新理论视野和分析路径，以此来诊断博物馆在当代社会所面临的内外困境。

（赵慧君，青岛市博物馆馆员，山东大学考古学博士，研究方向为博物馆学、遗产研究。）

注释：

[1] Gaynor Kavanagh, "Introduction", Gaynor Kavanagh, ed., *Museum Languages: Objects and Texts*, Leicester: Leicester University Press, 1991, p. 3.

[2] Gaynor Kavanagh, ed., *Museum Languages*.

[3] Gaynor Kavanagh, ed., *The Museums Profession: Internal and External Relations*, Leicester: Leicester University Press, 1991.

[4] "Book Review: *Museum Languages: Objects and Texts*", *Journal of the History of Collections*, 1992, 4(1), p. 163.
[5] Gaynor Kavanagh, *op.cit.*, p. 4.
[6] Paulette McManus, "Making Sense of Exhibits", Gaynor Kavanagh, ed., *Museum Languages*, pp. 41-42.
[7] Ibid., p. 42.
[8] Ibid., p. 42.
[9] Ibid., pp. 35-39.
[10] Eilean Hooper-Greenhill, "A New Communication Model for Museums", Gaynor Kavanagh, ed., *Museum Languages*, pp. 47-62.
[11] Ibid., pp. 49-50.
[12] Ibid., p. 51.
[13] Ibid., pp. 58-60.
[14] Helen Coxall, "How Language Means: An Alternative View of Museum Text", Gaynor Kavanagh, ed., *Museum Languages*, p. 85.
[15] Ibid., pp. 86-88.
[16] Ibid., p. 85.
[17] Ibid., p. 92.
[18] Ibid., p. 91.
[19] Alan Radley, "Boredom, Fascination and Mortality: Reflections upon the Experience of Museum Visiting", Gaynor Kavanagh, ed., *Museum Languages*, pp. 63-82.
[20] Ibid., p. 65.
[21] Ibid., pp. 68-73.
[22] Ibid., p. 65.
[23] Ibid., pp. 66-67.
[24] Chislaine Lawrence, "Rats, Street Gangs and Culture: Evaluation in Museums", Gaynor Kavanagh, ed., *Museum Languages*, p. 11.
[25] Ibid., p. 15.
[26] Ibid., p. 20.
[27] Ibid., p. 26.
[28] Gaby Porter, Partial Truth, Gaynor Kavanagh, ed., *Museum Languages*, p. 103.
[29] Ibid., pp. 104-106.
[30] Ibid., p. 110.
[31] Ibid., pp. 110-113.
[32] Ibid., pp. 115-116.
[33] Nima Poovaya Smith, "Exhibitions and Audiences: Catering for A Pluralistic Public", Gaynor Kavanagh, ed., *Museum Languages*, p. 121.
[34] Ibid., pp. 122-127.
[35] Ibid., pp. 123-126.
[36] Ibid., p. 127.
[37] Susan Pearce, "Collecting Reconsidered", Gaynor Kavanagh, ed., *Museum Languages*, p. 138.
[38] Ibid., p. 138.
[39] Ibid., pp. 139-150.
[40] Kevin Moore, "'Feasts of Reason?': Exhibitions at the Liverpool Mechanics' Institution in the 1840s", Gaynor Kavanagh, ed., *Museum Languages*, pp. 157-158.
[41] Ibid., p. 159.
[42] Ibid., p. 169.
[43] Ibid., pp. 171-175.

《展览文化：博物馆陈列的诗学与政治学》
Exhibiting Cultures: The Poetics and Politics of Museum Display

编者：伊万·卡普（Ivan Karp）、史蒂文·拉万（Steven D. Lavine）

出版年份：1991

❖—·　本书短评　·—❖

将博物馆作为争议之地，探索文化展示的诗学与政治学。

述评人：温琦

《展览文化：博物馆陈列的诗学与政治学》（*Exhibiting Cultures: The Poetics and Politics of Museum Display*，以下简称《展览文化》）于1991年初次出版，于2012和2014年重印，尚无中译本。尽管本书面世距今已有30余年，但仍是不少博物馆学子的入门读物。书中论文源于1988年9月26—28日史密森学会举办的题为"表征的诗学和政治学"（Poetics and Politics of Representation）学术会议。此次会议围绕博物馆如何呈现与阐释文化多样性展开讨论，它与史密森学会1990年3月21—23日举办的题为"博物馆和社区"（Museums and Communities）的会议同属一个系列。1992年，第二次会议的论文结集成书，以《博物馆和社区：公共文化的政治学》（*Museums and Communities: The Politics of Public Culture*）为名出版。

一直以来，博物馆学界的视线大多集中在欧美的主流博物馆与主流人群，而鲜闻来自西方以外的、少数群体的声音。随着去殖民化和人类学"表征危机"的出现，20世纪80年代末的博物馆学界开始迫切探讨一个问题，即如何深入展示这些非西方、少数群体的文化。在当时美国多种族与跨文化的复杂背景之下，博物馆展览的选择与策划变得充满挑战。各个社会群体都希望被公平对待并在博物馆获得充分表征的话语权，策展人往往需要全面而谨慎地深入有争议的领域，了解各种不同的观点，进而在不同的群体和利益冲突之间斡旋。

基于此，本书汇集了不同领域的学者及博物馆从业者的思考与经验，重点关注非欧美文化在美国博物馆的实践。这些具有艺术史、民俗学、历史学、人类学等多学科背景的作者从各自的学术专长和文化立场出发，将作为媒介的博物馆看作一个极具张力的争议地带，并在此基础上阐释博物馆的复杂性和多样性。本书共有22个章节，分为五个部分，分别为"文化与表征""美术馆、国家身份及少数族裔文化""博物馆实践""节庆""博物馆视角的他者文化"。这五个部分既有策展人的实践案例，也有针对博物馆的理论批评。本文将先阐述此书的时代背景，之后将围绕博物馆所面临的争议和挑战进行论述。

一、时代背景：博物馆拥抱"多元文化"

收藏和展示艺术品是西方现代美术馆仪式化的传统。这项仪式有悠久的历史。在16—18世纪，欧洲皇室和贵族通过收藏大量的艺术珍宝炫耀自己的财富与权力。不少欧洲博物馆基于这个时期的艺术藏品而建立。18世纪末，以卢浮宫为代表的西方美术馆转型为公共机构，原来皇家收藏的艺术品转归国有，博物馆成为体现国家平等、展现公民权利的场所。[1]公共博物馆重新定义了观众作为公民的政治身份，赋予公民欣赏艺术和陶冶情操的权利，并守护公民的精神财产。这些奉西方艺术史为经典的博物馆藏品也因此成为文明的象征。不过，如卡罗尔·邓肯（Carol Duncan）所言，卢浮宫和大都会艺术博物馆等公共博物馆更像一个举行公共仪式的庙宇，它们奉古希腊、古罗马和文艺复兴时期的艺术为圭臬，陈列最珍贵的"国家精神遗产"。[2]展览的陈列和设计将艺术品孤立在一个与其过去毫无关系的语境里，使它们成为公众朝圣的对象。詹姆斯·布恩（James A. Boon）直言，这些庙宇一般的博物馆令他感到难过，因为博物馆收集了一堆混乱的、掠夺而来的碎片，这些碎片脱离其过去，被重新归类和展出，然后形成新的所谓文明。[3]

邓肯·卡梅伦（Duncan Cameron）[4]认为，在如神庙一般的博物馆里，一切都是既定的、不容置疑的，策展人根据自己的经验和知识武断地决定博物馆要收藏和展示什么，然而这无法满足日渐多样化的观众群体。新的博物馆应当像论坛一样，成为一个供公众讨论和质疑的场所。卡梅伦对博物馆定义及社会功能的质疑引发学界深思。

"表征的诗学与政治学"会议的召集背景是20世纪末的美国社会。作为一个移民国家，美国的族裔结构和文化复杂而多样。1965年，新的移民法和国籍法通过后，大量拉美裔和亚裔移民涌入美国。20世纪90年代，更多的移民涌入美国，并进一步改变了美国的人口结构。20世纪60年代的黑人运动燃起少数族裔的文化自觉及自我意识，传统白人的文化霸权（cultural hegemony）受到挑战。在此背景下，多元文化主义思潮（multiculturalism）在美国兴起，政府在社会治理、经济和教育资源分配和文化政策等方面也逐渐采取了多元文化政策。

一系列的社会变革引起了博物馆内部的反思与讨论。过去，美国博物馆的主流是西方的艺术品，少数族裔始终处在边缘位置。随着美国社会结构的变化，20世纪60年代开始，越来越多博物馆意识到收藏、展示非西方的传统文化与美国少数族裔文化也十分重要。斯宾塞·克鲁（Spencer R. Crew）和詹姆士·西姆斯（James E. Sims）[5]谈到过去美国的社会史忽视了非裔美国人、女人、少数族裔和劳工等社会群体，如果要在历史博物馆里呈现真实的历史，就要让这些群体有发声的机会。只有拥抱多元文化、积极反思自身的社会角色和功能，并在实践中充分考虑不同群体的需求，博物馆才能塑造包容、多元的国家形象。[6]

拉万和卡普总结，面对多元文化，未来的博物馆应在三个层面进行改变：一是将让这些公众有机会在博物馆里决定他们被呈现的方式；二是增加美国博物馆对展示非西方及少数族裔文化的专业能力；三是尝试在展览设计中融合多种视角，或是呈现展示手段所具有的争议性。[7]拉万和卡普提出的这三个层面实际上反思了展览在文化展示中充当的社会角色，这几个层面响应了卡梅伦"作为论坛的博物馆"的概念，即博物馆应该呈现不同的声音和寻求更多元的表达。

二、展览作为展示物品的媒介、叙事空间或者其他？

博物馆展览常常被定义为展示物品的媒介或者是叙事空间。在第一章中，斯维特兰娜·阿尔伯斯（Svetlana Alpers）提出"博物馆效应"（museum effect）概念，具体指博物馆通过展览设计和展品陈列所创造的观看方式。[8]博物馆将藏品抽离原境，重新放到另一个时空中，令观众能够专注地欣赏作品。也就是说，博物馆借助外在展示和体验技巧，使观者感受作品的精工细作，博物馆藏品在此成了可供欣赏的艺术品。

阿尔伯斯认为博物馆看重物品的视觉特征，而不完全是其文化意义。对于一些未被博物馆注意到的群体，她认为这是因为"一些文化缺乏具有视觉趣味性的物品"[9]。令阿尔伯斯记忆犹新的是她小时候在博物馆展示柜所见的一只巨大、罕见的蟹。这只稀有的蟹是一件具有视觉趣味性的物，或者说艺术品。这与迈克尔·巴克森德尔（Michael Baxandall）所指的可展示性（exhibitability）相似。[10]阿尔伯斯和巴克森德尔的观点无疑将博物馆视作珍奇柜（cabinets of curiosities），博物馆成了满足观众好奇心的场所。在博物馆里，任何物品都被转换成艺术，而其他文化的物品也成为观众可以观看的对象。博物馆之物与过去分离，被赋予了新的环境与意义，成为大众文化的一部分。

博物馆效应是一种观看之道，换个角度来说，也是一种观众体验（无论是观众本身的期待还是展览有意而为）。观众观看自身文化之外的展览，时常处在一个多边关系的复杂的立场。巴克森德尔指出，有三个角色在展览中起作用：物品的创作者、策展人和观众。[11]展览集合了作品背后的创作意图和文化背景，策展人的理念、规划和目的，以及观众的背景、价值观和观展预期。这三者保持着一个动态且复杂的关系，最后带来了不同的结果。策展人在这个关系中至关重要,因为他们决定了要如何展示或者不展示。这也是展览时常面临争议的原因。如果他们呈现的只是作品的"艺术性",那么本来就不了解这些文化的观众则无法知晓这些作品的其他信息。

斯蒂芬·格林布拉特(Stephen Greenblatt)提出了适用于艺术展览的两种艺术体验——共鸣(resonance)和惊叹(wonder)。[12]共鸣可以超越艺术品本身并唤起观众更深刻、似曾相识的感觉;惊叹则令观者驻足,传达震撼人心的感受。共鸣的展示将观众的意识从艺术品本身转移到更隐秘的关系中并引发思考。比如捷克的国家犹太博物馆(State Jewish Museum)的名字墙的设计并非考虑视觉效果,而是为了纪念这些受害者。名字墙叩响观众的内心,引起观众沉思。博物馆藏品成了复杂的记忆综合体,希望与绝望、逝者的声音和其带来的静默交织回响着。而令人惊叹的体验从文艺复兴时代开始就是展示的目标。不过关于惊叹的定义随着时空而变,从文艺复兴时代的奢华陈列到阿尔伯斯所称的博物馆效应下具有趣味性的作品,不过人们不再惊叹珍宝的精工巧制,而是被物品本身的神秘感和视觉力量所吸引。格林布拉特认为共鸣和惊叹并不会相互对立,如果展览能够引起观众的好奇,又使他们愿意寻找共鸣,这样的展览将创造更好的体验。

以上几位作者各自提供了有关展览体验的视角,这些视角都与阿尔伯斯的博物馆效应相关。不过,他们的视角在某种程度上并未走出西方中心主义的困局。比如他们将观众预设为来自作者第一人称的、"我们"的文化的群体,博物馆效应则将其他的文化异化成"我们"文化中的一部分。[13]这种以欧洲文化为正统的思想根植于欧美的综合美术馆。如彼得·马尔齐奥(Peter Marzio)[14]虽然赞同随着美国美术馆的观众结构日益多样化,少数族裔的艺术也应该是美术馆重要的一部分,但是他认为艺术审美的标准以欧美艺术为基础,而观看少数族裔和非西方的艺术也应当具有一定的欧美艺术史的知识背景。

与马尔齐奥观点不同,正雄山口(Masao Yamaguchi)和布里杰德·纳斯·戈斯瓦米(Brijinder Nath Goswamy)[15]质疑博物馆效应是否适用于其他文化,否则将这些物品从原来的时空中抽离恐怕不合情理。苏珊·沃格尔(Susan Vogel)[16]也质疑如埃及墓室装饰、文艺复兴时期的祭坛画或是非洲艺术这样的"艺术"是否能够像西方美术一样被放在博物馆的设定中。戈斯瓦米清楚文化在转译中会出现问题并尝试找到合适的解决方式,他列举了他在美国旧金山和法国巴黎策划的两个与印度美学观念"味"(rasa)有关的展览案例。印度的审美理念和欧美的艺术理论不同，这意味着在这种具有文化特定性的展览中用西方审美体系去展示印度的作品并不合适。与过去按艺术流派、年份和艺术家来分类展示作品不同，他以九种"味"为主题，并根据观众的审美感受来安排展品。对于美国观众，这类来自其他地区的展览与他们过去熟悉的体验不同，他们可能无法产生和印度观众一样的感觉，但他们可以通过戈斯瓦米的展览更新自己的知识体系、获得不一样的体验。

三、争议之地：面向多元文化的博物馆实践

卡普认为，"博物馆本质上是西方的机构，因为西方帝国主义和殖民掠夺，这些来自异域的物品才在博物馆展出，它们在博物馆只有一个身份——帝国侵略的战利品"[17]。他意识到，博物馆在谈论其他文化的时候，就已经预设了一种差异，即"我们"和"他者"。少数族裔的艺术常常被拿来与欧美的高雅艺术相比较，它们被归类为民族或民俗艺术，代表着原始和未开化的文化。这是自殖民以来西方对于"他者"根深蒂固的文化想象："他们"和"我们"是不一样的，是比西方文化低等、缺乏理性和秩序的文化。

卡普认为，展览最具挑战性之处并不是展示什么，而是"谁来操控展示的方式"[18]。因为博物馆是展示物的场所，然而作为证据的物品本身无法发声，只能由他人进行阐释。博物馆效应暗示了博物馆或者是背后的策展人（通常是西方学者）支配藏品以及公众体验的权力。但时代的变革和社会结构的多元化使博物馆必须摆脱这样的工具性，重新审视自己的社会角色和功能，让更多的群体参与展览的讨论。在这类文化的展示中，博物馆应更加小心谨慎地处置展览中的物与其原文化环境的关系。而且，因为博物馆面对更多的观众，博物馆也将面对更多的观点和争议。

简·李文斯顿（Jane Livingston）和约翰·伯德斯利（John Beardsley）说明了博物馆所在的复杂处境。[19]他们在休斯敦美术馆策划了展览"美国的拉美艺术：三十位当代画家和雕塑家"（Hispanic Art in the United States: Thirty Contemporary Painters and Sculptors）。这个展览展出了来自拉美地区的美国当代艺术家的作品，探讨了当时的多元主义以及艺术与种族等社会热门话题。然而，尽管策展人做了大量前期调研，咨询了相关的研究学者和拉美族裔群体的领导者，展览还是被认为没有充分展示拉美文化、历史和艺术。他们的美学观点被批评过于主观，没有呈现拉美艺术本身的多样性，作品缺乏语境及与社会层面的关联，而这点对拉美艺术来说尤为关键。还有批评者认

为展览选择的作品的风格过于倾向民俗和原生态。此展览将拉美艺术与美国艺术混为一物，弱化了其意义，忽视了其本身的抵抗性和异质性，最后连展览的几个咨询专家也对此结果表示不满。虽然李文斯顿和伯德斯利对每一个批评都做出了解释，但他们的努力和解释并没有被批评者全然接受。不过，换个角度来说，李文斯顿和伯德斯利的尝试体现了博物馆向多元文化的转变，而且他们在前期工作中组成了拉美艺术智囊团，让这个群体的公众有一定的权利决定自身被呈现的方式（尽管结果没有让所有人都满意），同时也为博物馆未来继续开展此类文化活动做了铺垫。

不同的策展人有不同的知识和文化背景以及经历，因此他们的展览也会呈现不一样的结果。托马斯·亚巴罗-弗拉乌斯托（Tomas Ybarra-Frausto）以奇卡诺（Chicano）艺术为例，强调了外行和内行的观点区别。[20]外行认为拉美艺术家身份上的共同之处使他们成为一个群体，如李文斯顿和伯德斯利将拉美艺术家简单归纳为一个具有相同身份和传统的群体，忽视了这个群体内在的复杂性和多样性。而亚巴罗-弗拉乌斯托作为内行则关注奇卡诺艺术内在的不同以及艺术家的创造性表达，他认为需要特殊对待并考虑奇卡诺艺术内在的多样性。这说明不同的视角将会影响展览的构思和阐释。因此，博物馆有必要提升内部人员在非西方及少数族裔文化方面的专业能力。

作为争议之地的博物馆被多种视角和声音包围，问题是谁的意见会被策展人采纳、谁能反映最前沿的学术观点、如何在展览中传达不同群体的意见。伊莱恩·休曼·古瑞安（Elaine Heumann Gurian）[21]和沃格尔强调了观众的角色，因为过去的展览往往传达策展人的意见，她们认为展览的设计必须考虑观众的看法，由观众决定如何观看展览，通过赋权观众让展览更具吸引力。

沃格尔在此提供了非洲艺术在不同情境下的策展案例。[22]展览是一个在特定的情境下，经由策展人的审美趣味、知识背景和个人立场筛选的结果。沃格尔认为观众应该知道展览的哪一部分是策展人的阐释，哪一部分是作品本身的信息。因此，在"收藏非洲艺术之道"（*The Art of Collecting African Art*）展览里，她尝试使用多种方式使博物馆中的非洲艺术再情境化。她邀请观众先观察并形成自己的认知，而不是先去阅读策展人撰写的标签或者是学习如何鉴赏作品。沃格尔承认展览会产生争议，但她将这种争议转化为展览的一部分。在另两个展览中，观众亦被赋予批判作品的权利，同时展览也提高了观众通过非洲艺术观照自身文化的意识。比如在"观点：非洲艺术的几个角度"（Perspectives: Angles on African Art）展览里，她邀请了十位策展人来选择展品并讨论他们的选择和观点。这十位策展人对作品的欣赏和理解、形式和意义以及艺术性和学术性有不同的看法，非洲艺术因此有了不同的角色和阐释。如沃格尔所言，这不是一个关于非洲艺术的展览，而是"多个通往非洲艺术的通道"[23]。这也是拉万和卡普提出的博物馆改变的第三种方向，即尝试在展览设计中融合多种视角。

少数族裔文化的展示和教育没有统一路径。詹姆斯·克利福德（James Clifford）[24]对比了西北海岸的四个博物馆，虽然它们对原居民艺术都持开放态度，但在藏品管理和教育上却有不同的策略。克利福德将这四个博物馆分为两类，一是以普世性的人类或者国家遗产为出发点的国际化博物馆，它们更加关心更为官方、正统的艺术；而另一类则更关注本土的历史和社群。乌米斯塔文化中心（U'mista Cultural Centre）展览目的是让非印第安人观众获得全新体验，让观众脱离自身文化背景感受他者文化。展览风格是诗性和充满想象力的，观众也不需要具备太多关于本土文化的知识。

本书还将视野放在博物馆之外的集会和节庆中。这类活动也与文化的呈现和推广有关，但它们在展示和公众体验上有着极大不同，各有不同侧重。卡普认为它们分别对应了大众文化和精英文化。节庆展示的不仅是物品，还有现场表演，而且活动一般只持续较短的时间。节庆里鲜亮的戏服和生动夸张的表演常常给人带来愉快、沉浸的感官体验，公众不需要特别的准备就可以加入其中，而博物馆一般仅允许静默地观看、提供有限的互动，观众需要服从博物馆的要求和规定，有时候还需要具有一定的知识水平才可理解展览的内容。理查德·鲍曼（Richard Bauman）[25]和芭芭拉·基尔申布拉特-金布利特（Barbara Kirshenblatt-Gimblett）[26]还讨论了"活态博物馆"（living-museum）中真人表演和展示的情况。尽管存在弊端和争议，节庆活动为文化展示提供了思路以及可供博物馆参照的方向。[27]

本书最后一章还收录了美国之外的博物馆的案例。道森·门杰里（Dawson Munjeri）[28]论述了津巴布韦人类学博物馆在非洲民族融合和独立背景下的收藏和建立国家身份的策略。津巴布韦国家博物馆在表征原居民文化和塑造现代国家形象之间面临艰难抉择。就展示第三世界文化这一论题而言，肯尼斯·赫德森（Kenneth Hudson）更尖锐地指出人类学博物馆在道义上的尴尬处境，[29]批判了这类博物馆的社会合理性，因为它们常常将西方与他者文化呈现为现代与传统、文明与落后的鲜明对立。

四、结语

本书深入探索艺术与物品展示中的诗学和政治学，呼吁博物馆学界关注非主流的传统及文化，致力于呈现多元文化，并对他者文化展示背后的政治学有所觉知。这种政治含义潜藏于并主导了博物馆展览的设计、审美、语境及文化设想。不过，本书一些作者的观点并非毫无争议，如阿尔伯斯和巴克森德尔仍以西方主流群体为中心。卡普也察觉了他们谈及其他文化时所暗示的差异性。此外，作者提供的案例也并非无可挑剔，换句话说，它们同样面临同行和公众的争议和质疑。

本书实际上展现了博物馆学与社会学等多学科之间密不可分的联系。对于博物馆学界来说，它提供了一个社会学介入博物馆研究的视角。事实上，自20世纪70年代起，博物馆的"社会合法性"（social legitimacy）正是社会学研究的一个议题。博物馆学亦逐渐借鉴诸如权力、身份、记忆、经济和政治等社会学概念，关注博物馆与社会之间的相互关系。从某种程度上来说，本书也是在这样一个背景下形成的，成功地使学界开始正视文化多样化的议题，但如相关学者所说，它还未提出系统的、可参照的实践模式和理论框架，也未真正探及博物馆作为公共机构背后的社区和公众的复杂性。[30]

总的来说，本书反映了博物馆身处一个复杂而多样的社会。在这样的情境之下，展览没有统一的制式，不同类别的博物馆在不同时代和文化背景下有着不同的定义和功能。同时，博物馆学者及从业人员需要仔细审视博物馆希望向公众传达什么、教育什么以及塑造何种身份。诚然，展览本身即争议之地，尤其是关于其他文化的展览，几乎无法避免质疑，但质疑意味着博物馆可以有更多可能性，也只有开放地面对讨论，博物馆才能成为允许多样化表达的论坛。

（温琦，深圳大学艺术学部教师，香港理工大学设计学院博士，主要研究方向为艺术设计学、博物馆学理论等。）

注释：

[1] Carol Duncan, *Civilizing Rituals: Inside Public Art Museums*, London: Routledge, 1995, pp. 8-21.

[2] Carol Duncan, "Art Museums and the Ritual of Citizenship", Ivan Karp, Steven D. Lavine, ed., *Exhibiting Cultures: The Poetics and Politics of Museum Display*, Washington: Smithsonian Institution Press, 1991, p. 95.

[3] James A. Boon, "Why Museums Make Me Sad", Ivan Karp *et al*., ed., *Exhibiting Cultures*, pp. 255-278.

[4] Duncan Cameron, "The Museum, a Temple or the Forum", *Curator: The Museum Journal*, 1971, 14(1), pp. 11-24.

[5] Spencer R. Crew, James E. Sims, "Locating Authenticity: Fragments of a Dialogue", Ivan Karp *et al*., ed., *Exhibiting Cultures*, pp. 159-175.

[6] Ivan Karp, Steven D. Lavine, "Introduction: Culture and Multiculturalism", Ivan Karp *et al*., ed., *Exhibiting Cultures*, pp. 1-9.

[7] Ibid., pp. 1-9.

[8] Svetlana Alpers, "The Museum as a Way of Seeing", Ivan Karp *et al*., ed., *Exhibiting Cultures*, p. 27.

[9] Ibid., p. 30.

[10] Michael Baxandall, "Exhibiting Intention: Some Preconditions of the Visual Display of Culturally Purposeful Objects", Ivan Karp *et al*., ed., *Exhibiting Cultures*, p. 40.

[11] Ibid., p. 36.

[12] Stephen Greenblatt, "Resonance and Wonder", Ivan Karp *et al*., ed., *Exhibiting Cultures*, pp. 42-56.

[13] Svetlana Alpers, *op cit*., pp. 26-27, Michael Baxandall, *op cit*., p. 40.

[14] Peter Marzio, "Minorities and Fine-Arts Museums in the United States", Ivan Karp *et al*., ed., *Exhibiting Cultures*, pp. 121-127.

[15] Brijinder Nath Goswamy, "Another Past, Another Context: Exhibiting Indian Art Abroad", Ivan Karp *et al*., ed., *Exhibiting Cultures*, pp. 68-78.

[16] Susan Vogel, "Always True to the Object, in Our Fashion", Ivan Karp *et al*., ed., *Exhibiting Cultures*, pp. 191-204.

[17] Ivan Karp, "Culture and Representation", Ivan Karp *et al*., ed., *Exhibiting Cultures*, p. 16.

[18] Ibid., p. 15.

[19] Jane Livingston, John Beardsley, "The Poetics and Politics of Hispanic Art: A New Perspective", Ivan Karp *et al*., ed., *Exhibiting Cultures*, pp. 104-120.

[20] Tomas Ybarra-Frausto, "The Chicano Movement/The Movement of Chicano Art", Ivan Karp *et al*., ed., *Exhibiting Cultures*, pp. 128-150.

[21] Elaine Heumann Gurian, "Noodling Around with Exhibition Opportunities", Ivan Karp *et al*., ed., *Exhibiting Cultures*, p. 176-190.

[22] Susan Vogel, *op cit*., pp. 191-204.

[23] Ibid., p. 195.

[24] James Clifford, "Four Northwest Coast Museums: Travel Reflections", Ivan Karp *et al*., ed., *Exhibiting Cultures*, pp. 212-254.

[25] Richard Bauman, Patricia Sawin, "The Politics of Participation in Folklife Festivals", Ivan Karp *et al*., ed., *Exhibiting Cultures*, pp. 288-314.

[26] Barbara Kirshenblatt-Gimblett, "Objects of Ethnography", Ivan Karp *et al*., ed., *Exhibiting Cultures*, pp. 386-443.

[27] Ted M. G. Tanen, "Festivals and Diplomacy", Ivan Karp *et al*., ed., *Exhibiting Cultures*, pp. 366-372, Richard Kurin, "Cultural Conservation through Representation: Festival of India Folklife Exhibitions at the Smithsonian Institution", Ivan Karp *et al*., ed., *Exhibiting Cultures*, pp. 315-343, Curtis Hinsley, "The World as Marketplace: Commodification of the Exotic at the World's Columbian Exposition, Chicago, 1893", Ivan Karp *et al*., ed., *Exhibiting Cultures*, pp. 344-365.

[28] Dawson Munjeri, "Refocusing or Reorientation? The Exhibit or the Populace: Zimbabwe on the Threshold", Ivan Karp *et al*., ed., *Exhibiting Cultures*, pp. 444-456.

[29] Kenneth Hudson, "How Misleading Does an Ethnographical Museum Have to Be?", Ivan Karp *et al*., ed., *Exhibiting Cultures*, pp. 457-464.

[30] 王思渝：《走向复杂化的博物馆表征与社区问题——以20世纪80年代以来的三次讨论为基础》，《中国博物馆》，2021年第1期，第49—54页。

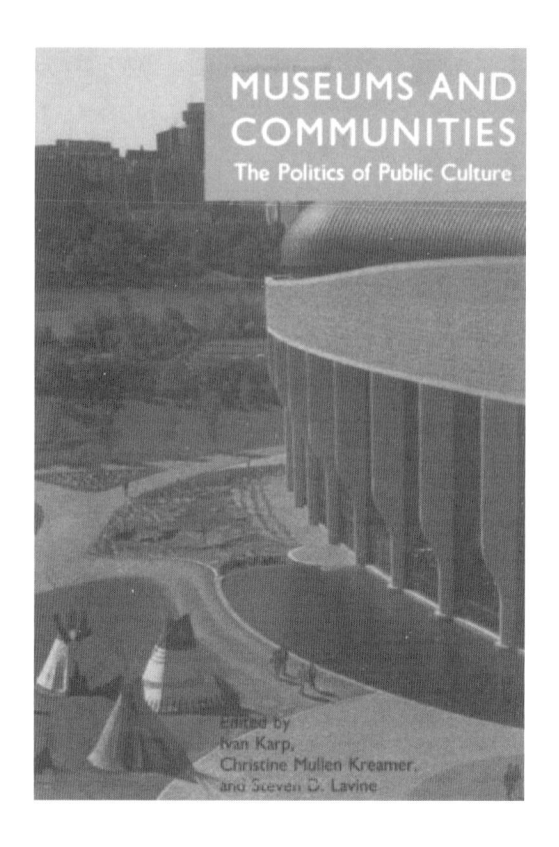

《博物馆和社区：公共文化的政治学》

Museums and Communities: The Politics of Public Culture

编者：伊万·卡普（Ivan Karp）、克里斯丁·穆伦·克莱默（Christine Mullen Kreamer）、史蒂文·拉万（Steven D. Lavine）

出版年份：1992

❖—— · 本书短评 · ——❖

探究博物馆如何认识、理解与发展与社区之间的关系，聚焦公共文化的政治学。

述评人：郭岚

20世纪80年代末至90年代初，洛克菲勒基金会和史密森学会就博物馆的状况和可能性共同举办了两场影响深远的学术会议。1988年召开的第一场会议主要关注博物馆作为文化机构的政治权力；1990年召开的第二场会议更具体地探究了博物馆如何展示和阐释所在社区，聚焦公共文化的政治学。两次会议的论文集分别于1991年和1992年在美国出版，伊万·卡普和史蒂文·拉万是这两本论文集的主编，克里斯丁·穆伦·克莱默是第二本论文集编辑团队的新成员，他们均有在史密森学会任职的经历。

在《博物馆和社区：公共文化的政治学》序言中，卡普将博物馆描述为这样的场所："定义人们是谁以及他们应该如何行动，同时也挑战这些定义。"[1]在博物馆与社区的互动关系中，社区如何被定义以及谁有权代表社区，成为公共文化政治学的关键。聚焦博物馆与社区的互动关系，不仅可以考察公共文化的政治学，更使政治在公共文化维度的进一步洞察也成为可能。作为博物馆研究领域的重要论著之一，本书对博物馆与社区之间诸多可能性关系的探讨，至今仍对讨论博物馆之于社区与公民社会的价值有启发。

围绕上述议题，本书共收录17篇论文，以案例呈现了博物馆、节日、旅游和历史保护项目等公共文化机制与其所代表和服务的社区之间的互动关系。本书分为三个板块，本文将以此为框架，基本依据书中论文的排序进行述评。本书所收录的论文虽以案例研究为主，但案例研究最终关注的还是博物馆和社区的关系问题，因此案例的细节（如无必要）均在述评过程略去。

一、变化的马赛克：公民社会和社会身份认同

在本书导言部分，卡普首先对公民社会进行了描绘："公民社会不仅仅是一个由社区和机构组成的马赛克，它还是一个价值观得到宣扬，各种合法化尝试受到肯定与挑战的舞台和竞技场。"[2]作为公民社会重要的组织机构，博物馆是公民社会基本理念的具象表征，在建构公民身份的过程中发挥重要作用。然而，由于共同体的内在需求以及共同体之间的需求极其多元，博物馆越积极地回应自己的社会使命，便越容易陷入两难困境。围绕上述议题，第一部分的五篇论文探讨了博物馆在公民社会中的身份建构及其在公共文化中的表征。

社会身份形塑机制生成于其所在的社会文化，比较西方与非西方、殖民与后殖民的遗产文化实践，有助于增进人们对跨文化、跨边界的理解。阿尔君·阿帕杜莱（Arjun Appadurai）和卡罗尔·布伦瑞克（Carol A.

Breckenridge）以博物馆内外视觉经验的交织为观察切面，探究后殖民时期印度独特的公民身份建构机制。在印度，"物品原初所在的动态社会文化环境与博物馆环境固有的静止倾向存有紧张关系"[3]。一方面，印度的博物馆是殖民时期遗留的跨国文化秩序的产物，与后殖民时期印度正在形成的、自觉的民族认同存有张力。另一方面，复苏的博物馆与其他形式的公共文化场所存在竞争关系，但混杂的文化形态也使观众的博物馆体验更为立体鲜活，博物馆由此更好地被转型的印度社会所接纳。在后殖民时代的社会文化语境中，观众的"凝视"和"对话"实际上以更广阔的公共文化生活经验为背景，因此视觉经验的交织可以作为一种方法，理解博物馆在公民社会中的运作机制。

人口结构的多元化给公民社会的方方面面带来了质的变化，也有力推动了博物馆回应多元化的社会需要和公民发展需要。埃蒙德·巴里·盖瑟（Edmund Barry Gaither）指出："作为免税实体的博物馆和直接或间接支持它们的公众之间存在一种隐含的契约关系。"[4]这意味着公众已然成为当代博物馆合法性基础的重要来源。基于此，博物馆必须面对真实的、具有多元公民身份的公众群体，尊重公众经验的全面性。盖瑟以美国地区的非裔博物馆为例，提出项目导向的文化多元主义实践可以成为博物馆的努力方向。一方面，向外重视博物馆与社区之间的联结，"（展示自身文化传统的）少数族裔博物馆倾向与所在社区建立密切的联系，而这些社区本身就是少数族裔文化的延伸"[5]。另一方面，向内丰富博物馆机构构成的文化多元性。罗威纳·斯图尔特（Rowena Stewart）领衔开发面向非裔美国人的藏品收集五步模型更多地关照了藏品持有者的立场和阐释，破除作为收藏者的博物馆与藏品持有者之间的对立，极大延伸了藏品本身的文化价值和教育价值。[6]简言之，当博物馆选择讲述更准确、更完整的故事时，多元主义已然内嵌于博物馆的核心价值。在考察明尼苏达州不同城镇的狂欢节日时，罗伯特·拉文达（Robert H. Lavenda）发现这种区域性的庆祝活动或显或隐地呈现了社区中不同阶层的权力张力。一方面，周期性的、面向所有居民的狂欢节日维系着人与人之间的联系，节日本身代表着构建"相互支持的、平等和谐的社区的愿景"[7]。另一方面，由中产阶级主导策划的系列活动又具有相当的文化排他性，表现在那些经济上处于边缘地位的群体并没有很好地被纳入活动。

文化公民身份常常是叠加的、流动的，多元文化社会的文化身份表达有时相当模糊。对于边缘位置的文化共同体而言，艺术表达首先是语言的发明,通过记录共同体的边缘化历史,重新确立自我主体性。其次是角色的穿梭,艺术家们不仅是历史的记述者、艺术语言的发明者,更扮演着思想意识的生产者、改革的活动家的角色。吉列尔莫·戈麦斯–培尼亚(Gullermo Gómez-Pena)在系列评论文章中讨论了边界文化的概念,以及20世纪80年代中后期发生在墨西哥和美国边境"跨越边界"的文化实践。他谈道:"在20世纪80年代后期成为先锋派意味着参与艺术的去中心化过程,在艺术和政治的重要领域之间来回穿梭。"[8]发生在边界的文化实践具有"跨越边界"的意义,"在更重要的创造民族间对话空间、为他者营造文化空间、重新定义南北方以及边境地区多族群间不对称关系等等任务之中,艺术本身的高度专业化似乎是次要的"[9]。

在美国,在世的艺术家与艺术博物馆之间存在着相互依赖但也异常紧张的共生关系。一方面,艺术家群体虽然在美国艺术博物馆的创建和运营过程中发挥了重要作用,但由于利益相关群体间的不同需求,艺术家慢慢"从(艺术博物馆)的积极分子和局内人变成了依赖者和局外人"[10]。市场的冲击使得艺术家团体的力量被逐渐削弱,艺术家个人更多地以竞争者和对抗者的姿态参与艺术博物馆的公共决策。另一方面,随着20世纪60年代以来艺术审美标准的颠覆性变革,艺术博物馆的正统性受到了外界不同程度的质疑。但变革中的艺术博物馆与艺术家的互动表明两者之间并非总是对立。正如薇拉·佐尔伯格(Vera L. Zolberg)所言:"当博物馆将艺术家视为负责任的成年人,艺术家认识到博物馆专业人员并非天生腐败、胆小怕事,或者在某种程度上也非他们的敌人,艺术博物馆和艺术家都会受益。"[11]

总地来看,第一部分的文章呈现了博物馆与社区双向建构的互动关系,并探讨了公民身份在公共文化中的表征和形塑机制。博物馆是公共文化的重要组成部分,博物馆的文化实践影响着公民的社会身份认同,同时也挑战着共同体既有的身份认同。

二、内外之间:博物馆与社区的关系建构

在博物馆与社区关系重建的过程中,博物馆内外不同的利益相关群体有非常明显的立场差异,由此形成了博物馆内外、社区内外涌动的权力关系格局。一方面,作为公共的文化教育机构,博物馆不可避免地面对与日俱增的外部压力。另一方面,在博物馆内部,日趋分散的专业权威促使博物馆寻找新的方式来整合自身力量,以此作为机构变革的动力。本书第二部分由拉万

主编，包括七项有关博物馆与社区关系建构的案例研究。这些博物馆的类型有着很强的异质性，博物馆内外的权力关系格局不尽相同，但它们都有一个共通的价值取向——积极与社区建构以对话为基础的互动关系。

乔治·麦克唐纳（George F. MacDonald）指出，"鼓励并帮助观众更好地利用信息资源提升自己做出历史阐释的技能"，以增进对文化差异的理解和尊重，这是信息时代博物馆重要的社会功能。[12]但在如何处理信息这个问题上，不同博物馆有着不同的价值取向和方法策略。作为国家博物馆，加拿大文明博物馆同时肩负着多元文化对话平台和国家形象代言人的双重使命。回溯该馆具有实验意味的探索历程可以发现，反思博物馆中看似开放实则有选择的对话和倾听是如何发生的，有望促进博物馆自身和多元社会的民主化进程；将博物馆置于竞争性的语境中进行横向的比较研究，有望提高博物馆自身的文化竞争力和影响力。

在伯明翰，殖民历史的知识处于社会集体记忆的边缘，而这构成了有所残缺的公民文化认同。伯明翰博物馆和美术馆的展览"第33展厅：文化的交汇处"（Gallery 33: A Meeting Ground of Cultures）将殖民时期的遗产转化为"复杂的殖民和后殖民关系的象征"[13]，历史的情境化处置同时作为博物馆开展公民教育的内容和方法而呈现。在策展人简·皮尔森·琼斯（Jane Peirson Jones）看来，思考社会中多元的文化表达和共享的文化经验两者之间的张力颇为关键。由她组建的以批判为导向的小规模专业咨询小组——"成员并不是作为相关利益群体的代表而被邀请，而是作为具有相关专业经验，并愿意在博物馆现存的制度框架中一同努力的个人而受到邀请"[14]，很好地弥补了策展人专业视角的局限性，还部分消解了博物馆"内部高度的惰性和固有的保守主义"[15]。

在传统策展的过程中，观众常常是被想象的，这导致了展览在一定程度上与观众的经验相隔绝。康斯坦斯·佩林（Constance Perin）以史密森学会下属的国家自然历史博物馆为民族志田野点，突破传统意义上类似师生互动的"博物馆—观众"关系模型，转而在博物馆专业人员和观众之间搭建交流圈。她认为，更多地"看见"观众自有的文化经验并以此作为策展的资源十分重要。当博物馆成为跨越边界的社区，"交流圈内的所有行动者或参与者（馆长、策展人、教育者、观众等）都有更多发声的机会并更好地被倾听"[16]。更为激进的交流圈重塑可见于加州大学洛杉矶分校怀特美术馆历时11年的策展实践——"奇卡诺艺术：抵抗与肯定"（Chicano Art: Resistance and Affirmation，简称CARA）[17]。CARA项目最显著的特征是组建了庞大且层次分明的咨询委员会，并在此基础上确立了清晰的制衡机制。有赖于此，怀特美术馆经由持续的对话和反思，使得"内部"和"外部"、"我们"和"他们"的边界被不断打破，包容而非排他的、互惠而非剥削的伙伴关系才得以形成。正如拉万评论："这个过程涉及面如此之广，以至在很大程度上它本身就成了一个目标，与展览同等重要，甚至可能更重要。"[18]

传统意义上，博物馆的收藏和研究往往先于其对社会的承诺。社会转型呼唤博物馆的积极回应，然而，"对变革和分享权力的恐惧阻碍了大多数机构探索新的可能"[19]。上述个案展现了那些拥有大量藏品的传统博物馆如何在既有的制度框架下尝试打破博物馆与社区、收藏研究与公共服务等二元对立关系的努力。相较之下，本部分的另外三项个案研究探究了非传统意义上以收藏为中心的博物馆，它们将对社会的承诺作为博物馆的第一要义，更为彻底的探索正在发生。

布鲁克林儿童博物馆是世界上第一座儿童博物馆。20世纪中后期，纽约布鲁克林区冠前街区的人口结构发生了剧烈变化，[20]与此同时，不稳定的社会环境也在一定程度上影响了儿童博物馆的运营。对于布鲁克林儿童博物馆而言，选择独善其身还是积极地践履社会使命成为关键问题。明迪·杜伊茨（Mindy Duitz）接任馆长后的几年间，布鲁克林儿童博物馆重新确立博物馆的使命——增加社区联结的维度、将对社区的承诺作为博物馆的灵魂；重新审视博物馆内部的组织架构——削弱种族主义的影响、丰富工作人员的身份构成；建立并巩固与外部机构的合作关系——获得更多的财政支持、与其他机构携手解决长期的社会问题。这些持续努力让儿童博物馆不仅成为布鲁克林社区活动的中心，更成为社区资源的重要组成部分。

为了创造开放讨论的自由文化空间，唐人街历史博物馆的创始团队通过重新审视"历史之于日常生活的价值"，确定了博物馆"对话驱动"的发展基调。在陈国维（John Kuo Wei Tchen）看来，"对话驱动"有三重意味：一是博物馆与观众一同探索唐人街的过去，这关系博物馆将要讲述什么样的历史；二是认识学习方式的差异将促进对话发生，这关系博物馆将要如何讲述历史；三是肯定将对话作为方法的生产性，这关系博物馆未来的规划和发展。[21]为了避免陷入过于狭隘的困境，唐人街历史博物馆旨在呈现华裔公民叠加交错的文化身份图景，致力于邀请唐人街内外不同的观众群体一同参与以展览为载体的跨文化对话。

如果说上述案例中的博物馆仅是致力于发展与社区之间的合作伙伴关系，那么亚克钦印第安生态博物馆的诞生则颠覆了我们对博物馆和社区关系的既有想象。南茜·富勒（Nancy J. Fuller）梳理亚克钦印第安社区的发展史时发现，技术的变革和外部世界冲突性的加强共同导致了印第安社区内部身份认同的危机。作为回应，以社区为中心的生态博物馆应运而生。它既是社区赋能自身的文化工具，也被赋予了传承社区文化的使命。为深化生态博物馆服务于印第安社区需求的愿景，印第安部落理事会尤其重视强化亚克钦人对博物馆社会功能的积极认识。作为一所参与性的、跨学科的文化教育机构，亚克钦印第安生态博物馆以促进社区的成长为最终目的，可以说真正做到了来自社区、为了社区。[22]

正如拉万在第二部分的导言中所说，在博物馆与社区的关系问题上更为大胆的探索，发生在看似更为边缘的博物馆，如儿童博物馆、社区博物馆与少数族群博物馆等。[23]总体而言，观众、所有权和权威等是博物馆与社区关系重构过程中的基本问题，而更为积极地与公众展开对话是博物馆更有效回应公民社会变革的基本方法。

三、公共文化的政治意蕴：通过展览和收藏定义社区

本书第三部分讨论了展览和收藏中有关历史、身份等方面的问题。克莱默在本部分的导言中提到，历史不仅指发生过的事情，也是人们对"我是谁"以及"我如何与公民社会中的其他组成部分相关"的鲜活认知。[24]就博物馆和社区的关系而言，博物馆不仅是表征社区文化的场域，还定义、形塑与再生产社区的公共文化。该部分的五项个案研究虽然问题情境各不相同，但问题意识是一致的，即共同指向文化表征背后的政治意蕴。

在一定意义上，博物馆参观也是对自我文化身份的确认。杰克·库格尔马斯（Jack Kugelmass）认为："旅游不一定是傻气的活动，也不只是文化殖民的行为。大众旅游不仅是现代社会世俗仪式的一部分，也是其公共文化的一部分。"[25]因此，他关注东欧旅行中美国犹太人的身影："他们来到这里不仅是为了看，而且是为了捕捉古老的东西，将行动定格，从而令记忆发声。"[26]当旅行不是为了在当地获得奇遇，而是为了证实既有的历史信念，并浪漫地将美国化的自我与东欧的犹太神话相联结，进而确认自己美国犹太人的身份，这就成了一种同时面向自我和他人的表演，具有相当的文化及宗教象征意义。由于争议性历史的存在以及市场经济的推动，犹太游客与当地

犹太人、当地非犹太人等群体之间存在微妙的关系，他们共同参与美国犹太集体记忆的情境化再构。

相同的藏品在不同的时空环境中可以有不同的文化表达，但展示更多反映策展人的意志，而非观众想要看到什么。策展人玛丽·乔·阿诺尔迪（Mary Jo Arnoldi）考察了赫伯特·沃德的非洲藏品在不同时空中的不同表达。在收藏的同时还创作了大量非洲题材的青铜雕塑，这是沃德区分于其他收藏家的标志。1921年沃德的收藏被正式赠予史密森学会，但如何展示这些藏品成了问题，这关系到如何平衡博物馆中既有的科学分类理念和沃德希望在戏剧化的藏品并置中传递个人审美的遗愿。在阿诺尔迪看来，仅仅关注沃德的收藏不一定是正确的选择，展览的阐释需要考虑收藏者和观众经验的多样性，"否则将陷入不断再现一面扭曲之镜的风险"[27]。小帕克·波特（Parker B. Potter Jr.）和马克·莱恩（Mark P. Leone）的文章也关注了博物馆展览背后的隐含信息，认为我们无法剥离政治和经济环境而孤立地理解展览。[28]他们认为，安纳波利斯的历史在很大程度上由一众外来群体共同书写，而不同群体之间可能存在利益冲突。对安纳波利斯的居民而言，个体仅作为历史解释的消费者而非生产者。为此，20世纪80年代初，安纳波利斯历史基金会与马里兰大学帕克分校的人类学系合作，开启了一项长期的公共考古项目。该项目欢迎观众对展览内容及其形式展开批判性思考，从而在"多声部"的对话中重建现代安纳波利斯的历史意识。

与其他研究多聚焦博物馆的探索不同，阿德瑞恩·卡普勒（Adrienne L. Kaeppler）批评博物馆似乎在投射一种学术上的逃避主义。卡普勒结合夏威夷、美国本土和欧洲博物馆中对夏威夷人的表现，探讨了一个未受污染的、浪漫的"他者"概念为何持续存在。不论是在大多数他域的博物馆里对夏威夷文化的去情境化展示，还是夏威夷当地博物馆中对静止的、与当下无关的历史的庆祝，"物品和文化、历史和政治相分离"[29]。对于今天的博物馆而言，通过物件活化消逝的过去也许并不足够，更关键的是如何让公众在历史的观看中充满希望地推进当下生活。在本书的最后一篇文章中，费斯·戴维斯·拉芬斯（Fath Davis Ruffins）强调博物馆有持续记录过去和当下的责任，其中族群内部的声音尤为重要。拉芬斯聚焦1820—1990年间非裔美国人保存文化的历史，在呈现过去如何解释和保存非洲文化的同时，提出"非裔美国人具有独特的历史，且几乎与美国经验的方方面面都有根源上的联系，当我们把这段历史经验从其保存的记录中分离出来时，应该记住这种独特性"[30]。

这部分收录的文章具有强烈的历史意识，更多从历时的维度深入探讨博物馆与公众的关系。他们共同指出，博物馆的收藏和展览塑造公民对共同体的文化认同，影响公民身份的确立。透过持续的反思，把收藏和展览作为方法，博物馆也可以具有能动性。

四、余论：博物馆和社区关系的再认识

以丰富而鲜活的案例来创建对话的可能，是本书及其姊妹篇的特色所在。但也有批评认为其最大的问题也正源于此，文章大量的信息背后没有强有力的统一概念，内部有时还存在严重的矛盾。[31]不过，贯穿本书始终的一个基本共识是，无论博物馆还是社区，每个术语本身都是模糊、多义性的存在。博物馆和社区之间的关系更加复杂而难辨，在处理关系的过程中，任何对确定性的寻求终将成为徒劳。本书所收录的17篇个案研究，无论聚焦收藏、保存、研究、阐释，还是展览、教育和其他的公共服务，都指出关系性思维是博物馆在变革的公民社会回应公共文化的挑战时保持回应能力的动力源泉。博物馆不仅要考虑其在公民社会中应当承担怎样的社会责任，还要考虑如何动态地处理博物馆内外、社区内外不同的声音，直面复杂的现实情境。

本书面世已30余年，博物馆与社区的关系依旧是当今博物馆学界关注的重点。2022年，"社区/社会"作为定义协商过程中受众与关系维度的高频关键词，最终首次出现在博物馆的新定义中。社区和博物馆的双向建构具有重要的现实意义，社区参与博物馆的文化生产，博物馆也同时作为对话的舞台促进社区内外的理解。转型时期的中国社会不同于西方社会，但在思考博物馆与社区之间关系的过程中，我们依旧可以从这本书中得到丰富的启发。

（郭岚，北京师范大学教育基本理论研究院博士研究生，主要研究方向为教育基本理论、博物馆教育、公民与道德教育等。）

注释：

[1] Ivan Karp, "Introduction", Ivan Karp, Christine Mullen Kreamer, Steven D. Lavine, eds., *Museums and Communities: The Politics of Public Culture*, Washington: Smithsonian Institution Press, 1992, p. 4.

[2] Ibid., p. 6.

[3] Arjun Appadurai, Carol. A. Breckenridge, "Museums Are Good to Think: Heritage

on View in India", Ivan Karp *et al.*, eds., *Museums and Communities*, p. 37.

[4] Edmund Barry Gaither, "'Hey! That's Mine': Thoughts on Pluralism and American Museums", Ivan Karp *et al.*, eds., *Museums and Communities*, p. 58.

[5] Ibid., p. 60.

[6] Rowena Stewart, "Bringing Private Black Histories to the Public", Janet W. Solinger, ed., *Museums and Universities: New Paths for Continuing Education*, New York: Macmillan Publishing Company, 1990, pp. 86-91.

[7] Robert H. Lavenda, "Festivals and the Creation of Public Culture: Whose Voice(s)", Ivan Karp *et al.*, eds., *Museums and Communities*, p. 77.

[8] Gullermo Gómez-Pena, "The Other Vanguard", Ivan Karp *et al.*, eds., *Museums and Communities*, p. 70.

[9] Ibid., p. 71.

[10] Vera L. Zolberg, "Art Museums and Living Artists: Contentious Communities", Ivan Karp *et al.*, eds., *Museums and Communities*, p. 115.

[11] Ibid., pp. 129-130.

[12] George F. MacDonald, "Change and Challenge: Museums in the Information Society", Ivan Karp *et al.*, eds., *Museums and Communities*, p. 162.

[13] Jane Peirson Jones, "The Colonial Legacy and the Community: The Gallery 33 Project", Ivan Karp *et al.*, eds., *Museums and Communities*, p. 235.

[14] Ibid., p. 223.

[15] Ibid., p. 239.

[16] Constance Perin, "The Communicative Circle: Museums as Communities", Ivan Karp *et al.*, eds., *Museums and Communities*, pp. 187-188.

[17] Allcia M. Gonzalez, Edith A. Tonelli, "Compañeros and Partners: The CARA Project", Ivan Karp *et al.*, eds., *Museums and Communities*, p. 262.

[18] Steven D. Lavine, "Audience, Ownership, and Authority: Designing Relations between Museums and Communities", Ivan Karp *et al.*, eds., *Museums and Communities*, p. 152.

[19] Mindy Duitz, "The Soul of a Museum: Commitment to Community at the Brooklyn Children's Museum", Ivan Karp *et al.*, eds., *Museums and Communities*, p. 242.

[20] Ibid., pp. 243-247.

[21] John Kuo Wei Tchen, "Creating a Dialogic Museum: The Chinatown History Museum Experiment", Ivan Karp *et al.*, eds., *Museums and Communities*, p. 291.

[22] Nancy J. Fuller, "The Museum as a Vehicle for Community Empowerment: The Ak-Chin Indian Community Ecomuseum Project", Ivan Karp *et al.*, eds., *Museums and Communities*, p. 362.

[23] Steven D. Lavine, *op cit.*, pp. 138-139.

[24] Christine Mullen Kreamer, "Defining Communities Through Exhibiting and Collecting", Ivan Karp *et al.*, eds., *Museums and Communities*, p. 367.

[25] Jack Kugelmass, "The Rites of the Tribe: American Jewish Tourism in Poland", Ivan Karp *et al.*, eds., *Museums and Communities*, p.384.

[26] Ibid., p. 385.

[27] Mary Jo Arnoldi, "A Distorted Mirror: The Exhibition of the Herbert Ward Collection of Africana", Ivan Karp *et al.*, eds., *Museums and Communities*, p. 454.

[28] Parker B. Potter Jr., Mark P. Leone, "Establishing the Roots of Historical Consciousness in Modern Annapolis, Maryland", Ivan Karp *et al.*, eds., *Museums and Communities*, p. 478.

[29] Adrienne L. Kaeppler, "Ali'i and Maka'āinana: The Representation of Hawaiians in Museums at Home and Abroad", Ivan Karp *et al.*, eds., *Museums and Communities*, pp. 470-472.

[30] Fath Davis Ruffins, "Mythos, Memory, and History: African American Preservation Efforts, 1820-1990", Ivan Karp *et al.*, eds., *Museums and Communities*, p. 507.

[31] Jo Blatti, "The Halls are Made of Marble, There's a Guard at Every Door" [Review of *Exhibiting Cultures: The Poetics and Politics of Museum Display* by I. Karp, S. D. Lavine; *Museums and Communities*], *American Quarterly*, 1993, 45(3), pp. 473-483.

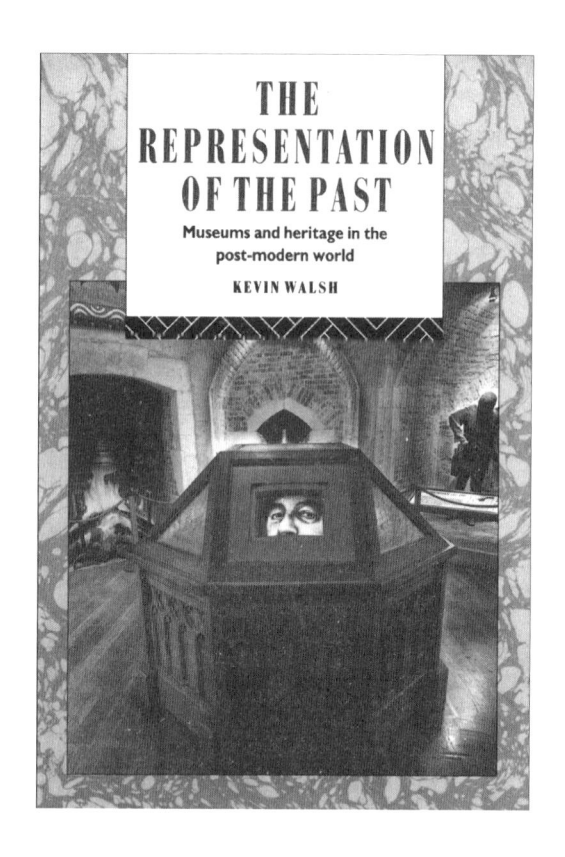

《表征过去：后现代世界的博物馆和遗产》
The Representation of the Past:
Museums and Heritage in the Post-Modern World

作者：凯文·沃尔什（Kevin Walsh）
出版年份：1992

❖——· 本书短评 ·——❖

深刻剖析后现代社会中博物馆与遗产起源、发展和目的。

述评人：肖懿洋

在现代化进程中，数百万人离开祖辈定居的家乡迁入城镇。作为生产、消费、通信、技术等经验的象征，[1]城镇隔离了人们与日常生活的进程，使得过去只能通过博物馆来进行阐述表征。20世纪80—90年代，公众对过去和历史的兴趣逐步增加，博物馆和遗产行业呈现显著增长趋势，表征过去在商业化时代背景下得到前所未有的发展和普及。[2]探究博物馆究竟应该如何展示与表征过去，恐怕是凯文·沃尔什（Kevin Walsh）写作本书的第一个原因。

　　20世纪90年代初期，伊拉克战争爆发，其时发生的一切令沃尔什绝望：政客们忽视伊拉克平民的苦难生活，媒体只关注刺激眼球的话题，博物馆和遗产机构也没有宣传反战。这份源自1991年初的愤怒和绝望构成了写作本书的第二个原因。

　　本书于1992年首次在伦敦出版，随后在美国、加拿大再版。在新博物馆学兴起的20世纪90年代前后，莱斯特大学正在博物馆学系第三代掌门人——苏珊·皮尔斯（Susan Pearce）的带领下迅速成为博物馆研究的重镇，但其研究以英国中心主义而闻名。其时在莱斯特大学读博的沃尔什并未带有此种学术倾向，反而对博物馆与遗产现象进行了富有洞察力的研究。

　　本文将从如下四个部分展开：第一部分主要论述博物馆作为现代化发展的衍生产品是如何诞生的；第二部分主要说明基于后现代性背景下的"博物馆和遗产热"现象，以及与之相关的"遗产""历史"等概念；第三部分主要回顾欧洲背景下对于过去的遗产化和表征化发展历程，同时分析20世纪70年代后"遗产热"现象的兴起，以及遗产的价值；第四部分则旨在分析此书对新博物馆学、遗产研究领域的启发和贡献。

一、现代性与博物馆的诞生

　　通过引用法兰克福学派代表人物尤尔根·哈贝马斯的观点，沃尔什梳理了"现代性"概念。他指出，现代性起源于文艺复兴时期，其核心理念是"与过去的决裂"，自此以后，人类通过利用其环境来摆脱过去的衰弱因素，开始形成通过永久改进来实现理性进步的思想。[3]基于此，沃尔什阐述了欧洲殖民体系的思想基础。早期的民族志和考古学研究推动了进步主义和种族主义的制度化，此类研究的核心理念是：世界范围内的文化和社会是单线发展的，由简单到复杂。自维多利亚时期后，考古学和历史学不断被用作欧洲白人优越性的证明。[4]换句话说,社会发展存在从原始社会走向由欧洲为主的高等文明这一过程,因此,欧洲白人有责任对殖民地"不幸"的人们进行教育和殖民。[5]现在看来,此类不合时宜的欧洲中心主义思想充斥当时的西方社会,助力欧洲建立了以殖民主义为中心的近代政治经济体系。

沃尔什也对博物馆背景下现代性中的"时间"和历史观念进行了说明。时间是文化中一种特定"构造",线性历史作为一种进步模式,奠定了现代博物馆中静态陈列的线性解释基础。[6]他提出现行博物馆的陈列体系——"三期说"（three-age system）——由克里斯蒂安·尤尔根森·汤姆森于1816年确立,即将古物根据材料划分为石制品世纪、青铜器世纪或是铁器世纪,初步奠定了现代博物馆的进步主义叙事。[7]沃尔什认为,这种静态的线性解释模式在博物馆和遗产行业内具有根深蒂固的影响。时至今日,博物馆内诸多展览仍遵循这样的模式。因此,沃尔什希望通过本书助力博物馆发展多样的展览叙事。

沃尔什也描述了早期博物馆的发展趋势,即从展示统治阶级财富地位的私人收藏"珍奇柜"（cabinets of curiosities）到向公众开放的现代博物馆。在殖民扩张时代, "珍奇柜"是对已知世界"客观"理解的最早表述,其表述的选择权牢牢掌握在"发现"和"绘制"世界的统治阶级手上。艾琳·胡珀-格林希尔认为,意大利佛罗伦萨的美第奇宫（Medici Palace）是博物馆发展的开端。作为文艺复兴的产物,美第奇宫是一座旨在收藏异国物品、体现炫耀性消费的私人博物馆,是"世界的橱柜"（the cabinets of the world）。这类机构在16世纪晚期和17世纪初期的欧洲非常普遍,其目的在于对世界进行表征。[8]而美国博物馆的发展趋势则和欧洲大陆不同,公共博物馆出现于私人收藏之前。如查尔斯顿博物馆（Charleston Museum）和皮尔博物馆（Peale's Museum）均于18世纪晚期建立,其主要建馆理念均是为广大公众展现馆内陈列。[9]

沃尔什解释了地方感是如何在工业革命进程下被破坏的。工业革命从各方面影响了日常生活:工厂工作使人们严格遵守时间;人口的增加、城市化的经验使生活节奏缓慢、地理环境孤立的农村社区被破坏。因此,一种不同的空间—时间意识被强加给当代社会,这导致了地方感的丧失。[10]而现代博物馆的发展便基于上述背景,具有其现实意义,即通过对过去的有序表征,助力加深、发展意识,增进人们对历史的当代理解。因此,博物馆是现代化进程中的重要组成部分。

沃尔什认为，现代化的基本观点为"疏离"（distancing），这和英国社会学家安东尼·吉登斯（Anthony Giddens）提出的"脱域"（disembedding）具有异曲同工之妙。这种"疏离"，使现代社会中许多服务制度化，所有形式的服务都被各类专家团体所垄断。[11]博物馆是文化和教育服务制度化的重要机构，也是"脱域机制"的典型代表，这也解释了研究和展示过去是如何逐步从公众日常经验中被抽离的。[12]

在西方理性思潮的大框架下，博物馆通常被用来作为证明现代化和进步观念的教育场所和文化机构。在这种形式下，过去已逐渐与普通民众隔绝，成为一种在展示柜中密封的存在。可以说，博物馆促进了过去的制度化，因此，其解放潜力（emancipatory potential）的目标从未完全实现。

二、后现代性、历史与遗产

基于其时的背景，沃尔什将后现代性阐述为一种状况。[13]虽然本书案例集中于英美世界，但是现代性和后现代性的经验不仅为英美所有。[14]因此，本研究具有经验普遍性和代表性。在谈及后现代世界中博物馆以及遗产行业发展的思想基础时，沃尔什指出，二战结束后，大多数人的物质需求得到了满足。因此，一套新的以自我实现、自我觉醒和追求更高生活质量的公民需求随之出现，发达国家的人被逐渐剥离于生产方式，人口的流动性大大增加，随之失去地方感和地方身份。[15]伴随着资本全球化扩张，文化同质化和去差异化（homogenization and de-differentiation）逐渐加剧，文化身份趋于一致，而文化商品化更加剧了这种趋势。[16]这也成为遗产和博物馆行业近几十年快速发展的重要基础背景。

沃尔什区分了现代性和后现代性。以遗产机构为例，现代主义者认为，遗产机构的陈列反映了创造它们的社会，而专家的职能是阐述现实。后现代性主义者则会质疑遗产机构的陈列是否可以代表现实，提倡多角度和多元化理解现象。[17]现代性的重要特点是，现实是一种在权威解读下的、被呈现的固定社会现象；后现代性的重要特征是解构，旨在消除对社会现象的固定认知。在后现代性思潮的影响下，一种提倡多元化解读、多角度认知和消解权威的观点在遗产和博物馆行业内蔓延。

沃尔什随后进一步解释了后现代的重要特征，即时空压缩和"历史的终结"。随着19世纪以来交通、通信等现代化形式的快速发展，人类的时空体验逐步改变，人们生活在一个时空压缩的世界里。[18]在此情况下，博物馆作为维持地方感、展现过去历史的固定场所开始了重要尝试，是应对后现代性中"危机"的关键形式之一。[19]但是，时空压缩的体验和保持地方感尝试的矛盾，导致当代世界产生了迷失感。[20]因此，以弗朗西斯·福山（Francis Fukuyama）为代表的学者，质疑历史这一概念，认为现代和后现代世界中的历史已经终结。

正是此类观点，为以展现历史、表征过去的博物馆等相关机构存在的合理性和必要性进行佐证。沃尔什也通过介绍文化产业（cultural industry）理论，说明了后现代社会中文化产品的工具化现象，即所谓"大众文化"中的文化产品如何合法化其产品中所包含的思想意识、进而为上层阶级的需求服务。[21]因此，他总结道，在二战后，文化标准化、理性化和一致性的趋势普遍存在于世界范围内。这种趋势对现代和后现代世界中的文化机构也有影响，在博物馆和遗产研究中，这种影响需要基于特定的政治、社会、文化和经济背景进行探讨。

基于上述争论，沃尔什明确区分了"遗产"和"历史"这两个概念："我们拥有的是遗产，而不是历史。"[22]在沃尔什看来，历史只是时间性的维度，是过去事件的集合，其本身没有任何意义。而遗产，就是对过去历史进行遗产化。作为一种服务，遗产行业展现的是当代社会中塑造的历史和过去。因此，遗产行业，是将人造历史展现给公众，而实现对过去的生产。[23]

三、过去的遗产化和表征化

沃尔什认为，过去的遗产化和表征化可以追溯到19世纪，欧洲范围内，1807年成立的丹麦皇家古物委员会（Danish Royal Commission for Antiquities）是最早的官方保护机构。[24]需要指出的是，建立负责历史、遗迹保护的政府机构的过程并非一蹴而就，在二战前，欧洲范围内保护组织的数量就已呈现出增长趋势。[25]沃尔什认为，这是对现代化进程中文化同质化趋势的回应，体现人们对于代表过去、体现民族国家特征的物质遗存保护的重视。二战不仅催生了政治、经济变化，也导致了人类对过去的态度转变，人类对于国家的过去和形象有了越来越广泛的关注和认知。二战之后，人类对于保护和表征过去的兴趣变得日益浓厚。

20世纪40—60年代，随着英国高等教育发展、开放大学建立、传媒业发展和大众媒体普及，过去越来越为当代人所熟悉。[26]20世纪70年代，越来越多的保护组织和遗产机构成立。沃尔什以英格兰乡村别墅为例，说明英国"国家遗产代表"和遗产运动的兴起，与爱国主义（patriotism）、民族国家自豪感、怀旧（nostalgia）相关。20世纪80年代，英国制定了更加统一的保护政策。英国主要有两个遗产保护组织，即成立于1980年的国家遗产纪念委员会（National Heritage Memorial Fund）和成立于1983年的英格兰遗产委员会（English Heritage）。[27]沃尔什以上述两个组织为例，具体讨论了过去的遗产化和表征化，即一项英国议会法案明确了"遗产"的定义权，界定"古迹"的权力掌握在由一群名人和专业学者组成的"委员会"手中。基于此框架，英格兰遗产委员会也设置了此类"委员会"。虽然英国政府为其提供了大量资金支持，但从本质上来说，该组织仍旧是一个准自治的非政府组织。[28]在这种准自治的情况下，该组织对于过去的遗产化和表征化仍完全基于政府构建的"遗产"体系。国家遗产纪念委员会的状况也很类似。[29]沃尔什认为，从民间层面来看，英格兰遗产委员会、国家遗产纪念委员会、国家信托基金在内的少数准自治的机构主导了对集体记忆的选择和表征，但是，它们的行为仍旧处在政府给定的框架下。[30]

因此，在当代世界，对过去的关注和保护集中在代表"国家形象"和"人为理想"的传统之上。通过对选定过去的遗产化和表征化，一种持续的历史、身份认同在当代社会被确立。[31]换句话说，博物馆和各类遗产机构服务于统治阶级需求，即通过否认历史背景和重建新的背景来实现对过去的遗产化和表征化，保护这些"传统"，这也在某种程度上加剧了历史失忆症（historic amnesia）。

针对20世纪70—80年代的"遗产热潮"（heritage boom）现象，沃尔什认为该趋势的核心是推广遗产"体验"，也探讨了过去遗产化和表征化及其作用。遗产的早期表征形式是民俗博物馆（folk-life museum）和露天博物馆（open-air museum），通过诠释活态历史和再创造历史环境来表征过去。[32]这种表征是专家在当下构建的，通过人为对历史场景的创造和表达构建出相关历史记忆。他认为，遗产表征形式的惯用手法是移情，即宣传"我们可以回到过去"的想法，遗产地则是被构建成与历史隔离的"时间胶囊"，是媒介形象的岛屿，呈现出人为构建的混杂历史记忆。[33]因此，这种基于专家主

《表征过去：后现代世界的博物馆和遗产》　　145

导构建的表征的"质量"是无法保证的。沃尔什也批判了现行的遗产表征形式。他认为，过去的表征应建立在当地族群的理解和认知上。但是如今，过去的遗产化和表征化却建立在各类专家的观点下，是一种霸权主义工具。[34]在这个过程中，历史和过去被选择和遗忘，因此，他坚持认为对于过去的表征是政治性的。[35]作为保存和展示物质文化、提供公共服务的机构，博物馆和遗产机构通过表征过去和操控空间促进了过去的制度化。沃尔什还讨论了过去遗产化和表征化在阶级划分中的作用，沃尔什认为，遗产的表征维持了阶级的基本界限，促进了阶级分化。[36]

遗产热潮不仅为了满足人们对过去的需求，也是一种更广泛的休闲和旅游服务业的产物。因此，沃尔什也对过去的过度商品化表示担忧，遗产地已被去历史化，成为为休闲消费而组织的空间，其地方的真实身份早已丢失。因此，他再次强调，遗产组织和博物馆等教育设施应该发挥其作用，为体现独特地方感和为避免全球范围内文化同质化做出贡献。[37]

四、关于新博物馆学的见解

虽然，沃尔什没有系统介绍新博物馆学，但他仍旧提出了一些见解。他认为，新博物馆学强调"博物馆在未来发展和成功的关键立基于地方民主和公共服务的理念之上"[38]。因此，作为一种教育服务机构，博物馆应该更多地为当地社群提供便利，[39]并且让公众参与对过去的生产创造过程。在这样的大框架下，沃尔什首先讨论了生态博物馆的发展历程，并对传统博物馆的陈列形式进行了批判。生态博物馆立足于特定地区整体生态、环境、自然和人类的博物馆，对当地的家庭，教育，政治，历史等多方面进行陈列和表征，关注地方、环境、空间和人类之间的互动。[40]生态博物馆可以通过公共机构和当地居民的合作框架来建立，具体而言，公共机构提供专家、设施与资源，当地居民提供知识、个人方法和愿景，从而促进对地方多样性理解的形成，同时也可以消弭上文提及的线性、单一、说教式的展览叙事。因此，在新博物馆学领域，我们不仅要强调地方视角的重要性，还需关注公众参与。博物馆通过展现构建地方的过程和相关联系，促进包括自身在内的公共文化机构对地方感的呈现，同时让当地族群参与自己过去的知识生产过程。[41]

此外，沃尔什也简略地批判性讨论了传统博物馆中的展陈方式。在博物馆的策展过程中，西方的理性意识被强加在对物质材料的分类上，导致物质文化之间的差异性被破坏。因此，他对传统博物馆机构占有、分类、陈列藏品的相关权力持批判态度。他认为，博物馆应该允许公众质疑博物馆提供的诠释和叙事，促进公众参与对过去的理解和表征方式的构建。[42]沃尔什也进一步建立了遗产研究和新博物馆学的联系。虽然遗产是一种对过去进行商业化的"营销"行为，但这并不意味着需要取缔遗产体验，而是应该通过提供包括生态博物馆在内诸多类型的博物馆和遗产服务形式，从而避免对人类过去的单一垄断形式，从而更好地提升公众参与度和地方感的发展。

五、结语

本书的主要论点始于启蒙运动的现代化进程使得人们与过去日渐疏远，地方感逐渐丧失，随着现代化发展，人们对过去的需求变得愈加强烈。博物馆和各种形式的遗产衍生品将过去"密封"在展柜中，以此来证明现代性和进步理念，从而使对过去的制度化变得合理。在后现代世界，过去表征的构建和再生产已越来越多地被制度化和合理化，而遗产表征通常都会着重于对民族国家理念的宣传。[43]

总体来说，沃尔什的写作目的是为博物馆和遗产行业提供社会批评，从而使这些机构更关注普通人的生活，并对此进行回应和呈现，为公众参与过去的选择、构建和表征赋权，从而实现博物馆的教育功能和民主潜能。本书对后现代世界的遗产和博物馆机构的研究者具有重要的参考价值。在本书的写作中，沃尔什融合了哲学、社会学、历史学、人文地理学、文学理论等跨学科知识，对过去的遗产化和表征化进行了阐述和分析，展现了博物馆和遗产机构如何对过去进行知识生产和再创造。

从研究内容来看，本书副标题虽为"后现代世界的博物馆和遗产"，但也有诸多学者认为，本书讨论和分析的博物馆是历史博物馆，因此，我们需要在历史博物馆的框架下理解作者的论点，艺术博物馆并不适用。从本书案例的区域性来看，沃尔什只探讨了资本主义社会中的博物馆和遗产机构，而忽视了世界上其他地区和政体的多样性，所以，本书中的某些观点可能过于绝对。从研究区域来看，沃尔什声称本书讨论了英美博物馆和遗产机构的相关问题，但是仍有一些美国学者认为，本书对美国博物馆和遗产行业的情况讨论失之表面和浅显。尽管如此，本书作为在新博物馆学和遗产研究兴起初始阶段的重要作品，影响了日后博物馆研究、遗产研究，乃至人类学和社会学等领域的诸多学者及其相关研究。

（肖懿洋，香港中文大学人类学系博士研究生，主要研究方向为遗产表征与知识生产、物质文化、社会记忆、博物馆研究、新博物馆学与遗产研究。）

注释：

[1] Anthony Giddens, *The Consequences of Modernity*, Cambridge: Polity Press, 1990, pp. 1-54.
[2] Laurajane Smith, *Uses of Heritage*, London: Routledge, 2006, pp. 3-18.
[3] Kevin Walsh, *The Representation of the Past: Museums and Heritage in the Post-Modern World*, London: Routledge, 1992, pp. 7-9.
[4] Ibid., p. 17.
[5] Ibid., p. 9.
[6] Ibid., pp. 10-12.
[7] Ibid., pp. 15-17.
[8] Ibid., pp. 19-20.
[9] Ibid., p. 21.
[10] Ibid., pp. 22-23.
[11] Ibid., p. 27.
[12] Ibid., p. 27.
[13] Ibid., p. 53.
[14] Ibid., p. 69.
[15] Ibid., p. 62.
[16] Ibid., p. 63.
[17] Ibid., p. 63.
[18] Ibid., pp. 65-66.
[19] David Harvey, *The Condition of Postmodernity: An Enquiry into the Origins of Cultural Change*, Oxford: Blackwell Publishing Ltd., 1989, p. 272.
[20] Kevin Walsh, *The Representation of the Past*, p. 67.
[21] Ibid., p. 64.
[22] Ibid., p. 68.
[23] Ibid., p. 64.
[24] Ibid., p. 70.
[25] Ibid., pp. 71-72.
[26] Ibid., pp. 74-75.
[27] Ibid., pp.77-78.
[28] Ibid., p. 79.
[29] Ibid., p. 81.
[30] Ibid., p. 80.
[31] Ibid., p. 86.
[32] Ibid., pp. 95-96.
[33] Ibid., pp. 101-104.
[34] Ibid., p. 114.
[35] Ibid., p. 129-130.
[36] Ibid., pp. 130-135.
[37] Ibid., p. 147.
[38] Ibid., p. 160.
[39] Ibid., p. 160.
[40] Ibid., p. 164.
[41] Ibid., p. 161.
[42] Ibid., pp. 172-173.
[43] Ibid., p. 178.

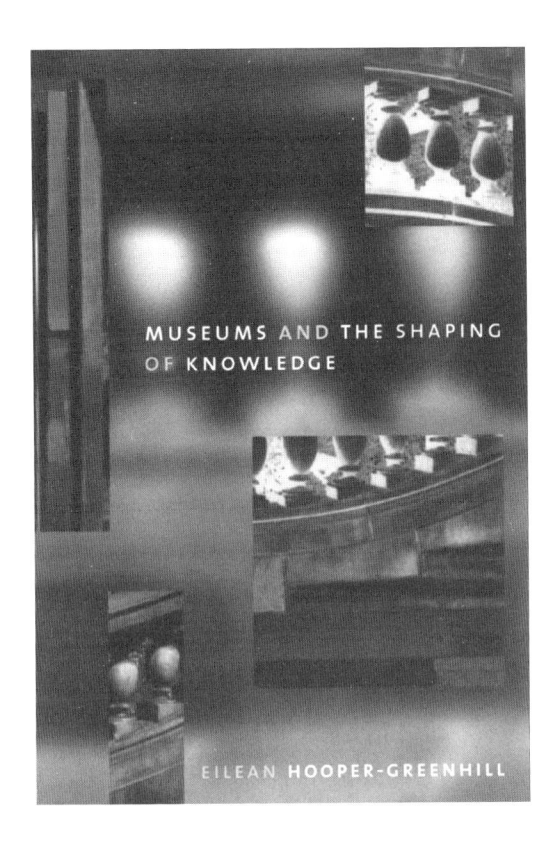

《博物馆与知识的塑造》

Museums and the Shaping of Knowledge

作者：艾琳·胡珀–格林希尔（Eilean Hooper-Greenhill）
出版年份：1992

◆—— · 本书短评 · ——◆

以福柯理论重塑博物馆史研究的典范之作。

述评人：汪彬

20世纪80年代末到90年代初，西方博物馆的理念与实践发生了巨大变化，博物馆不再是具有民族主义色彩的文化殿堂，而变得宛如主题公园和游乐场。[1]这使得人们相信，博物馆不只有一种现实形式和一种固定的运作模式，它们会依据社会、政治和经济背景的变化不断调整其工作方式和工作内容。与此同时，博物馆的教育职能逐渐被视为博物馆合理存在的一个重要原因。通过其提供的独特"商品"——知识——博物馆正在改变人们的认知方式和贡献知识的方式。

但是，当时依旧缺乏有关博物馆的批判研究。既有的相关研究基本上由博物馆界之外的人士撰写，他们往往缺乏直接经验；博物馆内的工作者将自己视为务实之人，并未对他们每日所从事的实践工作开展批判分析。[2]因此，博物馆学界既未能研究博物馆实践所依赖的那些基本原因，也未能针对博物馆领域建构一种批评史。这导致博物馆现有的构造及其固定的关系被视作理所当然，这种认识又反过来被用以理解和解释其他历史时期的博物馆身份。这种非批判性的、"盲目的"历史研究带来了一系列严重后果：无法兼顾历史的多元性、缺乏对历史特殊性的了解、难以清楚解释变化的概念本身。[3]

在这种实践背景和研究现状下，本书的出版具有重要意义：不但重新书写了博物馆的历史，而且重塑了博物馆研究的理念。本书出版于1992年，中文译本[4]由湖南省博物馆于2020年推出。全书共八章，分别介绍了本书的写作背景与理论基础（第1章）、四个案例研究（第2—7章）和结语（第8章）。笔者将对书中的主要内容进行梳理，并依据当时的学术背景，述评本书的重要意义和价值。

一、理论基础：效果历史与知识型

实际上在胡珀-格林希尔之前，博物馆学界已经存在很多关于博物馆史的研究。但胡珀-格林希尔认为，这些研究要么是包罗万象的、"百科全书式"的描述，要么是对某一特定收藏家或机构的叙述。[5]它们往往以博物馆中现有的各种关系为依据，依次倒推至久远的过去，然后再明确这些关系体现的一条面向未来的线性发展道路。因此，以往的研究大多认为数百年来博物馆的功能"几乎没有什么变化"[6]，或者将早期的收藏实践看作当前博物馆的"直系祖先"。胡珀-格林希尔想要突破这种线性叙事，一方面试图纠正传统博物馆史的认识,另一方面也想要追问博物馆在不同时期的知识形式及其与空间、主体、物件的关系。

法国哲学家米歇尔·福柯（Michel Foucault）的"效果历史"（effective history）和"知识型"（epistemes）概念为胡珀-格林希尔重塑博物馆史写作方式提供了重要的理论资源。福柯认为,理性和真理都是相对的概念,都有具体的历史、社会和文化背景,真理往往根植于控制与征服,由力量和权力关系构建而成。[7] 而且,福柯反对连续、平稳、进步、累计和发展的历史观念,转而提倡"效果历史",强调充满间断、破裂和分散的过程。总之,效果历史反对追寻事物的起源,拒绝寻找普遍性和统一性,而是认为应该关注差异、变化和断裂。[8]

知识型则是福柯进行知识考古学的一个关键概念。它指"在一定时期内,将那些产生认识论的基本形态、科学以及各种可能的形式化系统的话语实践构成一个整体的全部关系"[9]。福柯从西方近代历史中区分了三种不同的知识型。文艺复兴知识型（15—16世纪）以"相似性"（resemblance）为基本认知结构,表现为词与物的统一:世界类似一个庞大的相似结构,人们根据相似关系从已知中发现未知,阐释事物之间的内在联系。古典知识型（17—18世纪）的基本特征是"表象"（representation）,词与物分离,通过词的秩序再现物的秩序,人们依据事物、外部形态对世界进行分类和排序。现代知识型（19—20世纪）的基本规则是组织结构（organic structures）,作为主体的人出现,词的秩序不再表现真实事物而表现人对物的认识。这一时期不再依据事物的外部形态认识事物,而是将其看作由细胞、光、电、力等内部结构组成的主体。[10] 福柯认为,这三种知识型之间不是连续的,而是断裂的,后一种知识型并不比前一种知识型更进步,也不能用一种知识型去评价另一知识型的真假是非。这种"断裂史观"正是胡珀-格林希尔用于突破线性叙事、重写博物馆史的基础。

二、个案研究:"博物馆"的四种形态

本书主要通过个案研究展开。全书共考察了四个案例,分别是15世纪末的美第奇宫（第2—3章）、16世纪末到17世纪初的世界的陈列室（第4—5章）、17世纪下半叶的英国皇家学会储藏室（第6章）和18世纪末到19世纪初的规训的博物馆（第7章）,分别对应中世纪和文艺复兴知识型早期、文

艺复兴知识型、古典知识型和现代知识型。每个案例都代表"博物馆"的一种特殊形态，它们都是在当时特定的社会、历史和文化背景下形成的。

（一）美第奇宫

15世纪的美第奇宫被以往的博物馆学者视为欧洲的第一座博物馆。但仔细考察当时的社会背景，我们会发现它是由一系列特定因素构成的。在15世纪的佛罗伦萨，银行业、贸易和商业活动的蓬勃发展为商业阶层提供了巨额财富，艺术品鉴赏和炫耀性展示得以发展。随着经济独立和财富增长，人们开始强调当下生活的重要性，关注世俗的和实际占有的东西。文艺复兴摒弃旧思维、追寻新理念使得人们反对中世纪经院哲学，掀起了对古典文化的崇拜。人们尝试直接阅读古代文本，从地下挖出古代雕塑，从修道院中找回被忽视的手稿。[11]文艺复兴知识型认为，大宇宙（世界）的秩序与小宇宙（人）的秩序是相似的，例如人的右眼对应太阳，左眼对应月亮。因此，当时的认知方式被视为发现和阐释不同事物之间存在的内在联系。[12]在此过程中，占卜和魔法（magic）发挥着重要作用，被认为能够解读事物的秘密，是当时知识论的一个重要组成部分。15世纪中叶的这些社会、经济背景和认识结构，为美第奇宫的出现提供了基本因素。

美第奇宫诞生于中世纪到文艺复兴的过渡时期，融合了新旧两种不同的实践。美第奇家族银行业与贸易的发展为其收藏实践奠定了经济基础。为了彰显经济实力和权力地位，柯西莫·美第奇（Cosimo de Medici）在15世纪40年代决定建造一座新的宫殿。15世纪下半叶，随着社会的发展，美第奇家族的收藏和赞助实践也在转型。早期收藏实践模仿中世纪，主要收集由贵金属制成的人工物品，后来随着古希腊罗马文化的复兴，古典时期的物品收藏开始增多。赞助实践也由公共转向私人：15世纪早期的赞助主要用于装修教堂或慈善机构；15世纪中期之后，美第奇家族开始委托艺术家制作装饰性艺术品，用以修饰家庭空间，展示财富和权力。[13]不同于可以自由进入的公共空间，美第奇宫作为一个私人空间，出入其中被视为贵族赋予的特权。魔法和神秘学的宇宙论也在美第奇家族的收藏实践中发挥重要作用：珠宝和宝石被认为具有魔力，收集古代名人肖像则会将其权力传递给当下的收藏者。美第奇宫便由15世纪末特定的财富收集、赞助实践、对过去的使用和魔法四种元素共同构成。[14]通过收藏和展示物品，美第奇宫成了一种权力场域，美第奇家族在这里建构了一个等级秩序：美第奇家族的成员位于等级秩序的顶点，而被委托制作收藏的艺术家和被允许进入参观的观众则成为这一等级秩序的参与者。尤其是观众，等级秩序正是通过他们的凝视（gaze）才得以生成和维持的。

（二）世界的陈列室

16世纪末和17世纪初的"世界的陈列室"由文艺复兴知识型（认识论的）、记忆术（组织结构的）和记忆剧场（程序式的）三种元素共同构成。[15]在文艺复兴知识型中，大宇宙（世界）与小宇宙（人）相似，主体通过词语和事物构建世界的表象和模型。记忆术是古希腊罗马时期的演讲者用于记忆、组织逻辑的一种方式，通过想象构建一个场所，并将不同的词语和事物按照一定的秩序放置在这些场所中，从而巩固自己的记忆。[16]16世纪早期，记忆术由想象的空间变成实质的场所，即朱利奥·卡米洛（Giulio Camillo）的记忆剧场。记忆剧场和标准的剧场模型相似，是一栋半圆形建筑，有七层台阶，台阶上有很多盒子和宝箱，墙壁上悬挂着大幅纸张。这些盒子按照一定的关系放置，每个盒子代表一种知识，悬挂的纸张上是阐释性文本。[17]观看者站在舞台上扫视这一庞大的记忆机器，词语和物件被密不可分地融合在一起，世界的结构也由此被展示。

世界的陈列室是记忆剧场的实体版，其原型是16世纪70年代弗朗切斯科一世（Francesco I）的工作室。工作室是一个小房间，里面有很多橱柜，橱柜里收集着表现世界秩序的物件，橱柜上绘有装饰图案，图案象征内部的物件。工作室的此种陈设，代表君王占据世界统治者的地位。[18]1565年，塞缪尔·基彻伯格（Samuel Quiccheberg）调整了早期卡米洛的记忆剧场，把它变为一种书面形式的示意图，从而建构一个全面的百科全书式收藏，以此表征整个世界。[19]16世纪末到17世纪初，世界的陈列室主要有四种不同的表现形式，每种形式都代表了特定的主体想要表达的特定的权力形式和世界观。16世纪后半叶哈布斯堡家族的阿尔布雷希特五世（Duke Albrecht V）、费迪南德二世（Ferdinand II）和鲁道夫二世（Rudolf II）的收藏代表了政治层面的世界的陈列室，收藏被用来展示他们的政治权力地位，象征着皇帝统治下的和谐世界，并且具有外交功能，外国大使在离开前夕会被带入参观。[20]荷兰商人菲利普·海恩霍夫（Philip Hainhofer）的收藏则是一种微缩版的世界的陈列室，主要用于市场出售。这使得文化产品的制作与消费发生分离，文化代理人开始占据新的主体地位。阿尔德罗万迪（Aldrovandi）和吉甘提

（Giganti）等学者则希望通过百科全书式的收藏来展示已知的世界，将自然产物与人工制品混合在一起，旨在建构一种同一性，表达世界万物的相同性。而在阿尔卑斯山南部的意大利，温暖的自然环境导致新型的开放式规划，收藏了古典时期文物的宫殿和花园被连接在一起，共同展示自然的和谐、同一与完整。[21]

（三）皇家学会储藏室

15—16世纪的文艺复兴知识型依据相似性规则，将绘画与瓷砖、铭刻等归为一类；但17—18世纪古典知识型是寻找事物之间的同一与差异，并按照外部特征把它们归入特定的系列。因此绘画作为一种系列被归入装饰主题，并且根据它的外部形态（尺寸、主题）进行排列，甚至是出于"统一化"的需要被裁剪、延伸。[22]在17世纪英国内战带来的思想变革中，人们抛弃传统的观念，尝试对知识进行全面改造。这被视为创建一种新的"真理"工具。同时，人们也需要一种新的理性语言，从而实现一种新的、合理的事物编排顺序。[23]英国皇家学会储藏室便诞生于这样的背景。皇家学会成立于1660年，主要为了达成两个目标，首先，鉴于文艺复兴时期事物之间荒谬的、不可控制的联系，皇家学会的科学家只把那些可以经过重复实验证实的东西作为真理；其次，建立一个包罗万象的收藏，以此建构一个世界性的分类体系，准确地反映自然的秩序。这批收藏被称为"储藏室"（repository），首要任务是让人们更加方便地在短时间内找出事物的相似性和差异性。[24]与此同时，皇家学会的成员约翰·威尔金斯（John Wilkins）为进行更通畅的交流，想要建立一种通用语言（universal language），并提供一套物的语法，根据同一性和差异性的原则整理所有现存的实物和观念，然后把它们转换为一系列的分类表格。这一想法的哲学基础是，我们的精神观念是自然现象的准确反映，语言也是一种类似的反映。如果存在一个真实的、可知的世界，那么人们不但需要，而且能够对世界上所有的事物进行详尽而彻底的编目分类。17世纪的语言学家们试图在语言和自然、词与物之间建立一种同构关系，人们认为词语的排序与事物的排序是一致的。[25]因此，建立通用语言方案和综合性收藏的努力是同步的，通用语言通过包罗万象的收藏的秩序构成。但是皇家学会想要建构综合性收藏的实践并未成功，这不仅因为他们缺乏资金和支持，还因为他们接受捐赠的藏品之间缺少关联，所以难以建构一个世界性的分类体系。因此这一时期没有出现新的主体，皇家学会的认识论目的也并未达成。储藏室的藏品后来进入了大英博物馆,这一段历史也被人遗忘。

(四)规训的博物馆

18世纪末,随着法国大革命的爆发,等级化和不平等的社会结束,之前的皇室和教会收藏被转化为公共博物馆,并向所有人开放。正是在这种激烈的政治与社会变革中,"博物馆"作为一种新的话语出现,用以揭示传统统治形式的腐朽与暴虐,反映新共和国的民主化与公共化。同时,古典时期末出现的规训技术也延伸至博物馆,博物馆成为国家把人民转化为有用资源的工具。[26]在新的社会文化背景下,博物馆产生了一系列新的实践技术。例如,为了更好地管理藏品,法国成立了专门的委员会,用以清点和记录藏品;随着拿破仑军队入侵其他国家及战利品的增多,艺术品鉴别和登记著录技术出现;为了庆祝拿破仑的诞辰等特殊事件,临时展览出现;藏品的增多也使得博物馆开始挑选最具代表性的物品进行展览,收藏空间与展示空间分离;藏品保护成为一项专业活动,被用来证明藏品掠夺的合法性;为了将全国人口转变为对国家有用的资源,说明文字、教学活动、易于获取且便宜的目录和导览手册开始出现。[27]博物馆工作的专业化也促使新的主体地位生成。维旺·德农(Vivant Denon)被任命为卢浮宫博物馆的馆长,雇用了一支小型专业队伍,包括一名总秘书和三名博物馆研究员(curator)。而且,为了应对公共开放后的观众,博物馆还出现了很多身穿制服的守卫或"管理员"(attendants)。卢浮宫建立博物馆后,法国各地区也纷纷成立自己的博物馆。这项基于教育原则的去中心化政策将现有资源扩散开来,在全国形成网络。到1841年,法国共建立了22个地方博物馆,其中大多是艺术博物馆。更为重要的是,在现代知识型下,组织结构取代外部形态的同一性和差异性,成为基本的认知结构。因此,卢浮宫博物馆中的绘画不再按照尺寸大小或主题进行排列,而是按照流派(school)进行组织,绘画之间的关系取决于艺术家们的国籍,而不是作品本身的外表特征。[28]文艺复兴和古典时期的收藏实践被认为是无序的、混乱的。总而言之,在现代,博物馆成为一种重要的工具,它既建构了一套全新的价值观念与实践方式,又发挥着规训民众的作用;既塑造知识,又塑造身体。[29]

三、研究结语：过去有益于现在

胡珀-格林希尔的博物馆史研究表明，博物馆在过去几百年间一直参与知识的塑造过程，并且在不同的时代有不同的形态与特征。博物馆并没有一种本质的身份，也没有直系祖先或根本性角色，它的身份、目标、功能和主体地位一直都处于变化之中，而且不连续。[30]即使是同一件藏品，在不同的机构实践中也会有不同的意义。而且，在每一个个案研究中，物质事物的身份和意义都是依据认识论框架、实用领域、凝视、技术和权力实践等因素的接合（articulations）而构建的。"真理"或"知识"生产的过程也是一个不断演变的过程。正是因为博物馆的历史是一系列断裂的组合而非永恒的连贯体，博物馆在当下社会才会产生真正的变革。

胡珀-格林希尔对博物馆史的考察并不仅仅面向过去，也出于对现在的关注。因此在本书最后，她描述了20世纪末现代博物馆一系列新的身份、功能和技术：博物馆幕后空间向公众开放，出现了"去学校化"的尝试；博物馆管理者越来越多地将自己视为学习的促进者，社区参与博物馆的实践过程；商店、餐厅、休息区和观众服务台在博物馆空间中占有重要比例，观众被视为消费者；博物馆开始更加谨慎地塑造自己的形象，成为"目的地文化"的一部分；交互式视频出现在展览中；允许和鼓励多元的观点和声音……[31]正因为博物馆的发展处于不断变化的过程中，所以博物馆才具有巨大的潜力、未来充满无限可能。

四、本书的意义与价值

首先，本书在胡珀-格林希尔的整体研究脉络中占据重要地位。2000年出版的《博物馆与视觉文化的阐释》和2007年出版的《博物馆与教育》两书可以看作本书塑造的知识体系的延续。它们共同构成了胡珀-格林希尔博物馆研究脉络中的"三部曲"，对博物馆从15—21世纪的六种不同形态进行了深入的研究，形成了一幅独特的博物馆历史与当代图景。前期研究考察了博物馆的四种早期形态，《博物馆与视觉文化的阐释》[32]和《博物馆与教育》[33]则对19—20世纪末的现代博物馆和20世纪末到21世纪初的后博物馆（post-museum）进行了专门的讨论和研究。由此可见，本书在胡珀-格林希尔的研究中扮演了理论基础的角色。

其次，本书理论在博物馆研究中也具有重要意义，常常被归入博物馆研究的批判传统,被视作"博物馆怀疑论"的一部分。[34]但笔者认为,本书的意义不止于此,它还支持了"博物馆变革论"。面对20世纪80—90年代博物馆学者对博物馆的怀疑、批评和攻击,胡珀-格林希尔一方面遵循了这种思潮,另一方面也通过将博物馆描述为不断变化的、与过去断裂的空间来证明当前博物馆的革新性和灵活性。例如本书开头,她特意强调:"在过去几年里,博物馆经历了一次重大的改变和重整。"[35]虽然本书不是对现代博物馆改变与重整的具体论述,却将研究重点放在了"'博物馆'在过去是何时以及如何改变的?改变的方式有哪些?为何停止和废除一些存在已久的实践?"[36]等主题上。本书也为现代博物馆的改变与重整提供了理论基础:如果历史表明博物馆没有本质的身份,博物馆的功能也并非一成不变,那么博物馆在当下的变革不仅是可能的,而且是必需的。通过宣称博物馆历史的断裂,胡珀-格林希尔希望既可以使当代博物馆摆脱过去消极、保守的形象,也可以为当前博物馆的变革提供合法性支持。这或许是胡珀-格林希尔博物馆史研究的内在目的,也是本书最后一章的标题"过去,对现在有指导意义"(a useful past for the present)的真正内涵。

再者,我们也可以把本书和其他学者的研究进行比较阅读。例如兰道夫·斯达恩(Randolph Starn)曾批评胡珀-格林希尔的博物馆史研究热衷于和过去决裂,想要消解博物馆的连续性叙事。[37]安德里亚·维特科姆(Andrea Witcomb)的研究转而证明了博物馆史的非政治性和连续性:19世纪的博物馆并不只是规训或治理的工具,也发挥着休闲娱乐功能,当今博物馆中流行的对旅游、消费和大众文化的关注在19世纪就已经存在。[38]如果说胡珀-格林希尔想要通过博物馆的断裂来摆脱阴沉的过去,为当前变革提供合法性,那么维特科姆则想借助博物馆的延续性,以利用博物馆的过去确立当前博物馆的休闲、娱乐和旅游功能的正当性。她们的具体观点虽然不同,但对博物馆过去的关注都有着深刻的当下关怀。

最后,本书也存在一些不足。例如它过度依赖福柯的框架,使得博物馆史几乎成了福柯知识型理论的注脚,而缺乏自身的面貌与特征。而且,书中对博物馆与国家之间关系的讨论也过于简化。相对来说,托尼·本内特的研究借助意大利学者安东尼奥·葛兰西(Antonio Gramsci)的理论作为福柯理论的补充,为我们提供了另一种视角,有助于我们理解博物馆的治理功能及其与国家之间的微妙关系。[39]

（汪彬，吉林大学考古学院硕士。主要研究方向为博物馆学理论、博物馆研究等。）

注释：

[1] 艾琳·胡珀-格林希尔：《博物馆与知识的塑造》，陈双双译，南京：译林出版社，2020年，第1页。
[2] 艾琳·胡珀-格林希尔，前揭书，第4页。
[3] 艾琳·胡珀-格林希尔，前揭书，第10—11页。
[4] 艾琳·胡珀-格林希尔，前揭书。
[5] 艾琳·胡珀-格林希尔，前揭书，第22页。
[6] 艾琳·胡珀-格林希尔，前揭书，第25页。
[7] 艾琳·胡珀-格林希尔，前揭书，第12页。
[8] 艾琳·胡珀-格林希尔，前揭书，第13页。本段中文译文有误，应为"历史必须要摈弃其绝对性，不再试图寻找普遍性和统一性，而是应该寻找差异、变化和断裂"。
[9] 海登·怀特：《米歇尔·福柯》，约翰·斯特罗克主编《结构主义以来》，渠东、李康、李猛译，沈阳：辽宁教育出版社，1998年，第98页。
[10] 艾琳·胡珀-格林希尔，前揭书，第15—21页。
[11] 艾琳·胡珀-格林希尔，前揭书，第34页。
[12] 艾琳·胡珀-格林希尔，前揭书，第41—42页。
[13] 艾琳·胡珀-格林希尔，前揭书，第59—60页。
[14] 艾琳·胡珀-格林希尔，前揭书，第70页。
[15] 艾琳·胡珀-格林希尔，前揭书，第106—107页。
[16] 艾琳·胡珀-格林希尔，前揭书，第95页。
[17] 艾琳·胡珀-格林希尔，前揭书，第101—102页。
[18] 艾琳·胡珀-格林希尔，前揭书，第109页。
[19] 艾琳·胡珀-格林希尔，前揭书，第114页。
[20] 艾琳·胡珀-格林希尔，前揭书，第120—121页。
[21] 艾琳·胡珀-格林希尔，前揭书，第131页。
[22] 艾琳·胡珀-格林希尔，前揭书，第145页。
[23] 艾琳·胡珀-格林希尔，前揭书，第148页。
[24] 艾琳·胡珀-格林希尔，前揭书，第151页。
[25] 艾琳·胡珀-格林希尔，前揭书，第160页。
[26] 艾琳·胡珀-格林希尔，前揭书，第173—174页。
[27] 艾琳·胡珀-格林希尔，前揭书，第189页。
[28] 艾琳·胡珀-格林希尔，前揭书，第194页。
[29] 艾琳·胡珀-格林希尔，前揭书，第196页。
[30] 艾琳·胡珀-格林希尔，前揭书，第199页。
[31] 艾琳·胡珀-格林希尔，前揭书，第209—223页。
[32] Eilean Hooper-Greenhill, *Museums and the Interpretation of Visual Culture*, London: Routledge, 2000, pp. xv, 151-153.
[33] Eilean Hooper-Greenhill, *Museums and Education: Purpose, Pedagogy, Performance*, London: Routledge, 2007, pp. xv, 1-3, 189.
[34] 大卫·卡里尔：《博物馆怀疑论》，丁宁译，南京：江苏美术出版社，2014年，第58—84页。
[35] 艾琳·胡珀-格林希尔，前揭书，第1页。
[36] 艾琳·胡珀-格林希尔，前揭书，第15页。
[37] Randolph Starn, "A Historian's Brief Guide to New Museum Studies", *The American Historical Review*, 2005, 110(1), pp. 68-98.
[38] Andrea Witcomb, *Re-imagining the Museum: Beyond the Mausoleum*, London: Routledge, 2003, pp. 19-49.
[39] Tony Bennett, *The Birth of the Museum: History, Theory, Politics*, London: Routledge, 1995, pp. 89-105.

《博物馆体验》

The Museum Experience

作者：约翰·福尔克（John H. Falk）、
琳·迪尔金（Lynn D. Dierking）
出版年份：1992

◆———·　本书短评　·———◆

创造性地提出了理解博物馆体验的方式——交互体验模式。

述评人：赵星宇

体验是博物馆无法回避的重要概念。特别是在约瑟夫·派恩（Joseph Pine）和詹姆斯·吉尔莫（James Gilmore）提出的"体验经济"概念泛滥之后，越来越多的研究者和实践者开始认为"体验"的概念似乎更能准确地表达作为文化机构的博物馆与商业机构所提供的文化服务之间的差异。[1]这一背景下，人们将体验视作观众在博物馆参观时能够得到的"利益"，进而对其广泛关注。但是，这种关注也带来了相应的困扰：虽然我们可以笼统地将博物馆提供的"产品"（product）视为一种体验，但作为一种"看不见、摸不着"的结果，我们如何判断观众在参观完博物馆后是否获得了这种体验？博物馆应该以何种方式帮助观众提升这种体验？这些顾虑似乎都指向了一个问题：博物馆体验是什么？作为市场营销、旅游休闲乃至教育学与心理学等社会科学领域的"公共术语"，学术界从来不缺乏对这一问题的讨论，但也因此导致我们对这一概念的理解变得复杂而不统一。20世纪90年代《博物馆体验》一书的面世，成为博物馆界首次直面"体验"这一问题的重要标志。

一、交互体验模式：一种理解博物馆体验的方式

从整体上看，本书所关注的核心问题是"交互体验模式"（interactive experience model）如何帮助我们理解观众在博物馆中的体验。约翰·福尔克与琳·迪尔金明确指出，交互体验模式旨在帮助我们更好地理解观众的博物馆体验。结合全书的架构和具体内容，我们能够清晰地发现"交互体验模式"实现这一目标的三重途径。

首先，交互体验模式认为，对博物馆体验的描述可以通过个人情景（personal context）、社会情景（social context）和环境情景（physical context）之间的互动来实现。福尔克与迪尔金指出，我们理解的博物馆体验本质上是这三种情景的"交集"。体验发生在博物馆客观的环境情景中，观众通过各自的个人情景来感知这个外部环境，并与其他观众一起在社会情景中彼此共享。尽管作者并没有直接对博物馆体验定性，例如体验是一种记忆还是一种情感，但表明了一种立场：我们不能通过某个单一的视角来理解体验，而是应该把它放在多个情景下进行整体的思考。

第二，交互体验模式的提出为我们理解过往的相关研究成果提供了一种有效工具。虽然福尔克与迪尔金对博物馆体验的系统讨论发生在20世纪90年

代初，但是在此之前，体验就已经出现在博物馆的研究范畴中，这些成果的所有者们并没有意识到自己在这个领域所做的贡献。在这一背景下，交互体验模式成为解决这一问题的有效途径。在明确了博物馆体验与三个情景之间的关系后，作者重新组织和分类了过往的相关研究成果，以明确这些成果与"三个情景"之间的关系，这也构成了本书的主要呈现方式。

第三，交互体验模式为博物馆创造观众体验提供了支持。作为一种帮助我们理解博物馆观众体验的理论模型，福尔克与迪尔金完成了完整的理论框架的搭建与表述后，专门探讨了该模式对博物馆实践可能带来的价值，即博物馆的管理者与实践者可以通过何种方式来提升观众在博物馆中的体验。

为了更好地阐释交互体验模式，作者选择将全书分为"参观前""参观中""博物馆参观记忆""博物馆体验的专业指南"四个部分。下文将逐一呈现这四个部分的主要内容，以全面理解福尔克与迪尔金的研究思路。

二、参观前中后：作为整体的博物馆体验

第一部分"参观前"，分别从"作为休闲体验的博物馆"和"个人情景：参观计划"两章展开论述。第一章中，作者率先将"观众参观博物馆"视为选择休闲活动的结果，并在此基础上展开讨论：人们在选择休闲活动时会考虑哪些因素？为什么一些人会选择博物馆作为休闲活动的目的地？这些人有怎样的特征？结合玛丽莲·胡德（Marilyn Hood）等研究者在这一问题上的深度讨论，作者认为，"学习需求"成为人们选择参观博物馆作为休闲活动的主要原因。[2]这一结论奠定了本书的一个重要基调，即博物馆体验可能是一种以"学习"为主要特征的体验。随后，作者从"个人情景"出发，具体阐述交互体验模式下我们应该如何理解观众的博物馆体验。作者认为，来自个体的先前知识、先前体验、先前态度、对博物馆的期待，乃至团体结构的类型等因素都会对最后的博物馆体验带来影响，而这些影响主要通过作用于个体的"参观计划"（agenda）实现。因此，"参观计划"可能是影响个人情景最重要的因素。

第二部分，作者进一步讨论了观众进入博物馆后，情景对体验带来的影响。第三章"社会情景：博物馆中的团体"中，作者讨论了多种社会团体结构之间的关系，特别是家庭团体、游学团体、以及观众与博物馆工作人员和其他观众之间的交互，都有可能对观众体验带来直接影响。第四章"环境情

景：观众动线"和第五章"环境情景：展项与说明牌"阐述了博物馆内的环境情景对观众体验的影响。不同的是，第四章侧重强调观众的个体行为特征，例如本杰明·吉尔曼（Benjamin Gilman）和爱德华·罗宾逊（Edward Robinson）提出的"博物馆疲劳"（museum fatigue）现象，以及亚瑟·梅尔顿（Arthur Melton）提出的"右转倾向"和"出口倾向"对体验带来的影响。第五章则更多关注博物馆中展览的设计因素对观众的影响，例如展项与说明牌如何带给观众"吸引力"（attracting power）和"持久力"（holding power），以及展品对观众带来的影响更多集中于"具象特征"而非"抽象特征"。第六章"情景的交互：作为格式塔的博物馆"中，作者强调了博物馆体验的"整体性"特征。"格式塔"在德语中意味着"整体"，因心理学流派中的"格式塔心理学"而受到广泛关注。作者在此处使用"格式塔"一词来描述博物馆，旨在强调博物馆体验应被视为一种"整体"——观众并非理解了展览文字说明牌上的内容才算"获得了体验"，而是"当观众在博物馆的停车场停车时，这种体验就已经发生了"。[3]

第三部分，作者围绕"学习体验"展开论述，分别讨论了交互体验模式下对"博物馆学习"的界定，以及三类情景分别对短期学习体验和长期学习体验的影响。第七章"博物馆学习的界定"中，作者首先呈现了现阶段对"学习"概念的固有认知和误解，然后强调学习是一个"在三个情景内同化（assimilating）信息的积极过程"。[4]随后，在这一章与第八章"理解博物馆体验"中，作者分别从个人情景、社会情景与环境情景出发，讨论既有的相关研究成果如何印证这三个情景对观众短期与长期学习体验带来的影响，并在此基础上，进一步强调了学习体验之于博物馆体验的重要意义。

在第四部分，作者开始探讨交互体验模式之于博物馆实践的价值和影响。作者首先在第九章"创造博物馆体验"中提出了博物馆面临的一个重要问题，即"如何让观众的持久记忆与博物馆希望传递的信息吻合"。将这一问题转换为博物馆在实践中的发展方向，即一方面，"我们必须重塑博物馆的目标，来匹配我们目前对观众体验的理解"；另一方面，"我们必须提升博物馆体验，使博物馆可以产生更符合这些目标的有意义的学习体验"[5]。为了解决这一问题，作者在接下来的两章，分别就一般意义上的"个体观众"和"团体观众"展开论述，讨论在交互体验模式的三个情景中，博物馆在实践中提升观众学习体验的注意事项。

三、整合传统：博物馆体验研究的体系化

正如作者强调博物馆应该以一种更加"整体性"的思维来理解观众的体验，我们也应该以一种更为整体性的思维去理解本书观点和影响力。

首先，福尔克与迪尔金最显著的贡献，就是在博物馆领域首次将"体验"作为一个专门的研究对象进行充分的讨论和阐释。如果仅从体验这个概念在博物馆领域出现的时间来看，早在20世纪70年代，"体验"就以不同姿态出现在相关研究成果中，[6]但是这时的"体验"没有成为一个专门的研究对象，而是被视为博物馆中某种既定的"现象"或"事实"，成为研究者讨论其他问题的出发点。例如，有的研究者会探讨"博物馆空间对观众体验的影响"[7]，有的研究者则在讨论"博物馆体验对儿童生物学习成绩的影响"[8]——他们都明确使用了"博物馆体验"的表述方式，但赋予其不同甚至完全对立的内涵。本书是博物馆领域首次将"体验"作为"研究对象"来讨论的学术成果，真正意义上将"体验"这个概念融入博物馆场景，并赋予我们理解博物馆的全新视角。

第二，"交互体验模式"创造了一种我们理解博物馆与观众关系的新途径。有的研究者可能会发现，如果仅仅从内容上看，福尔克与迪尔金似乎并没有创造"全新的东西"：三个情景涉及的影响因素均在不同程度上受到先前研究者们的关注。因此，交互体验模式的价值并不在于其是不是一个"排他"的新概念，而在于其提出了一个足够开放的新体系，使得在此之前原本没有明显关联的研究成果都成为我们讨论同一个现象或问题的有力工具。例如，胡德对"个体休闲活动选择"的讨论，长期以来都是观众动机研究领域的重要成果，而梅尔顿对"右转倾向"与"出口倾向"的讨论，关注典型的观众行为问题。在此之前，几乎没有研究者发现这两类研究之间的关系，但交互体验模式让我们意识到，他们实际上都站在各自的情景中（胡德与个人情景、梅尔顿与环境情景）为我们理解观众的博物馆体验提供不同的视角。

四、持续深入：计划、动机、身份与"幸福感"

当将本书置于福尔克与迪尔金自身的学术发展历程进行"纵向"考察时，我们便多了一个深入理解本书的关键视角。虽然作者早在20世纪70年代

就开始围绕博物馆观众与展览评估等领域开展大量的研究与讨论,但以今天的视角来看,这些研究实际上受到时代的深刻影响:评估展览或教育活动的教育效果,并将观众的行为视为学习结果的一种重要表现形式等。[9]这些观点即便没有被福尔克"自我否定",也几乎绝迹于其后期的研究成果。推动二人学术观点发生转折的具体原因有待进一步考察和研究,但是这种转折明显以本书的出版为标志。

首先,这本书在让我们关注博物馆观众体验这个概念的同时,也带来了争议。博物馆体验是什么?交互体验模式虽然为我们清晰地勾勒了博物馆体验的范畴、轮廓与内部结构,但这样的表述并不是"传统意义"的界定方式:既未回答体验的性质、也未阐述体验的内涵,甚至未划分体验的类型。在第六章"情景的交互:作为格式塔的博物馆"中,作者罕见地对博物馆体验做出了可能是全书最"正面"的一次回应:"博物馆体验包含了多种感觉,既有冒险的、敬畏的、与爱人或朋友之间亲密的感觉,也有对新事物那种可见、可触碰、可学习的感受。这些感觉趋向被我们感知成一个整体的体验。"[10]至此,福尔克与迪尔金将体验理解为一种"观众的感受"。

如果这种相对模糊的描述方式反映了福尔克与迪尔金在"博物馆体验是什么?"这一问题上的摇摆,那么这种摇摆带来的争议则集中于"博物馆体验"与"观众学习"的关系。通览全书,作者并没有在任何一个地方清晰地阐述二者之间的关系,但是从案例选择、成果归纳、"旁敲侧击"的描述等种种方面,甚至在由芝加哥自然历史博物馆维拉德·博伊德(Willard L. Boyd)撰写的推荐序中,我们都可以强烈地感受到这样一个观点:本书讨论的博物馆体验,就是观众的学习体验。[11]站在今天的视角上审视这样的观点,即便我们如同作者所强调的那样重新审视"学习"的定义,打破仅将学习视为一种增加新知识的行为主义观点,也无法让学习体验直接等同于全部的博物馆体验。

鉴于本书的成书背景,以及作者在此之前长期关注的学术领域,与其说我们如何在博物馆体验中区分学习体验,不如说福尔克与迪尔金希望从大量对"博物馆学习效果"的讨论中,提炼"博物馆体验"的概念。在这一背景下,作者对这两个概念的模糊处理,似乎也在一定程度上反映了这两个概念处于相互转变边缘的"局促感"——究竟是延续既往的研究传统,专注探讨观众在博物馆中的学习效果,还是将学习效果置于博物馆体验的大框架下重新定位？尽管作者没有在本书中直接给出答案，但是这种"隐隐约约"将学习体验与博物馆体验画等号的表述方式，已经反映了"体验上行"的变化趋势。最终，福尔克与迪尔金的第二本重要著作证实了这一趋势。在《学自博物馆：观众体验与意义建构》（*Learning from Museums: Visitor Experiences and the Making of Meaning*）一书中，二人重新界定了交互体验模式，除了在三个维度中明确八个具体的影响因素、增加了以"时间"为描述长期影响的"第四维度"，最大的变化在于重新锚定了该模式的应用范畴：不再用于解释博物馆体验，而仅仅针对观众在博物馆中的"学习体验"。模式的名称也随之发生了改变，"交互体验模式"调整为我们目前更为熟悉的"情景学习模式"（the contextual model of learning）[12]。

这种"试探性"的模糊表述并不是指责福尔克与迪尔金的"错误"或表述不当，反而成为二人试图摆脱固有研究范式束缚所做努力的证明，这种努力不仅体现于处理学习体验与博物馆体验之间关系的方式，还体现于他们对待"建构主义学习理论"的态度。本书是否体现了建构主义学习理论的观点？作者采取了一种相似的策略：一方面，全书没有任何一个地方提及"建构主义"（constructivism），但与此同时，却大量涉及建构主义的核心观点和重要理论基础，这一点在二人对"学习"这个概念的界定时表现得最为彻底。在第七章"博物馆学习的界定"中，福尔克与迪尔金用一种罕见的清晰表达，对"学习"做出了明确的界定：

> 学习是一个主动从三个情景中同化（assimilation）信息的过程，要求在心理结构中顺应（accommodating）新的信息，以备随后使用。所有顺应了的信息都带有个人或社会与环境情景的独一无二的印记。[13]

同化与顺应是皮亚杰发生认识论的核心概念，被乔治·海因（George Hein）视作建构主义学习理论的三大来源之一。[14]福尔克与迪尔金整合了这个概念和交互体验模式，实质上认可了建构主义学习理论解释博物馆学习体验的价值与意义。在整个20世纪90年代，博物馆界就建构主义学习理论的问题展开过激烈乃至"针锋相对"的讨论。我们不清楚作者在书中没有直接提及"建构主义"是否在暂避锋芒，但我们几乎可以确定二人对于博物馆观众

《博物馆体验》 165

学习的理解与认识建立在建构主义学习理论的基础上。

最后，本书还有一个概念值得我们关注，即作者对"参观计划"（agenda）的描述和理解。这个概念在中文语境下暂时难以找到一个对应的词汇，因为根据作者的描述，agenda是"个人情景中各个要素的综合，是先前知识、先前态度、先前体验，以及对博物馆环境特征期待的集合体"。因此agenda要传递的并不是中文语境中"计划"二字所体现的内容。起初，作者对agenda的理解仅仅体现在描述层面——"个人情景可能是博物馆观众体验最重要的影响因素，而agenda又可能是个人情景中最重要的因素"[15]。在后续的研究中，作者试图通过实证研究来证明这个观点，特别是与马丁·斯塔克斯戴克（Martin Storksdieck）在2005年发表的于加利福尼亚科学中心开展的研究一致，明确了个体先前知识背景与兴趣的差异对个体学习体验的强烈影响。[16]然而，就在即将证实agenda的价值之时，福尔克却"突然"选择了另外一种表述方式——身份（identity），并在2009年出版的《身份与博物馆观众体验》（Identity and Museum Visitor Experience）一书中，围绕身份这个概念提出了一个用于理解观众学习体验的重要理论模型——身份动机理论（identity-related motivation）。该理论并不是"情景学习模式"的升级版，而是在"个人情景"中深入探讨甚至预测个体的身份动机对观众学习体验的影响，此处的"身份"继承了agenda最初的内涵。

福尔克的讨论并没有止于"身份"，而试图深入挖掘个体身份动机产生的原因，并在一个更为普遍和广泛的意义上建立对人类行为的一般性理解。福尔克结合自身的生物学教育背景，选择从"进化"的角度阐述一个可能的"事实"：人类的行为源于选择，而选择的动机根植于个体对"幸福感"（well-being）的追求。这一观点的深入阐述，及其与博物馆研究结合后的成果，集中体现于福尔克近期的两本著作《生而选择：进化、自我与幸福感》[17]和《博物馆的价值：提升社会幸福感》[18]。根据福尔克自己的理解，此处的"幸福感"并不同于积极心理学领域的常见表述，而是一种类似于东方哲学层面"中庸"概念的平衡感。不过，这并不影响它在本文的作用和价值，即构成了一个以agenda为开端，以动机和身份为核心，以"幸福感"为根源的持续深入的研究走向，agenda这个源自本书的模糊概念，最终成为串联我们理解福尔克与迪尔金学术观点发展的重要线索。

五、结语

本书在全球范围内有着广泛的影响力，特别是本土的博物馆研究者与实践者，都曾在不同程度上受到本书部分观点的影响。《博物馆2.0时代》的作者妮娜·西蒙（Nina Simon）曾赞叹这本书的生命力：

> 我惊讶于20多年来（这本书）的良好表现，以及我重新学到的许多见解……我认为它仍然是该领域的一个基本文本，并且在2011年，许多人可以从它的现有形式中学到很多东西。[19]

本书也有一定局限。例如，尽管作者始终强调应以一种整体视角来理解观众的博物馆体验，甚至将体验的开端延伸到在停车场停车时，但全书的所有案例中没有任何一例有关教育活动的。此外，作者将体验的范畴扩大到观众对停车场、安保人员等一系列博物馆公共基础设施和服务的评价，在一定程度上混淆了"体验"和"满意度"之间的关系。但是，相比本书在博物馆领域带来的时代性影响，笔者更愿意将这些所谓的"遗憾"视作本书给后续研究者带来的启示，以鼓励我们在这个领域继续探索。

2013年，《博物馆体验》再版，但不同于我们传统意义上常见的命名方式，福尔克与迪尔金在题目中添加了"revisit"一词。[20]正如上文所述，在交互体验模式提出20年后，福尔克与迪尔金已经在此基础上发展了"情景学习模式"和"身份动机理论"，这也成为再版内容相较于初版最大的差异之处。或许，这可以成为我们理解"revisit"一词的一种思路：虽然福尔克与迪尔金使用了新的理论框架重新审视博物馆体验，但这并不会改变他们自始至终所强调的观点：博物馆体验是一个整体。

[赵星宇，考古学博士（博物馆学方向）。南京大学历史学院助理研究员，主要研究方向为观众研究与观众评估。]

注释：

[1] B. Joseph Pine, James H. Gilmore, *The Experience Economy: Work is Theatre & Every Business a Stage*, Boston: Harvard Business Press, 1999.

[2] Marilyn G. Hood, Staying Away-Why People Choose not to Visit Museums, *Museum News*, 1983, 61(4), pp. 50-57.

[3] John H. Falk, Lynn D. Dierking, *The Museum Experience*, Washington: Whalesback Books, 1992.

[4] Ibid.

[5] Ibid., p. 129.

[6] Nelson Graburn, The Museum and the Visitor Experience, *Roundtable Reports*, Fall, 1977, pp.1-5, Eugene D. Gennaro, The Effectiveness of Using Pre-visit Instructional Materials on Learning for a Museum Field Trip Experience, *Journal of Research in Science Teaching*, 1981, 18(3). pp. 275-79, Lynn D. Dierking, The Family Museum Experience: Implications from Research, J*ournal of Museum Education, 1989*, 14(2), pp. 9-11, Marcia Brumit Kropf, The Family Museum Experience: A Review of the Literature, *Journal of Museum Education*, 1989, 14(2), pp. 5-8, Aubrey Tulley, Arthur M. Lucas, Interacting with a Science Museum Exhibit: Vicarious and Direct Experience and Subsequent Understanding, *International Journal of science education*, 1991, 13(5), pp.533-543.

[7] D. Geoffrey Hayward, Mary L. Brydon-Miller, Spatial and Conceptual Aspects of Orientation: Visitor Experiences at an Outdoor History Museum, *Journal of Environmental Systems*, 1983, 13(4), pp. 317-332.

[8] Emmett L. Wright, Analysis of the Effect of a Museum Experience on the Biology Achievement of Sixth-Graders, *Journal of Research in Science Teaching*, 1980, 17(2), pp. 99-104.

[9] John H. Falk, W. Wade Martin, John D. Balling, The Novel Field-trip Phenomenon: Adjustment to Novel Settings Interferes with Task Learning, *Journal of Research in Science Teaching*, 1978, 15(2), pp. 127-134, John D. Balling, John H. Falk, A Perspective on Field Trips: Environmental Effects on Learning, *Curator: The Museum Journal*, 1980, 23(4), pp. 229-240, John H. Falk, The Use of Time as a Measure of Visitor Behavior and Exhibit Effectiveness, *Roundtable Reports*, 1982, 7(4), pp.10-13, John H. Falk et al., Predicting Visitor Behavior, *Curator: The Museum Journal*, 1985, 28(4), pp. 249-258.

[10] John H. Falk *et al., The Museum Experience*, p. 83.

[11] Ibid., p. ix.

[12] John H. Falk, Lynn D. Dierking, *Learning from Museums: Visitor Experiences and the Making of Meaning*, Walnut Creek: Altamira Press, 2000.

[13] John H. Falk *et al., The Museum Experience*, p. 101.

[14] George E. Hein, "The Constructivist Museum", *Journal for Education in Museums*, 1995, 16, pp. 21-23.

[15] John H. Falk *et al., The Museum Experience*, p. 25.

[16] John H. Falk, Martin Storksdieck, "Using the Contextual Model of Learning to Understand Visitor Learning from a Science Center Exhibition", *Science Education*, 2005, 89(5), pp. 744-778.

[17] John H. Falk, *Born to Choose: Evolution, Self, and Well-being*, New York: Routledge, 2018.

[18] John H. Falk, *The Value of Museums: Enhancing Societal Well-Being*, Lanham: Rowman & Littlefield Publishers, 2022.

[19] 见https://www.amazon.com/Museum-Experience-John-H-Falk-ebook/dp/B0B69QHD82/ref=cm_cr_arp_d_pl_foot_top?ie=UTF8

[20] John H. Falk, Lynn D. Dierking, *The Museum Experience Revisited*, New York: Routledge, 2013.

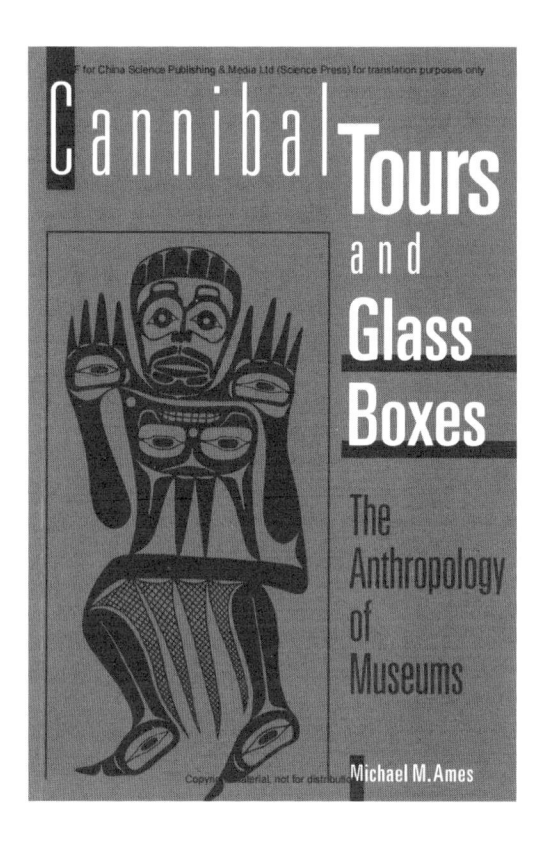

《博物馆、公众与人类学：博物馆人类学论集》
Cannibal Tours and Glass Boxes:
The Anthropology of Museums

作者：迈克尔·埃姆斯（Michael M. Ames）
出版年份：1992

❖——· 本书短评 ·——❖

兼具实践经验和批判思维的博物馆人类学奠基之作。

述评人：尹凯

为了探索博物馆与人类学的关系、助力博物馆人类学在中国的发展，中国民族博物馆与云南大学合力推出了"博物馆人类学经典译丛"。作为该译丛的首部译著，《博物馆、公众与人类学：博物馆人类学论集》于2021年10月由科学出版社正式出版。本书作者迈克尔·埃姆斯因其博物馆馆长的任职经历和人类学家的专业素养而兼具实践与理论、博物馆内外两种视野，不仅落实了"在博物馆实践的人类学"（anthropology practiced in museums），而且发展了基于批判与反思的"关于博物馆的人类学"（anthropology of muscums）。

罗纳德·韦伯（Ronald L. Weber）曾在评析本书时认为，本书各章节之间并没有很好的线索串联。[1]但事实上并非如此，从研究内容上来看，本书由2篇序言和14篇文章组成，埃姆斯主要根据加拿大的民族志材料深入考察了博物馆与人类学在当代世界中的角色和责任，并在此基础上提出了走出困境的可能路径。在研究方法上，埃姆斯采取了"一种自我民族志"（an ethnography of ourselves）的反身性路径，借此重新审视博物馆机构、人类学学科如何通过命名、分类、挪用的方式建构他者。

具体而言，本书涉及如下议题：第一，博物馆要服务社会大众这一民主精神伴随西方博物馆的演进而逐渐明晰，显然，博物馆的民主化之路并非一帆风顺，服务公众与科学研究、娱乐大众的需求一直有着微妙的关系。直到现在，三者对优先性的争夺也在撕扯着博物馆的机构使命和博物馆研究员的自我定位（第2—5、9章）。第二，20世纪60年代以来，原居民族的身份意识复兴，要求从人类学和博物馆的"民族学的命运"中解放。在这种情况下，人类学家和原居民族之间的关系发生了逆转，这种复杂的斗争与博弈突出体现在"土著艺术"的研究议题上（第5—8章）。第三，本书中，埃姆斯并未将眼光局限于博物馆，而是通过博览会、购物中心、麦当劳等流行文化机构所代表的"日常生活的博物馆"的研究揭示文化机构和文化活动在形塑、引导和强化社会形象等方面发挥的作用（第11、12章）。第四，批判与反思的基调虽然贯穿整本书，但是埃姆斯也提出了一些极具启发性的重建之策，诸如何为有用的批判、反身人类学、工作人类学、双重视野的共同在场与互惠关系等。这些都让我们发现了博物馆之于人类学、人类学之于博物馆的价值，以及充满希望的未来之路（第1、10、13、14章）。

下文，笔者将尝试从"民主化的主张与困境""分类、挪用与回应""迈向未来的批判与反思"三个方面介绍本书的主要内容。

一、民主化的主张与困境

在追溯西方博物馆演变轨迹时，埃姆斯阐释了博物馆从私人所有到公共开放的过程。在这一过程中，保护、分类、阐释藏品的专业化管理与控制也随之出现。[2]吊诡的是，较之于私人收藏，公共博物馆承诺允许更多的公众参观博物馆，以保证公共所有的藏品对公众有意义。但从实际效果看，为达成此目的的博物馆专业化进程却因其与官方价值、国家认同和既有观念之间的共谋而让博物馆民主化成为空谈。在20世纪的大部分时间里，博物馆以"神庙"的面貌出现，博物馆通过直接或间接的方式巩固与合法化某些社会群体的价值观与认识论。一方面，博物馆强调公共教育的功能，这种自上而下、畅通无阻的传输实际上是为了进一步宣传和确立主流价值；另一方面，博物馆经由学科体系收藏、分类、展示自然与历史之物，进而通过贬抑或拒绝他者价值提升自我地位。[3]

20世纪70年代以来，民主化概念日益拓展，博物馆服务公众的范围和深度明显开始改善，甚至出现了去制度化（de-schooling）和开放存储（open storage）[4]的尝试。随之，几组关系之间的张力与矛盾日渐突出，同时我们也在这种两难困境中发现了变革的潜力，即发现了处于中间地带的博物馆人类学的价值。需要指出，专业化与权威价值观之间的关系并非固有的、天然的，而带有很大的社会—历史情境的任意性。因此，当专业化逐渐完成，并通过诉诸标准化操作以建立和维护相对独立的地位时，民主化导向的博物馆便不得不一边对抗专业化与学术化的拉扯，一边对权威的价值观保持警惕。更为艰难的是，民主化导向的博物馆还需要防止跌入娱乐化的深渊。笔者认为，对上述关系要素的剖析与细分十分必要，这起码让我们在谈论博物馆公共服务或观众议题时明白何为潜在问题。以下，笔者将从关系主义的视角简单描绘博物馆民主化的困境，其中可能会涉及博物馆人类学居于其中的价值与潜力。

自公共博物馆诞生以来，博物馆一直在学术研究和公众服务之间追求平衡，身处夹缝的研究员究竟何去何从是最直观的表面问题。为了化解研究员的困境和分裂症，博物馆世界存在两种解决之道：一是放弃所有无关的研究，仅保留与展览和藏品有直接关系的研究；二是延续19世纪晚期的"二分组织结构",以隔绝的方式增加研究机会。[5]埃姆斯用盖登博士的案例论证了现实世界的复杂性,对博物馆研究员来说,隐匿于自身的学术世界或投身于日常工作都不是可取之策。埃姆斯认为,直面冲突与矛盾,将学术研究和公共服务结合才能探寻迈向未来的道路。面对此种困境,人类学家能够做些什么?埃姆斯主张"在我们的后花园开展实践人类学"[6],具体而言,就是将博物馆作为我们社会的人工制品进行研究,利用博物馆民族志的方法探寻日常工作、活动和项目背后的无意识性信息;重新审视物件的社会生命史,通过"再情境化"的过程追溯,揭示依附在物件上的"铜锈"及其背后的知识史发展。

即便是在民主化概念日益拓展的当下,埃姆斯依然警惕地指出,允许身份更广泛的公众参观博物馆在某种程度上意味着公共控制程度的升级。也就是说,从"立法者"到"阐释者"的博物馆转型过程并没有看起来那么直接与简单,即便是在民主化呼声高涨的今天,权威的价值观依然随处可见。但在这时,它在某种程度上告别了专业化这个盟友,而开始与商业化、消费主义建立隐秘的合作关系。对此,埃姆斯并未将眼光局限于传统意义上的博物馆,而是通过博览会、购物中心、麦当劳等流行文化机构所代表的"日常生活的博物馆"揭示文化机构在形塑、引导和强化社会形象等方面发挥的作用。以博览会[7]和麦当劳[8]为代表的流行文化机构经由不断地简化、重复与宣传,将那些源于部分共同体的思想符号化、意象化,促使其以常识的面貌融入日常认知与习惯结构。基于此,一种局部的、特殊的意识就会被所有社会阶层接纳,进而通过控制的特权成为一种总括性的世界观。当这种权威价值观披上消费主义外衣,其在公共领域的成功就由数量、受欢迎程度、满意度、服务质量衡量。反观博物馆世界,博物馆是否也走上了"人人都将商品化"的道路呢?

在传统的博物馆思维中,乐趣或娱乐要么为了摆脱严肃而枯燥的博物馆形象,要么是以一种狂欢的形式反叛规训与治理。[9]因此,博物馆的娱乐功能自然而然被视作一种相对晚近的现象。实际上,博物馆的历史谱系不乏与博物馆有关的娱乐机构、娱乐导向的博物馆形态、带有娱乐和休闲意味的参观行为。[10]这种表征独特、混乱和娱乐的反结构模式对博物馆来说是一个挥之不去的幽灵,在不同时代情境下会以市集、露天游乐区、巴纳姆的美国博物馆、迪士尼乐园等不同形式出现。需要指出,娱乐看似是一种最为民主的样态，但实际上博物馆的娱乐功能有时会成为权威价值观的侍从；与此同时，娱乐也会威胁博物馆真正公共性的发挥。在埃姆斯的基本设想中，博物馆实际上是居于大学与主题公园之间的中间地带，[11]唯有时刻保持反思与批判，才能在夹缝中走出一条社会相关、公众参与和负有责任的机构道路。

二、分类、挪用与回应

克劳德·列维-斯特劳斯（Claude Levi-Strauss）认为，"食人"行为可以是食物性的、政治性的、巫术性的、仪式性的或疗愈性的。[12]如果将博物馆视为一种文明社会的"食人"形式，那么这种行为也有可能是机构性的。驱散其神秘色彩之后，这一概念就显得相当平常，即一个群体或文化为了驯服异己的他者、获得他者的认同、保持自我内部团结和优越性，最简单的办法就是把他者"吃"了。

作为机构的博物馆和作为学科的人类学实际上都在以直接或间接的方式吞噬他者，即通过文化的命名、分类与挪用来建构他者，进而影响我们思考他者的方式。埃姆斯在书中描述了博物馆思考物件及其展示意义的几种路径：作为好奇之物的物件、作为自然标本的物件、作为情境主义元素的物件、作为艺术品的物件和作为本土观点之碎片的物件。[13]由此可以发现，关于他者文化世界的"客观知识"并不存在，博物馆所在的知识话语、权力关系、时代情境通过分类和挪用的策略建构与想象了他者文化。随着土著运动的兴起，我们看到土著以局内人身份开始出现在博物馆空间中，但即便是"本土观点"也不是万全之策，埃姆斯提醒我们，局外人或局内人都无法真正垄断文化的话语权，重要的是不同视野之间的持续对话和互动。长久以来，人类学也通过群体命名、物件分类和人类学理论来创造性地建构土著群体和土著文化。令人意想不到的是，土著群体并未在殖民主义、帝国主义和同化政策中消亡，反而以复兴的姿态要求从"民族学命运"中解放。在这个过程中，我们看到了一幅超越二元关系的复杂性图景：人类学家不断重构土著群体的物质文化和社会文化，也积极参与推广印第安艺术。[14]

其中，最具争议性的当数"土著艺术"所引发的讨论，这同时也是艺术人类学在讨论原始艺术时所广泛涉及的议题。[15]长久以来，人类学家和艺术史学家都认为土著社会因为种种原因不存在艺术。在这种情况下，土著社会的物件往往以人工制品的面貌出现在西方博物馆中，以满足科学分类、文化

《博物馆、公众与人类学：博物馆人类学论集》　173

研究之用。20世纪初，现代主义将"原始主义"的灵感作品视为普遍审美的范例，将人工制品视为艺术的同时，也主张将艺术品从文化语境中解放。虽然这一认识并未得到人类学家的普遍认可，但是我们看到一种趋势，即土著艺术开始进入艺术博物馆，并获得与西方艺术平起平坐的机会。相应地，很多土著手工艺人开始以"雕刻家""艺术家"自居。很显然，如何理解与展示土著艺术始终存在分歧：一种观点认为土著艺术的意义由其情境决定，因此抽离情境的艺术展示是不道德的；另一种观点则指出，土著艺术可以凭借其创造性而独立存在，并以自己的方式直接表达自身、传递信息。这显然是一个两难困境，将艺术与社会—历史情境捆绑会阻碍艺术的革新与发展；坚持艺术的自主性并不意味能摆脱艺术的附庸性。

20世纪70年代以来，体验经济、土著运动、艺术市场、博物馆人类学家共同促成了西北海岸印第安艺术的复兴。其中博物馆人类学家至少以三种方式影响了土著艺术：重构西北海岸印第安艺术和手工艺的意义；推销印第安艺术与艺术家，并使之得到认可；重新定义人类学家和博物馆的角色。[16] 以博厄斯、霍尔姆为代表的人类学家通过关注土著艺术形式和改变分类标准使土著艺术得到广泛承认。在这一过程中，人类学家和印第安人之间的关系发生了逆转，博物馆越来越多地利用自己的资源满足印第安人的文化需求，一些人类学家甚至自告奋勇前往印第安社区做顾问。

虽然以重新占有与复兴过去为己任的土著群体的确在自我形象塑造和控制阐释权方面取得了一定进展，但是我们需要进一步追问，土著艺术得到广泛承认就意味着土著群体摆脱了民族学命运吗？恐怕也没有这么简单。埃姆斯在书中用一连串的问句讨论了这个问题：何为真正的土著艺术？传统或艺术形式可以改变吗？如何界定土著身份？何为艺术质量的评价标准？土著艺术应当与社区保持何种关系？……埃姆斯呼吁我们跳出土著文化的本质主义陷阱，进而以一种变动的、关系的视角不偏不倚地看待土著艺术和文化的变迁与复兴。

三、迈向未来的批判与反思

面对种种挑战与困境，博物馆与人类学该何去何从？如何开展所谓的有价值的批判与反思？人类学能够为博物馆做什么？博物馆又能够为人类学做什么？基于重建的批判与反思是否可能？埃姆斯对上述问题也给出了自己的回应，笔者将在下文尝试整合这些散落在全书中的真知灼见。

1960年，弗雷塞在书中指出，人类学博物馆的本质相当矛盾。[17]换句话说，人类学博物馆负有对社会公众和他者民族的双重责任。较之于自然史博物馆、科学博物馆、考古学博物馆，人类学博物馆因其对他者文化的收藏、保护与展示而面临更多争议。与此同时，这种困境也始终困扰着博物馆人类学的发展。简单来说，一般类型的博物馆只需考虑博物馆所在社会的公众群体，即如何获得他们的人力、财力、物力支持，又如何满足公众群体内部的多样化需求。人类学博物馆除了应对博物馆所在社会的公众群体，还需要考虑被展示物件的来源文化和群体，即其是否充分表征了他者文化、其展示的文化属于谁、谁有权决定阐释权。

本书中，埃姆斯讨论了韦尔什对博物馆公众的划分：他将那些前来博物馆的观看者称为"参观观众"；那些文化正在被观看者称为"被选定的文化群体"，其分别对应埃姆斯所说的"参观博物馆的观众"和"博物馆收藏的来源群体"[18]。这两种公众群体不能混为一谈，因为他们对博物馆的兴趣截然不同：参观博物馆的观众热衷于通过观看呈现他者文化与遥远过去的展览获得知识与娱乐；来源群体则更关心自己的文化和历史如何被制作成充满异国情调的娱乐之物供人消费。如果分别将其转化为博物馆学问题，那么前者对应的是教育和传播，后者则与阐释权力和表征政治密切相关。

在笔者看来，这种对博物馆公众群体的划分意义重大，因为关于博物馆公众的诸多研究往往只关注博物馆所在社会的公众群体，即便对其内部的差异性和多样性有再多深入研究，也面临着忽视另一种公众群体的风险。尤其是当来源群体因为土著运动、去殖民化等社会思潮而要求重新占有自己的历史与文化时，这种忽视就显得更加致命。在呼吁为了明天而收藏今天的时代情境中，社区博物馆、生态博物馆等新博物馆类型将焦点置于当下正在发生变化的日常生活，应该如何处理居于其中的居民？笔者认为，博物馆人类学有关来源群体的讨论对此将有所启发。

如果我们在此基础上将两种公众群体所在的社会文化纳入考虑范围，那么跨文化比较的议题便浮出水面。两种抱持不同宇宙观、物质观、价值观的文化体系相遇会碰撞出怎样的火花？埃姆斯在书中指出，我们可以受惠于他者的历史，即如果我们的知识流向他者，那么也需要同等关注他者知识流向我们的过程。[19]这个说法看似简单，实则充满挑战。首先，要摆脱等级结构的桎梏，进而在两种文化之间建立一种平等关系。埃姆斯遗憾地指出，土著群体难以获得真正的平等身份，要么是以需要被表征和帮扶的原始人形象出现，要么换种说法以"高贵的野蛮人"形象出现。其次，需要通过诸多方式合作，比如倾听土著群体的声音、给予土著群体在博物馆工作的机会、与土著群体合作策划展览、为土著群体的博物馆建设提供咨询等。这种以他者视角反观自我的策略显然启发了博物馆与人类学，但是这种看似具有革新性的互动、交流与合作在实践中也并非一帆风顺，一些不可预测的事件会导致其与最初设想背道而驰。再者，则是知识的回流，即从他者文化中觅得实践与思想上的滋养。最近，里约热内卢的印第安文化馆决定采纳当地知识，用切碎的香蕉茎解决民族志藏品的虫害问题。[20]罗德尼·哈里森（Rodney Harrison）受到澳大利亚土著本体论的启发，探讨对话遗产模式的可能性。[21]从贬抑到合作，再到学习，博物馆与遗产的跨文化比较研究正以重建的姿态寻求迈向未来的可能性。

在博物馆人类学领域，"有用性"意味着博物馆与人类学应当积极回应社会议题，始终保持一种对人类与社会的人文关怀。笔者看来，埃姆斯的"有用性"哲学突出体现于其批判与反思意识，即将自我作为传统意义上的他者进行重新审视，并以此为基础进行有的放矢的行动。对于批判与反思而言，博物馆人类学是一个再好不过的领域，埃姆斯期冀处于人类学学科边缘的博物馆人类学能够诊断人类学与博物馆的弊病，进而提供重建的可能性。在书中，埃姆斯从应用人类学的视角提出了对人类学学科、文化机构和现代社会均颇有启发的两条路径。[22]其一是"反身人类学"的路径，该路径不仅要重新检视人类学的写作与理论建构，而且要将人类学知识和技术运用到管理工作中，从而进行一种工作人类学的研究。其二是将人类学作为一种社会批判形式，很显然，这种社会批判的任务落在了人类学家身上。人类学家要敢于表达令人不安的社会观点，与此同时，博物馆研究员也应当扮演社会预警信号灯的角色，做有社会良知的研究员。

埃姆斯在书中不断重申一个观点，即博物馆人类学的批判与反思不是简单地批评博物馆，而是尝试将博物馆及其相关批评置于社会、政治和经济情境中。[23]因此，有价值的批判与反思不仅需要结合基于实际情况的实证评估研究，而且要认识所涉及利益的复杂性和混杂性、个体与社会之间的关系及其机构运作的现实条件。从这一点来看，批判与反思不是站在博物馆之外的指指点点，而要以对博物馆内部实践与运作有所了解为前提。要想理解博物馆内部实践与运作，要么需要博物馆工作者将自己的工作问题化、学术化，要么则需要人类学家以博物馆为田野点开展博物馆民族志研究。对内与外、实践与理论的双重理解与共情才能保证带有问题意识的实践和诉诸行动的反思，这正是博物馆人类学的研究旨趣所在。

四、结语

　　埃姆斯对"博物馆、公众与人类学"主题的思考得益于其博物馆管理者和人类学家的双重身份。1974年，埃姆斯接替霍桑成为英属哥伦比亚大学人类学博物馆的第二任馆长。在任期间，他发展与扩充了博物馆的藏品，尤其增加了来自西北海岸的人工制品。在他的领导下，英属哥伦比亚大学人类学博物馆成为加拿大最大的教学型博物馆（teaching museum），并因其以实验性路径向公众传播多样性文化而获得广泛的国际声誉。

　　作为人类学家，埃姆斯认为博物馆的管理与实践经历犹如一次民族志田野工作。认清传统博物馆的操作规范与行动逻辑后，埃姆斯开始利用人类学视角来批判与反思博物馆的发展：我们应该如何看待博物馆？博物馆的价值体现在何处？博物馆应该如何处理与第一民族、多样化公众、艺术家、学者之间的关系？围绕博物馆的两级化话语促使埃姆斯著书立作，研究主题包括博物馆民主化、公共服务与学术研究之间的关系、博物馆与第一民族之间的关系、以博览会和麦当劳为代表的"日常生活的博物馆"（museums of everyday life）、文化表征与政治等。

　　埃姆斯对人类学的热爱持续已久。他在不断思考人类学的文化阐释、学术研究的合法性、人类学学科有用性的过程中发展出了一种极具反身性的路径，即"一种自我的民族志"。这种自我转向的"关于人类学与人类学家的人类学"（anthropology of anthropology and anthropologists）研究促使埃姆斯关注一系列内生于人类学哲学、精神和世界观的问题。

　　在笔者看来，埃姆斯最有价值的学术遗产当数基于批判与反思的博物馆人类学研究，既批判了传统博物馆的实践，又开展了有针对性的行动。正如接替埃姆斯的英属哥伦比亚大学人类学博物馆继任馆长——安东尼·谢尔顿（Anthony Shelton）所说，"他不仅为后人留下了一个充满活力、具有社会责任感和相关性的机构，而且留下了如何解决批判博物馆学和合作博物馆学之间关系的知识谜题"[24]。在2020年出版的《参与时代的博物馆与人类学》[25]（*Museums and Anthropology in the Age of Engagement*）一书中，克里斯蒂娜·克瑞普斯（Christina Kreps）明确表示，自己的书旨在致敬埃姆斯的学术遗产。以上这些盛赞都足以体现埃姆斯在博物馆人类学领域的不凡造诣。

（尹凯，山东大学文化遗产研究院副教授，硕士生导师。研究方向为博物馆研究、遗产研究、人类学理论与方法。）

注释：

[1] Ronald Weber, Book Review, *American Indian Quarterly*, 1996, 2(1), pp. 126-128.
[2] 迈克尔·埃姆斯：《博物馆、公众与人类学：博物馆人类学论集》，尹凯译，北京：科学出版社，2021年，第17—18页。
[3] 迈克尔·埃姆斯，前揭书，第19页。
[4] 迈克尔·埃姆斯，前揭书，第81—88页。
[5] 迈克尔·埃姆斯，前揭书，第31—32页。
[6] 迈克尔·埃姆斯，前揭书，第39页。
[7] 迈克尔·埃姆斯，前揭书，第100—119页。
[8] 迈克尔·埃姆斯，前揭书，第120—125页。
[9] Timothy Luke, *Museum Politics: Power Plays at the Exhibition*, Minneapolis: University of Minnesota Press, 2002.
[10] Andrea Witcomb, *Re-Imagining the Museum: Beyond the Mausoleum*, London: Routledge, 2002.
[11] Michael Ames, "Counterfeit Museology", *Museum Management and Curatorship*, 2006, 21(3), pp. 171-186.
[12] 克劳德·列维-斯特劳斯：《我们都是食人族》，廖惠瑛译，上海：上海人民出版社，2016年，第134页。
[13] 迈克尔·埃姆斯，前揭书，第44—52页。
[14] 迈克尔·埃姆斯，前揭书，第63—80页。
[15] 李修建编：《国外艺术人类学读本》，北京：文化艺术出版社，2021年；李修建编译：《国外艺术人类学读本续编》，北京：中国文联出版社，2020年。
[16] 迈克尔·埃姆斯，前揭书，第54—61页。
[17] Hermann Heinrich Frese, *Anthropology and Public: The Role of Museums*, Leiden: E.J. Brill, 1960, p. 97.
[18] 迈克尔·埃姆斯，前揭书，第132页。
[19] 迈克尔·埃姆斯，前揭书，第11页。
[20] Bruno Brulon Soares, "Introduction: Rupture and Continuity: The Future of Tradition in Museology", ICOMFOM, ed., *The Future of Tradition in Museology*, 2020, 48(1), p. 15.
[21] 罗德尼·哈里森：《文化和自然遗产：批判性思路》，范佳翎等译，上海：上海古籍出版社，2021年。
[22] 迈克尔·埃姆斯，前揭书，第89—99页。
[23] 迈克尔·埃姆斯，前揭书，第2页。
[24] Elvi Whittaker, Michael McClean Ames (1933-2006), *American Anthropologist*, 2007, 109(3), p. 591.
[25] Christina Kreps, *Museums and Anthropology in the Age of Engagement*, London: Routledge, 2020.

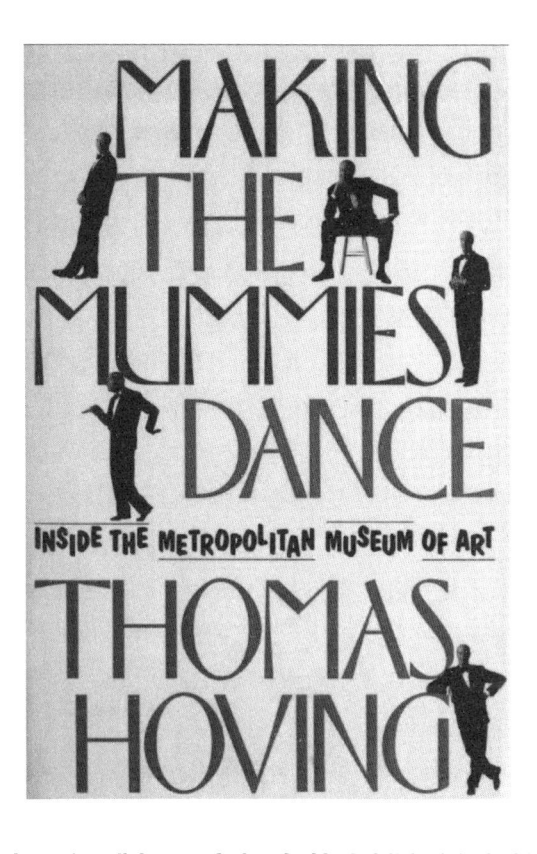

《让木乃伊跳舞：大都会艺术博物馆变革记》

Making the Mummies Dance: Inside the Metropolitan Museum of Art

作者：托马斯·霍文（Thomas Hoving）

出版年份：1993

❖ —— · 本书短评 · —— ❖

既是托马斯·霍文的个人传记，又记录了博物馆史上最彻底的革命。

述评人：宋艳

一、托马斯·霍文与大都会艺术博物馆的邂逅

位于纽约中心公园第五大道82街的大都会艺术博物馆是美国最大的艺术博物馆，也是举世闻名的博物馆。1866年，J.杰伊（J. Jay）建议成立国家博物馆，1870年博物馆在第五大道681号原舞蹈学校旧址建立，1880年迁至现址。博物馆展览大厅共有3层，陈列室共有248个，后不断扩建，其建筑凝聚了各时期不同的建筑风格，占地面积达13万平方米。目前藏有330余万件艺术品，藏品时代跨度超过5000年。

1967年，霍文担任大都会艺术博物馆第7任馆长。深厚的艺术史知识、6年的博物馆工作经验和2年的从政经历等为其当选馆长奠定了坚实的基础。20世纪70年代大都会艺术博物馆并没有今天的盛况，而正处在发展的十字路口，对此，霍文在馆长任职会议上直指博物馆目前亟待解决的一系列问题：

> 大都会艺术博物馆需要变革，需要把自己打扮得有条不紊，需要有活力，需要有冲劲。而现在，它毫无生气，面色灰暗，暮气沉沉。博物馆员工士气低落，能量似乎已消失殆尽，不能举办任何高品质的展览。
>
> ……最伟大的藏品征集似乎正转移至其他地方……我认为未来大家面临的最严重问题是工会——不是警卫和维护人员工会——而是研究员和教育者工会。大都会艺术博物馆对公众的态度也存在问题——人们认为它不友善，过于精英化和无所作为。[1]

霍文在离开纽约公园管理委员会赴任馆长前，纽约市长约翰·林赛（John Lindsay）对他说的一席话也从侧面反映了大都会艺术博物馆当时的境地：

> 我知道那里是国内最好的博物馆。但是……你没有想过那里很无聊吗？对我来说，那里就像是一片墓地。但是，汤姆，你可以让木乃伊跳舞。[2]

这段话也点明了本书书名。霍文如何使当时犹如一潭死水的大都会艺术

博物馆充满活力与激情，成为世界上最伟大的艺术博物馆之一。本书便为我们揭开霍文担任馆长的10年期间带领大都会艺术博物馆变革并取得丰硕成果的历程。本书是他离开博物馆16年之后（1993年）出版的著作，采用了其任馆长时期的档案资料，包括书信、来往便函、通话及谈话内容、董事会会议记录以及当时的新闻稿和剪报等，以霍文本人为第一视角，按时间顺序真实且详细地讲述了他任职期间的故事。本书也是20世纪90年代美国的畅销书，是当时市场上唯一一部深入介绍世界顶级博物馆运行机制的著作。后于2012年引进中文版。

本书语言犀利，有着直言不讳甚至毫无套路的典型"霍文风格"。书中内容描写细致，尤其是对人物和藏品的描述。故事情节跌宕起伏、环环相扣、引人入胜。本书并非传统意义上博物馆理论知识类书籍，更像一位馆长的回忆录，或是一个立体的博物馆案例。同时，它也不只是单纯的、艰深的艺术史，而是一部独特的融艺术、鉴赏、商业等于一体的综合性的微型社会史。书中专业知识较少、通俗易懂，故受众广泛。对相关专业人士而言，本书是一本具有实践性的学习手册；对普通读者而言，书中内容生动有趣，读者可以跟着霍文馆长的视角走进大都会艺术博物馆，了解世界顶级博物馆的变革之路，扩充自身视野和知识面。

二、大都会艺术博物馆的变革之路

霍文提出大都会艺术博物馆变革的目标：

> 我的目标，是把大都会博物馆打造成人民的文化天堂，其中充满乐趣和庆典活动。博物馆应该是一座一目了然的图书馆，能给人们带来最大可能的兴奋和思辨。博物馆应该是一个最能代表公众教育的机构。我希望博物馆有效、充满活力、有决定权；最重要的是，博物馆应具有真实可信的知性，应能讲述馆藏艺术品的真相，并坚持不懈地向公众展示不同的品质——好的、更好的、最好的。我还想使大都会博物馆成为一座巨大舞台，世界各地的艺术可以在这里接受检阅，一视同仁，杜绝势利。[3]

遵循这一目标，霍文开始对大都会艺术博物馆进行大刀阔斧的变革。整合全书，大都会艺术博物馆的变革之路可以总结为博物馆藏品、展览、建设、资金、管理5个部分。

（一）藏品：征集、淘汰

藏品是博物馆各项业务活动的重要物质基础。大都会艺术博物馆通过征集积累了众多藏品。霍文在引言中提到，大都会艺术博物馆拥有众多藏品可能与美国人内心深处的文化自卑有关，即为了丰富国家历史，大量征集世界各地的藏品。霍文十分钟情征集藏品，在修道院分馆工作时因收藏数量多、范围广，被称为"鲨鱼"。他在担任馆长的10年间为博物馆征集了许多优秀藏品，其中不乏世界顶级藏品，填补和扩充了博物馆馆藏。

书中详细描述了每件藏品的征集过程。征集藏品的途径主要为收购和接受捐赠，一般流程为：收购藏品，确定征集藏品的信息（年代、价值、价格等），同董事会商议筹集资金（一般高于估价），鉴赏，制定策略（了解信息、迷惑竞争对手、心理战术、砍价，拍卖出价顺序、调整节奏等）。接受捐赠，要讨好苛刻的捐赠人，并尽可能满足他们的要求，例如为了使罗伯特·雷曼（Robert Lehman）对他的藏品归属做出"最终决定"，任命他为董事会首任主席，还按照他的要求建设雷曼馆。

收购而来的藏品主要来源于古董商、收藏家、拍卖行。例如经过一番砍价和舆论风波，从美国古董商罗伯特·赫克特（Robert Hecht）手中购得一只约公元前510年的古希腊彩陶瓶；为了填补东方艺术藏品，分别从收藏家王季迁和哈里·帕卡德（Harry Packard）手中购买中国、日本的藏品等。拍卖行中也不乏精品，博物馆在佳士得拍卖会上分别以高价成功竞拍法国画家克劳德·莫奈（Claude Monet）的《圣阿德雷斯的露台》和西班牙画家迭戈·委拉斯开兹（Diego Velasquez）的《胡安·德·巴雷哈肖像》等。

美国收藏之风盛行，许多企业家、社会名流等置重金在世界各地收集藏品。霍文也为博物馆争取了多位捐赠人，如纳尔逊·洛克菲勒（Nelson Rockefeller）、查尔斯·莱特斯曼（Charles Wrightsman）等，他们捐赠的藏品大大丰富了博物馆馆藏。此外，霍文还通过与政府周旋，促使博物馆收藏了埃及捐赠给美国的公元1世纪奥古斯都皇帝统治期间的埃及神庙——丹铎神庙。

对藏品的征集和淘汰标准，他也提出了自己的见解："自此以后，我只要体量大、稀有和顶尖的东西，只征集昂贵、能够激起水花的藏品……征集廉价文物的时代即将过去,我们应该追求'压箱底'藏品。"[4]随着馆藏藏品的爆炸式增长,他提出淘汰、清除冗余藏品,出售不需要的物件,用其收入征集更好的、博物馆更需要的艺术品。

总体来看,霍文任职期间,大都会艺术博物馆逐渐形成百科全书式的藏品体系。在征集藏品过程中,他需要不断与卖主、捐赠人打交道,还要忍受各方的舆论攻击。这也充分彰显了他对优秀藏品的热爱及其出色的社交能力。

(二)展览:临时(专题)展览、国际交流展览

展览是藏品走出库房、面向公众的最佳方法,也是一个博物馆诠释藏品,发挥收藏、教育、研究功能的重要途径,更是与公众沟通的重要桥梁。霍文上任前得知大都会艺术博物馆没有制订任何展览计划,便立即要求策划展览,并组建展览委员会。任职期间,他带领博物馆举办多次大展,主要有临时(专题)展览和国际交流展,并获得了良好的社会反馈。书中详细记录了策划展览的流程,包括选定展览主题、展览图录、展厅、陈列设计及寻找资助人等,同时要应对来自社会各界的舆论压力。

对于展览所要达成的目标,霍文预期:

> 我希望开启人们的心智,使他们了解从未听说过的艺术。为实现这个目标,我认为艺术展不应只是单纯的学术展,我希望展览具有知识性、教育性和普及性,以满足不同观众的需要;我坚持认为,所有展览必须兼顾学术性和公众需求,既要有深刻的意义,又要有门票收益。[5]

临时(专题)展览主要有"帝王驾到"(In the Presence of Kings),这是霍文担任馆长之后的第一个展览,吸引了24.7万人参观,是大都会艺术博物馆重新运转的良好开篇;"我心中的哈莱姆"(Harlem on My Mind),主要展现黑人被压制的创造力,是博物馆举办的规模最大的展览之一,也是极具争议的展览;百年庆典,包含"纽约、纽约"(New York, New York)、"公元1200年"(The Year 1200)、"19世纪美国"(19th-Century America)、"科提斯之前的中美洲雕塑"(Before Cortes: The Sculpture of Middle America)、"5000年精品"(Masterpieces of Fifty Centuries)这5个展览。这些都是他担任馆长以来策划的重要展览,极大地提高了博物馆的知名度和社会地位，也是该馆史上的一座里程碑。

霍文还把大都会艺术博物馆推向国际，与意大利、埃及等国家合作举办国际交流展。因为存在政治形势、展览图录、藏品运输、利益、舆论等多种影响因素，策划展览的过程更为复杂多变，他不仅需要与各国政府文物主管部门积极商谈，为展览图录收录更多精品，还需设计、销售纪念品，所得利润不仅能满足各国的利益需求，也能增加本馆的资金预算。国际交流展主要有"壁画展"（The Exhibition of Murals），展出了佛罗伦萨文艺复兴时期的壁画；与卢浮宫博物馆合作举办"挂毯展"（The Exhibition of Tapestry），展出了97件精美挂毯，共吸引了37.7万名观众；"斯基泰人文物展"（The Exhibition of Scythian Figures）和"俄罗斯服饰展"（The Exhibition of Russian Dress）也取得了巨大成功；与埃及合作举办的"图坦卡蒙王展"（The Exhibition of Tutankhamen），把他推向了馆长工作生涯的顶峰。

作为博物馆最好的宣传策略，展览的举办使大都会艺术博物馆获益良多：提高了博物馆的知名度和社会地位；使公众走进博物馆，增添了对博物馆的信任感；销售纪念品增加了资金收入；募集到更多资金等。

（三）建设：改建、扩建

博物馆建筑是博物馆开展各项业务活动的重要物质条件，也是一个国家或地区的地标建筑。不断增加的藏品和展览，促使大都会艺术博物馆改建、扩建。博物馆当时的建筑情况并不乐观，霍文称其像"烂尾楼"，主要问题有建筑风格不适宜、环境脏乱、展览设计无连续性、个别展厅存在安全隐患、库房环境差、缺少公共服务设施等。

博物馆建筑急需一场变革，造就一个"新"博物馆。霍文对此提出：

> 我想通过建筑展现一种新态度。首先，建筑要体现博物馆的热情好客。"新"大都会艺术博物馆一定要大声说"欢迎"。我不仅想使其成为展览场所，还想使其成为交流、讲授、教育和庆祝的平台。[6]

在这一观念的指导下，博物馆的建设之路正式开启。霍文对博物馆整体改造的想法是至少增建3个新侧厅（实际新增了4个：洛克菲勒侧厅、丹铎神庙展厅、美国艺术侧厅和雷曼馆);博物馆的建筑面积从7.5英亩(约3万平方米)扩大至17英亩(约6.9万平方米);重新设计博物馆门面、改造所有展厅。他委任凯文·罗切(Kevin Roche)和约翰·丁克鲁(John Dincru)的事务所负责博物馆建设项目,事务所随后便拟订了一系列绝佳的博物馆建设方案。

但是博物馆建设活动遭到多方反对和抨击。公园管理委员会的罗伯特·马卡拉(Robert Macara)律师认为博物馆扩建会侵占中央公园用地,压缩自由、开阔的公共空间。艺术委员会成员、景观建筑师罗伯特·吉恩(Robert Jean)还公开要求召开博物馆总体规划公众听证会。面对这场风波,霍文与博物馆员工共同为实现博物馆总体规划而努力,争取支持他们的议员、招募证人队伍、准备发言稿等。在公众听证会上,犹太民族博物馆馆长卡尔·卡茨(Carl Katz)的震撼发言,促成了最终的胜利:"在耶路撒冷,人们拿出了神圣的土地,说'建一座博物馆';在纽约,谁又会反对大都会艺术博物馆的需要呢?我支持大都会艺术博物馆的扩建规划。"[7]这场风波使博物馆陷入了有史以来最混乱的局面,也给博物馆带来了机遇,正式开工时纽约陷入经济衰退,建筑业遭到沉重打击,为博物馆节省了一大笔预算。最终,博物馆总体规划成功实施,美国侧厅、丹铎神庙展厅、化验分析办公楼、埃及展厅、迈克尔·洛克菲勒侧厅、安德烈·迈耶展厅等相继建设完成。

后来霍文反思,由于他们缺乏胆识、时常妥协,博物馆总体规划留下了许多遗憾,例如未拆除博物馆大厅的大台阶。尽管如此,这次大规模综合改建彻底改变了大都会艺术博物馆,不仅扩大其建筑面积、合理规划展陈空间,而且让公众学会如何利用这座博物馆,这使博物馆更具感染力、更加吸引公众。

(四)资金:政府、博物馆基金、资助人、博物馆拓展业务

资金是博物馆开展各项业务活动的保证。征集、保护、修复藏品,举办展览,建设、维护博物馆,发放员工工资等都需要大量资金。美国政府资助国家级博物馆的大部分资金,而私有博物馆只能获得少量资助,需要自谋出路、自筹资金。大都会艺术博物馆是私人建设的非营利机构,而霍文又要在博物馆内进行一场革命,必然需要更多的资金支持。

该馆的资金来源可以分为外部和内部两大渠道。外部资金来源主要有政府、资助人。政府对大都会艺术博物馆有固定经费支持，但相对较少。在博物馆个别项目上，政府也给予资助，例如比姆市长从财政预算中预留300万美元支持美国侧厅建设等。资助人也是博物馆重要的资金来源，一般为商业大亨、社会名流。"资助一个伟大的博物馆会给人带来巨大满足感，因为你可以确信，你这些辛苦赚来的真金白银不会倒进排水沟"[8]，这是霍文游说资助人时常说的一句话。霍文为博物馆找到了多位资助人，获得了丰厚的捐助资金，例如博物馆总体规划项目中，莉拉·阿奇森·华莱士（Leila Acheson Wallace）捐赠了1150万美元资助博物馆门前广场和大厅的改建和永久维护，设立了400万美元的基金，还捐赠了2000万美元用于埃及展厅建设。

内部资金主要来自博物馆基金、董事会、博物馆拓展业务等。大都会艺术博物馆设有基金，用于征集藏品、博物馆建设等。收购英国青铜诵经台和《胡安·德·巴雷哈肖像》等藏品均由博物馆基金提供全部或部分经费。董事会是重要的资助队伍，布鲁克·阿斯特（Brooke Astor）、琼·佩森（Joan Payson）等人都是博物馆重要的资助人。例如竞拍《圣阿德雷斯的露台》所缺少的资金由董事会成员资助。虽然博物馆是"不以营利为目的"的机构，但是可以在不影响社会利益的前提下，适当拓展业务活动、增加博物馆收入。大都会艺术博物馆的拓展业务主要有：淘汰藏品为博物馆增加收入，例如从淘汰钱币的收益中拿出100万美元用于征集古希腊彩陶瓶；售卖展览图录、藏品复制品和仿制品等，所获利润都较为可观，例如举办"帝王驾到"展时设立的礼品店是该馆首创，之后每次展览均有相关的纪念品销售；博物馆大厅旁设有明信片商店；门票收入；最值得一提的是博物馆的地下停车场项目，所得收入不仅帮助建设了洛克菲勒侧厅和安德烈·迈耶展厅，至今仍是该馆重要的固定资金来源之一。

总之，博物馆的内部资金能够解决一部分业务活动所需资金，但面对巨大的资金缺口，便需要寻求外部帮助。其中博物馆拓展业务是博物馆自筹资金的重要途径，也是博物馆良性运作的重要一环。

（五）管理机制：馆长、研究员、董事会

博物馆管理的核心是人，人是博物馆中最重要、也是最活跃的因素之一。博物馆机构组织运作关乎博物馆的生命力。当时大都会艺术博物馆有19个业务研究部、1个藏品保护修复部和1个教育部，共800多名员工。其运作

机制中的三驾马车，分别是馆长、董事会和研究员。这三个角色贯穿全文，我们可以深入了解其职责以及博物馆的运作机制。

博物馆馆长是博物馆工作的组织者、指挥者、协调者，是博物馆开创新局面的带头人。一个馆长的水平直接关系一个博物馆工作的各个方面。[9]欧美国家博物馆馆长的主要任务是开拓财源、指导馆务。霍文在引言中将博物馆馆长的角色概括为：

> 博物馆馆长不仅仅是一位天赋的鉴赏家、训练有素的学者、审美家、有耐心的外交家、娴熟的筹资者、管理者和协调人，除此之外，为了博物馆的有效运转和生存，博物馆馆长还必须扮演其他角色：射手、依附政客的小人、法律调停人、走私犯同谋、无政府主义者和马屁精。[10]

霍文管理博物馆的理念是，将其打造为一家有效率的公司企业，并维持收支平衡。在博物馆变革过程中，逐步完善对研究员和董事会的管理，并取得一定成果。研究员即专业技术人员，在藏品征集、保护和修复、策划展览、科学研究、社会教育等方面起着决定作用。霍文管理研究员的策略是鼓励优秀研究员，用自己的精兵强将替代滥竽充数者。欧美博物馆一般设有董事会，其成员包括专家学者、社会名流、企业巨头、政府官员和律师。大都会艺术博物馆董事会拥有35位董事，但过于精英化，且带有官僚色彩。霍文认识到改变博物馆董事会成员的构成至关重要，便采取了一系列措施：加快增选纽约市各区代表进入董事会，由他们担任当地民众的代表；先后卸任了博物馆二把手约瑟夫·诺贝尔（Joseph Nobel）和负责公共事务的副馆长乔治·特雷舍尔（George Trescher）；取消了无限期担任董事等不合理制度。

霍文通过努力完善了大都会艺术博物馆的管理机制，使馆长、董事会、研究员协调运转、各司其职。精细的博物馆管理机制有益于提高博物馆业务工作水平、取得良好社会效益。因此，大都会艺术博物馆在霍文的带领下，用10年时间便完成了彻底的变革。"曾经自以为清高、刻板、死气沉沉、有些奄奄一息的大都会艺术博物馆重新焕发了生机。木乃伊们确实翩翩起舞了。"[11]

三、大都会艺术博物馆变革的启示

本书实际是霍文作为大都会艺术博物馆第7任馆长的回忆录，形象且真实地向我们阐释了博物馆馆长的角色、征集藏品、策划展览、筹集资金、经营管理博物馆的手段等方面。本书也是一本博物馆史、英雄史，向我们展现了霍文将死气沉沉的大都会艺术博物馆变革为世界顶级博物馆的经历。

大都会艺术博物馆的变革经验以及有关博物馆建设和发展的理念影响了一代又一代博物馆，变革已经成为当代博物馆的日常。我们首先应该看到和学习一位优秀馆长的特质，因为博物馆馆长是博物馆管理的核心，其能力强弱决定博物馆工作的优劣。霍文凭借出色的专业素养、管理和社交能力，带领大都会艺术博物馆走向现代化。最重要的是，他始终坚定变革博物馆的决心，抓住博物馆的核心问题逐一攻破。面对职业危机以及外界的各种舆论攻击，他能够在短暂的压抑中重拾勇气，保持清醒，继续前进。在博物馆建设和发展中，我们要牢记变革才会产生发展动力、打破发展僵局。

其次，大都会艺术博物馆变革之路中所包含的博物馆相关理念也尤其值得我们研究、学习。例如整体变革博物馆，同时把握藏品、展览、建设、管理等各个方面；征集"压箱底"藏品，支持独立策展，重视公众教育，拓展业务等。最后，本书也为如何书写个人回忆录以及博物馆史带来启发。本书语言幽默风趣、内容生动有趣、极具现实色彩，时间顺序明朗、叙事逻辑性强。这不仅归功于作者的写作能力，更归功于作者采用的纪实资料——档案资料——为我们完整清晰地再现了大都会艺术博物馆的变革之路。

（宋艳，赤峰学院文物与博物馆硕士研究生，研究方向为文化遗产。）

注释：

[1] 托马斯·霍文：《让木乃伊跳舞：大都会艺术博物馆变革记》，张建新译，南京：译林出版社，2018年，第16页。
[2] 托马斯·霍文，前揭书，第23页。
[3] 托马斯·霍文，前揭书，第353页。
[4] 托马斯·霍文，前揭书，第83页。
[5] 托马斯·霍文，前揭书，第360页。
[6] 托马斯·霍文，前揭书，第47页。
[7] 托马斯·霍文，前揭书，第216页。
[8] 托马斯·霍文，前揭书，第69页。
[9] 杜显震，王建浩：《试谈博物馆长的作用与选任》，《中国博物馆》，1985年第2期，第56页。
[10] 托马斯·霍文，前揭书，第2页。
[11] 托马斯·霍文，前揭书，第412页。

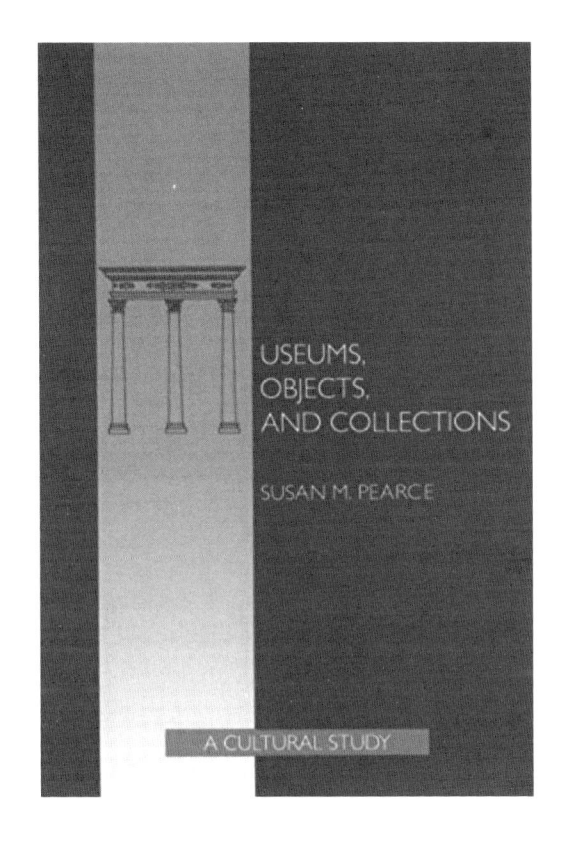

《博物馆、实物和藏品：文化研究》

Museums, Objects, and Collections: A Cultural Study

作者：苏珊·皮尔斯（Susan M. Pearce）

出版年份：1993

❥— · 本书短评 · —❥

博物馆学领域内从文化研究视角看待实物与社会关系的首部著作。

述评人：罗兰舟

首次出版于1992年的《博物馆、实物和藏品：文化研究》（*Museums, Objects, and Collections: A Cultural Study*）是苏珊·皮尔斯从文化研究视角看待实物与社会关系的第一本著作。她的思想在1995年出版的《论收藏：欧洲收藏传统探究》（*On Collecting: An Investigation into Collecting in the European Tradition*）和1998年出版的《当代实践中的收藏行为》（*Collecting in Contemporary Practice*）中不断完善。乍看之下，皮尔斯的研究似乎属于博物馆藏品管理或是博物馆史的范畴。实际上却并非如此，她既没有从普遍的藏品管理研究拓展标准和最佳实践，也没有从事传统历史研究的史实考证。她的研究旨趣在于从长时段的人与实物的关系中寻求看待博物馆的文化视角，并以此探索博物馆在当代社会的新定位。1999年，皮尔斯在《国际博物馆》（*Museum International*）期刊上发表文章，概括了自己的研究思想，并认为自身研究是博物馆管理实践和态度的"重大转变"：将博物馆视为"社会建构"。[1]皮尔斯主张博物馆成为"'反思性、探索性'的文化空间"，将新的声音赋予现有藏品的故事。[2]

　　笔者基于1993年在美国发行、史密森图书出版的电子版组织本文，涵盖以下三方面内容：首先，解释皮尔斯在本书中建立的文化研究视角，即将博物馆作为"现代宏观叙事"（modern meta-narrative）。[3]其次，点明皮尔斯在解析文化含义时，运用符号作为方法区分实物的物质存在和阐释存在。第三，分析皮尔斯笔下实物的本质和不断被再创造的含义之间的关系，并区分皮尔斯的文化视角与结构主义、功能主义视角的关系。最后，简要总结本书对当今国际博物馆学界的影响和对中国博物馆界的启发。

一、作为"现代宏观叙事"的博物馆

　　博物馆是"现代宏观叙事"，这是皮尔斯统领全书的观点。她在本书的开端就点明，物质文化不是语言。我们大体可以从两个层面来解读和分析这句话：其一，这里的语言特指由文字和语法构成的狭义语言；其二，她强调物质文化代表了狭义语言无法替代的视觉含义。不过，视觉含义指的不是狭义语言能够描述的表面上的颜色或形状特征，而是指放置在同一空间中的实物之间显而易见的关系。因此，皮尔斯认为实物是"交流系统"，是"独立的社会存在"，并"有助于社会再生产"。[4]也就是说，实物及与其有关的收藏行为都发生在与人的交往中，体现彼此之间的交互关系。这本质上是将以实物和收藏行为为基础的博物馆视为讲述人的认知和人与外部世界关系的社会经验。于是，这就能解释为何皮尔斯会提出包括展览和收藏的"博物馆语言"是"现代宏观叙事"，以及"社会通过这种叙事构建了关于知识和事实的认知"等一系列观点。[5]

皮尔斯将博物馆作为"宏观叙事"，并将其置于"现代"的语境中，与读者熟知的林奈分类法、达尔文进化论、马克思主义等现代宏观叙事并列，突出博物馆具有普遍的现代性基本逻辑——人可以通过被教育而习得对"客观事实"和"永恒真理"的认知。[6]此外，博物馆有实物作为"证据"，使得这种唯物主义叙事更让人信服。[7]皮尔斯认可的唯物主义是对世界的认知，这里的"认知"是动词而不是名词。换句话说，皮尔斯认为博物馆领域的唯物主义指博物馆通过收藏、展览、教育等行为对知识的构建，而不是指这个空间中的内容都是权威的、唯一的、客观的"事实"。因此，皮尔斯主张博物馆是唯物主义的现代宏观叙事，既包括博物馆对已知的物质世界的理解、展示和传播，也包括博物馆对赋予物质世界意义的继承、投射、反馈和再创造。

如果我们遵循"博物馆是现代宏观叙事"这一核心观点的逻辑来审视本书，就会如本书第二到四章那样质问我们承认的"客观事实"：实物只是一个物品吗？它在我们对物质世界的认知中扮演了什么角色？收藏只是个人兴趣或社会热潮吗？这个现象说明了何种现代思维方式和需求？还会如五到十一章那样质问我们默认的"永恒真理"：博物馆说的都是真理吗？博物馆自身对真理的认识如何发展？这些认识又受到了何种影响？

其中，第二章质疑了固有思想中将实物视为被动的道德规训产物的观点，进而提出从对物质性的认知以及时间和空间中的实体性两个角度解答实物的本质。第三到四章关注实物成为博物馆收藏、成为宏观叙事的过程，指出收藏行为作为"外部世界的一部分"，是"我们与外部世界关系的组织途径"。[8]第五到九章分别从现代性的主题、策展人的职业传统、功能主义和建构主义等方面解读博物馆对公共思想的塑造。第十到十一章加入了公共思潮本身对作为"现代宏观叙事"的博物馆的影响。

最后，皮尔斯在第十二章基于本书对知识和意义的解构，提出改进博物馆的方向。这一章并不是我们所期待的那些具体又全面的建议。我们的预期可能来自熟知的研究程式——"批评不足—分析成因—提出解决方案"，这

《博物馆、实物和藏品：文化研究》

个程式的重点在于设计理想化的解决方案。皮尔斯真正反对的恰恰是这种不明确自我认知的评价,即将公共博物馆私人化,以及这种带有上位者姿态的说教。她采纳的论述模式是"博物馆突破了哪些固有印象—博物馆可以通过哪些途径和工作方法来反映这些突破"。在皮尔斯看来,私人化通常是无意识的——博物馆无意识地"创造浪漫感觉",包含"纪念品、恋物癖或系统性"[9]。策展传统往往粉饰了这种无意识,为其提供荫庇。博物馆学研究者的任务是揭示无意识、质疑我们常见的事物和默认的准则。皮尔斯认可的博物馆是公共的,是少数人主导的反面,即使这些人可能掌握了"客观事实"或"永恒真理"。

二、符号化中的符号

皮尔斯在解构"客观事实"时,运用"文化符号"这一概念作为阐述支点,如她所述,实物、藏品和展览具有"符号本质"(symbolic nature)[10]。符号本质进而被区分为物质存在(实物与物质世界的连接)和阐释存在(赋予实物的含义),使得实物与我们的文化产生联结。正是由于实物同时具备物质存在和阐释存在,作为文化符号的实物才能连接物质世界和阐释世界。

第二章大量运用案例说明实物的物质存在和阐释存在。例子说明实物连接了过去与现在甚至是过去与未来,如1746年阿利斯泰尔·麦克唐纳(Alistair MacDonald)使用过的一把剑,其物质存在就是它被运用于卡洛登战役(Battle of Culloden),即英格兰汉诺威王朝政府军在卡洛登平原击败前斯图亚特王朝支持者詹姆斯党的战役。1746年之后,英国社会根据自己的需求不断重塑这把剑的含义。因为剑的物质存在是它确实参与了这场战争,所以用这把剑作为所有对剑阐释的依据,能使阐释及其背后的社会思潮变得更令人信服。同时,剑作为实物蕴藏着丰富的信息,因此,未来很有可能被重新阐释。实物的力量正在于它既真实(物质世界)又模糊(阐释世界)。[11]

英国喜鹊标本的案例则说明实物将自然和人文联系在一起。标本是曾真实地生活在这个世界上的喜鹊,但所有自然历史博物馆对鸟类标本的保存与展示并不是让观众理解这一只喜鹊,而是希望观众能从这只喜鹊联想到无数喜鹊,它们都生活在英国特有的地理环境和生态系统中。实物的物质存在代表与世界"真实而永恒的关系"[12];而阐释存在又代表了被赋予的含义。皮尔斯认为这两个世界处于"并不连贯"的"平行状态"。[13]也就是说,即使几乎所有博物馆的阐释都以"真实"作为目标（至少标榜如此），皮尔斯却并不认为对实物的阐释都精准定位了"真实"；实物和对实物的阐释是分属两个世界的"真实"。

在详细解构博物馆对实物特有的阐释之前，皮尔斯阐释了作为藏品的实物与一般实物的区别。她认为藏品代表人对实物的实际用途的改造："促成实物形成的隐含的、个人的或心理的原因。"[14]第三章解释了这里讨论的"个人"和"心理"并不在于指出表面的问题并提议消除这些现象，也不是根据一个"正常人"的标准指出个人行为的不足和心理缺陷，并最终建构一个理想化的、纯净的道德模板，而是用对"个人"和"心理"社会化的认知去理解具有排他性的"个人"和"心理"行为。这实际是指个体在与外部世界的交互过程中产生的认知：个人对某一类特定实物有兴趣并进行收藏，为这些实物付出人力、物力、财力，有选择地保存这一类别中一定数量的实物。因此，个人兴趣汇聚成西方社会对实物收藏的热潮，这种社会热潮同时也影响着个人行为。总的来说，个人对实物的选择性收藏既出于个人的喜好，也受到当时社会思潮的影响。社会的文化导向潜移默化地塑造了文化观，决定了什么实物值得被收藏。因此，藏品代表受外部世界影响的个人选择的文化符号。

皮尔斯认为阐释是实物的本质之一，而不是实物的附属产品，这显示了其基本主张与建构主义的分野。建构主义讨论实物的象征含义，即某一个物品代表某种思想或社会架构。皮尔斯主张的思想和架构是实物本身的属性，是在外部环境（包括它们的实际使用和带有象征含义的符号化使用）综合影响下形成的内在特质。比如在建构主义的讨论中，藏品可以代表15世纪欧洲收藏世界文明的热潮，可以代表欧洲对外扩张的殖民历史，还可以代表中产阶级的生活审美。皮尔斯并不认为藏品是仅限于一种社会思潮或一种阶级的实物代表。她指出，藏品是"关于我们如何和为何这么理解世界，以及我们对这种理解赋予什么价值的明确陈述"[15]。这种"明确陈述"既包含实际展览根据学科对藏品进行阐释的宏观叙事，也有本身作为现代宏观叙事的博物馆容纳了超出特定学科范畴的实物。

相似地，皮尔斯并不认同展览是实物原有符号化含义的拼盘。人通过理解自身与外部世界的关系而确立自身在外部世界中的位置，那么展览就并不只是表面地将割裂分散的符号化实物集中在同一空间，而是创造了一个新的领域，进而重塑了实物、收藏与外部世界的关系。皮尔斯认为，展览既是"人依靠对共同过去和现在的理解，投射到未来"的想象历程中的"重要部分"[16]，也是"知识形成"的"创造物"本身，是与"现代知识和情感架构平行"[17]的存在。也就是说，展览是文化符号创造与再创造的过程。展览既彰显了实物的物质存在和阐释存在，也诉说着这些实物成为博物馆藏品的某些历程。比如展览的区域划分遵循某个或多个学科的发展脉络，那么藏品在博物馆中的摆放位置就说明了博物馆的发展和某些学科之间的关系。同时，不同的展览又不断地对藏品进行拆分和重组，在符合展览本身主题进行藏品选择的同时，也赋予了藏品更新的含义。

三、再创造的意义

皮尔斯用博物馆"创造意义"而非对"永恒真理"的"客观呈现"来解答"现代宏观叙事"中的"现代"含义。

皮尔斯认可的"现代性"是一套"复杂的、有特点的思维和行为模式"[18]。在理解这种现代性之前，我们需要知道，认识现代性的维度是多种多样的，这些维度包括但不限于阶级、政党、生产力等。皮尔斯并不否认这些事实，只是将这些视为现代性的现象和结果，且更关注思维和行为模式的转变。

这其实解释了皮尔斯与当代中国博物馆学主流思潮对以展览形式设计为代表的博物馆实践认识的本质区别。双方阐述的是同一事件：第一次世界大战以后，电动机抛光平板玻璃的技术得到发展，博物馆的展柜革新有了技术支持。皮尔斯的论述强调"19世纪晚期对清晰开放、但安全可控的公共展示日益增长的需求"以及"排列成行的展柜大大促进分类制度的稳固"[19]。也就是说，皮尔斯的重点在于阐释展柜的技术改革回应了博物馆社会功能的变化。先有博物馆的需求，后有匹配的技术手段；单个展柜技术革新可以容纳物品，展柜之间的逻辑关系使重构博物馆知识的具象化架构成为可能。展览设计既顺应了博物馆在外部世界定位的发展，也促进了博物馆自身知识创造与再创造价值的更新。这回应了她在绪论中提出的观点，即公民自豪感不是英国始于16世纪的收藏狂热和发端于18世纪的博物馆建设潮流的原因，而是其结果。

而在中文语境中，一种主流认知将以欧美实践为主的展览设计分为"三位一体""标准化设计"和"多元理念融合设计"时期。[20]这种以展柜技术演进为主体的认知,还暗示了进步史观,即博物馆逐渐重视教育功能是先进的。[21]这种认知正是皮尔斯阐述的博物馆对意义的创造和再创造。

如何将真实从对真实的再创造中分离？第七至九章为读者提供了三个视角：功能、结构和历史。皮尔斯并不完全认同功能主义只讨论功能本身，这样的讨论在她看来仅仅是将物质文化视为一种被动的、对已有功能的反应。功能主义将实物和人类活动直接关联，皮尔斯对这种"直接"提出警示，她质疑了博物馆的策展传统在创造没有过去和未来的"停滞时刻"[22]。这类展览通常会陈列生产技术的进步、生产资料的优化和拓展，说明人改造环境、创造历史的智慧，最终服务于适者生存的理念。真实世界中更丰富、更复杂的文化和关键的关系被简化了。观众只需要接受看似简洁明了的既定理念即可，而事实上公众也默认了这些理念，认为真实世界一如博物馆所呈现之态。这些质疑的目的是重新发现博物馆在被默认和被简化的传统中可以继续被复杂化的内容。

结构主义则看到了实物代表的社会关系。皮尔斯在此以"裤子"这个单词为例，它不仅特指某一类裤子，也是裤子所属的服饰的门类（人们一般不会将裤子归为化妆品类），也可能说明性别和职业（男性一般不会穿裙子），还可以通过裤子的图案、面料链接某种阶层（比如社会地位比较高的人或经常出入正式场合的人一般对服饰比较考究）。她进而用结构主义处理文字和内容以及语法和使用规则的思想，引出了实物是"物质化的社会结构"的重要组成部分。[23]皮尔斯也注意到结构主义的视角容易被诟病过于主观，并且它无法应对不断变化的环境。因为结构主义将对象简化为形式而不是内容，并聚焦对象在其特定社会组织中所扮演的角色，同时否认其在这个角色之外的作用。[24]尽管如此，结构主义视角仍对我们认识物质文化有帮助，这种视角让我们知道物质文化不是"仅仅在其他地方产生的思想和感受可以付诸实施的手段"[25]。

最后，皮尔斯提出一个关键问题："我们对人类过去物品的占有如何影响我们理解过去的方式？"[26]这个问题的关键不在于提供一个完整并正确的博物馆史叙述，也不在于更新我们对某一博物馆藏品的认识，而在于质疑：那些号称还原历史本来面目的叙事，或许本质上都是对历史的再创造。她揭示了这种再创造根植于19世纪开始的对叙事的现代化改造：学者为每一个事件都安排了因果关系，并把这些事件串联起来组成系统性叙事。因此，对皮尔斯而言，历史叙述的标准往往是叙述本身。她将博物馆中历史叙述的标准归纳为四种："藏品陈列让我们去相信""对过去的叙述让我们去学习""艺术和珍宝展示让我们去敬仰""对过去的再创造我们去理解"。[27]

因此，皮尔斯将博物馆作为具象的宏观叙事且突出实物的参与，本质是强调人为作用。"客观事实"是人的叙事本身，而不是在叙事中被称为"客观"的"事实"；"永恒真理"是人在叙事中所追求的自我认知，而不是在博物馆展览中用实物铺陈的"客观事实"，服务于简化的因果关系。

四、结语：评价与启发

对本书最具代表性的批评是它不够"实用"。若如批评所言，这是一本通俗读物："从事特定领域工作的学者在这里可能不会发现太多新东西，但对非专业读者来说是一本很好的介绍。"那为什么它又不那么通俗，"美国读者会发现这项研究的马克思主义框架有时过于沉重"，[28]这些自相矛盾的批评无益于我们理解本书的创新之处。

皮尔斯指出："博物馆的历史并非自娱自乐，而是在我们努力了解我们如何以及为何如此的过程中发挥着至关重要的作用。"[29]从皮尔斯的视角出发，理解博物馆只能是理解博物馆本身，而不是理解附加其上的功能、思想、价值，无论这些附加物有多么实用、正确、有意义。理解博物馆的视角，不是捕捉和汇总外部世界对博物馆的镜像反馈。换句话说，我们可以从外部世界与博物馆的关系入手来理解博物馆，但最终探究的仍是博物馆本身的社会性。

本书的最大价值并不在于其是一本博物馆藏品管理工作规范手册，而是通过对博物馆历史经验的回溯，披露"现代宏观叙事"的"旧"对"客观事实"和"永恒真理"的无意识呈现。这种无意识体现出的傲慢和懒惰服务于排他性的惯习，恰恰阻止了博物馆和公众探寻"客观事实"和"永恒真理"本身更多元、更广阔、更接近"客观事实"和"永恒真理"的可能性。在20世纪末推动博物馆"新"的社会功能定位中，皮尔斯的研究视角贡献了对"旧"的定义。可以说，这是我们如今熟知的博物馆界当代社会性和公共性原则的起源。至此，本书已出版30余年，在紧密扎根英国博物馆传统的同时，也具有深刻的普适价值，鼓励了中国博物馆学界思辨性认知本土和自身实践的多元可能。

在皮尔斯卸任莱斯特大学博物馆学院长之后，以西蒙·奈尔（Simon Knell）为代表的继任者对皮尔斯的核心思想进行了思辨性的继承。[30]皮尔斯认可的现代性是基于英国或可拓展到欧洲的实践，属于现代性的原始模式。而她的继任者则重新审视了现代博物馆所处的整个全球语境，他们展现的全球不再是单一视角的等级之分，而是多重视角下对博物馆功能特点的定位。这为中国博物馆学研究者和从业者在国际学术界和专业平台的发声奠定了有利基础。我们可以探索不以西方为参照物的本土博物馆功能传统，我们将中国博物馆实践置于世界语境中讨论，不仅可以从找差距、查不足或弘扬民族精神出发探索形成这些正确结论和立场的过程，还可以探索带有不同视角的不同社会群体参与这一过程的争鸣。

（罗兰舟，复旦大学文物与博物馆学系青年副研究员。英国莱斯特大学博物馆学博士，研究方向为博物馆文化史、博物馆课程资源开发。）

注释：

[1] Susan Pearce, "A New Way of Looking at Old Things", *Museum International*, 1999, 51(2), pp. 12-17.

[2] Ibid., pp. 12-17.

[3] Susan Pearce, *Museums, Objects, and Collections: A Cultural Study*, Washington: Smithsonian Books, 1993, p. 166.

[4] Ibid., p. 43.

[5] Ibid., p. 166.

[6] Ibid., pp. 14-15.

[7] Ibid., p. 17.

[8] Ibid., p. 60.

[9] Ibid., p. 346.

[10] Ibid., p. 28.

[11] Ibid., p. 49.

[12] Ibid., pp. 46-54.

[13] Ibid., p. 53.

[14] Ibid., p.168.

[15] Ibid., p. 168.

[16] Ibid., p. 195.

[17] Ibid., p. 163.

[18] Ibid., p. 15.

[19] Ibid., p. 149.

[20] 徐乃湘编：《博物馆陈列艺术总体设计》，北京：高等教育出版社，2013年。

[21] 如依据展览形式的分期，填充"展览展示的目的"从"私人收藏、个人欣赏"到"面向公众展览展示"再到"面向公众、服务社会"的演进。详见范陆薇、李富强：《从"Who Decides?"展览看全新博物馆时代观众角色》，《自然科学博物馆研究》，2019年第4期，第40—46页。

[22] Susan Pearce, *Museums, Objects, and Collections*, p. 217.

[23] Ibid., p. 241.

[24] Ibid., p. 253.

[25] Ibid., p. 256.

[26] Ibid., p. 259.

[27] Ibid., p. 280.

[28] Paula Findlen, "Reviewed Work(s): *Museums, Objects, and Collections* by Susan M. Pearce", *The Public Historian*, 1995, 17(1), pp. 95-97.

[29] Susan Pearce, *Museums, Objects, and Collections*, p. 163.

[30] Simon Knell, *The Contemporary Museum: Shaping Museums for the Global Now*, London: Routledge, 2019.

《在博物馆的废墟上》
On the Museum's Ruins

作者：道格拉斯·克林普（Douglas Crimp）
出版年份：1993

❖━━ · 本书短评 · ━━❖

关乎博物馆体制与后现代艺术的创新之作。

述评人：赵信姚

克林普在《十月》杂志担任编辑期间，编撰了《在博物馆的废墟上》（*On the Museum's Ruins*）[1]这一论文集。本书收录了于1980—1987年发表在《降落伞》或《十月》杂志上的十篇论文。克林普通过对20世纪80年代艺术争论的一系列批判性干预，构建了视觉艺术的后现代主义理论，并关注当代艺术实践。本书的中心论点是艺术博物馆如何应对20世纪60年代开始的认识论和物质危机。全书由导论和三部分组成：导论以"现代主义终结时期的摄影"为题，讨论了摄影作为现代主义的美学媒介，其与具有同等地位的传统视觉艺术媒介进入博物馆所引发的相关问题。第一部分讨论博物馆将摄影作为一种艺术形式，摄影作品被"博物馆化"破坏了现代艺术、逐渐脱离社会实践的连贯性，作者对博物馆所收藏的绘画、雕塑提出了质疑。第二部分讨论"场所特定性"、作品为现场构思、为现场制造，成为现场不可或缺的一部分，一旦移动，作品将不复存在，这一点在《雕塑的终结》一文集中阐述。第三部分"后现代史"主要讨论了将艺术抽离历史原境，在博物馆中整合成特定的历史体系，使得博物馆物品拜物化、将教育的对象视为公众而非某一特定阶级。通过对当代展览的分析、永久收藏、新建的博物馆建筑等与博物馆的历史和当前的艺术实践有关的内容，克林普对艺术博物馆构建艺术史的方式进行了考古调查，这些艺术实践抵制了博物馆无冲突的文化史。

后现代主义艺术的认识论贯穿全书始终。克林普运用马克思主义理论以及瓦尔特·本雅明（Walter Benjamin）、西奥多·W. 阿多诺（Theodor W. Adorno）、米歇尔·福柯等人的哲学著作构建了一个唯物主义哲学体系。再者，艺术自律从来不是艺术本身能实现的，它必须通过制度化才能达成这种目标，所以不能通过艺术自律来实现艺术的自我净化。实际上在艺术发展史上，艺术从来没有自律过，它始终与社会、历史、政治等场域相互牵连。

在克林普看来，博物馆是随着资产阶级社会发展而出现的权力机构，他在本书从三个维度对此进行批判：第一，对作者身份（authorship）和真实性（authenticity）的后结构主义批判。第二，对审美唯心主义的唯物主义批判。第三，对前卫艺术的体制化批判。他希望通过对博物馆的批判，为可被视作知识客体话语的定义提供一种有用的分析，[2]引领新的批判理论应用于现代艺术及其机构的诠释。

一、博物馆废墟论：艺术品的家族陵墓

作为"全球最具影响力的博物馆学入门概要"，《博物馆这一行》（Introduction to Museum Work）对于博物馆起源描述如下：亚历山大博物馆（Museum of Alexandaria）在本质上与如今的博物馆相似，有着一座汇藏博物馆各领域藏品的图书馆、天文观测台以及进行其他相关研究与教育的设备……事实上它也是第一座真正的博物馆。[3]早期的缪斯神殿是一个集诗歌、音乐和哲学于一体的圣地。而现代意义上的博物馆则起源于16—17世纪欧洲的奇珍室，其包含收藏物的空间、包罗万象的知识体系，并逐步专业化。

自1776年发布《独立宣言》以来，美国在200多年的时间里通过一系列商业购买、企业家捐赠试图打造一个属于自己国家的博物馆。1880年，大都会艺术博物馆（The Metropolitan Museum of Art）建成。当时仅是一栋大厦，占地8公顷，后随着藏品的扩充不断扩建。1887年，美国博物馆的实用价值得到体现，创建美国博物馆的目的是希望参观博物馆的观众成为知恩图报乃至博爱之人。回顾大都会博物馆的收藏历史，在过去100多年的时间里，美国商人创造的财富不断推动大都会博物馆发展壮大。19世纪，纽约成为世界金融中心和美国最富裕的城市，吸引了众多富人在此定居，富人在赚足钱之后，便有了收藏艺术品的雅兴。亨利·詹姆斯在《美国景象》（The American Scene）中写道："空气中散发着钱的味道。所有这些钱都是为追求最完美之物，不包括即将退出人们视线的当代创作：这些钱会用于展示艺术、精选藏品、考证鉴定、追求知识……简言之，大都会博物馆正在走向伟大。"[4]其董事会征集藏品的方式接近疯狂，《纽约客》专栏作家卡尔文·汤姆金斯的《商人与收藏：大都会博物馆创建记》（Merchants and Masterpieces: the Story of the Metropolitan Museum of Art）一书，详细讲述了美国"商人"们如何在世界范围内前仆后继开展"收藏"壮举、如何最终将"私藏"变为博物馆"馆藏"、如何将"私人"博物馆变成社会共有的公益博物馆的过程。纽约通过工业化发展、经济的繁荣、财富的暴涨来弥补自身作为移民城市的"文化短板"。

艺术与美是人类与生俱来的追求，博物馆便收藏着无与伦比的艺术珍品。关于艺术的目的，英国哲学家雷蒙德·塔利斯（Raymond Tallis）有一个非常动人的说法："艺术表达人的普遍伤痛——在有限的生命中无法获得完

整价值的伤痛。"[5]

克林普开篇即引用阿多诺《瓦莱里、普鲁斯特与博物馆》一文，将博物馆（museum）与陵墓（mausoleum）进行类比。对此，克林普说出了那句广被援引的话语："博物馆建立在从古典时期就沿袭下来的考古学和博物学基础上，它从建立之初就是令人怀疑的机构。博物馆学的历史则是一部不断试图否定博物馆异质性、使之成为统一系统或系列的历史。"[6]阿多诺认为博物馆与陵墓之间的联系远甚于读音上的近似，博物馆就像是艺术品的家族陵墓。[7]它们被保存下来是人们出于对历史的尊重，而不是因为现代社会需要它们。一旦艺术品入藏博物馆，它卑微地蜷缩在玻璃展柜里，被合适的温湿度所呵护。就像患者进入医院、马匹进入赛场一样，每一种活动拥有传统和规则。投保、检查、分配体系编码，在陌生语境下进行展示，与博物馆之外的生活割裂开来。但从另一个角度来说，这些物虽然失去了它们的时代，离开了它们最初的语境以及绝大部分与之相关的故事与关系，但它们仍然栩栩如生地保存了数千年来这个世界上人类生活留下的经验、姿态与情感，就像一块巨大的琥珀中凝固的无数只昆虫。

克林普从后现代主义的角度关注现代主义的艺术机构——博物馆，以福柯的分析脉络梳理自20世纪60年代的知识考古学、70年代的权力谱系学到80年代的主体伦理实践。前现代社会，统治者借助国家机器对人的肉体进行约束，而现代社会并未变得更加人道，权力系统已经不满足于对人身体的制约，而进一步试图控制人的内心，此刻的艺术史以规训的面貌存在。[8]艺术、博物馆与艺术史三者都是19世纪精英主义规训的产物，而无限可复制的摄影术进入博物馆，便在博物馆的核心部分重建异质性，博物馆所藏艺术品唯一性的特性表象亦随之崩塌。[9]20世纪60年代，当波普艺术的代表人物罗伯特·劳森伯格（Robert Rauschenberg）在其作品中加入摄影拼贴物，并通过组合、集合、挪用、引用、截取、复制现存图像使丝网印刷转变为绘画，在惠斯特美国艺术博物馆（Whitney Museum of American Art）和大都会艺术博物馆展出时，克林普在此看到了曾经作为精英文化制度的博物馆走向没落，同时，机械复制下的博物馆"绘画"失去其重要的光晕（aura）。

博物馆通过摄影无限量扩充展品，恰如安德烈·马尔罗（Andre Malraux）的《无墙的博物馆》（*Museum without Walls*）所设想的那种无限可能性：文化的民主化和去中心化、教育的公共化、艺术品走出博物馆成为共享资源……摄影媒介被实体化后成为照片，在此即可拥有一席之地。[10]马尔罗的无墙博物馆让艺术品打破时空界限，世界艺术被链接、艺术史视野被扩展，呈现更为丰富的内容。但它失去了艺术品作为物体的属性，亦颠覆了博物馆原件与复制品之间的对立关系，使得艺术在原创与抄袭间达成微妙的平衡。

在当今数字化技术横行的当下，虚拟博物馆已经出现。当人们得以放大、缩小、旋转艺术品时，数字技术会否让"博物馆物"的光晕消失？数寸屏幕就能将艺术品信息一展无余，而人们亲自站在这件艺术品前，内心还会否感到震撼？

二、摄影：摄取已经存在之物

安德烈·巴赞（Andre Bazin）的电影美学奠基之作《摄影影像的本体论》发表于1945年，书中提出一个哲学命题，即影像与客观现实中的被摄物体同一：摄影取得的影像具有自然的属性，它产生于被摄物的本体，因此，它就是这件实物的原型。影像本体论认为："一切艺术都是以人的参与为基础的，唯有摄影在人的缺席中获益。"[11]摄影图像通过视觉符号建构一种比喻、象征、隐喻关系，使受众发掘其意义层面的内涵。

1979年为庆祝纽约现代艺术博物馆建立50周年的"20年代艺术展"现场充斥大量摄影作品，仿佛预示一个时代的结束：雕塑与绘画被其他审美取代，艺术博物馆还创建了第一个摄影部。摄影得来的现成品使艺术家不能制造（make），而只能摄取（take）已经存在之物。[12]时任纽约现代艺术博物馆摄影部主任的约翰·萨科夫斯基（John Szarkowski）认为，摄影是一种全新的制图过程——这一过程不是基于合成，而是基于选择。制造和摄取的区别被视作绘画和摄影的本体差别所在。[13]安塞尔·亚当斯（Ansel Adams）认为摄影具有"掠夺性"，拍摄照片是一种利用的象征，"制造"照片意味着创造共鸣，其表达的深刻内涵至关重要。亚当斯受到"画意摄影"的影响向"纯粹摄影"转变，再到"区域曝光法"，实现了第二次艺术进阶。亚当斯的灵感来源于音乐的音阶，乐曲通过音阶及合理的编排，产生连贯的旋律；照片通过黑白灰的色阶，与音乐一样灵动起来。一件伟大的摄影作品充分体现了人们对所拍摄之物的最深层次感受，从而真实地表达人们对生活的普遍看法，使摄影摆脱单纯的机械复制、获得与绘画作品同样的"光晕"。

摄影作品被新的市场汇集、大规模进入博物馆收藏，这动摇了艺术品的本体论，再用现代主义的认识论对此重新评估，便打破了整个现代主义时期确定的博物馆中审美对象秩序的标准，那些杰出艺术品不证自明的特征已被抛弃。不过摄影太依赖于自我指设、程式化的现代艺术形式，也太受限于被拍摄的世界，故阿尔弗雷德·施蒂格里茨（Alfred Stieglitz）的现代主义美学认为只有少数照片才能获得成就，要使摄影被理解和重构，必须对现代主义范式进行大幅修正，从而产生一种全新的、激进的艺术实践——后现代主义。[14]当劳森伯格与沃霍尔开始以丝网印刷的方式将照片印在画布上起，摄影便被纳入其中，现代主义不断受到摄影的威胁。在被"监禁"于博物馆等机构一个多世纪后，艺术开始以后现代主义的全新面貌重新进入这个世界。对此，克林普举例阐释，他早年为一部运输史工业电影项目做图像研究，在纽约公共图书馆找寻照片时，发现埃德·拉斯查（Ed Ruscha）的《26个加油站》（Twenty-six Gasoline Stations）被错误地归纳在汽车、高速公路那一类别，艺术家用纪实风格创作了这本摄影图册，创作风格继承了马塞尔·杜尚（Marcel Duchamp）将现成物（ready-made）转变成艺术品的理念，"挪用"日常物品、重构语境创作艺术品，所以这本摄影图册应归属艺术部，而图书管理员的既定思维模式使得此书无法根据目前体系进行分类。

三、雕塑：重新定义场所特定性

本书第二部分，克林普花费了大量笔墨描述极简主义艺术家理查德·塞拉（Richard Serra）的雕塑作品。极简主义作品很少带有情绪的自我表现性，因此被认为是对抽象表现主义的反抗。"作为纯粹的极简主义艺术家，他们认定的艺术标准是理性的秩序、严密和明确的概念、简洁的形式以及非文学性和非道德性。"[15]塞拉的不可重复性与"在地性雕塑"（site-specific sculpture）在《泼洒》《切片》《罢工：罗伯塔和鲁迪》到矗立于联邦广场的《倾斜之弧》上表现得淋漓尽致。他拒绝将原材料转化，而直接指向转化物所蕴含的权力象征。尽管塞拉的作品往往设立在传统的艺术权力机构之外，且不具有系统性和一贯性，但依旧可以看出其对传统展示空间"白立方"（指四壁洁白、设计简约的现代美术馆）强烈的批判色彩。塞拉的批判立场与矛盾态度令人困惑，他使用原材料进行雕刻、建模和焊接，让钢板不仅是一块材料，而更像是一件"雕塑"。传统的艺术品、雕塑作品通过加工、整合被稳妥地安放在博物馆的玻璃展柜里，它们似乎与世隔绝，又如此脆弱，需要坚实的玻璃保护罩、严格的温湿度监控或被锁在仓库等待着"重见天日"。室内作品全然的不真实感，让塞拉险进击公共空间，在那里展示自己的雕塑作品，此举颠覆了机构的权威性存在。塞拉对以博物馆、美术馆为代表的权力空间的完全否定加剧了这一冲突。

1979年，美国联邦总务局委托塞拉为联邦广场创作一件雕塑。塞拉将一整块约3.66米、36.58米，重达73吨的耐候钢横置于纽约曼哈顿联邦广场，称它是为联邦广场"量身定做"的雕塑作品：弧度微微向办公室建筑和法院倾斜，雕塑穿越广场中心，将广场分为两个截然不同的区域，名为《倾斜之弧》（*Titled Arc*）。作品追求生锈、陈旧、粗糙的视觉效果，维护成本并不高。显然，塞拉选择的耐候钢既是艺术材料，又是工业原料，它以原始面貌呈现，本着对艺术的商业化存在模式的抗拒，这种作为生产原料的钢板很难转化为艺术品。就像克林普在导论中所说：意义由作品及其与展览现场的关系所产生，被称为"场所特定性"（site specificity）。现代艺术作品不仅在存在方式上与特定场域无关，还被视作是自律的、没有确定归属的。现代艺术的唯心主义——艺术客体内部及其本身被认为具有固定和跨越历史的意义——决定客体无地方性（no-place）在现实中的体现是博物馆。[16]

《倾斜之弧》是未经精细雕琢的艺术作品，对那些身处高位的政府官员而言，更是冲击极大。雕塑具有压迫感，当人们站在这块摇摇欲坠的钢板前，会不由自主地感到人类的渺小。作品很快便遭到了诸如破损、形成障碍、造价高等投诉，此类控诉的锚地间接显示了公众对公共空间私有化的心理。

塞拉放置雕塑的地点被指控具有攻击性和自我本位，这将其"自我中心论"带入公共空间。当公共艺术作品在国家机器权限范围内并异于政治共识，就必然会遭到审查。[17]当艺术家对于场所特定性的探索和公众认同间出现鸿沟，便需要提升认知来填平。

四、后现代博物馆：艺术本身的自我超越

马塞尔·布达埃尔（Marcel Broodthaers）曾在1964年凭《思考·野兽》（*Pense-Bete*）扬名当代艺术界。他认为虚构不仅能使我们抓住现实，同时

还能捕捉藏匿于现实背后的东西。博物馆是一种进步的历史发展，博物馆也使商品拜物化。当艺术转化为商品时，便是本雅明所称的"文化解体为商品"。而历史唯物主义的任务，就是让历史时刻原创与每一次崭新的当下产生密切合作……打破当下的意识，打破历史的延续性。[18]这种意识成就了布达埃尔的"杜撰博物馆"思想。布达埃尔进行了为期4年的考古学家式工作，在虚构博物馆中发掘问题的源头，颠覆博物馆本身的意义。对于恋物对象的重新排序，无论是永久收藏还是借入——这种重新配置仅仅表明了博物馆文化历史的重构可以经受新的排列，而不会破坏历史主义的意识形态。[19]他展示的300多件来自不同时空领域的艺术作品，都带着鹰的图像，鹰作为帝国权力的象征，代表神圣、智慧、权威、力量、优越。布达埃尔通过戏仿、反讽、低调批评和游戏的方法，重新唤起颠覆性的达达主义文化批评方法，并将其运用到博物馆及其管理方式中。

"虚拟博物馆"尽管独立于体制化的博物馆，但也无法逃脱批评家观点的影响，美国明尼阿波利斯的沃克当代艺术中心最近组织展出的一次展览证明了这一点。在展览中，其"虚拟博物馆"被固化为一系列物体的布置陈列，使他颠覆策展实践的努力归于沉寂。如同马塞尔·杜尚（Marcel Duchamp）的《手提箱里的盒子》（*Box in a Valise*）一展开便如同移动的档案馆一般。符号的历史和功能的跨时代与跨文化交织，利用展览的形式，呈现出特别的文化现象和象征性。

南布朗克斯曾深受贫困、毒品、暴力和脏乱环境的困扰。时尚摩达（Fashion Moda）是一个结合了社区艺术中心等各个方面的另类艺术空间，由此，南布朗克斯成为一个充满创造力的地区。南布朗克斯的地点、空间和参与其中的艺术家可以自由地探索"何为艺术？""谁定义艺术？"等问题。克里斯缇·拉普（Christy Rupp）的《老鼠巡逻》正是这样一个有趣的艺术实践：通过机械复制老鼠照片，把具有攻击性的老鼠形象堂而皇之地张贴在大街小巷及垃圾堆积的地方，旨在指出城市是一个具有微妙平衡的生态系统。克林普对这一作品进行了反思："一张从卫生部文件中借用并以机械方式复制的老鼠图片并不是艺术想象的创造，也没有使之成为普遍性的要求；在博物馆展览中看到此类图片更不可想像。这些艺术实践揭示或批评了展览模式加诸艺术的条件，或者通过直接面对社会现实打破审美自律的概念。"[20]

在"后现代博物馆"这一篇章中克林普又指出,艺术家们致力于揭示艺术生产和接受社会物质的条件,这些条件被博物馆的功能所掩饰。艺术家寻求新的观众,试图构建博物馆外的社会实践。建立在唯心主义前提下的博物馆是个过时的机构,与具有创新精神的当代艺术不相容。[21]他呼吁我们建立一个以福柯"知识考古学"为基础的"博物馆考古",因为博物馆展示的"全景敞视主义"与封闭的监狱如出一辙。

五、结语

本书展示了克林普对当代艺术、艺术机构和政治的批评,通过分析广泛构想的艺术实践,阐述后现代主义的新范式,这不仅是艺术家的实践,也是批评家和策展人的实践。消除艺术中的社会背景,对现代艺术史学和艺术体制的建构来说,摄影技术所扮演的角色远比我们想象的更为根本。对前卫艺术对抗实践及其后现代主义理论的关系问题的批判,不仅仅超越了拥有那些不连续的艺术作品的机构所设定的条件,也积极地使艺术品与观众建立一种社会链接。艺术可以跨越博物馆这一媒介,走向大众。此外,本书排版极为有趣,劳勒的摄影作品作为插图置于页面中心,左边留白,配上类似展签的、短小精悍的说明文字,此类手法体现了作为文字媒介的图书和作为展示空间的美术馆、博物馆之间的交互与链接。

克林普所谓的博物馆废墟论是对博物馆展示物的一种重复性、隐喻性假设,它在某种程度上建立了连贯性的具象世界。这种假设之所以存在,是因为人们不加批判地相信在碎片化空间中并置的排序和分类可以再现人类对世界的认识,如果这一系列假设不复存在,那么博物馆的陈列品只不过是一堆毫无意义和价值的碎片化物品,既不能替代原有物品,也无法隐喻什么。如果每个批评家都拥有视野之上限,他们是否愿意在博物馆倾倒的一瞬间站在最高处展望?又或许,艺术批评家终其一生,就是为了摆脱民众对博物馆的盲目不屑或推崇。揭示博物馆运行的底层逻辑,让艺术与生活的联系更为紧密。生活即撕裂本身,如同信仰建立在昨日信仰坍塌后的废墟上,看清它的两面性,还能去相信、去热爱,这才是真正的勇敢。

(赵信姚,赤峰学院文物与博物馆硕士研究生,研究方向为博物馆学。)

注释：

[1] Douglas Crimp, *On The Museum's Ruins*, Cambridge(Mass.): The MIT Press, 1993.
[2] 道格拉斯·克林普：《在博物馆的废墟上》，汤益明译，南京：江苏凤凰美术出版社，2020年，第21页。
[3] 乔治·埃里斯·博寇：《博物馆这一行》，张誉腾等译，台北：五观艺术管理有限公司，2000年，第40—41页。
[4] 生活·读书·新知三联书店编：《MEMO2019：〈三联生活周刊〉的观察与态度》，北京：生活·读书·新知三联书店，2020年，第340—341页。
[5] 生活·读书·新知三联书店编：《MEMO2019：〈三联生活周刊〉的观察与态度》，北京：生活·读书·新知三联书店，2020年，第346页。
[6] 道格拉斯·克林普，前揭书，第43—44页。
[7] 道格拉斯·克林普，前揭书，第35页。
[8] 道格拉斯·克林普，前揭书，第38—40页。
[9] 道格拉斯·克林普，前揭书，第47页。
[10] 道格拉斯·克林普，前揭书，第44页。
[11] 安德烈·巴赞：《电影是什么？》，崔君衍译，北京：文化艺术出版社，2008年，第6页。
[12] 道格拉斯·克林普，前揭书，第55页。
[13] 道格拉斯·克林普，前揭书，第56页。
[14] 道格拉斯·克林普，前揭书，第61页。
[15] 皮力：《国外后现代雕塑》，南京：江苏美术出版社，2001年，第85页。
[16] 道格拉斯·克林普，前揭书，第13页。
[17] 道格拉斯·克林普，前揭书，第148页。
[18] 道格拉斯·克林普，前揭书，第169页。
[19] 道格拉斯·克林普，前揭书，第179页。
[20] 道格拉斯·克林普，前揭书，第199页。
[21] 道格拉斯·克林普，前揭书，第232页。

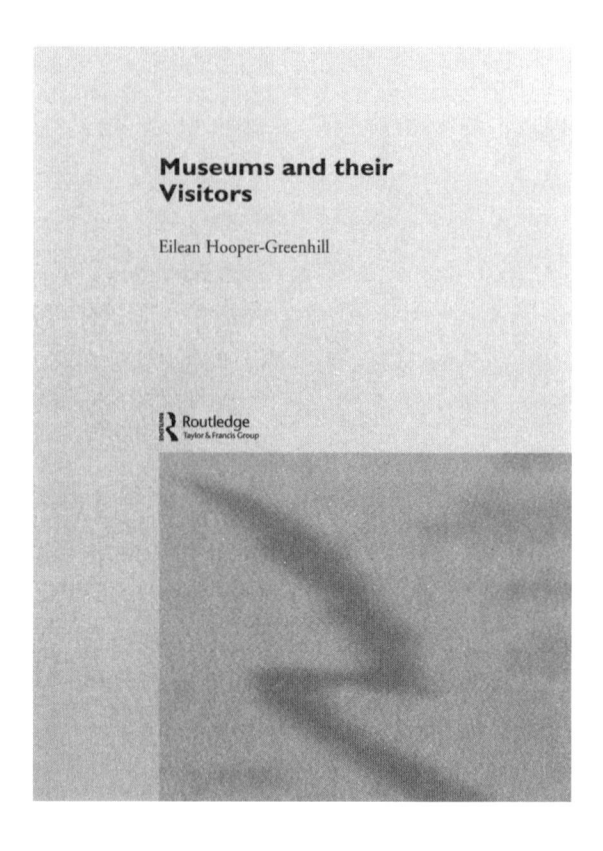

《博物馆与观众》
Museums and Their Visitors

作者：艾琳·胡珀-格林希尔（Eilean Hooper-Greenhill）
出版年份：1994

◆—— · 本书短评 · ——◆

传播学视域下博物馆与观众关系的再书写。

述评人：马丽嘉

20世纪下半叶，博物馆正在从保存藏品的静态库房转向主动为人们提供学习的公共场所。博物馆研究的关注点也从藏品转向传播。在过去很长一段时间里，博物馆都以牺牲观众诉求为代价捍卫其在学术、科研和收藏上的价值。博物馆在藏品保护和吸引观众之间也存在矛盾。因此，胡珀-格林希尔认为，20世纪90年代博物馆所面临的挑战是找到保护藏品和实现其教育价值之间的平衡，从而让保存良好的藏品为提高所有人的生活质量服务。[1]《博物馆与观众》（*Museums and Their Visitors*）一书于1994年首次出版，并于1996年、1999年和2000年再版。正如时任芝加哥菲尔德自然历史博物馆（the Field Museum of Natural History）副研究员的C. G. 斯克雷文（C. G. Screven）所评论，本书对当时博物馆发展的现实条件和理论基础进行了恰逢其时的探讨与反思。[2]

全书共有九个章节。第一章开篇论证了博物馆通过发展教育功能转变为传播者（communicator）这一新定位的必要性。第二章分析了传播理论及其在博物馆和美术馆中的应用，强调构建博物馆与观众之间的平等双向关系在博物馆传播中的重要作用。第三章对博物馆观众及其参观方式进行研究。在前三章分析完博物馆为何、以何种方式，以及为哪些观众提供服务后，本书第四至八章通过不同观众群体（以学校、家庭为单位以及残障观众等）及博物馆内各工作领域（展览、教育、推广等）的案例研究，为博物馆全程考虑观众需求提供实践指导。最后一章提出了将博物馆建设为传播者所需的条件，具体包括管理、展览、教育等方面的原则及指导方针。

这是第一本指导博物馆和美术馆工作人员如何服务观众的专著，同时面向博物馆、遗产、休闲和旅游研究的学生，以及国际博物馆行业的专业人士。本书英文原版语言通俗易懂，清晰简洁，阅读门槛不高，可作为博物馆研究英文著作阅读的入门读本，目前尚未出版中译本。

一、作为传播者的博物馆

本文第一部分介绍书中第一至三章内容，从博物馆构建与观众联系的必要性、传播理论与实践、博物馆观众研究三方面探讨博物馆为观众服务的背景框架。

（一）博物馆变革的动力

本书第一章分析了面向21世纪的博物馆亟须发展其社会功能、构建与观众联系的必要性。

从拓展博物馆传统教育功能的角度来说，英国、美国和澳大利亚等都从政策上鼓励博物馆发展教育功能。例如英格兰和威尔士1988年颁布的全国课程标准强调了博物馆藏品作为原始材料对学校教育的重要性。20世纪90年代英国博物馆的家庭观众和老年观众比例飞速上涨，却极少有展览和活动关注他们。因此，无论是与学校课标结合的正式教育，还是面向家庭及老年观众的非正式教育，这些变化都为博物馆发展其教育功能提供了契机。

从博物馆以观众为中心的发展方向看，市场研究能够评估博物馆现有及潜在观众群体的体验与需求。这不只为了对外宣传，而是将基本陈列、临时展览、公共活动及相关出版物在内的所有博物馆"产品"与最广泛的目标观众连接。因此博物馆需要通过各种传播方式来吸引更多观众。

从博物馆面临的外部竞争角度来看，在政府资金紧张的情况下，证明博物馆价值的最好方法就是展示其与观众建立的长期稳定关系。同时，博物馆的休闲娱乐功能使其与其他娱乐场所产生竞争关系。博物馆只有为观众提供更舒适、更丰富的参观体验，才能把观众有限的注意力从发展迅猛的娱乐休闲产业吸引过来。因此胡珀-格林希尔认为，博物馆在面对娱乐产业的挑战时，要从"有价值却无聊"（worthy but dull）变得"有价值且有趣"（worthy and fun）。

本章所探讨的上述驱动力促使博物馆不断拉近与观众的距离。在此过程中，如何实现博物馆作为信息发送者与观众作为信息接收者之间的有效传播与交流，第二章的传播学理论及其在博物馆中的实践将予以解答。

（二）传播理论与实践

本书所探讨的博物馆传播方式包括单向的大众传播和双向的面对面交流。本章主要分析单向大众传播的过程及问题，并提出博物馆的传播模式及实现方法。第八章的博物馆教学方法将进一步说明面对面交流模式。

胡珀-格林希尔认为，大众传播和面对面交流最大的区别在于大众传播由于缺少信息发送者与接收者之间的平等交互，无法对信息是否有效传达进行及时反馈。而与大众传播类似的传统博物馆展览方式也存在无法准确预估展览信息传递的有效性、无法与观众双向沟通且很少给观众提供参与机会等问题。[3]邓肯·卡梅伦（Duncan F. Cameron）在20世纪60年代末最早将香农—韦弗传播学模型引入博物馆，形成"传播者（transmitters）→媒介（media）

→接收者（receivers）"模型。[4]其中传播者是策展人，媒介是实物展品，接收者是观众。这引发了学术界对于"物"（objects）是不是博物馆传播中最重要内容和形式的激烈争论。

在此基础上，胡珀-格林希尔提出了覆盖博物馆内各项工作并延伸至馆外空间的全方位传播方法，包括博物馆建筑特点、整体环境氛围、工作人员态度、展览多样性、各类教育活动、纪念品商店、适当且有效的市场推广、与社区建立联系等。[5]她把博物馆的传播职能与收藏、管理、保存、教育等联动，将博物馆作为一个整体而不是分裂的部门来协同发展。博物馆所提供的所有参观体验，都会影响观众对博物馆的看法和态度。这也是本书第四至八章详细探讨的问题。

（三）谁会去博物馆？

研究博物馆传播的基础是通过观众研究全面了解博物馆观众的构成和需求。这一部分将从博物馆观众研究数据来源及其作用，分析博物馆观众研究的必要性。

胡珀-格林希尔认为博物馆进行观众研究的原因有三：证明博物馆从事公共服务的合理性、展现博物馆专业管理方法的竞争力和提升博物馆专业知识技能。[6]博物馆观众研究数据和资料可来源于学术研究、政府统计报告、娱乐行业研究和博物馆、美术馆的内部研究。本书对每种来源均举例说明其用途，为持续探索博物馆观众研究方法提供参考。

之后，胡珀-格林希尔利用这些数据分析了20世纪80年代末至90年代初英国博物馆观众构成对博物馆参观的影响，包括观众的年龄、性别、受教育程度、社会阶层、来源地等，以此研究观众参观博物馆的动因。博物馆不断努力拉近与观众的距离，通过观众研究了解观众构成及需求变得越来越重要。之后的第四至八章从不同角度全面研究了如何将"满足观众需求"的理念深入博物馆的每一项工作中。

二、将观众需求贯穿始终

本文第二部分介绍书中第四至八章的内容，重点论述了为了提供更优服务、吸引更多观众，博物馆各部门如何联动，进而为观众营造舒适的参观环境和体验。

（一）研究与评估

这一部分关注策划和评估博物馆展览及公共活动的方法。英国博物馆早期主要通过访谈法与观察法进行大规模的观众调查，以此评估观众的整体特征及其对博物馆和展览的反馈。伦敦自然史博物馆（Natural History Museum）在20世纪70年代主要采用两种结果导向型的评估方法，第一种是以美国行为主义心理学为基础的吸引力和持久力评估，通过记录在某一展柜前停留的观众人数和观众停留时长来评估该展柜的有效性。但研究者只能观察观众行为的表象，无法仅靠观察分析观众被某展柜吸引和停留的原因；[7] 另一方法是对观众参观前后进行两次纸笔测试来了解其所学知识，但这只注重观众知识学习的收获，忽略了其情感价值及参观的原始目的。于是到20世纪90年代，自然史博物馆摒弃了之前的观众行为研究，通过与观众之间的更多交流综合了解其参观体验。

胡珀-格林希尔提出在展览前中后阶段都要评估其是否考虑了观众需求。第一阶段的前置分析（front-end analysis）是在制订具体展览大纲之前了解观众需求，调整策展的核心构想。第二阶段的形成性评估（formative evaluation）是在策展和布展过程中测试展览每部分所传达信息的有效性，及时修改说明文字与互动形式。第三阶段的总结性评估（summative evaluation）是在展览开放时和结束后收集观众反馈，对展览整体的有效性进行评估，为日后策展工作提供参考。

关于展览评估的理论方法，北美评估体系是在既定目标和标准下用量化数据评判展览是否成功，而不以观众需求和兴趣为基础，相当于自然科学中对假设进行验证的实证主义研究。与之相对的是偏向社会学和人类学的田野研究法，主要通过文献、深度访谈和案例研究进行定性研究，探寻更加多元的价值观点。胡珀-格林希尔提倡博物馆在进行展览和活动评估时，综合运用定量和定性的多重方法，获得更加全面的评估结果。[8]

在掌握了基本的观众研究及评估方法后，本书从营造舒适的参观氛围、满足各类观众需求、发挥文字力量和为所有人提供终身学习服务四个角度，分析如何全方位打造为观众服务的博物馆。

（二）欢迎观众

了解博物馆观众的第一步是将其按照某一或某些特征分为不同的"目标群体"。在指出一些博物馆现存的不平等问题，例如过于欧洲中心主义、只关注上层人民生活、过度强调男性视角后，胡珀-格林希尔指出，所有人都应是博物馆的目标观众。[9]

博物馆将观众分为不同目标群体不是为了商业利益，也不是将某一类观众排除在外，而是更好地了解各群体的需求，从而更有针对性地为更多观众群体服务。博物馆可按照社会阶层、年龄、种族民族、受教育程度、地理位置、身体条件、参观原因等维度划分目标观众，主要分为：家庭观众、学校团队、其他教育团队、休闲学习者、观光游客、老年人及残障观众等。这些群体的特殊需求将在后文详细展开。观众在博物馆中的所有体验，例如展览、活动、商店、餐饮、卫生间、工作人员态度等，都是其评判博物馆形象的标准。

大多数人首次进入陌生环境都会有手足无措的不适感。如何让观众享受第一次的博物馆参观之旅，是留住新观众的关键。博物馆首先要提供清晰的参观及设施信息，包括入口、卫生间、衣帽间、商店、无障碍设施指引等。其次要让观众更了解博物馆的建筑空间和内部环境，自如地选择参观路线。例如在博物馆地图中用不同色块代表不同展厅，标明展厅主题和参观亮点，甚至提供特色参观路线参考。

同时，直面观众的一线工作人员的态度也影响着观众参观感受。曾经展厅内安保人员的巡逻会让观众产生被监视的不适感。对此，苏珊娜·赫伯特（Susannah Herbert）甚至将博物馆比作一个"美丽的监狱"（a beautiful prison）[10]，提出博物馆要减少对观众的"看管"，停止"炫耀"藏品和知识。但博物馆展厅安全至关重要，展厅内也有必要安排工作人员监控展品的安全，他们也可以扮演讲解员、志愿者等角色，提供多种参观服务。

胡珀-格林希尔强调的博物馆观众服务理念是通过提供充足的参观信息和有人情味的服务，为观众营造出舒适、热情的参观环境，而不是把博物馆当作没有感情的传播机器。[11]要想更好地传播博物馆价值、让观众有更多参观收获，就需要针对不同观众群体的不同需求，提供专属的参观体验。

（三）关注与回应观众的多样需求

研究表明，不同观众群体对博物馆有不同的兴趣和需求。博物馆有责任和义务尽量满足这些观众群体的需求。为此，本部分将逐一分析家庭、学校团队、老人和残障人士的不同参观需求。

家庭观众是英国博物馆观众中增长最快的群体。福尔克和迪尔金的研究表明，家庭观众在博物馆内的参观活动往往被儿童的生理需求所支配。[12]虽然儿童对博物馆新环境的探索需求优先于家长的学习兴趣，博物馆也要为家长和孩子创造共同探索、沟通和学习的机会。

随着英国学校课程改革的启动，博物馆内的学生群体与日俱增。英国一些大型博物馆，例如自然史博物馆，专门开辟了可供学校师生活动、讨论和休息的空间，还将学校课标与本馆藏品相结合，为学校教师提供展览相关教学材料和培训。

20世纪90年代开始，博物馆中残障人士的需求受到越来越多的关注。[13]博物馆主要为残障人士提供硬件上的无障碍设施。例如对视障观众，博物馆可以在展览中提供盲文说明牌和大字版解说词，扶手和平整的地面可以尽量保证视障观众的安全。对于听障观众，博物馆要确保任何有声信息都能以视觉形式（文字或手语）展现。随着年龄增长，老年人的感知与活动能力都在逐步减退，为其提供足够的休息空间，也是博物馆提升参观体验的要务。加强博物馆员工培训、测试博物馆无障碍通行程度，都是博物馆满足特殊观众参观需求的必要手段。

胡珀-格林希尔通过美国波士顿科学博物馆（Boston Museum of Science）的案例分析表明，博物馆展览提供视觉、听觉、嗅觉和触觉等多感官体验，不仅方便特殊群体参观，而且所有参观者都能获得更好的参观体验。当前博物馆的要务是用最得当的方法，让更多观众从生理和心理上都更愿意走进博物馆，从而让更多人在博物馆拥有的资源中受益。[14]

（四）语言和文本

博物馆信息由包括文字在内的所有展示形式共同塑造和传播。博物馆的传统是以策展人意志决定如何阐释展品。这些由专家学者代表的博物馆"权威"将其他声音拒之门外，也将很大一部分观众群体拒之门外。博物馆要想吸引观众，就要更好地发挥语言文字的作用，让更多人参与撰写展览文字的工作，打破专家策展人的话语权威，实现博物馆作为一个社会机构的民主化。

批判语言学（critical linguistics）理论解释了语言在现代社会中支持和改变权力关系等方面的作用。海伦·考克萨尔（Helen Coxall）将这种方法应用到博物馆语言分析上，[15]验证了博物馆文字对价值观和世界观的塑造能力。这便要求博物馆文字撰写者非常谨慎地审视语言中是否存在不妥的表达。

在博物馆内阅读文字与在其他场合不同。观众在展览中阅读文字时往往处于站立或行走状态，还可能与陌生人挤在一起。因此展览文本应通俗易懂、清晰简洁；句子结构应简单、兼具知识性与趣味性；选择常用词和具象概念，尽量避免专业术语的堆砌；同时注意字体、大小、行距、每行词数等文字呈现格式。[16]

要想让展览中的所有文本一脉相承，在撰写之前要明确展览总体目标和每个单元、每个展柜甚至每个展签各自的作用。展览文本也要进行试点和评估，以确保能够向目标观众传达有效内容。胡珀-格林希尔将展览文本分为展览主标题、单元标题、展览序言、单元导言和展品说明牌，[17]并针对每部分文本撰写的注意事项推荐了其他更详细的参考书籍。

作为面向观众的博物馆，其语言既要阐释展览主题，又要和观众经历相关联。在明确了博物馆目标观众及各类观众需求后，博物馆和美术馆如何能在自身丰富的文化资源和传播途径的基础上，为各类观众创造出理想的终身学习环境？

（五）博物馆：理想的学习环境

这里重点讨论博物馆寓教于乐的学习方式：从博物馆教育基本理念、认知主义学习理论和博物馆学习方法，到教育活动的组织形式，最终将博物馆整体构建为适合所有人的理想学习环境。

胡珀-格林希尔指出博物馆教育的三点基本理念：第一，注重学习过程中的收获而不是以成绩衡量的结果；第二，可以是有计划有目标的教育活动，也可能在参观过程中偶然发生；第三，博物馆可能是唯一一个为所有人提供教育资源的机构。[18]

本书采用美国著名教育心理学家杰罗姆·布鲁纳（Jerome Bruner）提出的认知主义学习理论，认为学习是在已有知识基础上获得新信息、技能和体验的过程。[19]阅读文字、聆听声音、观看视频、参与讨论、输出观点，这些不同类型的学习方法所留下的记忆深刻程度由低到高。博物馆可提供的学习体验类型越多，给观众留下的印象越深，越能吸引更多观众。

博物馆学习是围绕"物"的学习，因为收藏是博物馆区别于其他社会机构的重要职能。除了理解藏品物质存在的客观特征，博物馆学习更重要的是挖掘深层次的符号学意义，探寻博物馆物能够承载的回忆、情感和关系等信息。本书引用米哈里·契克森米哈赖（Mihaly Csikszentmihalyi）的"心流"

理论，[20]认为观众在博物馆中的审美体验与心流体验异曲同工：心流的触发机制因人而异，博物馆观众的审美体验也与他们在欣赏展品时的情感反应和对相关知识的熟悉程度息息相关；人们产生心流体验的前提是相信自身能力足以应对所面临的挑战，从而产生得心应手的满足感。而观众在博物馆中缺乏舒适感和满足感的原因是其无法将参观体验与自身知识和技能相结合。因此博物馆要培养观众面对展品时的思考和反应能力，从而相信自己有足够的能力面对来自展品的"挑战"。[21]

按照认知主义学习理论，想让观众延续观展学习的过程，就要不断保持展品与观众之间的联系。博物馆的面对面教学以馆藏为基础，探索藏品与不同观众之间的相关性。对博物馆的所有资源，比如藏品、展览、建筑、展厅、商店、出版物等，都可不断挖掘其潜力，从而满足不同观众的终身学习需求。博物馆为所有人构建理想的学习环境，对实现全民终身学习的目标至关重要。

三、为观众运营的博物馆

随着社会发展，博物馆所面临的机会与挑战也在不断变化。SWOT分析是从自身优势（strength）、自身劣势（weakness）、外部机会（opportunities）和外部挑战（treats）四方面对研究对象进行全面分析。对博物馆进行SWOT分析的意义是与时俱进地挖掘并利用博物馆发展机会，并将挑战转化为机遇。胡珀-格林希尔认为20世纪90年代博物馆发展的自身优势（S）是其有潜力提供理想的学习环境和丰富的学习资源；自身劣势（W）是博物馆工作人员缺乏培训、视野不够开阔、不敢尝试、害怕改变、欠缺长期工作计划，馆内各部门工作制度不够完善；外部机会（O）包括学校课标的改变、不同观众群体对博物馆需求的增加，都鼓励博物馆提供更高质量的公众服务；外部挑战（T）是在飞速变化的社会中，一成不变的博物馆将失去生存空间，社会结构的重组增加了博物馆未来发展的不确定性。

把博物馆当作一个整体，实现为观众服务的目标，需要建立博物馆管理计划和制度，包括前瞻性计划（forward planning）、市场营销计划（marketing policies and plans）、展览计划（exhibition policy）、教育计划（education policies）、客户服务政策（customer care policies）和志愿者管理办法（volunteer policies）。博物馆以此整合自身资源，进而实现社会价值的最大化。

四、结语：为了观众的博物馆

本书基于20世纪90年代初英国博物馆发展的机遇与挑战写作而成，是研究博物馆与观众关系的早期代表性成果。在博物馆教育功能尚未被广泛重视和发展的年代，胡珀-格林希尔通过强调观众在博物馆发展中的重要作用，呼吁博物馆更多考虑观众的需求，传播"以观众为核心"的博物馆工作理念。

在近30年的发展中，博物馆越来越重视各类观众群体的需求，对博物馆与观众关系的话题讨论也从未停止。关注观众需求是博物馆发挥其社会功能的途径，而藏品是博物馆为观众提供一切服务的基础和源泉。胡珀-格林希尔所传达的理念是在保障馆内收藏安全的前提下，将博物馆看作一个整体，各部门相互配合，每个工作环节都全程考虑观众的需求。这也承袭了"新博物馆学"中对博物馆与公众之间关系的思考。[22]

博物馆与社会发展情况息息相关，当今博物馆也面临着新的机遇和挑战。正如胡珀-格林希尔30年前所说，博物馆在任何时候都不能故步自封，而要与时俱进、保持创新，也要时刻铭记，观众需求是博物馆各项工作的重中之重。

（马丽嘉，英国莱斯特大学博物馆研究博士。主要研究方向为社区博物馆、博物馆公众参与、博物馆教育等。）

注释：

[1] Eilean Hooper-Greenhill, *Museums and Their Visitors*, London: Routledge, 1994, p. 1.

[2] C. G. Screven, Books: Museums and Their Visitors, *Museum International*, 1996, 48(4), pp. 59-62.

[3] Eilean Hooper-Greenhill, *Museums and Their Visitors*, pp. 35-36.

[4] Duncan F. Cameron, "A Viewpoint: The Museum as a Communication System and Implications for Museum Education", *Curator*, 1968, 11(1), pp. 33-40.

[5] Eilean Hooper-Greenhill, *Museums and Their Visitors*, pp. 50-52.

[6] Ibid., p. 54.

[7] Ibid., p. 73.

[8] Ibid., pp. 81-83.

[9] Ibid., pp. 84-85.

[10] Susannah Herbert, "Inmates of a Beautiful Prison?", *Daily Telegraph*, 25 January 1991, p. 14.

[11] Eilean Hooper-Greenhill, *Museums and Their Visitors*, p. 98.
[12] John H. Falk, Lynn D. Dierking, *The Museum Experience*, Washington: Whalesback Books, 1992, pp. 45-47.
[13] Eilean Hooper-Greenhill, *Museum and Gallery Education*, Leicester: Leicester University Press, 1991, pp. 135-142.
[14] Eilean Hooper-Greenhill, *Museums and Their Visitors*, p.114.
[15] Helen Coxall, "How Language Means: An Alternative View of Museums Text", in Gaynor Kavanagh (ed.), *Museum Languages: Objects and Texts*, Leicester: Leicester University Press, 1991, pp.83-99.
[16] Eilean Hooper-Greenhill, *Museums and Their Visitors*, pp.125-128.
[17] Ibid., pp.131-134.
[18] Ibid., p. 142.
[19] Jerome Bruner, *The Process of Knowing*, New York: Vintage Books, 1960, p. 48.
[20] Mihaly Csikszentmihalyi, Rick E. Robinson, *The Art of Seeing: An Interpretation of the Aesthetic Encounter*, Malibu: J. Paul Getty Museum, 1991, pp. 178-179.
[21] Eilean Hooper-Greenhill, *Museums and Their Visitors*, pp. 153-155.
[22] 尹凯：《目的感：从〈新博物馆学〉一书重思博物馆价值》，《博物院》，2018年第4期，第60页。

《博物馆手册》

The Handbook for Museums

作者：加里·埃德森（Gary Edson）、大卫·迪恩（David Dean）
出版年份：1994

❖—— 本书短评 ——❖

博物馆学最佳实践指南的入门读本。

述评人：田田

20世纪90年代，博物馆行业作为一项包含多个领域的专门工作，还没有尝试将自身界定为一个专业。尽管博物馆学界已经涌现了大量涉及博物馆方方面面的文献，但尚无一本全面、凝练地介绍博物馆基本理论和成因、提供最佳实践指南的入门读本。从这个角度来看，《博物馆手册》(*The Handbook for Museums*)的出版在博物馆学发展史上无疑是一个重要的里程碑，标志着博物馆专业化的新阶段。本书首次出版于1994年，2年后再版，此后又多次重印，其影响力可见一斑。

本书旨在为博物馆界的工作人员提供精要的基本介绍，其呈现的理论和实践集中于博物馆工作人员的职责和博物馆为公众服务的社会角色这两个方面。全书主要包括四个部分：博物馆的角色与责任、藏品的管理和保护、博物馆的阐释与沟通、博物馆的专业和伦理。各部分内容都由技术说明、实践问题和延伸阅读组成，以满足不同层次读者的需求。本书的写作动机源于两位作者参与的一项在厄瓜多尔举办的博物馆学工作坊、课程和讲座系列活动，其中，南美洲的博物馆工作人员在活动中提出的问题，构成了书中"实践问题"部分。此外，本书还为博物馆工作人员提供了丰富的理论支持材料和延伸阅读文献。

两位作者在写作中秉持着理论与实践结合的理念，不仅概述了相关理论的发展，也提供具体的实践指南。因此本书可以作为博物馆培训项目的手册，以提升博物馆工作人员的专业化和标准化水平。正如著名的博物馆学者保罗·佩罗（Paul N. Perrot）在序言中所说，如果20年前就有这样一本书，那么，世界各地博物馆的藏品保管与征集、社会教育等工作较之现在都将大为改善。[1]在下文中，笔者将遵照原书结构，从博物馆的角色和责任、藏品管理和保护、博物馆的阐释和沟通、博物馆的专业和伦理四个方面介绍本书的主要内容，探究其对于当代中国博物馆界的启发。

一、博物馆的角色与责任

本书第一部分从博物馆与社会的关系出发，回顾了西方博物馆发展的历程，即私人藏品逐步向公众开放、同时在社会资助下才得以维系的过程。由此引出20世纪博物馆作为公共文化机构的基础——博物馆管理等工作均应面向公众。

从为观众服务这个角度来看，现代意义上的博物馆发展可以概括为私人所有、允许公众进入、回应公众诉求、公众主导四个阶段。[2]在欧洲，私人收藏逐步向公众开放的过程也是博物馆发展的历程。1753年建立的大英博物馆每天只接待少量、部分观众；法国卢浮宫也在高度限制的基础上对公众开放，直到1789年法国大革命爆发，其才变为真正的公共机构。在美国，收藏规模的逐步扩大和向公众开放大致是齐头并进的过程。以1773年南卡罗来纳州成立的查尔斯顿图书馆协会（Charleston Library Society）为开端，博物馆提出了为公众服务的教育理念，自此，教育即成为美国博物馆的属性。总体来说，从1785年查尔斯·威尔逊·皮尔（Charles Willson Peale）在费城开展的博物馆活动到1846年根据美国参议院的法案建立的史密森学会，美国的博物馆一直都是一项公共事务。[3]

到20世纪中叶，博物馆与公众的关系在世界范围内发生了巨大的变化。一方面，博物馆保管藏品、聘用工作人员以及向公众提供服务所需的费用激增；另一方面，以电视为代表的传播媒体出现和印刷技术改进带来了更高质量的信息，人们足不出户便可纵观天下，不再有去博物馆的需求。[4]面对这种冲击，博物馆界兴起了一场满足所在社区需求的运动，尝试与音乐会、剧院、电影、游乐园、体育比赛、在家看书或看电视等其他休闲文化活动争夺观众。对于博物馆的未来发展，领导或指导（leadership / guidance）以及教育工作的重要性将超过藏品保管和展览展示。[5]过去，博物馆总是以保守低调的态度处理收藏、研究、展示等内部工作，对观众秘而不宣，观众也因此很少有机会了解博物馆的工作。而今，博物馆应采取积极措施塑造公众对自身的看法，例如公开一部分藏品保管、研究和策展工作，以展现和提升自身服务于社会文明福祉的能力。[6]

有效的管理对于实现博物馆为公众服务的目标意义重大。本书将博物馆管理分为两个层次，一是业务层面的博物馆管理，二是制度层面的博物馆管理。业务层面的管理（administration）包括人员、会计或商务、一般服务、资金筹措、公共关系等方面；还包括保管（curation）和运营（operation）两大部分：前者包括藏品登记著录、藏品保护、保管和研究等方面；后者包括展览、公共教育、技术服务和设备管理或安全。[7]这种组织架构的方式与中国博物馆的业务管理实践有较大出入，但其涉及的业务领域与中国博物馆管理实践相差无几，这在一定程度上反映了博物馆实践的共性。因此，本书介绍的馆长、策展人、教育人员、登记著录人员、文保人员、展览设计师、藏品保管员等博物馆主要岗位的任职要求也有一定的实践参考价值。相较之下，本书关于制度层面的博物馆管理的介绍，则倾向于提供理论探讨的空间，例如博物馆应有明确的使命或宗旨，界定其收藏范围和主要职能。使命或宗旨并非空中楼阁，需要一系列政策和程序性文件的支撑：政策文件列出博物馆日常运营的一般规则；程序文件则解释如何执行政策。相较于业务管理内容的可参考性，这些观点虽也有一定借鉴意义，但总体上异于中国博物馆事业所处的环境。[8]

安全工作始终是博物馆的底线，本部分也对此进行了专门介绍。博物馆安全既是理念（philosophy），也是活动（activity），旨在提供确保人员和物品都免受威胁的环境。本书提出了整体性的安全理念，强调安全工作与博物馆一切工作紧密关联。安全工作涉及人员、关卡、标识、藏品保管、总务后勤、环境监测、警报监控以及安全计划等多方面；安全工作涵盖的范围不仅包括开放部分，也应包含博物馆的所有区域；安全工作的责任不仅属于安全部门，也应属于博物馆所有工作人员。[9]安全工作覆盖整个博物馆，其中一部分与藏品保管工作重叠。从安全工作的角度来说，保障藏品安全最主要的是严控接触，即最大限度减少对藏品环境的扰动。[10]这与我国的博物馆管理实践大体一致。值得一提的是，本书在安全计划的介绍中提到了"灾难计划"（disaster plan）。大部分博物馆没有能力独立应对重大灾害，"灾难计划"提醒博物馆对火灾、洪水、气象灾害、炸弹威胁、地震等突发事件做好应急准备，确保及时采取行动和通知有关部门。联系近年陆续发生的博物馆意外事件，这一主张更显远见。

二、藏品的管理与保护

藏品是博物馆的核心，妥善保管藏品是博物馆工作的核心要求。博物馆藏品一旦发生破坏或损毁，不仅是博物馆的惨重损失，也是人类文明遗产不可逆的损失。[11]在这一部分，作者从藏品管理、藏品保护和展品保护三个方面介绍了博物馆藏品的管理与保护工作。

首先是藏品管理（collection management）。任何博物馆都不是无所不能的，博物馆需要明确自身的边界，有所为有所不为。关键的一步是制定藏品管理政策。藏品管理政策规定了博物馆的宗旨和目标，以及为达此宗旨而采取的藏品管理措施，如藏品收集范围、藏品用途、藏品购买战略、藏品借展政策、藏品登记著录要求和保存办法等。博物馆的藏品管理政策既能反映其历史传统，又能反映其当下的发展侧重。藏品管理政策不仅为博物馆工作人员提供指南，更重要的是它向公众展现了博物馆保管工作的专业性。[12]

其次是博物馆藏品保护（museum conservation）。在谈及藏品保护时，保存（preservation）、保管（conservation）和修复（restoration）这三个词经常交替出现，但三者之间略有差别：保存侧重于保持藏品安全，避免自然发生的伤害、破坏和损毁；保管侧重于保卫，重在避免丢失或人为破坏；修复则是将藏品恢复原有状态。[13]博物馆藏品面临的威胁主要分为四个方面：其一是环境风险，包括相对湿度、温度、光照和空气污染等；其二是生物风险，包括病虫害和微生物等；其三是人为风险，包括火灾、失窃、故意破坏、保管不当、使用不当、管理疏失等；其四是自然灾害，包括洪水、暴雨、地震、火山爆发、雪崩等。[14]藏品保管就是要力图使藏品远离这些威胁，从而尽可能延长其寿命。藏品保护大致可以分为四个层次：第一个层次面向藏品所在环境，核心是通过控制温湿度等环境因素，保持藏品所处的状态不变；第二个层次是采取预防性的处理措施，如对藏品表面进行清洁、将其置于无尘环境中保存等，以延缓其自然老化速度；第三个层次是修复，即将有所损坏的藏品恢复其原有的状态；第四个层次是促进文物保护的国际合作，增强对作为全人类共同财富的文化遗产的保护力度。[15]

最后是展品保护（exhibit conservation）。藏品保护不仅针对库房中的藏品，还贯穿展览展示的全过程。展柜是一个有限空间，温度、相对湿度、灰尘、生物有机体、物质活性、光照等因素相互作用，发生连锁反应，对其中陈列的藏品造成影响。[16]博物馆要做的是尽量减少这个有限空间内不同因素的互相作用，让藏品所处的环境趋于稳定。要做到这一点，须从三个方面努力：第一，识别潜在的问题，关注环境因素，按其可能造成的风险大小进行排序。温度、湿度、光照等因素对藏品的影响显而易见，而灰尘、空气中的化学污染物、生物有机体、物质活性等因素的影响往往不易觉察。因此，识别危险信号才能及早保护。[17]第二，控制宏观环境。相对于展柜的微观环境来说，博物馆的楼宇和展厅就是宏观环境。放置在展厅（宏观环境）内的展柜（微观环境），就是通常所说的"箱中箱"结构。尽管展柜的密封性能够隔绝一部分外部环境的影响，保持宏观环境的稳定仍有积极意义。宏观环境的控制需要因地制宜、综合考虑博物馆所在地区的气候条件和藏品特点，比如温湿度、灰尘和空气中的化学物质、自然光照的影响。此外，监测、预防和杀灭是对付虫害的基本操作，但在使用化学药剂进行杀虫和熏蒸时，要考虑其对藏品本身的影响。物质活性主要是指建筑材料和装修涂料等的挥发物，应对措施主要包括预留足够的挥发时间、通风，以及使用惰性物质隔离等。[18]第三，控制微观环境。"箱中箱"的结构将藏品所处的环境又缩小了一层。展柜微观环境受宏观环境的影响，同时直接对藏品造成影响。在密封展柜中，灯光照明就是主要的风险。照明造成的热量变化可能导致温度改变，进而影响相对湿度；而照明开关状态的变化会造成微观环境波动。相应的措施是不使用展柜内照明、在展厅照明和展柜之间设置缓冲区、减少环境波动。[19]

本部分对藏品保护的介绍立足于20世纪90年代的博物馆实践。随着博物馆设备水平的提升、文物保护科学的发展，以及智慧化技术的引入等，对库房和展览中的藏品状态进行持续自动监测逐渐成为可能。从这个角度来看，这些内容在当今博物馆世界显得并不那么"前沿"。但对于更多设备条件、运维经费有限的中小博物馆来说，本书提供的原则和思路仍然富有指导意义。

三、博物馆的阐释和沟通

本书的第三部分聚焦博物馆的阐释和沟通，主要围绕展览和教育展开讨论，分为博物馆展览、展览（项目）管理、阐释、展品解说和博物馆教育五个方面。其中，展览和教育活动是博物馆面向观众的主要工作。本书也一再强调，满足公众的需求、履行为公众服务的责任是博物馆阐释和沟通的出发点。

实际上，博物馆为公众举办展览的传统并不久远。在西方博物馆传统中，展览最初是面向精英阶层的"开放式陈列"（open storage），由策展人、学者和技术人员完成，形式设计不在考虑范围内。[20]直至19世纪末到20世纪初，这种情况才出现转变。随着博物馆转向为公众服务，公共教育成为与藏品保管相提并论的博物馆职能。展览是博物馆自我展示的最基本方式，博物馆通过举办展览向公众展示藏品，提供教育，并自证使命。展览也是一种阐释的媒介和面向大众的沟通方式，旨在通过视觉和空间手段传达与人类及其周围环境的物证相关的信息、观点和情感。[21]展览要在呈现（展品陈列）和阐释（解释和阐述）之间取得平衡，才能实现沟通目标。

办展览是一项多领域合作的系统工作，展厅设计、教育方案、统筹协调等每一项工作都需要专人乃至专门团队才能完成。博物馆展览通常需要教育、设计和项目管理方面的专业人士通力合作，才能呈现符合大部分公众期待的样貌。因此，项目制是办展览的一种有效思路。[22]展览项目大致可以分为概念（conceptual）、开发（development）、运作（functional）、评价（assessment）四个阶段。[23]具体而言，概念阶段是展览的起点，主要是形成展览的立意和选题；开发阶段可以分为计划和实施，包括明确目标观众、遴选展品、设计展纲和展厅、布展、开发教育活动、展览推广，以及在此过程中注意控制预算等，略等于狭义的策展工作；运作阶段即从开展到闭展的整个周期，其间要保证展厅安全开放、教育活动正常开展；评价是展览的最后阶段，其主要目标是确认展览是否实现了预期目标，并总结经验为今后的展览提供借鉴。

20世纪的博物馆注重阐释（interpretation），原因依然可以归结为博物馆为公众提供教育的使命。耽于衣食的人们往往难以理解博物馆藏品的重要意义，而博物馆必须通过解释展品的方式自证价值。"阐释"的字面意思包括三重：翻译为另一种语言、在语境中解释、表达意义。在博物馆学的语境中，"阐释"是指将藏品的"语言"翻译成人们所能理解的语言，而"在语境中解释"对于博物馆同样重要。[24]20世纪博物馆界兴起了两大运动——公共问责制（public accountability）和博物馆教育的发展——改变了博物馆的公众参与度，也赋予展览新的表达：引起轰动、互动性和参与性。在展览中运用有效的视觉语言，增强展览对公众的吸引力，也就是增强博物馆对公众的吸引力。

展品解说主要是指展览中的文字信息。大部分展览都会包含一定的展板文字和展品说明牌，为观众提供必要的信息。解说文字贯穿整个展览，包括标题（副标题）、展览简介（前言）、单元说明（组说明）和单个展品说明几个层次。无论哪个层次的解说文字都应注意长度、内容、概念和立场，一般来说字体大小应区分层次高低。[25]当然，观众到博物馆来不是单纯为了阅读文字说明，因此撰写展览文字说明不应一厢情愿地堆砌所有内容，而应注意从观众的角度考虑，让观众在已有的知识基础上获取新的信息。要做到这一点，就要尽可能地了解预期观众的情况——因此，了解观众是博物馆展览的第一要务。[26]

博物馆教育活动也与服务公众的目标息息相关。随着博物馆角色的变化,满足更多观众的需要成为其发展的关键。这促使过去以面向儿童为主的教育活动向服务更多年龄段人群转型。为了确保效果,博物馆教育活动的安排应具备一定的系统性,最好像藏品管理一样制定一份制度文件,文件内容上符合博物馆的宗旨,下指导具体的教育活动。[27]有效的博物馆教育活动至少取决于三个方面:预先选定的展品、预先确定的教育目标、信息传递的方法。这三个方面都要为满足目标观众的需求服务,根据他们的语言习惯、知识层次、行为特点进行设计。

作为博物馆为公众提供的文化产品,无论展览还是教育都应充分面向和回应观众需求。在作者看来,怎样强调对观众的重视都不为过。真正满足观众需要的展览和教育活动,不仅是博物馆服务公众的基本方式,也是博物馆不断扩大观众基础、在日益丰富的休闲文化活动中争得一席之地的重要途径。

四、博物馆的专业和伦理

本书的第四部分介绍了博物馆专业化、博物馆与文化遗产、登记著录人员的职业伦理、策展人的职业伦理,以及国际博物馆协会的博物馆伦理这五个方面的内容。考虑到中外博物馆历史背景、时代特点和实践差异,本部分仅聚焦博物馆的专业和伦理,不赘述登记著录人员(registrar)和策展人(curator)的职业伦理。

"博物馆专业"这个词从1957年开始普遍使用。博物馆专业化的好处显而易见:藏品保管、责任理解、道德规范和实践标准化的水平更高,博物馆更多关注社区需求,以及提高工作人员待遇。一言以蔽之,专业化推动了博物馆行业发展水平的大幅提升,同时提升了人们对博物馆的期待值,反过来要求博物馆工作人员持续提升知识和技能。[28]传统看法认为,藏品是博物馆的核心资产,而随着博物馆工作的专业化,具有良好教育背景、学识渊博、技能熟练的工作人员对博物馆发展日益重要。博物馆不再仅仅是藏品的集合,而更是专业人员协同合作的组织——他们将藏品转化成展览和教育项目。[29]

博物馆伦理既指其作为文化机构在整个社会中承担的责任(留存文化

遗产），也包括博物馆工作人员的职业道德。[30]博物馆是保存文化遗产的机构，其发展程度和重要地位与人们对文化遗产的看法相关联。今天，我们生活在一个文化和自然遗产多样性加速流失的时代，而博物馆正在以前所未有的速度发展，且致力于保存人类文化的多样性。100多年前，博物馆还是稀罕物儿，今天，博物馆几乎已经遍布世界各地、深入社区生活。[31]然而，博物馆还远没有到高枕无忧的时候，许多国家的经济社会发展水平不足以支持博物馆的充分发展，富裕国家的博物馆也面临诸多问题。博物馆的发展关乎全人类的文化遗产保护，对此，国际组织的作用尤为重要。过去，博物馆工作最基本的伦理责任是保管——永久地保管。而今，博物馆也有向公众展示藏品的责任。在保管与展示之间取得平衡，是博物馆面临的新的伦理要求。[32]

五、结语

本书关注的现象和问题集中体现了西方博物馆（尤其是美国博物馆）在20世纪90年代的发展水平，同时以精练的笔墨简要介绍了此前博物馆的发展历程，读之可一窥西方博物馆事业的来路与去向。出版时的书介中援引保罗·佩恩对这本书的赞誉，认为它是第一部充分总结博物馆管理的基本原则、分析其原因并给予实践指导的标志性著作，甚至，相对于博物馆事业的发展而言，这本书来得太迟。与当时的同类著作相比，本书最大的特色在于对博物馆专业的理论和实践提供了丰富且富有逻辑的信息。[33]

本书的另一特色是对博物馆工作提出直截了当、毫不妥协的专业性要求。一篇书介指出，这种具体而非原则性、直接而非弹性的指南，有利于新建博物馆和新手博物馆人开展正确有效的实践。[34]博物馆本身的历史渊源可以追溯到古老的过去，而20世纪下半叶才逐渐成形的博物馆学尚显年轻。时至今日，博物馆中的许多工作仍在不断探索中前行，其专业程度或许并不符合人们寄望于这项事业悠久传统的想象。尤其是在当下我国勃兴的博物馆热中，简明、有效的指南对于博物馆工作的重大意义更加不言而喻。

作者敏锐地指出了当时博物馆从以保管为主向以展览和教育为主的转型趋势，多次强调博物馆为观众服务的使命，提出博物馆工作，特别是展览和教育工作应以观众需求为导向的观点。但全书的内容组织仍将藏品保管作为博物馆的核心，特别强调与藏品有关的专业伦理。书中提供的大量工具性表格和操作指南皆基于西方博物馆实践，与我国的实际情况有较大差异。随着时代发展，一些具体的业务说明也稍显过时，但两位作者关于博物馆定位、职能和使命的洞见，在20多年后的今天仍然启人思考。特别是强烈关注和及时回应观众需求的观点，不仅呼应了博物馆助力美好生活的时代命题，也符合我国当前经济社会发展阶段对文化建设的要求。

（田田，理学博士，中国国家博物馆副研究馆员。从事近现代藏品征集、博物馆政策与战略研究工作，主要研究方向为中国近现代科技史、博物馆学。）

注释：

[1] Gary Edson, David Dean, *The Handbook for Museums*, Abingdon: Routledge, 1994, pp. xii.
[2] Ibid., p. 7.
[3] Ibid., p. 4.
[4] Ibid., p. 5.
[5] Ibid., p. 9.
[6] Ibid., p. 10.
[7] Ibid., pp. 15-16.
[8] Ibid., p. 28-29.
[9] Ibid., p. 54.
[10] Ibid., pp. 57-58.
[10] Ibid., p. 92.
[11] Ibid., pp. 67-68.
[12] Ibid., p. 93.
[13] Ibid., p. 94.
[14] Ibid., p. 95.
[15] Ibid., p. 114.
[16] Ibid., pp. 114-115.
[17] Ibid., pp. 115-117.
[18] Ibid., p. 119.
[19] Ibid., p. 145.
[20] Ibid., p. 151.
[21] Ibid., p. 161.
[22] Ibid., pp. 162-167.
[23] Ibid., p. 171.
[24] Ibid., pp. 185-186.
[25] Ibid., p. 189.
[26] Ibid., p. 193.
[27] Ibid., p. 206.
[28] Ibid., p. 208.
[29] Ibid., pp. 216-217.
[30] Ibid., p. 214.
[31] Ibid., p. 207.
[32] "Publications Digest", *Museum Management and Curatorship*, 1994, 13(1), pp. 109-117.
[33] "Book Review: *The Handbook for Museums*", *Museum International*, 1996, 48(2), p. 59.

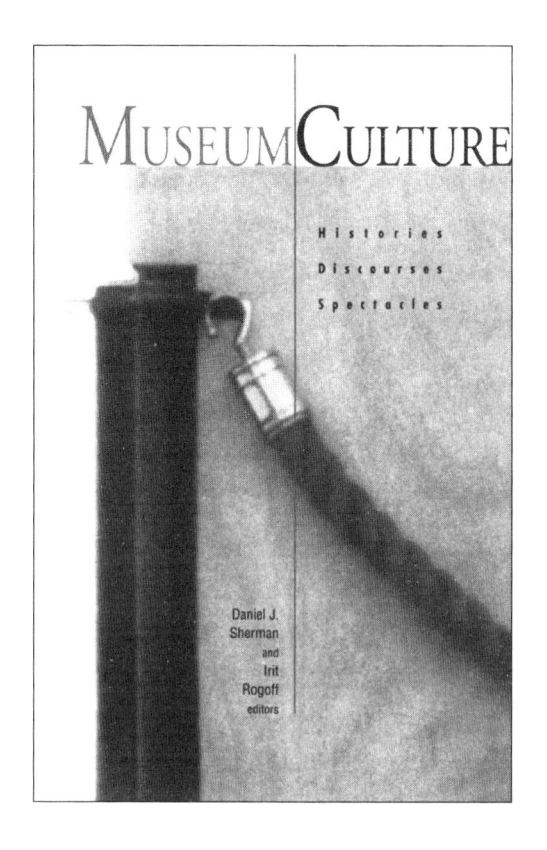

《博物馆文化：历史、对话和奇观》

Museum Culture: Histories, Discourses, Spectacles

编者：丹尼尔·J.舍曼（Daniel J. Sherman）、
艾利特·罗戈夫（Irit Rogoff）

出版年份：1994

➡ —— 本书短评 —— ⬅

关于西方博物馆权力建构与关系结构的批判对话与辩证思考，以多元开放的视角挑战传统秩序。

述评人：潘怡菲

一、引言：作为混合体的博物馆

20世纪末是博物馆学实践工作和理论研究风起云涌的时代。一方面，商业和大众娱乐的浪潮不可避免地冲击着博物馆的"神庙"形象，保守派既依靠博物馆自身运营的惰性又想坚守自己知识精英的地位；另一方面，博物馆学的理论研究已经在逐步响应新博物馆学（new museology）的号召，批判博物馆学（critical museology）作为一种新的方法与视角挑战了博物馆体系内固有的单一权力结构和以结果为导向的运营模式。本书则将博物馆视作复杂的混合体，包含对历史结构与博物馆叙述的复杂关系、展览策略与实践的悖论等方面的思考。[1]从这个角度来看，博物馆不再只是某一学科的附属场所，也不再只是人类历史智慧结果的呈现，而成为各种意识和权力对话交流的公共阵地。由此，博物馆的展览实践有了动态、开放、引发讨论与对话的特点，博物馆学科自身的多元特点从社会政治、经济、历史、文化和科技的相互作用中体现。

本书成书于1994年，将13篇对世界各国博物馆和文化现象的讨论结集。在选取对象上，博物馆的类型主要集中于艺术和历史博物馆，也包含生态博物馆、艺术节这些在当时比较新的博物馆类型和展览模式。从地域上来说，本书主要讨论西方主流国家的博物馆文化现象，诸如英国、法国、德国和美国，除此之外也选取了俄罗斯和以色列的案例。就主题而言，本书论文以历史、对话和奇观这三个关键概念展开，主要讨论博物馆中的四种关系：第一种是博物馆和藏品，博物馆通过对藏品分类，赋予藏品人为建构的秩序和意义；第二种是博物馆和展览建构的语境，这一语境将博物馆物品分类的秩序合理化；第三种是博物馆和公众，公众的选择和分类也诞生于博物馆建构的语境；第四种关系则是博物馆和公众接受博物馆展览及其含义的方式。[2]

围绕这四种关系，本书文章主要涉及如下议题：博物馆如何被国家政权用以加强塑造主流思想？资产阶级和工人阶级的文化差异带来了哪些矛盾？艺术与历史之间的关系如何？博物馆展览为物品提供的语境与物品的原生语境之间有何关系？博物馆与当时新兴的商业、娱乐、现代性和性别主义等有何关系？本书对这些问题的辩证讨论涉及了博物馆、博物馆物品和公众之间的权力结构，并试图在三者之间建立多向沟通的意识。本书试图从一个较为创新和日显重要的批判性角度去探索文化构建的不同模式，[3]以新视角看待博物馆的方法和立场，展现博物馆的有机活力。

在本书中，博物馆几种主要关系可以用四个核心概念来概括：物品（object）、语境（context）、公众（public）和公众对博物馆内容的接受方式（reception）。[4]这四个概念相互关联、彼此相互作用，共同建构了博物馆作为一个混合体的多元特点和有机活力。笔者将本书分为两个部分，探讨博物馆的历史演变和以奇观为工具塑造文化现象的背后逻辑，挖掘博物馆作为一个混合体的本质。第一部分主要围绕博物馆物品和语境来展开，介绍不同的政权和组织如何筛选、挪用历史和物品，并以博物馆为工具构建一个国家或地区的主流意识文化，塑造博物馆的主要公众群体，建构、巩固社会等级秩序；第二部分主要围绕博物馆公众和公众接受博物馆展览信息的方式展开，介绍不同博物馆如何触及对应的公众，不同的公众如何以不同的视角来看待博物馆，以及其中所涉及的不同方法和导致的双向作用的结果。

需要说明的是，因为这四个概念紧密交织，笔者对某一部分的论述会不可避免地涉及另一部分的内容。作为一本以批判为导向的论文集，本书具有承前启后的意义，它将我们从传统的教科书式的思维模式中解放，提供了一种开放的、多元的、活态的、讨论的、辩证的思维模式看待博物馆及其相关的文化现象。本文的第三个部分则是在本书批判导向的基础上再次邀请读者对本书进行一定程度的批判性思考，将书中的批判思维用于批判这本书自身。

二、博物馆物和博物馆语境：被建构的真实和等级秩序

德特勒夫·霍夫曼（Detlef Hoffmann）在本书的第一篇文章就以德国的艺术博物馆及其历史为例，指明博物馆自18世纪末便开始扮演的角色。德国的艺术品（尤其是中世纪的艺术品）与德国的帝国史密切相关，通过将艺术和历史分离，博物馆否认了艺术品承载的帝国历史。乔治·威廉·伊塞尔（Georg Wilhelm Issel）认为古物（antiquities）比艺术品（artworks）的含义更广，包含了一切历史文明上的伟人、伟大发明和传统，是可以习得的，而艺术则需要更精神性的冥想才能触及。威廉·海因里希·瓦肯罗德（Wilhelm Heinrich Wackenroder）进一步提出了将艺术画廊视作"神庙"的观点，即艺术不再是历史的来源之一，而是独立于历史之外，神圣且高贵。[5]发展到20世

纪初期，这一分离演化为艺术价值和历史学习的区分。通过将艺术品视为形式上的、价值的、情感和娱乐的，而非智性的、能够通过学习习得的历史，[6]德国的艺术博物馆选择资产阶级为服务对象，从而完成了对新民主国家身份的建构。

俄国对同样承载了帝国历史的旧阶级艺术品则采用了另一种合理化的方式。鲍里斯·格罗伊斯（Boris Groys）以当权意识形态对视觉感官进行操纵的案例说明了俄国政权对艺术和博物馆的控制。十月革命后，俄国的先锋派艺术家对传统博物馆及其艺术进行了全面否定，企图以一种极端的、纯精神至上的方式重建所有的社会和美学秩序，这将博物馆归入消费主义的范畴，导致其与无产阶级的生产劳动完全分离。先锋派没有给新政权继承的一大批帝国时期皇家和私人收藏的珍贵艺术品留出位置，因此，新政权大量机械复制和规范化生产艺术品，从而延续了旧阶级艺术品的写实性。这一写实性被认为是现实主义的，而且反映了无产阶级的劳动成果。[7]博物馆的社会功能在此被充分发挥到极致，艺术与生活的界限通过大量同质化的视觉景观被消弭，无产阶级借用美学奇观对国家思想的宣传达到了巅峰。

沃尔特·格拉斯坎普（Walter Grasskamp）则在其文章里用1937年堕落艺术展（Degenerate Art Exhibition）和1955年第一届卡塞尔文献展（Documenta I）的对比分析，讨论了德国博物馆展览拥抱现代性的方式。堕落艺术展对现代艺术进行了抨击，格拉斯坎普从七个焦点论证了第一届卡塞尔文献展对这种抨击的回应是不完整、不充分的。他认为第一届卡塞尔文献展对现代性的四个源头没有进行完整的回应，没有展现设计在现代艺术中应有的地位，对摄影和雕塑进行了不恰当的利用，也回避了犹太艺术家。这些回避都是第一届卡塞尔文献展对现代主义的筛选，认为其美化或者干脆避之不谈现代主义中充满矛盾和问题的部分。但需要说明的是，笔者认为格拉斯坎普的观点仅从第一届卡塞尔文献展对堕落艺术展的回应程度进行了分析，且这种回应仅是针对"现代性"的，其结论并不能完全揭示第一届卡塞尔文献展在整个现代艺术世界和展览史上的意义。

关于博物馆展览这一文化现象，香特尔·乔治（Chantal Georgel）在她的文章中说明了博物馆在构建内部的权力关系等级时，借鉴了其他机构（如图书馆和百货商店），这种借鉴主要体现在观看习惯塑造和权力关系架构上。[8]媒体杂志和博物馆的相似性体现在两者都具有"百科全书式"的野心，企图囊括天下之物；而商店和博物馆的比拟则体现在两者对物品的堆积和展示上。三者都涉及受众对资本的积累：商店是消费者的私人积累，杂志是读者信息的积累，博物馆则是观众对不可及物的象征意义上的文化积累。[9]

丹尼尔·J.舍曼（Daniel J. Sherman）从物品的原始语境和博物馆展览的商业属性的对立出发，梳理了前人相关的文化理论。从夸特梅尔·德·昆西（Quantremère de Quincy）对博物馆将物品剥离其原始语境的批判，到西奥多·阿多诺（Theodor Adorno）和瓦尔特·本雅明在商业化背景下对博物馆展览模式、收藏逻辑的反思，再到卡尔·马克思（Karl Marx）对商品价值的唯物主义分析，舍曼希望以米歇尔·福柯的谱系学（genealogy）对博物馆及其产生的环境进行仔细审视，对具体的历史细节进行梳理。[10]

诚然，本书成书的时间正值商业社会繁荣大发展之时，博物馆的展览和收藏模式体现了整个社会的商品狂热。这一现象在布莱恩·瓦里斯（Brian Wallis）对墨西哥、土耳其和印度在美国举办的艺术节的讨论中得到了充分的体现，这也表征了文化和社会经济之间的紧密交融。对于这三个国家建构艺术节的方法，瓦里斯指出了一个核心悖论：他们都从各自国家历史中最辉煌、最具有代表性的文化符号入手，甚至为了戏剧化的效果强调一些刻板印象，这一行为恰好迎合了西方对它们的臆想。[11]但是在世界经济两极分化的时代，艺术节的成功举办对这些国家的文化输出、旅游宣传、公共关系、外交政治和对外经济都有绝佳助益，展览活动很大程度上帮助了一些国家在国际舞台上建构本国的身份。[12]

三、博物馆公众及其接受方式：双向沟通和相互作用

赛斯·科文（Seth Koven）以英国伦敦白教堂美术馆（Whitechapel Art Gallery）正式成立之前的一系列艺术展览为例，讨论了西伦敦资产阶级对艺术资源的利用。资产阶级搭建艺术展览的初衷如下：其一，建构工人阶级的观众群体，以此进行社会改造和城市更新；其二，希望通过艺术启迪心灵的作用来超越阶级差异，形成共同的公民身份和认同感，进而塑造统一的国家文化。[13]由于固有的阶级差异，观众对所看到的内容依然会产生截然不同的解读，博物馆正是在这样的差异中成为一个跨阶层交流和争论的场所。从参观人数来看，资产阶级的尝试初有成效，他们宣示了对文化艺术的控制权，

同时将高雅艺术和参观博物馆的行为介绍给工人阶级。然而，他们并没有实现以自身品味消除阶级差异的理想目标，反而在对白教堂的设计改造和参观规则上适应了工人阶级的文化和生活习惯。

同样，弗雷德里克·N. 博勒（Frederick N. Bohrer）描述了19世纪40—50年代的公众对大英博物馆一批新进亚述藏品的狂热兴趣。当时的大英博物馆还处于向所有阶级的公众开放的摸索阶段：参观大英博物馆基本上是中产阶级的专利；在报纸、杂志等大众媒体的推波助澜之下，工人阶级对这批充满异国情调的藏品向往无限。博勒以"时间"和"空间"的视角，讨论了公众接受这批文物的两种方式。"时间"视角具有理性特点，代表着语言学的学院知识，[14]《雅典娜神庙》（Athenaeum）杂志就是知识精英的聚集地，约瑟夫·博诺米（Joseph Bonomi）等学者也以学术方式对这批亚述藏品进行研究报导，大英博物馆的展览逻辑也是时间线性的；[15]而"空间"则被认为是视觉的、大众的、在场的，《伦敦新闻画报》（Illustrated London News）、戏剧、全景装置画、亨利·雷亚德（Henry Layard）的《尼尼微及其遗存》（Nineveh and Its Remains）等易于被大众接受的媒体形式对这批亚述藏品的宣传起到了极强的推动作用。同一批藏品在不同类型的观众和媒体中有着截然不同的解释，博勒讨论了这些不同接受方式背后的社会阶级和制度特点。[16]

多米尼克·普洛（Dominique Poulot）在论述法国的生态博物馆（ecomuseum）时，介绍了一种博物馆回应其公众的新形式。生态博物馆的创始人马塞尔·埃弗拉（Marcel Evrard）和乔治·亨利·里维埃（Georges Henri Rivière）于1974年提出了生态博物馆的四个关键活动：对周边文化和物质资源的纪念；通过研究和教育推动对周边环境的深层理解和认知；本地居民和研究者对当地资源的共同管理和开发；对本地产业和技术的艺术创造。[17]生态博物馆对传统的静态博物馆展览方式提出了质疑，创造了一种新形式的民主博物馆，以一种活态的展览方式为公众提供了民俗遗产生产使用的语境。在城市经济加速发展的社会背景下，生态博物馆引入时间回溯和发展的概念，将关注点重新放回乡村和民俗文化与技术，为当地群众提供了一个重新认知自我、周边环境和历史的关系的机会，将文化自主权交还给居民。

阿瑞艾拉·阿祖莱（Ariella Azoulay）梳理了不同意识形态对以色列耶路

撒冷公共空间话语权的争夺，体现了博物馆、公众和国家身份三者之间的复杂关系。作为多种宗教和民族的聚集地，耶路撒冷不可避免地存在着长久的纷争。当权的以色列犹太人用各种历史遗址、公共纪念物、路标等重新占领和塑造了城市和乡村的公共空间，其中涉及四种常见的策略：保护一部分遗产、挪用艺术的审美价值、利用业余爱好者、利用展品的原真性。[18]当权者利用业余爱好者的调节作用，以及文化符号对民众私人空间的占领，使博物馆公众和博物馆一样成为巩固统治阶级意识形态、塑造主流以色列犹太教文化的工具。[19]

威拉·L.佐尔伯格（Vera L. Zolberg）对艺术博物馆的民主化讨论则质疑了博物馆机构自身的惰性，尤其是艺术博物馆的精英属性。通过对艺术博物馆观众群体特征和艺术博物馆内部研究员（curator）和教育者（educator）地位差异的讨论，佐尔伯格指明了艺术的阶级属性，以及克服这种阶级属性、让艺术教育成为公众休闲选择的必要性。如今，博物馆的教育实践已经有了长足的发展和相当的普及性，但是佐尔伯格的思考对当下社会依然有着启发作用。现在的博物馆教育，尤其是与商业开发和流行文化紧密相关的博物馆教育模式，是否陷入了一种新的阶级消费陷阱？

艾利特·罗戈夫（Irit Rogoff）梳理了德国历史博物馆中女性化的法西斯主义展览方式，讨论了与传统国家主义的宏大视角相比，以性别的、具体的、细节的视角去看待历史叙事的可能性。罗戈夫从历史纪录片中挖掘女性在法西斯迫害史中的角色，进而控诉了女性因为被排除在历史博物馆叙事外而受到的二次伤害。[20]罗戈夫通过揭露博物馆自我合理化的策略，提出了女性主义进入博物馆叙事的方法和形式，并用一系列具体的展览案例予以说明。罗戈夫批判了传统展览叙事的方式，并为这种叙事方式的受害者正名。在文章最后，她又再次质疑了这样的性别批判，提醒读者不要矫枉过正、落入博物馆展览为观众设立的以女性为名义的人道主义同理心和掌握历史的政治圈套。[21]

同为女性主义视角，安妮·伊格内（Anne Higonnet）梳理了美国华盛顿国际女性艺术博物馆（The National Museum of Women in the Arts，简称NMWA）的创始人威廉敏娜·霍拉迪（Wilhelmina Holladay）为该馆的建立和装修进行的一系列有着鲜明性别色彩的市场营销活动。利用女性主义和博物馆的艺术美学光环，霍拉迪美化了消费主义，而且对左右两派的批评都持回避态度。霍拉迪利用女性主义和女性的力量进行大量募捐，拉到了企业、机构和私人的巨额赞助，组建了庞大的会员群体。NMWA的募捐活动是成功的，也让女性艺术家及其艺术被广泛认可。然而，伊格内质疑了霍拉迪利用女性主义的行为，批判其为女性主义中最投机、最妥协、最物质的一类，并在此基础上提出了女性主义理想和可能的实际行动之间存在的巨大差异。[22]

四、结语与讨论

作为20世纪批判博物馆展览及其背后的文化现象的前沿阵地，本书为读者提供了各类观看、思考博物馆展览的视角和方式。但面对多元而复杂的文化现象，大部分作者只是选取了有限的角度对它们进行批判，又因其批判的特性而不可避免会有一定程度的主观特点。在对象上，本书主要聚焦西方视角下的艺术和历史博物馆，没有涉及科学、博物学等其他门类的博物馆，也没有涉及东亚或大洋洲的博物馆。当然，本书并不是一本"百科全书"式的读物，并没有追求对所有学科和话题的讨论，因此并不能达到"全面"的标准，但突出的西方视角特点在某种程度上恰好是需要被批判的对象。

相比于介绍，本书的内容更像一场主题性的对话，适合已经对博物馆特点及其代表的文化有一定理解力的读者。这样，读者能够对作者的观点和所描述的对象进行批判性思考，也就是对批判的批判。例如对第一届卡塞尔文献展的解读视角过于局限，没有提到其在策展形式的创新、艺术对小镇经济文化复苏等方面的作用。本书的叙述中还经常出现二元对立结构，例如艺术与历史、资产阶级和工人阶级、主流文化和非主流文化、专家和业余爱好者、高雅艺术和庸俗文化等。虽然最终目的是批判，但是这种叙述结构在很大程度上追求了一种需要被批判的非黑即白的结果，而且忽略了很多中立的或者流动的视角。本书主编之一的罗戈夫也在其文章中承认了二分法在诸多文化构成中的主导地位，同时反思了二分法的局限性。[23]此外，本书的各篇文章与引言中方法论的呼应其实并不算紧密，很多都只是单纯谈论文化现象，没有回到博物馆的结构。

诚然，本书具有鲜明的时代色彩，但其中大部分观点，尤其是深层看待博物馆及其文化现象的视野在现今仍然适用，而且具有启示意义。本书对博物馆被各种权力形态控制的批判仍能为我们反思当下的博物馆及其观念提供强有力的参考。例如，霍夫曼反思了德国博物馆对女性和工人阶级的遗忘，那我们现今的博物馆理论研究和实践是否也遗忘了什么？舍曼和罗戈夫让我们能够窥视博物馆如何从社会组织的政治和实践中兴起，又是如何服务、影响它们的。如此看来，本书不仅培养了我们的批判性意识，而且为我们提供了批判的视角和方法，是我们更好地辩证理解博物馆及其文化现象的典范之作。

（潘怡菲，英国伦敦大学学院考古学院博物馆研究硕士，中央美术学院美术博物馆管理学士，研究方向为以参与式博物馆为核心的博物馆观众体验。）

注释：

[1] Daniel J. Sherman, Irit Rogoff, "Introduction: Frameworks for Critical Analysis", Daniel J. Sherman, Irit Rogoff, eds., *Museum Culture: History, Discourses, Spectacles*, Minneapolis: University of Minnesota Press, 1994, p. ix.

[2] Ibid., pp. x-xi.

[3] Ibid., p. ix.

[4] Ibid., p. xiv.

[5] Detlef Hoffmann, "The German Art Museum and the History of the Nation", Daniel J. Sherman et al., eds., *Museum Culture*, pp. 5-6.

[6] Ibid., pp. 9-10.

[7] Boris Groys, "The Struggle against the Museum; or, The Display of Art in Totalitarian Space", Daniel J. Sherman et al., eds., *Museum Culture*, pp. 145-146.

[8] Daniel J. Sherman, Irit Rogoff, *op cit.*, p. xviii.

[9] Chantal Georgel, "The Museum as Metaphor in Nineteenth-Century France", Daniel J. Sherman et al., eds., *Museum Culture*, pp. 119.

[10] Daniel J. Sherman, "Quatremère/Benjamin/Marx: Art Museums, Aura, and Commodity Fetishism", Daniel J. Sherman et al., eds., *Museum Culture*, p. 124.

[11] Brian Wallis, "Selling Nations: International Exhibitions and Cultural Diplomacy", Daniel J. Sherman et al., eds., *Museum Culture*, p. 271.

[12] Ibid., p. 277.

[13] Seth Koven, "The Whitechapel Picture Exhibitions and the Politics of Seeing", Daniel J. Sherman et al., eds., *Museum Culture*, pp. 22-23.

[14] Frederick N. Bohrer, "The Times and Spaces of History: Representation, Assyria, and the British Museum", Daniel J. Sherman et al., eds., *Museum Culture*, p. 217.

[15] Ibid., p. 210.

[16] Ibid., p. 197-198.

[17] Dominique Poulot, "Identity as Self-Discovery: The Ecomuseum in France", Daniel J. Sherman et al., eds., *Museum Culture*, pp.71-72.

[18] Ariella Azoulay, "With Open Doors: Museums and Historical Narratives in Israel's Public Space", Daniel J. Sherman et al., eds., *Museum Culture*, pp. 85-86.

[19] Ibid., pp. 91-92, 96-97.

[20] Irit Rogoff, "From Ruins to Debris: The Feminization of Fascism in German-History Museums", Daniel J. Sherman et al., eds., *Museum Culture*, pp. 228-230.

[21] Ibid., p. 247.

[22] Anne Higonnet, "A New Center: The National Museum of Women in the Arts", Daniel J. Sherman et al., eds., *Museum Culture*, p. 262.

[23] Irit Rogoff, *op cit.*, p. 234.

《物与藏品的阐释》

Interpreting Objects and Collections

编者：苏珊·皮尔斯（Susan M. Pearce）
出版年份：1994

◆—— · 本书短评 · ——◆

将物和藏品作为更广泛的文化研究模式的一部分，建立各自研究范式的尝试。

述评人：张书良、石倩雯

《物与藏品的阐释》1994年由劳特利奇（Routledge）出版社出版，是"博物馆研究中的莱斯特读本"（Leicester Readers in Museum Studies）丛书第一系列的第一册。[1]主编苏珊·M. 皮尔斯（Susan M. Pearce）意图将物和藏品作为更广泛的文化研究模式的一部分，建立各自的研究范式。物和藏品的关系在于：一方面被收藏之物在入藏前已经有其生命轨迹，另一方面流通之物和收藏之物似乎存在着本质区别，后者在不同的社会与个人情境下进行了再语境化。在学术情景上，物的意义是20世纪60年代以来物质文化研究（material culture studies）的主题；藏品研究则是20世纪晚期初露头角的新领域。尽管如此，本书在每一部分都选择了数量基本相同的文章，并保持了类似的编排结构，赋予二者同等的重要性。

一、物的阐释

第1—2篇介绍了物质文化研究的理论框架。"物质文化"的外延极其广泛，几乎囊括了文化表现的所有形式。为了划定研究的边界，皮尔斯建议将这一概念聚焦可移动的离散"块"（piece），即通常所说的"事物"（thing）、"物件"（object）或"人工制品"（artefact），[2]其划分的关键在于"选择"。选择的行为将自然之物变为人类定义的一件件"物"。[3]伊恩·霍德（Ian Hodder）认为，物存在三重意义：其一是功能主义（functionalist）、唯物主义（materialistic）或实用主义（utilitarian）意义，涉及物参与物质、能量和信息交换的过程；其二是象征意义，取决于物在符号系统中的位置；其三是历史意义，取决于物在历史上存在过的意义关联。[4]霍德的划分体现了索绪尔语言学（Saussurean linguistics）的传统，前两种意义与双轴结构有关，对应组合关系（转喻）和聚合关系（隐喻），第三种意义与共时性和历时性的划分有关，三者相互交织、彼此影响。第一部分选编的论文大致以霍德的划分为依据：第3—16篇依次从历史、功能主义与象征主义维度切入，第17—21篇关注物质文化的研究方法。

（一）历史的纵深

丹尼尔·米勒（Daniel Miller）回顾了英国物质文化研究的学术史。19世纪，物被视作创造者的象征，在物中建构的秩序被视作文化体系的映射，据此，进化论与传播论得以发展。20世纪中叶，人类学转向了田野调查，博物馆延续了物质文化的传统，考古学则将物视作科学分析的对象。近来的新趋势包括民族考古学、新进化论与唯物主义、物在消费领域和形象建构中的作用等，其影响因素包括结构主义思潮与现代主义的破灭。这些学术兴趣暗示了关于物质世界本质理论的一个参考点，物质文化可能再次成为当代人类学架构的整合因素。[5]

皮尔斯以英国国家陆军博物馆（National Army Museum）馆藏的一件军官的红色夹克为例，基于索绪尔语言学分析物随时间推移积累意义的方式。"选择"随情境不断变化，其规则（语法）与可能性的范围（词汇表）组成了待分析的社会深层结构（语言）；能指与所指间的符号关系可以分为"sign"（基于转喻关系）和"symbol"（基于隐喻关系）。夹克构成了滑铁卢战役的sign，这个sign可以在symbol意义上继续使用。这种再利用可以不断循环，种种符号关系也可以在历史上得到传承，形成意义链。在此过程中，物的意义既取决于物的初始文本，又取决于观者的个人实现。物、观者、社会规范间形成了"张力—平衡"的辩证结构，产生了历史叙述的永续性写作。[6]在另一篇文章中，皮尔斯以朋克着装风格为例，为历史维度提供了一种行为视角：个体行为与多个参考社群组成的社会情境相互塑造，学习和感知的循环与旧风格和新风格的循环相匹配，形成了时尚的演进与更迭。[7]

J. 迪兹（J. Deetz）和E. S. 德特莱夫森（E. S. Dethlefsen）以17—18世纪新英格兰殖民地的墓碑及其母题为例，展示了一套经典物质文化研究方法论，包括年代、序列、传播、类型学与风格分析。其特殊性在于这组墓碑提供了自身在空间、时间、形式及其他文化维度上的精确参数，使变量能够得到严密控制，对于解释性模型的开发和测试具有重要意义。[8]

（二）功能主义

埃德蒙·利奇（Edmund Leach）介绍了人类学的功能主义观点。为什么人类会在一个社会网络中合作？马林诺夫斯基（Malinowski）倾向于将其视为个人自利的结果，拉德克利夫-布朗（Radcliffe-Brown）则将社会视为自在物，意在通过社会系统结构的比较得出社会的普遍规律。[9]大卫·克拉克（David Clarke）对社会行为进行了结构功能主义式的系统分析，其系统观涉及五个主要子系统（社会、宗教、心理、经济、物质文化）在三个层次中（子系统内部、子系统之间、整个系统与环境之间）的动态平衡。他同时指出，这种分析方式存在任意性、武断性，不可避免地反映了当时的文化偏见。[10]

霍德指出，当时考古学界主要从对自然环境的适应角度讨论有机体的变化，是一种生态功能主义。他对此提出批评：其一，功能和适应不足以充分解释社会和文化系统；其二，功能主义带来了文化与功能的二分，使"文化整体规范"与"文化单位内部及之间功能过程"间形成了鸿沟，也使考古学对历史解释的重视下降；其三，功能主义忽视了个人的意图和创造性，将其视作实现社会需要的手段。罗伯特·麦基（Robert McGhee）以图勒文化（Thule Culture）的人工制品为例，说明考古学思维中的功能主义偏见掩盖了史前技术中某些象征性的存在。考古学家往往将材料的可加工性、可用性与可及性作为人工制品的选材标准，而在图勒技术中，人工制品的材料选择并不存在明显的功能特征。麦基通过对习俗与神话的结构分析提出新的解释，其研究体现出，功能性解释、象征性关联及历史联系可以互为有益补充。[11]

（三）象征主义

利奇以印象派的描述性方式对结构主义的思维方式进行演绎。结构主义观点认为，社会模式大致体现了二元对立的范畴及组织形态，对立面的中间地带（betwixt and between）是含混、神圣、危险和令人兴奋的领域，因而是许多心理与仪式活动的焦点。[12]克里斯托夫·蒂利（Christopher Tilley）描绘了从索绪尔语言学、结构主义到后结构主义的路线及受此影响的考古学研究范式转变。解构主义的观点显示，考古学不可避免在"书写"而非"阅读"过去，同时我们无法完全摆脱对语言的类比来建立物质文化的解释框架。蒂利给出的方法是反思，即意识到考古学是一种话语，并通过"定位的主体—政治，道德—价值观—利益—意义—文本"的能指链理解自身的书写过程。[13]

结构主义的重要特征是系统模式，即个体通过系统获得意义，这意味着这种方法往往疏于对个体自身的考察，并依赖于系统的稳定性，不可避免地存在对意义的还原、分离与固化，掩盖人与物在功能和经验方面的关系。阿尔君·阿帕杜莱（Arjun Appadurai）指出：物的意义铭刻在其形式、用途和轨迹中。他建议关注所有物的商品潜力，而不是徒劳地在商品和其他事物之间进行划分。"商品"与其说是一类事物，不如说是时间、文化和社会因素共同作用下的一种状况，其流动受社会调节的"路径"和竞争激励的"转

《物与藏品的阐释》 241

移"间不断变化的妥协影响,政治则构成了"路径"与"转移"之间的张力。据此,他对人类中心主义、过度的实证主义与二元化、固化的文化框架进行了批判,认为这些倾向掩盖了文化的运动性与复杂性。[14]马克·琼斯(Mark Jones)对"赝品"的分析体现了概念对于这种交互的"反作用":赝品揭示着制造者与接受者的历史感,是对人类欲望与品味即时性的真实写照,也不断塑造着人们的价值观念、知识结构乃至行为实践。[15]迈克尔·山克斯(Michael Shanks)关注"手工艺品"概念被政治挪用的方式:它们或是与批判性的前卫艺术对立,或是作为机器异化劳动的反抗。[16]

迈克尔·埃姆斯(Michael Ames)试图为打破博物馆的解释霸权提供依据与方法。博物馆中,"物"往往作为"他者"文化的象征,展示使用的"玻璃盒子"成为隐喻,象征他者文化被"冻结"成特定的学术范畴、"冻结"在凝固的时间观念中。这是一种服务于西方殖民者利益的权力关系的表达。博物馆需要搭建包容性的政治舞台,推动"物"的概念化和再概念化。[17]

(四)研究方法

第18—20篇以建构物质文化研究"普适性"的方法路径为目标。其中,R.艾略特(R. Elliot)等人和皮尔斯均以麦克朗·弗莱明(McClung Fleming)提出的人工制品研究模型为基础。在该模型中,人工制品包括历史、材料、结构、设计和功能五项基本属性,每项属性都可通过鉴别(事实描述)、评估(判断)、文化分析(文物与其文化的关系)和解释(意义)四项操作逐层进行分析。但二者改进模型的学术情境和方法不同:前者基于课堂情境,主要通过在选择的人工制品样本上进行实测以对模型进行修订,最终提出五属性四步骤的新模型;后者基于"策展"情境,主要通过纳入不同学科的方法与技术对模型进行演绎与完善,最终提出八步骤的新模型。[18]朱尔斯·普罗恩(Jules Prown)提出物质文化研究的三个分析阶段:描述、演绎和思辨,其特点是纳入分析者的体验、理解与推测,承认研究的主观性,但通过严格的步骤控制"制造文化"的可能。

这三种研究路径均以考古学和艺术史的方法论为基础,以对"物"的描述为首要操作,将概念性的分析和文化性的解释尽可能地后置或作为补充,以摒弃研究者先入为主的观念。其目标在于以"物"本身为基础阐明其信息,并形成可积累的知识体系。恰如前述克拉克对于文化系统模型的反思,这三篇文章中对物的属性划分也存在武断性,其划分方式往往也是批评的焦点。

雷·巴彻勒（Ray Batchelor）从想法或发明、材料、制造、营销、设计、使用历史等方面对一件20世纪的水壶进行分析，显示出一件"物"何以呈现不同维度的意义。这或许意味着博物馆内正在或行将发生的"物"的本体论转向：19世纪以来，情境化与主题化成为展览的主要方法，对于单件"物"而言，展览意图传达的意义往往是选择性的、单一的。伴随着印刷、电视等媒介技术的发展，公众对于历史视觉图像的范畴体系与固有印象被重塑，其基于"惯习"建构的意义很可能与"真实"存在差距。巴彻勒的分析将重点回归"物"本身，建议人们首先去"看着"它，检查其所能说明的所有信息，再结合具体情境做出积极的选择。[19]契克森米哈赖（M. Csikszentmihalyi）和霍尔顿（E. Halton）提供了一项关于个人、家庭和物质文化之间关系的研究，其问卷调查和编码的方式具有扎根理论的特征，编码过程及结果体现出人际关系（制度文化）对于物质文化的复杂影响。[20]

二、藏品的阐释

（一）收藏的范畴与实践

物是否具有价值构成了收藏的基本范畴，使之与其他类型的积累相区分。皮尔斯指出，收藏的重要属性包括非功利主义、藏品间的内在关系、收藏者的主观看法等，作为一项过于复杂和人性化的活动，收藏不能用定义的方式来简单对待。[21]克里斯托夫·波米扬（Krzysztof Pomian）意在寻求不同"社会"中不同收藏行为之间的共通之处。为此，他考察了博物馆与私人收藏、随葬品、祭品、礼物与战利品、圣物以及皇家珍宝等收藏的特征，认为其共同点在于它们参与了可见世界和不可见世界之间的交换过程，收藏的多样性恰恰反映了可见与不可见之间对立形式的多样性。[22]基于"收藏的目的是通过对物的系统排列来传递信息"的观点，伊娃·舒尔茨（Eva Schulz）回溯了16—18世纪由塞缪尔·基切伯格（Samuel Quicheberg）、约翰·丹尼尔·梅杰（Johann Daniel Major）、瓦伦蒂尼（Valentini）以及C. F. 尼基利乌斯（C. F. Neikelius）撰写的藏品著录文本，试图解释它们所反映的收藏观。这类文本在某种程度上推动了现代博物馆的收藏与展示范式的形成。[23]B. N. 戈斯瓦米（B. N. Goswamy）将视线投向西方以外的鉴藏传统，讨论了被称为"纯粹审美体验"（rasa）的印度本土美学。在他的实践中，艺术品不是根据年代、类型或艺术家，而是根据观众的审美反应得到组织。通过这一概念，他为不了解印度艺术的普通公众提供了一个进入艺术的通道。[24]

（二）收藏的机制

皮尔斯指出了收藏研究中三类紧密交织的领域：收藏政策、收藏史、收藏的本身性质及原因。依据收藏者和藏品的关系，她将收藏模式总结为三类：纪念品式的收藏（collection as souvenirs）、拜物式的收藏（fetish objects）以及系统的收藏（systematics），任何收藏都可能包含两种或两种以上的模式。其中，纪念品式的收藏具有浪漫主义色彩，强调物代表的意义而非物本身；拜物式的收藏特征在于对同类物数量的欲望；系统的收藏核心在于收藏者的分类，其将物从原有的语境中提取出来，放入知识序列所创造的布局中。前两种模式体现了主客关系的极化，第三种模式则在于弥合主客差距。[25]

针对"是什么促使艺术收藏家去获取艺术品"这一问题，弗雷德里克·贝克兰（Frederick Baekeland）通过其个人经验、一系列访谈及相关的心理学文献，绘制了一条可能会影响收藏实践的动机路径。[26]布伦达·达尼特（Brenda Danet）和塔玛·卡特瑞尔（Tamar Katriel）针对收藏过程中的游戏与美学元素，分析物成为收藏品的过程，并提出指导构建收藏品的游戏规则和基本美学原则。其核心观点是"收藏是追求封闭感、完成感或完美感的手段"[27]作为构建个人身份最重要的方式之一，性别何以通过收藏的过程得到表达、形塑和标记得到拉塞尔·W. 贝尔克（Russell W. Belk）和梅兰妮·瓦伦多夫（Melanie Wallendorf）的关注。为此，他们从收藏这一活动本体是否具有性别化、被收藏的物是否具有性别特征、物的收集方式以及物在收藏家的生活和身份中所扮演的角色三方面来探讨性别与收藏间的关系。他们指出：性别通过收藏的使用而构建，收藏的社会功能巩固和维持了文化所保有的性别差异。通过这些方式，收藏使支配社会生活的性别差异变得可见。[28]

（三）收藏的话语

苏珊·斯图尔特（Susan Stewart）将收藏的调查带入了意识形态和社会行动的世界。博物馆将藏品分类并为其建立新的知识架构，取代了藏品本体的历史构成，并力求在博物馆语境中封闭藏品本体过往所有的时间和空间，使时间被同步化。博物馆因此充当了阐释藏品本体语境和创建新语境的重要角色,成为藏品的隐喻中心。她将能形成这一情形的先决条件归纳为两点:部分代替整体,以系列代替物语境的转喻位移;创建物的分类方案,以此赋予物新的空间与时间。[29]詹姆斯·克利福德主要关注"部落"之物进入西方艺术文化体系以及进入之后得到阐释和流通的方式。他建立了一个"艺术文化体系"的框架:"部落"之物被按照两条轴线分类:艺术或文化、本真的或非本真的。第一条轴线中,原创的或唯一的被认为是"艺术",传统的或集体的则构成"文化"。第二条轴线中,物要么是本真的(艺术或者人工制品),要么是非本真的(赝品、复制品、旅游艺术、商品、古董等)。每个类别都有其自身的制度化语境(民族志博物馆、艺术博物馆、古董店等)。能够进入这一体系的物大多都具有历史性或稀有性价值,而这些价值通常由文化地位或艺术市场的选择和定价机制决定。[30]

M. 汤普森(M. Thompson)关注的问题包括:低价值甚至无价值之物如何获得价值,谁创造这些价值,这一过程在经济和政治方面有何意义。他指出物以复杂的方式在短暂的(transient)、耐用的(durable)和废弃的(rubbish)三种类别之间移动。这些类别间的转移受到社会认知的"控制",准确地反映了社会中不断变化的权力分配。卡罗尔·邓肯(Carol Duncan)指出这些物在历史上被用作现代国家的一种世俗仪式。在这种仪式中,物被作为"国家的精神遗产",并成为政治价值观的公共强化。例如,法国大革命后卢浮宫被重新定义为公共博物馆,并面向社会公众免费开放。为使得这些皇室珍藏重新被公众接纳并建立文化认同,必须为其创建新的阐释语境。博物馆在这一过程中承担强有力的身份识别(identity-defining)机器的角色:它将曾经被视为物质财富和社会地位的藏品展示转化为精神财富的表征。藏品的象征意义经由博物馆这一中枢成为政治表征与"正确"意识形态的文化符号。[31]

彼得·詹金森(Peter Jenkinson)关注如何让公众主动加入博物馆的展览,引导个人(或群体)进行对自身文化实践的知识建构。他于1991年在英国沃尔索尔博物馆(Walsall Museum)发起"人民的展示项目"(People's Show Project),鼓励当地收藏家在博物馆内展示他们的收藏,这一展览在当地广受好评。凯西·马伦(Cathy Mullen)认为这一案例成功的关键在于它鼓励公众认可不属于"合法"文化或超出"高雅艺术"传统界限的文化实践,为文化赋权做出了贡献。[32]

（四）研究方法

皮尔斯提供了"莱斯特当代收藏项目"的调查问卷，该问卷旨在了解公众自我认知中收集的对象、原因与方法，以及这与性别和社会背景等个人因素之间的关系。[33]安娜玛·乔伊（Annamma Joy）对一系列民族志及案例研究文本写作的方式及情境进行解释，探讨了其现实主义、批判性、印象派与复调叙事的建构方式，并引入女性主义话语，对一次交换会议、消费者行为"奥德赛项目"[34]以及两家礼品店的比较民族志进行分析，以此对消费者行为的自然主义研究[35]进行反思。[36]贝尔克（Russell W. Belk）定义了何为收藏与收藏者以及收藏的八个议题，并把收藏分为三个维度：有意识或无意识、垂直或水平、结构化或非结构化，这三个维度成为一个三维空间。在实际情况中，有意识的垂直结构和无意识的水平结构的收藏品似乎比其他收藏品更有可能出现。[37]这些维度的划分对于捕捉收藏行为的复杂性至关重要。露丝·费尔曼尼克（Ruth Firmanek）回顾了弗洛伊德及其追随者关于收藏者动机的传统精神分析思想，利用"关系模型"理论来讨论财产和收藏的概念。她基于112名收藏者对问卷的回答和55封收藏者来信，提出了关于收藏动机的描述性数据，并将其分为五类：对自我的意义，对他人的意义，作为保存、修复、历史和延续性，作为金融投资，作为瘾。[38]

三、结语

索绪尔语言学为"物"的阐释提供了基本概念框架，象征主义（隐喻）与功能主义（转喻）形成了物的意义的两个基本面向，二者在历史与社会维度中相互交织，形成了关于物不断延伸的意义链。选文体现了这种知识论的两种取向：关于系统论和研究方法的文章假定物的意义是多视角的、可累积的，甚至可以被纳入某些相对稳定的认识框架；后结构主义的观点指出物的意义的流动性、话语本质与非客观性。对此存在两种调和策略：一是意义主体的自我反思，二是将意义锚定于对物的描述。

作为当时崭新的文化研究领域，收藏研究尚未建立稳定的框架，第二部分对此进行了探索。收藏的历史过程与实践具有极其多样的形式，但通过比较仍可发现一些共性特征，如非功利性、作为可见世界与不可见世界之中介、作为传递信息的过程载体等。其中，波米扬与戈斯瓦米将收藏的行为与理念扩展到前现代与非西方社会中，部分平衡了该议题中的西方中心主义倾向。收藏与个体及社群的心理结构和身份建构密切相关，这一方面影响了收藏的具体过程，另一方面使收藏参与到权力关系的表征与再生产当中。在研究方法上，收藏研究主要涉及对收藏行为、动机、结果及历史过程的观察、描述、统计、比较与归纳，在物质文化研究所涉及的传统学科之外，更与心理及行为科学相关。

在20世纪90年代的学术语境下，皮尔斯所建立的物质文化研究与收藏研究的范式较为全面地反映了物作为"文化表征"的进路。在物的"施动"（agency）维度逐渐风靡的当下，这种范式仍可作为平衡的砝码，在对称性意义上与之进行对话。

（张书良，上海大学文化遗产与信息管理学院博士研究生，主要研究方向为博物馆展览策划。石倩雯，上海大学文化遗产与信息管理学院博士研究生，主要研究方向为博物馆学与文化遗产研究。）

注释：

[1] 见 https://www.taylorfrancis.com/series/leicester-readers-museum-studies/SE0230?context=ubx。
[2] 皮尔斯建议在同等意义上使用这三个词汇。为了便于表述，本文将这三个词统称为"物"。Susan Pearce, "Museum Objects", Susan Pearce, ed., *Interpreting Objects and Collections*, London: Routledge, 1994, p. 9.
[3] Ibid., pp. 9-11.
[4] Ian Hodder, "The Contextual Analysis of Symbolic Meanings", Susan Pearce, ed., *Interpreting Objects and Collections*, p.12.
[5] Daniel Miller, "Things Ain't What They Used to Be", Susan Pearce, ed., *Interpreting Objects and Collections*, pp. 9-17.
[6] Susan Pearce, "Objects as Meaning; or Narrating the Past", Susan Pearce, ed., *Interpreting Objects and Collections*, pp. 19-28.
[7] Susan Pearce, "Behavioural Interaction with Objects", Susan Pearce, ed., *Interpreting Objects and Collections*, pp. 38-40.
[8] J. Deetz, E. S. Dethlefsen, "Death's head, Cherub, Urn and Willow", Susan Pearce, ed., *Interpreting Objects and Collections*, pp. 30-37.
[9] Edmund Leach, "A View of Functionalism", Susan Pearce, ed., *Interpreting Objects and Collections*, pp. 41-43.
[10] David Clarke, "Culture as a System with Subsystems", Susan Pearce, ed., *Interpreting Objects and Collections*, pp. 44-47.
[11] Ibid., pp. 44-47.
[12] Edmund Leach, "A View from the Bridge", Susan Pearce, ed., *Interpreting Objects and Collections*, pp. 53-58.
[13] Christopher Tilley, "Interpreting Material Culture", Susan Pearce, ed., *Interpreting Objects and Collections*, pp. 67-75.
[14] Arjun Appadurai, "Commodities and the Politics of Value", Susan Pearce, ed., *Interpreting Objects and Collections*, pp. 76-91.
[15] Mark Jones, "Why Fakes?", Susan Pearce, ed., *Interpreting Objects and Collections*, pp. 92-97.
[16] M. Shanks, Craft, Susan Pearce, ed., *Interpreting Objects and Collections*, pp. 107-108.
[17] Michael Ames, "Cannibal Tours, Glass

Boxes and the Politics of Interpretation", Susan Pearce, ed., *Interpreting Objects and Collections*, pp. 98-106.

[18] R. Elliot et al., "Towards a Material History Methodology", Susan Pearce, ed., *Interpreting Objects and Collections*, pp. 109-124, Susan Pearce, Thinking about Things, Susan Pearce, ed., *Interpreting Objects and Collections*, pp. 125-132.

[19] Ray Batchelor, "Not Looking at Kettles", Susan Pearce, ed., *Interpreting Objects and Collections*, pp. 139-143.

[20] M. Csikszentmihalyi, E. Halton, "Home Interview Questionnaire, with Coding Categories and Definitions", Susan Pearce, ed., *Interpreting Objects and Collections*, pp. 139-143.

[21] Susan Pearce, "The Urge to Collect", Susan Pearce, ed., *Interpreting Objects and Collections*, pp. 157-159.

[22] Krzysztof Pomian, "The Collection: between the Visible and the Invisible", Susan Pearce, ed., *Interpreting Objects and Collections*, pp. 160-173.

[23] Eva Schulz, "Notes on the History of Collecting and of Museums", Susan Pearce, ed., *Interpreting Objects and Collections*, pp. 175-187.

[24] B. N. Goswamy, "Another Past, Another Context: Exhibiting Indian Art Abroad", Susan Pearce, ed., *Interpreting Objects and Collections*, pp. 188-192.

[25] Susan Pearce, "Collecting Reconsidered", Susan Pearce, ed., *Interpreting Objects and Collections*, pp. 193-204.

[26] Frederick Baekeland, "Psychological Aspects of Art Collecting", Susan Pearce, ed., *Interpreting Objects and Collections*, pp. 205-219.

[27] Brenda Danet, Tamar Katriel, "No Two Alike: Play and Aesthetics in Collecting", Susan Pearce, ed., *Interpreting Objects and Collections*, pp. 220-239.

[28] Russell W. Belk, Melanie Wallendorf, "Of Mice and Men: Gender Identity in Collecting", Susan Pearce, ed., *Interpreting Objects and Collections*, pp. 240-253.

[29] Susan Stewart, "Objects of Desire", Susan Pearce, ed., *Interpreting Objects and Collections*, pp. 254-257.

[30] James Clifford, "Collecting Ourselves", Susan Pearce, ed., *Interpreting Objects and Collections*, p. 258-266.

[31] Carol Duncan, "Art Museums and the Ritual of Citizenship", Susan Pearce, ed., *Interpreting Objects and Collections*, p. 279-286.

[32] Cathy Mullen, "The People's Show", Susan Pearce, ed., *Interpreting Objects and Collections*, pp. 287-289.

[33] Susan Pearce, "Leicester Contemporary Collecting Project's Questionnaire", Susan Pearce, ed., *Interpreting Objects and Collections*, pp. 291-295.

[34] "消费者行为奥德赛计划"是人们一致努力使用替代方法来理解消费模式、过程和意义的一个项目。相关内容可参考Russell W. Belk, Melanie Wallendorf, John F. Sherry, Jr., "The Sacred and the Profane in Consumer Behavior: Theodicy on the Odyssey", *Journal of Consumer Research*, Vol. 16, No. 1, June 1989, pp. 1-38.

[35] 指在自然发生的背景下使用的一套方法。这类方法通常是定性的，代表了评估发现可信度的一套系统程序。参考Belk, Russell W., John F. Sherry, Melanie Wallendorf, "A Naturalistic Inquiry into Buyer and Seller Behavior at a Swap Meet", *Journal of Consumer Research*, vol. 14, no. 4, 1988, pp. 449-70，见http://www.jstor.org/stable/2489153。

[36] Annamma Joy, "Beyond the Odyssey: Interpretations of Ethnographic Writing in Consumer Behaviour", Susan Pearce, ed., *Interpreting Objects and Collections*, pp. 296-316.

[37] Russell W. Belk, "Collecting Ourselves", Susan Pearce, ed., *Interpreting Objects and Collections*, pp. 317-326.

[38] Ruth Firmanek, "Why They Collect: Collectors Reveal Their Motivations", Susan Pearce, ed., *Interpreting Objects and Collections*, pp. 327-335.

《博物馆、媒介、信息》
Museum, Media, Message

编者：艾琳·胡珀-格林希尔（Eilean Hooper-Greenhill）
出版年份：1995

◆—— 本书短评 ——◆

作为媒介的博物馆研究的开创之作。

述评人：周夏宇

一、引言

20世纪80年代，英国正经历严重的经济衰退，对博物馆、画廊等文化机构的公共资助开始缩减。在这种情况下，政府推动该类机构产业化转型，在社会生活中发挥经济作用、自主吸引观众。在失去相对稳定的经济资助之后，这些文化机构的命运各有不同：一些地方博物馆被迫重组，一些独立博物馆濒临破产，许多博物馆工作人员随之失去工作。

在教育机构难以为继、休闲场所逐渐开放、大量企业倒闭的情形下，人们开始反思博物馆存在的必要性，及其对人们日常生活的意义。为了生存与自救，博物馆、美术馆等文化机构必须充分发挥其收藏、展览、教育等功能，与观众建立紧密的、高质量的关系。与此同时，市场营销的相关概念被引入博物馆领域，"观众"逐渐取代"游客"的概念。博物馆越来越注意观众的主体性，并积极地寻求合作。英国博物馆开始推出"游客满意度"标准和"顾客关怀"等概念，并专门发布为残障人士提供服务的指导方针，着力开展促进博物馆机会平等的工作。

在这种背景下，1993年4月，来自英国、瑞典、加拿大等国家和地区的120余名代表齐聚莱斯特大学，参加以"博物馆传播"（museum communication）为主题的第三届博物馆研究国际会议。此次会议的论文最终以《博物馆、媒介、信息》（*Museum, Media, Message*）为题结集出版。本书文章既兼顾理论和实践两个方面，还包括大量的案例研究。此外，本书的部分文章涉及以前未详细讨论过的问题，如成人教育和博物馆、博物馆在非西方国家的意义。

总的来说，本书主要分为三个部分，分别对应三个研究问题：第一是作为媒介的博物馆（museums as media），即博物馆怎样实现其传播功能；第二是博物馆的传播行动（communication in action），即博物馆与哪些人进行互动，这些人的特征与行为对博物馆产生了怎样的影响；第三是传播过程的评估（evaluating the communication process），即博物馆取得了怎样的传播效果，以及如何评估这种效果。在下文中，笔者将遵循本书的章节安排，从上述提及的三个方面分别展开论述。

二、作为媒介的博物馆：交流如何成为可能？

美国学者哈罗德·拉斯韦尔（Harold Lasswell）曾提出传播过程的五种基本要素，被称为传播学的"5W模式"，[1]五种要素指传播者（Who）、传播内容（What）、传播渠道或形式（Which）、受传者（Whom）与传播效果（What Effect）。本书的第一部分解释了"作为媒介的博物馆"的含义，呼应了"What"与"Which"的问题，即博物馆传播了什么信息、怎样传播这些信息。

从内容来看，博物馆蕴含的信息本身就具有传播价值。博物馆所传递的信息是个体与周围世界交流的结果，它包含个体对博物馆物的感知与解释过程。随着时间变迁与人际交往的不断发生，博物馆所传递的信息始终处在动态的变化之中。《博物馆信息：在档案与信息之间》（The Museum Message: Between the Document and Information）讨论了博物馆展品的两种价值：作为档案（document）的记录价值和作为信息（information）的交流价值。[2]展品的档案价值是指博物馆在现实世界中挑选博物馆物、并最终以物质形式呈现的过程。展品具有概念的、事实的、功能的、结构的和实际的多重身份，因此，作为信息的交流价值在于对遗产或文物进行阐释，使之成为一种文化现象。博物馆消息（message）由被筛选的作为档案材料的博物馆物和人们在参观博物馆物的过程中交流的信息组成。这些档案将博物馆物具体化，并通过人们的交流转变为知识，以便被再次记录和传播。在这里，媒介所传输的信息不仅指事实或知识，还包含人们的感官对媒介做出的回应[3]和文化消费观念。在让·波德里亚（Jean Baudrillard）看来，消费是一种道德和沟通体系，它使得个体合理化，使人们进入一个全面的编码价值的生产与交换系统中。[4]人们消费的不仅仅是物品本身，而是其符号意义。桑福德·西维茨·莎玛（Sanford Sivitz Shama）通过艺术馆对于消费主义美学的影响分析了两种审美的不同：传统的审美观强调凝神观照所带来的无功利的愉悦体验，是一种理性式的审美体验；而消费社会的审美，则是一种寻求刺激和炫耀式的体验感。公众将艺术视为"商品"，而不去探寻艺术品本身的含义，从而成为"新庸俗"的受害者。[5]

从传播形式来看，这部分主要讨论了三种交流类型。首先是博物馆的收藏功能。物品收藏行为体现了人们对于自然世界和社会世界的操纵，是人们作为社会性动物的自我建构方式。通常情况下，这种行为是隐性的。博物馆收藏将这种隐性行动显化为能够被理解和传播的藏品。在这一过程中，博物馆物脱离原有脉络，被重新语境化。对此，苏珊·皮尔斯认为，物质文化意味着通过一定的社会规则将实体以集合的形式组织。这种实体与其意义并非一一对应的关系，通过筛选和建构意义完成的收藏实践构成了一种隐喻，体现了其与周围物质世界的互动性。换句话说，收藏不仅仅是阶级和教育制度的产物，也体现了人的自我意识和主观能动性。[6]

其次是博物馆的展览功能。展览是一种重要的大众传播媒介，是博物馆最主要的功能之一。"展览"既可以指展示行为的结果，也包含展示内容和展示地点所构成的系统。[7]可以说，展览是一种包括空间、光学、声学、嗅觉和触觉等体验的复合媒介。博物馆展览有自身运行的社会情境与结构，可以诠释不同文化主体，呈现（或遮蔽）文化多样性。《作为传播媒介的展览》（*Exhibitions as Communicative Media*）以人类学的视角，考察博物馆意义生产者的互动与博弈，讨论博物馆展览呈现的集体认同的多样性，特别是非西方的"他者"。[8]作者认为，展览是对集体自我进行社会表征的公共仪式。在这场仪式中，牧师、表演者、旁观者、观众和上层精英一同争夺对知识生产与展示的权力。他们通过对物品的收藏、展示与阐释区分自己，并在一定社会阶层中将自我合法化。观众反馈也是构成展览意义的重要来源，他们是积极的意义生产者，而非被动的观察者。他们的独特经验、知识与认知对展览意义重大。哈德维希（Hadwig Kräutler）引入符号学视角来分析展览，他认为博物馆和展览如同其他可被观察的社会文化现象一样，是一种形塑隐藏的社会逻辑的象征系统。二者通过对物的选择、排列与阐释来建构博物馆情境，以及博物馆与外部世界的联系。值得注意的是，即使是"最纯粹"的展览依然受到个人的特定价值观影响。[9]为了追求客观性，展览必须要有一定的完整度，具备基本结构和可解读的经验，使观众依据足够的信息进行理解。在此基础上，博物馆应该更多关注公众的利益，避免晦涩和过于专业的知识讲解，使博物馆更多属于大众，而非少数博物馆学家。

第三是博物馆与其他传播媒介的互动。《早期的博物馆与19世纪的媒体》（*Early Museums and Nineteenth-Century Media*）认为，新闻报道是联系博物馆与公众的重要纽带，博物馆和画廊等社会文化机构的相关新闻作为"媒介事件"（media event）而存在。[10]新闻报道扩大了博物馆参观的社会影响，使之成为一种文化消费热潮，起到了社会整合和赋予大众传媒地位的功能。一种新媒介通常不会置换或替换另一种媒介，而是增加其运行的复杂性。[11]20世纪90年代开始，计算机网络技术的介入赋予博物馆新的传播功能与传播角色，博物馆成为信息整合中心，博物馆的数字空间与多媒体呈现成为研究的新主题，随后，"数字化博物馆"的概念出现。安妮·费伊（Anne Fahy）讨论了计算机技术应用于博物馆的情况，包括藏品数据库、馆际间网络共享、用户反馈平台、展览互动设备等。电子技术的应用需要明确使用概念、效果评估、硬件与软件质量和信息管控等问题。[12]

这部分的内容通过讨论博物馆传播的内容与形式，初步回答了博物馆媒介功能的基本含义。与电影院、报纸等大众媒介一样，博物馆可以运用藏品、图片、记号等符号传递信息。作为一种社会建构的大众媒介，博物馆承担着传递信息、培养文化习惯的社会责任。接下来的部分则由博物馆机构转向个人，讨论博物馆运作过程中的个体存在与合作行为，也就是"Who"和"Whom"问题。

三、博物馆的传播行动：动态的双向交流与多元的合作者

为了实现沟通，信息的传受双方需要实现意义与情感的共享。传播的双向性意味着博物馆从单纯的教育者向行动促进者转化。通过社会群体之间的协商式理解，博物馆建构了一个跨文化对话的空间。

在观察波特兰艺术博物馆（Portland Art Museum）与美国原居民长老之间围绕神圣物品排列的争论时，詹姆斯·克利福德萌生将博物馆作为"接触地带"（contact zone）的想法，希望博物馆"以一种接触的视角，将一切文化收集策略视为对通知、等级化、抵抗和动员等特定历史的回应"[13]。克利福德反思了以欧美等西方国家为代表的博物馆发展体系，希望博物馆能成为不同文化接触和冲突的空间，若要生产"属于人民"的地方知识，博物馆应积极对话当地社区。盖诺·卡瓦纳（Gaynor Kavanagh）认为，20世纪90年代关于博物馆发展的很多讨论都集中在"伙伴关系"（partnership）这个词上。博物馆通常会与多方力量形成伙伴关系：政治压力、经济支持、管理规则、公共精神、个人性格和专业偏好等。其合作者身份多样，既有普通观众，也有捐助者、学者、受托人、股东等。在这篇文章中，卡瓦纳讨论了博物馆与观众、收藏者、权威机构，以及不同博物馆之间等不同形式的合作，指出给予博物馆协商与分歧的空间的必要性。[14]作为收藏记忆、讲述

历史的机构,博物馆应与老年群体建立协作关系。据此,桑德拉·马威克（Sandra Marwick）从老年人口述内容或提供的旧物出发开展与老年团体合作,通过提供技能培训或治疗顾问的服务等方式讨论博物馆与老年人的互动关系。[15]

博物馆以特有的方式回应了全球与本土、"同质性"与"异质性"如何共存的问题,体现了自我与民族社会、人类与世界体系的权力关系。[16]在全球化时代,博物馆的跨文化研究越来越关注边缘人与被遮蔽的声音,如土著居民、移民、离散族裔、残障人士、跨性别者、被压迫的女性等。埃利诺·哈特利（Eleanor Hartley）讨论了博物馆与残障人士的合作模式,包括以残障人士为主题设计展览、聘任残障人士为工作成员、完善无障碍设施等。[17]《变化的媒体,变化的信息》（Changing Media, Changing Message）一文则通过聚焦展览所呈现的社会阶层、边缘群体等议题,思考展览呈现"有争议的"话题的可能。[18]

在克利福德看来,博物馆与当地社区的融合十分需要与原居民代理人（native agency）合作。他将这些代理人称为"报道人"（informant）,这些报道人首先以当地人的身份出现,同时是穿梭在不同文化环境中的旅者。[19]他们是一群复杂的个体:作为当地人,他们自认为或被认为是本地文化的代表;与此同时,他们又有自己独特的"民族志"倾向与旅行的视角。他们的加入使博物馆与当地社区的边界被重新谈判。安德鲁·琼斯（Andrew Jone）将博物馆观众视作积极的主体,注重观众的个人体验,鼓励他们对博物馆展览进行多元解读。[20]《博物馆、神话与传教士:重塑新南非的过去》（Museums, Myths and Missionaries: Redressing the Past for a New South Africa）一文关注南非的博物馆建设。[21]20世纪90年代,种族隔离制度最终废除,南非开始普及公立教育。具有多元文化、多民族背景的博物馆受到教育者的关注。通过对博茨瓦纳国家博物馆（National Museum of Botswana）展览的研究,作者发现黑人和其他文化的展示严重不足,而且黑人文化往往被描绘为永恒的、静止的、黑暗的和落后的。

这部分内容将关注焦点从大众传播转向人际传播。博物馆中的交往行为无处不在,包括策展过程中的同僚协作式交往、展览本身的传播意义、观众之间的语言或非语言交流、观众与展览之间的对话、观众赋予展览的个人意义等。此外,博物馆的跨文化性同样值得关注。博物馆展览创造了一种介于

"我者"与"他者"、"熟悉的世界"和"陌生世界"的中间地带，将陌生的风俗与人们熟知的本文化或司空见惯的观念并置，激发观众对于文化差异的思考。

四、传播过程的评估研究：情境的多样性

相较于前两部分，这部分主要回答了"What Effect"的问题。研究者们引入传播效果研究的路径，围绕博物馆观众研究的方法展开思考，以便更好地发挥博物馆的传播功能。除了对观众的人口统计学因素、参观频率、浏览量等量化指标进行统计，研究者们还探索性地采用参与式观察、访谈、图像分析等定性研究方法，考察了博物馆效果评估的不同情境。

在研究方法方面，《评估博物馆的教与学》（*Evaluating Teaching and Learning in Museums*）一文认为，博物馆评估方法除了定量研究，也需要定性的、自然主义的研究。在建构主义教育理论的框架下，作者对博物馆活动和展览的传播效果进行评估。除了作为教育者，博物馆也要成为行动促进者，引导观众以自身经验建构博物馆的意义。[22]凯特·庞廷（Kate Pontin）采取定量和定性结合的方法，探究教师和学生在画廊中的教学体验，强调博物馆作为国民教育机构的作用。[23]伊恩·凯尔曼（Ian Kelman）以英国莱恩美术馆（Laing Art Gallery）为研究对象，围绕两种教育模型——目标模型（objective model）和反应模型（responsive model）展开教育效果评估。其中，目标模型通过设定明确的教学目标，获得相对准确的教学结果；反应模型更关注教学过程的动态性和学生的个体差异。研究发现，目标模型会得到相对有序的数据，反应模型可以捕捉更多细节。[24]

在传播对象方面，研究者们讨论了成年人与未成年人教育的不同可能。柯莱特（Colette Dufresne-Tassé）认为，相比教育功能，博物馆促进交流、提升审美乐趣的功能常常被忽视。特别是对成年人来说，他们参观博物馆的目的更多是娱乐，而非获取知识。在作者看来，博物馆教育功能的实现有赖于教育者和观众的互动，特别是观众的主体性与批判意识。未成年人是被动的观众，也是能动的主体，他们的视角十分多元，且具有批判性。[25]《作为学龄儿童审美反应中介的博物馆》（*The Museum as Medium in the Aesthetic Response of Schoolchildren*）一文关注影响学龄儿童对博物馆图像审美反应的因素。研究发现，相比于年龄，儿童之间的回应方式更容易有差异。共情

心理是哺乳动物古老的本能，情感是弥合文化间、群体间和主体间差异的纽带。如果展览的内容、场景设置和互动体验等方面能够提升观众的情感投入，让他们在感叹藏品精美、布展漂亮的同时，能与故事里的人、一同参观的人同喜同悲，如此，建构共同体便成为可能。[26]《博物馆—学校项目评估：以历史遗迹为案例》（The Evaluation of Museum-school Programmes: The Case of Historic Sites）一文认为，历史遗迹的修建与再现有助于观众身临其境、感悟逝去的历史、提升参与感。对历史遗迹传播效果的评估应该包括对遗迹本身（包括遗迹或事件的真实性、建筑的重建与安置、遗迹所传达的整体内容）和观众对于历史知识的掌握程度、情感态度及其个性化体验这两个方面的内容。此外，研究还应注意观众在社会文化方面的异质性。[27]

除了上述提及的教育情境，研究者们还讨论了观众评估的其他可能。例如，来自不同文化背景的观众面对同样的展览内容可能会产生不同的反应。《33号画廊的传播与学习：以观众研究为论据》（Communicating and Learning in Gallery 33: Evidence from a Visitor Study）以伯明翰艺术博物馆的跨文化人类学展览为基础，展开观众研究，综合分析观众数量、情感表达、留言、事后回访等信息，考察博物馆对于文化他者的表达方式，以及观众对于异文化的理解与阐释路径。研究发现，相比于社会主导群体，所谓的"少数群体"（minor group）更容易感知文化差异，建构文化认同。[28]作为博物馆观众的重要组成部分，家庭成员在年龄、政治、经济等背景方面具有多元性。家庭成员在观展过程中会有较多互动性。因此，博物馆中的家庭传播值得关注。维那高帕尔（B. Venugopal）发现，印度的博物馆研究对家庭式观展的关注较少。为了拓展这一盲区，作者以位于新德里的国家自然历史博物馆为依托，对家庭观众的访问频次、事件、家庭规模等要素展开研究。[29]

这部分引入传播效果研究的视角，采取定量和定性相结合的方法，从多种情境中考察博物馆传播的过程评估，为提升传播效果提供了一些可行范式。

五、余论

本书较早地讨论了博物馆传播研究的种种可能，涉及博物馆传播功能的形式与内容、传播类型的多样性、博物馆传播者的异质性、传播效果评估的探索性研究等内容。此外，本书对博物馆传播过程的思考是系统性的，并强调传播的双向性，特别是观众的主体性。案例涵盖了发达国家、发展中国家，特别是第三世界国家的博物馆，形成了东方与西方交融的视角。不过，本书的很多研究主要从实践层面展开，相对缺乏理论方面的思考和探索。

本书在学界产生较大反响，获得诸多赞誉。着眼于博物馆的职能转变，伊娃·皮娜·米尔齐克（Eva Pina Myrczik）肯定了本书提到的博物馆从学术研究平台与文物所有者、保护者向以观众和广大公众为导向的社会文化机构的角色变化，博物馆已经成为更为积极和互惠的概念。[30]再比如对博物馆交互性（interactive）的肯定，在儿童博物馆和科学博物馆中，允许观众触摸许多展品，或者设置体验栏目，大大提升了博物馆的可接触性。[31]博物馆从"关起门来讲故事"的珍宝馆转向了"有门有窗"的公共空间。

此外，一些研究者延伸了本书的研究视角，拓展了学术想象的思维空间。在物质性层面，皮埃尔·阿达姆（Kathleen Pirrie Adam）认为，本书过分强调博物馆的物质属性。据此，他提出"资产"（asset）概念，强调博物馆的非物质文化，以及与其他实践领域之间的联系。他认为，博物馆以多种实体共存（如藏品、文本、图像、媒体等）的方式运作，始终处在媒介生产与信息管理的动态过程中。[32]在博物馆数字化方面，研究者们引入了网络营销（internet marketing）的概念。数字博物馆虽然增强了文博机构的社会吸引力、拓展了公众与博物馆的沟通渠道，但是线上观看依旧不能代替实体博物馆参观。[33]如今，"数字遗产"（digital heritage）的概念逐渐取代博物馆技术，推动了博物馆媒介化的跨学科研究，[34]跨越时空的观看拓宽了博物馆观众的范畴，在全球范围内建构集体认同。

在博物馆学界，较多的争议聚焦对博物馆观众的探讨。许多研究者指出，本书延续了传播效果研究的消极受众的模式，限制了博物馆观众研究的范畴。在研究方法上，本书更多地采取定量的方法，从人口统计学等领域出发，从宏观勾勒观众的图景，鲜少将观众作为博物馆意义生产的有机主体，通过与博物馆互动形成连续而统一的故事，关注他们的个人生命史与更广阔的时空范围。研究须将博物馆观众的体验作为一系列嵌套的、看似相互关联的事件、生活中的快照，而非被人为框定的"重要且独立"的事情。[35]有研究从人类学与文化研究的视角出发，引入"解码"（decoding）的概念，将博物馆观众视为"积极的阐释者"（active interpreter），讨论在互动式、体验式博物馆的情境下，观众的体验与意义生产。[36]还有研究者认为，本书过分强调博物馆展览的制度化霸权，忽略了文化消费者的主体性。研究应该充分考虑观众如何建构他们对展览的理解，从而使展览成为一个"充满争论的领域"与"生产新意义的独特舞台"。[37]在博物馆社区的建设方面，谢尔丽·安·梅洛萨斯（Cherly Ann Meszaros）将书中提到的"归属感"（a place of belonging）与"社区"（community）概念放到澳大利亚与加拿大的社会情境中思考，认为社区是博物馆文化的标志性概念，具有较为复杂的操作性。博物馆公众的多元性与博物馆社区的凝结力量会进一步强化博物馆的社会权威与阐释权力（interpretive power）。[38]

30余年后的今天，本书的诸多议题仍是博物馆研究领域的热点。特别是在数字技术迅速发展和全球化发展的新阶段，博物馆成为跨越时空、方便快捷地感知多元文化、促进全球人类交往的重要媒介。近10年来，越来越多的国内研究者开始发掘博物馆的传播功能，其研究聚焦影视节目的传播策略、集体记忆建构与数字化叙事等方面。[39]相比国外对博物馆观众形成的较为立体的研究范式，国内的博物馆观众研究并没有被充分纳入传播学领域。接下来的研究可在博物馆的大众传播功能、社交属性和促进文明交流互鉴等方面进行探索。

（周夏宇，当代中国与世界研究院助理研究员，武汉大学跨文化传播学博士。研究方向为博物馆跨文化传播。）

注释：

[1] Harold Lasswell, "The Structure and Function of Communication in Society", *The Communication of Ideas*, 1948, 37(1), pp. 136-139.

[2] Ivo Maroevi, "The Museum Message: Between the Document and Information", Eilean Hooper-Greenhill, ed., *Museum, Media, Message*, London: Routledge, 1995, pp. 24-27.

[3] 马歇尔·麦克卢汉：《理解媒介：论人的延伸（增订评注本）》，何道宽译，南京：译林出版社，2011年，特伦斯·戈登序，第6页。

[4] 让·波德里亚：《消费社会》，刘成富、全志钢译，南京：南京大学出版社，2001年，第69—70页。

[5] Sanford Sivitz Shaman, "Education, Sunflowers and the New Vulgarity in Art Museums", Eilean Hooper-Greenhill, ed., *Museum, Media, Message*, p. 101.

[6] Susan Pearce, "Collecting as Medium and Message", Eilean Hooper-Greenhill, ed., *Museum, Media, Message*, p. 20.

[7] 张婉真：《当代博物馆展览的叙事转向》，台北：台北艺术大学，2014年，第14页。

[8] Flora E. S. Kaplan, "Exhibitions as Communicative Media", Eilean Hooper-Greenhill, ed., *Museum, Media, Message*, pp.

37-60.

[9] Hadwig Kräutler, "Observations on Semiotic Aspects in the Museum Work of Otto Neurath: Reflections on the 'Bildpädagogische Schriften' (Writings on Visual Education)", Eilean Hooper-Greenhill, ed., *Museum, Media, Message*, p. 67.

[10] Rosemary Flanders, "Early Museums and Nineteenth-Century Media", Eilean Hooper-Greenhill, ed., *Museum, Media, Message*, p. 76.

[11] 马歇尔·麦克卢汉：《理解媒介：论人的延伸（增订评注本）》，何道宽译，南京：译林出版社，2011年，第5页。

[12] Anne Fahy, "New Technologies for Museum Communication", Eilean Hooper-Greenhill, ed., *Museum, Media, Message*, pp. 85-100.

[13] Clifford James, *Routes: Travel and Translation in the Late Twentieth Century*, Boston: Harvard University Press, 1997, p. 213.

[14] Gaynor Kavanagh, "Museums in Partnership", Eilean Hooper-Greenhill, ed., *Museum, Media, Message*, pp. 126-136.

[15] Sandra Marwick, "Learning from Each Other: Museums and Older Members of the Community-the People's Story", Eilean Hooper-Greenhill, ed., *Museum, Media, Message*, pp. 142-153.

[16] 单波、姜可雨：《"全球本土化"的跨文化悖论及其解决路径》，《新疆师范大学学报》（哲学社会科学版），2013年第1期，第41—48页。

[17] Eleanor Hartley, "Disabled People and Museums: the Case for Partnership and Collaboration", Eilean Hooper-Greenhill, ed., *Museum, Media, Message*, pp. 154-158.

[18] Mike Wallace, "Changing Media, Changing Message", Eilean Hooper-Greenhill, ed., *Museum, Media, Message*, pp. 109-125.

[19] Clifford James, *op cit.*, p. 19.

[20] Andrew Jones, "Integrating School Visits, Tourists and the Community at the Archaeological Resource Centre, York, UK.", Eilean Hooper-Greenhill, ed., *Museum, Media, Message*, pp.159-167.

[21] Janet Hall, "Museums, Myths and Missionaries: Redressing the Past for a New South Africa", Eilean Hooper-Greenhill, ed., *Museum, Media, Message*, pp. 178-189.

[22] George E. Hein, "Evaluating Teaching and Learning", Eilean Hooper-Greenhill, ed., *Museum, Media, Message*, pp. 190-207.

[23] Kate Pontin, "Evaluation of School Work in the Rutland Dinosaur Gallery", Eilean Hooper-Greenhill, ed., *Museum, Media, Message*, pp. 226-237.

[24] Ian Kelman, "Responsive Evaluation in Museum Education", Eilean Hooper-Greenhill, ed., *Museum, Media, Message*, pp. 206-214.

[25] Colette Dufresne-Tassé, "Andragogy (Adult Education) in the Museum: A Critical Analysis and New Formulation", Eilean Hooper-Greenhill, ed., *Museum, Media, Message*, pp. 249-264.

[26] Andrea Weltzl-Fairchild, "The Museum as Medium in the Aesthetic Response of Schoolchildren", Eilean Hooper-Greenhill, ed., *Museum, Media, Message*, pp. 215-225.

[27] Michel Allard, "The Evaluation of Museum-School Programmes: The Case of Historic Sites", Eilean Hooper-Greenhill, ed., *Museum, Media, Message*, pp. 238-248.

[28] Jane Peirson Jones, "Communicating and Learning in Gallery 33: Evidence from a Visitor Study", Eilean Hooper-Greenhill, ed., *Museum, Media, Message*, pp. 265-280.

[29] B. Venugopal, "Family Groups in Museums: an Indian Experience", Eilean Hooper-Greenhill, ed., *Museum, Media, Message*, pp. 281-285.

[30] Eva Pina Myrczik, "Satisfying Personal Needs at the Museum: The Role of Digital Technologies", *MedieKultur: Journal of Media and Communication Research*, 2014, 30(57), pp. 176-196.

[31] David Howes, "Introduction to Sensory Museology", *The Senses and Society*, 2014, 9(3), pp. 259-267.

[32] Kathleen Pirrie Adams, "Assets, Platforms and Affordances: The Constitutive Role of Media in the Museum", Drotner, Kirsten *et al.*, ed., *The Routledge Handbook of Museums,*

[33] Evdoxia Richani *et al.*, "Emerging Opportunities: the Internet, Marketing and Museums, 20th International Conference on Circuits, Systems, Communications and Computers(CSCC 2016)", *EDP Sciences*, 2016, pp. 1-5.

[34] Kirsten Drotner *et al.*, "Media, Mediatisation and Museums: A New Ensemble", Kirsten Drotner *et al.*, ed., *The Routledge Handbook of Museums, Media and Communication*, 2018, pp. 1-12.

[35] Falk John, *Identity and the Museum Visitor Experience*, New York: Routledge, 2016, p. 35.

[36] Irida Ntalla, *The Interactive Museum Experience: Investigating Experiential Tendencies and Audience Focus in the Galleries of Modern London and the High Arctic Exhibition*, Unpublished Post-Doctoral thesis, City University of London, 2017, p. 6, 50.

[37] Alexander Bauer, "Is What You See All You Get? Recognizing Meaning in Archaeology", *Journal of Social Archaeology*, 2002, 2(1), pp. 37-52.

[38] Cherly Ann Meszaros, *Between Authority and Autonomy: Critically Engaged Interpretation in the Art Museum*, Doctor Thesis of University of British Columbia, 2004, p. 125.

[39] 周夏宇：《传播学视域下的博物馆研究——基于CiteSpace的数据挖掘与对比分析》，《新闻与传播评论》，2021年第3期，第68—80页。

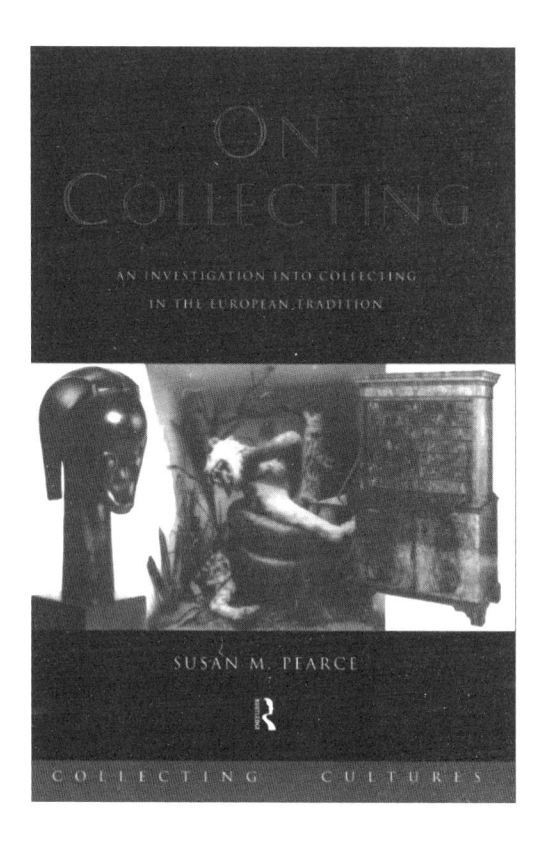

《论收藏：欧洲收藏传统探究》

On Collecting: An Investigation into Collecting
in the European Tradition

作者：苏珊·皮尔斯（Susan M. Pearce）

出版年份：1995

◆——· 本书短评 ·——◆

把博物馆对物的研究重新推回到了物质文化研究的中心位置的典范之作。

述评人：徐佳艺

一、前言

作为博物馆收藏研究的重要理论著作，《论收藏：欧洲收藏传统探究》（*On Collecting: An Investigation into Collecting in the European Tradition*）于1995年由劳特利奇出版社（Routledge）在英国出版，是收藏文化系列丛书（The Collecting Cultures Series）中的一本。该丛书着重讨论与收藏相关的问题：收藏的概念、历史和社会背景；收藏与消费的关系；收藏对身份认同的构建。本书目前尚无中译本，本文基于1995年英文原版撰写。

本书由时任莱斯特大学博物馆学系教授的苏珊·皮尔斯基于其30多年的博物馆实践与研究经验完成。书中案例主要来自20世纪80—90年代与藏品相关的三个项目：由美国犹他州大学组织的"奥德赛项目"（Odyssey Project）、英格兰的"民众展览项目"（People's Show Project）以及由莱斯特大学组织的"莱斯特大学当代收藏项目"（Leicester University Contemporary Collecting Project）。传统的藏品研究大多关注藏品本身，用艺术史、地理学或考古学的研究方法来分析藏品。与之不同的是，本书的研究对象转向收藏行为本身，将收藏看作人类构建自我社会角色、身份认同以及认知世界的方式。[1]为此，皮尔斯使用文化分析（cultural analysis）方法，结合博物馆实践经验，讨论在欧洲以及受欧洲文化影响的地区的收藏特点，着眼于分析收藏与社会间的关系，将西方收藏传统视为一种物质实践，并勾勒出收藏以多种方式与西方的个人主义、知识体系和历史背景相关联的场景，提出并试图解答西方为什么收藏的本质问题。

本书共分为五部分，第一部分为收藏方法概述，通过讨论"人与物质世界的关系""什么是藏品""收藏的本质"这三个问题，试图解答人与物的关系，并将收藏的本质概括为实践（practice）、诗学（poetics）和政治学（politics）的有机结合。[2]第二部分从收藏的主题和范围、上古时期（archaic）的收藏、地中海地区收藏、现代早期（early modern）的收藏、古典现代时期（classic modern）的收藏、后现代时期（post-modern）的收藏以及收藏文化等七个方面介绍了长期以来的收藏历史和收藏实践，并试图通过分析收藏传统来强调文化历史背景对收藏的重要性，以及收藏与知识观念、社会实践间的关系；第三部分通过分析收藏对个体的意义、收藏的符号维度、收藏如何影响收藏者的生活以及收藏行为如何与社会实践相互作用来论述收藏的诗学；第四部分则着眼于收藏的政治学，论述为什么以及如何对收藏进行评价，在社会、美学和认识论层面上收藏的价值是如何蕴含其中并发挥作用的，收藏如何在时间和空间两个层面上构建"他者"（the other）的概念，物质文化价值的变化是如何产生的，以及这些变化与市场和商业间的关系；最后一部分是全书的总结。纵观全书，皮尔斯在论述中使用了大量图示来呈现她的论述逻辑，结构上每个章节都采用了"前言—论述—结语"的体例。全书逻辑清晰，体例规整。

本文将跟随皮尔斯的叙述逻辑分别从收藏的实践、诗学和政治学三个方面进行概述与讨论。在收藏实践中，本文将首先概述皮尔斯所使用的理论模型和结论，随后举例简要阐述皮尔斯如何用这些理论进行分析。关于收藏的诗学，本文重点讨论收藏对于收藏者的意义，从皮尔斯所说的收藏者与藏品间的三种关系入手，通过分析人与物的关系来阐释个体如何构建身份认同。在收藏的政治学中，本文将简述皮尔斯关于为什么以及如何对藏品进行不同评价的观点。本文最后一个章节概述本书涉及的研究对后世的影响。

二、收藏的实践

皮尔斯对收藏实践的研究旨在梳理不同群体如何进行收藏，解读不同的收藏方式如何将物品与社会结构或社会关系联系，进而探索收藏如何维持这些社会模式运转。书中主要讨论了物品对社会的影响，并进一步分析欧洲的收藏传统如何影响社会沿着特有轨迹发展。通过论述，皮尔斯表明，在欧洲及受到欧洲传统影响的地区，上古时期收藏和当代收藏之间存在一种有机联系，这种联系不仅存在于博物馆内外，而且在收藏者的思维模式中也有所体现。[3]

皮尔斯首先界定了"欧洲"一词的内涵和范围，分析了欧洲在物质文化方面的传统，并总结了该传统在欧洲社会中长期存在的特征，这些特征在人类与物品的动态关系中起着重要作用。在研究范式概述中，她首先阐述了分析收藏实践的四个理论模型：不同社会类型（social types）中的物质文化作用的人类学分析模型，马克思主义（Marxist）关于物质生产和消费关系的思想和意识形态（ideology）以及始于马克思并由福柯（Michel Foucault，1926—1984）等人发展而来的现代批判理论（modern critical theory）中关于知识构建的观念；[4]继而她以布罗代尔（Fernand Braudel，1902—1985）为代表的法国年鉴学派（French Annales）历史学家的范式作为历时性分析模型，借用人类历史发展长时段、中时段和短时段的"三时段理论"（The Annales paradigm），指出我们在任何时刻观察到的结果都是这三组时间因素相互作用的结果。[5]

皮尔斯在收藏实践分析中使用最多的理论是福柯关于知识型（epistemes）的讨论。在《知识考古学》（*The Archaeology of Knowledge*，1974）[6]一书中，福柯将知识型定义为无意识但具有生产性的关系集合，正是在这些关系中产生了知识并定义了局部理性。[7]福柯强调理性和真理都是相对概念，依托于具体的历史、社会和文化语境存在。在辨析知识型概念的基础上，福柯提出文艺复兴知识型、古典知识型和现代知识型三个主要知识型，并强调15—16世纪文艺复兴时期以"相似性"（resemblance）为基本认知结构，是词与物统一的知识型，这一时期人们根据事物间的相似关系从已知中发现未知，来解释事物间的内在联系；[8]17—18世纪古典时期的特征是"表象"（representation），词与物分离，以词的秩序（order）再现物的秩序，同一（identity）与差异（difference）成为这一时期的基本认知规则，人们依据事物的外部形态来对世界进行分类（taxonomy）和排序（order）；[9]19—20世纪前半叶现代知识型的基本特征是"组织结构"（organic structure），该时期作为主体的人出现，词的秩序不再表现真实事物而是表现人对物的认知，是以词的秩序表现人对物的关系的知识型。[10]同时，福柯认为这三种知识型间不是连续的、进步的，而是断裂、错位和分离的。

在用以上理论研究收藏时，皮尔斯的历史分期与福柯略有不同。她结合欧洲政治、经济、社会发展的实际情况和收藏实践的特点给出如下的历史分期方式和论断。[11]15世纪早期的收藏者与前人几乎一样，她将这一时期及其之前的时代都划定为古代；16—17世纪欧洲社会逐步转变，中世纪末和文艺复兴到市场经济国家出现的现代早期，早期现代主义认知方法伴随着政治经济结构的发展发生变化，皮尔斯将这一时期划定为现代早期，此时，文艺复兴知识型在收藏界发挥作用；在17世纪末和18世纪的科学、商业、政治和工业革命之后，欧洲国家逐步成为现代国家，皮尔斯将18世纪初到20世纪初的这段时间命名为古典现代时期，此时现代主义世界进入古典阶段（classic phase），吸取了17世纪末发展的科学知识型（scientific epistemology）所构建的认知方法，以及相应的社会、政治、技术和工业机构的支持。古典现代阶段融合了福柯所说的强调分类（classification）认知的18世纪古典知识型以及19世纪末到20世纪初强调整体组织功能（total organic function）的现代知识型。后现代阶段大约从20世纪60年代开始直至现在，经济和文化与先前有很大不同，更加强调自由、任意（arbitrary）与个性化，该时期的收藏实践既汲取过去的东西，也通过一种反知识型（counter-episteme）的方式来看待自己，颠覆先前感知的关系和现实。

同时期的博物馆学学者艾琳·胡珀-格林希尔（Eilean Hooper-Greenhill）同样也使用了福柯的"有效史"（effective history）和知识型两个概念解读从15世纪至今的博物馆发展和知识构建间的关系。胡珀-格林希尔将注意力放在讨论知识型如何构建知识以及知识的结构（the structures of knowing）如何在文化、经济、社会、政治的共同影响下从文艺复兴时期至今发生变化。[12]

随后的章节中，皮尔斯在其历史分期的框架下分析了每个时期如何收藏、为什么用该方式收藏以及收藏方式如何随时间变化。这些分析试图回答环境如何影响收藏、这些影响有何外在因素、何为当时典型的思想观念以及收藏机构和收藏方式等问题。

以皮尔斯对古典现代时期的分析为例。18世纪中叶，工业革命给欧洲乃至世界带来了全面变革。正如福柯在古典时期知识型中所描述的那样，该时期人们开始将科学测量和分类概念作为重点，这对收藏什么、由谁收藏、向谁展示以及如何展示都产生了重要影响。启蒙运动影响着秉持现代主义的人，他们认为理性的人对物质世界的观察和实践可以产生客观知识和真理，这激发了人们对自然史标本的收藏。工业革命后，中产阶级的兴起使他们需要找到能维护自己阶级立场和符合他们价值观的物品，于是艺术品和艺术博物馆就充当了这样的角色。以上这些因素导致了18—19世纪初两类收藏展示方式的形成：一类是主流的，专注于艺术和自然史藏品，这类展览主要出现在博物馆中，并面向公众进行展示；另一类是专注于国家历史和异国风情的藏品，这类展览多带有商业性质，多为大型临时国际展会，如1851年在伦敦南肯辛顿举办的万国博览会（The Great Exhibition）。到了19世纪，资本主义市场经济与成熟期的公共博物馆收藏展示齐头并进：国家博物馆及其完备的藏品体系开始出现，受过良好教育的中产阶层逐渐形成，国家和民族概念得到进一步认同,在博物馆展出公共收藏品已成为欧洲主流,这些现象进一步完善了资本主义的社会形态。

三、收藏的诗学

收藏的诗学主要关注个人如何在生活中感知收藏,如何感受和理解自己与藏品的关系以及这些行为如何被学者分析。在本部分中皮尔斯讨论了收藏对于收藏者的意义,收藏以及藏品如何影响收藏者的生活,收藏者的行为又如何与社会实践相互作用。

"诗学"一词源于亚里士多德(Aristotle,前384—前322)的《诗学》,皮尔斯在这里使用的诗学并不是亚里士多德所说的"如何作诗的学问",而是将诗学概念放在语言学、符号学、文化研究等更广泛的语境中探讨。正如小说中的语言一样,收藏中的藏品也可以用诗学来分析,用物品来构建和投射收藏者的形象及其对世界的认知。1992年,皮尔斯根据收藏者和藏品的关系将收藏模式分为三类:纪念品式的收藏(collections as souvenir)、拜物式的收藏(collections as fetish objects)和系统的收藏(collections as systematics),并提出每种收藏模式都反映了人与物质世界的关系。[13]纪念品式的收藏来自个人生活经历,纪念品在观念上与浪漫主义相关,其中最重要的是物品背后的意义而不是物品本身。[14]拜物式的收藏是收藏者根据个人喜好和需求来收藏,因此,这种收藏并不系统。通常情况下,收藏者需要尽可能多的物品来满足其对物品的迷恋,而不是挑选有代表性的物品。在这种模式中,藏品本身而非背后的意义占主导地位,藏品被允许进行自我阐释和解读。[15]系统的收藏取决于收藏者如何认知外部物质世界的组织形式。收藏者选择有代表性的物品,重点在于物品分类,把物品从它们原本的语境中挑选出来并纳入同类关系。系统的收藏引导观众进入收藏者的框架,该模式中存在藏品收集和观众参与的双向关系,其本质是根据分类观念和外部世界的连续性建立藏品系统,而这种建构过程反映了人对物质世界认知和分类的过程。[16]当然,皮尔斯也提出,以上三种收藏模式很多时候同时存在,每种收藏模式都诠释着人与物的不同关系。

皮尔斯首先回答了"人为什么收藏"这个问题。人不是孤立存在的,他们是社会的一部分,而社会有其过去;个人有特定的方式与社会及其过去相联系,这种联系帮助我们构建自我认知并创造了布罗代尔所说的短时段个人时间。如同社会和家庭影响构建个人认知一样，收藏也是个人构建认知和身份认同的方式。她探索了人与物之间的诗学并在随后章节中解释了这种诗学关系如何帮助我们构建个人身份，以及个人与他人以及个人与时间、空间的关系。

收藏是人们构建自我认知的方式，而其中的性别问题是建立自我认知的关键因素之一。皮尔斯探讨了不同性别分别倾向于收藏什么、如何收藏，以及这些因素如何影响人们看待彼此和自我，当然她尽量避免男性—女性的二元思维。在讨论收藏帮助构建个人与他人关系时，皮尔斯强调藏品是构建身体与外部世界关联的主要途径，所构建的关系按照从私人到公共，从亲密伙伴到公共世界进行等级划分，在该等级结构中，藏品是动态变化的，它们能帮助收藏者改变对他人和世界的看法。[17]

藏品既是收藏者个人生活的产物，也是构建生命周期、提供有形形式和内容来感知时间流逝的方法。[18]然而，收藏赋予时间流逝意义的能力并非与生俱来，而是被收藏者建构的。皮尔斯把布罗代尔在"三时段"结构套用于收藏者，将收藏者一生前后的时间段看作长期，一生中的时间段视为中期，而每一次获得藏品的时刻被看作短期。[19]她着重分析藏品如何构建收藏者与过去的关系，这种关系分为两种，一种是以历史类藏品为代表的非个人过去，另一种是以传家宝（heirloom）为代表的家庭过去。藏品对于构建过去与现在的情感联系非常重要，以至于构建情感联系成为收藏的主要动力。

正如收藏通过定义"此刻"（now）和"过去"（then）的概念来建构时间性一样，它也通过"这里"（here）和"那里"（there）来构建空间性。时间性和空间性的构建能帮助人类理解自我和世界。藏品的空间性取决于两个因素，[20]首先，每种空间安排都是一种想象行为，许多空间安排似乎是完全主观的，不过有一些内容反映或与世界的客观现实相关；其次，藏品是收藏者从各种物品中进行选择得到的。大部分藏品的意义主要不在物品本身，而在于藏品与藏品、与空间的关系。由此，皮尔斯总结出三个重要观点，其一，横向空间（lateral space）是藏品产生意义的方式之一，很明显藏品都是物质的，它们总是在空间中存在；其二，当我们将一个物品放在另一个物品旁，观众会从物品间的空间关系中产生对物品的解读；最后，意义的产生在于藏品间的关系，这种构建意义的过程受到多种因素影响，比如藏品本身的特征、藏品的历史以及收藏者的解读。[21]藏品的空间陈列也反映了人们对世界的认知方式，如牛津大学皮特·里弗斯博物馆（Pitter Rivers Museum, University of Oxford）在考古学和民族志展品的展示中就采用了"类型学"（typology）方法，对这些人工制品的进化和发展进行展示，这种空间上的呈现体现了当时的欧洲人认知"他者"的方式。

四、收藏的政治学

政治，如同"实践"和"诗学"一样，有着多层含义，在书中，它既表达了以意识形态为代表的文化权力的行使，又表达了协商治理的能力。[22]收藏的实践展示了藏品在社会传统中被赋予的意义，收藏的诗学阐述了个体如何构建收藏的意义，那么，收藏的政治学就是将前两者结合，皮尔斯将注意力放在为何以及如何对藏品进行评价（valuation），同时，分析了这些评价的意义。在本章，皮尔斯首先讨论了在社会、美学和认识论层面上，价值如何蕴含其中并运作；随后，探讨了收藏如何在时间和空间两个层面上构建自我和"他者"；最后，分析了文化价值的变化如何产生，以及这些变化与市场和商业间的关系。

皮尔斯帮助读者辨析了收藏实践、收藏的诗学以及收藏的政治学间的有机关联。她给出了这样一个坐标系，纵坐标时间轴代表了从过去延续到未来的收藏传统；横坐标代表个体的收藏诗学，收藏者站在横纵坐标轴相交的原点，根据过去与未来之间的张力和其个人的偏好构建个人收藏，在收藏的诗学中皮尔斯对个体如何以及为何与收藏产生关系进行讨论。个体与社会不断互动，新的问题也不断产生：如何做出收藏时的选择，收藏的结果是什么以及如何看待这些结果。在本章中，皮尔斯从政治和意识形态层面对这些问题进行讨论。

皮尔斯分辨了影响价值评估的关键因素并将它们用作评估藏品文化意义的标准。藏品的价值是由谁以及如何进行判定的，人们对物品的价值评估如何变化，针对这些问题，皮尔斯使用真实或非真实（authentic/non-authentic）和杰作或人工制品（masterpiece/artefact）这两组概念构成的框架进行分析。[23]我们如何判断价值，即涉及藏品自身的特征也关乎文化上的因素。[24]价值并不是"自然"（natural）存在的，而是特定的群体带着各自的目的构建的。[25]

这些标准也提供了一种方式让我们理解欧洲之外的藏品如何被挪用以

便表达欧洲人的意识形态观点。人类已经认识到自我与文化"他者"的关系，并经常通过时间上和空间上的"他者"来认知和构建自我。人类与过去的关系同样是由"同类"和"他者"之间的二分法构成，我们或他们（us/them），家乡或异国（home/exotic），同类或他者（same/other）的范式与欧洲的其他范式一起构建个体的自我认同，确认"他者"与自我的界限。[26]皮尔斯阐述了欧洲构建"他者"的一些方式：欧洲人如何通过一系列内部或外部（inside/outside）关系来定义文化；在欧洲收藏传统中，欧洲人通过来自"他者"的物品维持自我与"他者"的关系。这些藏品的解读阐释和价值评估不断变化，但无论怎样变化，来自"他者"的物品都被用来支撑欧洲的价值观。

在之前章节中，皮尔斯陈述了收藏实践中出现的价值标准以及这些标准如何被欧洲视为典范。在现代主义传统中，社会实践有私人和公共两方面，或者说是诗学和实践两个分类，价值变化是这两个领域间持续作用的结果。随后，皮尔斯分析了价值评估标准并将它们与收藏的运作方式联系，这些评估标准包括从相对容易衡量的价值到高度主观的审美价值（aesthetic value）和个人情感价值（sentimental value）。她强调价值变动通常发生在收藏者与物品、收藏者与社会的关系中，这些变动与收藏者的社会或教育背景几乎毫无关系，而与大多数收藏者认为自己的藏品总有一天会得到社会认可的信念有很大关联。[27]

在论述藏品价值和市场关系时，皮尔斯设计了分析模型，将与藏品相关的市场划分为古董商店、普通商场、礼品商店以及艺术市场（a-market）。该市场交易体系是现代主义欧洲社会发展的一种典型特征。藏品首先变得吸引人随后变得有价值，因此，物品的变化过程是消费品（commodity）到垃圾或藏品（rubbish/collection）再到博物馆藏品（durable museum material）。每个阶段的藏品不仅有不同价值评估而且伴随着物理位置的转移。[28]收藏过程（collecting process）是物品在市场交易体系中流动的动力。[29]

五、结语：用收藏来构建世界

本书的目的在于将收藏当作一种社会现象，通过收藏我们看到一种隐喻，一种典型的欧洲构建意义的方式。许多现代主义欧洲文化隐喻，包括收藏隐喻，如今都已成为全球文化，并与当地本土文化结合并得到有机应用。

收藏研究遵循了经典的库恩模式（Kuhnian pattern）：认识到知识的社会特征及其历史和情感背景对于我们来说与知识内容本身一样重要。这点如果应用在收藏研究领域，就是指对收藏本质的研究与对藏品的研究一样重要。事实上，物品也是一种物质语言，因此可以选择和构建一种虚构的、典型的、现代主义欧洲的叙述方式。这种根植于欧洲文化之中的构建叙述方式是一种社会构建，并未反映事物本身特性。收藏为我们提供了一种表达自我、构建世界的全新途径。

2008年，为了纪念皮尔斯在物质文化研究、博物馆学和考古学领域的成就，莱斯特大学组织了题为"物质世界"（Material Worlds）的研讨会并出版论文集《博物馆之物：物品与体验、表征与争论》（*The Things about Museums: Objects and Experience, Representation and Contestation*，2008），该论坛是相关领域学者对收藏研究的一次集中探讨，研讨会中的许多观点是本书观点的延伸。时至今日，虽然很多博物馆学研究都是围绕人而非藏品展开的，但收藏研究、物质文化研究依旧是博物馆学研究的重点，以物为中心的研究（object-focused studies）能够让我们对博物馆机构本身有更深入、更本质的反思。皮尔斯的研究就是把博物馆对物的研究重新推回物质文化研究的中心，使博物馆成为物质研究的中心。她的后结构主义（post-structuralist）观点、对符号学的解读以及对博物馆藏品的研究，对后来的策展人、研究员以及观众都产生了深远影响。

（徐佳艺，英国莱斯特大学博物馆学硕士，成都博物馆馆员。主要研究方向为博物馆学理论、博物馆展览史研究、数字博物馆、博物馆展览策划。）

注释：

[1] Susan Pearce, *On Collecting: An Investigation into Collecting in the European Tradition*, London: Routledge, 1995, p. 4.

[2] Ibid., p. 33.

[3] Ibid., p. 30.

[4] Ibid., pp. 51-52.

[5] Ibid., p. 52.

[6] 米歇尔·福柯：《知识考古学》，董树宝译，北京：生活·读书·新知三联书店，2021年。

[7] Michel Foucault, *The Archaeology of Knowledge*, London: Tavistock Press, 1974, quoted in Susan Pearce, *On Collecting*, p. 49.

[8] 米歇尔·福柯：《词与物：人文科学的考古学》（修订译本），莫伟民译，上海：上海三联书店，2016年，第18页、第31页。

[9] 米歇尔·福柯，前揭书，第61页。

[10] 米歇尔·福柯，前揭书，第222页。

[11] Susan Pearce, *On Collecting*, p. 56.

[12] Eilean Hooper-Greenhill, *Museum and the Shaping of knowledge*, London: Routledge, 1992, p. 12.

[13] Susan Pearce, "Collecting Reconsidered", Susan Pearce, ed., *Interpreting Objects and Collections*, London: Routledge, 1994, pp. 193-204.

[14] Susan Pearce, *On Collecting*, pp. 195-196.

[15] Ibid., pp. 196-201.

[16] Ibid., pp. 201-202.

[17] Ibid., p. 234.

[18] Ibid., pp. 235-236.

[19] Ibid., p. 236.

[20] Ibid., p. 255.

[21] Ibid., p. 256.

[22] Ibid., pp. 32-33.

[23] Ibid., p. 288.

[24] Ibid., p. 292.

[25] Ibid., p. 304.

[26] Ibid., pp. 310-311.

[27] Ibid., p. 373.

[28] Ibid., p. 374.

[29] Ibid., p. 396.

《博物馆的诞生：历史、理论与政治》
The Birth of the Museum: History, Theory, Politics

作者：托尼·本内特（Tony Bennett）
出版年份：1995

本书短评

以福柯、葛兰西的理论为基础，重思博物馆的知识权力关系的批判理论典范。

述评人：汪彬

法国哲学家米歇尔·福柯曾将博物馆视为时间无限累积的异托邦（heterotopias），博物馆致力于在一个场所里包含所有的年代、形式和品味；展会（fair）则代表了另一种形式的异托邦，它与时间的联系非常短暂、稍纵即逝，而且充满了稀奇事物。[1]现代博物馆通过专业化和分类摆脱了混乱和无序，实现了理性和科学。由此，博物馆不但和展会有所区别，也和其早期历史——珍奇柜——相区别。但19世纪末固定场地游乐园（fixed-site amusement park）的出现削弱了两者之间严格的二元对立，它既保留了巡回展会的一些元素，又将这些元素与间接来源于现代博物馆项目的元素混合。[2]19世纪下半叶国际博览会（international exhibitions）的出现也为博物馆和展会的互动与交流提供了方式。

这些相互区别又相互关联的"展览复合体"（exhibitionary complex）——博物馆、国际博览会、展会、游乐园、百货商店等——正是托尼·本内特在本书中试图考察的对象。这一方面由于之前的一些研究[3]——例如《博物馆与知识的塑造》（*Museums and the Shaping of Knowledge*，1992）——只关注博物馆内部的分类和展示实践的变化，并没有考察博物馆与一系列附属文化机构的关系，另一方面则由于博物馆、展会和博览会之间存在很多共同的特点——都参与了展示和讲述的实践；向观众开放的同时，都重视了如何规范观众的行为；都关注了观众行为的表演性。[4]总之，本内特希望为现代博物馆提供一个以政治为重点的谱系，这将有助于阐明博物馆政策和政治问题一直存在并将继续存在于其中的坐标系。本书共包含三个部分、九个章节，大致可被归为三个议题：现代博物馆诞生与形成的历史，博物馆的政治和政策问题，展览复合体作为进步技术的不同方式。

一、历史与理论

本内特的博物馆历史研究有两个明显的特征，一是将关注点从博物馆转向展览复合体，另一是将福柯的"规训""治理"理论和安东尼奥·葛兰西（Antonio Gramsci）的"霸权"理论结合。

虽然道格拉斯·克林普（Douglas Crimp）将博物馆视为一种监禁机构，但本内特认为，展览复合体和监狱体现了两种不同形式的知识或权力关系。根据福柯的论述，旧王朝统治下的公开处罚形式在19世纪中叶变为私密的监禁处罚，其目的也由处罚身体变为改变犯罪者的行为。这得益于福柯所称的"全景敞视主义"的规训技术和监视形式，它使监狱中的一切都置于权力的视线之下。[5]但是，展览复合体的发展略有不同。1851年的万国博览会（The Great Exhibition）不但让公众的视线聚焦商品，而且使参观的每个人都可以被看见，即它将公开观看和监视两种功能合而为一。[6]本内特认为通过把公众置于观看主体的位置，展览复合体也把自身置于人民那边，以此骗取人民的共谋，而不是胁迫人民屈服——此种观点受到葛兰西的影响。

此外，由万国博览会尝试并经南肯辛顿博物馆（South Kensington Museum）实践的公众开放原则也使现代博物馆成为公共教育的工具。因此，展览复合体的发展不是监禁的历史，而是将物件置于公共监督和可见性脉络的历史，这打破了早期收藏私人所有和严格限制参观的原则，将其转变为公共财产并服务于广大公众的利益。[7]展览复合体的表征空间则由诸如历史学、生物学、人类学等新学科塑造而成，不同民族、国家与文明的发展在博物馆中被描绘为一系列渐进的发展阶段。[8]例如，人类学在连接西方与其他民族的文明史、将其他民族置于文化序列的底端和初始位置方面扮演着关键角色。而博览会则发挥着更灵活的功能，它将进步修辞与民族主义和帝国主义修辞连接，并通过对邻近的大众展会的控制，扩大了展览学科（exhibitionary disciplines）部署的文化领域。[9]

接下来，本内特处理了博物馆的政治理性的问题。他认为现代博物馆由两种矛盾形塑而成。[10]一是将现代博物馆视为大众教育工具的民主言论与将其作为公共礼仪改革工具的实际功能之间的矛盾，另一种是博物馆声称表现人类普遍性原则与其在实践中基于阶级、性别或种族的排斥和偏见之间的矛盾。第一种矛盾催生了公众权利原则，即博物馆应该对所有人平等开放；第二种矛盾催生了充分表征原则，即博物馆应该充分表征不同公众的文化与价值。博物馆正是在这些矛盾和诉求的相互作用下不断改革、发展的。19世纪早期，博物馆向公众开放，允许观众自由参观，按照新的进化论原则组织展览，在原则上允许所有人自由开放地占据这一序列的顶点位置——人的位置。[11]但在实践中，现代博物馆形成的表征空间被各种特定的社会意识形态所局限，因此并不能实现上述承诺。再者，19世纪的博物馆还被视为一种促使公共礼仪改革的工具，对观众的行为进行规范，例如禁止饮食、禁止触摸展品、穿戴合适的服饰。通过这种方式，博物馆在正式自由开放的同时，也形成了非正式的歧视和排斥模式。[12]本内特认为,如果博物馆想充分发挥作为多元和民主社会自我展示的功能,那么,与其根据充分表征原则进行实践,不如致力于改变博物馆展品、组织者和观众之间的关系,而公共权利原则需要被重新思考为观众积极利用博物馆资源的权利,而不是被娱乐或被教育的权利。

在"博物馆的形成"一章中,本内特进一步论述了博物馆的文化治理功能。所谓"文化治理"(governmentalization of culture),是指"通过将文化作为一种资源,引导那些受到文化影响的人不断地、逐步地改变他们的思想、感受和行为,从而产生更持久的影响"[13]。众所周知,博物馆在18世纪末到19世纪初获得了现代形式。如果我们要理解博物馆的形成过程,就需将其置于文化治理的观点中。19世纪中晚期,博物馆、图书馆、剧院等高雅文化机构被一种极为现代的方式组织,加入治理的任务,从而被赋予了使整体人口文明化的目标。这种治理形式并非增加国家的官方规制权力,而旨在"远距离地起作用",通过将这些目标嵌入个人的自我激活和自我调节能力之中来实现其目标。在英国南肯辛顿博物馆馆长亨利·科尔爵士(Sir Henry Cole)和美国博物馆学家乔治·布朗·古德(George Brown Goode)看来,博物馆正是发挥着这种帮助形成和塑造人口的道德、心理和行为特征,提高大众品味和设计水平的功能。[14]在博物馆被纳入文化治理的问题上,本内特从三个方面予以考察。首先,随着资产阶级公共领域的形成,博物馆的社会空间得以重组。[15]资产阶级公共领域将高雅文化从早期的宫廷展示中分离,并赋予其新的社会功能。19世纪中叶,博物馆作为一种文化资源被重新概念化,作为治理人口的工具被加以利用。其次,为了给从以往收藏中继承的珍贵物品提供新的背景、用于新的社会目的,博物馆也形成了新的表征空间。[16]博物馆采用了历史化的展示原则,产生了一种民主的公共表现形式,公民取代国王成为展览元叙事中的主角。最后,这一时期新建的博物馆也采用了拱廊和百货商店等常见的透明性和相互可见性的建筑原则,让观众彼此成为可以观察的对象,以形成一种自我管理技术。[17]

二、政策与政治

本书第二部分,本内特将目光从历史转向当代,从博物馆政治理性的视角讨论了当代展览复合体中的政策和政治问题。本内特首先考察了"人民"

（the people）在不同类型的展示实践中所表现的相互竞争和相互矛盾的方式。他发现，英国比米什露天博物馆对当地人民及其生活方式的介绍是静止的、从属的，有意抹去了工人阶级的斗争和生活情况，博物馆成了一种"制度化的失忆模式"[18]。类似地，美国的格林菲尔德庄园（Greenfield Village）颂扬工艺技能和家务劳动，回忆古老的社会习俗，提供了一个"过去的生活更美好，此后的生活也会越来越好"的企业雇主式历史观。[19]澳大利亚的海德公园军营（Hyde Park Barracks）虽然也是一个关注普通人日常生活的博物馆，但没有将人民贬低为"风景画元素"，而是希望人们注意那些被排除在展览之外的群体。这是因为海德公园军营是在劳工、女权主义和原居民历史成为博物馆新的策展重点时期被转化为博物馆的。而且，受到当时"新民族主义"的影响，海德公园军营还表现了早期澳大利亚博物馆缺乏的内容：一个具有自主历史的国家意识。[20]位于社会主义和女权主义政治文化中心的格拉斯哥人民宫（People's Palace）则呈现了格拉斯哥人民的生活方式和流行娱乐与他们政治传统之间一系列深刻的互动关系。在这里，并不是"人民"被降低为风景画的层面，而是普通的格拉斯哥人民及其文化和政治为博物馆提供了隐含的人性规范。[21]博物馆如何展示物件及呈现意义是一个非常重要的问题，尽管上述博物馆所展示的物品类别类似，但它们展示物品的修辞手法和产生的意识形态却大相径庭。因此，博物馆需要关注表征框架的问题，观众则需要以合适的方式参观博物馆，将其视作统治阶级的神话，而不是真实的历史。

  不但"人民"被多样化地呈现，"过去"在博物馆和遗产中的呈现方式也在不断改变。本内特认为过去是一种有组织的文本，不可避免地带有矛盾性：历史遗迹和博物馆所体现的过去，虽然存在于一个将其与现在分开的框架中，但过去的呈现形式不可避免地带有现在的文化痕迹。[22]第一次世界大战前，澳大利亚的博物馆往往缺乏对历史的关注，这并不是因为其缺乏真实的历史事件，而是缺乏将这些事件塑造为以欧洲为中心的民族主义的表述方式。澳大利亚受到英国通过纪念帝国的军事功绩来表现历史的模式的影响，但其早期历史缺乏足够的代表来支持澳大利亚的过去，而更多与欧洲移民者相关。因此这一时期被视作一个历史真空时期。直到一战的加里波利战争后，随着澳大利亚战争纪念馆（Australian War Memorial）的建成与开放，这一历史事件才被塑造为国家的过去。[23]虽然纪念馆颂扬了普通士兵的英雄主义，具有民主化色彩，但它并未提及澳大利亚国内的当代事件，反而以欧洲历史为参照点，因此缺乏自主性，具有殖民主义特征。20世纪70年代，随着政府对博物馆和遗产的关注，澳大利亚建立了一种更清晰、更自主的国家过去。[24]在此过程中，国家遗产的形成具有重要意义，消除了澳大利亚多重开端的断裂，拉长了国家历史。国家遗产不仅包括与欧洲人定居时期有关的物件，而且包括自然环境和原居民遗址。此外，海洋历史也被纳入博物馆和遗产政策，成为国家历史的一部分。通过这种方式，澳大利亚历史的不同阶段被建构出来，并形成了一个基本的统一体。国家的历史被讲述为"澳大利亚从狩猎采集者国家转变为工业国家的持续故事"，同时也是一个充满"悲剧、胜利、坚持和创新"的永无止境的故事。[25]

在现代历史博物馆中，展示物品的目的通常是让人们看到不再存在和不可见的过去，例如某个民族、国家、地区或社会群体过去的历史。但艺术博物馆的情况稍有不同。法国社会学家皮埃尔·布迪厄曾将艺术品分类、排列、组织和命名的过程称为"理论"（theory），他认为理论在可见（展出的艺术品）和不可见（更高阶的现实——"艺术"）之间起到了媒介作用，而且也区分了只能看到展出的可见之物的人和能够看到不可见的现实的人。[26]但这种可见与不可见的关系也在不断发展变化。现代博物馆在建立之初，主要希望通过精心安排呈现不可见。例如，伦敦的国家美术馆（National Gallery）在1842年为所有绘画都加上了清晰的标签，并制作了廉价的信息手册；法国卢浮宫博物馆（Louvre Museum）在法国大革命之后采用了艺术史的悬挂方法，使法国的文明、进步变得可见。随着最初推动公共艺术博物馆发展的公共教育精神的衰落，艺术博物馆在后来发展过程中变为组织和再生产社会区分关系的机构。[27]19世纪60—70年代，人们不再关注艺术博物馆的可及性及其作为公共教育工具的实用性，它们成了城市资产阶级化的标志。因此，资产阶级公众希望艺术博物馆承认自己的身份。为了彰显自己的不同，他们在艺术博物馆中组织了一个只有自己能看到的不可见世界（"艺术"）。到了19世纪末，新建的省级艺术馆也不再致力于合理有序、标签清晰的展示，而是倾向于将其培养的观众与普通大众之间的文化鸿沟制度化。本内特认为，任何从理论和政治上翻新美术馆空间的尝试都必须同时致力于发展教育手段，以弥合不可见的意义秩序和能够看到这些不可见意义的能力之间的鸿沟。[28]

三、进步的技术

当博物馆试图通过物品和骨骼重建的形式呈现不可见的过去时，博物馆就成了一个叙事机器。通过叙事机器以及"回溯"[29]（backtelling）结构，过去以从时间开始到现在的顺序被连接在一起。[30]在此过程中，进化论的思想发挥了重要作用。博物馆的叙事机制是一种同时具有身体和精神双重性的表演环境，将自然或人类历史按照进化论的序列从低级到高级、从野蛮到文明的顺序组织，观众既要通过观看，也要通过行走才能完成这种叙事。[31]此外，达尔文的进化思想还允许一种生命形式进化为更高级的生命形式，松动了物种的固定性，从而使物种之间的界限变得更容易渗透。在这种思想的影响下，19世纪晚期的博物馆被看作促使个人和社会进步的改革工具。[32]与此同时，进化论思想还塑造了博物馆叙事机制的回溯结构，皮特·里弗斯的类型学陈列正是这种回溯原则的自觉体现。在类型学陈列中，工具、武器或家庭用具等人工制品与其起源的文化或地区环境割裂，被置于从简单到复杂的普遍发展序列中。里弗斯将其视为一种教育手段，让观众认识到进步需要一步一步进行，以达到自动教育的目的。[33]这是最有效地向工人阶级观众传达人类学的主要政治信息的方式。但是，进化论叙事赋予欧洲白人男性的进步机会却并未同等地给予女性，巴黎人类博物馆（Musée de l'homme）中的解剖学展览展示和证明了男女骨骼结构的性别差异。[34]这种解剖模式使女性无法完全参与以其身体为道具的进步表演。在博物馆的回溯结构中，欧洲女性发现自己既先进又落后：虽领先于其"野蛮"的兄弟姐妹，却落后于欧洲男性。

除了博物馆，世博会同样在使用进步叙事和进步技术。澳大利亚于1988年举办的布里斯班世博会正值其建国200周年庆典。和19世纪相比，现代世博会最明显的变化在于更加关注展示手段，而非展示内容。用于组织展览的技术表达了进步的主题，这些技术既是现代性的重要标志，也是现代性的组织者。同时为观众提供了未来实践的手段，使他们能够参与对自我未来的预测过程。[35]布里斯班世博园区毗邻昆士兰文化中心（Queensland Cultural Centre）及其博物馆和美术馆，其中还包括游乐园。这种位置集合在19世纪初是不可想象的，因为在当时，博物馆、美术馆和博览会位于文化鸿沟的一边，展会和其他大众集会场所则位于另一边。[36]19世纪末，美国芝加哥世博会的大道展区（Midway Zone）在消除文化鸿沟、促进展会变革方面具有重要意义。首先，1893年在大道展区出现的新型机械游乐设施体现了技术进步，这使得展会与整体的博览会意识形态主题更加协调，能够被纳入现代性的计划和话语。[37]其次，展会也逐渐变得有序和规范。19世纪早中期，展会和博物馆之所以看起来不般配，是因为前者是民众粗鲁和喧闹的象征，后者则被视为将人们从喧闹的追求和习惯中解脱出来、接受新的文明教育的工具。而1893年美国芝加哥世博会的目的就是提供一个理想的城市秩序、一个既能召唤又能实践公民责任的空间。因此，大道展区及其随后产生的游乐园也成了规范的场所，限制了喧闹的可能性。[38]世博会也发挥了类似博物馆和公园的文明化的作用。

在本书的最后一章，本内特考察了现代游乐园的进步技术。英国布莱克浦欢乐海滩（Blackpool Pleasure Beach）是布莱克浦整体娱乐设施的一部分，但位置相对独立。它起源于1895年，当时，两位当地的企业家买下了布莱克浦南岸原有的机械游乐设施和吉普赛人营地所在的地区，并按照美国游乐园的模式，将南岸开发成一个综合性的露天游乐园。在欢乐海滩的早期发展中，它与其他的海滩几乎没有区别，它们之间也没有物理界限。游乐设施的布局相当随意，不同的摊位、表演和与大型游乐设施争夺空间。[39]在一战前后的几年里，欢乐海滩增加了很多从美国进口的游乐设施，借助先进的科学设备，其表达的历史也变得鲜活。到了20世纪20—30年代，欢乐海滩被围墙隔开，建筑被重新设计成另一种风格，完全实现了现代化。20世纪60年代，大多数新游乐设施在风格上都借鉴了世博会和展览会上的创新设计。[40]欢乐海滩充满了刺激、惊险和娱乐的多样性，游乐设施既让游客体验到在其他情况下无法获得的感觉，也为公众提供其他地方无法看到的景观。总之，欢乐海滩呈现了一个颠倒的世界。但本内特认为，这与米哈伊尔·巴赫金（Mikhail Bakhtin）所说的"狂欢"（carnival）并不相同，因为在欢乐海滩中，占主导地位的象征秩序仍然完好无损，并且坚定不移地保持正确方向。在欢乐海滩内部，现代性和进步的鲜明主题主导着一切。[41]其宣传手册，主要游乐设施的名称、主题、设计和布局以及建筑表明，欢乐海滩的"欢乐"都是按照现代、进步、充满未来感的美国标志严格构建的。

四、结语

本书的标题"博物馆的诞生"十分容易让人联想到福柯的名作《规训与惩罚：监狱的诞生》。实际上，本内特正是将福柯关于规训权力的论述作为本书思考的起点。但和克林普、艾琳·胡珀-格林希尔（Eilean Hooper-Greenhill）等同样受到福柯影响的博物馆学者不同的是，本内特并未直接使用福柯的观点，也未得出唯一的结论。在他的笔下，博物馆既具有规训的作用，也是统治阶级的霸权工具，同时也发挥着文化治理的功能。这种多样的权力运作形式既受到福柯的影响，同时也超越了他：展览复合体比福柯所说的规训权力更加微妙、复杂。[42]而且，这种对博物馆的多元权力观的认识并非一蹴而就，而是在本内特不断思考的过程中形成的。因此在一些研究者看来，在本书的写作过程中，本内特发生了"规训—治理术"转向，而将二者连接起来的，正是葛兰西的霸权理论。[43]

本书的核心观点可以被归纳为19世纪中叶的现代博物馆和国际博览会、展会一样，是公共礼仪改革、促进人口文明化的工具。这既和美国艺术史学家卡罗尔·邓肯将公共艺术博物馆视为"文明化的仪式"场所的观点[44]不谋而合，也是本内特将文化治理这一核心议题应用于博物馆这一机构实体的具体表现。实际上，在本内特看来，19世纪的现代博物馆这个新型文化机构是追踪权力或知识关系形成的理想媒介。因此，本书与其说是在进行博物馆研究，不如说是考察"福柯提出的不同知识体系和装置（apparatuses）的权力形式理论及其在不同文化机构中的运用"[45]。但20世纪80—90年代的博物馆研究本身就以跨学科性为特征，因此不可否认的是，本书确实对博物馆研究产生了深刻且持久的影响。例如他指出了博览会、展会、百货商店等机构和现代博物馆相互影响的关系，从而拓展了博物馆研究的思路和范围。

（汪彬，吉林大学考古学院硕士。主要研究方向为博物馆学理论、博物馆研究等。）

注释：

[1] Tony Bennett, *The Birth of the Museum: History, Theory, Politics*, London: Routledge, 1995, p. 1.

[2] Ibid., p. 4.

[3] Eilean Hooper-Greenhill, *Museums and the Shaping of Knowledge*, London: Routledge, 1992.

[4] Tony Bennett, *The Birth of the Museum*, p. 6.

[5] Ibid., p. 64.

[6] Ibid., p. 65.

[7] Ibid., p. 73.
[8] Ibid., p. 76.
[9] Ibid., p. 81.
[10] Ibid., p. 90.
[11] Ibid., p. 97.
[12] Ibid., p. 100.
[13] Ibid., p. 24.
[14] Ibid., pp. 20-21.
[15] Ibid., p. 25.
[16] Ibid., p. 33.
[17] Ibid., p. 52.
[18] Ibid., pp. 111-112.
[19] Ibid., p .117.
[20] Ibid., p. 122.
[21] Ibid., p. 126.
[22] Ibid., p. 130.
[23] Ibid., p. 138.
[24] Ibid., p. 142.
[25] Ibid., p. 151.
[26] Ibid., p. 164.
[27] Ibid., p. 168.
[28] Ibid., p. 173.
[29] 回溯结构是指，在原因不明的情况下，只能根据结果和影响推理原因。在本内特看来，这和侦探小说相似，古生物学、考古学及博物馆学，都使用了这种根据结果追溯原因、从现在推导以前的叙事机制。
[30] Tony Bennett, *The Birth of the Museum*, p. 179.
[31] Ibid., p. 181.
[32] Ibid., p. 193.
[33] Ibid., p. 197.
[34] Ibid., p. 203.
[35] Ibid., p. 217.
[36] Ibid., p. 222.
[37] Ibid., p. 224.
[38] Ibid., p. 226.
[39] Ibid., p. 234.
[40] Ibid., p. 235.
[41] Ibid., p. 243.
[42] Ibid., p. 61.
[43] 王嫣慧：《托尼·本尼特的博物馆理论研究》，华东师范大学硕士学位论文，2023年，第40页。
[44] Carol Duncan, *Civilizing Rituals: Inside Public Art Museums*, London: Routledge, 1995.
[45] 陈王青、段吉方、托尼·本尼特：《文化、治理与社会——托尼·本尼特教授访谈》，《文艺争鸣》，2022年第6期，第99—106页。

《文明化的仪式：深入公共艺术博物馆》
Civilizing Rituals: Inside Public Art Museums

作者：卡罗尔·邓肯（Carol Duncan）
出版年份：1995

❖ —— · 本书短评 · —— ❖

以激进的行动者立场理论化博物馆参观体验，呼吁"博物馆仪式"的变革。

述评人：冯小旦

《文明化的仪式：深入公共艺术博物馆》出版于1995年，台版译名《文明化的仪式：公共美术馆之内》[1]出版于1998年，是卡罗尔·邓肯从艺术史转向博物馆研究的跨越之作。如果说邓肯早期的作品受到的是以克拉克（T. J. Clark）为代表的左派新艺术史学家们的影响，那么其后期的作品则受到弗雷德里克·杰姆逊（Fredric Jameson）等关注晚期资本主义空间性的学者们的影响。笔者认为，邓肯的艺术博物馆仪式论同样也适用于其他类型的博物馆。邓肯关注馆内展品的悬挂与陈列方式，而不仅是展品文本本身，她认为在塑造人们的意识形态时，博物馆是间接的转化器，而非直接的话语创造者，提供一种整体性的精神体验。

一、作为仪式的艺术博物馆：理论框架的建构

　　在本书中，邓肯将艺术博物馆作为一个整体来研究，而不单单是研究其建筑设计、周围景观或内部功能。邓肯在本书中用以解读博物馆的"仪式"概念并非承袭人类学或史学谱系中的"仪式"，而是指向一种实际功能或传播意义上的仪式、一种非宗教意义上的仪式、一种"文明化仪式"。在本书中，仪式强调博物馆传达和塑造特定意识形态以及公民身份认知的特征。便于读者理解，我们可以将其理解为一套蕴含着某种权力结构的机制，抑或是普遍化的社会文化实践或意识形态以及价值取向（在博物馆中的具象化体现）。作为文明化仪式，包含艺术品及其陈列法则和目的在内的博物馆不仅对历史力量和趋势进行回应，通过具体的展览实践去形塑个体的价值观和信仰；而且具有变革的潜能，反过来也能够促成社会和政治的变迁。比起同样基于知识—权力观点的博物馆学家托尼·本内特（Tony Bennett）以及艾琳·胡珀-格林希尔（Eilean Hooper-Greenhill），邓肯具有更鲜明的政治立场，并在书中锚定了一些主题和特定的人群，例如捐赠者在博物馆中权力的变化与社会张力、现当代艺术展览反映的男权结构等。

　　在现代社会，神圣与世俗，以及与二者相关的场所在启蒙运动之后构成一组根深蒂固的二元对立关系。储存官方文化记忆、以公共教育为主要目的的艺术博物馆似乎很难被归入神圣场所的范畴，并与"仪式"概念产生关联。因为仪式与宗教实践有关，通常情况下伴随着"信仰、神力、真实或象征性的献祭、奇迹般的转变"[2]等要素。然而，邓肯却认为，仪式表演并不非得是一种极为正式、高度景观化的活动：一方面，在传统社会中，仪式往

往就是非景观化、非正式的沉思或承认过程；另一方面，世俗的庆典或场所中也充满了仪式性（ritual）的成分。因此，仪式空间的建造是为了"公开表征对世界秩序、对其过去与现在的信念，以及个人在其间所处的位置"[3]，而控制一个博物馆无非意味着"控制一个社群，及其最高价值和真理的表征。它也具有界定个人在该群体中相对地位的权力"[4]。这样来看，博物馆与诸如宗教建筑等传统仪式建筑在种种方面都有着对应关系，很自然地赋予了其世俗社会中"仪式演成"（ritual enactment）场所的位置。那么，作为仪式空间的博物馆究竟包含了哪些要素？如何演成并且影响人们的行为？具体来说，在艺术博物馆中，仪式由参观者启动和演成，而特定顺序的观看空间和展品陈列、建筑和灯光细节则为仪式提供了舞台和剧本。邓肯也提到，将博物馆视为一个表演性场所的观点已经不算新鲜。

除了仪式及表演这两个概念，邓肯在构建本书理论框架时还运用了阈限空间（liminal space）的概念，进一步解释了个体在博物馆中的精神体验。邓肯认为，博物馆具有或者说能够实现这样一种阈限性，在个体"按照规定的路线，重复地祈祷，回顾某种叙事，或参与到其他一些与此地（或其物质文化）的历史和意义有关的、结构化的体验"[5]的过程中，使他们从日常的、实际的生活中抽离，超越时间，拥有一种更宏大、更深层的精神体验。这呼应了民间仪式的另一特征，即暂停寻常的生活以及行止的规则。这呼应了有关艺术博物馆具有宗教性、超越性和个体灵性转化功能特点的观点。[6] 审美既然是世俗社会中超越性的精神活动，那么博物馆则是促成这种互动的仪式场所。20世纪，博物馆创造的个体经验阈限性，与其整体结构性的剧场性，构成了菲利普·莱斯·亚当斯（Philip Rhys Adams）所说的"具有控制中介性的仪式场所"[7]。通过将博物馆的建筑外形、参观的体验与传统仪式及其场所的特征和目的进行对比，邓肯十分清晰地将博物馆仪式拆解为对社会身份、社会意识形态和价值观的形塑。另外，值得一提的是，邓肯的潜在观点是博物馆的参观者也具有某种程度上的能动性，因为他们能够意识到，以及"凌驾于塑造其自身的价值观之上和之外，甚至与之对立"[8]。

之后的四章，每章都基于特定类型的数个博物馆案例展开，分别涉及公共艺术博物馆、城市艺术博物馆、捐赠者纪念博物馆、现代艺术博物馆。每个博物馆都反映了某种宏大的社会转向、普遍的实践或者关注之下，两股或多股力量之间的较量。接下来笔者将按照"理念+案例"的行文逻辑来提炼邓肯对作为文明化仪式的博物馆的诠释。

二、从王室走向大众的公共艺术博物馆

位于巴黎的卢浮宫博物馆和位于伦敦的英国国家美术馆都是如今全球著名的公共艺术博物馆。卢浮宫博物馆的开放本身就是君主制在1792年灭亡一年之后的"变革之举",它从皇家收藏机构成为向公共开放的博物馆,对19—20世纪很多国家的公共艺术博物馆都产生了深远的影响。英国国家美术馆尽管不是诞生于这样一个转折性的时刻,但在其成为一个公共博物馆的历程中,旧贵族(地主与资本家)与新贵族(中产阶级)之间抗衡不断。

因为在历史转折点扮演了重要角色,卢浮宫被邓肯称为一个"公共国家的仪式"(public state ritual)。在其开放前后,一个很重要的变化集中在绘画的悬挂和陈列方式上:开放之前,悬挂和陈列方式通常被称为"绅士悬挂"(gentlemanly hang),讲究墙面上各画派的平衡;开放之后,开始按照艺术史、画派发展沿革的方式悬挂和陈列绘画。邓肯认为艺术品的悬挂方式赋予作品新的文化历史重要性和新的认知价值。[9]除了悬挂方式外,卢浮宫早期展出的艺术品包括拿破仑的大量战利品,有一种罗马"凯旋式"的气势。不同的展出内容及方式隐含着从君主制到现代民族国家的意识形态转变,同时也意味着不同的、对博物馆观众身份进行形塑的仪式,即从将观众视为强化贵族绅士文化的参与者到将其视为寻求启蒙和理性乐趣的中产阶级公民。邓肯将这个变化过程总结为:"艺术博物馆环境的建构正是为了表露这种新的意义,并掩盖或淡化旧的意义。在此意义上,艺术博物馆是一个强大的转化器,能够将奢侈、地位或者辉煌的符号转化为精神宝藏——整个国家的传承与骄傲。"[10]

英国国家美术馆的演进历程与卢浮宫不同。由于清教徒的反对,17世纪的英国并没有形成真正意义的皇室收藏,王室对以展现权力和财力为目的去炫耀藏品的这一举动比较保守。威廉三世和玛丽皇后的收藏十分私人化,也不存在一个能够将这些馆藏变为公共博物馆的"大革命时刻"。1799年,艺术品经销商诺埃尔·约瑟夫·德森凡斯(Noel Joseph Desenfans)做过尝试,不过被王室拒绝了。18世纪末到19世纪初,除了英国,主要的欧洲国家几乎都有了国家艺术博物馆。邓肯认为,这主要源于18世纪地租经济占有的主导地位。贵族地主阶级财雄势大,财富的展示和门面对于他们争取政府任

命及其他的利益来说非常重要，而收藏艺术作品便代表了财富和教养，因此能为它们的权势背书，双方各自占山为王，没有人对成立国家馆藏这件事有动力。后来，新贵族在历史舞台崭露头角，艺术收藏逐渐成了一种介于私人与公共领域之间的活动，艺术收藏连接了出身良好、受过教育、有品位的男性和（较少的）出身良好的女性群体，并创造了一种新的、连接更多人的身份。此时，艺术收藏不仅仅是财富和权力的标志，更是精神和道德的来源，具有很高的社会共享性。在这种情况下，新贵族还对旧的贵族文化提出了挑战，质疑其权威性，并抨击世袭特权，这在后来逐渐发展为爱国主义。

现今英国国家美术的藏品基础是1802年约翰·朱利叶斯·安格斯坦（John Julius Angerstein）在托马斯·劳伦斯（Thomas Lawrence）等艺术家朋友的帮助下积累的一批质量上乘的收藏品。1823年安格斯坦去世后，这批艺术收藏成为英国国家美术馆藏品的核心组成部分。1835年，下议院成立了一个特别委员会，专门研究政府对艺术教育的参与和对公共收藏品的管理。"该委员会中不乏知名的激进派和改革派人士，对该委员会来说，国家美术馆的管理是一个具有重大政治意义的问题。委员会的大多数成员都相信，如果组织得当，艺术馆、博物馆和艺术学校可以成为社会变革的工具，能够加强社会秩序。"[11]彼时欧陆的公共博物馆民主化、公众化实践较为成熟，委员会的两位成员——巴伦·冯·克伦泽（Baron Von Klenze）和古斯塔夫·弗里德里希·瓦根（Gustav Friedrich Waagen）——在很多方面提供了宝贵的建议。尽管英国国家美术馆并没有改变实际的政治权力分配，但是它仍然揭示了一种新的国家概念在英国国内的生成或转变，标志着对国家的控制从精英阶层逐渐让渡给更多人。在英国国家美术馆中，公民化的仪式在19世纪晚期才完成，但无论早晚，王公贵族的博物馆终会成为面向公众的艺术博物馆。

三、城市艺术博物馆及其模棱两可的开放性

19世纪，美国以欧洲的公共博物馆作为发展模型，掀起了一股博物馆热潮。在该部分，笔者主要以大都会艺术博物馆为例，探讨城市博物馆的利益相关者们与公民教育目的之间的张力。与欧洲的公共博物馆一样，美国的众多博物馆也试图构建一种文明的符号，引导观众成为理想的、寻求智识和道德启迪的中产阶级公民，为城市经济生活锦上添花。尽管广泛借鉴了欧洲公共博物馆的理念，但是美国博物馆还是形成于非常不同的社会历史环境。一

方面，美国博物馆的成立并不涉及与所谓旧传统（仪式）的分庭抗礼；另一方面，出资成立美国博物馆的那些银行家和商业巨头们有着复杂甚至矛盾的考虑、目标以及民主（或反民主）情绪。

众所周知，美国的意识形态中有着清教精英主义的保守底色。美国的博物馆同样也是如此。"新的公共艺术博物馆只是使美国城市更加文明、干净、道德与和平的一个元素。"[12]同时，公共艺术博物馆代表一种"高级文化"，可以为精英们提供明确的阶级界限，同时赋予他们一种似乎高于阶级利益的身份。19世纪晚期至20世纪的美国涌入了大量爱尔兰、意大利、波兰等国的移民。美国城市博物馆试图塑造的市民身份、高雅文化，与移民文化及政治之间存在着天然的冲突。尽管益格鲁-撒克逊式的道德和社会价值观强调公民与社区的联系，但在实践中却有很多问题。此外，博物馆理事会的观点往往与服务社区的使命相悖，这些博物馆的公共性模棱两可。除此之外，受助于多个捐赠者的博物馆，通常对它们各自拥有的展览空间和展品有着不同的要求和指示，难以达成一致，为公共教育目的所需践行的一以贯之的艺术史展览方式便难以实现。邓肯曾提到，一位评论家抱怨说，城市博物馆成为捐赠者的"联合陵墓"（joint mausoleum）。

这种情况随后得到了改善。一方面，年轻的理事会成员对博物馆有了更强烈的乌托邦理想；另一方面，约翰·皮尔庞特·摩根（J. P. Morgan）在1904—1913年受邀担任大都会博物馆的主席，对博物馆进行重整。然而好景难长，20世纪70年代，大都会的管理者为银行家罗伯特·雷曼（Robert Lehman）提供了一个建筑风格独特的侧翼，作为其巨大的个人纪念馆，此举遭到了很多的批评。在雷曼事件之后，捐赠者纪念馆以一种报复性的方式回到了大都会。而如今，由于博物馆多出了餐厅以及图书和礼物商店，这些有关文明遗产的问题在人们游逸性的参观体验中逐渐被忽略。用一句话来总结这个过程，即在曲折中前进。

四、捐赠者纪念博物馆

本章讨论的是美国富人们设立的捐赠纪念馆或艺术收藏馆，这种行为在美国镀金时代（1870年代—1900年代）的富豪们当中很流行。通过镌刻着自己名字的博物馆，他们实现了"留名当留万世名"的目的，如安德鲁·梅隆（Andrew Mellon）所说，他收藏艺术品的目的是"每个人都想把他的生活与他所认为永恒的一些东西联系起来"[13]。本部分涉及的几个捐赠者纪念馆皆规模盛大,人们耳熟能详。在托管团队介入之前,富人们亲自对博物馆各个方面的稀缺性和奢侈性进行极其严格的把控,因此,这些博物馆不管是在建筑外观、室内装修还是馆藏方面都有非常复杂的历史。[14]以佛里克为例,他要求博物馆与华莱士收藏馆一般完整和完美,在规模和建筑细节上,他要求托马斯·哈斯廷斯(Thomas Hastings)模仿旧法国贵族的城市豪宅。邓肯对富人对于收藏和室内装修的细节把控着墨颇多,这部分的详尽叙述体现了邓肯的艺术史背景,而从读者的角度来说,我们通过大量细节可以体会这种贵族仪式形成过程的复杂和全面。

基于纪念捐赠者而成立的博物馆的仪式是一个对理想化的捐赠者进行参访甚至拜谒的仪式活动。因此,这些博物馆具有一种纪念碑性。在现实世界中,将捐赠者埋葬在博物馆之下的做法也不少见,比如盖蒂的遗体就埋葬在博物馆宫殿中。加德纳博物馆(The Isabella Stewart Gardner Museum)中鲜花和蜡烛的摆放,不可避免地将参观构建为对已故捐赠者的拜谒和召唤仪式。用邓肯的话来说,这些博物馆是"代理的自我"(surrogate selves)或"隐喻的替身"(metaphorical stand-ins)。[15]作为捐赠者们的"纪念碑",博物馆也无疑为他们极尽剥削的资本积累往往提供了某种粉饰、挽回了一些声誉。

这种博物馆的"陵墓化"或者说"故居化""私人化"对前来参观艺术作品的人们来说肯定存在问题。因为"在这样的环境中,全程处于安全监控下的参观者并不被当作客人。参观者只能看着、瞻仰并嫉妒这样的财富和品味的展示"[16]。在摩根图书馆中,馆藏的对象已经不是艺术品,而是摩根曾经拥有的东西,毫无公共性或开放性可言。但令人欣慰的是,在专业策展团队多年的耕耘以及技术进步的助力下,上述很多情况得到了改善。此外,观众自身也越来越少地注意博物馆仪式充满贵族气息的那一面,而更多地感受展览环境和藏品带来的愉悦和惊奇。当然,这与管理团队做的诸多博物馆公民化、民主化的努力密不可分,这些触手可及的设施承认了参观者的身份是寻求启蒙和快乐的现代公民。

在这些富人中,邓肯比较赞赏安德鲁·梅隆的做法。华盛顿国家美术馆的名字里没有出现梅隆的全名,他站在国家的背后,以一个联邦公民而不是贵族主人的身份设计博物馆,建筑的古典主义、藏品的正统性、美学的展品悬挂方式(aesthetic hang)体现了一种国家而非个人化的权威。华盛顿国家美术馆的藏品提供了一个从文艺复兴时期至今完整的西方艺术史脉络，并将观众作为寻求启蒙的公民（enlightenment-seeking citizens）来对待。用邓肯的话来说，它更接近公共艺术博物馆的仪式性。

五、男性主导的现代艺术博物馆

第五章的标题"现代艺术博物馆：这是一个男性的世界"开宗明义地表明了邓肯的批判意图。尽管邓肯所代表的"新艺术史"范式在学术界大获成功，但在公共艺术博物馆中却没有赢得什么空间。邓肯将原因归结为欧美艺术博物馆关于20世纪艺术核心叙事的固化，从创始馆长阿尔法雷德·巴尔（Alfred Barr）到如今的绘画和雕塑总监威廉·鲁宾（William Rubin），他们关于收藏和展览的看法并没有什么变化。邓肯进一步阐释："……在今天大多数的公共艺术博物馆中，这就变成了保守的艺术史叙事。"[17]

纽约现代艺术博物馆（MoMA）通常被认为是呈现现代艺术"主流话语"的地方。在对MoMA从抽象表现主义到极简主义和波普的展览布局进行大致阐释后，邓肯表明了她在本章中的主要观点，即现代艺术的仪式是一种进步性的、不断的提纯和抽象。然而，进步的、不断突破过去的现代艺术精神表象之下却有着某些不变的权力和叙事结构，其中，性别问题就是其中十分突出的一个方面。[18]以MoMA为例，邓肯大致从以下三个方面进行了阐述：第一是绘画作品中与女性身体有关的主体性隐喻；第二是从展览空间切入，揭示女性绘画作为抽象艺术空间守门人的角色；第三是将隐含着男权的抽象表现主义绘画与街边的软色情广告进行对比，认为两者共同构成了一个跨越博物馆边界、统合精神与物质的男性主义高级文化的布道场和社会仪式。在邓肯的分析中，贯穿三个方面的主题或者说仪式的引导并非男性凝视那么简单，而是对"女性危险"的恐惧、男性英雄自我的探索以及对女性诱惑的躲避。而抽象使得这种男权式的否定在强烈和隐晦中摇摆，成为一种更难以打破的叙事和难题。

回到第一点，邓肯通过分析包括毕加索《阿维尼翁的少女》在内的多幅现当代艺术作品中的女性形象，表明"无论其现实中的原型是谁，除了她们的性特征和可利用性，以及通常情况下较低的社会地位之外，（在画中）几乎没有别的身份和特征"。[19]现当代艺术中的女性不仅没有具体的身份，甚至通常只呈现某种生理性特征。邓肯不无讽刺地说道："可以肯定的是，现代艺术家经常通过裸体来发表'重大'的哲学或艺术声明。"[20]第二，邓肯以《阿维尼翁的少女》和德库宁的《女人I》为例，指出它们通常被挂在抽象表现主义纽约画派最为"极致"和"纯粹"的男性艺术家们的作品门口。

最后，抽象表现主义与男性杂志的街头广告拥有十分相似的视觉策略，它们吸引特定的目光、激起欲望，女性成为艺术家自我追寻他们存在主义的勇气，或者实现其他艺术目的的工具。邓肯认为，现代艺术中的女性形象往往体现着男性的恐惧，以及他们希望控制"不羁的女性天性"。不管是立体主义、未来主义、蓝骑士、荷兰风格派、超现实主义还是抽象表现主义，都体现了寻求某种自我或宇宙中的能量。这样，空间中充满了男性的"欲望与恐惧"、对英雄主义和纯粹的追求。那么，我们是否可以得出这样的结论：艺术馆的自由只能是一种幻觉，最终我们只能与自己的无力感和解？[21]

六、结语：超越博物馆的仪式想象

在邓肯的书写中，博物馆中各种各样的力量拉锯构成了当代螺旋上升的博物馆发展图景。教育项目公共化与民主化的对面是权贵与精英理事会成员、性别歧视的策展人，以及膨胀的捐赠者们。尽管博物馆空间充斥着围绕权威与精英阶层的叙事和仪式，但一种乐观的趋势和变化贯穿始终。她在本书的最后提出："最重要的是，它们是社群的成员们能够参与制定他们愿与之相互定义的价值观的空间。无论有什么样的局限性，或大或小，也无论它们看起来有多边缘化，艺术博物馆空间都是值得争取的空间。"[22]邓肯的这种批判路径遭到了不少批评，正如她自己也提过，一方面，其观点面临着所谓正统或传统艺术史范式的批评，另一方面，就如书评人卡米尔·瑟丘克（Camille Serchuk）所说，在本书中，邓肯的观点具有强加的色彩。[23]通俗来说，就是有一种立场或理论先行的倾向。即便如此，包括瑟丘克在内的多位书评人都表示，本书在博物馆学和收藏史学科中具有非常重要的地位，也为更广泛的现代性讨论提供了新的思路。

诚然，邓肯的呼吁是一种左翼写作的典型，但的确也是如今在博物馆实践中我们急需补充的精神。比起邓肯笔下历史洪流中分明的对抗，抛给当今世界和博物馆人的问题或许是如何在提出倡导时避免另一种极化？如何在社会结构日益固化的当今，创造一套新的具有变革意义的博物馆仪式（或叙事）？如何将女性主义等问题放到全球的策展实践中去探讨（所谓交叉性）？当我们在思考这些问题时，就会发现，与邓肯进行理论对话永不会过时。

（冯小旦，鲁汶大学哲学硕士，阿姆斯特丹自由大学人类学博士研究生。）

注释：

[1] 卡罗尔·邓肯：《文明化的仪式：公共美术馆之内》，王雅各译，台北：远流出版事业股份有限公司，1998年。

[2] Carol Duncan, *Civilizing Rituals: Inside Public Art Museums*, London: Routledge, 1995, p. 8.

[3] Ibid., p. 8.

[4] Ibid., p. 8.

[5] Ibid., p. 12.

[6] Ibid., pp. 13-16.

[7] Ibid., p. 12.

[8] Ibid., p. 132.

[9] Ibid., p. 25.

[10] Ibid., p. 27.

[11] Ibid., p. 43.

[12] Ibid., p. 55.

[13] Ibid., p. 96.

[14] 邓肯给予了各位富人的收藏史以详尽的叙述，感兴趣的读者请见：Carol Duncan, *Civilizing Rituals*, p. 75, 77, 79, 96.

[15] Ibid., p. 83.

[16] Ibid., p. 74.

[17] Ibid., p. 102.

[18] Ibid., pp. 106-110.

[19] Ibid., p. 110.

[20] Ibid., p. 111.

[21] Ibid., p. 131.

[22] Ibid., p. 132.

[23] Camille Serchuk, "Review of *Civilizing Rituals: Inside Public Art Museums* by Carol Duncan and *Male Trouble: A Crisis in Representation* by Abigail Solomon-Godeau", *The Journal of Inclusive Scholarship and Pedagogy*, Spring 1998, 9(1), pp. 126-131.

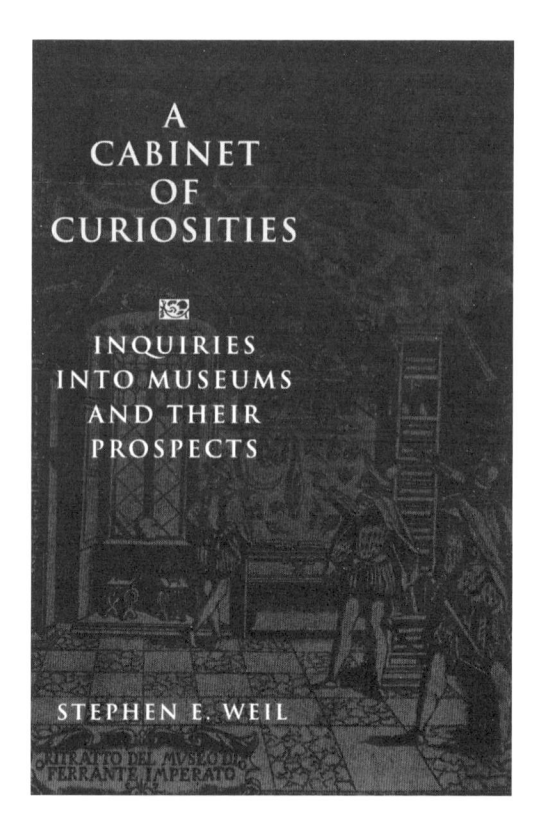

《珍奇柜：探寻博物馆及其愿景》

A Cabinet of Curiosities: Inquiries into Museums and Their Prospects

作者：史蒂芬·威尔（Stephen E. Weil）

出版年份：1995

◆——·　本书短评　·——◆

以珍奇柜的隐喻批判性地反思了20世纪90年代的博物馆现状和未来。

述评人：丁晗雪

1995年，《珍奇柜：探寻博物馆及其愿景》（*A Cabinet of Curiosities: Inquiries into Museums and Their Prospects*）一书由美国史密森学会出版社出版，完成于史蒂芬·威尔从赫胥宏博物馆和雕塑园退休后，是其自由而思辨地思考博物馆及其现象的产物。如果说1990年出版的《重思博物馆及其他》（*Rethinking the Museum and Other Meditations*）旨在描述博物馆的社会角色、目的与潜力，那么本书便是对20世纪90年代的博物馆现状和未来展开的批判性反思，"文化机构需要摆脱对技术和过程的迷恋，更加专注于目标"[1]"博物馆不是也永远不可能像其拥护者所宣称和相信的那样具有自主性、永久性、内在美德的且能够广泛地发挥教育作用吗？""博物馆真的'物有所值'吗？别的机构是否能做得和博物馆一样，还是比博物馆做得更多、更好？博物馆能够给公众带来切实的改变和影响吗？"[2]

　　本书分为6章，包含24篇文章，主要强调艺术作品与博物馆要与人们的生活产生相关性，以及公众之于博物馆的重要作用。第1—4章主要涉及博物馆的语言和绩效、艺术博物馆的转变、收藏和收藏家、公共政策和法律问题四个主题。第5—6章则主要围绕三个博物馆培训案例——艺术品转售税和未出版作品版权问题、艺术世界的奥运会、1990年获得"凯瑟林·科菲奖"（Katherine Coffey Award）的获奖感言——展开。考虑到这些内容在博物馆领域较为陌生的现实境况，本文暂不详述该部分，而是聚焦与博物馆世界更为相关的前4章。从博物馆的语言与绩效，重构艺术与艺术博物馆以及将第3—4章合并为收藏与公共政策三个主题展开讨论。

一、博物馆的语言与绩效

　　第1章"关于一般博物馆"主要包含两个主题——语言与绩效。"博物馆不仅是存放物品的地方，也是叙事生产的场所"[3]，隐喻和叙事是博物馆中最常见的两种语言使用方式。关于博物馆的隐喻，如"宝库"（treasure house）意味着博物馆的物品是精心挑选的珍宝；"视觉艺术的实验室"（a laboratory for the visual arts）意味着博物馆是一个通过不断试错和实验来发现真理和美的地方；"神庙"（temple）意味着博物馆的物品是神圣并应该受到尊重的。并非所有关于博物馆的隐喻都是正面的，"墓地"意味着博物馆是被丢弃和不再存在的物品的坟墓，"家长和老师"意味着博物馆教育是一种单向的灌输。如果博物馆人可以转换思维，接受"社会公众可以对博物馆的发展做出贡献"这一观点，情况会豁然开朗。例如，将公众参与纳入博物馆基础业务，博物馆定期向公众征集与他们生活息息相关的物品和故事，鼓励观众交流其对展品多样性和个性化的反应……在这种情况下，博物馆叙事就不再是单向的自说自话，而是博物馆与公众共同建构的结果。

无论是对某一座博物馆还是整个博物馆领域来说，20世纪70—90年代都是一个前所未有的"成长"期。"成长"一词暗示了一个自然成长且动态独立的过程，掩盖了管理人员参与博物馆扩张和对博物馆扩张负责的问题。此时，博物馆管理持续面临一系列的决策点，必须在"增长"或"不增长"之间做出选择。对于管理层来说，扩张是一项令人振奋的挑战，意味着理事会和员工的工作取得了重要成就，博物馆有继续扩张的无限机遇。然而，公共资源的管理者不能只在机构临近崩溃时才确定扩张的限度，必须将博物馆的规模（即其员工、预算、项目、藏品和设施的规模）视为一个谨慎的管理决策问题，从而不被充满机遇的扩张前景所诱惑。

第二个主题为博物馆绩效，20世纪90年代以来，社会愈加关注非营利组织的运作方式，博物馆需要向社会证明其如何使用公共资源并实现其目标。20世纪60年代的博物馆以投入的资源来衡量其贡献，如博物馆的藏品有多好？员工是否受过良好的培训、是否受到尊重？设施是否足够、状况如何？观众访问率有多高？博物馆收到多少捐赠？20世纪70—80年代以来，随着社会服务、医疗和教育机构的改革，"产出"（outcomes）开始成为评估这类事业的主要指标。在英国，政府资助的文化组织被要求必须"确保纳税人的钱在追求这些目标的过程中物有所值"[4]，这意味着这些组织不仅要对委托给它们的资源负责，还要有效地利用这些资源，更为重要的是它们能够在其所服务的社区产生切实和积极的影响。效率和效益的量化指标（quantitative indicators of effectiveness and efficiency）开始进入博物馆界的视野并为博物馆管理者所用。

1993年6月，美国弗吉尼亚州温特格林（Wintergreen, Virginia）举办了博物馆高级专业人员培训，"博物馆绩效指标"即是讨论的主题。威尔在会上做了《博物馆领域的新进展：温特格林会议上对博物馆绩效指标的报告》（*Progress Report from the Field: The Wintergreen Conferenceon Performance*

Indicators for Museums），指出应将博物馆观众和参观、藏品管理、展览费用和日程安排、设备管理、员工招聘、保留和培训、会员和发展、理事会运作、学术研究和公共教育项目影响纳入绩效考核范围。[5]他还指出"博物馆为社会提供的服务不仅仅是保存过去的物品，根据国际博物馆协会1974年对博物馆的定义，博物馆能够在社会及其未来发展中发挥积极作用，它还必须能够向社区表明，这种影响是真实可见的"[6]。

当公共和私人资金紧缩成为博物馆不得不面临的现实困境时，价值本身可能便无法成为继续支持博物馆或类似机构存在的理由，博物馆正面临一些"灵魂拷问"：博物馆真的"物有所值"吗？其他机构是否能做得和博物馆一样多，还是比博物馆做得更多、更好？博物馆能带来实际的改变和影响吗？虽然绝大多数的博物馆可以做出积极有力、令人信服的答复，但要证明其是重要且无法取代的，就需要专注与博物馆相关的成果，这也是博物馆区别于其他机构的独特之处。[7]

二、重构艺术与艺术博物馆

第2章"关于艺术与艺术博物馆"介绍了美国艺术博物馆的变革与重构，其运作不能再继续依靠艺术的道德说服力和艺术家的精神权威，而必须为艺术博物馆的合法性寻求更为坚实的基础。几篇文章探讨了如何引入审美标准和质量观念，质量虽然经常被认为是主观标准，但实际上可能在法律上决定艺术公共开支。

20世纪90年代，在艺术品拍卖、交易和艺术展览的火热态势下，美国艺术博物馆以教育和保护为工作重点，其"收藏艺术作品为当代人的使用提供便利并为子孙后代保存"的立场成为燥热市场下的"一方净土"[8]。在大多数公众的眼中，艺术博物馆是卓越的仲裁者，有选择、收藏和展出艺术品并赋予其实质性、永久性价值的权力。艺术家以博物馆收藏或展出其作品数量的多少来衡量他们的声誉，哪怕只是在临展中展出，也能提升这件作品的市场价值。

19世纪下半叶，类似18世纪欧洲艺术博物馆的机构在美国东部出现。始于改善社区（communal improvement）的理念，艺术博物馆旨在通过展示艺术品来教育公众和提高其素养。[9]不同于卢浮宫等欧洲传统博物馆庆祝和彰显（celebrate and make manifest）曾经属于王室的东西现在属于人民，美国艺术博物馆旨在"提升"（uplift）和"启迪"（edify）民众，并试图构建某种精神信仰，即对艺术作品、艺术家和博物馆的崇敬。威廉·卡伦·布莱恩特（William Cullen Bryant）曾在1869年描述即将建成的大都会艺术博物馆（Metropolitan Museum of Art）为"天真无邪和追求改善的娱乐方式"（entertainment of an innocent and improving character）。这一最初的愿景在近一个世纪中遭到了猛烈的批评与质疑。为了争取公共和私人的持续性资助和吸引潜在观众利用闲暇时间参观，美国艺术博物馆不再享有曾经无瑕的声望，也不再被视为纯粹、不言而喻的"一方净土"。

这些批评与质疑主要分为两类：一方面是对艺术家和艺术作品的关注，某些艺术品因其卓越的艺术质量被博物馆鉴别、收藏和展示。[10]其中关于艺术品"质量"的讨论最为激烈，某公立博物馆因在纽约的一家画廊购买了希特勒的画像而遭到退伍军人组织的示威和社会的谴责，之后，该博物馆还面临企业和个人撤资的危机。威尔讨论了博物馆在选择展品时权衡艺术作品"关于性"（aboutness）和"本然性"（isness）等问题。艺术博物馆的核心业务是展示艺术本身，但需要找到区分艺术的关于性和本然性的话语。如果博物馆只以作品本身的卓越性——本然性为标准，选择展出希特勒的肖像，就要做好面对社会公众讨论和质疑的准备。对于社会公众来说，这幅作品关于希特勒的内容也许比它本身作为卓越的艺术品更值得关注。反之，艺术失去本然性便不再是艺术，没有了艺术，我们将会更加不幸。[11]

《公开选择的艺术：适用什么标准？》（Publicly-Chosen Art: What Standards Apply?）讨论了博物馆如何从众多藏品中选择向公众展出的作品。艺术作品（如绘画作品）能够通过作为商品、沟通方式（包括主题与观点两个方面）和由"颜色、轮廓和平面"在二维表面上组合而成的构图三种方式发挥作用。[12]遗憾的是，艺术作品的商品价值和潜力从未成为政府提供资助所考虑的因素。基于此，威尔指出，在评估艺术品时，可以扩大范围和视野：不只关注作品本身，还应该关注其评估过程。关注它有多大程度的独创性构思？艺术家在制作时使用了什么原材料？创作中面临了哪些障碍？类似问题都可以纳入评估指标。虽然博物馆选择艺术作品主要基于卓越和艺术的双重标准，从事藏品征集的工作人员必须尽最大努力选择进入博物馆收藏的艺术品既是最具代表性的，也是艺术家以独特的创作方式完成的。[13]

　　除了对艺术家和艺术作品的各种质疑和批判外，另一方面是对博物馆机构本身重要性的质疑，博物馆被指控为种族主义者、性别歧视者、精英主义者、欧洲中心论者和资本主义进行剥削的工具。博物馆不再是卓越而伟大的，而是艺术品的"坟墓"：从其最初的创作环境中移除（进入博物馆）的艺术作品将丧失原本的活力。[14]法国著名社会学家皮埃尔·布迪厄的观点最犀利也最值得关注。在《评述：排斥原则》（Review: Exclusion Principle）中，威尔对布迪厄和阿兰·达贝尔（Alain Darbel）的《艺术之爱：欧洲艺术博物馆及其公众》（The Love of Art: European Art Museums and Their Public）进行了评述。布迪厄认为（艺术）博物馆是一种区分机构：通过不断地复制和重复制造有教养的少数人和缺乏教养的多数人之间的区分感，来实现维护社会的秩序的主要功能。如此看来，艺术博物馆真正的功能不是收集、保存、研究、展示和阐释这些艺术作品，而是强化一些人的归属感、排斥另一些人的归属感。威尔认为布迪厄并不主张博物馆扮演这样的角色，作为一名社会学家，布迪厄的研究既不支持也不谴责博物馆，而是评估博物馆作为文化传播媒介的作用。[15]

　　对于大多数美国博物馆人来说，布迪厄的观点与他们对博物馆的期望背道而驰：他们希望博物馆是一个具有包容性的机构，而不是精英阶层的特权。美国的博物馆界还呼吁，博物馆应该成为欢迎所有人——任何年龄、能力、受教育程度、阶层、种族或人种——的地方。布迪厄的研究在于明确了如下观点，即仅仅通过免费开放和延长开放时间无法使博物馆成为"欢迎所有人的地方"。因为观众不参观博物馆的原因归根结底是他们缺少一种能够欣赏或解读艺术作品的能力，而这种能力是在生活经验和家庭教育中不断发展而来的。只有社会教育水平普遍提升后，博物馆才能够吸引和留住他们所期望的新观众。

　　相比于学者对博物馆的批评，公众对博物馆的评价既不好也不坏。甚至可以说公众对博物馆几乎没什么想法，在公众眼中，博物馆是一个与日常生活无关的机构。在批评与质疑之下，20世纪90年代的艺术博物馆摇摇欲坠。我们该如何重新审视博物馆？博物馆如何经受这些致命的指控？博物馆如何才能发展一套全新的、深思熟虑的底层逻辑来更好地塑造机构价值观、拓展相关性，并为未来的发展方向提供指引？威尔在《在新的基础上重新认识美国艺术博物馆》(On a New Foundation: The American Art Museum Reconceived)中对美国的艺术博物馆展开了全新构想,包括四个方面:第一,艺术博物馆可以成为开放讨论的场所,讨论要超越博物馆的传统主题、艺术和艺术家、博物馆机构自身;第二,重新衡量博物馆展品的美学和非美学价值,减少对其美学方面的单一关注,并同时提高对展品非美学方面的认识;第三,为实现博物馆的教育目标,需要扩大展品范围。博物馆应该将某些价值较低的作品甚至不具有审美价值的物品纳入考虑范畴;第四,也是最重要的一点,艺术博物馆需要转变传统观念——从崇拜艺术天才及其作品的神庙变为观众可以更好地欣赏人类独特的创造性转化能力的场所。在此,全面呈现艺术作品意味着不仅要展示其本身卓越的审美价值,同时也要体现其作为人类独特的创造性行为的产物。[16]

三、收藏与公共政策

本书的第3章讨论了博物馆收藏、收藏家和藏品,第4章则聚焦艺术与公共政策,两个章节的文章篇幅比较精简,故笔者在此合并为一部分讨论。

《一则寓言:伟大而著名的凯利袜子收藏》(The Great and Renowned Kelly Sock Collection: A Fable)讲述了凯利对自己的袜子进行收藏和展示的心路历程,从按袜子的外观、颜色和质地排列到展现人类与袜子之间的关系。虽然收藏袜子是一个普通小学生在一个无聊下午的"心血来潮"之举,但与收藏家的收藏行为和博物馆收藏、展示藏品之间关系密切。在《理想的私人收藏家》(Collecting a Private Art Collector: In Search of the Ideal)中,威尔具体分析了优秀的收藏家应该具有的特质:第一,其必须具有冒险精神,是一个独立的、精力充沛的、富有想象力且知识渊博的人;第二,还需要为收藏活动投入金钱和时间;第三,要以道德的方式收藏,遵守艺术品交易的法律,并且不在交易中使用欺诈性伎俩和卑鄙的手段;第四,还需要做好其离世后收藏品的处置工作;最后,从收藏活动中获得的乐趣主要来源于藏品的获得和研究,这远比从集邮或喝酒中获得的乐趣更加深刻和持久。[17]

面对外部资金收缩的压力,博物馆可能会选择通过出售藏品来弥补运营资金的缺口。威尔将博物馆收藏比作饼干罐,一旦打开盖子,就可能无法恢复原状。博物馆利用退藏的收益来获取运营经费,是自我失败的策略,还会影响公众对博物馆的看法。更严重的情况是，这会导致公众失去继续支持博物馆的理由，最终可能会损害整个博物馆世界的声誉。[18]此外，威尔明确要求博物馆应当对藏品进行资本化，以接受对其财务报表的无保留审计。[19]

关于藏品研究，威尔还对英国博物馆学家苏珊·皮尔斯（Susan Pearce）主编的《知识之物》（Objects of Knowledge）进行了述评。该书关注博物馆物品创造意义的方式和过程，涉及领域广泛，包括基础理论、博物馆教育、博物馆与土著人的关系等研究，还包括一些书籍、展览和会议资讯。在威尔看来，博物馆研究领域的新思想主要有两个源头：一个是英国的实用主义传统，强调理性的科学和学术；另一个是欧洲大陆和北美的批判传统，主张采取后现代主义、结构主义和后结构主义的方法，认为所有的知识和美学或社会的价值是社会建构的。[20]

第4章是关于艺术与公共政策的讨论。20世纪90年代，艺术已成为重要的公共物品，并且正以独特和重要的方式为人们生活质量做出贡献。如果艺术无法通过市场需求得到充分支持，那么联邦政府应该提供某种形式的补充资助。《税收政策与私人捐赠》（Tax Policy and Private Giving）讨论了联邦政府对艺术进行直接资助的困境和前景，提出研究者还需要进一步探索如何在国家层面为博物馆获得资助，以激发艺术市场中形式多样的艺术表现形式。1990年，威尔在美国国会的独立委员会（The Independent Commission）审查美国国家艺术基金会（National Endowment for The Arts）的拨款活动听证会上发表证词："为进一步区分'赞助'与'认可'，捐赠基金会要对资助的艺术组织和艺术家的作品持中立立场，即捐赠基金会赞助了某项活动，并不意味着它对该活动的认可，以及公共资助艺术标准应该比私人资助艺术的普遍标准更广泛。"[21]

美国的《税收法典》（Internal Revenue Code）列举了文化组织可以免税的几点要求，其中与艺术博物馆最相关的是"慈善"和"教育"。[22]就前者而言，博物馆提供免费或收取低于服务成本费用的服务，这类似于传统的慈善事业；就后者而言，博物馆为社会教育服务，尤其是在美国，博物馆不仅被认为是藏品的仓库或公共娱乐场所，而且是一个教育场所，正如1984年美国博物馆协会发表的《新世纪的博物馆》（Museums for a New Century）报告中写的那样："如果说藏品是博物馆的心脏，那么以丰富的信息和激励人心的方式呈现物品和思想的教育则是博物馆的灵魂。"[23]

为什么艺术博物馆（或交响乐团等类似的非营利文化组织）可以获得联邦所得税的豁免？面对艺术能否对公众生活产生切实和重要影响的拷问，威尔在《卓越、自主和多样性：免税文化组织的实例》（*Excellence, Autonomy, and Diversity: The Case for Tax-Exempt Cultural Organizations*）中阐述了非营利性组织免税的理由：

> 艺术存在于非营利的文化组织中，使它们在一定程度上免受政府的意识形态和市场的平庸化压力，艺术才能够很好地发挥出上述职能，并因慈善捐赠的税收减免，使其获得了间接公共资助，非营利性文化组织的自主性带来了艺术的多样性，倘若艺术失去多样性，相应的艺术也失去了卓越性。[24]

四、结语

从赫胥宏博物馆和雕塑园退休后，威尔在本书中延续了他在《重思博物馆》中强调的博物馆要为社会和社会发展服务、与所在社区紧密联系、对公众生活产生实际的影响和作用的观念。在本书中更能看到威尔对一些以往观点的质疑和博物馆在应对未来挑战上的担忧。虽然博物馆在员工配置、管理、规划、收藏和观众发展上已经能够很好地应对日益多样和多元的人口问题，但相较于美国人口的快速流动，博物馆的收藏却是静止的，这也将导致藏品与博物馆所服务和面向人群之间的鸿沟随着人口的流动而进一步加剧，无论是自然历史类博物馆还是艺术博物馆都需要重新组织他们的收藏以面对人口统计学上的变化。[25]

除此之外，威尔指出博物馆在未来发展中面临的三个主要挑战：一是博物馆本质上是"使命导向"（mission-driven）还是"市场导向"（market-driven）？完全忽视市场的博物馆可能面临生存的危机，背弃使命的博物馆将失去存在的理由，博物馆需要在市场和使命两端找到一个平衡点，以维持自身的存在意义和生命力；二是由于许多博物馆未明确其发展目标，未能尽快开展评估，在资源紧缩的外部环境下，博物馆无法提供证据来证明自身的价值，越来越难以获得应得的资源；三是关于职业道德准则，1992年美国博物馆协会曾将一些最低限度的制裁纳入《道德准则》（*AAM Code* of Ethics for Museums）之中但后被取消，因此，美国博物馆界一直以来未能将任何形式的制裁纳入博物馆职业道德准则。[26]

博物馆如何应对上述的变化和挑战？威尔在书中给出了他的思考：首先，美国博物馆的管理机构的多样性影响了博物馆运营的复杂性，制订尽可能广泛的备选方案以供选择是最有效和创新的方法。其次，与保持博物馆员工阶级、种族和性别的多样性同样重要的是留住那些对博物馆工作充满激情和决心的员工。最后，由博物馆及其工作人员组织形成的行业协会发挥了重要的协同促进作用，他们提供了博物馆世界的信息传播网络，增强了博物馆在预测风险、评估方案和识别机会的能力，是博物馆的重要资源之一。[27]

本书也阐述了威尔一直以来在博物馆学研究领域的学术关照：第一，他强调博物馆要保持与公众的社会相关性（social relevancy）。他认为博物馆应该是"对人们的生活质量产生积极影响"的地方（a positive difference in the quality of people's lives）[28]，只有与公众的生活相关，博物馆在未来才有希望继续蓬勃发展。威尔的学生盖尔·安德森（Gail Anderson）在《博物馆与相关性》（Museums and Relevancy）的卷首语中提出的问题仍然值得我们思考：

> 对于博物馆来说，以一种有意义的方式与公众保持联系和参与意味着什么？博物馆是否被视为一个与社会相关的机构？在经营博物馆时应该如何既响应博物馆的使命又与所在社区密切相连？博物馆是否需要重新思考其角色、使命和愿景？如果进行机构制度变革，需要采取哪些步骤，谁来帮助博物馆实现这一转变？[29]

其次，威尔认为博物馆要有方向感和目的性，想让博物馆声名鹊起，还是仅仅维持运营，都必须能够提出有价值且明确的目标，并证明其有能力实现这些目标。[30]遗憾的是，很多博物馆仍然处于"使命真空"和"目标缺失"的状态，很难以量化的方式对其项目进行评估，也无法确定谁会因为这些活动受益，博物馆只是浑浑噩噩地"活着"罢了。

最后，威尔给予了博物馆工作人员特殊的关注。正是他们为工作投入的热情和决心为博物馆的发展注入了活力，还有大量为博物馆奉献的志愿者们，也是博物馆事业中一道亮丽的风景线。

（丁晗雪，上海大学文化遗产研究专业博士研究生，主要研究方向为博物馆学。）

注释：

[1] Stephen E. Weil, *A Cabinet of Curiosities: Inquiries into Museums and Their Prospects*, Washington: Smithsonian Press, 1995, p. 292.
[2] Ibid., p. 34.
[3] Ibid., p. 10.
[4] Ibid., p. 35.
[5] Ibid., pp. 19-31.
[6] Ibid., pp. 30-31.
[7] Ibid., p. 43.
[8] Ibid., p. 82.
[9] Ibid., p. 86.
[10] Ibid., p. 88.
[11] Ibid., p. 50.
[12] Ibid., p. 54.
[13] Ibid., pp. 73-74.
[14] 也有观点认为无论艺术品是否进入博物馆，它们都会随着时间的推移而失去活力。
[15] Stephen E. Weil, *A Cabinet of Curiosities*, p. 77.
[16] Ibid., p. 108.
[17] Ibid., pp. 134-138.
[18] Ibid., p. 143.
[19] Ibid., p. 145.
[20] Susan M. Pearce, ed., *Objects of Knowledge*, London: The Athlone Press, 1990, pp. 1-2.
[21] Stephen E. Weil, *A Cabinet of Curiosities*, p. 200.
[22] Ibid., p. 184.
[23] American Association of Museums, *Museums for a New Century: A Report of the Commission on Museums for a New Century*, Washington: American Association of Museums, 1984, p. 55.
[24] Stephen E. Weil, *A Cabinet of Curiosities*, p. 197.
[25] Ibid., p. 18.
[26] Ibid., pp. 20-21.
[27] Ibid., pp. 22-24.
[28] Stephen E. Weil, *Making Museum Matter*, Washington: Smithsonian Press, 2002, p. 73.
[29] Gail Anderson, Museums and Relevancy, *Journal of Museum Education*, 2006, 31(1), pp. 3-6.
[30] Stephen E. Weil, *A Cabinet of Curiosities*, p. 24.

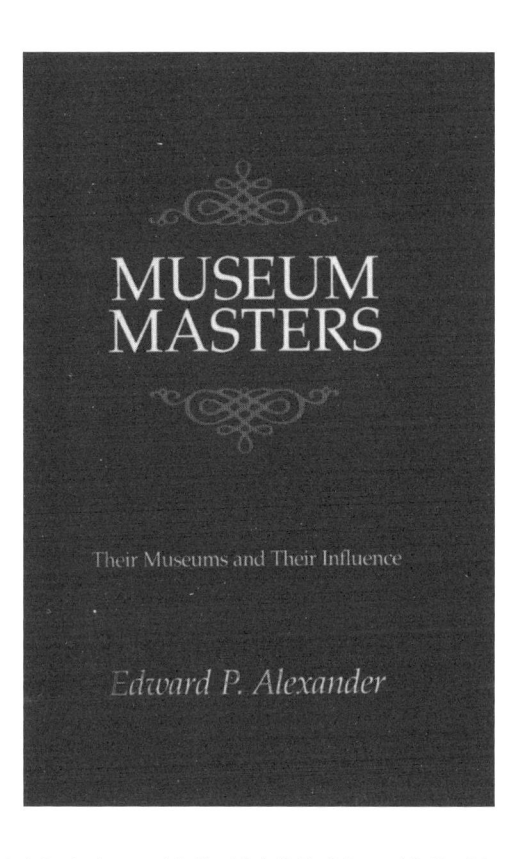

《博物馆大师：他们的博物馆和他们的影响》
Museum Masters: Their Museums and Their Influence

作者：爱德华·P. 亚历山大（Edward P. Alexander）
出版年份：1995

本书短评

从博物馆大师的传记处再现博物馆历史发展的轨迹。

述评人：吴心怡

如果梳理欧美地区现代博物馆形成和发展的各个阶段，会发现19到20世纪初是一个值得关注的时段，展览主题的功能布局和参与式活动开始在博物馆之中出现，一批领军型人物的涌现是这个阶段独有的现象。[1]伴随西方现代博物馆格局逐渐成形，如何向后人讲述这些开创性的、影响深远的工作理念和管理方法是博物馆学家们跃跃欲试的课题。

基于上述问题意识，亚历山大通过收集各种史料、与博物馆大师的亲属或后人进行交流等途径，最终以文学般的感性策略构建了具体的社会—历史情境，描绘了博物馆大师的性格、专业领域、家庭氛围、兴趣轨迹以及交往圈子，并以此展现与这些大师相关的不同博物馆。书中提及了汉斯·斯隆爵士（Sir Hans Sloane）与大英博物馆（the British Museum）、查尔斯·威尔逊·皮尔（Charles Willson Peale）与费城博物馆（Philadelphia Museum）、多米尼克·维旺·德农（Dominique Vivant Denon）与拿破仑的卢浮宫（the Louvre of Napoleon）、威廉·杰克逊·胡克（William Jackson Hooker）与皇家植物园邱园（the Royal Botanic）、亨利·科尔（Henry Cole）与南肯辛顿（维多利亚和阿尔伯特）博物馆（the South Kensington Museum）、安·帕梅拉·坎宁安（Ann Pamela Cunningham）与华盛顿的弗农山庄（Washington's Mount Vernon）、威廉·博德（Wilhelm Bode）与柏林博物馆岛（Berlin's Museum Island）、阿图尔·哈塞柳斯（Artur Hazelius）与斯堪森（Skansen）、乔治·布朗·古德（George Brown Goode）与史密森博物学院（the Smithsonian Museums）、卡尔·哈根贝克（Carl Hagenbeck）与斯达林艮区动物园（Stellingen Tierpark）、奥斯卡·冯·米勒（Oskar Von Miller）与德意志博物馆（the Deutsches Museum）以及约翰·科顿·达纳（John Cotton Dana）与纽瓦克博物馆（the Newark Museum）。这12位脱颖而出的博物馆大师，活跃于18世纪中叶至20世纪20年代。

时代背景常常是史学创作的重点，譬如工业展览或世界博览会对博物馆大师们的影响、战争与工业革命所引发的爱国主义热情以及时代精神之于个人博物馆理念的重要性等。[2]而在这本书中，这些社会因素作为刻画大师形象的"语境"（context）而被纳入个人短史，那些不好融入的历史说明则被一笔带过，比如作者没有详细讨论博物馆理论、实践反思与历史变迁的关系。此外，本书顺理成章地融入了更多细节，像是路易莎·伯德·坎宁安夫人（Mrs Cunningham）看到破旧不堪的华盛顿故居之后在信中写道："如果我们国家的男人们无法维护……那么我们女人为什么不能尝试维护？"[3]以此作为其博物馆事业的启蒙。这种写作手法意在告诉读者：博物馆的故事并不乏味，博物馆人亦是如此。

本书中，博物馆运动由一个静态的抽象术语转变为一连串人类活动的经验，进而勾勒了博物馆开拓时代的实践图景，旨在为现代博物馆从业者研究自己以及他们所处的行业提供借鉴与启发。笔者将从"人物—机构—实践"线索展开，来分析一本看似探讨机构史、行业史与事业史的博物馆书籍是如何与思想史乃至教育史相接的。

一、人物：博物馆大师

正如1889年大英博物馆（自然历史馆）的威廉·弗劳尔（William Flower）爵士所说："一座博物馆的成功和实用性……取决于它的负责人，负责人与其员工是博物馆的生命和灵魂。"[4]作者并没有对博物馆大师做出明确界定，也未对人选的标准进行系统性的说明，但可以肯定的是他们与某些博物馆之间联系紧密。本节将从品质与情感、个人经历的丰富性以及个人与群体的关系这三个角度展开。

首先，无论章节标题还是正文内容，作者都在强调这些伟大人士在博物馆行业做出的功绩，而为使这些大师的形象更加真实、兼具鲜明个性，亚历山大也会在书中记录一些他们的爱好习惯、日常插曲以及不完美的一面，如描述哈塞柳斯为人和善，鄙视因鸡毛蒜皮的小事与他人发生冲突，但当员工的工作做不到位时，就会遭到他的无情批评。[5]博德"一听到反对的声音，就感到愤怒，他因采取行动而犯的错误远远多于因未能采取行动所犯的错误"[6]。亚历山大还选取了一个生动场景，展现达纳诙谐有趣的行事风格，在会议上，达纳"会走向两位图书馆馆长，与他们交流，然后提一些有争议的话题，由此三人争辩起来。在辩论中途，达纳却退出来，留那两个人继续争论。而达纳则继续寻找其他谈话对象，重新上演刚才的那一幕"[7]。

除此之外，大多数博物馆领军人物在进入博物馆界前就已有丰富的职业经历，并在多个领域有所建树。事实上，对他们中的一些人来说，博物馆工作是他们众多工作中的一项，甚至在人生后半段才开始做起，而他们前半生的经历也为开展博物馆事业奠定了良好基础。举例来说，斯隆爵士是一名旅行家兼科学家，当选过多个国家或地区科学院的会员。因此，他积累了丰富的收藏经验，并具有精明的商业头脑。胡克在担任邱园院长之前，就因其对植物学研究、写作以及插图绘制的热爱，建立了私人图书馆和植物标本室，甚至从酿酒厂经理改行，在格拉斯哥大学教授植物学逾20年。皮尔善于发明创造，善于解决问题并及时改进，皮尔大家族温馨融洽的家庭氛围使其格外重视培养人们的道德品质和幸福感，其个人的生命体悟融入了费城博物馆的创办理念。

在个人与群体关系的处理上，亚历山大笔下的大师们没有一个真正意义上的孤军作战者，相反，他会描述这些"克里斯马"（charismatic，意为有超凡魅力的）人物在历史环境之中的局限性，譬如坎宁安女士体弱多病，女性的身份令她妇女协会的创办之路举步维艰；皮尔为获取政府支持而做出的所有尝试均以失败而终，没有切实可行的组织架构的费城博物馆最终退出历史舞台。[8]于是，在不少章节之中，大师们的家人、朋友或者上司，会以启蒙者、支持者抑或继承者的姿态共同出现在他们博物馆的开拓时代，像是威廉·胡克与约瑟夫·班克斯（Joseph Banks）的早年梦想，爱德华·埃弗利特（Edward Everett）与坎宁安的坚定友情。由此可见，一个伟大博物馆的诞生与毁灭不都取决于某个特定的人，也要考虑当时的主客观环境。值得注意的是，在"作为国家荣耀特征的艺术博物馆"一节中，亚历山大引用了德农将自己的收藏称为"从各种丰功伟绩的相互作用中燃起的永恒火焰""所有的文明国家都应当有它们自己的艺术创作"等言论，[9]表示从被征服的国家掠夺艺术品的做法至今看来依旧难以令人认同，可见亚历山大会将博物馆伦理问题放在一定历史环境内思考，并给出自己的见解。

二、机构：博物馆及其内外

本书主要谈及了12座博物馆，这些先驱者打造了西方博物馆视域下的第一批综合性博物馆、艺术博物馆、故居博物馆、科学技术博物馆、社区博物馆、生态博物馆、植物园以及动物园。

从对内架构来看，它们有些是实际上的国家政治分支机构，也有由私人筹集资金以解决成本问题的商业集团。南肯辛顿博物馆、皇家植物园邱园、柏林博物馆岛和拿破仑卢浮宫早期都是由国家政府全权控制和提供资金的机构。在各个国家的鼎盛时期，时任君主的拿破仑、维多利亚女王、阿尔伯特亲王以及德皇威廉二世都支持博物馆开展工作，然而他们的想法也不全然利于博物馆，比如拿破仑在博物馆举办第二次婚礼时，想把展厅中的巨幅绘画烧掉。理事会与顾问委员发挥了政府和博物馆行政之间的缓冲作用，可以折中融合当地政府和私人力量对博物馆的经济支持，拥有较为稳定的一部分收入来源，还能在关键时期为博物馆争取权益，发挥第三方的灵活性与创意性。历史上，这些博物馆的理事会成员人数、任命原则及责任范围随着外在形势的变化经历了多次筛选，也出现过协会、博物馆之友组织等新角色。[10]古德专为博物馆制定了一项全面的组织规划与规章制度，被后世称为"美国博物馆学之父"，而皮尔试图打造私营博物馆的尝试却以失败告终。正如作者所言，博物馆的最佳组织形式并不统一，只有创建一套有力且适宜的管理机制，才能持久发展。

从对外影响来看，民族主义和政治独立运动促使西方国家纷纷建立自己的博物馆，博物馆大师们之后的从业者也善于从历史和现实的结合中提出全新的方案。德意志博物馆的释展思路就深深影响了包括美国国家航空航天博物馆（Smithsonian Institutions National Air and Space Museum）、芝加哥科学和工业博物馆（Museum of Science and Industry）、美国亨利·福特博物馆（Henry Ford Museum）等在内的一批科学技术博物馆。哈塞柳斯在瑞典创立的斯堪森博物馆则影响了20世纪70年代新博物馆学运动期间的"生态博物馆"（ecomuseum）模式，在英国发展成工人阶级对民俗文化与日常生活的一种需求，在美国体现为移民群体对自我意识与价值的诉求，[11]进而使得露天博物馆的形态臻于完善。

事实上，发展到今天，无论是哪种类型的博物馆，其经历了何种宗旨、理念、实践等方面具体的变迁，已经很难向前追溯、很难得出确定性的结论。[12]不过，讨论某种差异性机构的演变，归纳博物馆观念或逻辑上的延续性轨迹仍有价值。

三、实践：博物馆的职能与业务

从人物的众多经历之中挑选能够阐明其试图探究的特定事件与运动是亚历山大最为重要的工作，从参考文献来看，作者参考了相当多的个人传记与大量私人化的史料,每一篇中几乎都会大量引用日记、信件、自传、工作日志等资料,在尊重客观历史的基础上试图演绎、梳理而出一条筹备新馆的线索。胡克的皇家植物园邱园与哈根贝克的斯达林民区动物园是否可归纳为博物馆尚有争议,此处以"活态藏品"的概念将其纳入博物馆的讨论范畴。[13]接下来,笔者将根据时间线索梳理大师们从收藏与保护、展览与教育这两条路径出发的经历,探寻博物馆现代职能逐步形成的过程。

(一)收藏与保护

斯隆对于收藏的热情来源于16—17世纪科学的兴起,当时的人依赖于观察得到的结果来解释世界,其收藏种类涉及医学、自然历史以及人种志资料。其遗嘱清单虽尚未构成科学的分类原则,但这为学术研究提供了土壤。皮尔的费城博物馆最初只有肖像画展厅(大多数为独立战争时期的重要人物)以及自然奇物及人工珍玩。激发人们的爱国之情是皮尔收藏的驱动力,因此他更热衷于收集美国本土标本,并采用林奈的科学分类体系,同时注重媒体对其收藏活动的宣传。德农所建的拿破仑博物馆藏品大多是统治者从被征服国家掠夺来的艺术品,在这个过程中他一方面致力于扩大藏品的搜集范围,纵向上追溯到15世纪早期不为人熟知的意大利艺术家作品,横向上将家具、陈设品也纳入藏品之中,另一方面还首创性地对藏品进行了一系列维护工作。胡克利用职务之便引进世界各地的植物以及用植物制成的产品,为邱园成为国家乃至国际植物学的学术科研中心奠定了良好基础。[14]以上4座博物馆皆发展于16世纪至19世纪中期,这段时期几乎是博物馆史研究中被论述最多的时代。从共性上看,我们可以感受科学理论的发展和民族主义的崛起促进了博物馆收藏事业的开拓,藏品分类与收藏空间初现专业化的迹象,但最终藏品的择定取向,似乎更多还是基于大师们的学术兴趣,或为巩固上位者的政权而服务,具备精英文化特征。

1851年英国伦敦的万国博览会(the Great Exposition)是策动博物馆第二次运动的驱动力,[15]其中受其影响最大的是科尔的南肯辛顿博物馆与古德的史密森博物学院(或称史密森学会)。前者以为创造当代品的最佳途径是研究过去的艺术品,这使得组织工业展览出身的科尔一方面支持收藏当代产品并建立了专利博物馆,同样也重视装饰艺术藏品的搜集。后者将自己的收藏目的归纳为同时实现这三类方向的博物馆,分别为带有珍宝室理念的"记录性博物馆"、起源于归纳科学方法的"研究型博物馆"以及灵感源于水晶宫博览会的"教育性的博物馆"。这两个博物馆都沿用了博览会上"百科全书式"的收藏观点，并在这一基础上一步演变。而博德所代表的新型资本主义国家——德国——则反其道而行。博德改善了柏林博物馆群糟糕的储存条件，更将各历史时期与各地区所收集的不同性质、价值的作品进行系统性整理与流派划分，令柏林博物馆群的收藏一时风头无两。不到半个世纪后，法兰克福电气技术博览会催生了又一座德国的博物馆，即米勒的德意志博物馆。米勒集法国国立工艺学院和专利博物馆之大成，结合自己的工科背景提出了一套分类系统，他最大的贡献是在展陈的阐释环节。[16]就收藏而言，我们似乎可以看出各地区博物馆的不同特点，无论是诉诸商业性的英国、重视教育性的美国，还是讲究秩序性的德国，高度的科学分工已提上博物馆的工作日程。

19世纪左右，浪漫理想主义、实用主义哲学与乡土化的现代反思等观点在西方社会广为流行，这为哈塞柳斯提供了灵感，他建立了世界上第一个露天博物馆，并关注工业革命以前平民百姓（农村的和城市的贵族、商人、工匠和农民等）的物质文化与非物质文化。这种地方性的意识觉醒也影响了美国的故居运动，即坎宁安长期工作的华盛顿故居，书中详细说明了她组织并规划各种活动并从社会各界筹集资金的过程，而对于文物收藏这一块描述较少。达纳引用图书馆的管理哲学，在他看来，复制品与原件具有同等重要的价值。崇尚实用主义哲学的他立足美国国情，收藏日常类的物品。以他为代表的美国博物馆运动的一批先锋人物传统都对欧洲的藏品收集模式提出了质疑，此时博物馆人争议的内容已经涉及博物馆的服务环节，他们的核心观点是反对"为收藏而收藏"[17]。

（二）展览与教育

18世纪之后，理性文明之光启蒙了人们内心的公民观念，博物馆也迎来了转型契机。斯隆的大英博物馆意图容纳更多下沉观众，不过事实上仍是那些被认为与收藏家具有相同趣味以及有着同等知识储备的特权阶级才能参观博物馆。德农重新布置了拿破仑博物馆的空间，分门别类呈现了诸多流派的画廊、古文物展厅以及举办临展的方形沙龙，他还聘用了多名画家制作了一个宣传新法兰西帝国的展览，但布展缺乏章法、观赏性不佳。[18]此阶段的展览主要还是为了宣扬国威和满足政治上的宣传需要。

率先关注人与物的对话是从美国开始的。18世纪80年代，这片初建资产阶级国家的土地上传播着共和主义理念，皮尔的费城博物馆是对当时美国所面临的历史、身份与文化困境的一种尝试。[19]他从大众化的视角出发提出"理性娱乐"，以此集合博物馆的展览与活动，比如留意展厅的容积与采光、复原展品的原生状态，强调感官、语言上的体验更有助于普通公众理解自然。科尔的南肯辛顿博物馆自我定位为"一座用实物向普通公众提供教育的机构"，形成了一套完整的教育体系。博德反对乌托邦式博物馆的观点，提出"混合展室"，并表示艺术没有好坏之分，正如参观博物馆的观众也不存在三六九等。胡克的邱园则开始通过图片、模型、展示从植物到产品制作过程的设备以及讲解为观众解释各种展品的含义。[20]

由此可见，堆砌式的展示显然成为过去，博物馆开始思考如何向不同身份的观众阐释展品以及我们人类自身同这个世界的关系，这引发了更多释展工具的介入。博物馆大师们基于自己所在博物馆类型，开始了各种实践与尝试。哈塞柳斯将自然历史展之中的生境群展模式迁移进民俗类博物馆，通过"历史再现"的功能性展示为观众直观化解读人的生产生活状况；坎宁安在打造故居纪念馆时，提出保留历史上的物件摆设与园林设计是重建的基本原则；哈根贝克取缔了"兽笼"式展览的传统观念，让观众隔着壕沟观看动物在栖息地内活动的生存状态；米勒以德意志博物馆为各地科技技术博物馆提供了一套阐释现代技术的讲述方法，比如实验演示、互动装置、特别展项等；古德的布展原则几乎囊括一切细节，包括说明牌、导览手册或参观指南、动线、入口等，他还提出了"双重布展"理论，即布置面向普通公众的系列展览与面向研究人员的研究性展览；达纳嫁接了些许图书馆的做法到博物馆领域，提出服务思想，他的做法是举办生动有趣的特展来吸引新的观众。[21]

四、余论

本文通过对写作模式的追问，按图索骥地勾勒博物馆大师的人物传记，总结了机构层面的博物馆内外特征与围绕其职能与业务展开的一系列实践内容。作为一本基于传记风格的博物馆史著作，本书较好地处理了历史说明与文学创作的边界，展现了早期各大博物馆在政治、经济和文化方面的功能与意义，[22]是一本资料丰富、研究透彻、可读性强的博物馆史教科书。

正如中文版序所说，"今日的博物馆人，往往认为自己极富创新之才能，相信他们所应用和改进的博物馆实践只是近期才被发现和认可的……实际上，在当今博物馆行业的德高望重者尚未成年时，这些博物馆实践就已经存在"，其中一个最典型的例子，也许就是博物馆近几十年来才经历从"以物为中心"到"以人为中心"的转变，而事实上类似的声音在100多年前的实践之中就已经出现。当我们沿着大师的足迹，会发现过去以阶段性特点来描述博物馆转型之路的做法带有机械主义色彩。博物馆大师们思想的形成节点往往比主流文献与权威文件所定义某做法、某观点、某概念的时间更靠前。这种被简化与忽视的趋同现象不止发生在一个博物馆大师身上。这或许是因为不少博物馆史研究者并没有阅读一手材料，而传记式写法某种程度上可修正此类现象。此外，大多数博物馆大师的著作由于没有中文译本，观念囿于本土或也为原因之一。

约而论之，本书重新检视了博物馆本身，在方法学上拓展了博物馆历史的研究维度，更重要的是，它提醒我们——从宏观上归纳并推演博物馆的转型变化、试图总结特征，是史学研究的必备之技。然而，我们也要审慎对待"新博物馆学"，警惕"一言以蔽之"的危害，使我们丢失真正的历史。

（吴心怡，上海大学文物与博物馆硕士，研究方向为博物馆学。）

注释：

[1] 爱德华·P. 亚历山大：《博物馆大师：他们的博物馆和他们的影响》，陈双双译，南京：译林出版社，2020年，第21页。
[2] David J. Martz, Jr., "Review of *Museum Masters: Their Museums and Their Influence*", *The Library Quarterly: Information, Community, Policy*, 1985, 55(2), p. 242.
[3] 爱德华·P. 亚历山大，前揭书，第147页。
[4] 爱德华·P. 亚历山大，前揭书，第21页。
[5] 爱德华·P. 亚历山大，前揭书，第217页。
[6] 爱德华·P. 亚历山大，前揭书，第190页。
[7] 爱德华·P. 亚历山大，前揭书，第319页。
[8] 爱德华·P. 亚历山大，前揭书，第148—149页、第51—55页。
[9] 爱德华·P. 亚历山大，前揭书，第83页。
[10] 爱德华·P. 亚历山大，前揭书，第17—20页。
[11] 尹凯：《生态博物馆在法国：孕育与诞生的再思考》，《东南文化》，2017年第6期，第98页。
[12] 尹凯：《变迁之道：试论博物馆历史与功能——兼论〈博物馆变迁：博物馆历史与功能读本〉》，《东南文化》，2015年第3期，第116页。
[13] 尹凯：《变迁之道：试论博物馆历史与功能——兼论〈博物馆变迁：博物馆历史与功能读本〉》，《东南文化》，2015年第3期，第116页。
[14] 爱德华·P. 亚历山大，前揭书，第3—5页、第13—14页、第34页、第41—44页、第66—72页、第99—107页。
[15] 徐纯：《欧美博物馆简史与现状》，《科学教育与博物馆》，2016年第2期，第185页。

[16] 爱德华·P. 亚历山大，前揭书，第132—134页、第244—245页、第174—176页、第306页。

[17] 爱德华·P. 亚历山大，前揭书，第208页、第151—169页、第323—334页。

[18] 爱德华·P. 亚历山大，前揭书，第8—9页。

[19] 金明希：《美国建国初期肖像画家皮尔与博物馆实践》，中国美术学院硕士论文，2020年，第1页。

[20] 爱德华·P. 亚历山大，前揭书，第36—45页、第143页、第186—187页、第101页。

[21] 爱德华·P. 亚历山大，前揭书，第209页、第165页、第275—281页、第306—315页、第250—255页、第336页。

[22] 陈双双：《〈博物馆大师：他们的博物馆和他们的影响〉：沿着大师的足迹追寻当今博物馆理念的源头》，《科学教育与博物馆》，2021年第7期、第159页。

《博物馆展览的理论与实务》

Museum Exhibition: Theory and Practice

作者：大卫·迪恩（David Dean）
出版年份：1996

◆——· 本书短评 ·——◆

最早的将展览理论与实践进行综合阐释的博物馆学经典教材之一。

述评人：陈霏

《博物馆展览的理论与实务》（*Museum Exhibition: Theory and Practice*）于1994年首次出版，平装本于1996年问世，电子版于2002年发行。大卫·迪恩（David Dean）写就本书的动机源于他的博物馆科技课，学生们想要更全面地了解博物馆展览，这本博物馆展览的入门教材便诞生了。作为最早的应用博物馆学教材之一，书中综合阐述了博物馆展览理论与实践，这在当时的展览书籍中十分少有，使它从同类型书籍中脱颖而出，成为研究博物馆展览的必读书目。[1]另外，迪恩运用跨学科方法，借鉴了心理学、生理学、建筑学、市场营销学、管理学等多领域学科成果，综合处理了展览概念、策划过程、展览行政、展览评估等主题。因此，本书对"在博物馆或其他文化遗产机构中从事展示的专业人员来说，也具有实践指导意义"[2]。

2006年，本书由艺术家出版社在中国台湾出版。其译者萧翔鸿在序言中说明了翻译的缘由：针对台湾地区展览品质有待提升的状况，他希望引介这本简易的入门工具书，为相关工作人员或有志进入展览领域的人士指引正确的参考方向。在英文原版的译文标题前，他加上了"展览复合体"作为主标题，这正点明了本书所传达的观念：博物馆展览工作需要跨界、博采众长，才能打磨出好展览。

对比中文译版与英文原版，笔者发现，由于语言表达的差异、中英翻译的语序问题，中文版的部分内容较易引起歧义。因此在中文译版的基础上，笔者参照英文原版加以理解，以求更准确地传达作者观点。鉴于教材类的指南性书籍所涉内容庞杂，本文将不按章节顺序介绍，而尝试循迪恩的思路——"从理论到实务"——梳理书中的重点论述，并将其分为两部分："博物馆展览的理论基础：展览的任务、分类与观众研究""博物馆展览策划的实务：流程及其内容"。

一、博物馆展览的理论基础：展览的任务、分类与观众研究

围绕博物馆展览的相关理论，迪恩主要聚焦两个方面：一是从博物馆的性质出发，总结博物馆展览的任务与分类；二是从博物馆与人的关系入手，阐述博物馆观众的类型、参观动机等观众研究的经典理论。

（一）博物馆展览的任务与分类

迪恩在前言部分主要提出了"什么是展览""博物馆展览的种类有

哪些""博物馆展览的任务是什么"这三个基础问题。虽是学理探讨，但这些问题的提出与解答初步确定了博物馆展览的性质，为展览实践厘清了理念与目标。

"展览"（exhibition）是什么？迪恩根据字典定义将其与"展示"（exhibit）和"陈列"（display）进行了对比。他认为展览既完整呈现了藏品，又为大众提供了信息，是可理解的元素群，包括展示与陈列。然而这一定义并未完全廓清展览性质，也未体现展览的多样化功能。正如迪恩提出的，实物较少甚至不包含实物的展览便不属于"展览"范畴吗？可见，"展览"实际涵盖了多种类型，各类展览传播信息的方式也各有差异。

针对博物馆展览分类，迪恩引介了两位来自荷兰的项目管理专家简·维尔哈尔（Jan Verhaar）与汉·米特（Han Meeter）的展览内容比例（exhibit content scale）示意图。[3]他们根据物件与信息所占展览的比例，区分了四类展览：以物件为导向（object-oriented）的展览、以概念为导向（concept-oriented）的展览、主题式（thematic）展览、教育性（educational）展览。[4]前两类较易理解：以物件为导向的展览以物品为主而缺少阐释，而以概念为导向的展览更重视信息传播。处于这两类展览之间的是主题式展览和教育性展览：主题式展览围绕展览主题重置物品序列，并提供基本信息；教育性展览是"百分之六十的信息和百分之四十的物件"[5]的集合，多从展览说明文字中传达信息。

然而，这种分类方式看似清晰，实则存在含糊的部分：诸如，主题式展览或以物件为导向的展览不具备教育性吗，教育性展览不包含主题吗？值得思考的是，迪恩指出展览类型没有好坏之分，不同展览类型之间也没有明确的界限。由此，博物馆展览分类的意义，既不是要建立展览类型的等级制度，也不是决然地使各类展览泾渭分明，而是使博物馆在展览规划与目标观众需求之上，选择恰当的展品组合方式与所需传播的信息，实现展览效益最大化。在该理念下，常遭人诟病的"开放式储藏库"（open storage）般的展览并非一无是处，因为它能让"实物"（real thing）成为展览主宰，这在某些情形的展示中仍然可行。

博物馆展览的任务是什么？迪恩首先对比了不同性质与特点的展览，由此明确博物馆展览的独特性。相较于商业（commercial）或公众服务（public-service）展览，迪恩认为博物馆展览的独特之处正在于博物馆的动机。此处，他追溯"博物馆"的词源——缪斯（Muse），并指出其中"进修、沉思与学习"含义正暗示博物馆展览的任务之一是提供教育与沉思。[6]同时，他认为还可以从公众利益、博物馆财务以及博物馆藏品等角度出发，归总博物馆展览多维度的任务：通过展览吸引赞助方支持博物馆财务、增强公众对博物馆收藏物品的信任从而征集更多藏品，为公众提供休闲活动，并使公众转化态度、调整行为、增长知识。可见，迪恩尝试从多个视角提炼博物馆展览任务，虽然比较零散且不够深入，但也暗含了公众与博物馆之间理想的双向互动关系：博物馆向公众展示藏品、提供教育，公众借此积累对博物馆的信任，因此更愿意支持博物馆业务，博物馆随之增强其功能，进而更接近自身设立的宗旨与目标。

（二）博物馆展览与观众研究

在第二章，迪恩详述了观众与博物馆之间的关系，而观众之于博物馆的重要性反复出现在本书的多个章节中。他强调"展览应符合观众需求"的观念是20世纪后期博物馆所追寻的主题之一，并观察到博物馆常常忽略"人是博物馆存在的唯一理由"[7]。博物馆身处时代潮流之中，"了解观众并紧跟市场的脉动"[8]这一箴言更符合博物馆发展的实际情况。虽然"市场"这一商业性浓厚的词语在博物馆领域常有争议，但不可否认的是，有效的博物馆展览规划离不开观众调研。

策划博物馆展览为何要研究观众？迪恩从商业视角反观博物馆展览，指出其间的必要性与市场中"生产的结果源于需求"[9]类似。在博物馆领域，观众是展览的目标人群，他们的需求影响展览最终结果。因此，博物馆主动了解观众的期待、开展观众调研是提升展示流程与策划水平的关键之一。此外，迪恩认为实现博物馆教育功能的重要方式是阐释（interpretation），阐释也是连接博物馆藏品与观众的方法。只有进行观众研究，策展人才能掌握观众在博物馆中的学习需求，据此选择合适的阐释方式，从而优化展览信息传播水平。

至于博物馆如何研究观众，迪恩主要围绕目标观众群、观众参观动机两个要点，介绍了与之相关的经典研究成果。明确目标观众群需要基于"相信观众可以对博物馆有所助益""吸引并留住目标观众能为展览带来一定的效果"这两种考虑。[10]在此之上，迪恩借用马斯洛的人类需求阶层图（Maslow's Hierarchy of Human Needs）与阿诺德的价值观与生活形态的分区模式（Arnold's Values and Lifestyles Segments）区分博物馆观众，大致有两种类型：从未进入博物馆的人、偶尔拜访博物馆的人，同时指出残障人士等群体也应当成为博物馆的目标观众群。[11]

更进一步，迪恩总结了博物馆观众的三种基本类型，类型之间存在部分重合：第一种，对博物馆参观没有太大兴趣，他们只想参加自己认为值得的活动，并花极少时间参观展览；第二种，真正对博物馆体验与藏品感兴趣的人，但他们通常被展品吸引而不愿多读说明文字；第三种，愿意花大量精力参观展览的人，有能力理解各种类型的展览信息，花费很多时间阅读文字并仔细观察展品，他们通常是博物馆的常客，但这一类型的观众占少数。[12]由上可知，分类标准不同，观众的类型也相应改变。该采取何种标准区分观众，实际也没有定论，有时需要综合多种角度精准划分展览的目标观众。

对于观众的参观动机，迪恩指出，即便每个观众的具体动机各异，但也存在某种共通性。书中引用博物馆观众研究领域的重要学者——玛丽莲·胡德（Marilyn Hood）所总结的六个观众参观动机，其中最重要的动机是人们对社群交流的需求。基于此，迪恩进一步阐述了博物馆环境的非正式性（informality）特征：他认为不论是物理还是精神层面，观众在博物馆中都应是自由且舒适的。为了带给观众富有正面意义的博物馆体验，博物馆便更需要深入了解观众参观博物馆的原因。

观众研究的成果如何应用于博物馆展览？迪恩在本书中没有以专题论述，但他把以观众为中心的理念、观众的各类需求融合于之后的各章节阐述：如在撰写说明文字时，需兼顾专业性与娱乐性，运用启发观众心灵想象的语词；展览形式设计不仅需考量观众的行为偏好，还应将观众的情感和态度纳入其中，从而为观众营造舒适的物理空间并调动参观情绪；注重展览的可及性（accessibility），专为特殊人群提供相应服务等内容。

二、博物馆展览策划的实务：流程及其内容

综观全书，单纯阐述博物馆展览理论的篇幅并不长，更多在谈论实务的同时引介相关经典理论。本书的第一章提纲挈领地展示了博物馆展览策划的过程，此后的章节都能纳入这一纲要，笔者将整合归纳每一流程的重点内容。

迪恩在探讨展览流程时，同样从商业视角出发，认为商业事务中系统化的管理机制能为策划博物馆展览提供经验。所以他借鉴维尔哈尔与米特二人对项目计划模式的研究成果，简化了以项目为导向的方法，提炼展览计划模式（project model）[13]：这一模式按照时间排序，分为概念形成时期（conceptual phase）、发展时期（development phase）、运作时期（functional phase）、评估时期（assessment phase）四个时期，涉及三种主要工作领域：生产活动（product-oriented activities）、管理活动（management-oriented activities）、协调活动（coordination activities）[14]。即便该模式是理论框架，并未延伸阐述实际操作的复杂性，但它能为博物馆提供一种有效的分析工具，有助于把握展览概念、思考展览的运作方式。

（一）概念形成时期

一个展览形成的初始阶段需要汇聚馆内外各方的想法。迪恩认为博物馆应扮演容器或海绵的角色，吸纳各界的想法，避免以馆方为主而忽视观众需求的情况。[15]这涉及博物馆与社会各界的沟通问题，如果沟通受阻，展览目标更易模糊，其效果可想而知。由此，迪恩指出在确定展览主题前就需要定位好博物馆馆员的角色，明确一个好展览的核心是藏品维护工作以及正确评估观众的需求。在征求各方意见之后，便进入决策环节，博物馆应有配套的决策方式平衡馆方与观众的提议，但决策的基准应以观众为导向。除此之外，在这一时期就应制定展览评估的标准。迪恩参考商业组织在社区开展的观众调查等工作，提出展览评估的标准需要由专业评估人员与负责社区评估的馆员共同制定。

概念形成时期的工作偏向于生产与管理的活动，与之后的时期相比，有关这两类活动的任务较少。生产活动是指在收集有关展览的想法之后，在博物馆使命与政策、社区需求的框架内评估这些想法，再选择要实施的展览；管理活动涉及批准和安排展览的策划，评估可用的、潜在的展览资源。[16]

在该时期，理想状态是形成长期与短期的展览规划，主要成果应是制订好展览计划、确定展览所需的资源，并熟知自身任务、观众需求、教育目标、藏品范围、资源利用等情况。行政方面要经常跟进与展览相关的政策，安排好本馆与其他博物馆、其他机构合作的时间表，预排档期。[17]

（二）发展时期

该时期的工作基于展览概念形成时期的框架，进一步深化策划细节，逐步实施有关展览的构想。展览策划在该时期主要分为规划与生产两个阶段，需要兼顾生产与管理活动。由专业馆员、教育人员、设计人员负责生产活动，管理活动由计划经理负责，包括监督、协调、规划资源，而其他的技术或特殊活动则需要技术顾问。

在规划阶段，即制订展览的行动规划，订立展览完成的标准。该规划应包含设计故事线、确立教育目标、绘制草图、安排工作期限与预算等方面。规划阶段的生产活动应基于观众调查的基础，设立展览目标并制订短期计划，从而为后期评判展览的效能提供标准；管理活动则应着重关注预算，即时间、人力与金钱。[18]其中，故事线（storyline）的编排在第七章"故事线与文字发展"中有所延展：迪恩首先明确了故事线的定位，即展览的书面蓝图，包括叙事性文本、展览大纲、标题与副标题以及文字内容清单、典藏展品清单；[19]之后主要介绍了美国博物馆阐释研究专家卡德斯·马泰莉克（Candace T. Matelic）的阐释循环圈（interpretive loop）[20]，勾勒博物馆设计展览内容的方式。

生产阶段的展览工作内容最多，也需要更多的协调与沟通。其中涉及藏品维护与人员安排、教育与公共项目设计、设计展览各类装置、展览公关等方面工作。发展阶段的最终成果应为：判断预设的展览内容是理想的，确定合理的展品维护指南并将其分发给相关部门，预备执行功能性的项目（functional programs），如导览等阶段性成果。

（三）运作时期

相比其他三个时期，迪恩对这一时期的活动阐述较少。展览运作时期是指展览开幕至闭幕的时间段，分为实际操作与终结两个阶段。实际操作阶段最主要的是保证展览运作正常的系列工作，如展场与藏品维护、馆员与观众的安全等；此外，还包括日常执行的展览活动，开展观众调查的评估工作，管理展览开销、人员与服务的行政工作，最终在确保展品安全的同时，实现所规划的展览教育目标。终结阶段即实际操作阶段的末尾与展期结束之后的时期，主要工作为撤除展览、清理展场、展品返还、评估资金使用状况并向赞助方提供报告，同时开始筹备下一期的展览。

在展览行政章节，迪恩专门论述了展览的公关与行销。这一部分虽然

《博物馆展览的理论与实务》　319

在之前的时期已有所规划，但持续吸引观众前来参观是博物馆的重要需求之一，因此宣传也应列入运作时期的重点工作。然而，大部分展览因经费不足难以聘请专业的行销顾问，导致展览宣传受阻。在这一情形下，博物馆可以配合所处社区的兴趣以及相关公共事件来协调馆方活动，同时与媒体保持良好的长期合作关系，由此拓宽宣传渠道，吸引更广泛的公众注意力。

（四）评估时期

整个展览策划流程之中，最重要的时期便是评估时期。[21]迪恩认为展览中的知识像商品一样被仔细地包装，博物馆呈现这些内容时也如"销售"一样，观察并判断哪些内容"销路比较好或无人问津"[22]。尽管这一观点潜藏着一味迎合观众而滋生削弱博物馆专业度的风险，但也传达了评估对博物馆展览的必要性：面向观众、掌握观众的特点是判断展览成败的合理方式。就评估的真正价值而言，迪恩指出评估的结果能作为评判该展览是否达到预期目标的标准，利于反思展览工作的改善空间，从而激发未来展览的新想法，提升下一次展览执行效能。

迪恩通过介绍相关学者的研究，主要回应了展览评估什么、何时评估展览、如何评估展览三个问题。他引用两位美国学者罗斯·卢米斯（Ross J. Loomis）与钱德勒·斯克里文（Chandler G. Screven）的观众评估经典著作，简要阐释了评估的对象、范围、目标等相关问题。[23]展览评估的主要内容如：评估需围绕博物馆观众、展览流程、展览效能三方面开展；评估的三个基本问题为展览应该对观众产生怎样的影响、展览目标如何实现，以及怎样了解所设立的展览目标对目标观众的影响。

此外，迪恩总述了展览评估的三个重要时间段：展览概念形成时期、规划与展览生产的过程中、展览完成时并对外开放后，分别对应前置评估（front-end analysis）、形成性评估（formative evaluation）、总结性评估（summative testing）[24]。三种评估类型环环相扣，贯穿展览策划、实施过程的始终，所共有的最大挑战是判断展览能够实现怎样的传播效果，但各有侧重：前置评估奠定展览目标设立的基础，形成性评估促进展览规划的调整，总结性评估判断展览规划是否成功，且后两种评估更偏向测评展览的效能。

评估的方法有多种，但正确的只占少数，迪恩主要阐述了正式与非正式两种评估方式。正式评估的内容以斯克里文的研究为代表，其特点是目标精准、可量化且可重复测试，其中目标导向评估方式（goal-referenced approach）将展览的规划与评估融合，更好地实现了量化的目的。而非正式评估的方式因没有具体的目标，也被称为试探性评估（exploratory evaluation），偏向感性，主要生成描述性的质性信息。迪恩简述了两类非正式评估研究：一是以罗杰·巴克（Roger G. Barker）为代表的展览物理环境对观众行为的影响研究，二是罗伯特·沃夫（Robert Wolf）、芭芭拉·狄米兹（Barbara L. Tymitz）研究的自然主义式评估（naturalistic evaluation）[25]。正式或非正式评估方式，在迪恩看来都各具价值，正式评估利于研究观众对展览的认知学习程度，而非正式评估也可以补充正式评估的内容，如观众情感方面的反馈信息。

三、余论

由于篇幅限制，本文对书中理论与实务的细节未展开研讨，仅将主线归总至此。除了上述学术价值，本书的部分内容也存有争议。首当其冲的是书中的学理部分缺少学术争论，所借鉴的理论仅靠陈述展开，没有吸纳更多学者的观点进一步思辨。对于理论与实践相结合的教科书来说，本书的理论内容仅占引言、第一章与第二章三个部分，在篇幅上较显失调，也不利于为初学者打开更宽广的学术视野。同时，鉴于博物馆学是一门不断变化、被重新定义的学科，这种变化性应是博物馆学理论的重要部分，也应是本书的组成部分。[26]其他的争议集中在如下三个方面：展览评估的环节、展览人员的合作方式、展览与技术的结合。如上所述，迪恩主要讨论了以时期为区分标准的三类展览评估方式，而补救性评估却未包含其中；关于各类展览人员的合作方式，迪恩所述的是一种线性关系，即策展人、设计师、教育者按照展览流程的顺序各司其职，然而在策展的实际工作中，他们都能参与展览的各个流程阶段，如设计师也能参与展览概念形成阶段，提出更有创意的展览想法。[27]至于展览运用的技术，写就本书的年代并没有如今发达的技术手段，所以技术与展览结合的想法相较单薄，但迪恩也反复强调了电脑等技术手段对未来博物馆展览的发展极具价值，两者相结合也是展览发展的趋势之一。

可见，由于时代的局限性、理论与实践发展的阶段性，书中内容定有

《博物馆展览的理论与实务》　321

不足之处，但本书的核心内容之一，即展览计划模式，对于今天依然有很大的借鉴意义。2015年，迪恩基于古生物展览的实践发表了文章，进一步印证了该模式的实践价值。经过多年的专业实践，他认为尽管上述展览计划模式历时已久，但总的原则与过程、项目管理结合的方式被证明是成功的，仍与当下展览日常工作密切相关。这一模式可适用于不同博物馆的展览工作以及各类具体项目，如教育规划、宣传推广、藏品收藏等。另外，迪恩还高度评价了他所参考、借鉴的维尔哈尔与米特的研究成果，认为他们提出的是"最清晰且最容易被接纳的展览策划模型"[28]。因此他较为详细地阐述了二人的"产品或系统的生命周期"（life cycle of product/system）模式与改编自工业部门制造项目的"推进式模型"（rolled-out model）[29]，重点分析了二者的优势，如前者清楚呈现了实际工作中每一阶段共同推进的情况，后者明确了每一阶段的具体任务与目标。除此之外，迪恩更细化了三类导向活动（生产、管理、协调）的内容。与本书的相应章节对比来看，这篇文章所提出的模式更具实操性，也更能反映当下博物馆的策展实际，补充了上述争议中展览人员合作的问题。

法国学者马里克劳德·罗彻（Marie-Claude Rocher）认为，本书像一座冰山，蕴藏着更多的主题内容，读者可依个人需求选择阅读对应的章节或延展相关内容，不必从头到尾通览。[30]诚然，迪恩在短短200多页的篇幅中尽量涵盖了博物馆展览的各个方向，提供了探究的框架与线索，若要紧扣时代脉搏深入研究该领域，还需按图索骥地挖掘每个主题的来龙去脉，并通过对展览实践的反思更为深刻地理解博物馆展览的运作流程，从而探索其未来发展趋向。

（陈霏，复旦大学文物与博物馆学系硕士，主要研究方向为非物质文化遗产展览、博物馆国际展览等。）

注释：

[1] Marie-Claude Rocher, "Books: *Museum Exhibition: Theory and Practice*", *Museum International*, 1997, 49(3), p. 59.

[2] Phyllis Rabineau, David Dean, "Museum Exhibition: Theory and Practice", *Museum Anthropology*, 1995, 19(1), p. 88.

[3] 大卫·迪恩：《展览复合体：博物馆展览的理论与实务》，萧翔鸿译，台北：艺术家出版社，2006年，第16—17页。

[4] Jan Verhaar, Han Meeter, *Project Model Exhibition*, Amsterdam: Reinwardt Academie, 1989, p. 28.

[5] 大卫·迪恩，前揭书，第17页。
[6] 大卫·迪恩，前揭书，第13页。
[7] 大卫·迪恩，前揭书，第38页。
[8] 大卫·迪恩，前揭书，第38页。
[9] 大卫·迪恩，前揭书，第7页。
[10] 大卫·迪恩，前揭书，第39页。
[11] 大卫·迪恩，前揭书，第39—43页。
[12] 大卫·迪恩，前揭书，第46—48页。
[13] David K. Dean, "Planning for Success: Project Management for Museum Exhibitions", Conal McCarthy, ed., *The International Handbooks of Museum Studies*, Chichester: John Wiley & Sons Ltd., 2015, p. 367.
[14] 大卫·迪恩，前揭书，第22—23页。
[15] 大卫·迪恩，前揭书，第27页。
[16] 大卫·迪恩，前揭书，第119页。
[17] 大卫·迪恩，前揭书，第124页。
[18] 大卫·迪恩，前揭书，第32页。
[19] 大卫·迪恩，前揭书，第150页。
[20] 大卫·迪恩，前揭书，第152页。
[21] 大卫·迪恩，前揭书，第36页。
[22] 大卫·迪恩，前揭书，第134页。
[23] 大卫·迪恩，前揭书，第133—138页。
[24] 大卫·迪恩，前揭书，第29页、第139—142页。
[25] 大卫·迪恩，前揭书，第29页、第143—144页。
[26] Marie-Claude Rocher, *op cit*., pp. 59-60.
[27] Phyllis Rabineau, *op cit*., pp. 88-89.
[28] David K. Dean, *op cit*., p. 364.
[29] Ibid., pp. 364-365.
[30] Marie-Claude Rocher, *op cit*., p. 59.

Theorizing Museums

Edited by
Sharon Macdonald
and Gordon Fyfe

《理论博物馆：变化世界中的一致性与多样性》
Theorizing Museums: Representing Identity and Diversity in a Changing World

编者：麦夏兰（Sharon MacDonald）、戈登·法伊夫（Gordon Fyfe）
出版年份：1996

❖—— ·本书短评· ——❖

在知识与权力、认同与差异、永恒性与易逝性等议题下，就博物馆与争议性问题提出了独到的见解。

述评人：唐梅

21世纪以来，博物馆在全球文化中占据了一个耐人寻味的矛盾位置。一方面，博物馆现象加速发展，与其他机构的界限日益模糊，其面临的争议不断显现；[1]另一方面，一些博物馆开始运用互动媒体等电子技术打破博物馆传播的局限，使外界对博物馆的兴趣逐渐加深。对此，麦夏兰指出：博物馆在陈列与日常运营中总是面临知识与权力、认同与差异、永恒性与易逝性等争议问题，但博物馆学界对争议问题的探讨与解决却不够充分。[2]基于此，麦夏兰和法伊夫所编《理论博物馆：变化世界中的一致性与多样性》（*Theorizing Museums: Representing Identity and Diversity in a Changing World*）（以下简称《理论博物馆》）于1996年面世，2020年在国内翻译出版。本书既想通过分析研究，激发博物馆与人类学、社会学和文化研究之间密切的联系与理论潜能，又想通过理论化研究合理地解释博物馆内外面临的争议问题。书中集结了人类学家、社会学家与博物馆专业人员在内共9位学者的思考，展示了社会学与文化理论如何为博物馆中存在的争议问题带来新的见解。他们基于全球化的社会背景，借鉴人类学与社会学的研究范式，从社会记忆、女性主义、精神分析、实验民族志及文学理论等多重视角对博物馆进行分析，集中探讨博物馆在表达民族国家、社区、性别、阶级和种族等方面的角色和发生的重要变化。

从章节编排来看，本书由三个相互关联的部分组成，第一部分"语境：空间与时间"借用时间与空间理论说明博物馆不仅存在于特定的文化语境之中，而其本身也在创造和生产文化语境；第二部分"争议：差异性与一致性"聚焦博物馆存在的争议性话题，并为之提供理论分析；第三部分"脉络：分类与实践"将议题集中于博物馆的组织流程和分类体系，探讨"从生产到消费"过程中的争议问题如何发生。笔者以《理论博物馆》中译版为基础，结合英文原版，对书中的主要观点进行理解与提炼，力图传达作者的思想观点。

一、语境：空间与时间

第一部分"语境：空间与时间"，作者分别从空间与时间的双重维度讨论博物馆的意义。马丁·普洛斯勒（Martin Prösler）的《博物馆与全球化》一文借用罗兰·罗伯逊（Roland Robertson）的全球化理论对博物馆与全球化之间的关系进行了分析，认为"博物馆在全球的扩张与欧洲的殖民政策与帝国主义政策紧密联系"[3]。在空间的视角下,博物馆不只是一个反映世界秩序的空间(在这个空间中世界可以被认识、理解和调整),其发展过程在世界体系的形成中也占据了重要位置。全球化背景下的博物馆让信息流、图像流以及意识流有机地勾连在一起。

在早期的展示体系中,博物馆是一个宏观世界的缩影,而伴随民族运动与民族国家意识的强化,博物馆在彰显国家身份、表达国家意志、构建民族文化方面发挥了举足轻重的作用。它既从微观层面上表达主权国家的概念,又通过陈列展示将民族精神与文化内嵌其中,承担书写政治认同的重任,进而强化国家意识。博物馆全球性的系统发展,不仅使博物馆成为确认个人或国家身份认同的空间,也使其成为全球对话的连接点,在博物馆这样一个"异质空间"中,人们在表达自身、确认身份的同时也分享、建构自己的观点,从而使全球思想与行动的交换日益增多。普洛斯勒通过对科伦坡国家博物馆陈列的分析,论证了"第三世界"的博物馆是全球化过程的一部分。此外,博物馆并非一直拘泥于国家与民族主义,而是在全球化的复杂体系中建立了一个新规则,提供了地区与全球之间的连接词与参考点,形成一种开放式的对外交流方式,以此削弱区域之间的差异性。从某种意义上来说,博物馆是一个充满张力的空间,既因为全球化的潮流而与国际社会联系,又因为民族认同而保持自身的差异性与独特性。

约翰·厄里(John Urry)以"社会如何记忆过去"展开论述,利用时间和记忆的社会学与人类学理论讨论了遗产与记忆之间的诸多议题。厄里在文章中并未直接提及博物馆与社会记忆之间的关系,而是将其视作世俗关系和社会记忆的化身,[4]即博物馆可以是一个储存记忆的场所。对此,莱斯特大学博物馆学家盖诺·卡瓦纳(Gaynor Kavanagh)也发表了类似的看法,她认为博物馆是"历史"与"记忆"共存的场所,不过前者代表官方塑造的历史,后者反映个人及群体层面的记忆。[5]有所不同的是,厄里更加注重个人及群体层面的社会记忆,他在关于"时间"的理论回溯中阐述了传统的转向,记忆能够借由物品被保留,也能够被组织在人工制品之中被群体所感知。关于遗产与记忆,厄里认为由于人们对同一个遗产有不同的解释,对遗产的展示应该有多种表达,参与者对遗产的回忆也可以被看作是其对文化的记忆。在此过程中,旅游对理解文化的作用不容小觑,旅游者能够参与文化的原始情境,从而产生记忆、进行自我阐释,以此参与文化的重构过程。此外，大卫·麦克龙（David McCrone）、安吉拉·莫里斯（Angela Morris）、雷·凯利（Ray Kiely）通过苏格兰国家信托终身会员制的研究，认为遗产在表征身份与认同上彰显着重要的作用。最后，厄里认为遗产的意义是模糊的，博物馆在表达记忆与身份认同上仍然发挥着重要作用，表现出十分重要且不断扩张的文化形式。厄里对时间、记忆的理论回溯与遗产争论的讨论强调了遗产对于留存社会记忆与表征身份认同的重要性，然而，他的研究却未对博物馆如何作为社会记忆和社会对象化的场所进行充分阐释。[6]

厄里和普洛斯勒分别将博物馆置于时间与空间的框架之下，在这样一个纵向与横向交织的社会坐标轴中，博物馆并不单是一个储存物品的机构，它对社会发展产生了重要作用。一方面，博物馆真实地记录着社会上发生的一切，借由真实再现的物品，让过去的历史与尘封的记忆可以被人们感知，唤起社会记忆；另一方面，博物馆也是一种工具和手段。在全球化的背景下，统治阶级利用博物馆强化民族国家的意识，让个人在博物馆中寻找与外界对话的途径，形成国家认同与身份认同。厄里和普洛斯勒的两篇文章可以让读者深刻意识到博物馆在我们所处世界扮演的重要角色。

二、争议：差异性与一致性

争议是博物馆不可回避的问题。在发展历程中，博物馆不再秉持以往的"中立"立场和"正统"观念，不再忽视少数群体，并开始为边缘化的群体发声，这种现象使博物馆逐渐成为"争议的舆论中心"。在本书的第二部分，作者针对博物馆现存的争议问题展开理论分析，涵盖了对国家认同、种族、性别以及阶级等话题的讨论。

薇拉·佐尔伯格（Vera Zolberg）依然将博物馆视为记忆之地。作为具有国家"书写"或"展示"机构特质的博物馆易牵动不同政治群体的利益，所以时常成为争议中心。佐尔伯格以美国国家航空航天博物馆（The Nation Air and Space Museum）所叙述的"埃诺拉·盖伊"（Enola Gay）事件为例，将博物馆引发的争议放在两个政治利益不同的国家层面上分析，进而探讨作为集体记忆谱写工具的博物馆扮演了何种角色。博物馆与其他书面证据一样具有记忆功能，它可以直接或间接地描述事件，也可以通过展览叙事完成对社会记忆的建构。在"埃诺拉·盖伊"轰炸机的展示策略中，策展人、退伍军人、日本官方、美国官方分属不同的政治利益群体，他们对"埃诺拉·盖伊"展区有着不同的解读，展览如何还原这一历史事件？展览应该传达怎样的思想？他们有着各自的想法，争议随之凸显。而博物馆在这场争议中最终做出了妥协，缩减了展览中的争议内容，仅保留了基本内容以回避展览可能带来的争议问题。博物馆展览作为保存社会记忆的途径，在民族叙事的建构中有着重要的作用，博物馆通过直接与国家政治问题联系揭示了它们作为国家身份承载者的重要性，[7]而这往往也容易引起不同政治集团的争议与分歧。正如托尼·本内特（Tony Bennett）所言，"展览是用于支持国家霸权的手段"[8]。在处理争论时，博物馆应该采取何种姿态应对争论？这决定了今后博物馆面临的处境。佐尔伯格认为，博物馆在实践中采取高度透明化的原则可以提高博物馆的公众参与度，但也使其面临处于争议中心的风险。

亨丽埃塔·里格尔（Henrietta Riegel）在《反讽的实质：民族志展览与政治差异》一文中关注展览的表现方式，尤其关注反讽手段在博物馆表现策略中的运用，并将反讽的表现策略与展览的政治面向相联系。里格尔认为民族志博物馆的展览可以被看作是一种民族志书写方式，相关的文化知识通过展览化的方式被生产，是一种文化的建构。对此，里格尔分析了加拿大两场有争议性的展览——"进入非洲腹地"（Into the Heart of Africa）和"绒毛和羽毛"（Fluffs and Feathers），讲述了展览中的反讽手法，反讽手法的不同运用会导致不同的展示效果，或影响观众对展览的理解或引发政治争议。此外，里格尔对视觉隐喻的关注也为展览提供了新的诠释空间。

加比·波特（Gaby Porter）将后结构主义理论与女性主义理论应用于博物馆，探讨博物馆展览的展示策略。她从性别结构出发，以女性主义批判理论为切入点，用文艺评论和文化研究中文本、作者与读者之间的关系解读博物馆形势下的展览、策展人与观众。波特将雅克·拉康（Jacques Lacan）的心理学分析引入博物馆展览，通过对展示内容及展品陈列的分析，发现女性气质往往是展览更遥远和松散的组成部分，它们在博物馆中处于边缘化的地位，呈现出碎片化的展示现状，而在展览中展示篇幅较大、更全面的内容依然属于男性及男性气质。这样的展示或许由于经验主义的束缚，因此波特建议用后结构主义的方法创造具有多元意义的新展览，在此类展览中，女性主义不再像一个概念被纳入展览，而是以女性的视角、经验、情感为切入点创造的新的展览表达方式，并融入社会与政治生活。

  博物馆常被看作是一个知识生产的场域，文化资本能够在"选择—组织—传递"的过程中实现再生产。法国社会学家皮埃尔·布迪厄认为个人以行动为导向，在行动过程中遵循着惯习策略，因此个体在观看博物馆时也存在不同角度。阶级在文化资产的占有与再生产中展现争夺性，优势阶级利用"符号权力"使自身获得更多的文化资本，博物馆场域中的知识生产与传播渗透着符号权力，从而使其成为优势阶级稳固并强化社会结构的文化治理工具。在布迪厄看来，博物馆一方面区分差异、标示等级，另一方面又以客观中立的表象巧妙地掩饰这一功能。[9] 在此种观点之下，法伊夫与马克斯·罗斯（Max Ross）立足观众调查，对特伦特斯托克的15个家庭成员进行非正式访谈，以此探测受访者对博物馆的关注。法伊夫和罗斯借用了玛丽·道格拉斯（Marry Douglas）的格栅和群体的图示来看待布迪厄的理论、解释受访者行为，并得出结论：

> 参观博物馆不是个体属性，而是一种与家庭、家族和生活史动态交织的社会关系。每个家庭都与博物馆世界建立了自己的伙伴关系。这种伙伴关系是暂时固定的格栅图示和群体图示，随着阶级、性别和社会形成的改变而改变。家庭会部分通过博物馆参观这个媒介，产生自己的身份认同，与社区建立联系。[10]

  与此同时，作者认为观众对博物馆的喜好并不只是文化资本斗争的结果，还与家庭目标、惯习紧密联系。总的来说，戈登·法伊夫和马克斯·罗斯的观点挑战了布迪厄的理论：博物馆并未沦为文化治理工具，观众对博物馆及展览的解读虽然会因阶级轨迹呈现出很大的不同，但博物馆仍然是联系个体与身份认同的媒介。

三、脉络：分类与实践

  本书的第三部分聚焦博物馆机构和博物馆议程，用巨石阵、殖民地威廉斯堡以及泰特美术馆三个案例，具体探讨争论如何在博物馆的诸多议程与实践中发生。

　　凯文·赫瑟林顿（Kevin Hetherington）将巨石阵看作是一类无墙博物馆，借用米歇尔·福柯的异托邦理论和路易斯·马林（Louis Marlin）的乌托邦特性理论探讨无墙博物馆的空间意义与展示方式。他在安德烈·马尔罗（André Malraux）对无墙博物馆论述的基础上进一步提出"应该如何看待巨石阵这类无墙博物馆？"并认为"博物馆是一种空间关系，主要包括发生在某些特定场所、建筑或周围秩序建构的过程……不仅参与了文化产品的秩序建构和分类，同时也是社会秩序的表达"[11]。此外，赫瑟林顿认为巨石阵这类博物馆空间存在争议，争议之处涉及遗址管理者、考古学家、旅游观光者、警察、原居民等多种角色，他们的活动构成巨石阵社会背景的一部分。在博物馆这样一个异托邦的空间中，无墙博物馆打破了传统博物馆的呈现与分类而进入一种利用空间效应自我建构社会秩序的模式。然而，博物馆并不只是单一的异托邦空间，它本身还带有乌托邦性质，也可以说它代表了一种"中立空间"，矛盾与差异在这里中和，进而建构了一种新的社会秩序。在无墙博物馆的双重异质空间中，矛盾性、差异性与不确定性共存，使无墙博物馆能够表达多元声音，成为个体构建社会秩序的理想平台。在巨石阵这样空间内，异托邦与乌托邦的特质共存，不同利益群体对巨石阵乌托邦式的想象体现了他们的文化参与，从而使博物馆表达现代化的多重声音。

　　埃里克·盖布尔（Eric Gable）以美国最大的户外生活史博物馆——殖民地威廉斯堡对种族通婚的讲解为基础，分析不同讲解员向导们对种族通婚这一史实的不同态度。他从民族志的角度出发，以详细的民族志描述为基础，重点关注威廉斯堡讲解向导们在讲述南北战争时期种族通婚内容时的不同方式，提供了博物馆馆长、教育工作者和讲解员的文化假设及目标如何影响展示过程及如何影响观众接受的信息。[12]在该案例中，盖布尔深入博物馆"一线教学"实践进行分析，由于白人向导和黑人向导所属种族、所持观点不同，因此在讲述过程中也存在着差别、误解甚至冲突。面对留有争议的历史，白人向导在讲解时采用回避的态度，以彰显自己对这段历史持以的客观公正的态度。黑人向导则在讲解时投入过多情感，他们的自我解读与阐释使其阐释的权威性被削弱，观众因此认为白人向导的阐释更加客观、中立。在威廉斯堡一线工作的白人向导和黑人向导试图在如何解释战前种族通婚的问题上彼此交流，但不同的种族观念使分歧加深，他们二者之间完全不同的解读方式也影响了观众对展览内容的理解，进而影响展览的最终呈现，种族通婚话题仍然被主流故事边缘化。从案例回归研究本身，这种将民族志研究材料引入博物馆的方法带给盖布尔双重启示，让他得以展示未预料到的细节和文化假设如何重新定义博物馆的进程。这不只对这个特定展览有现实意义，也对社会历史学家概念化相关议题并尝试将理论转化为实践有启示意义。

戈登·法伊夫在《泰特美术馆的特洛伊木马：博物馆能动性与结构的理论说明》一文中依然借布迪厄的理论从结构和历史的角度对博物馆进行分析，布迪厄认为博物馆具有阶级性与专断性，但它却掩盖了这种事实。法伊夫在布迪厄理论基础上对博物馆的内部机制进行探讨，认为"博物馆的内部组织与经济和文化垄断的差异交织，但并不是后者决定前者"[13]。博物馆虽然因其所处的社会环境常受到不同利益的争夺，但其在文化生产中又一定程度摆脱了权力的束缚，建构了自身意义。泰特美术馆早期是一个有争议的空间，它既遭到了来自英国皇家艺术学院艺术家们的攻击，又受到了现代主义革命艺术家的抨击，横跨权力场域和文化场域。而后，在其发展过程中，泰特美术馆通过分离经济力量与文化力量使自己成为一个现代艺术博物馆。最后，作者还意识到要从博物馆内外两个角度理解博物馆作为分类机构的重要属性。

四、结语

20世纪末，全球化议题在博物馆领域不断拓展，博物馆成为时代的文化中心，展现了不同时期、不同社会关于空间与记忆、同一和差异、知识和权力、全球和地方、理论和实践的现象。就学者观点而言，博物馆是天然的理论试验场，也是争议的集聚地，博物馆所面临的争议可能存在于社会背景之中，可能存在于博物馆的组织实践中，也可能存在于展览的表达之中。

有别于早期"象牙塔"式的形象，如今的博物馆已经成为日常社会的一部分，对于争议性问题的态度也发生了巨大转变，它由"保持中立""回避争议"的态度转为"讨论争议、发出自己的声音"，博物馆正试图讲述更加多样化的故事，变得更加有自己的立场，去改变博物馆周围的世界。[14]在多样的博物馆实践中可以看到，博物馆逐渐将争议性的话题纳入研究中心，奴隶、残障人士、性少数群体这些曾经被边缘化的群体日益出现在博物馆展示中。2001年南非建立种族隔离博物馆，2004年美国建立印第安人博物馆，2011年芝加哥历史博物馆举办性少数群体主题展览。2017年国际博协将国际博物馆日主题为"博物馆与有争议的历史：博物馆讲述难以言说的历史"（Museums and Contested Histories: Saying the Unspeakable in Museums）以此回应博物馆对于争议问题的态度。

争议的历史，实际上是对"话语权"的争夺，不论博物馆是以"论坛"还是以"争议地带"抑或是以"接触地带"的角色发挥作用，它都应该成为多元文化接触、多元思想交汇的理论前线。制造历史已经成为博物馆的共识，面对有争议的历史，博物馆应该无偏见地呈现多种争议性声音、积极诊断展览过程中可能出现的问题与困境、打造开放性与多元性的展示平台、积极承担社会所赋予的使命。[15]与此同时，新的博物馆定义强调"博物馆具有可及性和包容性，博物馆促进多样性和可持续性"。全球化时代的博物馆更要尊重差异、拥抱多元，成为保存和展示的文化场所，更成为思想与理论的汇集阵地。

（唐梅，眉山市文物保护研究所助理馆员，四川大学考古学硕士。主要研究方向为博物馆策展、博物馆观众研究、文化遗产与博物馆学。）

注释：

[1] Sharon MacDonald, "Introduction", Sharon MacDonald, Gordon Fyfe, eds., *Theorizing Museums: Representing Identity and Diversity in a Changing World*, Oxford: Blackwell, 1996, pp. 1-2.
[2] Ibid., pp. 3-4.
[3] 马丁·普洛斯勒：《博物馆与全球化》，莎伦·麦克唐纳、戈登·法伊夫编《理论博物馆：变化世界中的一致性与多样性》，陆芳芳译，杭州：浙江大学出版社，2020年，第20页。
[4] 约翰·厄里：《社会如何记忆过去》，莎伦·麦克唐纳、戈登·法伊夫编《理论博物馆：变化世界中的一致性与多样性》，第8页。
[5] 尹凯：《博物馆讲述争议的历史：西方学界的启示》，《博物馆与文化》，2021年第22期，第6页。
[6] Nancy J. Parezo *et al.*, "Diversifying Museum Theory", *Current Anthropology*, 1998, 39(1), pp. 182-183.
[7] 薇拉·佐尔伯格：《博物馆——争议性的记忆之地："埃诺拉·盖伊"事件》，莎伦·麦克唐纳、戈登·法伊夫编《理论博物馆：变化世界中的一致性与多样性》，第71页。
[8] 薇拉·佐尔伯格，前引文，第71页。
[9] 刘沙：《博物馆场域中符号权力与公共性理念的张力——基于布迪厄文化再生产理论的考察》，《东南文化》，2022年第1

期，第165—170页。

[10] 戈登·法伊夫、马克斯·罗斯：《破译观众的凝视：博物馆参观的再思考》，莎伦·麦克唐纳、戈登·法伊夫编《理论博物馆：变化世界中的一致性与多样性》，第122页。

[11] 凯文·赫瑟林顿：《建构乌托邦式的社会秩序：无墙博物馆——以巨石阵为例》，莎伦·麦克唐纳、戈登·法伊夫编《理论博物馆：变化世界中的一致性与多样性》，第135页。

[12] Nancy J. Parezo *et al.*, *op cit.*, pp. 182-183.

[13] 戈登·法伊夫：《泰特美术馆的特洛伊木马：博物馆能动性与结构的理论说明》，莎伦·麦克唐纳、戈登·法伊夫编《理论博物馆：变化世界中的一致性与多样性》，第183页。

[14] 朱末寒：《博物馆与充满争议的世界——莱斯特大学Richard Sandell教授访谈录》，《中国博物馆》，2017年第3期，第12—15页。

[15] 尹凯，前引文，第17—18页。

《制造表征：后殖民时代的博物馆》
Making Representations: Museums in the Post-Colonial Era

作者：莫伊拉·辛普森（Moira G. Simpson）

出版年份：1996

本书短评

以丰富、生动的案例呈现了后殖民时代的博物馆实践变革。

述评人：汪彬

随着20世纪60年代殖民体系的瓦解，不但亚洲、非洲和拉丁美洲的第三世界国家开始民族独立和去殖民化运动，北美、澳大利亚和新西兰等国家和地区的原居民和其他少数族群也开启了政治觉醒和争取民权的斗争。[1]在此背景下，很多学者开始批评博物馆的精英文化内涵和殖民主义历史，一些激进分子甚至通过实际的抗议活动表达不满：1969年1月，大都会艺术博物馆（Metropolitan Museum of Art）新开幕的"我心目中的哈莱姆"（Harlem on My Mind）展览由于被认为没有包含黑人艺术家的作品、显示了"白人对哈莱姆的看法"，引起了黑人群体的批评。

20世纪60年代末和70年代初的一系列事件标志着社会动荡和激进行动的高潮，反映了少数族群数十年来缺乏自决权、被边缘化和被排斥的挫败感，但这也有助于让博物馆注意到他们的不满以及解决不同文化需求的必要性。20世纪70—80年代，博物馆开始举办更密切关注社会问题的展览，特别是建立了新的社区博物馆。人们也逐渐意识到社区参与是成功举办展览和活动的关键，这些活动能更好地反映社会的文化构成以及与社区有关的问题。[2]

正是在这一背景下，莫伊拉·辛普森重新审视了20世纪60年代以来后殖民时代的社会背景和博物馆实践。在本书中，她详细考察了英国、北美、澳大利亚和新西兰等国家和地区博物馆与少数族群之间关系的转变，提供了20世纪下半叶博物馆实践变革的详细案例。本书共由三个部分、九个章节组成，分别介绍了博物馆实践变革的历史背景和实践案例、由少数族群建立的博物馆和文化中心的发展、人类遗骸和圣物的返还这三个核心议题。

一、变革背景与新实践

在英国和美国，虽然黑人群体已经存在了数百年，并为经济、社会和文化的发展做出了重大贡献，但直至20世纪80年代，博物馆和遗产机构都很少展示与黑人相关的历史和文化。随着黑人民权运动的发展，博物馆开始重新思考黑人、奴隶制和殖民主义在历史中的角色，并将这些议题纳入展示活动。例如英国利物浦的海事博物馆（Maritime Museum）于1991年举办了名为"持久力量——黑人在利物浦的存在"（Staying Power – Black Presence in Liverpool）的临时展览，并于同年开设了一个新的名为"跨大西洋奴隶制：违反人类尊严"（Transatlantic Slavery: Against Human Dignity）

的永久展厅，以探讨跨大西洋奴隶制及其后果，增加公众对英国和现代世界黑人经历的了解。[3]

美国和澳大利亚的情况也类似。20世纪90年代以来，越来越多的非裔美国人博物馆和主流博物馆开始举办展览，讨论非裔美国人从最初的强制移民到现在的经历。美国国家历史博物馆（National Museum of American History）在1987年举办的"从田间到工厂：1915—1949年的非裔美国人移民"（Field to Factory: African American Migration 1915-1949）向观众展示了20世纪初非裔美国人在移民北方时面临的情感冲突，突出了种族主义对非裔美国人生活的影响。澳大利亚维多利亚州的布兰巴克活态文化中心（Brambuk Living Cultural Centre）则强调了殖民时期欧洲移民对澳大利亚原居民犯下的暴行。一个名为"杀戮时代"的说明板描述了原居民人口是如何被杀戮、疾病和饥饿摧毁的。[4]这些历史事件虽然在传统展览中并不常见，但为了解后殖民时代原居民的政治和文化观点提供了帮助。

随着展览的视野越来越现代，越来越多地试图解决政治意图、种族偏见和不准确的历史表征问题，展览也不可避免地变得更具争议性。1992年是哥伦布"发现"美洲大陆的500周年，围绕这一时刻举办的系列活动更成为争议的中心。1989年，佛罗里达自然历史博物馆（Florida Museum of Natural History）展出的"首次相遇：1492—1570年西班牙人在加勒比海和美国的探险"（First Encounters: Spanish Explorations in the Caribbean and the United States, 1492-1570）展览被认为使用的术语过于温和、无法传达奴隶制的恐怖和不人道的现实，因此引起了一些美国原居民"种族主义"的批评。[5]

面对这些争议和批评，博物馆努力以新的眼光看待历史，并展示与之相关的更广泛内容。例如，史密森学会（Smithsonian Institution）的展览"变化的种子：500年的相遇和交流"（Seeds of Change: Five Hundred Years of Encounter and Exchange）考察了欧洲人和美洲原居民的相遇对生物、农业和技术的影响。[6]也有一些博物馆围绕特定事件制定了策略，以避免不必要的争议，或在争议发生时进行处理。芝加哥的菲尔德自然历史博物馆采取主动邀请观众批评的方法，在有争议的展品旁边放置了一个"对话亭"（talkback kiosk），以询问观众的意见。通过这种方式，博物馆希望为公众提供真实的背景信息，使他们能够从全面的角度考虑这些内容，并得出自己的观点。

一些博物馆为了从源头解决展览可能面临的争议，开始将社区纳入展览策划的全部过程。1973年以来，波士顿儿童博物馆（Boston Children's Museum）一直与美国原居民顾问委员会合作，以消除展览中可能存在的刻板印象。此外，它还组织了一个多元文化咨询委员会，帮助审查博物馆的展厅、物件和活动，确定需要改进的问题。[7]西雅图伯克博物馆（Burke Museum）的美国原居民咨询委员会不仅具有咨询作用，而且有权就展品的选择和展示方法做最后决定。这使得原居民群体能够参与并影响展览的阐释和文化表征过程，以这种方式呈现的多种视角也有助于打破博物馆的权威形象。

但一些规模较小的地方博物馆由于受到资金限制，并不能建立专门的咨询组织，而且它们拥有的地方性收藏也使它们更适合与当地社区联系。1989年，美国博物馆协会（American Association of Museums）和其他机构共同发起了一个为期3年的示范项目"城市生活中的博物馆：费城倡议"（Museums in the Life of a City: The Philadelphia Initiative），以探索博物馆在美国城市社会和经济发展中的独特作用。它们希望建立一个社区团体和博物馆工作人员的网络，在博物馆和城市中不同的族裔群体之间建立联系。这有助于让博物馆和邻里社区以平等的伙伴关系结合，增加公众对多样化族群及其文化遗产的理解和欣赏。[8]

一些博物馆也开始将策展权分享或移交给正在阐释其文化的社区，使他们能够自己发起和策划展览。澳大利亚的移民博物馆（Migration Museum）开启了一个名为"论坛"（The Forum）的社区可及性展厅，供居住在该地区的社区组织使用。澳大利亚博物馆也于1994年开放了一个新的社区展厅——"我们的地方：澳大利亚人，澳大利亚身份"（Our Place: Australian People, Australian Identity），其中包括一个临时和一个永久的展览空间，以及一个大型表演区域。展厅旨在让公众拥有主人翁意识和参与感，并反映当代澳大利亚社会中存在的多种族群社区的共同国家身份。

尽管有了这些发展，但并非所有研究人员都相信这种互动的价值。一些策展人希望避免处理社区中存在的分歧意见，而另一些人则希望保留对项目的控制权。此外，在展览开发过程中，博物馆界对社区合作还存在另一种担忧：当社区群体想到他们过去的或祖先留下的生活方式时，往往会产生怀旧情绪，一些社区成员通常只希望展示他们文化的积极方面，并呈现一个浪漫化的图景。这种现象被称为"复活节彩蛋综合症"（Easter egg syndrome）[9]。如何在与社区的合作中避免浪漫化的怀旧情绪，也是博物馆需要进一步考虑的问题。

二、特定文化的博物馆

社区参与的进一步发展是建立移民和原居民等少数族群自己的博物馆和文化中心，从而使其能够完全控制对其遗产的阐释，并提供与自己直接相关的文化服务。这种类型的博物馆被辛普森称为"特定文化的博物馆"（culture-specific museums），即以特定社区的文化遗产为基础，以促进博物馆和特定社区发展新的关系和对话。[10]这些博物馆不但可以响应社会、文化和教育需求，而且还可以使原居民根据自己的利用和阐释需要，发展文化上适合的储存和展示物件的手段，并通过这些手段传达他们对物件的看法、世界观和概念。[11]这种博物馆也被视为一种"新博物馆范式"（new museum paradigm）。

这在美国和加拿大最为显著。许多移居到北美和世界其他地区的移民对他们的祖国仍旧怀有深切感情，建立博物馆可以为他们提供一种回顾过去的手段。1982年，墨西哥美术中心博物馆（Mexican Fine Arts Center Museum）由芝加哥的墨西哥裔美国人社区创建，旨在通过收集重要的墨西哥艺术收藏来呈现墨西哥文化艺术的丰富性。位于曼哈顿下东区唐人街的美国华人博物馆（Museum of Chinese in America）成立于1990年，社区参与是其运作的核心：它是当地居民的记忆，藏品由他们借出或捐赠的物件和纪念品构成，志愿者担任了口述历史学家、展厅导览、设计师、档案保管员和许多领域的工作。这是所谓"对话驱动的博物馆"（dialogue-driven museum）发展的基础，旨在超越对唐人街过去的解读，并积极造福社区的未来。[12]

非裔美国人的历史和其他移民群体的历史截然不同。20世纪60年代的民权运动和政治热情使非裔美国人希望他们的历史和文化能以较主流博物馆更准确、更具同情心的方式被记录和展示。因此，20世纪60—70年代非裔美国人博物馆数量迅速增长，到20世纪80年代中期，美国有100多家博物馆致力于收集和阐释与非裔美国人历史和文化有关的物件。[13]主流博物馆也被迫审查其做法。史密森学会于1967年建立了一个专门研究黑人历史、艺术和文化的专业机构：安纳考斯提亚邻里博物馆（Anacostia Neighborhood Museum）。这是美国第一家由联邦政府资助的社区博物馆，旨在满足华盛顿特区安纳考斯提亚社区以黑人为主的人口需求。非裔美国人还努力建立了一个专门展示其历史和文化的国家博物馆，藏品和展览将涵盖非裔美国人生活的方方面面，并与美国各地的非裔美国人博物馆网络合作，为其提供专业支持。[14]

北美、澳大利亚和新西兰原居民社区的类博物馆模式（museum-like models）则代表了一种不同于西方的本土博物馆实践。这些机构在原居民社区常常被称为"会议厅"（meeting house）、"精神之家"（spiriting house）或"财宝屋"（treasure house），用以存放具有宗教或仪式意义的物件，并限制个人进入。虽然博物馆学界通常认为博物馆是西方现代文化的产物，但实际上，类博物馆的模式在非西方文化中已经存在了很多年。[15] 这些本土的类博物馆模式不但发挥了博物馆的保存功能，而且在某些情况下，它们在发展与所服务的社区的关系方面也具有引领作用。与大多数欧洲博物馆相比，它们是社区日常生活和仪式生活中不可或缺的一部分，物件继续在生活中使用，并通过口头传统以及舞蹈、仪式等活动阐释物件的背景、功能和象征意义。[16] 此外，原居民社区也接受了向公众开放的西方式博物馆和文化中心，以作为教育设施，这不但可以向非原居民介绍自己的历史和文化，也可以为原居民艺术提供展示设施和销售渠道。

在新西兰，旺格努伊考利尼蒂村（Village of Koriniti, Wanganui）的博物馆是作为1990—1992年期间制订的战略计划的一部分而被开发的。博物馆建立在社区的"会场"（Marae）[17]上，被称为"保护之家"（House of Preservation）。它不但发挥着保存和阐释藏品的作用，而且能够吸引游客，帮助毛利人社区增加收入、发展社区设施。在澳大利亚，原居民社区可以根据自己的需要，采用不同的机构类型：储存圣物、限制进入的保留地（Keeping Places），以及满足当代教育和经济需求的博物馆和文化中心。在商业和教育方面，最成功的原居民博物馆之一是布兰巴克活态文化中心，它于1990年开放，由原居民经营并对其进行完全控制。以往的博物馆将原居民文化解释为一种消亡或古老的文化，但布兰巴克中心希望通过建筑设计与实际功能，实现更接近活态文化的展示。[18]原居民认为这与博物馆有本质上的不同。

北美原居民自20世纪60—70年代以来也开始寻求更多的公民权利和自决权。这种自决运动的表现之一是建立原居民博物馆和文化中心。[19]博物馆不但为印第安人控制自己文化的展示方式提供了场所，也是争取文化遗产返还的重要因素。亚利桑那州的阿钦亨达印第安人社区生态博物馆（Ak-Chin Him Dak Indian Community Ecomuseum）就是为了保存20世纪70年代考古出土的物件而建立的，于1991年正式开放，采用了生态博物馆的模式。通过这一方式，阿钦亨达生态博物馆不仅扩展了遗址和社区内的社会关系，而且也成为探索阿钦人历史的一种手段。[20]

1989年11月28日，美国布什总统签署了《美国印第安人国家博物馆法案》（*National Museum of the American Indian Act*），印第安人社区建立一座国家博物馆的计划得以实施。除了展示、收集、保存、研究和传播藏品信息的工作，美国印第安人国家博物馆还将与美国各地的部落博物馆、原居民组织和个人建立联系，以满足国家层面的观众需求，确保所有的美国原居民社区都能在这一重要机构中分享主人翁意识。[21]

三、返还议题

后殖民时代，人类遗骸和圣物的返还议题是博物馆需要解决的最困难的问题之一。在欧洲、北美、澳大利亚和新西兰数千家博物馆的库房里，收藏着数百万件人类遗骸。[22]这些收藏活动大多发生在19世纪和20世纪初，主要出于考古收藏、科学研究或保存珍奇的目的而收集，并且大多是在非法的、不符合伦理道德的情况下进行的。因此，从20世纪下半叶开始，持续的考古发掘以及博物馆中此类材料的展示遭到了北美和澳大利亚原居民越来越多的批评。他们要求将这些遗骸从展览中移除，还给来源社区并重新安葬，有的甚至发起了法律诉讼。这些批评和辩论也影响了博物馆实践，许多博物馆不再展出原居民遗骸，或者将遗骸从展览中移除。

但一部分人以人类遗骸的科学和教育价值为由反对返还。遗骸被认为是解释过程的一个有价值的组成部分，可以用于展示，向观众介绍有关死亡和埋葬的信仰和习俗。也有人认为人类遗骸的返还和重新埋葬将导致一些重要科学和历史价值的消失。英国约克大学考古系的唐·博思韦尔（Don Borthwell）认为，这相当于允许原居民在无知中摧毁他们自己史前史的一个方面，而他们的史前史也是世界史前史的一部分。他还建议，可以通过将这些遗骸归还部落地区、由政府资助的博物馆进行管理以达成妥协。[23]

与人类遗骸同样复杂的是博物馆收藏的圣物和其他具有文化意义的物件。关于圣物返还辩论的核心是所有权问题。合法获取的材料经常被视作拒绝返还的理由，但这一点很难证明。因为早期多样的、随意的甚至强迫性的收集物件的方式导致博物馆缺乏足够的文件记录证明此举合法。此外，收藏家（殖民者）和传统所有者（被殖民者）之间权力关系的不平等更意味着物件来源的合法性难以确立。圣物的公共所有权概念使这一问题进一步复杂化，因为在原居民社区，某些类型的物件属于集体社区而不属于任何个人，因此也不能被任何个人正当地出售。[24]

面对返还的要求，一些策展人认为，博物馆正在为物件的保存提供适当的环境，而原居民社区无法很好地保存物质文化。但具讽刺意味的是，许多主流博物馆的储存条件也很差。而且即使它们能够提供安全、适当的存储空间，能够很好地照顾物件的"身体健康"，也难以满足物件需要的"精神照护"[25]。因此，亚利桑那州的希尔德博物馆（Heard Museum）在与霍皮（Hopi）部落成员讨论后，为其保存社区圣物时备有玉米粉，因为在某些美洲原居民文化中，对圣物的精神照护需要定期为其提供玉米粉、烟草或雪松等材料。

一些圣物还被认为具有特殊力量，会对接触它的特定人群产生不利影响，将其公共展出也被视为对原居民宗教信仰的亵渎。博物馆开始重新安置这类圣物。在菲尔德博物馆，易洛魁人仪式活动中的假面具和霍皮人的神圣面具被从展厅移除，一个标志告知观众移除展品的原因，并解释说明博物馆的政策。澳大利亚博物馆则将所有的秘密或神圣物件放在一个单独的库房里，不但允许特定人群进入这一库房进行仪式，而且会在仪式需要时将仪式物品借给原居民社区。[26]这些举措表明，博物馆正在采用一些方法来处理敏感物件，并寻求因博物馆收藏而产生冲突的解决方法。

面对来自澳大利亚、北美原居民和非洲群体的返还请求，博物馆也在积极回应。在过去的15年里，博物馆已经成功地完成了一些重要的文化遗产返还案件。其中最持久、最成功的返还运动之一是新墨西哥州祖尼普韦布洛人（Zuni Pueblo）为确保其失踪的"战神"（war gods）的回归而开展的运动。1978—1991年，他们已经成功争取了65位战神的回归，所有已知在美国博物馆中收藏的战神都已归还。在取得如此成功后，他们又开始和世界其他地区的博物馆进行谈判。[27]

不同的国家在返还问题上有着不同的政策和实践。在美国，随着1990年《美国原居民墓葬保护和返还法案》（*Native American Graves Protection and Repatriation Act*）的通过，博物馆越来越频繁地同意返还圣物和人类遗骸的请求。在加拿大，博物馆工作人员希望在不需要政府立法的情况下可以继续取得进展。1988年举行的博物馆和原居民社区之间的工作会议和成立的联合工作组推动了二者之间就返还、处理和储存圣物问题进行谈判，并提出了一些可能的行动方案。[28]新西兰的毛利人社区则由于20世纪80年代初"毛利人：新西兰毛利艺术收藏"（Te Māori: Māori Art from New Zealand Collection）展览在海外的受欢迎度和新西兰本土拥有的丰富收藏，并未像其他文化群体那样努力征求从海外机构返还他们的文化遗产。虽然新西兰政府尚未正式通过将海外收藏的毛利人遗骸重新安葬的政策，但新西兰国家博物馆（Museum of New Zealand Te Papa Tongarewa）在鼓励和促进返还方面发挥了积极作用，并充当了毛利人遗骸的国家储存库。[29]

此外，博物馆也开始编辑出版民族志藏品清单和目录，以帮助原居民追踪和研究其文化遗产。一些博物馆由于和原居民社区建立了密切的工作关系，并把物件照料得很好，被原居民社区授权继续保存这些物件。很多博物馆工作人员也发现博物馆和原居民社区之间积极的协商和讨论有助于产生"真正的社会互动"，这不但促使博物馆对藏品的特定历史有了更多了解，而且也可获得与返还的遗产类似的额外材料。[30]

总之，博物馆在过去30年间已经发生了巨大改变：博物馆与原居民社区之间正在发展一种更平等的伙伴关系，这使原居民社区能够利用博物馆的藏品、档案，甚至人类学家的知识，为自己的目标服务。博物馆也正在积极处理社会和政治议题，虽然可能会引发争议，但这也是发展一种新的博物馆学的必要步骤，这种新博物馆学将与观众及藏品所代表的人的需求更为相关。博物馆现在正在证明，它们不但是接受者，而且还是给予者，并且可以在当代社会中扮演新的、更具文化相关性的角色。[31]

四、结语

20世纪80年代末到90年代初是博物馆行业剧烈变革的时期。这一时期不但出版了很多重要的理论著作，博物馆实践也有了新的发展：一系列争议性展览的举办、特定文化博物馆的建立、社区参与活动的增多……虽然博物馆的怀疑论传统和批判理论倾向于将博物馆视为保守的精英文化堡垒,[32]但正如辛普森在本文开篇中所说:

> 尽管博物馆与殖民主义的历史有着千丝万缕的联系,但博物馆的运作方式及其与藏品所表征的文化之间的关系正在发生根本性的变化;这种变化反映了占主导地位的西方文化与各地原居民文化、少数族群文化和受压迫文化之间关系的转变。[33]

本书通过翔实、丰富的案例为我们呈现了西方博物馆在20世纪下半叶进行的实践变革,这些博物馆并不仅是卡罗尔·邓肯所说的传达资产阶级精英文化价值观和父权制意识形态的机构,[34]也不再像米克·巴尔(Mieke Bal)论述的那样是表现殖民主义和种族主义的"统治形式"[35]。如今的博物馆正在积极介入社会议题、包容少数族群、促进社区参与、倡导多元声音,一种"关注人"的博物馆已经出现。[36]怀疑论和批判理论往往将博物馆视为一成不变、铁板一块的实体,而辛普森在本书中对"变革"和多元声音的强调正好弥补了这一不足,为我们呈现了20世纪下半叶博物馆实践的另一个面向。

本书对"特定文化的博物馆"的介绍更有助于后殖民时代博物馆学的去殖民化:博物馆并不是西方特有的概念和现象,在北美、澳大利亚和新西兰的原居民社区中,早已存在物件和文化的保存、展示和教育实践,而且这些实践以活态、在地性和社区参与的方式进行,和西方博物馆去情境化、再情境化的表征模式形成了鲜明对比。从这一层面上说,原居民博物馆不但是区别于西方博物馆的另一种模式,而且是一种超越了西方博物馆且预示着博物馆未来发展方向的实践方式。辛普森的这种理念也和后来美国人类学家克里斯提娜·克里普斯(Christina F. Kreps)在东南亚发现的本土化的博物馆、藏品管理和遗产保护模式[37]以及"适用博物馆学"(appropriate museology)[38]的理念形成了呼应,共同为从欧洲中心主义中解放博物馆学理念与实践做出贡献。

《制造表征:后殖民时代的博物馆》　343

（汪彬，吉林大学考古学院硕士。主要研究方向为博物馆学理论、博物馆研究等。）

注释：

[1] Moira G. Simpson, *Making Representations: Museums in the Post-Colonial Era*, London: Routledge, 1996, p. 7.
[2] Ibid., p. 11.
[3] Ibid., p. 19.
[4] Ibid., p. 34.
[5] Ibid., p. 40.
[6] Ibid., p. 41.
[7] Ibid., p. 53.
[8] Ibid., pp. 61-62.
[9] Ibid., p. 68.
[10] Ibid., p. 75.
[11] Ibid., p. 71.
[12] Ibid., p. 88.
[13] Ibid., p. 92.
[14] 1993年，史密森学会建立了一个国家非裔美国人博物馆项目（National African American Museum Project），开始规划和组织拟议博物馆活动。经过10多年的努力，美国非裔美国人历史与文化国家博物馆（National Museum of African American History and Culture，简称NMAAHC）于2003年根据国会法案成立，并于2016年9月24日正式向公众开放。
[15] Moira G. Simpson, *Making Representations*, p. 107.
[16] Ibid., p. 113.
[17] Marae在毛利语中指会议厅前的空间，也可以泛指房屋周围的所有社区设施，包括会议厅在内的建筑群。本文在这里翻译为"会场"。
[18] Moira G. Simpson, *Making Representations*, p. 126.
[19] Ibid., p. 135.
[20] Ibid., pp. 159-160.
[21] Ibid., p. 169.
[22] Ibid., p. 174.
[23] Ibid., p. 188.
[24] Ibid., p. 195.
[25] Ibid., p. 200.
[26] Ibid., p. 204.
[27] Ibid., pp. 219-220.
[28] Ibid., pp. 231-232.
[29] Ibid., p. 235.
[30] Ibid., p. 244.
[31] Ibid., p. 248.
[32] 大卫·卡里尔：《博物馆怀疑论》，丁宁译，南京：江苏美术出版社，2014年，第58—84页。
[33] Moira G. Simpson, *Making Representations*, p. 1.
[34] Carol Duncan, *Civilizing Rituals: Inside Public Art Museums*, London: Routledge, 1995.
[35] Mieke Bal, Telling, Showing, Showing off, *Critical Inquiry*, 1992, 18(3), pp. 556-594.
[36] Moira G. Simpson, *Making Representations*, pp. 264-266.
[37] Christina F. Kreps, *Liberating Culture: Cross-cultural Perspectives on Museums, Curation and Heritage Preservation*, London: Routledge, 2003.
[38] Christina F. Kreps, "Appropriate Museology in Theory and Practice", *Museum Management and Curatorship*, 2008, 23(1), pp. 23-41.

《博物馆这一行》
Introduction to Museum Work

作者：乔治·埃里斯·博寇（G. Ellis Burcaw）
出版年份：1997

❖——— 本书短评 ·———❖

详细展现了从0到1构建关于博物馆世界与博物馆学的基本认识。

述评人：刘皓妍

作为乔治·埃里斯·博寇（G. Ellis Burcaw）的代表作之一，《博物馆这一行》（Introduction to Museum Work）首版成书于1975年，最早是作者在爱达荷州立大学任教时为学生撰写的博物馆课程教科书，并于1997年进行第三次再版。自出版以来，本书一直被誉为全球范围内最具影响力的博物馆学入门书籍之一，被国际博物馆大会文献中心视作博物馆培训的典范之作。2000年，本书繁体中文译本出版。2011年，简体中文译本《新博物馆学手册》问世。但就其所反映的学术思想来看，本书虽然吸收了"新博物馆学"关于强调博物馆社会角色和功能的部分观点，但是本质上还是基于传统博物馆学视角阐释博物馆工作的各个面向，因此《新博物馆学手册》的译名略有歧义。此外，简体中文译本的翻译存在诸多值得商榷之处，因此，本书评基于繁体中文译本写作而成。

全书分为"博物馆与收藏""博物馆内的阐释""博物馆与社会"三个部分，遵循"本体—内部运营—外部关系"的逻辑结构，全面介绍了博物馆学理论和博物馆工作实务面临的基本操作课题。行文浅显易懂，无论对于博物馆专业人士，还是想要了解博物馆的公众来说，本书都不失为一本优秀的启蒙读物。尽管书中更多呈现的是以美国、西欧国家为代表的西方博物馆学理论和实践案例，但是正如作者寄语中所写，"关于如何做好博物馆工作的原理应该是放诸四海而皆准的"[1]。因此，本书中关于博物馆学和博物馆本源问题的讨论对国内博物馆发展有重要的借鉴意义。

一、本体视角：博物馆工作的基本认知

谈及对博物馆的初步印象，大多数人第一时间想到的是珍稀的藏品、精美的展览等，但是这些观众能直观感知的仅仅是博物馆工作面向公众开放的一小部分内容。实际上，任何物品在真正成为展品之前都需要经历一系列严谨、科学、规范的工作流程，才有机会呈现在观众面前。在这一部分，博寇用接近全书一半的篇幅来引导读者树立关于博物馆工作的基本认知。

对于初学者来说，接受博物馆训练应从了解博物馆定义开始。时至今日，"什么是博物馆"这一基本问题的答案仍未达成统一。但是由定义体现的博物馆基本的性质并不会随着博物馆世界日新月异的发展而发生根本性转变。在界定博物馆领域相关词汇的含义、梳理学者和博物馆行业组织

关于博物馆定义的不同观点之后，作者认为"博物馆是一座有系统地照顾其收藏，并对外开放的常设教育机构"[2]。在他看来，博物馆的定义应该体现博物馆的特性：在理论上具有永恒生命的机构属性、为公益而存在的价值取向、以教育为第一要务的使命宗旨以及系统性收集和保存藏品的基本工作等。随后，作者也提出了贯穿全书的中心思想，即"博物馆最基本的特性，是它以藏品搜集和保存为基础所具有的教育目的"[3]。这种以"物"为中心，强调博物馆以收藏、研究和教育为核心功能的观点，属于经典的传统博物馆学范畴。在这一理论框架下，博物馆在履行对"物"的基本责任的同时，也关注如何用"物"来服务公众。围绕藏品开展的收藏与研究等工作帮助博物馆树立在教育、阐释、展示、体验等方面的专业性和话语权。[4]

在明确博物馆基本性质的基础上，了解其起源对于进一步认识博物馆十分必要。博物馆并不是在历史上突然出现的，人类与生俱来的收集物品及向他人展示的欲望构成了博物馆萌芽与发展的原动力。世界上最早的博物馆——亚历山大博物馆由托勒密一世于公元前290年建立。中世纪时期，教堂和修道院开始向信徒们展示宗教圣物收藏，与此同时，贵族与富贾热衷将艺术品和自然奇珍放置在小型陈列室内以供小范围欣赏。17—18世纪，基于私人收藏室而建立的公共博物馆逐渐面向公众开放，但严格限制参观人数及时间。真正意义上属于社会大众、以教育为目的的博物馆直至19世纪中叶之后才形成，并在世界博览会的刺激下于19世纪70年代以后迅速发展。二战结束以后，美加地区的博物馆数量和种类激增，集中分布于大城市和经济发达地区。从世界范围来看，博物馆作为公众宣传媒介角色的确立、人们教育程度提升与休闲时间的增多以及国际性博物馆专业协会的建立都构成了博物馆爆发性增长的契机。[5]

通常来说，一个运营良好的博物馆需要具备合理的组织编制与稳定的财源。以美国博物馆为例，常见的组织架构包括董事会、馆长、收藏研究人员等。此外，大多数博物馆都需要雇佣兼职人员，并吸纳志愿者承担部分工作以弥补馆员不足的问题。[6]更重要的是，博物馆的运营水平与其财务状况直接相关，特别是在大多数博物馆都无法通过公共预算获得充足经费的情况下。募款工作是董事会的首要责任，同时需要专人负责经费申请。

博物馆的类型则取决于其所收藏的物品。依据收藏艺术创作还是具备作为自然世界和人类文化样本的典型物品这一基本差异,博寇将博物馆世界分为美术馆和其他种类博物馆。在此基础上,属于其他类型的博物馆可进一步分为收藏人类历史见证物的历史博物馆及收藏自然世界标本的科学博物馆。[7]因此,在博寇眼中,博物馆主要分为美术馆、历史博物馆和科学博物馆。

对于美术馆艺术收藏原理的探讨从定义"艺术"这一概念出发。艺术是指个人有意识的、经过深思熟虑制作出具有美的或情感意涵的事件或物品。根据文化进化论的观点,作者将艺术分为原始或部落艺术、通俗或大众艺术和纯艺术或精英艺术,部落艺术随着历史发展逐渐向通俗艺术和纯艺术方向演化。[8]艺术不仅能提供高雅的审美体验,同样是文化史的阐释工具,因此,兼具美感和文化意义的艺术创作才被美术馆收藏。

而对于历史博物馆应该收藏哪些物品的考量,作者同样认为应该对"历史"一词进行范围限定。"历史"专指那些发现、保存和诠释关于人类过去行为的重要知识。[9]因此,奇珍异宝并不是历史博物馆的收藏方向,历史博物馆的藏品必须可以被用来向观众传递特定的历史,让观众了解过去生活的方方面面。基于博物馆机构的永续性,如今的历史博物馆也出现了"为明天而收藏"的趋势,即立足当下收集对明日具有历史意义的今日物品,从而帮助未来的人了解我们现在所处时代的生活。[10]对于一座优秀的历史博物馆来说,应该致力于呈现社会科学整体,尤其是社会学及人类学的研究成果。

此外,对于科学博物馆或者综合博物馆的科学部门来说,其所收藏的物品应该是能用于科学教育、并有助于大众增进有关物质环境的知识的科学标本,并随着科学知识的发展而不断更新。同时这些科学标本在诠释方面也需要与诸如温室效应、物种及环境保护等全球性议题关联,以此增进博物馆的工作深度、获取公众对博物馆的支持。[11]

在围绕博物馆的定义和性质、历史与类型展开讨论之后,博寇将眼光转向博物馆工作的基础——收藏。明确收藏原理是博物馆收藏工作的前提,做好入藏登记与编目工作、妥善管理藏品是实现"物"向"博物馆物"丝滑转变的关键。完善的藏品记录应包括物品的来源信息、编号、位置、基本描述等信息。随着信息时代的来临,藏品档案的电子化已成为新的趋势。而对已经入藏的藏品系统性的照顾需要优先考虑保存和安全两大要务。博物馆必须为藏品提供良好、适当的空间进行组织化储存，并依据实际需要展开必要的清洁和维护工作。[12]与此同时，安全是博物馆所有管理工作的第一要素，包括藏品及建筑物安全、人员安全等诸多方面。因此，博物馆应该以防止资源损失为导向，开展相关人员、设备及保险配置，管理制度建立及完善等一系列预防性的安全措施。此外，博物馆良好的公共关系及与社区的密切互动也有助于降低人为破坏的威胁。[13]

二、内部视角：博物馆语境下的诠释

当博物馆的组织架构较为健全，同时也具备了收集和妥善管理藏品的能力时，运用藏品来实现博物馆教育目的时机就到了。在这一部分，作者的视角转向博物馆内部，探讨藏品研究、展示、教育、建筑等构成博物馆诠释的基本要素的运行方式，以促进博物馆和观众之间情感和认知的有效沟通。

物件被收集的原因之一是其所具备的教育潜力，而围绕藏品展开的研究工作则是发挥物品的教育潜能，为后续的诠释工作奠定坚实的基础。研究人员发挥其专业知识和良好态度协助观众辨识、了解藏品，进而树立其在专业领域的权威性。但实际上，研究工作并未在实务中得到足够的重视。由于种种原因，博物馆的专业人员难以全身心从事藏品研究工作。同时，非博物馆专业出身的馆长可能会因预算和意识形态的问题对需要长期投入的研究工作兴致不高，反而更支持短期内效益更高的宣传营销事务。[14]

所有博物馆都面临着如何平衡教育与娱乐的问题，对这一问题的处理方式决定了博物馆的特性。[15]而常设展示作为博物馆直面观众的工作之一，同样需要在观众感兴趣且获得娱乐感的情形下，扩大观众的认知，进而让观众收获愉悦的参观体验。作者认为好的展示应该包括安全、坚固、易于观看、引人注意、舒适、值得欣赏、庄重得体等七大特质。[16]在实际过程中，工作人员通常综合运用多种手法，并辅以互动设备、影像装置等新科技来诠释展览的主题和内容。值得注意的是，博物馆在展览的设计上必须采取中立态度，避免引发争议。同时，相较于学术色彩更浓且造价高昂的常设展览，周期更短、更具灵活性的特展是博物馆在平衡严肃教育与娱乐事业时所做的有益尝试。特展往往具有实验性质，也不需要投入过多的经费和精力。基于今日各种休闲方式对大众业余时间的争夺，特展无疑是寻求宣传与扩大观众层次的"新闻事件"[17]。特展的时效性与多样化能够迅速拉近博物馆与观众、特别是与社区民众的距离，从而获得更广泛的效果。

以展览、教育活动等为代表的工作是博物馆实现教育功能的方式，而如何实现有效的诠释、引发观众兴趣并自愿成为博物馆的"代言人"？作者认为，从观众的角度经营博物馆是解决之道。一方面，博物馆要致力于提高可及性，为观众提供安全、舒适、干净的参观环境，包括配备便利的停车位及完备的无障碍设施、醒目清晰的标识系统以及宽敞清洁的公共空间与休息区等。另一方面，研究人员要注重诠释的品质，依据观众的需求选择、简化、阐释重要的资讯来吸引观众的注意力，达到预期的教育效果。[18]作者在这里提及当时美国户外历史博物馆普遍采用的"活态历史"的诠释方法，即导览人员穿着演出服装、以出演短剧的形式呈现当时的历史事件及先人的生活方式。这种方法虽然不能展现绝对的真实，但是本质上起到了寓教于乐的效果。[19]

虽然教育是博物馆工作所要达成的最终目标，但是本书所讨论的博物馆教育活动主要面向学校团体观众。活动的核心是围绕博物馆的主题而开展一系列系统化课程。学生通过实地参观、倾听导览、参与活动等方式开启心智、收获知识，同时也在潜移默化中学习参与公共生活的基本礼仪与道德。实际上，教育课程想要取得预期的成效，需要学校老师、博物馆导览人员及研究人员的通力合作，发挥各自的优势来协助学生们更好地了解博物馆活动所要诠释的主旨内容。此外儿童在活动参与过程中不应被区别对待，需要在专业人士的陪同下逐步接触成人世界。[20]

除了展示、教育活动、服务设施等，建筑同样是博物馆发挥功能的载体。博物馆建筑的两大原则：一是形随功能而生，建筑要迎合博物馆的运营需求；二是建筑应与博物馆性质相互调和，在具有吸引力的同时保持展示中立。博物馆建筑应优先考虑安全性，对藏品的保护是其首要功能。[21]最后，博物馆建筑的设计规划必须建立在建筑师与博物馆工作人员的充分沟通上，在明确博物馆的本质和基本功能的前提下完成相关工作，以满足博物馆空间内人、事、物的不同需求。

三、外部视角：博物馆社会角色和价值的重塑

在以上两个部分，作者带领我们构建了关于博物馆的基本认知，同时

从内部视角看待博物馆的一系列诠释工作如何达成教育目标。虽然博寇依然是传统博物馆学的忠实拥趸，但是自20世纪60—70年代兴起的"新博物馆学"思潮不可避免地让传统的博物馆及博物馆学者感受到前所未有的压力。因此，在"博物馆与社会"这一部分，作者跳脱出博物馆机构自身，从博物馆所处社会环境的现实需求来重新定位博物馆的社会角色，探讨博物馆之于社会不可替代的重要价值。

首先，作者讨论了当时美加地区普遍存在的"史迹保存"现象。与博物馆从事的工作类似，史迹保存同样需要明确为什么保存、保存什么以及如何妥善保存等一系列基本问题。对于历史性建筑和遗址保护的动机是多方面的，包括历史的怀旧情结、娱乐及经济价值的考量、公共教育的需求等。[22]良好的历史性保存工作要遵循的基本原则以所要保存的建筑物或遗址遗迹确有的重要历史文化价值为前提，以翔实细致的研究为基础，以明确的保护计划为指导，以历史呈现与诠释的品质作为其最终教育价值的考量。[23]需要注意的是，历史性保存需要确保历史性再现的正确性，致力于呈现过去历史及生活的真实情况，避免落入"保存陷阱"当中。

接下来，博寇认为博物馆的公共形象是决定其工作成败的关键。因其众所周知的教育属性，博物馆在特定领域不可避免地被视作国家的宣传机器，用以塑造民族和文化认同。[24]然而20世纪60年代以来，受各种文化理论思潮、社会活动及博物馆公共关系的转向等叠加影响，许多人在认可博物馆教育功能的同时，开始质疑博物馆以藏品为中心、与社会公众脱节的传统范式，认为其并没有承担匡正社会问题的责任，反而成为拥护当权阶级、精英等的堡垒。[25]这样的说法略显激进，但是也反映了博物馆在呈现完整性、高品质与顺应时代变迁、回应公众需求之间所面临的两难处境。因此，作者进一步强调博物馆服务社会的水平与能力取决于其是否真正了解和回应社会关切的议题以及公众对于博物馆的看法。只有不断拓宽其社会角色，才能继续实现博物馆为社会服务的机构使命。[26]

此外，作者立足于博物馆求职者和工作者的角度，为他们在求职和实际工作中面临的实际问题提供建议。对于想要进入博物馆工作的人来说，接受过博物馆理论训练、拥有硕士学位与具备一定的实务经验只是基本条件。在这里，作者用相当的篇幅从一个应聘人的视角出发，从如何收集职位信息、书写申请函、顺利通过面试并得到心仪工作等方面，事无巨细地向读者传达博物馆求职的经验和技巧。[27]此外,当你已经成为博物馆行业人士,并想要筹建博物馆或者进一步提升博物馆质量时,作者建议应该寻求广泛的社会支持,积极参加业内成熟的博物馆评鉴系统测试以期获得专业认可及改进提升。[28]

同时,作为社会的产物,博物馆需要适应社会环境的不断变化而做出积极改变。其中,最为明显的就是对待法律问题的变化,社会上好讼的风气以及公众对博物馆工作认知的增进,使得博物馆人不得不开始熟悉博物馆相关法律以应对可能出现的诉讼问题。因而,博物馆工作人员不能只懂得博物馆专业知识,还应该主动了解涉及博物馆实务的诸多法律、法规及政策条例等,至少懂得在面临问题时向专业人士寻求建议。[29]

最后,作者有感于正在经历深刻变化的国际形势和博物馆世界,回溯前文所提及的现象与问题,并结合自身的实践经验与理性思考,为读者提供了未来值得关注的关于博物馆理论与实务发展趋势的预测及总结。在可见的未来,博物馆将会真正成为属于所有人的机构。因此,博物馆应该鼓励公众广泛参与,严谨地开展观众研究,提供更广泛的社会服务。出于效率和经济的考量,未来博物馆的清洁、安全、教育等部分功能加速向"民营化"趋势转变。在技术革命深刻塑造现代生活的当下,博物馆应该积极拥抱新技术,远程办公、弹性工作制的工作新形态也会成为现实。此外,在博物馆实务的分化、职业伦理规范的确立以及行业协会的引领等诸多因素的影响下,博物馆的专业化属性会愈加凸显。对于博物馆社会角色的定位,作者强调了博物馆作为社区教育中心的重要价值。博物馆与社区民众之间和谐共处的关系,也为博物馆改善公共形象、促进身份与文化认同等奠定了坚实的基础。[30]今时今日,我们惊讶地发现书中所提及的关于博物馆发展动向的阐述无一不在近30年的全球博物馆事业发展历程中得到了验证。

四、结语

本书的创作目的在于"帮助更多人发展对博物馆的专业态度,并且提供继续寻求更深入考量与技能的基石"[31]。无论是作为博物馆学课程教学用书还是博物馆学的研究著作,本书都是不可多得的必读书目。

从博物馆学教科书的角度出发,本书聚焦博物馆实务的各种面向,以严谨清晰的逻辑、全面紧凑的内容为我们构建了关于博物馆世界的基本认知。本书的整体结构与章节排布在如今的博物馆学导论书籍中仍有借鉴意义。本书一改以往专业书籍略显严肃的风格，将诸如"什么是博物馆""博物馆要做什么""博物馆之于社会的价值与意义"等相对深奥的学理性问题，用生动活泼的语言结合日常生活中的实例给出易于理解的回答，真正实现了"从0到1"教会大家用专业的眼光看待博物馆工作，培养对博物馆事业和博物馆学独立的思辨能力。但是全面的概述也意味着书中对相关问题的讨论无法深入，特别是第三部分"博物馆与社会"，基本上是关于博物馆当下社会角色和价值的客观现象的罗列，缺乏清晰的逻辑主线整合串联各个章节。这也要求读者进一步结合相关领域的其他专业书籍，进而系统地提升认知博物馆的水平及能力。

从博物馆学研究著作的视角出发，本书成书及再版经历的20余年，恰好是博物馆学经历深刻变革的时期。寓于一系列先驱实践、国际会议、组织宣言和学术著作之中的"新博物馆学"思潮极大地冲击了传统博物馆学所塑造的以收藏与研究为基本功能的博物馆世界，学者们开始重新思索博物馆的角色、定义及目的。[32]本书也可以视为博寇对于传统博物馆学与"新博物馆学"理论之争而做出的积极回应。作者本人作为传统博物馆学的坚定支持者，一再强调收藏研究工作是博物馆存在的根基，在此基础上的诠释工作有助于树立博物馆在知识和意义建构的权威性。再者，他也认为博物馆的各种诠释工作应该在教育性和娱乐性之间加以取舍。此外，作者关于博物馆与社会关系的论述反映了其折中主义的立场，他认同博物馆是服务社会的机构，应立足公众的视角提升服务的质量与可及性，以满足社会需求。但是区别于"新博物馆学"希望博物馆在诊断社会问题上有所作为，作者认为博物馆不能为了在某些公众议题上的中立态度而妥协，必须坚守博物馆的基本原则，否则将与其他机构并无二致。[33]与此同时，博寇虽然身为训练有素的人类学家，但是他在对艺术类型进行划分时仍采用文化进化论提出的世界文化由低到高的一元发展模型的基本观点。这种明显带有阶级属性和西方中心主义色彩的分类标准对于大多数阅读本书并生活在西方世界以外的学生及民众都是极大的冒犯，因为在这一体系下他们的艺术不可避免被列为原始或部落艺术。

在瞬息万变的当下，通过本书，我们依然可以了解作为现代生活重要组成部分之一的博物馆如何历经时代变迁不断发展，以及博物馆学在不同年代、各种社会思潮的激荡交锋下应该对"什么是博物馆""博物馆做什么"等基本问题做出怎样的回答。因此，只要在了解过去、把握现在的前提下，我们才能获得开辟博物馆美好未来的力量。

（刘皓妍，陕西师范大学历史文化学院博士，秦始皇帝陵博物院助理馆员。研究方向为博物馆管理。）

注释：

[1] 乔治·埃里斯·博寇：《博物馆这一行》，张誉腾等译，台北：五观艺术管理有限公司，2000年，第13页。
[2] 乔治·埃里斯·博寇，前揭书，第30页。
[3] 乔治·埃里斯·博寇，前揭书，第36页。
[4] 彼得·冯·门施：《博物馆学与经营管理学：敌人还是朋友？欧洲理论博物馆学和博物馆经营管理学的当前走向》，黄黎译，《中国博物馆》，2007年第1期，第24—25页。
[5] 乔治·埃里斯·博寇，前揭书，第51—54页。
[6] 乔治·埃里斯·博寇，前揭书，第70—73页。
[7] 乔治·埃里斯·博寇，前揭书，第58页。
[8] 乔治·埃里斯·博寇，前揭书，第124—125页。
[9] 乔治·埃里斯·博寇，前揭书，第98页。
[10] 乔治·埃里斯·博寇，前揭书，第108—109页。
[11] 乔治·埃里斯·博寇，前揭书，第93—95页。
[12] 乔治·埃里斯·博寇，前揭书，第158—163页。
[13] 乔治·埃里斯·博寇，前揭书，第172—174页。
[14] 乔治·埃里斯·博寇，前揭书，第189—192页。
[15] 乔治·埃里斯·博寇，前揭书，第216页。
[16] 乔治·埃里斯·博寇，前揭书，第203—204页。
[17] 乔治·埃里斯·博寇，前揭书，第230—231页。
[18] 乔治·埃里斯·博寇，前揭书，第239—243页。
[19] 乔治·埃里斯·博寇，前揭书，第246—247页。
[20] 乔治·埃里斯·博寇，前揭书，第252—254页。
[21] 乔治·埃里斯·博寇，前揭书，第259—261页。
[22] 乔治·埃里斯·博寇，前揭书，第272—276页。
[23] 乔治·埃里斯·博寇，前揭书，第277—278页。
[24] 乔治·埃里斯·博寇，前揭书，第290—292页。
[25] 乔治·埃里斯·博寇，前揭书，第296页。
[26] 乔治·埃里斯·博寇，前揭书，第302页。
[27] 乔治·埃里斯·博寇，前揭书，第308—316页。
[28] 乔治·埃里斯·博寇，前揭书，第317—319页。
[29] 乔治·埃里斯·博寇，前揭书，第320—331页。
[30] 乔治·埃里斯·博寇，前揭书，第339—343页。
[31] 乔治·埃里斯·博寇，前揭书，第350页。
[32] 尹凯：《从机构到隐喻：批判博物馆学的路径》，《东南文化》，2020年第2期，第143页。
[33] 乔治·埃里斯·博寇，前揭书，第302页。

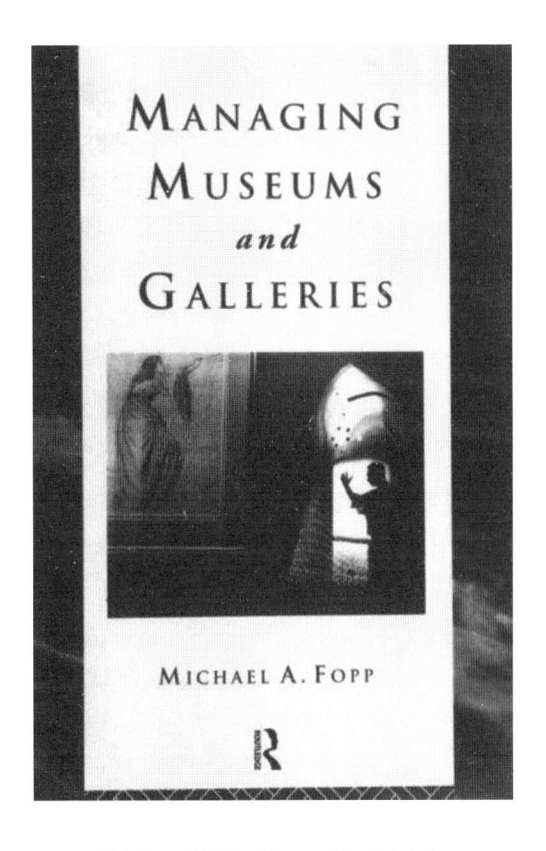

《管理博物馆和美术馆》
Managing Museums and Galleries

作者：迈克尔·A. 佛普（Michael A. Fopp）
出版年份：1997

❖—— 本书短评 ·❖

对如何管理博物馆进行了高度系统化、凝练化的保姆式教材。

述评人：赵婧

一、成书时代背景和问题意识

　　20世纪80年代，整个社会正经历重大转向。据佛普描述，由于当时电视、磁带、个人电脑等各类"新媒体"的涌现，公众获取知识的渠道开始增多，结果是他们可以自由选择知识的来源、主题、获取知识的时间和地点。在这种开放性、多选择的情况下，去博物馆获取知识相较之前变成一个可有可无的选择。到了20世纪80年代中叶，博物馆仿佛一夜之间空无一人了。[1]

　　更糟的是，博物馆不仅受到多样化的新媒体的挑战，而且还面临着政府改革的财政危机。自1979年撒切尔夫人开始大刀阔斧的财政改革后，无论是国家还是地方博物馆的预算都被削减了。在这之前，几乎所有的英国博物馆和美术馆都依赖中央或地方政府的全额拨款。如今英国政府大力宣扬市场竞争，要求作为非营利机构的博物馆证明自身的经济价值。[2]在坚持"一臂间距"的原则下，政府逐渐从之前的主导角色中淡出，除了给予少量拨款和给出指导性意见，不再直接干预博物馆业务。[3]在当时的经济压力下，所有的博物馆都面临着转变为一个自负盈亏的"企业"的现状，需要不断应对新的市场需求，适应博物馆观众角色的转变，即观众从参观者变成消费者。博物馆的观众数量成了运营博物馆的基本点。"高质量"的含义也从好的藏品和好的展览变为好的服务。[4]

　　上述种种都成了专业管理学被引入博物馆领域的重要契机，对博物馆管理学的推崇，也成了20世纪80—90年代英国博物馆改革的重要组成部分。《管理博物馆和美术馆》（*Managing Museums and Galleries*）一书出版于1997年，但基本框架和内容脱胎于佛普在1989年完成的博士论文。因此，我们既可以将本书视作英国博物馆管理改革黄金时期的产物和见证，也可以将其视作一本为英国博物馆提供实用性解决方案的管理学手册。

　　在本书的开篇，佛普用较短的篇幅简单介绍了在博物馆世界中引入专业管理学知识和方法的必要性：一是博物馆开始面对生存与经济的压力；二是博物馆从业者中缺少像企业中的职业经理那样的角色；三是博物馆领域的管理者与商业和产业中的经理区别很大。因此，博物馆既需要管理，但是又不能简单照搬管理学方法。据此，佛普指出撰书目的："帮助读者成为更有效率的经理人兼专家策展人，并且帮助他们充分理解博物馆（运营）的不同之处。"[5]作为一本关于管理博物馆的实用手册，本书既没有涉及过于艰深的管理学理论，也没有一头扎进管理学不同流派之间错综繁杂与孰是孰非的论战之中。相反，它以管理实践中面对的不同问题和对象——组织架构、领导才能、企业文化、组建团队等——为出发点，提出了几个经典的解决之道，并从中挑选出最适合博物馆的方案。与其说这是一本博物馆管理学的学术著作，不如说是一本手把手教博物馆管理者"如何做"的指南或手册。

除开头的引言和结尾的结论外，本书内容大致可分为两部分：第一部分包括第2—7章的内容，关于如何管理与组织从业人员；第二部分包括第8—13章，关于如何管理与运营组织机构本身。接下来，笔者将主要从这两个方面来述评这本书的基本内容，最后，笔者将从比较的视角来评价本书，并在此基础上探究其对于中国博物馆事业发展的参考意义。

二、管理与组织从业人员

本书的第一部分论述了对管理者和团队的管理，主要对应第2—7章的内容。具体而言，一些常被作为独立章节论述的管理学命题——目标与计划、决策与方法等——作为管理者管理自身时的重要面向来阐发，并被纳入第2章。佛普在第3章提出，管理团队的技能分为"四部曲"——认知（awareness）、激励（motivating）、沟通（communication）和风格（style）。[6]这四种技巧分别对应了第3、5、6、7章的内容，也就是"管理他人""激励团队""沟通""领导"，笔者将在下文逐一阐释。

第2章主要分析了管理组织机构中的人的方法，其中，最主要的是管理者的自我管理，大概分为三个部分：管理压力、管理时间和做决策。佛普认为，管理压力最重要的一步是能够识别压力，并给出了压力的七种表现。管理时间则要遵循"二八法则"[7]。做决策可以分为四个步骤：计划和控制、分析问题、设定标准，以及列出选项。[8]

不同于前一章涉及的管理者的自我管理，第3章则聚焦管理他人。对此，佛普指出，在管理中，冲突、反对、不配合都是正常现象。为了改变这些行为，管理者应了解员工不配合的原因，这一步简称"认知"。此外，还需与员工充分沟通，然后充分调动员工的积极性。[9]

第4章是关于组建团队的一系列实用指南，可以看作管理者自我管理和管理他者的延伸与拓展。佛普将招聘流程分为八步：决定工作内容、描述工作、描述岗位人选条件、发放招聘启事、筛选简历、面试、讨论面试结果以及做出决定，并且将每个步骤的内容逐一列出。对于一个招聘经验不足的管理者或者人力资源部门而言，这一章可以被时时拿来参考。[10]

第5章关于如何激励员工。佛普认为，为了能够充分发挥员工的潜能，需要制订一个完备的考评计划。完备的考评计划大致包括三部分内容，一是引导（inducement），即管理者需了解员工的特长和特殊性；二是开发（development），包括轮岗、轮值、借调、分配特别项目等；三是辅导（coaching），需要管理者在日常工作中不断询问员工问题，这样可以增强员工的价值认同并提升工作效率。此外，佛普还提出博物馆往往缺少明确的晋升计划，用于培训的资金时常短缺，上级与员工之间的沟通也往往流于形式，而这些都是博物馆在培养员工时可以提升的方面。[11]

第6章的内容关于沟通。作者先描述了沟通的四种类型，即告知、指示或建议、激励或鼓励以及寻求信息。佛普提出，充分的沟通往往是双向、多次的。[12]此后，佛普给出了三种常见的沟通方式：口头沟通、书面沟通和非语言沟通，以及这三种方式的优劣和特点。[13]

在第7章，佛普谈到了管理学中的重要命题，也就是领导力。佛普介绍了四种领导力理论：一是特质理论（trait theory），该理论认为领导才能是天生的，有些人天生具备做领导的魅力；[14]二是作风理论（style theory），也就是特定的领导风格会更加有效，比如专制风格、民主风格、不干涉主义风格；[15]三是权变理论（contingency theory），在该理论下的专制—民主模型中，分别有领导、员工、任务和组织环境四个变量，领导者需考量四个变量的专制或民主程度，然后选择最佳的领导方式——是更偏向专制还是民主。四是类型理论（type theory），也就是将组织视为一种文化或部落，其中有四种领导被视作好的部落首领：工匠、丛林斗士、事业家以及冒险者。[16]

三、管理与运营组织机构

第8—13章是本书的下半部分，即如何管理组织中的财、物以及组织本身。概括而言，第8—13章之间存在由小及大、由内及外的递进关系。由小及大是指佛普先论述组织中的财与物的管理，再到部门分工和组织架构，最后再上升至企业文化；由内及外则是说书中先论述组织中的财、物、部门，再到组织外的环境、冲突和变化。具体而言，第9章是对接下来4个章节的一个总领。佛普在第9章介绍了组织理论（organisation theories）的三个主要内容：架构、关系和变化，它们分别对应了第10—11、12和13章的内容。

第8章率先阐述了组织中的财政管理。佛普将财政管理分为三个部分：第一部分是预算管理。预算的使用方法应落在书面，责任人在支付时应遵循预算数额，在超支时应额外申请，并经过严格审核；[17]第二部分是账目管理，其中又包括对目前财务的状况、支付进度、预期的收支以及产量的管理，作者还针对博物馆的情况提供了一个非常实用的账目表格；[18]第三部分是财政知识管理，即博物馆的管理层应对其组织的基本花费情况有所了解，也就是对每部分业务的收支有基本认知。[19]

在第9章中，佛普指出，第1章介绍过的古典学派的理论不仅在管理理论中占有重要的地位，在组织理论中也不可忽视，大多数博物馆都遵循着古典学派的组织理论。但尽管如此，行为主义理论认为博物馆的这种组织方式并非最佳，可以通过改进狭隘的专业化、下放决策权力等做法，在古典学派的原理下进行一定的调适，这种调适特别适用于员工基数不大的小型博物馆，也适用于大型博物馆中的小组（这一点将在下一章详细阐明）。

第10章关于组织架构。在这一章中，佛普列举了两个组织架构的模式以及它们各自的优缺点。第一种是官僚制组织架构（bureaucracy）。佛普指出，博物馆多采用官僚制组织架构，特别对于大型博物馆而言，这种稳定的、可预期的、标准化的组织形态常常是最佳的，但也正因如此，个体异化也不可避免。[20]另一种组织形态为灵活组织架构（adhocracy），即从不同部门抽调员工，组成两个横向的团队。这种做法的优点是：减少冗员，灵活地适应不同情况，能够迅速重组员工，形成开放、富有创造力的沟通；减少管理层的决策压力。其缺点是造成忠诚关系的混乱；上层对于资源调配意见不一致，可能会造成权力斗争；若意见不一致，决策压力反而会增大；员工身兼多个项目，会备感压力；被抽调的员工会担心在职能部门中的地位不保，往昔的平衡被打破。[21]此章的最后，佛普总结道，由于博物馆在多个框架中运行——学术的、阐释的、行政的、策展的、顾问的、市场的——因此往往需要多种组织形态，有时是官僚制的，有时是灵活的，这

《管理博物馆和美术馆》　359

取决于不断变化的环境、文化和竞争。[22]

由于组织架构是管理中最难的一个命题,佛普用第11章再次对该命题进行阐释。他用了大量篇幅描述了部门划分的九种方式以及各自的优缺点[23]:第一种按照人数划分,这种方式假设了人与人之间没有特征和技能上的差异。第二种按照时间划分,由于博物馆也有需要24小时运营的工作内容,所以一些部门需要按不同的值班时间进行划分。第三种按照职能划分,这也是使用最广泛的方式。第四种按照流程或设备划分,比较典型的是博物馆中的机房。第五种按照地点划分,例如博物馆的馆外库房。第六种按照产品划分,这种方式适用于由于组织扩张,管理者的控制范围变得十分有限的组织。第七种将其消费者进行细分,再设置相应的部门。第八种按照市场或销售渠道划分。最后一种按照服务划分部门,比如人事、会计、采购等。总而言之,佛普认为,由于博物馆属于职业官僚机构,所以应该由专业技术人士控制工作流程的节奏,专业技术人员的层级应该是去中心化的,但支持性团队则是中心化的。博物馆部门应按职能划分,而非按市场划分,并有较大的职权范围。[24]

第12章题为"文化、冲突与变化"。佛普指出,这三个概念相互关联:变化往往带来冲突,而只有对组织文化有一定的理解后,才能正确地化解冲突。佛普列举了四种最常见的组织文化,分别为强权文化(power culture)、角色文化(role culture)、任务文化(task culture)和个人文化(person culture)。至于冲突,佛普认为冲突不应被视作损害权威的事件,而是一系列能够促进组织进步的互动,而我们有多种方式来面对冲突,最佳的方式是重组、寻找共同目标以及寻找一个有创意的、双方都满意的解决办法。[25]佛普在下一章详尽阐述了变化的内容。

第13章用短短几页的篇幅讲述了综合质量管理(total quality management)在处理博物馆变化的重要性。综合质量管理要求不仅在项目或任务结束后进行检查,还要对全流程进行质量检验,这种检验方法被称为质量过程(quality process)。在检验过程中,需注意以下几点:可用性;是否快速、安全、有效地送达产品或服务;产品质量是否合格;是否长期维护或维持产品或服务;成本效益如何。[26]

最后一章是对全书的总结,佛普简短、明确地指出了博物馆管理者在管理人和组织时应遵循的方式。他认为,英国博物馆传统上倾向于采用科学或古典管理理论，科学管理理论会受到学术出身的管理者的偏爱，而古典管理理论是习得行为，是一种自然而然的表现。但由于英国博物馆缺乏对专业管理学的认识，因此没有采用其他更加适用的管理学理论。[27]在管理方法上，灵活的决策模式和企业式的才能是运营一个有成本效益的组织的前提。企业架构合适与否是决定组织成功与否的关键，佛普以为，要为博物馆的特殊情景留有一个灵活组织形态的空间。对于博物馆管理者而言，真正的管理技能会使得商业需求和展览规章相互依存、相互支持。博物馆的公众面向往往只是冰山露出的一角，而巨大的研究与保管面向均藏于水面之下。以往，博物馆往往将太多的关注重点都投向隐藏在水下的部分，但现在的当务之急是要将流失的观众赢回来，要用书中提到的重要管理技能为非商业的博物馆带来更多财政资源。[28]

四、结语：观照与方法

本书是一本以管理学学科框架组织而成的专著，即按照管理学中的重要命题——团队、沟通、领导、架构等展开讨论，博物馆的内容只是点缀于这一框架内的虚构个案和结论，所占比例不大。这一点要区别于大多数的博物馆管理学书籍，例如帕特里克·博伊兰（Patrick Boylan）的《经营博物馆》（*Running A Museum*）[29]的编纂主体是国际博物馆协会，其内容按照博物馆的主要任务来组织，即对藏品、展览、教育活动、观众、人事、市场的管理。而盖尔·洛德和巴瑞·洛德（Gail Dexter Lord and Barry Lord）所著的《博物馆管理手册》（*The Manual of Museum Management*）[30]则由加拿大安大略省博物馆学会编纂，除了对博物馆的主要工作管理进行图文并茂的阐释，还花费了大量篇幅阐释全世界博物馆的真实案例。因此，相较而言，后两者编排形式的针对性更强，对博物馆业务的借鉴性也更高。

即便本书并非一本针对性强、借鉴性高的博物馆管理学书籍，但不代表它对于中国博物馆管理而言没有参考价值。笔者认为，其参考价值之一，在于对同样处于变革中的中国博物馆而言，率先完成变革、经历了改革阵痛的英国博物馆的管理方法有值得借鉴之处；参考价值之二，在于我国的博物馆管理学研究重宏观管理，轻微观管理，多谈管理体制、管理制度、管理思想，而少涉及具体的管理手段，特别是缺少以管理学理论为切入点的管理手段论述，而这正是本书所长。接下来笔者将分而论之。

正如上文所述，英国博物馆自20世纪80—90年代中叶经历了种种变化，近年来的中国博物馆也面临着转向公众的迫切性。因此，佛普在书中对英国博物馆提出的一些管理学建议，未尝不可被中国博物馆的管理实践借鉴。例如，在所有的博物馆理论中，佛普认为权变管理理论最具灵活性，这一理论强调在管理中要根据组织所处的内外部条件随机而变，针对不同的具体条件寻求不同的、相对合适的管理模式、方案或方法，因此也最适用于变化中的博物馆。在权变理论之下，组织被视为一种开放的系统，人们试图从系统的相互关系和动态活动中考察和建立一定条件下最佳组织结构的关系类型。领导过程则被视为领导、员工、组织环境和任务四个方面因素交互作用的动态过程，不存在普遍适用的一般领导方式，好的领导应根据具体情况进行管理，这一点已在第7章的概括中阐明。又如，佛普提出，变革中的博物馆应从角色文化转变为任务文化，在角色文化中，组织中的一切都按规章制度运行，效率取决于规则下的工作分配和职能分工，但它显然不能应对多变的环境。随着越来越多的博物馆发现它们身处千变万化的环境之时，人们发现任务文化更加适合当下的博物馆，任务文化下的组织结构灵活，为了一个特定的目的而组建或更改或弃用小组、项目团队、专班。产品周期通常很短，但反应速度却很快，所有的资源调配都为了满足消费者需求和提升服务。[31]以上这些，都是变革中的中国博物馆可以直接"拿来"的实用方案。

在我国近40年的博物馆管理研究中，内容涉及管理思想、管理体制、管理制度、管理手段等，管理手段下又分管理定位、管理职能、管理改革、机构调整、人才建设等相关研究方向。相关学者在博物馆管理研究综述的文章中，将这些研究方向分为三类：第一，对博物馆管理感性认知和实际经验的总结；第二，对国外博物馆管理经验的介绍；第三，对当代管理科学的引入及系统性研究工作的开展。[32]显然，本书属于第三类。然而，在我国博物馆管理学研究中，以第一类为主，多谈宏观管理、从政府层面或博物馆行业层面进行的管理、现行管理体制和制度的漏洞和改进建议，而少涉微观管理、博物馆内部工作的管理、对组织内部的人、财、物的具体管理方法。[33]而在第三类研究中，研究内容又多从某一个管理学概念或某一个管理学命题入手，缺乏系统性阐释。而本书恰恰相反，每个章节之间有着强联系和递进性，书中先以管理理论开篇总领，因为不同的管理理论往往决定了后续章节的内容等。后续内容分两部分来论述不同的管理对象——人和组织。在管理人力资源的第一部分中，分别探讨了对领导、员工、团队的管理，此后又进而阐释了增强管理人力效用的方法，如沟通方式和激励途径。在第二部分中又涉及了成本、资金、文化制度、组织机制管理的内容。两个部分基本涵盖了管理的所有对象，由个体到团队再到组织，由小及大地阐释了面对不同对象截然不同的管理方式。

我们是否有必要去读一本成书于20多年前、讲述英国博物馆管理的书？笔者认为是有必要的。佛普在书中反复提及英国博物馆在转型中经历的阵痛，这样的情形对中国博物馆从业者来说并不陌生，我们在那时英国博物馆的经历中，仿佛看到了自己的身影。而更难得的是，本书是一本对艰深管理学知识高度系统化、凝练化的集成，对于大部分没有管理学知识背景的博物馆人来说，可以算是一本手册式、保姆式的教材，大多数艰深的理论已被抽丝剥茧地消化过，使得读者可以轻松快捷地从书中检索方法和答案。而笔者认为，这正是佛普作为一个管理学培训讲师写就本书的初衷。

（赵婧，美国华盛顿大学艺术史硕士，首都博物馆国际部馆员。研究方向为博物馆对外传播、对外展览、博物馆数字化。）

注释：

[1] Michael A. Fopp, *Managing Museums and Galleries*, London: Routledge, 1997, pp. 180-181.
[2] 刘佳林：《英国公共博物馆在1979年至1997年间的管理改革》，北京外国语大学硕士论文，2018年，第iii页。
[3] 穆瑞凤：《一臂间距：英国政府对博物馆的管理》，《博物馆管理》，2020年第3期，第28—35页。
[4] Michael A. Fopp, *Managing Museums and Galleries*, pp. 179-181.
[5] Ibid., p. 5.
[6] Ibid., p. 48.
[7] Ibid., p. 38.
[8] Ibid., pp. 41-46.
[9] Ibid., pp. 48-55.
[10] Ibid., pp. 56-68.
[11] Ibid., pp. 69-75.
[12] Ibid., pp. 78-81.
[13] Ibid., pp. 81-84.
[14] Ibid., pp. 89-90.
[15] Ibid., p. 90.
[16] Ibid., pp. 94-96.
[17] Ibid., pp. 115-166.
[18] Ibid., pp. 116-120.
[19] Ibid., pp. 120-121.
[20] Ibid., pp. 137-142.
[21] Ibid., pp. 142-145.
[22] Ibid., pp. 146-147.
[23] Ibid., pp. 153-156.
[24] Ibid., pp. 158-160.
[25] Ibid., pp. 170-175.
[26] Ibid., pp. 179-184.
[27] Ibid., pp. 185-186.

[28] Ibid., p. 188.
[29] 博伊兰：《经营博物馆》，国际博协中国国家委员会、中国博物馆学会译，南京：译林出版社，2006年。
[30] 盖尔·洛德、巴瑞·洛德：《博物馆管理手册》，杨康明、郝黎等译，北京：燕山出版社，2006年。
[31] Michael A. Fopp, *Managing Museums and Galleries*, pp. 163-165.
[32] 刘舜强：《近30年中国博物馆管理研究综述》，《故宫学刊》，2012年第1期，第341—354页。
[33] 苏东海：《中国博物馆管理学引论》，《中国博物馆》，1994年第3期，第9—16页。

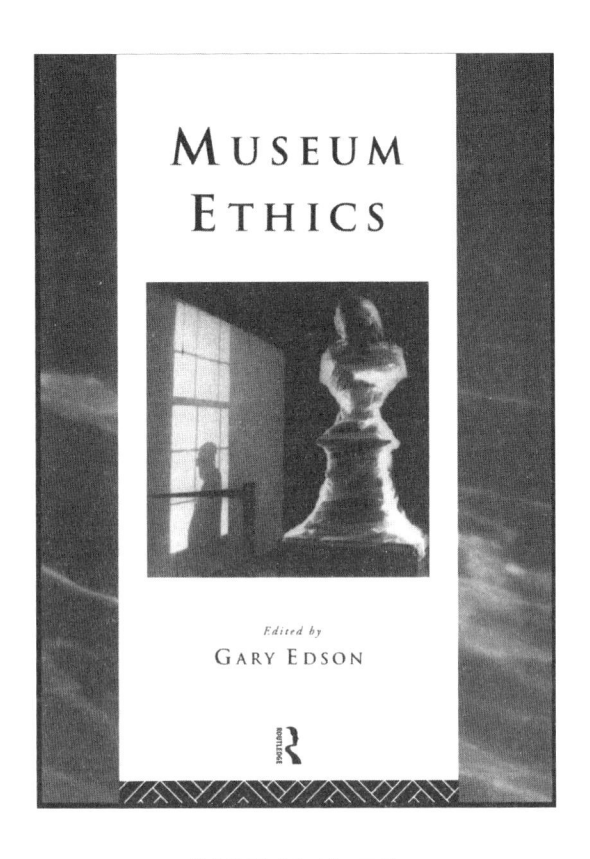

《博物馆伦理》
Museum Ethics

编者：加里·埃德森（Gary Edson）
出版年份：1997

◆——· 本书短评 ·——◆

西方博物馆世界首部以博物馆伦理为主题的学术出版物。

述评人：曾曈曈

一、成书背景与内容介绍

20世纪末是博物馆和博物馆从业者发生重大变化的时期，这些变化使得博物馆界更关注伦理问题，其中包括文化的多样性、教育方面的提议、环境、收藏照护、国际交流和遣返等议题。行业内的专业人士更被认为是伦理社群形成的主力代表。1970年，国际博物馆协会（ICOM）发布了《收购伦理》（*Ethics of Acquisition*），1986年，发布了更加全面的《ICOM专业伦理准则》（*ICOM Code of Professional Ethics*，简称《准则》）。2001年，国际博物馆协会将该准则标题修改为《ICOM博物馆伦理准则》（*ICOM Code of Ethics for Museums*），并于2004年对该准则再次进行修订。

本书是西方博物馆世界第一本以博物馆伦理为主题的学术出版物，内容包含了与当代关键议题和博物馆相关的行为哲学有关的理论与实践。这些讨论囊括了藏品采购、土著人民的权利、遣返、展示的政治、藏品保管、教育的作用、博物馆的日常管理等方面。博物馆伦理实践的参与主体涵盖了多个层次与专业，不论是管理员、馆长、信托人都对博物馆专业和公众负有伦理义务。本书旨在让博物馆专业人士和学生都能为构建更加负责、热情的博物馆社群而努力。

1997年，本书由劳特利奇出版社于伦敦出版，泰勒弗朗西斯电子图书馆于2005年出版电子版。目前，本书尚无中译本，因此，本文基于英文版本撰写而成。自1986年埃德森在得克萨斯理工大学进行博物馆管理工作及博物馆学教学工作至本书出版时，他已经积累了近20年的行政管理及教学经验。因此，本书可以看作是其丰富经验的总结，也是博物馆从业者及学生们的绝佳教材。

本书从两个部分讨论了博物馆伦理，即博物馆视角与伦理视角。在第一部分，作者采用"理论—案例—问答"的结构与形式，从伦理、伦理与专业、伦理与博物馆、伦理与责任、伦理与真相、伦理与博物馆社群六个部分介绍了博物馆伦理的理论基础。之所以采取问答形式，是因为作者认为对于学生来说有太多的伦理问题没有得到回答，所以采取这种方式进行交流和具体问题的澄清。第二部分则为从伦理视角出发的论文集，讨论了与博物馆伦理相关的各个具体议题，并结合大量实践案例解释博物馆从业者应如何从行业参与的各个方面实践博物馆伦理准则。其中，第二部分由来自世界各地的博物馆专业人士撰写，因此保留了更加广泛和多元的视角，为博物馆从业者提供了积极的反思途径。在本书中，来自不同作者的观点可能是矛盾的、相互挑战的，但是埃德森将此全部保留，为读者提供有关伦理问题更多不同的思考方式，以获得与此相关的更广泛看法。本书采取了较为详细的章节分段，因为作者想要通过提供特定伦理问题的参考内容，帮助读者快速定位和阅读有疑问或感兴趣的主题。[1]

总体来说，埃德森与本书其他贡献者所采用的方法既是对当前理论研究的充分总结，也是对博物馆从业人员遇到的日常问题的回顾与评述。尽管伦理对博物馆行业的重要性不言而喻，然而真正涉及此议题的专业书籍在当时却非常少见，这也是本书的重要之处。作者希望通过本书实现两个目标：使博物馆从业者对博物馆伦理有新的认识，并且鼓励更多有关博物馆伦理的文章出现。[2]

二、伦理与实践：从伦理学到博物馆伦理

本书主张从不同的身份——个人、群体[3]和公众——出发讨论与解读博物馆伦理这一主题。在第一部分，作者围绕个人伦理与专业伦理的冲突、伦理对博物馆业界的必要性和重要性、伦理与义务、伦理与博物馆社群的关系等进行理论讨论和举例分析，并对现有的博物馆专业伦理进行总结。这一部分最突出的特色是每节中出现的极端案例。这些案例看似不可思议，但对它们的研究却是伦理分析的策略之一，即"判例法"（case law）。这种案例分析法也并非没有缺陷，它对于所提出的困境没有讨论出标准答案，这导致许多伦理学学生反而对指导专业活动的规则而不是对正确行为的原则更感兴趣。这一点也在本书后半部分的讨论中得到了印证，不过这种所谓的"缺陷"也正好达到了作者想要的多维角度、开放讨论的效果。这就是本书并不只关注理论而是选择用案例分析和逻辑方法讨论伦理学学习方法的主要原因。

要进行博物馆伦理研究，最先提出的应当是"何为伦理学？"这个问题。伦理学是哲学的一个分支，这是一种行为科学，是"对行为好与坏标准的研究"[4]。个人出于保护和生存的目的加入群体并进行必要的群体交流。在这个过程中，某些行为得到了认可，而另一些行为则被认为对群体秩序有害，这些与群体标准冲突的行为不被鼓励，有时还会受到惩罚。[5]随

着需求的扩大，群体又以特殊利益为基准形成了子集，并且随着社会秩序的复杂化，子集社群的重要性也随之提高。这是一种维护共同价值观的手段。

在群体中，一些行为被认为是"正确的"，另一些行为则是"错误的"，虽然群体中的某些成员可能认为这种标准与个人价值观不符，但为了群体及其成员的利益，所有成员都被认为应当认可并遵守这些标准。久而久之，这些经久不衰的"对"与"错"就变成了规则、习俗和管理，其中一些成为维持社会秩序的法律，而另一些则成为由公众同意决定的公认做法。[6]为了分出对错并以正确方法来完成某一行为，人们一直在寻找一种正确的模式或理想的形式。对正确行为理想形式的追求导致了对人类行为的审查，作为哲学的一部分，这种审查就被称为"伦理学"。

在当代社会的实践中，不太复杂的社会继续形成和维持群体，以保护和加强社会秩序。作为当代社会的一部分，各种子集社群围绕专业活动组织而成。在某些需要专门培训和知识保证的情况下，专业群体即为"业界"（或从业者、专业人士）。[7]

和伦理相比，专业伦理（professional ethics）更为具体，是用于提高专业实践水平的人类活动。专业伦理包含多重含义，其中有三项与博物馆专业相关，即大多数博物馆从业者所遵循的规范、应符合博物馆从业者所做工作要求的伦理规范、专业博物馆协会的守则要素。这三种专业伦理表现形式的结合，促进了愿景、实践和社会期望之间的平等。[8]

博物馆伦理并不是将外部价值强加给博物馆，而作为理解博物馆实践的基础而存在。这也不仅仅是一种道德规范，而是一种自我理解。博物馆伦理很难作为一种针对博物馆日常问题的程序化处理准则，而是与"负责""诚实""做正确的事"有关。[9]博物馆伦理社群由博物馆业界人士组成，社群中每个人对自己的个人义务感和对他人的责任感确保了该社群的伦理成就。

在良好的专业伦理准则的指导下，个人伦理和专业伦理的优秀实践可以统一。然而，当个人伦理与专业伦理出现冲突时应该怎么做？埃德森在本书中列举的各种极端案例正是为了回应这种冲突和困境。当面对复杂的现实情况与利益冲突时，行业内部成员的排他性竞争、对权力的关注和个人偏见等都会使专业伦理陷入困境。虽然这种困境难以避免，但是作者还是在"伦理与义务"部分从正反两方面论证了功利主义动机在博物馆专业中的不合理性与必要性，并引用相对应的《准则》来回应自己在书中提出的各种模拟情景。

博物馆伦理准则对具有共同目标的博物馆业界来说必不可少。博物馆伦理所处理的实际上是"人"与"博物馆"之间的关系。这里的"人"既包括提供服务的博物馆从业者，也包括接受服务的观众，双方的连接核心是博物馆。博物馆伦理涉及博物馆活动各方面之间的联系，构成了与包括当代人和后代人在内的公众之间的开放式契约。一套可行的伦理规范既描述了这种关系活动采用的形式，也奠定了公众信任的基础，有利于提升博物馆和博物馆从业者的地位，对于各种形式的博物馆生存来说至关重要。由博物馆社群共同制定的博物馆专业伦理准则为博物馆从业者个体提供了正确行为的指导，从业者的良好表现又反过来提升了整个社群的活动水平。因此，博物馆社群与博物馆从业者个人有着互惠互利的关系。

对于博物馆业界来说，伦理规范的目标主要是提高专业实践水平。这一目标是通过帮助维持博物馆社群的专业地位、以及通过加强博物馆在社会中的作用和责任来实现的。埃德森认为，所有博物馆从业者的行为都应当在其所处环境的限制下达到博物馆学的最高水平。然而，这并不意味着每一个个体行为都必须被完美地构思和执行，而是说伦理学提供了一种关于可接受的活动实际秩序的推测性真理（speculative truths）的指南。[10]

伦理规范既要考虑个人行为也要考虑团体行为。伦理性的挑战是确定最大限度实现共同价值的共同点，并确定解决分歧的方法。从这一角度说，培养博物馆从业者的伦理素养十分必要。培养从业者适应组织文化期望的过程被称为"社会化"。[11]教育和培训是灌输道德伦理观的普遍方法，因此对于那些准备进入博物馆行业的人来说，社会化的过程可以在正式或在职培训、非正式指导或实习等过程中完成；而对于已经从事博物馆专业的人来说，则应当注意紧跟机构和社群的期望。博物馆行业面临的挑战是如何带着对公共服务和社会利益的真正关注来平衡个人优势与群体动力。[12]应对这些挑战的方式有两种：教育和编定法典。前者包含专业会议、专业出版物、各级培训计划、非正式互动和专业期望，后者则是一种源自该行业并得到全体成员认同的专业伦理守则。[13]正是通过这些特殊培训，博物馆从业者才有资格以比普通人更高的技能从事特定类型的工作，并通过专业服务

《博物馆伦理》

来保障社会公共福利。有别于其他行业的利益动机，博物馆行业的服务动机是其特点之一。

在本部分的每节结尾，埃德森都会率先抛出一些值得思考的问题以供讨论，随后根据这些问题设置相应情景，着重提出情景案例中的关注点，最后再通过注释或《准则》中的条例进行解答。对作者来说，《准则》是非常重要的指导性文件。他认为这一文件基本上是完整的，但缺乏强制性。对于违反章程的行为，只有一些行为和后果描述，却没有明确的违规审查程序。[14]考虑到本书出版年代较早，距离第一版博物馆伦理准则的公布时间也不过10年，这种内容上的缺失可以理解。令人欣慰的是，2004年国际博物馆协会公布了新版博物馆伦理准则，而埃德森正是当时ICOM伦理委员会的委员之一。

三、博物馆实践的伦理视角：热点讨论与操作指南

本书的第二部分采用论文集的形式，从伦理视角讨论了由世界各地的博物馆从业者提出的对博物馆行业来说较为重要的议题，内容涵盖了各个规模博物馆工作的方方面面。与此同时，来自博物馆业界的作者们在毫无限制的前提下对这些问题进行解答，因此出现了相冲突的观点。这种多元、复杂与戏剧化的局面正是埃德森想要的，即通过想法的碰撞为这些疑问提供多角度解答。

总的来说，这一部分的内容包括伦理与文化认同、伦理与土著人民、伦理与培训、伦理学和博物馆学、伦理与环境、伦理与收藏、伦理与预防性保护、伦理与保护、伦理与展览、伦理与公共项目等内容，每一项都对指导博物馆伦理实践有实质性帮助。

在伦理与文化认同部分所提出的议题主要与战争背景和藏品归属冲突有关。直至今日，藏品的民族归属与遣返归还问题也是博物馆伦理研究的难题与热点。对此问题进行回应的是西拉斯·欧提卡（Silas Okita）。他的回答不仅讨论了多元文化国家中民族身份与公民身份的认同问题和博物馆地位的矛盾性，也讨论了博物馆运动从殖民历史向全球化运动的转变历程，并指出博物馆伦理在博物馆社群共同面对未来挑战时的必要性。

伦理与土著人民的讨论由阿玛雷斯瓦尔·加拉（Amareswar Galla）完成。土著人民面对的困境和博物馆曾经的殖民藏品收藏机构的身份一直是

双方关系的焦点,但是近年来这种关系开始有了改变,博物馆与土著人民开始建立伙伴关系并努力纠正当前文化遗产管理实践中的不平等,而通过与社区文化建立关系来增强土著文化的跨文化意识更是博物馆实践的重要挑战。加拉通过列举土著居民工作组（Working Group on Indigenous Populations,简称WGIP）于1994年公布的《联合国土著人民权利宣言草案》（United Nations Draft Declaration on the Rights of Indigenous Peoples）[15]中的内容说明土著人民在文化遗产方面应得的权利,这也是博物馆界需要配合他们所进行的探索与改变,特别是在改变博物馆殖民结构和重塑土著遗产的话语上。社区在土著人民的文化认同建构中起到十分重要的作用,对此,加拉提出了建立文化中心、博物馆人类学家参与、土著社区文化行动、审查和修订博物馆收藏政策等实践方式帮助土著社区和文化遗产机构应对此类批判性挑战。[16]

博物馆学部分讨论了其作为一种不断变化的教育范式在博物馆专业中的必要性、作用及实际情况。这与其上一部分伦理与培训的内容息息相关。培训部分从国际视角对博物馆业界的培训进行了讨论,其内容涵盖了与博物馆培训相关的国际博物馆机构、全球范围内不同国家博物馆培训的差异及跨国课程,以及一些国家博物馆专业伦理准则的出版与修订。国际博协人员培训委员会（ICTOP）主席皮特·普乌（Piet J. M. Pouw）认为博物馆伦理教育培训不应仅限于讲师的理论独白,而应通过不同意见碰撞的研讨会完成。这一部分同本章后面几个部分一样,讨论的都是博物馆业界所面对的较为具体的问题,也是实践中需要专业伦理规范指导的各个方面。这种规范定义了一般行为准则,建立专业行为指南,并指出个人、团体和专业类别在专业表现方面的权利、义务和限制。[17]

伦理与环境的主题源于博物馆学研究对象从人类有形遗产到人类在生物圈中作用的转向。在这一背景下,"生态博物馆"的概念应运而生。博物馆的环境教育不仅仅是一种自我发展的教学法,还意味着一种使用整体范式的可能性。[18]如果环境教育能够适当地应用于博物馆领域,就是对在永久变化的背景下考虑多元价值的博物馆伦理新概念发展的公开邀请,也能够帮助欠发达地区通过博物馆在教育方面获得可持续发展,帮助这些地区选择更适合自己的、区别于传统博物馆的新模式和新技术。

伦理与收藏、预防性保护、保护和展览这四个部分包含大量指导性内

容,为博物馆具体实践的选择提供了指南。具体如下:

博物馆收藏内容及藏品获取途径是极为重要的伦理问题,对该话题的讨论也是一种对收藏原则和标准的讨论。收藏原则之所以重要,是因为我们已经看到在该问题被关注前已经出现了各种违背博物馆伦理的收藏行为,如藏品的非法获取、对殖民地的剥削、对人类遗骸的处理、对自然资源的破坏等。这些行为导致博物馆管理的各个方面(特别是藏品获取)越来越需要规范完善。通过国际博协多年的努力,联合国教科文组织(UNESCO)终于在1970年通过了《关于禁止和防止非法进出口文化财产和非法转让其所有权的方法的公约》(*Convention on the Means of Prohibiting and Preventing the Illicit Import, Export, and Transfer of Ownership of Cultural Property*,简称"1970年公约")。在实际应用中,保罗·佩罗特(Paul N. Perrot)对博物馆收藏伦理提出了四条建议:每个博物馆都应该有明确的收藏政策;对拟议的收购进行彻底研究,尽可能多地获取藏品相关信息;对通过捐赠或遗赠获得的藏品退库处理时首先应分析原始交易文件;把对藏品进行解读和辨识的方式作为博物馆重要职责等。在博物馆收藏的过程中严格遵守伦理准则是博物馆在物质和程序上都保持持续性成功的重要原因。[19]

传统来说,预防性保护是通过提供合适的环境、高质量的存储和安全的处理来减少正常行为过程中可预测的不利影响。但是现在对预防性保护的解释已经扩大到包括新的策略,如评估、管理和继续教育。在博物馆设置中,预防性保护是替代耗资巨大的干预性处理和藏品损失的方法。斯蒂芬·威廉姆斯(Stephen L. Williams)在该章节中梳理了预防性保护在博物馆界发展成专业伦理的过程。同样是保护主题,除了上文提到的预防性保护,罗伯特·乔德(Robert E. Child)还在下一章中加入了对侵入性保护和修复的讨论。与较为被动且更关注环境的预防性保护不同,侵入性保护是一种更为主动的、直接作用于藏品本身的处理方式。对侵入性保护的争议主要是藏品本身所含信息在这一过程中的丢失。而修复则是更进一步的改变过程,也削弱了藏品的个体完整性。以上种种讨论使人们很容易陷入保护实践伦理问题的细枝末节。但总的来说,保护工作的相关人士和策展人应当遵守三项主要伦理准则:理想情况下,保存应该是保护的极限;保护过程中应引起最小、且尽可能是完全可逆的变化;所有相关信息应充分记录。[20]

最后,博物馆伦理与展览和博物馆伦理与公共项目两部分都讨论了博物馆与外界的交流与合作，以及博物馆对伦理职责的履行。其中，展览部分既包括了博物馆对观众的信息传达和公众的接受，也包括了博物馆专业人士对自己身份的自省与反思。博物馆从业者在为公众提供服务时，必须首先考虑在博物馆语境中展示内容时的伦理影响。通过仔细审视观众的需求和期望进行自省，博物馆从业者也会在不知不觉中提升博物馆体验并受到公众的称赞和支持。[21]伦理与公共项目部分将讨论转向游客、赞助企业、其他文化机构等博物馆从业者以外的博物馆体验实践者，通过案例仔细讨论了博物馆和各方交流合作时的职责。不仅如此，乔安娜·兰德里（Johanne Landry）在本章节还延伸了博物馆的教育功能，展望了博物馆行业发展的未来。相信在快速变化的新时代，博物馆的变化也能够在博物馆伦理准则的指导下充满活力与灵感。

本部分所提出的博物馆伦理话题并不是相互割裂、独立存在的，也不是仅限于某一博物馆的特殊议题，而是国际化（internationalization）背景下的普遍问题。其内容既包括案例分析、文献梳理、历史追踪，也包含具体的技术指导。从博物馆本身出发，将讨论扩展到与博物馆产生交互的各方角色，丰富了博物馆伦理研究的不同身份立场，既是对第一章的回顾与巩固，也是进一步的补充和丰富。

四、结语

博物馆伦理之所以重要，是因为博物馆业务行为的特殊性导致最适方案的制定需要专业的判断标准。博物馆在历史发展进程中形成的多种类型和形态使得每一个具体博物馆的客观条件都不一样，所处理的每一件藏品都独一无二，因此博物馆每一次的具体业务行为都具有特殊性。

博物馆伦理研究并不是在短期内迅速迸发的，而是随着博物馆行业的变化而发展。与此同时，不断出现的博物馆学新方向、新概念也影响着博物馆伦理的议题。博物馆伦理研究多采用历史和"讨论"的方法，理论博物馆学多运用逻辑推演，[22]二者相辅相成、互相影响，推动博物馆学在新时代的发展。

与之对应的是国际博物馆协会对博物馆伦理准则的不断修订和更新。除前文提到的1986年《准则》与在2001年和2004年经过两次修订确立的《ICOM博物馆伦理准则》。在2020—2022年的博物馆新定义修订工作中，

ICOM明确建议其成员及委员会在对新定义修订进行答复时应审查包括之前博物馆定义提案和《ICOM博物馆伦理准则和章程》在内的各种文件。在博物馆新定义修订的第三次协商后提出的五个初步提案中，有四个都提到了"道德（伦理）"[23]。最终，伦理被写进2022年通过的博物馆新定义中。

在修订博物馆定义的同时，从2019年12月开始，ICOM对《博物馆伦理准则》也开始了第三次修订并取得阶段性成果。[24]

不仅如此，ICOM还针对特殊类型的博物馆或特殊的博物馆事务颁布了更为具体的伦理准则。2013年，ICOM通过并颁布了《国际博物馆协会自然历史博物馆伦理准则》（*ICOM Code of Ethics for Natural History Museums*），2019年颁布《国际博物馆协会藏品退库指南》（*Guidelines on Deaccessioning of the International Council of Museums*），并于《国际博物馆协会博物馆伦理准则》修订完成前的2022年提前颁布了两条关于藏品入藏（*Standards on Accessioning of the International Council of Museums*）和资金筹措（*Standards on Fundraising of the International Council of Museums*）的补充准则。这些特殊准则的颁布和修订使博物馆伦理准则更加细化和专业化，但大多晚于埃德森所编本书，我们可以通过关注其修订内容的变化，进行补充阅读。

本书提供了详尽的实践指导和专业标准，这既是博物馆学学生的教材，也是博物馆从业者的参考书。但是，埃德森并没有挖掘博物馆伦理问题出现的原因，也没有过多解释为什么博物馆行业需要伦理准则。另外，也有人认为本书的问答形式可能会限制新材料和新想法的出现。[25]但不管如何，在博物馆伦理相关的问题上，不论是初入博物馆学领域的学生，还是博物馆专业人士，本书都是值得一读的经典之作。

（曾暲暲，中央民族大学民族学与社会学学院人类学博士研究生，研究方向为博物馆与文化遗产。）

注释：

[1] Gary Edson, ed., *Museum Ethics*, London: Routledge, 1997, p. xxii.
[2] Ibid., p. xxii.
[3] 在本书中，"群体"也有两种含义：从专业（profession）出发，这样的群体被称为博物馆业界或博物馆从业者或专业人士（museum professionals），《ICOM章程》（2017）第三节第3条将其定义为符合博物馆及机构定义的所有工作人员，以及以专业身份为博物馆和博物馆社群提供服

务、知识和专业技能的人员，详见ICOM, *International Council of Museums (ICOM)-Statutes*, Paris: ICOM, 2017, p. 3.。从实践出发，这一群体则是博物馆社群（museum community），包括在博物馆专业人士监督下的人员，如志愿者、准专业人士、受托人以及其他与博物馆相关的非专业人士。详见Gary Edson, ed., *Museum Ethics*, p.26。

[4] Stephen C. Pepper, *Ethics*, New York: Appleton-Century-Crofts, Inc., 1960, p. 2.

[5] Robert L. Holmes, *Basic Moral Philosophy*, Belmont: Wadsworth Publishing Company, 1992.

[6] Gary Edson, ed., *Museum Ethics*, p. 5.

[7] Ibid., p. 5.

[8] John H. Kultgen, *Ethics and Professionalism*, Philadelphia: University of Pennsylvania Press, 1988, p. 209.

[9] Gary Edson, ed., *Museum Ethics*, p. xxii.

[10] Ibid., p. 5.

[11] Mary E. Guy, *Ethical Decision Making in Everyday Work Situations*, New York: Quorum Books, 1990, p. 36.

[12] Radoslav A. Tsanoff, *Ethics*, New York: Harper & Brothers, 1955.

[13] Gary Edson, ed., *Museum Ethics*, p. 7.

[14] Ibid., p. 111.

[15] United Nations (UN), *Draft Declaration on the Rights of Indigenous Peoples*, 1994.

[16] Amareswar Galla, "Indigenous Peoples, Museums, and Ethics", Gary Edson, ed., *Museum Ethics*, pp. 139-142.

[17] Tereza Cristina Scheiner, "Museum Ethics and the Environment", Gary Edson, ed., *Museum Ethics*, p. 162.

[18] Ibid., p. 166.

[19] Paul N. Perrot, "Museum Ethics and Collecting Principles", Gary Edson, ed., *Museum Ethics*, pp. 176-177.

[20] Robert E. Child, "Ethics and Museum Conservation", Gary Edson, ed., *Museum Ethics*, p. 194.

[21] David K. Dean, "Ethics and Museum Exhibitions", Gary Edson, ed., *Museum Ethics*, p. 201.

[22] 宋向光：《博物馆道德与博物馆专业伦理之解析》，《中国博物馆》，2022年第4期，第45页。

[23] 安来顺：《变革环境下博物馆关键性认知的最大公约数——ICOM 2019年京都大会以来博物馆定义修订的回溯》，《东南文化》，2022年第4期，第12页。

[24] 安来顺：《博物馆新定义在博物馆职业道德准则修订中的反射》，《中国博物馆》，2022年第6期，第4页。

[25] Hugh H. Genoways, "*Museum Ethics*: Edited and Written in Part by Gary Edson", *Curator The Museum Journal*, 1998, 41(4), pp. 282-284.

《营销博物馆》

Marketing the Museum

作者：菲奥娜·麦克莱恩（Fiona McLean）

出版年份：1997

◆——·　本书短评　·——◆

关于为何以及如何进行博物馆营销的代表作。

述评人：邱文佳

对于英国博物馆界来说，20世纪80年代可以被看作是一个"转型期"[1]。在学术层面，带有后现代意味的"新博物馆学"强调博物馆的目的而非功能，其社会性与公共性的发展倾向引发了"从藏品到公众"的机构性思考。在政府层面，英国政府奉行的撒切尔主义和新右派政策的出台预示着经济自由主义的到来，公共政策鼓励博物馆争取多元经费来源的同时，收紧政府支出。在社会层面，文化机构与旅游业的结合又引发对文化消费甚至文化资本主义等议题的关注。在几股力量共同作用下，市场营销的理念被正式引入博物馆世界，经济逻辑与社会机构的碰撞引发了之后数代学者的持续讨论。

总体而言，本书主要分为两部分，第一部分主要从学术层面探讨作为两个不同的领域，博物馆和市场营销各自的概念演化与重塑，并试图"创建博物馆语境下的营销哲学"[2]。在成书前后，博物馆学与营销学在理论方面都处于日益演进但尚未成熟的阶段，因此，菲奥娜·麦克莱恩（Fiona McLean）在理论层面论述"博物馆营销"这个复合概念时需要克服重重的语境困难。第二部分则偏向博物馆实务，这意味着回归营销学的基本原则、要素和工具，并探索在现实世界中如何将其运用于具体的博物馆实践。

本书第一部分，麦克莱恩以"问题与挑战"为统领，共分四章。前两章分别探讨博物馆和市场营销的历史发展、现实问题和学术内涵，篇幅约占整个第一部分的70%。后两章讨论博物馆所处的政治、社会与经济环境和面对的广义上的社会公众，篇幅较前两章较短，且内容上更偏向为本书第二部分实务内容做铺垫。因此本文将后两章内容的述评也放入实务部分，而把第一部分的前两章分开阐述，共分成三部分。

一、博物馆的演进："历史的消失"与价值的重塑

本书的第一部分先从历史维度回溯了博物馆进入20世纪后所发生的变化，这种"革命性的变化"突出体现为公众导向的博物馆转型。以1851年伦敦万国博览会为标志的博物馆公众化之路不仅为公众打开了艺术与博物馆的大门，而且为政府进行社会治理提供了灵感。由此，博物馆的价值与功能开始引起学界的广泛讨论。

（一）后现代与真实性

19世纪的博物馆仍以现代性叙述方式为主导，这种"现代性"体现为对物的意义揭示仍遵循线性时间的阐释方式，同时崇尚"宏大叙述"（meta-narrative），强调对一切现象的解释都应遵循理性秩序和科学性。麦克莱恩指出，后现代性（post-modernity）的表征则拒绝宏大命题和权威论述、质疑现代性的叙事框架。[3]追求多元、差异和自由的后现代思潮促使博物馆打破艺术精英主义（elitism of art），从而在全新的社会和文化背景下审视自己的使命与责任。

在后现代的语境下，艺术品展览得以打破固定的时间叙事，不同时代作品的并置在某种程度上造成了"历史的消失"（loss of history），麦克莱恩于是引用双方学者的观点展开"历史消失"所带来的不同理论结果。她首先借用营销学者菲拉特·福阿德（Firat Fuat）等的观点，指出"历史的消失"表现在语境的"脱离与分割"（decontextualization or fragmentation）上，当物品离开原本制造和使用的语境、转而被放置在博物馆并被奉为被注视的对象后，其"意义"就不可避免地被操纵、被解释、被商品化。[4]语境的消失进一步反应在对真实性（authenticity）的存疑上。当代博物馆追求真迹或物的真实性，但不可否认的是，物品在脱离原来使用语境来到博物馆后已无法表达藏品的真正特质（true nature）。所有的藏品选择、布展都是一种物的重置，带有人为的痕迹，不再"真实"。

同时她又借用新博物馆学的观点，不管是彼特·弗格（Peter Vergo）认为博物馆的展览，包括其后台的入藏工作，本质都是对历史的建构和价值的重塑；[5]还是史蒂芬·威尔（Stephen Weil）呼应博物馆学的核心在于处理博物馆与人（包括参观者与资助者）的关系，而不是博物馆与藏品的关系，[6]麦克莱恩都一再强调，与博物馆真实性紧密相关的社会性也正式进入学界的视野。

（二）公众的两面：精英与大众

如果说后现代和真实性是学术界思考博物馆价值与功能的维度，那么公众对于博物馆真实性的需求则完全是另外一回事。即使是最基础的"可及"（access）一词，其理解和实践范围都相当广泛。麦克莱恩指出其中一个最基本的维度是博物馆能开门迎客，但更深度参与的"可及"则意味着深度民主，即公众积极参与确定博物馆发展目标的过程。在涉及精英主义

（elitism）和大众主义（populism）之争时，麦克莱恩表明，后现代的博物馆界已经普遍达成共识，博物馆需要弥合所谓"高低文化"之分（high and low culture），其目的是面向全体社会公众开放。[7]

麦克莱恩进一步指出，精英主义与大众主义思考的第二个维度在于博物馆的收藏范围发生了变化，"从光晕到怀旧"（from aura to nostalgia）的转变使得博物馆对"乡土及日常"（vernacular and quotidian）物件日益感兴趣。[8]从收藏范围的变化可以进一步引申到展览主题和策展方式的变化。就此，麦克莱恩指出博物馆大众主义转向的第三个维度，即社会史策展人对以人为导向的方法（people-oriented approach）和策展主题愈发感兴趣。[9]以往博物馆不会处理的战争、疾病、饥荒、女性主义、全球化等社会议题逐渐进入展览的视野。博物馆的其他利益相关者开始对人、或者说对物品的社会功能更感兴趣。麦克莱恩最后总结道，随着向大众主义的靠拢，博物馆的功能必须超出简单的"藏品监护权"，进而明确博物馆在社会中所处的位置。

（三）作为"公共资产"的博物馆

进入20世纪80年代，英国博物馆的讨论主要围绕资金议题展开。得益于自由市场经济的发展，尤其是英国新右派政策的出台，博物馆发展的资金渠道日益多元。政府一方面鼓励博物馆开拓商店、咖啡馆等经营性业务，一方面越来越强调政府资金投入的绩效考核。麦克莱恩认为，博物馆在某种意义上成了"公共资产"，选择博物馆馆长的标准甚至也从纯专业领域转向公共领域能力的考量。[10]从政府治理的角度，一批新兴词汇进入博物馆视野，比如3E指标（economy, efficiency and effectiveness）、绩效指标（performance indicator）、质量标准（quality standard）等。

麦克莱恩进一步指出，政府开始意识到博物馆等文化机构能深度促进当地旅游业的发展，从而大大创造经济效益，于是文化资源管理或"文化资本主义"（cultural capitalism）的概念得到进一步加强。[11]英国政府对文化产业的投入在20世纪末达到了一个小高潮，尤以利物浦和格拉斯哥等城市的硬件改造为主，当地博物馆及遗产中心的改建和改造大大改变了城市形象、提升了城市活力。作为"公共资产"，博物馆成为城市更新与改造的重要组成部分，这对政府管理、文化发展、城市面貌、旅游经济等都起到了良好的作用，一举多得。

二、历史中的博物馆营销：身份危机与概念移植
（一）营销形象的流变

麦克莱恩首先梳理营销概念从商品到服务的拓展趋势，以及营销在被提出之初遭遇的种种身份误解。麦克莱恩在进行这部分文献的梳理时，选取了几位代表性人物并阐释了他们的代表性观点，读者能清晰看到这些不同的营销学观点之间的碰撞、对立和演变。作者引用的第一位学者也是首位主张企业应以营销为导向的评论员彼得·杜拉克（Peter Drucker）的观点，杜拉克开创性地提出营销不仅比销售更广泛，而且不是一个专项业务。营销是结果导向、注重客户视角的整体业务。因此，对营销的关注和责任必须渗透到企业的所有领域。[12]这一"全过程营销理论"后来被马克思主义者解释为"剩余价值理论"（surplus value），即产品除了交换价值，还具有被企业创造出更符合生产者而非使用者的其他价值。于是，作者引用的第二位学者罗杰·迪金森（Roger Dickinson）的观点则批判了市场营销兼具操纵性和垄断性，在许多情况下，客户不知道自己的需求；市场营销恰好塑造需求并说服客户去购买商品。[13]作为一种似乎不符合伦理标准（unethical）的纯商业操作，市场营销从一开始就积累了"坏名声"。

作者引用的第三位学者即现代营销学之父菲利普·科特勒（Philip Kotler）的观点。科特勒及其合作者西德尼·利维（Sidney Levy）于1969年发表《拓宽市场营销的概念》（Broadening the Concept of Marketing）一文，才真正解除市场营销不符合商业伦理的身份误解。[14]不仅如此，此文还进一步指出营销是社会全领域（all-pervasive）的活动，不仅适用于商业，还适用于服务业和非营利性组织，直白地指出没有机构能避免营销，现在摆在非商业组织管理者面前的选择不在于是否营销，而是营销做得好与坏。

（二）博物馆对营销态度的转变

虽然学界拓宽了营销学的应用范畴，但就服务业开展营销的实践而言，变化并非一蹴而就。麦克莱恩就指责博物馆依然是"生产导向"（production-oriented）：

> 从本质上来说，博物馆必须从内向型（inwardly oriented organizations）的组织（营销学的术语即以生产为导向），转变为对外

部力量和观众更为敏感的组织，以此来提高企业和个人的支持。[15]

就实践层面而言，博物馆离市场营销相距甚远。麦克莱恩认为，在"藏品为本"的束缚之下，传统博物馆并未将市场营销纳入高级别管理层的工作职责，而是将其等同于一个初级公关专员的工作。同时，博物馆对市场营销仍存有传统的误解，尤其是对于术语混杂的市场概念、充斥绝对商业价值的理念等相当抵触，甚至有些博物馆认为营销学完全背离博物馆非商业、服务社会公众的公益特性。[16]

事实上，只有当机构的目标是商业化（commercialization）时，营销才等同于商业化。如果博物馆的目标是学习的民主化（democratize learning），那么营销只是达成博物馆自身目标的方法。因此，麦克莱恩认为博物馆需要在"市场导向"（market-led）和"营销导向"（marketing-led）之间做更细致的区分。[17]以市场为导向的方法重点在于发现需求，进而满足需求，这在以营利为主的商业组织中完全可以接受，但对于社会性质的博物馆则完全不合适。相反，博物馆需要以营销为导向，这涉及更具想象力的任务，而且还将为博物馆带来更多潜在用户，比如观众和出资方。

（三）定义博物馆营销：关系的总和

在分析清楚营销形象的演进与营销学在博物馆的实践变化后，麦克莱恩重新回到博物馆营销本身，并对博物馆营销的定义展开讨论。麦克莱恩引用彼得·路易斯（Peter Lewis）1991年的博物馆营销定义："营销是博物馆、美术馆的管理过程，它指向展馆的使命功能，能有效识别和满足其用户的各项需求。"[18]基于此，麦克莱恩特意强调，博物馆营销视角下的"用户"是一个广义的概念，包含参观者、博物馆设施使用者、出资者、各级政府、企业、员工、媒体、理事会、旅游协会代表等各个对博物馆感兴趣的团体。要处理如此众多的关系，营销行为必须渗透到博物馆工作的方方面面，而非一个营销部门甚至某个营销人员的工作。因此，博物馆营销必须由博物馆领导层统筹协调，在博物馆内部形成正确的"营销哲学"（marketing philosophy）。[19]

从定义到实践、从理想到现实，我们在书中可以看到麦克莱恩在理论移植"博物馆营销"这个复合概念时遭遇到的语境困难。

其一是由于博物馆的机构特殊性，营销学的经典理论无法直接套用到博物馆环境中。对博物馆而言,更具借鉴意义的似乎是非营利性组织和服务业的营销。营销学理论对商品(consumer goods)营销和服务(service)营销有明确的区分,因为服务具有无形性(intangibility)、生产与消费的同步性(inseparability)、异质性(heterogeneity)、易逝性(perishability)、不可拥有性(lack of ownership)等特点。[20] 而博物馆里提供的"服务"不仅有以上特点,而且在现实情况中更为复杂。正如定义中所示,博物馆所面对的"用户"更为广泛和多样。即使只针对观众,每一次博物馆参观都是唯一的体验而难以标准化,也无法像商品一样提供某种质量保证。其二是营销学自身的"身份危机"(identity crisis)加深了博物馆借鉴营销学理念时的迟疑。麦克莱恩引用罗伯特·巴特尔斯(Robert Bartels)的观点,指出营销学存在强调量化研究方法而非研究结果的实践指导性、发展深奥抽象的营销理念、注重繁复的数据分析而非解决问题的能力等三大身份危机。[21] 但作者在面对这些理论困境时并没有踟蹰不前,而是转向了下一部分的实践探索。

三、博物馆营销的实践:规划与流程

本书的第二部分从实践的角度分析博物馆营销的具体做法,主要聚焦在博物馆的市场(market)、产品(product)、传播渠道(communication)、资源获取(resource attraction)以及营销计划(marketing plan)五大部分。

(一)市场

要了解博物馆多元的用户构成及其各自的功能需求,进行市场调研至关重要。除了对参观观众有基本的了解外,麦克莱恩引用玛丽·孟利(Mary Munley)在博物馆评估的相关研究,指出博物馆进行市场调研还有其他功能:调查博物馆的机构价值及展览、教育项目的相关性;开展新展览和新项目的前期调研;项目评估和博物馆长期规划;构建有关博物馆的学术框架等。[22]

至于具体的调研内容,科特勒的"细分市场理论"在商业营销领域能帮助企业精准定位不同的客户群体,进而精准向市场群体营销商品,提高企业的竞争力。但麦克莱恩认为以地域、人口、消费心态和行为为标准划分用户的传统做法并不适用于博物馆。她更倾向斯图尔特·戴维斯(Stuart Davies)提出的按照人口统计学数据(可继续细分为年龄、性别、社会阶层、受教育程度)、生活方式、地理环境（可细分为周边居民、游客)、学校和特殊兴趣来进行用户划分。[23]

（二）产品

除了了解博物馆的市场或用户，明确博物馆到底能提供什么样的"产品"或"产品线"（product line）同等重要。回到用户需求的角度，麦克莱恩认为博物馆能提供"核心产品"（core product）和"补充产品"（secondary or augmented products）这两类产品，[24]核心产品指的是藏品的保护和展出，其他则属于用于充实核心产品、达成机构使命的补充产品。

对于具体的博物馆产品，麦克莱恩直接引用了英国审计委员会（The Audit Commission）1991年在有关英国公共博物馆的工作报告中提出的博物馆产品分类：遗产保护和看管、学术研究支撑、信息、教育、基础参观服务。[25]具体而言，遗产保护和看管主要负责藏品的保护和梳理，这常常引发博物馆对于营销的误解或指责，即资源用于观众服务而忽略了对藏品的保存。但事实上，出于产品角度的考量，营销内容本身就包含对藏品进行必要的梳理，甚至精简。学术研究支撑包含两个面向：首先是博物馆自行组织或开展学术研究、增加知识产出，其次是开放资源、提供渠道，支持外部研究。信息类产品包括藏品数据库、一般出版物、宣传册、参观导览、多媒体信息等。教育类产品既有针对学生又有满足成人终生教育类产品。基础参观服务类产品除了常规的参观展览，还包括藏品开放日、历史再现、现场演示等围绕核心产品的服务等。总之，麦克莱恩总结道：营销意义上的博物馆产品是一个"一揽子"（an agglomeration of a vast array of products）的内容，[26]里面包含的项目看似独立，实则共同指向机构使命的整体存在。

针对服务类产品，麦克莱恩认为监控服务质量尤为重要。[27]服务质量需站在使用者的角度进行衡量，为此，博物馆需要进行一线员工的客户服务培训、确定基本的服务质量标准，以创造优质的服务环境、打造服务品牌（service brand），即机构形象（corporate identity）。

（三）传播渠道

从某种程度上来说，博物馆是一个传播平台。营销除了需要考虑传播的内容——博物馆产品，还需要考虑传播的渠道和过程，这体现在营销组合（marketing mix）里就是所谓的"3P"组合——地点（place）、过程

《营销博物馆》 383

（process）和推广（promotion）[28]。"3P"组合对应的关键营销术语是"分发"，其核心是建立合适的分发渠道（distribution channel）。麦克莱恩在分析具体的博物馆实践时，认为既要考虑博物馆的选址、交通、路标等，还要考虑将博物馆产品带到外部环境，例如举办巡回展、开展上门服务等。为了设计一个好的分发系统，即优化传播过程，博物馆可以采用蓝图绘制（blueprint a service）的方式，将整个业务内容视觉化显示。[29]这种方式不仅能协调不同部门之间的合作、在各个环节满足用户需求，还能帮助博物馆领导厘清资源投放的具体业务点、将营销融入整体运营。博物馆想要调整好"供需关系"，很重要的一点就是匹配时间与场地功能。博物馆可以改变服务功能，例如提供场地租赁；也可以增加特殊时间段价值，比如在不同参观时间段设置不同票价、调整开放时间、使用参观预约系统等。

（四）资源获取

营销能帮助博物馆筹措多方资源、实现可持续发展，麦克莱恩认为，应该主要从创收（income generation）和客户发展（people development）两方面做出努力。[30]博物馆可以制定自己的定价策略，大方向上可以从市场、机构特性、社会环境、用户需求等四个方面进行定价，[31]具体要符合各馆实际。博物馆的创收内容有：饮食服务、零售（馆内商店、图录销售、卫星商店、艺术品授权）、一般出版物销售、会议室出租、特殊活动、宴请、博物馆之友与博物馆会员等。在客户发展方面，核心是发展并维护与客户的长期关系。

（五）制订营销计划

营销计划可以概括为一种系统的组织方式，包括对博物馆市场的分析、博物馆在市场中的地位，以及未来营销活动的具体方案。麦克莱恩引用马尔科姆·麦克唐纳（Malcolm McDonald）在《营销计划：如何准备、如何使用》（*Marketing Plans: How to Prepare Them, How to Use Them*）一书中的方法，认为一份完整的营销计划应包含情况分析、目标设立、策略确定、资源分配与监督四大部分，[32]计划制订后还需进行短期监测、回顾，以保证计划的可行性和可操作性。最重要的是要将营销计划写成书面文件，使得营销策略成为博物馆发展规划中的全局性文件之一，以确保自上而下的统一意识。

四、结语

对于麦克莱恩而言，《营销博物馆》一书并非横空出世。本书出版前，麦克莱恩就已围绕博物馆营销这一主题发表了系列论文。1993—1998年，麦克莱恩分别发表了《博物馆营销：语境分析》（Marketing in Museums: A Contextual Analysis）、《服务业营销：以博物馆为例》（Services Marketing: the Case of Museums）、《博物馆的营销革命》（A Marketing Revolution in Museums）、《博物馆营销的未来发展》（Future directions for marketing in museums）、《机构品牌对博物馆意味着什么》（Corporate identity: what does it mean for museums?）等多篇学术论文，并开展相关学术咨询工作。追踪这些研究成果即可看到，本书正是在上述阶段性研究的基础上总结、修正和更新而成的更具综合性、创新性的研究成果。贯穿这些学术思考始终的是麦克莱恩对将营销学理念注入博物馆实践的关切。麦克莱恩清晰地意识到，市场营销这一学科中有利于博物馆发展的理念，其适用性和适配性都不能停留在学术研究上，其核心仍要追溯到博物馆本身。博物馆的价值观、机构文化、思考方式才是决定博物馆能否拥抱营销学的价值、能否在博物馆内形成自上而下全馆性的营销学取向（marketing orientation）的关键所在。

相比20世纪出版的其他博物馆学著作，本书不算热门，甚至网上对其的述评都少之又少。本文不妨先行抛砖，以待学界玉见。本书的前瞻性在于麦克莱恩准确阐述了博物馆社会功能日渐增长的重要性，关注社会、联系公众、文化民主是势之所趋，这样的讨论到如今仍是博物馆领域的热点所在。但作为一种"跨学科"的尝试，博物馆学和营销学都因其强烈的实践属性，较难构建跨学科后的专属理论和研究方法，不管是"博物馆营销"还是"营销博物馆"，研究的最终落脚点难免有再次跨入"单科"之嫌，这也是所有跨学科研究的难点所在。

（邱文佳，上海交通大学钱学森图书馆助理研究员，主要研究方向为高校博物馆的管理与研究。）

注释：

[1] Fiona McLean, "Marketing in Museums: A Contextual Analysis", *Museum Management and Curatorship*, 1993, 12(1), p. 11.
[2] Fiona McLean, *Marketing the Museum*, London: Routledge, 1997, p. 3.
[3] Ibid., p. 17.
[4] Ibid., p. 18.
[5] Ibid., p. 20.
[6] Ibid., p. 22.
[7] Ibid., p. 25.
[8] Ibid., p. 26.
[9] Ibid., p. 29.
[10] Ibid., p. 32.
[11] Ibid., pp. 33-34.
[12] Ibid., pp. 39.
[13] Ibid., pp. 39.
[14] Ibid., p. 40.
[15] Ibid., p. 40.
[16] Fiona McLean, "A Marketing Revolution in Museums", *Journal of Marketing Management*, 1995, 11(6), p. 606.
[17] Fiona McLean, *Marketing the Museum*, p. 46.
[18] Ibid., p. 47.
[19] Ibid., p. 49.
[20] Ibid., p. 53.
[21] Ibid., p. 57.
[22] Ibid., p. 90.
[23] Ibid., p. 99.
[24] Ibid., p. 107.
[25] Ibid., p. 107.
[26] Ibid., p. 119.
[27] Ibid., p. 122.
[28] Ibid., p. 129.
[29] Ibid., p. 131.
[30] Ibid., p. 157.
[31] Ibid., p. 159.
[32] Ibid., p. 183.

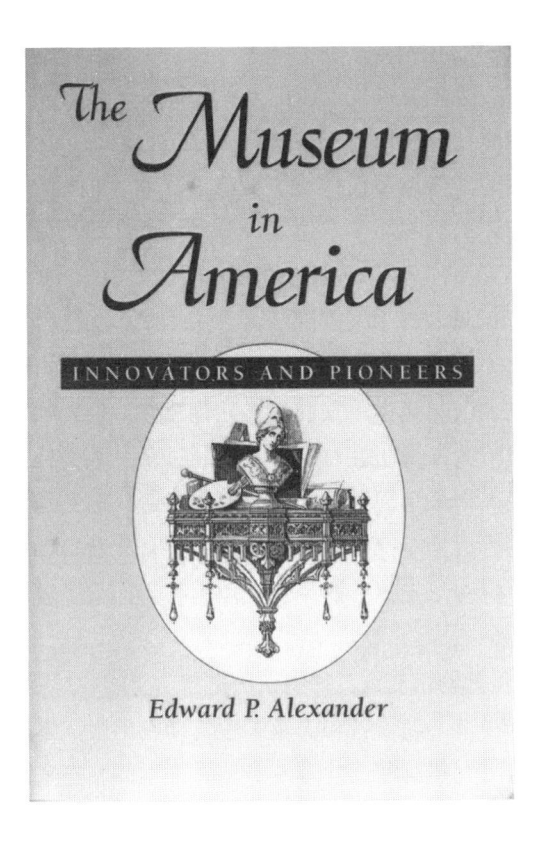

《美国博物馆：创新者和先驱》
The Museum in America: Innovators and Pioneers

作者：爱德华·P. 亚历山大（Edward P. Alexander）
出版年份：1997

◆—— 本书短评 ——◆

回溯了博物馆先驱在美国博物馆历史演进中留下的足迹。

述评人：尹凯

一、引言：问题的提出

自现代意义的博物馆诞生于法国大革命以来，具有"创新与突破"意识的"机构与先驱"在悠悠百年的博物馆之路上层出不穷。这些具有"创新与突破"意识的博物馆不仅构筑了目前丰富多样的博物馆世界，而且还衍生了一系列的历史思考与学术遗产。最具代表性的当属肯尼斯·赫德森（Kenneth Hudson）的《有影响力的博物馆》[1]和爱德华·P.亚历山大的《博物馆大师：他们的博物馆和他们的影响》。[2]前者以有意义、有价值、有创造力的博物馆为研究对象，通过综述37个具有典范效力的博物馆机构来呈现两个世纪以来国际博物馆发展的多元化轨迹。后者则以具有"史无前例"性质的博物馆大师为研究对象，主要通过研究欧美地区的12位具有领导地位的大师级人物来呈现这些人对专业的执着、远见与创新才能是如何决定博物馆命运的。且不论研究对象的选取是否武断与存在偏见，上述两部著作无疑从"机构与先驱"的完整视角为我们描绘了过往两个世纪博物馆世界的整体风貌。

2016年，继《博物馆变迁：博物馆历史与功能读本》后，亚历山大的又一力作《美国博物馆：创新者和先驱》中文译本出版。本书英文版于1997年面世，是亚历山大相对晚近的一本专著。本书内容翔实而有趣，以"人物"为视角对历史之境中的美国博物馆大师及其伟大事迹进行了生动而系统的梳理。

虽然本书与1983年出版的《博物馆大师：他们的博物馆和他们的影响》同属于博物馆大师传记系列，但是两者的旨趣与侧重却截然不同，因为本书彰显了美国博物馆的性格气质和博物馆教育至上的理念。也就是说，亚历山大以"教育"为线索、以"历史"为武器夯实了美国的博物馆性格。接下来，笔者将跟随作者的步伐，一起重温大洋彼岸的先驱们曾经走过的博物馆之路。

二、探索之路：美国的创新者与先驱

在本书中，亚历山大以"人物"作为切入点，考察美国博物馆的往昔岁月。在介绍13位博物馆领军人物时，亚历山大依然延续了《博物馆变迁：博物馆历史与功能读本》中提出的美国特有的博物馆分类逻辑：自然史博物馆、艺术博物馆、科学技术博物馆、历史博物馆、儿童博物馆、植物园和动物园。[3]与此同时，亚历山大在此基础之上又有所突破，即诞生于20世纪80年代的新博物馆学运动[4]（movement of new museology）进入作者视野，并出现在本书的书写范畴中。从《博物馆变迁》到《美国博物馆》，亚历山大时刻保持变迁的眼光，借用"机构与先驱"的力量构筑起了美国博物馆的整体图式。

美国的自然史博物馆实践几乎与共和国的建构同时开始，带有一定的政治意图性。[5]经过一个世纪的积累与磨合，如何实现自然史博物馆在美国社会的定位与转向成为亟待解决的问题。古生物学家亨利·费尔菲尔德·奥斯本（Henry Fairfield Osborn）于1908年接替莫里斯·杰瑟普（Morris Jesup）成为美国自然历史博物馆的馆长。在其任职的27年间，奥斯本积极支持卡尔·伊森·埃克利（Carl Ethan Akeley）和罗伊·查普曼·安德鲁斯（Roy Chapman Andrews）的科学探险，以期扩充馆藏标本。在博物馆定位和展览技巧方面，奥斯本力排众议，将史前动物的巨型骨架组装并向公众展示，突破了自然史博物馆专注科学研究与圣殿保护的角色。卡尔·埃克利天生才华横溢，他不仅通过自己的发明为动物标本剥制术带来了一场革命，而且改革了摄影机。为了让生境群展更加自然、逼真，1896—1926年间，埃克利先后四次进行非洲之旅，亲自远征狩猎、考察动物生存场景，并最终安葬于非洲大地。[6]埃克利所设计的生境群展因对整体自然场景的关照而成为美国乃至国际自然史博物馆的典范，在其逝世后创建的非洲纪念展厅是对他传奇一生的最大褒奖。如果说奥斯本的创新在于重新建构博物馆与公众之间的关系，那么埃克利对自然史博物馆的贡献则集中体现于博物馆空间内生境群展示的设计。

与美国大都会艺术博物馆的历届馆长相比，亨利·沃森·肯特（Henry Watson Kent）的名字并非家喻户晓，但其任职的35年却为大都会艺术博物馆留下了一笔宝贵的财富。图书分类训练和欧洲考察之旅的个人经历深刻影响了肯特在博物馆的业务实践，使其组织建立了藏品登录、入藏、编目、通信和出版的科学化、标准化制度方法。在约翰·科顿·达纳（John Cotton Dana）的影响下，肯特开展了一系列针对公众的出版服务、讲座项目、工业展览和教育项目，[7]践行了"为公众而艺术"的博物馆哲学。1929年，纽约现代艺术博物馆在面世之初就邂逅了它的第一任馆长——艺术史专业出身的小艾尔弗雷德·汉密尔顿·巴尔（Alfred Hamilton Barr Jr.）。在接下来的38年间，巴尔义不容辞地带领纽约现代艺术博物馆走出了一片属于自己的天地。与同时期大都会艺术博物馆的古典艺术倾向不同，巴尔将现代艺术作为纽约艺术博物馆的工作重点，一方面通过系列特展和巡回展宣传当代艺术；另一方面则主张扩充艺术内涵与艺术活动，即将建筑、工业设计、摄影、舞台布景、装饰艺术和电影等艺术形式纳入博物馆的考量范围。[8]如果说，肯特的贡献在于以各种标准化的服务手段拓展公众对传统艺术的兴趣知识，那么，巴尔则将收藏与展示的视野聚焦当代，以民主化的艺术形式打破传统艺术与社会公众的区隔。

在美国，历史博物馆以两种形式存在：由历史学会组织、由城市创建者家族或收藏家创建。[9]鲁本·戈尔德·思韦茨（Reuben Gold Thwaites）对历史博物馆的贡献是在威斯康星州历史学会完成的。1887年，报纸编辑出身的思韦茨成为学会主席，在任的26年间，思韦茨秉持着"让学会来服务整个威斯康星州"的理念。在学会内部，思韦茨在重视图书馆和学术活动的同时，积极收集博物馆物件和材料，扩大博物馆规模，进一步丰富学会活动与项目。思韦茨在威斯康星州历史学会的开创性工作不仅让民众受惠颇多，而且还深刻改变了西方历史学会的理念。1910年，威廉·萨姆纳·阿普尔顿（William Sumner Appleton）创建新英格兰古迹保护协会，他对美国历史博物馆的贡献体现在历史古建与古迹的保护、利用方面。在其任职的37年间，阿普尔顿为协会拓展收藏空间、筹措维护资金、开展全国交流。阿普尔顿在新英格兰地区进行实地调查，评估建筑的历史价值和科学价值，并积极拓展古建筑的保护与利用方式，在其逝世之际，协会已经拥有56座历史古建筑。与之前历史建筑的保护哲学不同，阿普尔顿扩展了历史保护的范畴，更加关注古建筑的建筑价值和美学价值；同时，他也打破了"历史故居应该改造成博物馆"[10]的理念，丰富了历史古迹的利用方式。

在科学技术博物馆领域，亚历山大挑选的先驱是与奥斯卡·冯·米勒（Oskar Von Miller）齐名的弗兰克·弗里德曼·奥本海默（Frank Friedman Oppenheimer）。作为一名科学家、教育家，奥本海默注重动手实践与感官体验，并将其融入科罗拉多大学设计的实验图书室（Libraries of Experiments）。[11]随后的欧洲之行让奥本海默看到了教育革命在博物馆实践的可能性。1969年，在奥本海默的精心筹备下，旧金山探索馆

（Exploratorium）对外开放。走上博物馆之路的奥本海默用实际行动将其有关认知体验、艺术体验、探索体验和娱乐体验[12]的教育哲学纳入博物馆空间。不同于传统博物馆知识的物化与视觉化取向，[13]探索馆的展览设计充分引导观众利用"五观"（听觉、视觉、味觉、嗅觉、触觉）来了解神秘的科学技术魅力。奥本海默打破了科学与艺术的学科桎梏，在探索馆内提供了艺术欣赏的另一种可能性。针对传统博物馆空间设计与导引的程式化缺陷，奥本海默在探索馆里充分发挥了空间结构的"无序性"，进而提高参观体验的探索性与可能性。"从玩耍中学到很多东西"是奥本海默所强调的理念，探索馆的一些展区设计给观众留下的印象也是"人们可以没有约束和限制、自由自在地游玩"。[14]奥本海默将其前卫的理念注入旧金山探索馆，并将其打造成科学技术博物馆的典范，其魅力甚至在整个博物馆学界都为人熟知。

毫无疑问，儿童博物馆是具有美国特色的机构，1899年，世界上第一家儿童博物馆——布鲁克林儿童博物馆正式对外开放。这一用"服务对象"命名的新型机构突破了以往博物馆空间内"儿童展厅"的理念，确立了服务儿童的机构宗旨。1902年，安娜·比林斯·盖洛普（Anna Billings Gallup）以助理身份加入布鲁克林儿童博物馆，教师出身的盖洛普用35年的时间带领该馆走向辉煌。在任期间，盖洛普积极扩展博物馆在艺术、技术、地理、历史等方面的收藏，以激发儿童们的兴趣。为了在博物馆空间中更好地服务儿童观众，盖洛普积极对博物馆展品进行调适，比如展品的收藏、标签的设计、展品的感知等方面，以将其应用到教育指导中。在满足观众的学习兴趣外，盖洛普还创建了儿童博物馆的妇女协助会，帮助博物馆筹措资金、扩充博物馆空间、举办更加丰富多彩的项目和活动。在美国进步教育（progressive education）的革新思潮下，盖洛普与布鲁克林儿童博物馆致力于儿童的兴趣和需要，与教师、学校、科学俱乐部建立合作关系，不仅让儿童将玩耍当成有意义的学习，而且为其提供了一个独享场所。盖洛普将对儿童、对教育的热爱带到了布鲁克林儿童博物馆，使其成为美国乃至世界儿童博物馆的典范。

植物园和动物园是美国博物馆分类系统中的重要组成部分。在植物园方面，1873年，查尔斯·斯普拉格·萨金特（Charles Sprague Sargent）被任命为阿诺德树木园的园长。萨金特通过将树木园纳入波士顿公园系统，顺

《美国博物馆：创新者和先驱》

利争取到了公众的支持和发展的资金。萨金特规划的树木园需具备四大功能——一座活体植物的博物馆、一个科学研究站、一所林业和树木栽培学校（未能实现）和一个受公众欢迎的教育基地。[15]1873—1927年，萨金特担任园长一职长达54年，他通过精心策划、良好管理、科学合作等方式开创的辉煌事业为波士顿人民留下了宝贵的财富。随后的几年，萨金特倾注在阿诺德树木园、图书馆、标本室的先进理念因为人口、环境议题的出现而显得弥足珍贵。在动物园方面，1899年，威廉·坦普尔·霍纳迪（William Temple Hornaday）从一名出色的动物标本剥制师成为布朗克斯动物园的园长，任职30多年。霍纳迪遵循了纽约动物学会制定的宏伟计划和发展原则，即在开放式展示的总体布局下，针对不同物种营造不同的自然环境与栖息地。霍纳迪首要关注的是"收集和展览美丽的动物和珍稀动物""让尽可能多的观众欣赏到这些动物，并让观众在参观过程中感觉舒适和满意"。[16]虽然霍纳迪在动物展览技术方面的固执己见为人所诟病，但是他在动物学和野生动物保护领域所做的贡献，依然让后世受益无穷。

与书中论及的美国博物馆先驱们一样，亚历山大也在不断地自我突破与创新，相较于20世纪80年代的博物馆分类，将社区博物馆所代表的新博物馆理念纳入论述范围即是证据。凯瑟琳·科菲（Katherine Coffey）于1925年以助理身份加入纽瓦克博物馆，任职43年。之所以将科菲的贡献纳入社区博物馆范畴讨论，主要因为她通过特展、教育活动和博物馆培训将纽瓦克博物馆打造成为一个强大的社区教育和文化资源中心。[17]科菲在任职期间，一直关注博物馆如何满足"不断变化的时代需求以及社区需求"，比如举办针对非洲移民的展览和文化节日等。1967年，阿娜卡斯蒂亚社区博物馆开馆，其首任馆长约翰·罗伯特·基纳德（John Robert Kinard）认为，博物馆必须与社区民众建立联系，让他们更好地理解日常生活的重要性，并为他们提供理解与应用的信息，以充分应对随时出现的社会议题。[18]为此，邻里博物馆以临时展览、特展、巡回展的方式强调社会变革与公众服务，力图将其打造成为社区中心和实验中心。基纳德任职22年，不仅巩固了博物馆观众发展和社区赋权的理念，[19]还在美国开创了与法国生态博物馆齐名的社区博物馆事业，对博物馆界贡献颇丰。从科菲到基纳德，社区导向的博物馆理念延续了近一个世纪，这也从另一个侧面说明了社区博物馆理论与实践在美国的出现是移民群体和多元文化共同催生的产物。

至此，笔者按照美国博物馆分类系统，梳理并评述了12位美国博物馆先驱的伟大事迹，保罗·约瑟夫·萨克斯（Paul Joseph Sachs）关于课程教学与博物馆研究的贡献将在后文论述。先驱们的才华为其任职的博物馆注入了生命力，而博物馆机构作为一个公共的平台，实现了他们的价值，成就了他们的伟大。随后，笔者将以"博物馆教育"为切入点，系统整合先驱们的博物馆教育理念，以此来绘制有关美国博物馆性格的整体图式。

三、教育至上：美国的博物馆性格

在引言部分，亚历山大明确了撰写本书的主要目的：回顾这些博物馆界的领导者如何把"重视公众的教育和娱乐"当作他们的首要宗旨，将其置于"为学者和专家的研究而收集藏品"之上。[20]亚历山大的这句话不仅提供了阅读与理解本书的钥匙，而且还界定了美国的博物馆性格。接下来，笔者将以"教育至上"为关键词，书写美国社会的教育传统与流变，梳理与阐释美国博物馆的"国别传统"。

纵观西方博物馆史传统，美国的博物馆图式有其自身的特色与逻辑体系。"教育至上"的博物馆性格源于两个方面的影响，一方面是美国大陆的独特性，较之于欧洲博物馆复杂的演进轨迹，美国由于没有教会与王室的传统，其博物馆立足于教育职能，即以观众和移民为导向，重视多元教育与社会融合。也就是说欧洲博物馆的目的是宣扬民族文化和国家伟大，而美国博物馆的目的则是为地方社区的人们带来知识和娱乐。[21]另一方面是博物馆的自身演变，19世纪80年代在西方博物馆史的演进过程中具有里程碑式的意义，原因在于大英博物馆自然史分馆馆长威廉·亨利·弗劳尔（Williams Henry Flower）接受了约翰·格雷（John Edward Gray）的"新博物馆理念"[22]，并在博物馆中实现了"研究系列"和"展览系列"的分割。该项举措不仅带来了收藏事业的迅猛发展，而且也给博物馆面向公众的一面带来了革新和复兴。社会民主化的传统与多元主义的现状使美国博物馆从一开始就确立了"国民教育"的主轴。"广泛的教育目的"作为一项宗旨可追溯至美国第一座公共自然历史博物馆创始人查尔斯·威尔逊·皮尔（Charles Willson Peale）。由共和国早期知识分子开创的美国博物馆事业在起步时就向民主政治的方针迈进，社会全民终身教育的博物馆理念成为世界各国与各种文化的典范。

19世纪末到二战前是美国博物馆性格养成的关键时期，一些博物馆先驱通过理论建构和实践活动将美国博物馆导向了"教育至上"的发展轨迹。乔治·布朗·古德（George Brown Goode）认为博物馆应该服务普通大众，并且要有明确的教育目标，为了让人们接近博物馆，他还举办了一个详细的教育展览，并配有说明文本以启发公众。[23]威廉·斯坦利·杰文斯（William Stanley Jevons）曾回顾了19世纪80年代初英国的博物馆状态，在感叹欧洲博物馆在公众教育方面的失职外，强调博物馆的基本作用应该是公众教育。[24]20世纪初，延续古德教育路径的约翰·科顿·达纳批评了本杰明·艾弗斯·吉尔曼（Benjamin Ives Gilman）所谓的艺术类博物馆与科学博物馆的二分。[25]"达纳—吉尔曼之争"在美国博物馆学界影响深远，达纳在博物馆领域的影响力以及获得的广泛支持彻底宣告了美国博物馆教育性格的面向。

本书介绍的先驱们几乎都见证并参与了美国博物馆性格养成的过程。奥斯本将博物馆作为一股进步的教育力量，并将教育作为博物馆工作成功与否的关键。埃克利将属于研究范畴的大型动物标本通过展览生境群展呈现给社会公众。肯特在博物馆实务中践行了"为公众而艺术，让公众获得娱乐，让公众学习，让公众受益"的座右铭。巴尔以现代艺术为武器，将博物馆打造为"普遍教育领域的教育工具"。思韦茨在打造图书馆的同时，也注意博物馆建设，以此展开针对普遍公众的"传教工作"。奥本海默为公众提供了通过体验来学习的途径，并将这样的途径打造为一支强大的教育力量。盖洛普专职于为儿童提供服务，并以"学习是纯粹乐趣"的理念将儿童博物馆建设为儿童教育的典范。科菲在达纳的影响下，将博物馆与其所在的时代和社区相联系。基纳德则将博物馆纳入社会议题和社区公众服务的轨迹，其思考的博物馆理念在一定程度上已经超越了教育的范畴。萨金特在扩展树木园的同时，也积极为学者和公众提供教育服务，并为植物爱好者提供了专业建议。霍纳迪的动物园致力于为公众积累和传播与动物有关的知识，并尽可能多地接待观众。

在美国，与博物馆的任务声明和项目实践的教育化同步进行的是博物馆专业化程度的加深。亚历山大之所以在文中提到萨克斯，原因与其说是对福格艺术博物馆的管理，倒不如说是对博物馆专业训练课程的规划与教授。1921年，艺术史出身的萨克斯开设了"博物馆工作与困难"的课程，这门课涵盖范围极广：博物馆管理、收藏、保存、展览、博物馆史、博物馆伦理，甚至包括艺术史与艺术品鉴赏等内容，这门课程持续到他生命的尽头。与萨克斯同时期的达纳秉持博物馆服务与教育的理念，在1925—1942年间总共训练了108位专业人士，[26]这些专业人士学成之后服务于美国和加拿大的许多博物馆。萨克斯与达纳在20世纪20年代共同开创了美国博物馆专业课程训练和博物馆研究的先河。

1960年代，有关博物馆使命与身份认同的讨论再次出现。1967年，美国博物馆协会列出博物馆必备的条件之一就是"以教育为目的"。至此，美国的博物馆已经成为社会教育与公众启蒙的中心，教育的成功与否成为评量博物馆工作成功与否的重要标准，"教育至上"的博物馆性格基本形成。

四、余论

20世纪90年代，美国博物馆面临着前所未有的危机，休闲娱乐、大众文化、商业消费、新型媒体等活动开始与博物馆竞争观众。与此同时，博物馆处于专业主义（professionalism）和反智主义（anti-intellectualism）[27]的夹击之下，如何定位自己，并且吸引公众成为美国博物馆亟待思考与解决的问题。

为此，亚历山大在1997年完成了本书，试图通过回顾过去，来寻找博物馆未来的发展之路。一方面，亚历山大无疑想告诉博物馆同行，历史上不乏处境艰难的时刻，总会有一些先驱应运而生，带领博物馆机构走出困境、走向辉煌。另一方面，亚历山大所提炼的美国博物馆性格——"教育至上"理念也是成功的，它深刻影响了世界范围内博物馆教育理念与实践的发展。与此同时，我们也应该保持清醒的头脑：一味地迎合公众需求，盲目地强调教育职能并不是万能的，这可能会将博物馆导向庸俗主义的深渊。[28]

作为一个社会空间，博物馆的定义、类型、边界、功能随着历史的发展而变迁。因此，对于博物馆来说，通过固守某个定义或功能而永存于时代暗涌中的尝试是荒谬的，也是徒劳无功的。面对新的挑战，21世纪，美国博物馆界对此作出回应，逐渐将"教育至上"的博物馆理念扩展到"市场营销"和"社会文化议题"方面，实现了自我的突破与创新。对中国的博物馆而言，能否在坚持机构独立性的同时，跳出僵化的传统观念，时刻把握当前的时代精神和社会形势，并对此予以直面的回应将是决定博物馆未来是否能良好发展的关键要素。

（尹凯，山东大学文化遗产研究院副教授，硕士生导师。研究方向为博物馆研究、遗产研究、人类学理论与方法。）

注释：

[1] Kenneth Hudson, *Museum of Influence*, Cambridge: Cambridge University Press, 1987.

[2] Edward P. Alexander, *Museum Masters: Their Museums and Their Influence*, Lanham: AltaMira Press, 1983.

[3] 爱德华·P.亚历山大、玛丽·亚历山大：《博物馆变迁：博物馆历史与功能读本》，陈双双译，南京：译林出版社，2014年。

[4] Peter Vergo, ed., *The New Museology*, London: Reaktion, 1989.

[5] Christopher Looby, "The Constitution of Nature:Taxonomy as Politics in Jefferson, Peale, and Bartra", Bettina Messias Carbonell, ed., *Museum Studies : An Anthology of Contexts*, Oxford: Blackwell Publishing Ltd., 2004, pp. 143-158.

[6] 爱德华·P.亚历山大：《美国博物馆：创新者和先驱》，陈双双译，南京：译林出版社，2016年，第32—41页。

[7] 爱德华·P.亚历山大，前揭书，第55—63页。

[8] 爱德华·P.亚历山大，前揭书，第80页。

[9] 爱德华·P.亚历山大、玛丽·亚历山大，前揭书，第127页。

[10] 爱德华·P.亚历山大、玛丽·亚历山大，前揭书，第136页。

[11] 爱德华·P.亚历山大，前揭书，第147页。

[12] 李林：《弗兰克·奥本海姆的博物馆观众体验研究理论与实践》，《东南文化》，2014年第5期，第111—113页。

[13] Gordon Fyfe, "Sociology and the Social Aspects of Museums", Sharon MacDonald, ed., *A Companion to Museum Studies*, Oxford: Blackwell Publishing Ltd., 2006, pp. 36-37.

[14] Frank Oppenheimer, "The Exploratorium: A Playful Museum Combines Perception and Arts in Science Education", *American Journal of Physics*, 1972(7), pp. 3-4.

[15] 爱德华·P.亚历山大，前揭书，第212页。

[16] 爱德华·P.亚历山大、玛丽·亚历山大，前揭书，第170页。

[17] 爱德华·P.亚历山大，前揭书，第206页。

[18] John Kinard, "The Neighbourhood Museum as a Catalyst for Social Change", *Museum*, 1985(4), pp. 217-223.

[19] Peter Davis, *Ecomuseum: A Sense of Place*, London: Leicester University Press, 1999, p. 51.

[20] 爱德华·P.亚历山大，前揭书，第13页。

[21] 尼尔·科特勒、菲利普·科特勒：《博物馆战略与市场营销》，潘守永等译，北京：燕山出版社，2006年，第14页。

[22] 休·吉诺韦斯、玛丽·安妮·安德列：《博物馆起源：早期博物馆史和博物馆理念读本》，路旦俊译，南京：译林出版社，2014年，第96页。

[23] 尼尔·科特勒、菲利普·科特勒：《博物馆战略与市场营销》，潘守永等译，北京：燕山出版社，2006年，第14—15页。

[24] 威廉·斯坦利·杰文斯：《博物馆的使用与滥用》，休·吉诺韦斯、玛丽·安妮·安德列：《博物馆起源早期博物馆史和博物馆理念读本》，路旦俊译，南京：译林出版社，2014年，第98页。

[25] 爱德华·P.亚历山大、玛丽·亚历山大，前揭书，第8—9页

[26] 爱德华·P.亚历山大：《约翰·戴纳与纽华克博物馆》，黄秀明编译，《博物馆学季刊》，1994年第2期，第86页。

[27] Julia D. Harrison, "Ideas of Museums in the 1990s", *Museum Management and Curatorship*, 1993(13), pp.160-176.

[28] David Lowenthal, "From Patronage to Populism", *Museums Journal*, 1992(3), pp. 24-27.

《博物馆与美国的智识生活，1876—1926》
Museums and American Intellectual Life, 1876-1926

作者：史蒂芬·康恩（Steven Conn）
出版年份：1998

❖——·　本书短评　·——❖

展现了一种"百科全书式博物馆"般的全景式视野。

述评人：冯雪

在漫长的进化过程中，博物馆始终没有遗失现象史时期的特质，又总能适时地回应不同时代的社会期待和技术潮流，这使其成为人类历史上最独特的文化现象之一。随着元宇宙和后疫情时代的来临，博物馆中保藏的各文明的奇珍与杰作在重重新技术的加持下释放无数的数字分身，人们似乎并不担心博物馆"光晕"（aura）的消逝，而是期待更多文化消费的路径，这座公信力与普遍价值共存的圣殿似乎与主题公园仅余一墙之隔。在这样的语境下，回看史蒂芬·康恩的代表作《博物馆与美国的智识生活，1876—1926》，本书以19世纪晚期美国博物馆为研究对象，重新思考博物馆及博物馆中的"物"（object）与智识生活的关系，显示了特殊的意义和情怀。

一、博物馆与晚期维多利亚时代

晚期维多利亚时代（the Late Victorian World）的人们试图通过建立博物馆来复制世界，并坚信自己有能力通过荟萃特殊物品来分享整个世界的知识总和："博物馆可以通过类似转喻的方法代表更大范围智识体系中的一部分，譬如自然历史或人类学。"[1]另一方面，博物馆尝试通过形象化的方式帮助美国公民成为举止得当的文明人士。19世纪末的美国博物馆因而创造了独特的展览语言：通过遍布展厅的玻璃展柜分类展示物件，让人们在规划好的路线中不受任何其他视觉干扰地观展。这种力求达成理性、有序和成体系的理想成为彼时博物馆的中心。

由于对待物件时细致而系统的方式，19世纪末的博物馆不仅能广泛地传播智识，甚至一度比"大学更能激发创造性研究，成为创造新智识的场所"[2]。但是，如果遭遇复刻对象急速发展变化的现实，博物馆有可能及时做出改变以回应变化吗？作者给出了否定的答案，加之对"曾经推崇的秩序"认同感的解体，[3]博物馆在20世纪早期丧失了"培育新智识苗圃"的位置，退居为一个传播"过时观念"的场所。

尽管如此，作者依然肯定了"基于物的认识论"（object-based epistemology）[4]的价值。这种价值的表现之一是博物馆在确定物品市场价格中扮演的重要角色，另一种表现则是"提喻式"（synecdoches）的分类和组织物品的方式，为物品本身创造出来的，或是被激活的价值。在接下来的章节中，康恩以家乡费城为中心，展开对世纪之交最能代表主要智识事件的机构的研究。

二、"裸眼时代"：博物馆与自然史

当百分百的经验主义成为认识自然世界的标准方式，蓬勃发展的自然史博物馆既是"人们追求科学的一种机构性纽带……也成了介于源自神学的自然哲学旧理念和全新的科学研究之间的中间地带"[5]。

19世纪上半叶的美国自然历史研究完全依赖于细致的样本研究。皮尔博物馆（Peale's Museum）、费城自然科学学会（Academy of Natural Sciences），以及华盛顿的史密森尼学会国立自然史博物馆（National Museum of Natural History），都选择以"几乎以毫不失真的方式将世界的样貌用大头针钉在展箱的玻璃下面，充分展示了博物馆科学控制和理顺世界的能力"[6]。而展示在幅员辽阔的土地上发掘出的标本，也是以一种象征的手法宣布这个新兴国家对领土的控制，以及在智识领域征服世界的野心。另一方面，标本被排布成一条由高到低的生物链，人类在其中扮演造物的最高成就的角色，帮助参观者"调动全部的智慧来敬畏自然和它的造物主"[7]，博物馆具有指示和教育作用的展陈方式使其成为带有最高道德宗旨和宗教含义的"自然主义庙宇"。

20世纪上半叶，亨利·费尔菲尔德·奥斯本（Henry Fairfield Osborn, 1857—1935）让纽约成为全球研究脊椎生物化石的中心。一方面尝试维护神学和自然科学之间曾经稳定的关系，另一方面在满足科学家的需要与吸引普通公众之间维持平衡，以奥斯本创办的美国自然史博物馆（American Museum of Natural History）为代表的机构倾向于购买稀有藏品，这在一定程度上忽略了藏品的科学价值以及组织藏品的学术系统。19世纪末，以约翰·霍普金斯大学（Johns Hopkins University）、哈佛大学（Harvard University）等为代表的高等学府纷纷成立全新的生物和形态学实验室，加速了大学对公共博物馆在自然科学智识生产领域领导地位的冲击，即"研究对象从整个标本转向了细胞层面，研究场所也从博物馆转移到了大学的实验室"[8]。到本书所研究的时间段的末期，严肃的科学研究成了只有经过专门训练的人才能从事的事业，博物馆的投入和所制造的声势帮助自然科学的研究向分类化、职业化的方向前进，却也让曾经依靠裸眼观察的博物馆展览滑向最新研究成果的边缘：系统的分类学让位给对视觉吸引力的高度强调。

三、科学与艺术之间：博物馆与人类学的发展

1893年在芝加哥举办的哥伦比亚世界博览会（World's Columbian Exposition）被认为是美国人类学发展的分水岭，这个新学科最初同样是一个以物为基础的领域。作者认为，在美国，博物馆"一手打造了'人类学'学科，将19世纪人们在语言学、民族学和考古学方面的努力整合成一个名词"[9]。宾夕法尼亚大学博物馆（Museum of the University of Pennsylvania）逐渐将人类的文化作为学科研究的主题，将人类学从古生物学和考古学中剥离。同时，世纪末的美国人类学家将整个世界作为自己研究的领域，以突破研究对象的地域主义局限。

宾夕法尼亚大学博物馆着力尝试在智识领域为人类学拓展出与自然科学不同的空间，但不同文明的展览在博物馆中的空间位置关系，也落入了自然史博物馆经典的"进化论式"编目框架。这种为世界文明划分高低等级的逻辑在今天必然引起极大的争议，同样，这在20世纪初的美国人类学界也很快造成了一定的紧张关系，只是这种紧张关系并没有发生在伦理层面，而是聚焦学科的工作重点应该在于西方文明世界历史的"寻根"，还是在研究当代"原始人群"的文化方面。

作者指出，从17世纪开始，在欧美世界了解土著文化的努力中，智识总是先行于征服。人类学博物馆有可能提出一种更为人道和富有同情的世界文化观吗？另一方面，由于文明世界的干预，人类学研究正在面对"原始文化"的消逝或者"灭绝"。在这样的背景下，艺术——主要是手工制品——为人类学在自然历史之外留了余地，它不必要求人类像动物一样被嵌入"自然进化"的时间结构，而是以文化的方式存在于历史的叙事之外，又凭借留存样本赋予这些文明某种"永恒"。

弗朗茨·博厄斯（Franz Boas，1858—1942）被认为是美国人类学发展史上最大的功臣。与当时的一些博物馆管理者不同的是，博厄斯提出了一派人类学学者将学科从"以物为基础的认识论"以及"以进化论为基础的理念"中独立出来的主张，并深入社会结构和语言学的研究范畴。作者指出，尽管人类学意义上的"文化"一词在博物馆诞生，人类学家在这里确定了自己的学科领域和专业身份，但从20世纪20年代开始，大学成了人类

学智识生产的主阵地，博物馆则更多承担着向公众传播世界文化的任务。

四、费城商业博物馆：以博物馆治天下

在20世纪末经济萧条的阴影下，费城商业博物馆（Philadelphia Commercial Museum）像一针强心剂，履行着鼓动美国在全球进行经济贸易扩张的使命。作为美国当时唯一一个该类型的博物馆，费城商业博物馆相信通过观看经过博物馆理性处理的商业物品就可以绕开积累经验而直接获得智识，这使得美国商人不必承担殖民地带来的责任和负担便可与欧洲同行抗衡；另一方面，当流通中的商品被提取出来奉上博物馆殿堂科林斯式（Corinthian）廊柱之间，人们也被反复提醒，现代文明依赖于商业，商业已经成为世界文明进步的轴心。

为了让人们看到与某些"世界边远"地区和"半开化"民族开展贸易的可能性，大量的展览着力呈现各个民族的风俗习惯、生活方式、生产方式、兴趣和需求，以促成了解和接近这些潜在的买家和卖家的策略，它们很快"成为美国商人在异国他乡的未知世界中摸索时颇具经验的向导"[10]。20世纪初，德国、日本、墨西哥、巴西等国家的考察团和政府官员对商业博物馆表示关注，从一个侧面证明了博物馆的成效，也让逐渐概念化的"商业扩张"走出博物馆系统。

到1899年，商业被威尔逊进一步明确为"和平保护者"，而这条不同于欧洲的商业征服之路可以让美国人同时享受殖民主义带来的物质繁荣和商业带来的世界和平。[11]作者认为，这种结论有着"自相矛盾、前后不一甚至虚伪的嫌疑"，两次世界大战的现实也告诉人们，商业与战争、进步和文明之间的关系比商业博物馆想象得复杂百倍。

20世纪20年代，美国联邦商务部（The Department of Commerce）取代了博物馆帮助美国商业在海外市场发展的核心职能。在作者的认识里，这标志着现代世界对商贸理解的重大变化——商业智识的创造成为专业学者的任务，联邦政府可以更为高效地通过学者们的研究，为美国从经济上征服世界提供智识领域的框架。

五、物品与美国历史：亨利·默塞尔博物馆与亨利·福特博物馆

"进步的步伐是如此之快，如今新的一代人都已经遗忘了过去。"[12] 亨利·福特（Henry Ford，1863—1947）和亨利·默塞尔（Henry Mercer，1856—1930）所建立的两座别具一格的博物馆则再现了一种对新的"历史客观性"（historical objectivity）[13]的推崇——通过了解普通人的生活来探索国家历史和传统的本质。

福特坚信为人所使用或制造的物"是与过去发生联系的、直接而具体的渠道……能够比语言更有力地揭示历史含义"[14]。在密歇根绿野村（Greenfield Village）这座历史上不存在的田园里，来自全美各地真实的工厂、谷仓、教堂、学校建筑在绿野村沿街坐落，美国创新博物馆（Henry Ford Museum of American Innovation）光线充沛的展厅井井有条地陈列着发动机、农具和灯具，在时间与空间的跨越和重构中，成为前工业时代美国工业和农业生活的一处缩影。

默塞尔博物馆（The Mercer Museum）位于费城以北，作者认为，正是这家博物馆的灵感造就了绿野村。作为19世纪末重要的美洲印第安人历史研究者和考古学家之一，默塞尔收藏了大量史前时期、殖民地时期和独立后美国的各种劳动工具和技术产品，并尝试通过这些"一分钱一打的东西"[15]展现整个美洲大陆的发展和美国的建设。默塞尔综合了考古学的科学主义、社会经济视角、解决当代问题等多种流派的观念，形成了一种用易懂的方式讲述普通人劳动故事的历史研究方法。在那座藏有约2.5万件物品的、由他本人设计的造型奇特的博物馆中，默塞尔坚持认为每件物品都能生动地说明其所代表的各项劳动在塑造整个国家和世界的历史进步方面的作用。

作者用艺术家查尔斯·希勒（Charles Sheeler，1883—1965）的作品总结默塞尔和福特的实践，认为两人所追求的都是历史对当今的意义，并以此证明过去与当代之间毫无裂痕的连接。遗憾的是，宏大叙事和基于文献的批评分析成为20世纪初核心的历史研究方法。在作者的理解中，国家历史是一种"同时包含进步和衰退、进化和起源的矛盾且似是而非的过程……陶醉于过去的光辉意味着承认今天的衰退历程"[16]，其中种种矛盾在今天依然困扰着历史学家们。

六、从南肯辛顿到卢浮宫：艺术博物馆与美术创作

如果说艺术博物馆在今天的社会文化等级（cultural hierarchy）中占据最高位置，那么这一地位也是经过世纪之交的论战和斗争才得到的。19世纪末的伦敦南肯辛顿地区聚集了包括该馆在内的若干机构，旨在通过工业设计这一领域使艺术与科学彼此融合，实现"共同提升英国制造商和消费者品位"[17]的国家主义理想。

同处制造业发展和工业艺术教育的狂潮，波士顿美术博物馆（Museum of Fine Arts, Boston）在成立初期快速吸收了南肯辛顿博物馆（South Kensington Museum）的模式，"以艺术、教育和工业三条主线为基础"[18]，成为工业设计的展览园地和教学场所；1876年成立的宾夕法尼亚博物馆暨工业设计学校（The Pennsylvania Museum and School of Industrial Art）作为费城艺术博物馆（Philadelphia Museum of Art）的前身，则直接让两类机构合并运作，履行通过传播智识推进城市制造业发展的职责。在纽约，作为社会财富与精英品味联姻结晶的大都会艺术博物馆（The Metropolitan Museum of Art）则以卢浮宫博物馆（The Louvre Museum）为目标，着力建设一座"收藏世界"的百科全书式博物馆。建筑、雕塑和绘画这"三大伟大艺术"的名家名作是收藏和展览的重点，工艺美术则属于更广泛的"次级装饰艺术"[19]，这种认识在20世纪头25年逐渐成为一种共识。另一方面，"'美术'（fine arts）与'工业艺术'之间的差别不再那么清晰了"[20]，作者沿着本雅明的观点出发，指出"机械复制"也许剥夺了艺术的灵光，但博物馆也成了为"工业艺术"赋予灵光的处所。

20世纪，艺术博物馆被定型为供奉和瞻仰艺术杰作的庙宇，这不仅因为博物馆得到了富有且具影响力的精英的支持，更因为艺术原作本身的稀缺性和不可替代性。脱离原作的艺术史研究是不存在的。作为仪式化的场所，"艺术博物馆又进一步为其中的原作建构了一种使之得以保有自身权威性的环境"[21]，这使得艺术博物馆延续了其与艺术史学之间的亲密联系，也保持了其在文化殿堂的最高位置。

本书的最后回溯了博览会与博物馆的关系，进入1926年认识论全面转变的时期。作者认为，1926年费城举办的庆祝《独立宣言》150周年博览会（Sesquicentennial International Exposition）之所以失去了吸引力，除了当

时政府的腐败，更因为人们已经无须通过博览会了解最新的技术和工业进步。唯一称得上亮点的则是"高街"（High Street），它再现了约1776年时的同名街道，可以看作是20世纪20年代殖民复兴热潮的代表作品。

彼时，人们看待世界的方式发生了彻底的变化，以物为基础的认识论无法继续流行，博物馆发展也进入一个重要的分水岭。以富兰克林科技博物馆（The Franklin Institute Science Museum）为例，该馆以复制品和大量的互动来吸引更多观众，转而将自己定位为娱乐场所。作者分析道，1876—1926年间美国的博物馆通过创造某种秩序来代表世界的"真理"，当后者在智识发展的压力下坍塌，博物馆的玻璃展柜也变成了微缩立体景观和互动展览，招来的游客成了城市在面临后工业化未来时重要的经济助力；另一方面，博物馆藏品的学科边界也变得越来越清晰了，同时尝试解决的还有政治层面的问题。作者总结道，尽管博物馆及其藏品不再具有曾经的价值，但物依然重要，而博物馆始终是"教育的场所，灵感的源泉，是人们娱乐、反思和创造奇迹的地方"[22]。

七、结语

如果将"对物质世界的迷恋"作为晚期维多利亚时代的美国社会心理画像，博物馆则是一面发亮的镜子，照见人们如何通过物来建立与整个世界的联系。作者的写作方式同样充满了对"旧物"的迷恋：第一人称口述、演讲稿、人物生平、逸事、传闻、报道，以及小说和散文中的经典段落……这些可以充当"史实"的语素高频次地出现在本书的行文中，一如20世纪80年代风靡的"超级特展"（blockbuster），带读者回到世纪之交的"历史现场"。安·法彼安（Ann Fabian）认为，"康恩是其领域一位充满激情的先行者、思想者、有想象力的研究者，也是一位对理论和证据驾轻就熟的学者。"[23]克里斯托弗·克拉克-哈兹莱特（Christopher Clarke-Hazlett）则评论道："康恩对19世纪末美国博物馆的精湛研究将读者带到了一个奇怪而奇妙的知识宇宙……"[24]为美国的博物馆历史"写传记"似乎一度成为某种流行。

没有因循聚焦于考古、艺术或历史等某一特定学科类型的讨论范式，本书展现了一种"百科全书式博物馆"般的全景式视野，尝试给予博物馆史一种"总体性"的关注。这也使得本书有别于从话语和权力角度切入的博物馆研究。盖瑞·库里科（Gary Kulik）对此评价道，康恩的研究"将博物馆的历史与更广泛的国家思想史潮流联系起来……并避免了受福柯启发的许多近期工作中固有的非历史还原论"[25]。在这一点上，本书也被认为产生了超越博物馆研究的学术价值："康恩通过选取一系列代表了更广泛的智识问题的机构……对美国思想史、文化史和制度历史的研究提供了帮助。"[26]

卡罗尔·邓肯在其名作《文明化的仪式：深入公共艺术博物馆》中反复强调艺术博物馆是一个仪式性（ritual）的公共空间。[27]康恩认为，"物"和广泛的"以物为基础的认识论"是博物馆成为或失去智识生产中心地位的关键，这里面显然有自相矛盾的地方，因而也引起了学界一定的争议。柯蒂斯·欣斯利（Curtis Hinsley）表示康恩没有从史实的角度提供基于物的认识论发生和消失的证据，而物所传播的思想、意识形态和"真理"从来就在物的实体以外。同样的，博物馆地位转变的本质是因为"更有活力的机构形式符合赞助人彰显权利的新需要"[28]。詹姆斯·马桑德（James Massender）则认为，作者缺乏通过对特定"物件"及其呈现方式的深入研究，用以进一步佐证物与认识论之间的深刻联系。[29]另一方面，对"在150周年庆典时，博物馆已经离开智识生活中心"的论断，许多学者认为这不符合史实，或者过分悲观，如麦夏兰所称："博物馆非但没有在1926年后消失，它们的总数还在继续增长；这说明它们文化工作的本质是多层次的。"[30]

经历了从贵族王公的藏宝阁向公共文化机构的转向，现代博物馆保留了以萨缪尔·魁奇伯格（Samuel Quiccheberg，1529—1567）为代表的奇珍馆的基因，[31]继承了新柏拉图主义和百科全书派通过收纳世界建立"微缩宇宙"（microcosms）并以此认识世界的理想。尽管存在帮助富人彰显高雅品味的成分，但以文明教化的圣殿应有的展览叙事范式替代以趣味主导的个体选择，促进了不同知识体系的成形，进而以不可替代的方式帮助塑造了世纪之交美国的现代智识生活。可以说，晚期维多利亚时代博物馆的建树，使其逐渐成为各种思想和观点交汇的论坛，为历史学、社会学、人类学等相关学科的学术研究拓展了新的增长点；在学科内部，今天和未来的博物馆应该收藏什么样的作品、为哪些社群服务、以什么为宗旨、表达什么样的价值观等问题，依然要求我们从实践和学术研究的层面不断给出回应，而一部分可能性大约就藏在历史之中。

（冯雪，艺术学理论博士，中央美术学院艺术管理与教育学院讲师。主要从事博物馆研究、艺术展览策划与研究、美术馆与文化治理等方向的教学、研究与实践。）

注释：

[1] 史蒂芬·康恩：《博物馆与美国的智识生活，1876—1926》，王宇田译，上海：上海三联出版社，2012年，第4页。
[2] 史蒂芬·康恩，前揭书，第16页。
[3] 史蒂芬·康恩，前揭书，第20页。
[4] 史蒂芬·康恩，前揭书，第2页。
[5] 史蒂芬·康恩，前揭书，第34页。
[6] 史蒂芬·康恩，前揭书，第40页。
[7] 史蒂芬·康恩，前揭书，第43页。
[8] 史蒂芬·康恩，前揭书，第69页。
[9] 史蒂芬·康恩，前揭书，第83页。
[10] 史蒂芬·康恩，前揭书，第135页。
[11] 史蒂芬·康恩，前揭书，第145—146页。
[12] 史蒂芬·康恩，前揭书，第162页。
[13] Peter Novick, *That Noble Dream: The Objectivity Question and the American Historical Profession*, Cambridge: Cambridge University Press, 1988.
[14] 史蒂芬·康恩，前揭书，第163页。
[15] 史蒂芬·康恩，前揭书，第179页。
[16] 史蒂芬·康恩，前揭书，第203页。
[17] 史蒂芬·康恩，前揭书，第209页。
[18] 史蒂芬·康恩，前揭书，第215页。
[19] W. C. Bryant *et al.*, *A Metropolitan Art Museum in the City of New York: Proceedings of a Meeting Held at the Theatre of the Union League Club*, New York: The Trow & Smith Book Manufacturing Company, 1869, p. 5.
[20] 史蒂芬·康恩，前揭书，第230页。
[21] 史蒂芬·康恩，前揭书，第246页。
[22] 史蒂芬·康恩，前揭书，第281页。
[23] 见https://www.amazon.com/Museums-American-Intellectual-Life-1876-1926/dp/0226114937
[24] 见https://www.amazon.com/Museums-American-Intellectual-Life-1876-1926/dp/0226114937
[25] Gary Kulik, Review of Museums and American Intellectual Life, 1876-1926, by Steven Conn, *The Pennsylvania Magazine of History and Biography*, 2000, 124(1/2), p. 233.
[26] Sarah Kennington, Review of Museums and American Intellectual Life, 1876-1926, by Steven Conn, *The Library Quarterly: Information, Community, Policy*, 2000, 70(1), p. 171.
[27] 卡罗尔·邓肯：《文明化的仪式：公共艺术博物馆之内》，王雅各译，台北：远流出版事业股份有限公司，1998年。
[28] Curtis M. Hinsley, "Review of *Museums and American Intellectual Life, 1876-1926*, by Steven Conn", *Winterthur Portfolio*, 1999, 34(4), p. 274.
[29] James Massender, "Review of *Museums and American Intellectual Life, 1876-1926*, by Steven Conn", *Journal of American Studies*, 2001, 35(1), p. 141.
[30] Sharon MacDonald, "*Museums and American Intellectual Life, 1876-1926*, by Steven Conn", *Isis*, 2000, 91(2), p. 380.
[31] Eilean Hooper-Greenhill, *Museums and the Shaping of Knowledge*, London: Routledge, 1992, p. 82.

《学在博物馆》
Learning in the Museum

作者：乔治·E. 海因（George E. Hein）
出版年份：1998

◆—— · 本书短评 · ——◆

为博物馆工作者开展教育活动提供了理论依据和实践参考。

述评人：唐子璇

1976年，乔治·E.海因（George E. Hein）在莱斯利大学成立项目评估研究组，并对波士顿的25家博物馆及艺术机构进行评估。此后，他一直活跃在博物馆学习和评估领域，专门从事针对博物馆展品、教育项目、观众研究的定性评估。出版于1998年的《学在博物馆》（*Learning in the Museum*）正是海因几十年来实践与思考的产物。本书系统梳理了博物馆的观众研究成果，并将约翰·杜威（John Dewey）、尚·皮亚杰（Jean Piaget）、利维·维果斯基（Lev Vygotsky）等人的教育理论运用于博物馆领域，建立了他自己的建构主义博物馆学习理论体系。海因尝试探讨了建构主义在博物馆教学中应用的可能性，并强调观众作为学习主体，及博物馆作为满足个人发展需求的学习场所。此观点引领了后面的学者更具体地研究博物馆的学习、建构主义为基础的情景学习模式等，如约翰·福尔克（John Falk）和琳·迪尔金（Lynn Dierking）的《学自博物馆：观众体验和意义建构》（*Learning from Museums: Visitor Experiences and the Making of Meaning*）等学者著作。时至今日，本书仍是许多博物馆工作者开展教育活动的理论依据和参考。

　　2010年，本书作为"当代博物馆学前沿译丛"之一出版。[1]中译版序言中说明了翻译的缘由：要想形成有中国特色的博物馆学理论，就必须广泛学习国外博物馆的理论，而选择国外优秀的博物馆学理论著作，并翻译，是十分必要的。[2]在对比中文译版与英文原版之后，笔者发现中英的不同语序容易在翻译过程中引发问题。此外，在博物馆术语和概念的翻译上存在一些歧义之处。比如，教育（education）和学习（learning）两个术语有共通之处，但并不等同。主要区别在于，"教育"一词中含有正式、说教式、以教师为主导的意味，而"学习"则是一种主动参与体验的过程，它涉及技能、知识、理解力、价值观和能力的提高。[3]相关学者指出，博物馆学习（museum learning）是博物馆观众研究的一个分支，它以观众为研究对象，基于建构主义的学习理论，测量观众在参观前后的智识变化，并寻求产生这种变化的原因，为博物馆成为更好的自由选择式学习场所提供理论借鉴与数据支持。[4]因此，两个术语，无论在理解或翻译层面，都需斟酌。基于此，本文在中文译版的基础上，参照英文原版加以理解，以求更准确地传达作者的观点。

　　本书共有八个章节，海因首先回顾了博物馆的发展史、阐述了博物馆学习的重要意义。其次，他在核心章节（第二章）中总结、对比、分析了博物馆发展过程中的教育理论（education theory）——"教导解说型""刺激—反应型""发现学习型"和"建构主义型"。在对这些理论进行描述的时候，他并没有平铺直叙地就理论论理论，而是引用了许多欧美经典博物馆的案例、相关图表等阐释与说明。随后，海因在本书的第三、四、六、七章论述了观众研究的历史和方法。具体而言，他对观众研究进行了细致的论述，且将观众研究的方法和调查办法等内容分门别类地归纳、整理，为博物馆学和观众研究提供了大量素材。海因认为博物馆教育需走向专业化、系统化、理论化，需对教育理论和作为学习者的观众有深刻认识与了解，前者对应的是第二章的内容，后者对应的则是第三、四、六、七章的内容。[5]根据前面章节的梳理与认知，海因在第八章中提出自己的观点和建议，即博物馆怎样做才能让观众学到更多知识，或怎样构建一个建构主义的展览或教育项目。

在写作过程中，笔者借鉴了本书其他书评的观点，既有相关的中文书评[6]，也有英文书评[7]，希望给读者带来更全面的理解。在阅读这些书评及相关学术文章时，笔者发现大部分文章的笔墨聚焦核心章节——第二章中的四种教育理论，却忽视讨论第三至七章的观众研究。虽然四种教育理论为博物馆教育提供理论基础，且能被广泛运用在不同博物馆场景中，但海因在全文中所强调的观众，即学习者的研究方法和目的等也不能被忽略。原因是系统且规范的观众研究是作为开展各项活动的主要依据和拟取得的项目绩效的主要评估根据。通过观众研究来了解观众的心理和生理需求，是提高展览和活动水平、推动博物馆学理论进步的重要因素。海因对观众研究的细致论述、归纳与整理的方式值得学者及读者探究。基于此，本文依据海因撰写的思路与强调的重点来梳理总结本书的内容，即教育理论、博物馆观众研究和评估、建构主义博物馆三大部分，希望能给读者带来对本书更全面的理解。

一、教育理论

虽然教育是当前博物馆最主要的职能之一，但博物馆的教育功能并未从一开始就受到重视。海因在博物馆的发展史中提到，公共博物馆起源于18世纪的欧洲，到19世纪早期，博物馆还只允许社会上层人士参观。直到19世纪中叶以后，公共博物馆才在欧洲得到迅速发展并向公众开放，且被公众视作接受教育的公共场所之一，并开始进行大量公共教育方面的实践。[8]到了19世纪末，学校教育逐步步入正轨，因此形成了系统的教育理论、方法和评估体制，因此在各项教育设施中占据了主要位置，这也对博物馆等带有教育功能的文化设施提出了挑战和质疑。经过长时间的争论和教育体系的不断完善，博物馆才在教育体系中找到了自己的位置，被视为是正规教育的重要补充和教育体系的重要组成部分。[9]20世纪上半期，受到大规模战争的冲击，欧美博物馆教育功能发挥受到限制，但博物馆教育的重要性，及其在公众中所发挥的作用从未被忽略。[10]

本书旨在更好地研究并理解博物馆教育，让该领域走向专业化、系统化、理论化。海因先从理论入手，构建了博物馆教育理论模型。在定义博物馆教育理论时，他参考了认识论（theory of knowledge）和学习理论（learning theory）。其中，认识论和学习理论代表了作为教育机构的博物馆的理论构成，与其对应的四种教育模式则讨论了如何将这些理论用于实践。

认识论在发展过程中出现了两大对立观点。一类观点认为，知识独立于学习者而单独存在；另一类观点认为，知识仅存在于学习者的大脑中，并且不需要与任何外在事物对应。学习理论的发展过程也可以用两个对立的观点来描述，一类观点认为，学习是被动的，学习者通过吸收传递给他们的信息而学习。而另一观点则是建构知识学习论，这种观点强调学习过程中大脑的主动参与。[11]这类观点认为，学习的过程不是简单地把信息条目放进某种记忆数据库，而是一种模式转换的过程。在此过程中，学习者扮演了一个积极的角色，并对一系列呈现在他们面前的现象形成理解。认识论与学习理论交互并置，从而得出四种主要的教育模式：教导解说教育、刺激—反应教育、发现学习教育以及建构主义教育。每一种模式都将认知和学习的理论包含在内，并且任意两个模式都共享一个关于认知的或者学习的理论。

教导解说型教学模式强调通过记忆、理解或者验证等固定教学程序的机械学习。教师根据某个主题来设计课程，首先介绍相应的原理，再列举案例进行说明，然后经反复强调，将这些知识灌输给学生。

刺激—反应型是指学习是经过不断刺激、增强与反应形成的结果，与教导解说型同属"教师教学生学"的传统教学思想。因此博物馆的各项展览内容,同样是按部就班,有清楚的开始及结尾,并刻意依序安排。不同的是,此种类型特别强调教育方法与训练,而教导解说型则强调教材及所学内容。

发现学习型模式强调学习是主动的过程,学习者在学习过程中,以自身心智与外界信息不断交互作用并产生变化。它是一种动手做、用心学的主动教学;教学者提供适合个别学习者挑战及刺激的情境,让他们参与、自行选择、掌握事物及解决问题等,实现希望达成的学习结果。比如,科罗拉多大学物理学教授弗兰克·奥本海默(Frank Oppenheimer)批评了传统博物馆的"被动教育方法",并亲自创建了旧金山探索馆,其"动手做"的特征标志着学习法应用于博物馆历史进程的开始。[12]

建构主义者认为,学习不简单是知识由外到内的转移和传递,而是学习者主动建构自己知识经验的过程,即通过新经验与原有知识经验的反复、双向相互作用,来充实、丰富和改造自我的知识经验。[13]事实上,在博物馆教育的发展过程中,后来的模式并没有完全替代前者,而是对前者的发展和补充。在实际教学上,这四种教育模式常常相互重叠、交替运用,因此教与学的过程,也是许多变项交互作用、影响、综合的结果。[14]

二、博物馆观众研究和评估

对教育理论详细论述之后,海因开始讨论观众研究。他认为理解博物馆教育的重点在于了解观众,即学习者。欧美博物馆早已将观众研究作为开展各项活动的主要依据和拟取得的项目绩效的主要评估根据。[15]观众研究也被广泛使用在展览和活动中,用以了解观众心理和生理需求、提高展览和活动水平。观众研究提供的巨大信息量为博物馆学发展提供了大量素材,这也是博物馆教育理论进步的重要因素。[16]本书的第三、四、六、七章就是海因对观众研究的总结和思考,他回顾了早期观众研究的成果,且将过往的观众研究记录、取证、评估方法等内容分门别类地归纳、整理,最后细致地论述观众研究和评估结果。

海因首先回顾了1900—1950年的早期观众研究。比如,本杰明·艾维斯·吉尔曼(Benjamin Ives Gilman)对博物馆疲劳(museum fatigue)的研究,阿尔玛·韦德林(Alma Wittlin)所做的展览方式对比研究,威廉·S.

罗宾逊（William S. Robinson）与阿瑟·W. 梅尔顿（Arthur W. Mleton）对观众留馆时间的研究等。[17]此外，他还提到1950年至20世纪60年代初，即战后时期的博物馆观众研究陷入低潮。

随后，海因总结，早期的观众研究方法论多采用定量研究，研究人员多采取实验设计（experiment-design）的研究方式。实验设计研究是在人为严密控制实验条件的基础上，有计划地操纵实验变量，观测伴随这些变量产生的现象，探究实验因子与反应现象之间的关系。目的是得出具有科学性的可靠结果，诸如定量、客观等词汇经常被用来描述这些研究。而随着新的教育理论的提出及教育评估方法的转换，学者在对博物馆观众进行研究时开始采纳自然主义的研究方式（naturalistic study），即定性的研究方式。他们开始注重个案分析，借鉴人类学田野调查的研究方法，深层次地考察影响观众博物馆学习效果的因素。[18]诸如定性、整体、主观和基于现实世界的词汇等被用来描述这些研究。值得注意的是，在中文译版中，naturalistic被译为"博物学的"[19]。实际上该词更接近于中文语境中"自然"的意思。原因是海因在对实验设计和自然主义研究两种方法进行比较时，强调两者的重要区别在于实验室与自然环境（laboratory/natural setting）[20]。读者在阅读中译版时，应结合英文原文上下文补充理解。海因在该章节最后指出，定量研究与定性研究各有优劣，研究者应将二者结合，尽力得出关于观众参观效果更加全面的结论。

海因还将过往的观众研究记录、取证、评估方法总结归纳成三大类。第一，观察法，包括追踪与计时、拍摄和录像等。比如，法国自然历史博物馆通过追踪观众们在展厅行动路线将观众分为蚂蚁型（缓慢地从一个展位移到下一个展位）、蝴蝶型（各个展位之间穿梭不停，偶尔会在感兴趣处停留下来）、蚂蚱型（选择几个特殊的展位，选择性观展）、游鱼型（在展厅游动，且偶尔驻足）[21]。第二，基于语言基础的方法，包括问卷调查、采访等。第三，其他方法，如记录观众之间的对话等。比如托尼克立弗（Tunnicliffe）通过在隐蔽之处安装麦克风记录观众之间的对话，对动物园和自然历史博物馆中的家庭观众进行研究。[22]他总结，研究者通常会使用一种或多种研究或评估方法，比如以采访为主观察为辅，反之亦然。研究者需针对评估的具体内容选取合适的方法。

最后，海因回顾了有关观众研究和评估的结果，并得出以下小结：首先,海因肯定了观众可以在博物馆内学习知识,且这种学习体验具有美观性、互动性和社会性。[23]其次,研究表明,为了让观众最大限度地从博物馆中受益、学到尽可能多的知识,博物馆要做到想观众所想,急观众所急,要以观众为中心筹备教育项目。[24]比如,构建有利于学习的因素,包括舒适的展厅环境、易懂的展签内容、可互动的展品等。同时,博物馆还需了解并满足儿童、成人、家庭等不同团体的需求。[25]随后,他提到,博物馆不是一个进行传统学校式教育的地方,且不能提供系统式的知识。因此,增加观众与博物馆之间的联系至关重要,需让观众见到展品就能立刻联想到自己熟悉或感兴趣的事物。观众作为学习主体可依据自己的需求、兴趣、能力和偏好选择博物馆中的信息,并对这些信息进行解读、整理和内化,从而达到学习的目的。[26]

三、建构主义博物馆

海因在书中前几章都以梳理和分析过往的历史和研究为主。在本书的第八章"建构主义博物馆"(The Constructivist Museum)中,海因更多地开始论述自己的观点,即博物馆需怎样做才能让观众学到更多知识,或怎样构建一个建构主义的展览或教育项目。建构主义这个概念贯穿全书,早在本书的前言中,作者就开明见山地表明了自己的建构主义者立场。严格说来,建构主义应该是一种哲学理论,而不是学习理论。著名建构主义者戴维·乔纳森(David Jonassen)指出,建构主义是以心理学、社会学和人类学为基础的认识论。[27]但是由于建构主义所涉及的几大要素都与教育相关,因此一些学者便将它引入教育学领域,并给此领域带来了极大的影响和变化。建构主义包含多种不同的观念和派别。虽然不同派别的倾向不同,但它们对知识、学习、学生以及教学有着共同的主张和看法。其核心可以用一句话来概括:以学生为中心,强调学生对知识的主动探索、主动发现和对所学知识意义的主动建构,强调学习的建构性、主动性、情景性和社会性等。[28]

作为建构主义的拥护者,海因在该章节中抛出了"如何设计一个建构主义展览"的问题。他解释道,如需设计一个建构主义展览,首先要弄明白以下问题:一是如何才能让知识在学习者的脑海里烙下深刻的印象;二是如何让观众成为主体、主动参与学习、被展览吸引; 三是如何能让观众从不同身体感官、自身社会背景以及知识层面感受和理解展览。在对以上三个问题考虑清楚后，海因提出建构主义展览应该确保观众能在展览里看到自己熟悉的物件或者环境，让观众运用自己的生活经验，在各种活动与体验中和展品（包括想法）发生互动。比如，维多利亚和阿尔伯特博物馆会扩大自己的收藏品范围，包括日常的物件。当观众在观展中看到自己熟悉的物品时，会对该展品背后所蕴藏的文化有更深刻了解，这也就是新旧知识对比中所加深的理解和记忆，同时对整个展览及其他不熟的展品有种亲切感，从而吸引观众进一步观展和学习。[29]

在这些总结中，建构主义博物馆最重要的是"从观众已有的经验出发"和"提供主动学习的模式"，从而激起观众的学习兴趣，达到主动学习的目的。通过比较、归纳和论证，海因认为建构主义理论最适合博物馆开展教育职能。建构主义认为学习是根据学习者已有的知识经验对外界信息有选择地顺应和内化，重在学习者在学习过程中的主动探索和实践。[30]在此语境下，博物馆学习（museum learning）的实质则是处于博物馆场域中的观众通过参观展览、参与活动等方式感知展览的存在，并在个人经验的基础下建构对展览的理解。

四、总结

实践是检验真理的唯一标准，可实践却需要理论来支撑。为了给博物馆开展教育工作提供理论指导，海因从几十年来的实践出发，总结往年的博物馆教育研究，撰写了本书，旨在强调作为学习主体的观众不是被动、消极的信息接受者，而需主动地参与博物馆教育。这一认识为博物馆教育活动的设计、实施提出了新的认知和要求。同时，本书系统性地分析了观众调查研究和反馈意见，为博物馆教育走向更正规和学科化提供了理论依据。

虽然本书对博物馆教育提供理论支持，但部分内容及观点也存在争议，需进一步探究。比如，虽然建构主义观点贯穿全文，但海因并未详细地解释建构主义，这会导致此概念含糊不清，难以被读者理解或运用。具体而言，建构主义有六种类型：激进建构主义、社会建构主义、社会文化认知建构主义、对待中介行为的社会文化建构主义、信息加工建构主义以及控制系统论建构主义。[31]每种建构主义类型都有自己的代表思想，其中激进建构主义对传统的认识论问题采取了彻底否定的态度，他们认为，知识只能体验，无法传授。海因在本书中，并未明确指出建构主义在博物馆环境中被应用的意义，以及需考虑的问题。比如说，学习者的主体性被过度强调，而教师的主导性被削弱之后，会导致学习者陷于盲目试错的困境，而博物馆工作人员在这种情景下，需如何平衡知识的正确性与学习者的主体性？本书相关书评作者也指出，建构主义强调事物的意义源于个人的建构，没有对事物的唯一正确理解，且过于强调世界的不确定性和变化性，甚至完全否认世界的客观性，就容易走向真理观上的相对主义。[32]此观点也为阅读本书的读者提供了批判性思路，即对任何理论都需结合实际情况辩证地吸收。

（唐子璇，剑桥大学教育系博士研究生，主要研究方向为博物馆教学理论、线上博物馆课程开发、中英博物馆对比等。）

注释：

[1] 乔治·E. 海因：《学在博物馆》，李中、隋荷译，北京：燕山出版社，2010年。

[2] 乔治·E. 海因，前揭书，第2页。

[3] Mousa Masadeh, "Training, Education, Development and Learning: What is the Difference", *European Scientific Journal*, 2012, 8(10), p. 64.

[4] 赵星宇：《"博物馆学习"还是"场馆学习"：试论Museum Learning的中文表达》，《东南文化》，2017年第5期，第108页。

[5] George E. Hein, *Learning in the Museum*, London: Routledge, 1998, p. 20.

[6] 刘巍：《一位建构主义者眼中的博物馆教育——评George E. Hein的〈学在博物馆〉》，《科普研究》，2011年第4期。

[7] Ted Ansbacher, "Book Review of *Learning in the Museum* by George E. Hein and *Museums: Places of Learning* by George E. Hein and Mary Alexander", *The Museum Journal*, 1998, 41(4), Alan Howe, "Review of *Learning in the Museum* by George E. Hein", *British Journal of Educational Studies*, 1999.

[8] George E. Hein, *Learning in the Museum*, p. 3.

[9] Ibid., p. 4.

[10] Ibid., p. 4.

[11] George E. Hein, "The Role of Museums in Society: Education and Social Action", *Curator: The Museum Journal*, 2005, 48(4), p. 357.

[12] Lynn D. Dierking, "Review of *Learning in the Museum* by G. E. Hein", *The Public Historian*, 1999, 21(4), p. 63.

[13] George E. Hein, "A Reply to Miles' Commentary on Constructivism", *Visitor Behaviour*, 1997, 12(3), p. 14.

[14] 刘巍，前引文，第57页。

[15] 常丹婧：《博物馆学习中的观众参与：概念、特点与对策》，《东南文化》，2021年第5期，第173页。

[16] Ted Ansbacher, "Book Review of *Learning in the Museum* by George E. Hein and *Museums: Places of Learning* by George E. Hein and Mary Alexander", *The Museum Journal*, 1998, 41(4), p. 288.

[17] George E. Hein, *Learning in the Museum*, pp. 43-46.

[18] 刘巍，前引文，第58页。

[19] 乔治·E. 海因，前揭书，第78页。

[20] 乔治·E. 海因，前揭书，第82页。

[21] 乔治·E. 海因，前揭书，第118页。
[22] 乔治·E. 海因，前揭书，第145页。
[23] George E. Hein, *Learning in the Museum*, p. 138.
[24] Ibid., p. 140.
[25] Ibid., p. 141.
[26] Ibid., p. 150.
[27] Kodi R. Jeffery-Clay, "Constructivism in Museums: How Museums Create Meaningful Learning Environments", *Journal of Museum Education*, 1998, 23(1), p. 3.
[28] Ted Ansbacher, *op cit*., p. 288.
[29] Kodi R. Jeffery-Clay, *op cit*., p. 3.
[30] George E. Hein, "A Reply to Miles' Commentary on Constructivism", *Visitor Behaviour*, 1997, 12(3), p. 14.
[31] 刘巍，前引文，第61页。
[32] 刘巍，前引文，第60页。

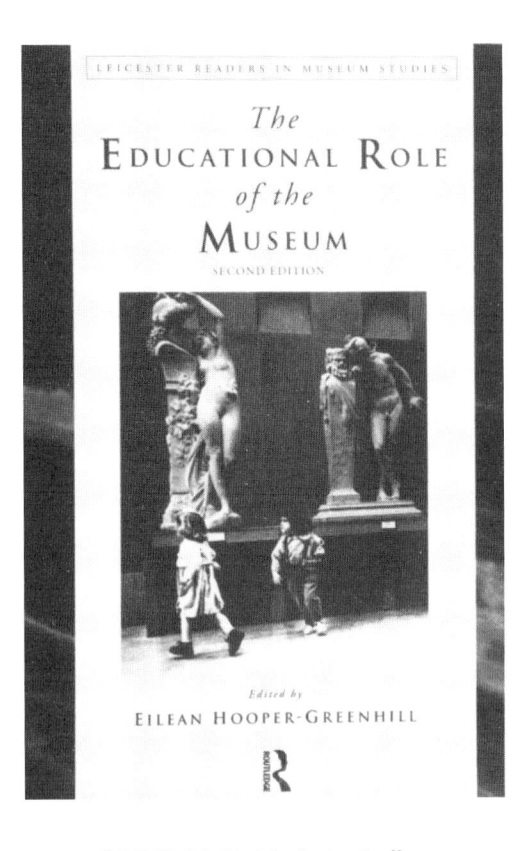

《博物馆的教育角色》

The Educational Role of the Museum

编者：艾琳·胡珀-格林希尔（Eilean Hooper-Greenhill）
出版年份：1999

❖──· 本书短评 ·──❖

以教育为切入点，厘清了"物"与观众需求之间的多元关系。

述评人：段若钰

20世纪80年代，博物馆研究在后现代主义思潮的影响下开始走向理论和实践并行发展的专业道路。几乎在同时期，西方对于教育重点的理解也从"教"转向"学"，学习者被认为能够主动构建自我关于教育经验的阐释。这样的大环境促使英国博物馆提出把教育放到核心位置的理念，并决定改变现实环境中对教育关注不够和投入过少的局面。[1]1997年，对英国博物馆教育产生巨大影响的研究报告《共同财富：英国的博物馆与学习》（*A Common Wealth: Museums and Learning in the United Kingdom*）明确指出："英国博物馆存在对其教育职能重视程度不够的问题，博物馆教育质量与民众的期待相差甚远。"[2]此后，英国博物馆界确定了12个博物馆教育目标，试图在实际环境中切实提升博物馆教育职能。

《博物馆的教育角色》第一版发行于1994年。1999年，艾琳·胡珀-格林希尔对本书进行二次编著，内容有大量更新，共收录论文36篇，被分为四个主题："传播理论"（communication theories）、"博物馆学习"（learning in museums）、"开发有效展览"（developing effective exhibitions）、"对博物馆观众的思考"（thinking about museum audiences）。本书基本按照理论分析、实践探索、评估—反思—提升的思路进行编排，主要从教育学、传播学、心理学等不同领域回应"挖掘、拓展、延伸、提升博物馆的教育职能"这一核心主题。在序言最后，胡珀-格林希尔表达了编著此书的愿望：既希望此书成为博物馆专业学生和从业者建构多学科理论体系与博物馆实践关系的"教科书"，又能以此书探讨时下博物馆教育所面临的困境和挑战，共谋解决之策。[3]

在导读章节"教育、传播与阐释：走向批判性教育的博物馆"中，胡珀-格林希尔将博物馆定位为文化和社会机构，提出了"将博物馆边缘化"（marginalizing the museum）的研究范式。这种研究视角选择从外部研究博物馆及其观众，也就是把批判教育学引入其中，从教育、传播、阐释三个维度结合文化研究清晰勾勒出本书的整体结构和四大主题之间的基本关系。导读首先点出本书的关键切入点是"意义"，这不仅包括博物馆依托"物"所生产的意义，也涵盖观众主动建构的意义。据此，胡珀-格林希尔等一众专家学者将对博物馆教育职能认知的根本回归架构博物馆与观众之间的关系上。

本文将基于1999年的版本对这时期多位学者的重要观点和实践经验进行

总结和评述，具体从博物馆传播的延伸、博物馆学习的转变、博物馆展览的转向、博物馆观众的重构展开评述。本文旨在展现胡珀-格林希尔等人在批判教育学的整体思考下，如何推动博物馆教育与社会、文化、政治语境的多重互动，以此重新构建博物馆与观众的全新关系。

一、博物馆传播的延伸：从单向传递到整体交流

在新博物馆学的影响下，博物馆界对其自身职能的认知逐渐从传递转向对话。胡珀-格林希尔也将关于博物馆教育的研究与传播相联系，并把"传播理论"作为本书的第一主题。不同于传统认知，书中的博物馆传播已将信息传递升级为意义交流，认为博物馆的一切专业活动都是交流，其最终目的是让观众以不同的方式接触到"物"。从传播视角研究博物馆教育职能的思想贯穿本书，这一定位为后续篇章中以交流为目的而开展的教育、展览策划、评估等专业性活动的分析打下基础。

20世纪的传统博物馆在进行对外传播和对内交流时大多采用单向、无回应、无差别、不平等的大众传播（mass communication）模式。博物馆信息在该模式下传播效率低，致使博物馆和观众完全割裂。为解决这一问题，胡珀-格林希尔选择回归传播学，利用传播理论重新寻找适合广大观众的传播模式。她首先概括了传播理论中的两种理想方式：传递方式（transmission approach）和文化方式（cultural approach），并对二者在博物馆中的认知和映射进行了分析与评价。传递方式受到了多方学者的质疑：一是该方式一开始就定义了所传递信息的意义，观众处于完全被动且毫无参与感的境地；二是该方式下的博物馆内部形成了"等级链"（hierarchized chains）式的权力结构，造成内部交流匮乏甚至产生摩擦，这是对资源和人力的浪费。[4]

相较于传递方式，文化方式是一个意义协商的过程，一定程度上将传播变为交流。当文化符号被生产、保持、修改和转变，并代表信仰和价值观时，就可"携带"意义参与阐释活动。因此，这种以文化为起点的传播方式也可理解为建构主义范式，即"该模式下的传播创造了一个由主动意义、制造者（组成）的有秩序和有意义的世界"[5]。然而，文化方式却忽略了权力对博物馆的影响，把博物馆置于理想化的平等社会中分析，这与现实是相悖的。

通过平衡两种方式的优缺点，胡珀-格林希尔追求一种能在博物馆内外进行自然交流（natural communication）的模式。具体而言，选择把观众定位于"主动的受众"，重点关注观众的意义建构，提出以互动、参与、分享、连接为核心思想的整体性博物馆交流方式。[6]至此，胡珀-格林希尔将最初的博物馆与观众之间的关系置于更大的社会、文化、政治背景之下，探讨的是更为深入且广泛的博物馆与整体环境的关联。

和其他文化机构相比，博物馆最大的优势在于"物"。早期博物馆主要依托"物"的视觉展示对公众进行教育普及。此时，胡珀-格林希尔把"物"延伸至物与环境的互动，把简单的"看物"提升至"博物馆体验"。这一延伸让观众成为核心主体，把交流的起点定位于观众基于博物馆体验所完成的意义制造和阐释上。因此，胡珀-格林希尔依托心理学中的诠释学（hermeneutics）以及文学理论（literary theories）着重分析阐释的内容、方式和意义。阐释具有很强的个体性、历史性、社会性和文化性，它是对"物"及"物的起源地"赋予意义的过程。若将阐释过程具象化，那么阐释是一个动态、开放的过程，是一个"诠释圈"（hermeneutic circles）[7]。

观众自发启动的阐释活动被看成是与博物馆进行主动对话和交流的积极信号，这是维护观众与博物馆良好关系的重要开端。因此，胡珀-格林希尔建议从业者和研究者把重点放到发展阐释策略上，尤其是在教育项目和展览策划中，寻找和创造适用于不同群体的阐释策略。

为验证整体性交流模式在博物馆实际运营中的可行性，该主题的最后一章从实践视角剖析了展览作为"交流者"应承担的责任和具备的潜力。罗伯特·霍奇（Robert Hodge）和威尔弗雷德·德索萨（Wilfred D'Souza）结合展览细节中的若干要点，从多个方面具体分析了开发、运用、提升展览沟通能力所涉及的问题和相应的解决方法。两人最终认为，整体交流模式下的博物馆需要通过交流让"物"发声，避免产生对少数民族文化的偏见和忽视，依托社会、文化、政治语境，建立展览阐释与观众之间的多维度联系。[8]

博物馆传播模式的转型和延伸为整本书定下"主动交流"的基调，全面打开的格局突破了狭义定义下博物馆教育的限制。该主题是本书的"地基"，所提出的整体性交流模式让博物馆教育与真实世界的联系更为紧密,进而引导从业者尽可能考量与博物馆直接和间接相关元素的影响。此外,还要以意义的建构和阐释为起点,从观众视角重新认知博物馆分众化、分层化、多元化、整体化的传播和交流。

二、博物馆学习的转变:从知识接收到整体建构

本书的第二个主题为"博物馆学习",重点突出此时博物馆的教育重心的转移:其主体从"物"变为"观众",其内涵从教育转向学习,其目标从知识获取提升为意义建构及多元体验,其发展方向从现代主义迈向后现代主义。该主题在"建构主义博物馆"的大背景下,继续沿用整体论思想,聚焦观众对"物"的阐释,在范围更广的社会和文化的框架下讨论博物馆教育。

乔治·海因(George E. Hein)提出的"建构主义学习理论"(constructivist theories of learning)重新定义"以知识接收为目的"的学习方式,把学习看作学习者与外界情境互动的过程。在这一理念下,学习升级为一种在与世间万物进行互动后方可重构和创造自我认知和理解的能力。这一全新视角彻底打通了知识和学习者的关系,让知识传播者转变为学习的引导者、促进者,把"怎么学"作为关注重点。海因之前提出了四种教育或学习方式,[9]由此衍生出四种博物馆发展类型,其中建构主义博物馆(the constructivist museum)被认为是未来博物馆发展的一大趋势。海因所倡议的"建构主义博物馆"可以帮助从业者解决博物馆学习的问题。

既为呼应"建构主义学习理论",又为继续强化"博物馆中的观众是主动的"这一关键论点,胡珀-格林希尔从教育学视角出发,运用比较的方法寻找知识理论(theory of knowledge)和学习理论(theory of learning)与两种传播方式的对应点及联系点。通过比较,胡珀-格林希尔希望更多的博物馆能够在"建构主义学习理论"的基础上,深入挖掘阐释的力量,继续发展阐释群体探索其与博物馆经历、体验之间的联系。[10]

该主题的后半部分聚焦"物"在博物馆学习环境中的活化利用,如何围绕"物"开发教学策略和教学工具是这一部分讨论的重点。约翰·赫尼格·舒赫(John Hennigar Shuh)结合工作经历,建议教育人员在教学前先找到一种"熟悉感",再基于这样的联系引导学生以谨慎、批判的目光看待自己所身处的世界。[11]想让观众的学习成为自发、主动、持续的行为,博

馆需要围绕"物"开发相应的辅助资源和设备。学习单（worksheets）作为辅助性工具已成为博物馆重要的学习资料。盖尔·杜宾（Gail Durbin）[12]从四个方面评估和提升学习单，这能让从业者更好地感知"物"，从而设计出尊重观众主动学习行为的、互动性强的学习单。

　　该主题的最后几篇论文，都赞成海因的"建构主义博物馆"的提议，认为多元化的博物馆学习是满足广大观众需求的有效方式。杰西卡·戴维斯（Jessica Davis）和霍华德·加德纳（Howard Gardner）提出多元智识理论，他们坚定地认为："博物馆已经有条件去重视、运用、满足（学习者）对于所有智识的需求。"[13]约瑟夫·苏伊纳（Joseph H. Suina）从多元文化教育的角度，提出基于标志性（iconic）和主动性（enactive）的教育模式，[14]引导年轻学习者在博物馆中理解、欣赏和尊重他人文化，帮助学习者适应多文化共存的生活环境。在《这到底是谁的博物馆？博物馆教育与社区》（Whose Museum Is It Anyway? Museum Education and the Community）一文中，约瑟林·多德（Jocelyn Dodd）同胡珀-格林希尔一样，认为必须站在博物馆之外评估与审视博物馆，关注馆外的公众群体。于是，她把目光移至社区，提出博物馆应通过与社区民众的协商、联动和沟通，重塑博物馆形象，以满足社区的多方面需求。[15]

　　从第二个主题可看出，这时的博物馆已完成从收藏场所向学习场所的转变，其对观众的学习价值更为突显。受新博物馆学和建构主义思想的影响，此时的博物馆以学习者为主体，把创设体验看作成功开展博物馆学习的关键，并提出"以学习者为导向的博物馆建设"[16]。多元化的参观和学习体验可以促进观众与博物馆之间的交流，进而让博物馆真正加入观众与社会的对话之中。

三、博物馆展览的转向：从视觉展示到整体设计

　　在第二个主题"以学习者为导向的博物馆建设"的铺垫下，本书的第三个主题"开发有效展览"聚焦博物馆中最重要的教育资源——展览，从策划、设计、布局、实施、评估等方面提出如何生产"以学习为导向""以合作为方式""以可及性为目的"的博物馆展览。

　　这一主题最开始就在探讨博物馆应如何把学习体验设计于展览之中。胡珀-格林希尔率先指出在展览策划和提升方面鲜有提及学习理论。在关注

到这一问题后，胡珀-格林希尔重申了"观众是主动的"这一前提，呼吁从业者要把观众视作"真正的人"，而非"知识容器"。相应地，博物馆也应思考如何依托展览"为观众创造学习机会"[17]。在实践层面，她主张由教育人员负责教育性交流和评估，指导展览的开发、利用和提升，特别是挖掘、分析、利用隐形于展览中的关于"人的知识"。

在《博物馆的内在动机：为什么要学习？》（*Intrinsic Motivation in Museums: Why Does One Want to Learn?*）一文中，"心流理论"（flow）的提出者和推动者——米哈里·契克森米哈赖（Mihaly Csikszentmihalyi）和金·赫尔曼森（Kim Hermanson）通过分析观众的学习动机，展现了将"心流体验"（flow experience）引入博物馆环境对于观众学习的意义及价值。两位学者结合利维·维果斯基（Lev Vygotsky）的"最近发展区理论"（zone of proximal development），详尽阐述了创造"心流体验"的具体步骤。他们建议从业者准确把握观众与博物馆所提供环境的适配度、平衡能力与挑战之间的关系。[18]查尔斯·冈瑟（Charles F. Gunther）对"心流体验"进行了更深层次的解读，希望博物馆把提供"心流体验"作为满足观众需求的终极目标。[19]与维果斯基看法相似，妮娜·简森（Nina Jensen）[20]强调博物馆要用发展的眼光开发展览和教育项目，要向不同年龄的观众提供由浅入深的、认可观众参与价值的、可自由选择的博物馆学习环境。阿尼塔·鲁伊·奥尔德（Anita Olds）从环境心理学（environmental psychology）视角出发，给博物馆环境的美感、整体性、和谐性、舒适性提升带来启发。[21]

在导读篇，胡珀-格林希尔就已比较了"博物馆学的阐释"和"诠释学的阐释"的不同，博物馆学的阐释被认为是一种被动接受。[22]本书一直在尝试和倡导"诠释学的阐释"，旨在实现博物馆和观众之间的"双向阐释"，即由主动阐释而构成的对话和交流。基于此，胡珀-格林希尔邀请山姆·哈姆（Sam H. Ham）就其研究，介绍可引起主动回应的交流性情境及呈现方式。[23]哈姆的研究虽未提及博物馆，但对交流性阐释形成要素的分析，给策划"以对话为主要导向"的博物馆展览带来了一定启发。

此外，一些从业者开始尝试利用整体化思维开展展览工作，认为如今的博物馆应打破"等级链"[24]式的管理模式，并通过合作协商让展示、教育、研究、评估并行。汉克·格拉索（Hank Grasso）和霍华德·莫里森（Howard Morrison）以合作性展览为例，强调整体性团队融合除了给个人留有发挥余地外，还可让团队逐渐形成能共享角色和责任的合作性结构。[25]安大略省皇家博物馆传播设计团队（Communications Design Team from Royal Ontario Museum）[26]撰写的文章意在提醒从业者，展览空间是决定观众参观体验及质量的重要因素之一。大卫·迪恩（David Dean）提出了涵盖四大阶段的整体性展览项目模型，[27]展现观众如何在观展前就能被"卷入"和展览相关的活动。

展览的可及性小到展览文本，大到观众的整体参观体验，是策展团队需要重点考虑的关键要素。在《消除冗余：为展览撰写文本》（Combating Redundancy: Writing Texts for Exhibitions）[28]中，玛格丽塔·埃卡夫（Margareta Ekarv）结合真实工作经历，展现了自己对"易读"文本的深刻见解。伊丽莎白·吉尔莫（Elizabeth Gilmore）和詹妮弗·萨宾（Jennifer Sabine）将埃卡夫的方法运用到实际展览文本的撰写和评估工作中，意识到撰写尽可能适合每个人阅读和理解的展览文本是打破实践限制的理想选择。[29]詹姆斯·卡特（James Carter）[30]提出通过弗莱和克洛兹测试（The Fry and the Cloze Tests）评估文本可读性，以确保文本所用的语言复杂性较低、便于理解。

不同于之前的学者从词汇选择和语言使用的角度关注文本的可读性，海伦·考克索尔（Helen Coxall）看到文本讲述"历史"的强大力量，探讨历史讲述中长期存在但被忽视的歧视问题。考克索尔认为撰写展览文本需要有意识地避免由个人偏见或官方影响无意间带来的、具有歧视的词语，要真实客观地展现"那个不太完美"的世界。[31]在最后一篇文章中，贝蒂·戴维森（Betty Davidson）等人将展览细节的可及性拓展至参观体验的可及性。[32]他们把提升残障人士参观体验作为切入点，最终提出调动观众的多感官互动的想法，让观众的身体和智力得到双重体验。

该主题下的博物馆学者对于展览的理解是深刻且实际的，他们放大和延伸了展览的教育意义。富含学习体验设计的博物馆展览是一种整合性、协商性的专业活动，需要基于观众需求并围绕"事实中的物"展开发掘、分析、阐释、传播，同时也是破除参观群体同质化、重构观众多元化组成的重要渠道。

四、博物馆观众的重构

第四个主题"对博物馆观众的思考"在整本书中所占篇幅最多，意在让之前所述最终落回到对观众及其与博物馆关系的重新认知和构建上。在这一主题中，胡珀-格林希尔呼吁博物馆人员要接纳曾被排斥在外的群体，重视观众研究，充分了解观众的政治、社会、文化背景，让博物馆教育真正走向"以观众研究为导向"的道路。

托尼·本内特[33]、胡珀-格林希尔[34]、麦夏兰[35]从文化研究的视角考察由文化引起的博物馆观众差异及相关问题。具体而言，胡珀-格林希尔发现此时的西方博物馆与美术馆固化了不同社会阶层之间的文化差异，平民观众难以接近博物馆，距离实现民主化的博物馆还有很长的路要走。此时博物馆的研究依然从自身出发，其目的是服务于博物馆的自我提升而不是让观众受益。[36]为打破这一阻碍，本内特赞同皮埃尔·布迪厄等学者提出的将博物馆公共化的看法，具体在于博物馆所扮演角色要随其所处时期的社会进程的变化而变化。麦夏兰从观众的文化想象（cultural imagining）入手，以建构主义范式关注观众的意义形成过程。观众在与展览互动时，其实是在自身已有认知和经验的基础上凭借想象力搭建自我与展览的联系。[37]

自提出无障碍环境建设以来，西方学界就一直在拓宽对"无障碍"内涵的认知。西方博物馆学者不断强调无障碍环境的设计与实施并非仅针对残障人士，这是一种面向全体观众，从设施布局到内容设计都具备可及性、可读性、无障碍的整体设计思路。丽贝卡·麦金尼斯（Rebecca McGinnis）指出英国博物馆的政策未被整合到实践中，难以避免歧视的发生。她列出多项建设无障碍博物馆的有效建议，提倡以多维度的思想和"感同身受"的方式[38]完成无障碍参观环境的思考、设计与实施。

着眼此时的英国博物馆，胡珀-格林希尔在《博物馆和当代英国的文化多样性》（*Museums and Cultural Diversity in Contemporary Britain*）一文中就西方用文化多样性掩盖不平等社会关系和漠视边缘群体的问题展开了深入探讨。[39]她强烈反对把"物"放到玻璃柜里，与其被动地掩饰文化多样性下的冲突和矛盾，不如将其暴露出来，放到具有历史性、社会性、政治性的语境中，从而给观众提供阐释的空间。

评估是此前博物馆较为忽视的一个环节。随着博物馆专业化发展的影响，其他领域的评估手段也开始在博物馆中使用，并逐渐从以"实验室"

为基础的定量分析转向了以"田野"为基础的定性分析。菲尔·布尔（Phil Bull）[40]为新手们开出了一份评估"清单"，介绍了前置性分析（front-end analysis）、形成性评估（formative evaluation）和总结性评估（summative analysis）的用途、目的和限制，G. 宾克斯（G. Binks）和D. 乌兹尔（D. Uzzell）[41]分析了常用评估手段的优势、劣势及可能的成本消耗，以上学者的实践性经验为博物馆的评估工作提供了有效参考。

"怎么评估？""评估什么内容？""评估后做什么？"是开展评估最基本、最难解决的三个问题。蒂姆·巴德曼（Tim Badman）采用了访问和调查问卷的形式，尝试用"打分制"（graded statement）评估观众对于历史的同理心。[42]乔治·海因在《对博物馆方案和展品的评估》（*Evaluation of Museum Programmes and Exhibits*）一文中指出评估的目的意在解决问题，数据收集和分析都要围绕问题展开。评估内容重点要关注："实际发生了什么"和"实际发生的事情与原本设计的意图是否一致"[43]。

玛丽莲·英格尔（Marilyn Ingle）从一份基于观后调查结果所展开的评估中发现前来参观的学生并不明确来博物馆的目的。[44]她认为要想让学生感知参观目的，就要在课程开始前，搭建馆内教育资源和学校学习内容之间的联系，让博物馆和学生共享目标。特里·拉塞尔（Terry Russell）倡导合作化的评估研究，强调评估需要多方参与，评估结果将对政策制定和实际行动产生决定性的影响。[45]

作为本书的最后一个主题，主编和合著者们最终向读者展现了"以观众需求为导向"的博物馆教育发展及博物馆建设的图景，意在提醒从业者：观众研究还要考虑让观众受益，只有这样才可以找到打破观众的阶层固化、建立博物馆与观众关系的多元方法与路径。

五、博物馆教育角色的新认知

如今，距离本书的第一次出版已过去近30年。本书看似以探讨博物馆教育为目的，实则以此为基点，铺设了一条通往整体化、建构主义化、后现代主义化的博物馆发展之路。本书主编采用"将博物馆边缘化"的研究范式，以便看清此时博物馆所面临的挑战和机遇，继而帮助博物馆寻找自己的多面"角色"。这种跳脱出博物馆内在限制的策略既是集众家之所长，也是一种"平衡之术"。

本书首次将批判教育学的思想运用于博物馆研究,[46]具有批判性和反身性的批判教育学改变了博物馆对于"物"统一、同质、中性的认知,从而让"物"在文化、政治、社会情境中富有多义性。据此,博物馆也就成了"多元和异质的文化接触区",这让边缘文化成为博物馆中清晰可见的一部分。

通读本书可以发现,一众学者运用和分享了多个学科中的著名理论及实践,虽然复杂,但最终回归了人与人之间最基本的需求和愉悦——交流。博物馆只有主动走进观众,尤其是观众的内心世界,即关注他们的社会文化背景、真实需求、意义建构等与他们自身密切相关的内容,才有可能让两者之间产生真正对话和沟通。最后需要指出的是,本书对思考当下博物馆发展具有重要价值。它不仅为博物馆今后继续开发有效展览、让学习和教育贯穿博物馆整体运营指明方向,而且还为平衡观众需求和物的价值提供了诸多思考,是博物馆从业者和研究者的必读之物。

(段若钰,墨尔本大学化学硕士及澳大利亚国立大学科学传播硕士,现为云南省博物馆助理馆员。研究方向为博物馆儿童教育。)

注释:

[1] Richard Woff, "Museum Education: From Periphery to Core", *Journal of Museum Ethnography*, 1998, (10), p. 1.

[2] Eilean Hooper-Greenhill, "Education, Communication and Interpretation: Towards a Critical Pedagogy in Museum", Eilean Hooper-Greenhill, ed., *The Educational Role of the Museum*, London: Routledge,1999, p. xiii.

[3] Ibid., p. xiii.

[4] Eilean Hooper-Greenhill, "Communication in Theory and Practice", Eilean Hooper-Greenhill, ed., *The Educational Role of the Museum*, p. 34.

[5] Eilean Hooper-Greenhill, "Education, Communication and Interpretation: Towards a Critical Pedagogy in Museum", Eilean Hooper-Greenhill, ed., *The Educational Role of the Museum*, p. 16.

[6] Eilean Hooper-Greenhill, "Communication in Theory and Practice", Eilean Hooper-Greenhill, ed., *The Educational Role of the Museum*, p. 40.

[7] Eilean Hooper-Greenhill, "Learning in Art Museums: Strategies of Interpretation", Eilean Hooper-Greenhill, ed., *The Educational Role of the Museum*, p. 48.

[8] Robert Hodge, Wilfred D'Souza, "The Museum as a Communicator: a Semiotic Analysis of the Western Australian Museum Aboriginal Gallery, Perth", Eilean Hooper-Greenhill, ed., *The Educational Role of the Museum*, p. 63.

[9] George E. Hein, "The Constructivist Museum", Eilean Hooper-Greenhill, ed., *The Educational Role of the Museum*, p. 77.

[10] Eilean Hooper-Greenhill, "Museum Learners as Active Postmodernists: Contextualizing Constructivism", Eilean Hooper-Greenhill, ed., *The Educational Role of the Museum*, p. 69.

[11] John Hennigar Shuh, "Teaching Yourself to

Teach with Objects", Eilean Hooper-Greenhill, ed., *The Educational Role of the Museum*, p. 89.

[12] Gail Durbin, "Improving Worksheets", Eilean Hooper-Greenhill, ed., *The Educational Role of the Museum*, pp. 92-97.

[13] Jessica Davis and Howard Gardner, "Open Windows, Open Doors", Eilean Hooper-Greenhill, ed., *The Educational Role of the Museum*, p. 101.

[14] Joseph H. Suina, "Museum Multicultural Education for Young Learners", Eilean Hooper-Greenhill, ed., *The Educational Role of the Museum*, p. 106.

[15] Jocelyn Dodd, "Whose Museum Is It Anyway? Museum Education and the Community", Eilean Hooper-Greenhill, ed., *The Educational Role of the Museum*, p. 132.

[16] George E. Hein, "The Constructivist Museum", Eilean Hooper-Greenhill, ed., *The Educational Role of the Museum*, pp. 73-78.

[17] Eilean Hooper-Greenhill, "Learning from Learning Theory in Museums", Eilean Hooper-Greenhill, ed., *The Educational Role of the Museum*, p. 139.

[18] Mihaly Csikszentmihalyi, Kim Hermanson, "Intrinsic Motivation in Museums: Why Does One Want to Learn?", Eilean Hooper-Greenhill, ed., *The Educational Role of the Museum*, p. 154.

[19] Charles F. Gunther, "Museum-Goers: Life-Styles and Learning Characteristics", Eilean Hooper-Greenhill, ed., *The Educational Role of the Museum*, p. 129.

[20] Nina Jensen, "Children, Teenagers and Adults in Museums: A Developmental Perspective", Eilean Hooper-Greenhill, ed., *The Educational Role of the Museum*, pp. 110-116.

[21] Anita Rui Olds, "Sending Them Home Alive", Eilean Hooper-Greenhill, ed., *The Educational Role of the Museum*, p. 336.

[22] Eilean Hooper-Greenhill, "Education, Communication and Interpretation: Towards a Critical Pedagogy in Museum", Eilean Hooper-Greenhill, ed., *The Educational Role of the Museum*, p. 12.

[23] Sam H. Ham, "Cognitive Psychology and Interpretation: Synthesis and Application", Eilean Hooper-Greenhill, ed., *The Educational Role of the Museum*, pp. 161-170.

[24] Eilean Hooper-Greenhill, "Education, Communication and Interpretation: Towards a Critical Pedagogy in Museum", Eilean Hooper-Greenhill, ed., *The Educational Role of the Museum*, p. 32.

[25] Hank Grasso and Howard Morrison, "Collaboration: Towards a More Holistic Design Process", Eilean Hooper-Greenhill, ed., *The Educational Role of the Museum*, p. 177.

[26] Communications Design Team, "Spatial Considerations", Eilean Hooper-Greenhill, ed., *The Educational Role of the Museum*, pp. 178-190.

[27] David Dean, "The Exhibition Development", Eilean Hooper-Greenhill, ed., *The Educational Role of the Museum*, p. 192.

[28] Margareta Ekarv, "Combating Redundancy: Writing Texts for Exhibitions", Eilean Hooper-Greenhill, ed., *The Educational Role of the Museum*, pp. 201-204.

[29] Elizabeth Gilmore, Jennifer Sabine, "Writing Readable Text: Evaluation of the Ekarv Method", Eilean Hooper-Greenhill, ed., *The Educational Role of the Museum*, p. 209.

[30] James Carter, "How Old Is This Text?", Eilean Hooper-Greenhill, ed., *The Educational Role of the Museum*, pp. 211-214.

[31] Helen Coxall, "Museum Text as Mediated Message", Eilean Hooper-Greenhill, ed., *The Educational Role of the Museum*, p. 220.

[32] Betty Davidson, Candace Lee Heald and George E. Hein, "Increased Exhibit Accessibility through Multisensory Interaction", Eilean Hooper-Greenhill, ed., *The Educational Role of the Museum*, p. 237.

[33] Tony Bennett, "That Those Who Run May Read", Eilean Hooper-Greenhill, ed., *The Educational Role of the Museum*, pp. 241-254.

[34] Eilean Hooper-Greenhill, "Audiences: A Curatorial Dilemma", Eilean Hooper-Greenhill, ed., *The Educational Role of the*

Museum, pp. 255-268.

[35] Sharon MacDonald, "Cultural Imagining among Museum Visitors", Eilean Hooper-Greenhill, ed., *The Educational Role of the Museum*, pp. 269-277.

[36] 尹凯：《如何发现博物馆之于观众的意义——一项基于深度访谈和叙事研究的观众研究的启发》，《自然科学博物馆研究》，2020年第4期，第15页。

[37] Sharon MacDonald, *op cit.*, p. 270.

[38] Rebecca McGinnis, "The Disabling Society", Eilean Hooper-Greenhill, ed., *The Educational Role of the Museum*, p. 285.

[39] Eilean Hooper-Greenhill, "Museums and Cultural Diversity in Contemporary Britain", Eilean Hooper-Greenhill, ed., *The Educational Role of the Museum*, p. 290.

[40] Phil Bull, "A Beginner's Guide to Evaluation", Eilean Hooper-Greenhill, ed., *The Educational Role of the Museum*, pp. 295-297.

[41] G. Binks, D. Uzzell, "Monitoring and Evaluation: the Techniques", Eilean Hooper-Greenhill, ed., *The Educational Role of the Museum*, pp. 298-300.

[42] Tim Badman, "Small-scale Evaluation", Eilean Hooper-Greenhill, ed., *The Educational Role of the Museum*, p. 303.

[43] George E. Hein, "Evaluation of Museum Programmes and Exhibits", Eilean Hooper-Greenhill, ed., *The Educational Role of the Museum*, p. 306.

[44] Marilyn Ingle, "Pupils' Perceptions of Museum Education Sessions", Eilean Hooper-Greenhill, ed., *The Educational Role of the Museum*, p. 318.

[45] Terry Russell, "Collaborative Evaluation Studies between the University of Liverpool and National Museums and Galleries on Merseyside", Eilean Hooper-Greenhill, ed., *The Educational Role of the Museum*, p. 330.

[46] Eilean Hooper-Greenhill, "Education, Communication and Interpretation: Towards a Critical Pedagogy in Museum", Eilean Hooper-Greenhill, ed., *The Educational Role of the Museum*, p. 22.

著者与编者简介

赫尔曼·海因里希·弗雷塞（Hermann Heinrich Frese，1927—1975）

赫尔曼·海因里希·弗雷塞，1927年7月出生于荷兰北部。他出生时，父亲赖尼尔·乌布·弗雷塞（Reinier Wubbe Frese）28岁，母亲凯瑟琳娜·约翰娜·布兰德（Catharina Johanna Brander）24岁。1955年7月，弗雷塞在南荷兰省的莱顿和奥古斯塔·卡塔琳娜·范德·梅伦（Augusta Catharina van der Meulen）结婚。1975年3月，弗雷塞因癌症在莱顿去世。

皮埃尔·布迪厄（Pierre Bourdieu，1930—2002）

皮埃尔·布迪厄是法国当代著名的社会学家、思想家和文化理论批评家。1954年他求学于巴黎高等师范学院，1956年应征赴阿尔及利亚服兵役2年，在那里完成了《阿尔及利亚的社会学》（Sociologie de L'Algerie，1958）。1960年，布迪厄担任巴黎高等实践学院教学主任，随后又提名欧洲社会学中心主任，同时期先后出版了《继承人》（Les Héritiers，1964）、《实践理论大纲》（Esquisse d'une Theorie de la Pratique，1972）等书。1981年，布迪厄获得法兰西公学院社会学教职。在这一时期，他也完成了包括《区分》（La Distinction，1979）、《国家精英》（La Noblesse d'Etat，1989）、《实践感》（Le Sens Pratique，1980）在内的许多著作。

20世纪90年代，布迪厄进一步阐述有关方法论以及具体场域研究作品，出版《帕斯卡尔式的沉思》（Méditations Pascaliennes，1997）、《艺术的法则》（Les Règles de l'Art，1992）等作品。此时，他开始更多地介入政治领域，表达了对现实的关注，将学者责任与公民使命更好地融为一体。2001年，布迪厄从法兰西公学院退休，次年1月23日因癌症去世。

阿兰·达贝尔（Alain Darbel，1932—1975）

阿兰·达贝尔，法国社会学家、国家统计与经济研究所（INSEE）管理人员，曾在阿尔及利亚服兵役，后入职阿尔及利亚统计局。达贝尔在阿尔及利亚与布迪厄相识，并为他的《阿尔及利亚的社会学》（Sociologie de

L'Algerie，1958）一书收集统计材料。1962年回到巴黎，获得了在欧洲社会学研究中心兼职的机会，参与了诸多社会学家、经济学家、统计学家关于战后法国社会转型的辩论。1969—1972年任国民教育部统计司方法调查司司长，参与布迪厄关于高等教育问题的研究，同时继续与布迪厄合作研究艺术博物馆，以统计学家的身份负责调查计划的设计和统计数学模型的构建。1972年从国民教育部回到国家统计与经济研究所，参与了20世纪70—80年代该机构按照功能（卫生、教育、研究、住房等）建立经济账户的实践，并于1973年推出社会数据年报，成为该机构主编。1975年去世。

肯尼斯·赫德森（Kenneth Hudson，1916—1999）

肯尼斯·赫德森是英国著名博物馆学者、工业考古学者、社会历史学者和电视媒体人。1945年获得硕士学位，1947年在布里斯托尔大学任教，7年后加入英国广播公司（BBC），成为电视制片人和工业新闻记者（Industrial Correspondent），并开始研究英国的工业遗产。1963年，赫德森出版了《工业考古学导论》（*Industrial Archaeology: An Introduction*）一书，并于2年后成为《工业考古学杂志》（*The Journal of Industrial Archaeology*）的第一任编辑。1966—1972年，赫德森任教于布里斯托尔科技学院（即后来的巴斯大学），并建立了该校的教育电视中心。与此同时，赫德森把更多时间投入博物馆学研究。1971年，他受联合国教科文组织委托，在考察各国博物馆现状的基础上调查"博物馆中的前瞻性想法"，并著有《八十年代的博物馆——世界趋势综览》（*Museums for the 1980s: A Survey of World Trends*）一书。1977年，赫德森与好友约翰·莱茨（John Letts）共同创立"欧洲年度博物馆奖"（European Museum of the Year Award），此奖项后发展为"欧洲博物馆论坛"（European Museum Forum）。

赫德森丰富的经历铸就了其独特的写作风格：他更有兴趣讲述人们的故事，而不是学理性的归纳。他一生涉猎广泛，著作颇丰，其50余部著作，涉及工业遗产、博物馆、社会史、女性主义等诸多主题。主要著作还有《博物馆社会史：观众的视角》（*A Social History of Museums: What the Visitors thought*）、《有影响力的博物馆》（*Museums of Influence*）等。

维克多·丹尼洛夫（Victor J. Danilov，1924—2018）

维克多·丹尼洛夫生于美国宾夕法尼亚州，早年获得宾夕法尼亚州立大学（Pennsylvania State University）新闻学学士学位以及美国西北大学（Northwestern University）新闻学硕士学位，并先后以报社记者、大学教员、科学杂志编辑等身份从事工作。1964年，丹尼洛夫获得科罗拉多大学（University of Colorado）教育学博士学位。1971年，成为芝加哥科学和工业博物馆（Museum of Science and Industry）副主席，1972年成为该馆馆长，1978年成为馆长兼主席。同时，丹尼洛夫兼任新成立的芝加哥美术委员会（Chicago Council of Fine Arts）主席。任期间，丹尼洛夫为芝加哥科学和工业博物馆带来了许多创新改观，该馆在当时也成为全美国最受欢迎的博物馆之一。1987年，他从芝加哥科学和工业博物馆退休，在科罗拉多大学创立了一个面向博物馆馆长和部门主管的暑期博物馆管理课程，并连续17年主持该课程。

丹尼洛夫一生出版了28本书，其中有16本与博物馆的历史、藏品、展品和活动相关，其作品涉及的话题范围也十分广泛，涵盖民族博物馆、企业博物馆、大学博物馆、历史博物馆、科学博物馆、妇女博物馆等博物馆类型。

玛格丽特·霍尔（Margaret Hall，1936— ）

玛格丽特·霍尔早年于伦敦皇家艺术学院（Royal College of Art in London）学习室内设计。1964年，她受聘于大英博物馆（the British Museum）成为馆内的第一名专职设计师。此后，霍尔创建了大英博物馆的第一个设计办公室，为大英博物馆引入展览并开拓了设计元素，之后升任设计主管，2001年退休。霍尔一生所获荣誉无数，1973年被授予大英帝国官佐勋章（Order of the British Empire），1974年获皇家工业设计师（Royal Design for Industry）殊荣。同时，她是工业艺术家和设计师协会（Society of Industrial Artists and Designers）与英国博物馆协会（British Museums Association）的会员，也是英国皇家艺术协会设计委员会（Royal Society of Arts Design Board）成员。

霍尔开创了博物馆展览设计的新时代，为博物馆展览设计建立了行业标准。迄今为止，其代表著作《展览论：博物馆展览的21个问题》（*On*

Display: A Design Grammar for Museum Exhibitions）仍在启迪广大的博物馆研究者和实践者。

罗伯特·拉姆利（Robert Lumley，1951— ）
罗伯特·拉姆利是英国伦敦大学学院欧洲语言文化与社会学院荣誉教授。早年就读于英国牛津大学，获得现代史学士学位，后赴英国伯明翰大学攻读当代文化研究硕士学位，并于1983年获得伯明翰大学博士学位。之后，分别在英国考文垂大学艺术史与传播系、英国萨塞克斯大学意大利研究系和英国伦敦大学学院欧洲语言文化与社会学院任教。他的研究在过去的30年内经过不断变化与更新，但均围绕着20世纪下半叶意大利的文化史展开。

拉姆利早期主要聚焦政治文化研究以及社会运动与文化形态，1990年出版《紧急状态：意大利的反叛文化（1968—1978）》（States of Emergency: Cultures of Revolt in Italy, 1968-78）。1996年拉姆利以访问学者的身份前往美国纽约大学进行研究，之后他将研究重心转向现代艺术与视觉文化，尤其是意大利的贫穷艺术运动（Arte Povera）研究，策划"零到无限：贫穷艺术"展览。2004年，他将研究扩展至电影领域，开始创作实验电影，将其已有的现代艺术实践与电影中的历史记忆视觉研究结合，并策划了"伊凡·吉亚尼谦和安杰拉·里奇·卢奇：电影尾声的点石成金"（Yervant Gianikian and Angela Ricci Lucchi: Alchemists at the End of Cinema）回顾展等。

彼特·弗格（Peter Vergo，不详）
彼特·弗格是研究德国和奥地利现代艺术的权威专家。他的展览"维也纳1900"（Vienna 1900）是1983年爱丁堡艺术节的重磅展品，他策划的其他展览还包括在泰特美术馆展出的"抽象：走向新艺术"（Abstraction: Towards a New Art）和在哥本哈根白教堂美术馆和阿尔肯美术馆展出的"埃米尔·诺尔德"（Emil Nolde）。作为《新博物馆学》（The New Museology，1989）的主编，弗格就博物馆的社会作用展开了一场革命。他的其他著作还有《维也纳艺术1898—1918》（Art in Vienna 1898-1918）、《康定斯基：艺术著作全集》（Kandinsky: Complete Writings on Art）和《蒂森-博尔内米萨的收藏：二十世纪德国绘画》（The Thyssen-Bornemisza Collection:

Twentieth-Century German Painting》)。此外，他关于音乐和视觉艺术的关系研究集中体现在《神圣的秩序》(That Divine Order，2005)和《绘画的音乐》(The Music of Painting，2010)这两项研究中。

弗格最近的研究主要聚焦20世纪早期的匈牙利艺术以及瓦西里·康定斯基和埃贡·席勒的作品。在2010年退休前，他一直担任埃塞克斯大学艺术史和艺术理论系的系主任。

史蒂芬·威尔（Stephen E. Weil，1928—2005）

史蒂芬·威尔是美国著名博物馆学者。1928年出生于纽约市，1949年毕业于布朗大学（Brown University），1956年毕业于哥伦比亚大学法学院（Columbia University Law School）。1956—1963年，威尔在纽约的律师事务所担任合伙人和律师，从事艺术相关的法律研究；1963—1967年，在一家商业画廊工作；1967—1974年，担任纽约惠特尼美国艺术博物馆（Whitney Museum of American Art）的馆长，将他的法律专长与其对艺术、博物馆的兴趣结合；1974—1995年，担任史密森学会所属机构赫胥宏博物馆和雕塑园（Hirshhorn Museum and Sculpture Garden）的副馆长，在任期间他对博物馆管理、博物馆功能和博物馆目的等话题产生了很多思考。威尔还曾任史密森学会教育和博物馆研究中心（Center for Education and Museum Studies）的荣誉资深学者，也是博物馆的智囊团观察员。

威尔的研究领域包括艺术法、博物馆管理、博物馆哲学和博物馆伦理，其博物馆学著作主要有《美女与野兽：论博物馆、艺术、法律和市场》（Beauty and the Beasts: On Museums, Art, the Law, and the Market，1983）、《重思博物馆及其他》（Rethinking the Museum and Other Meditations，1990）、《珍奇柜：探寻博物馆及其愿景》（A Cabinet of Curiosities: Inquiries into Museums and Their Prospects，1995）、《博物馆重要的事》（Making Museum Matter，2002）。

盖诺·卡瓦纳（Gaynor Kavanagh，1952—）

盖诺·卡瓦纳曾就读于英国阿伯萨亨文法技术学校（Abersychan Grammar-Technical School），随后在莱斯特大学学习历史和博物馆研究。卡瓦纳研究领域广泛，包括记忆、物件和感官；记忆、认同和生命历程；博物馆研究；策展实践的历史；博物馆管理；博物馆伦理和专业实践；一战的社会史。1980—1999年间任职于莱斯特大学博物馆研究系，离开莱斯特大学后，她在英国巴斯斯巴大学（Bath Spa University）建立了研究生院。2000—2004年间，她担任法尔茅斯艺术学院（Falmouth College of Art）媒体与文化系主任。在此期间，她在温彻斯特艺术学院（Winchester School of Art）兼职教授博物馆学，并担任该学院研究委员会主席。2005年10月，她成为卡迪夫城市大学（Cardiff Metropolitan University）艺术与设计学院负责人，并于2006年8月成为院长。卡瓦纳教授于2015年10月从大学退休。除了在学校任职，卡瓦纳还被威尔士议会任命为英国国会议员。

卡瓦纳的主要专著有《博物馆与第一次世界大战》（*Museums and the First World War*，1994）、《梦空间：记忆与博物馆》（*Dream Spaces: Memory and the Museum*，2000）。主编的论文集主要有《博物馆语言：物件与文本》（*Museum Languages: Objects and Texts*，1991）、《博物馆专业：外部和内部关系》（*The Museums Profession: Internal and External Relations*，1991）、《在博物馆中制造历史》（*Making Histories in Museums*，1996）等。

伊万·卡普（Ivan Karp，1943—2011）

伊万·卡普是著名的人类学家和博物馆学家，美国埃默里大学人文学院资深教授。在埃默里大学任职之前，卡普曾在科尔盖特大学、印第安纳大学等大学任职。此外，他还曾在美国国家自然历史博物馆人类学系担任民族学部门的主任、人类学和非洲文化的研究馆长等。伊万的思想深深根植于社会学、历史学、哲学和人类学，具有宽阔的学术视野和深厚的学理根基，有力地推动了对非洲思想体系的研究，并在非洲研究的过程中聚焦社会关系和信念系统中的权力展演。在博物馆学领域，卡普将博物馆本身作为人类学叙述和分析的对象，思考在一个现代多元文化的世界中的博物馆需要如何被重新认识。他持续推进了博物馆和博物馆学的人类学和历史研究，关注博物馆的公共服务及公共服务支持的可能。

史蒂文·拉万（Steven Lavine，1947—）

史蒂文·拉万是美国知名的艺术教育者。他于斯坦福大学获得文学学士学位，于哈佛大学获得英美文学硕士与博士学位。1988—2017年，拉万任加州艺术学院的校长，并带领该校走出困境，使其在办学、教育及声誉等方面蜚声国际。从加州艺术学院退休后，他成为洛杉矶托马斯·曼纪念馆咨询委员会的馆长及主席，并致力于促进德、美两国当代议题的讨论。

1991年，时任加州艺术学院校长的拉万与在埃默里大学任职的卡普合作编辑《展览文化：博物馆陈列的诗学与政治学》（*Exhibiting Cultures: The Poetics and Politics of Museum Display*）。次年，他们再次合作编辑出版了《博物馆和社区：公共文化的政治学》（*Museums and Communities: The Politics of Public Culture*）。这两本论文集在博物馆研究领域具有重要的影响力。

克里斯丁·穆伦·克莱默（Christine Mullen Kreamer，1952— ）

克里斯丁·克莱默是史密森学会国家非洲艺术博物馆的副馆长和首席策展人。克莱默博士毕业于印第安纳大学，自2000年以来一直在史密森学会工作。她的展览和出版物探讨了艺术和仪式、性别、非洲知识体系和博物馆实践，这些成果是艺术史、人类学和博物馆研究等学科的桥梁。2018年，她被评为史密森学会人文科学领域的杰出学者。

凯文·沃尔什（Kevin Walsh，1963— ）

凯文·沃尔什，生于1963年，考古学家，现任英国约克大学考古学教授。1993年，沃尔什在英国重要的博物馆研究中心——莱斯特大学——取得了景观考古学的博士学位，其博士的研究内容为英格兰林迪斯法恩沙丘（the sand-dune of Lindisfarne）系统的演变和景观特征。获得博士学位后，他前往法国普罗旺斯大学和法国国家科学研究中心的联合实验室担任研究员，对地中海景观考古学的环境重建进行了研究。随后，他前往牙买加的加勒比海地区进行景观考古学研究。沃尔什曾在欧洲多国展开田野工作，其主要研究兴趣集中在史前景观考古，研究阶段集中在全新世早期和中期。加入约克大学后，他运用史前景观考古学方法，对阿尔卑斯山和地中海地区的人类—环境互动进行了研究。

除此之外，沃尔什还对遗产保护和表征政治有兴趣。不过，比起遗产或者博物馆研究者，他觉得自己更像是"地质考古学家"。《表征过去：后现代世界的博物馆和遗产》一书在沃尔什读博期间出版，也是他整个学术生涯中唯一与博物馆和遗产研究相关的书籍。

艾琳·胡珀-格林希尔（Eilean Hooper-Greenhill，1945— ）

艾琳·胡珀-格林希尔是英国莱斯特大学博物馆学院荣誉教授，著名博物馆学家、独立雕塑艺术家。1967年，胡珀-格林希尔在英国雷丁大学获得美术（雕塑）学士学位，此后12年，她一直在伦敦及周边地区举办雕塑展览，同时在泰特美术馆和英国国家肖像馆等美术馆任教。1980—1988年，胡珀-格林希尔获得英国伦敦大学教育社会学硕士和博士学位。1996年被英国莱斯特大学聘用为博物馆学系主任。任职期间，她还创办并负责管理博物馆与美术馆研究中心（Research Centre for Museums and Galleries）。

胡珀-格林希尔的研究领域甚广，是多元博物馆研究和新博物馆学的重要代表。在她的带领下，莱斯特大学博物馆与美术馆研究中心已成为英国最成功的研究机构之一，为推动英国乃至世界的博物馆研究发展做出了突出贡献。她的研究成果在当下的博物馆中依然适用。其主要著作有《博物馆与知识的塑造》（Museum and the Shaping of Knowledge）、《博物馆与观众》（Museums and Their Visitors）、《博物馆和视觉文化的解释》（Museums and the Interpretation of Visual Culture）、《博物馆与教育：目的、方法及成效》（Museum and Education: Purpose, Pedagogy, Performance）等。

约翰·福尔克（John H. Falk，1948— ）

约翰·福尔克是"创新学习研究所"（Institute for Learning Innovation）的执行主任，俄勒冈州立大学"自由选择式学习"荣誉教授。他在自由选择式学习领域享有盛誉，长期关注博物馆等自由选择式学习机构的价值与影响。发表学术成果200余篇，学术专著20余部。福尔克博士于2010年获得美国博物馆联盟（American Alliance of Museums，简称AAM）颁发的"约翰·科顿·达纳"领导力奖，2013年获得科学学会会长理事会教育研究奖等奖项。在2006年美国博物馆联盟百年纪念活动中，福尔克博士被评选为"过去100年间博物馆界最有影响力的100人"之一。

其代表性成果有《博物馆体验》（The Museum Experience，1992）、

《学自博物馆》（*Learning From Museums: Visitor Experiences and the Making of Meaning*，2018）、《身份与博物馆观众体验》（*Identity and the Museum Visitor Experience*，2009）、《博物馆体验再探讨》（*The Museum Experience Revisited*，2013）、《生而选择：演化、自我与幸福感》（*Born to Choose: Evolution, Self, and Well-Being*，2018）、《博物馆的价值：提升社会的幸福感》（*The Value of Museums: Enhancing Societal Well-Being*，2022）等。

琳·迪尔金（Lynn D. Dierking，1956— ）

琳·迪尔金是"创新学习研究所"战略发展与合作部主任，俄勒冈州立大学"自由选择式学习"教授。她致力于青少年群体与家庭群体的终身学习和校外学习的研究。主持多项美国国家科学基金项目，发表学术成果近百篇。迪尔金博士于2010年获得美国博物馆联盟颁发的"约翰·科顿·达纳"领导力奖，2016年获NARST科学教育杰出贡献奖。除了与福尔克博士合作出版的学术专著，另著有《质疑假设：博物馆前置评估简介》（*Questioning Assumptions: An Introduction to Front-End Studies in Museums*，1999）等作品。

迈克尔·埃姆斯（Michael Ames，1933—2006）

迈克尔·埃姆斯是加拿大著名学者、批评家。在英属哥伦比亚大学就读时，他在哈利·霍桑（Harry Hawthorn）的指导下与其他本科生开展对英属哥伦比亚省第一民族社区的民族志调查并对霍桑的主张——发展"有用的人类学"（useful anthropology）——产生兴趣，并最终将之贯彻于学术研究、教学工作和博物馆管理。埃姆斯于1961年获得哈佛大学社会人类学博士学位，之后进入芝加哥大学从事关于南亚研究的博士后工作。1962年，埃姆斯在麦克马斯特大学（McMaster University）以社会学助理教授身份开始了他的教学生涯。1964年，他回到家乡温哥华，进入英属哥伦比亚大学，直至退休。埃姆斯在南亚研究、博物馆管理与实践、批判理论与博物馆人类学、人类学与加拿大社会研究等领域颇有成就。

1974—1997年，埃姆斯担任英属哥伦比亚大学人类学博物馆的馆长，1979年，埃姆斯当选加拿大皇家协会会员；1994年，加拿大人类学协会授予他"韦弗-特雷布雷奖"（Weaver-Tremblay Award），以表彰他"对加拿大应用人类学的杰出贡献";1998年,他被授予"加拿大勋章"(Order of Canada)。2006年2月,埃姆斯离开人世。

托马斯·霍文(Thomas Hoving,1931—2009)

托马斯·霍文出生于美国纽约,曾任大都会艺术博物馆第7任馆长,也是该馆历史上最年轻的掌门人(时年36岁)。1959年,他获得普林斯顿大学艺术史博士学位后,进入大都会艺术博物馆工作,在6年时间里,从研究员助手升任中世纪艺术部和修道院分馆部主任。1965年,他离开大都会艺术博物馆,担任纽约市公园管理委员会专员。1967—1997年,霍文作为第7任馆长正式重返大都会艺术博物馆,1978—1981年,担任美国ABC节目《20/20》的艺术主持,1981—1991年,担任《鉴赏家》(Connoisseur)杂志主编。2009年12月10日,霍文因肺癌在纽约曼哈顿家中逝世。

霍文著有《让木乃伊跳舞:大都会艺术博物馆变革记》(Making the Mummies Dance: Inside the Metropolitan Museum of Art)、《发现》(Discovery)、《杰作》(Masterpiece)、《图坦卡蒙:不为人知的故事》(Tutankhamen: the Untold Story)、《忏悔之王》(King of the Confessors)等作品。

苏珊·皮尔斯(Susan M. Pearce,1942—)

苏珊·皮尔斯是英国莱斯特大学博物馆学院(School of Museum Studies, University of Leicester)荣誉教授、博物馆学家。皮尔斯在牛津大学获得了历史学本科学位,并在克里斯托弗·霍克斯教授(Christopher Hawkes,1905—1992)的指导下获得了考古学硕士学位。1964年研究生毕业后,皮尔斯在利物浦默西塞德郡博物馆(National Museum on Merseyside)任考古部初级研究员;1965年,在埃克塞特城市博物馆(Exeter City Museum)任藏品部研究员;1975年,在丘吉尔研究基金(Churchill Fellowship)的资助下前往北极进行民族志和人类学考察。1982年,皮尔斯在坚持博物馆实践的同时在职完成其博士学位,主要研究青铜时期英格兰西南部地区金属制品。1984年,皮尔斯成为莱斯特大学博物馆学专业高级讲师,1990年成为该馆终身教授。1992—1994年,她升任教授并担任英国博物馆协会(UK Museum Association)主席。1986—2002年退休,任莱斯特大学博物馆学系主任、人文艺术学部主任、副校长。2007年，皮尔斯受邀成为牛津大学萨默维尔学院（Somerville College，University of Oxford）高级研究员，继续她在物质文化领域的研究。

皮尔斯对博物馆学研究的影响，超越了博物馆学学术研究本身。在其教学与实践工作中，皮尔斯和莱斯特大学博物馆学院的师生一道，不断完善课程体系设置，扩大了博物馆学的学术影响力，为学科进一步发展奠定了基础。

道格拉斯·克林普（Douglas Crimp，1944—2019）

道格拉斯·克林普是美国著名艺术批评家、艺术理论家与策展人。克林普早年于新奥尔良杜兰大学（Tulane University）获得艺术史学士学位，1967年在古根海姆博物馆担任研究助理。20世纪70年代初在纽约市立大学就读研究生课程，师从罗莎琳·E-克劳斯（Rosalind E-Krauss）。1977年，克林普加入《十月》担任执行编辑，经历了这本杂志最具论战姿态的10多年时间。1990年克林普因为跟"十月学派"成员意见产生分歧，离开了《十月》杂志，担任罗切斯特大学（University of Rochester）艺术史系视觉与文化研究讲席教授。

作为后现代批判家的主要代表人物之一，克林普的研究被视为美国"酷儿"理论的主要组成部分。他的主要著作有与亚当·罗尔斯通（Adam Rolston）合著的《艾滋人口图说》（*AIDS Demo Graphics*，1990）、《忧郁症与道德：艾滋病与酷儿政治随笔文选》（*Melanchoila and Moralism: Essays on AIDS and Queer Politics*，2002）、《我们的电影：安迪·沃霍尔的影像》（*"Our Kind of Movie": The Films of Andy Warhol*，2012）等。

加里·埃德森（Gary Edson，1937—）

加里·埃德森本科毕业于堪萨斯城艺术学院美术（Fine Arts）专业，硕士毕业于杜兰大学美术专业。他既是国际博物馆协会的活跃成员，也是美国博物馆联盟的委员。此外，他还曾担任美国博物馆专业培训委员会（Committee on Museum Professional Training，简称COMPT）主席、美国博物馆学委员会（The International Committee for Museology，简称US-ICOFOM）主席和国际人员培训委员会（International Committee for the

Training of Personnel，简称ICTOP）秘书，有30多年学术教学与管理工作经验，曾任得克萨斯州理工大学博物馆执行董事、博物馆科学项目主任、博物馆科学专业教授。

加入得克萨斯州理工大学之前，埃德森曾在西弗吉尼亚大学、印第安纳波利斯的赫伦艺术学院、西北路易斯安那州立大学等大学担任艺术学教授，也曾在墨西哥、韩国、厄瓜多尔等国家从事相关工作与教学。除本书外，他的著作还有《墨西哥市场陶器》（*Mexican Market Pottery*，1979）、《实践中的博物馆伦理》（*Museum Ethics in Practice*，2017），同时他还是《博物馆培训国际词典》（*International Directory of Museum Training*，1995）的编辑。

大卫·迪恩（David Dean，不详）

大卫·迪恩，1974年从美国哈汀赛门大学（Hardin-Simmons University）本科毕业，同年赴得克萨斯州理工大学就读博物馆科学（Museum Science）研究生。其间，成为得克萨斯州博物馆联盟、美国博物馆协会成员。研究生毕业后，迪恩便一直在得克萨斯州理工大学工作至2015年，主要担任得克萨斯州理工大学博物馆（Museum of Texas Tech University）的信息服务部主任，兼任博物馆科学项目的教授，主要教授遗产和博物馆科学（Heritage and Museum Sciences）的研究生课程，如"博物馆信息和通信"（Museum Information and Communications）。

迪恩还是一位经验丰富的设计师与博物馆专家，监制各类主题的展览，也负责编辑、出版博物馆领域的书籍。除本书外，他的主要著作还有与时任得克萨斯州理工大学博物馆馆长加里·埃德森（Gary Edson）合著的《博物馆手册》（*The Handbook for Museums*）。

丹尼尔·J. 舍曼（Daniel J. Sherman，不详）

丹尼尔·舍曼是美国北卡罗来纳大学艺术史兼历史学教授，哈佛大学历史与文学学士，耶鲁大学历史学硕士、博士。曾任教于美国威斯康星密尔沃基大学和莱斯大学。曾从美国学术学会理事会、美国哲学协会、美国国家人文基金会等多个组织机构获得多项荣誉和奖学金。舍曼的研究兴趣有现代欧洲和美国的博物馆、纪念碑和纪念活动的历史，以及法国视觉艺中现代性的广泛历史。

舍曼出版有三本著作:《有价值的纪念碑:19世纪法国的艺术博物馆和文化政治》《两次世界大战之间法国记忆的建构》《法国原始主义和帝国的终结》。除《博物馆文化:历史,对话和奇观》外,他还主编了《漫长的1968年:修订与新视角》和《博物馆与差异》。

艾利特·罗戈夫（Irit Rogoff, 1947— ）

艾利特·罗戈夫是英国伦敦大学金史密斯学院视觉文化系教授、策展人,英国考陶尔德艺术学院博士。1989—1997年任教于美国卡罗来纳大学戴维斯分校,1997年起任教于金史密斯学院,2002年创立视觉文化系。罗戈夫的研究兴趣主要集中于视觉文化、参与式实践和地缘文化与全球化。她的主要实践有2005—2006年于德国汉堡、荷兰安特卫普和埃因霍温举办的一系列"学院"项目（A.C.A.D.E.M.Y Project）展览,以及参与出版此项目的同名书籍。她的代表著作还有《非大陆:地理的视觉文化》（Terra Infirma: Geography's Visual Culture, 2000）等。

托尼·本内特（Tony Bennett, 1947— ）

托尼·本内特是英国著名文化研究学者。1968年,本内特毕业于牛津大学,主修政治、哲学和经济学,1972年毕业于苏塞克斯大学,获得社会学博士学位。1975—1983年,本内特任教于英国开放大学;1983—1998年,任教于澳大利亚格里菲斯大学;之后,本内特再次回到开放大学,兼任文化变迁研究中心主任;2009年加入西悉尼大学,教授社会和文化理论研究;2019年被任命为澳大利亚国立大学人文研究中心的名誉教授。

本内特的研究兴趣跨越社会和人文科学的许多领域,其在文学理论、文化研究、文化社会学、博物馆研究和习惯的政治史等领域做出了重大贡献。虽然本内特的研究主题涉及多个领域,但是他关注的核心问题是文化参与权力展演的方式。具体到博物馆领域,本内特在倡导"新博物馆学"发展中发挥了重要作用,其核心观点是将博物馆作为社会治理的工具。代表性著作有《博物馆的诞生》（The Birth of the Museum: History, Theory, Politics, 1995）、《超越记忆:进化、博物馆和殖民主义》（Pasts Beyond Memory: Evolution, Museums, Colonialism, 2004）、《博物馆、权力和知识：托尼·本内特选集》（*Museum, Power, Knowledge: Selected Essays*，2017）等。

卡罗尔·邓肯（Carol Duncan，1936— ）

卡罗尔·邓肯是新泽西拉马波学院（Ramapo College）的荣休教授，于芝加哥大学获得文学学士和硕士学位，博士毕业于哥伦比亚大学，1972年加入新泽西拉马波学院的当代艺术学院，是欧美博物馆史领域的专家。邓肯是艺术史和艺术批评的学术先驱，也在"新艺术史"思潮中发出了最强烈的女性主义声音。

邓肯的作品具有跨学科的批判视野，新艺术史范式所涵盖的马克思主义、符号学、精神分析和后结构主义等视角也可从她的作品中窥见。如《权力的美学》（*The Aesthetics of Power*）探索了艺术品在更宏大的历史经验中的道德与政治意涵，《事关阶级：进步改革和纽瓦克博物馆》（*A Matter of Class: John Cotton Dana, Progressive Reform, and the Newark Museum*）探讨著名图书馆学家和博物馆人约翰·科顿·达纳一生的民主倡导，特别是试图满足所有社会阶层（尤其是工人阶级）的意愿和其期待的管理实践。除了上述作品，邓肯的作品还有《追求愉悦：法国浪漫主义艺术中的洛可可复兴》（*The Pursuit of Pleasure: The Rococo Revival in French Romantic Art*）等。

爱德华·P. 亚历山大（Edward P. Alexander，1907—2003）

爱德华·P. 亚历山大是美国的历史学家、博物馆学家、教育家、作家。早年就读于德雷克大学（Drake University），在爱荷华大学获得历史学硕士学位之后于哥伦比亚大学获得了历史学博士学位，曾担任美国纽约州历史协会会长和威斯康星州历史学会会长。自1946年起，他开始在殖民地威廉斯堡学院（Colonial Williamsburg）担任副主席近30年。1972年，他在德拉华大学（University of Delaware）创办博物馆学科，并在此工作直至退休。

他获得的荣誉主要有菲·贝塔·卡帕奖、凯瑟琳·科菲奖（东北博物馆会议）、优异奖（美国州和地方历史协会）和杰出服务奖（美国博物馆协会）。除《美国博物馆：创新者和先驱》（*The Museum in America: Innovators and Pioneers*）外，亚历山大的代表性著作还有《博物馆变迁：

博物馆历史与功能读本》（*Museums in Motion: An Introduction to the History and Functions of Museums*）和《博物馆大师：他们的博物馆和他们的影响》（*Museum Masters: Their Museums and Their Influence*）等。

麦夏兰（Sharon MacDonald，1961— ）

麦夏兰在牛津大学获得博士学位，随后在布鲁内尔大学（Brunel University）和基尔大学（Keele University）任教，1996—2004年，在谢菲尔德大学（University of Sheffield）任教。2006年，在曼彻斯特大学（University of Manchester）担任社会人类学教授，并于2015年被任命为约克大学社会学系的周年教授（anniversary professor）。2015年，她接受了柏林洪堡大学亚历山大·冯·洪堡教授的职位邀请，并在普鲁士文化遗产基金会和柏林自然历史博物馆的支持下，建立了博物馆和遗产的人类学研究中心。

麦夏兰的研究领域广泛，涵盖文化遗产、博物馆、博物馆学、旅游、城市、建筑研究、文化人类学等领域。其编著的代表作品如下：《重塑文化：历史、身份和盖尔文艺复兴》（*Reimagining Culture: Histories, Identities and the Gaelic Renaissance*，1997）、《展览的政治学：博物馆、科学、文化》（*The Politics of Display: Museums, Science, Culture*，1998）、《棘手的遗产：在纽伦堡及其他地区谈判纳粹的过去》（*Difficult Heritage: Negotiating the Nazi Past in Nuremberg and Beyond*，2009）、《记忆之地：现今欧洲的遗产与身份》（*Memorylands: Heritage and Identity in Europe Today*，2013）等。

戈登·法伊夫（Gordon Fyfe，不详）

戈登·法伊夫是基尔大学高级荣誉讲师，也是英国莱斯特大学博物馆学系的荣誉研究员。1971—2003年间，戈登·法伊夫在基尔大学从事社会学教学和研究，其研究兴趣主要集中在现代艺术机构和博物馆的历史社会学。此外，法伊夫的研究兴趣还涉及维多利亚研究、视觉社会学和英国社会学史领域。

法伊夫曾任《社会学评论》（*The Sociological Review*）执行编辑兼董事会成员、莱斯特大学《博物馆与社会》（*Museum and Society*）创始编辑、《博物馆历史杂志》（*Museum History Journal*）董事会成员等职务，他出版及发表的代表作有《权力与现代性》（*Power and Modernity*）、

《社会学与博物馆（特刊）博物馆与社会》[Sociology and Museums (Special Issue) Museum and Society]、《描绘权力：视觉描述和社会关系》（Picturing Power: Visual Depiction and Social Relations）等。

莫伊拉·辛普森（Moira G. Simpson，1957— ）

莫伊拉·辛普森是一名自由职业艺术家、策展人和作家，出生于英国，本科就读于爱丁堡艺术学院（Edinburgh College of Art），主修雕塑艺术。1989年在莱斯特大学（University of Leicester）博物馆研究系取得硕士学位，硕士论文名为《展示中的文化：文化展示与阐释的当代博物馆实践》（Cultures on Display: Contemporary Museum Practices in the Display and Interpretation of Cultures），2010年在澳大利亚福林德斯大学（Flinders University）取得博士学位，博士论文名为《博物馆的变革精神：原居民文化、精神信仰与价值观对当代博物馆实践的影响》（The Spirit of Change in Museums: A Study of the Influences of Indigenous Cultural and Spiritual Beliefs and Values on Contemporary Museum Practice）。

辛普森的研究方向集中在博物馆与文化多样性、遗产返还和原居民社区等议题，主要著作有《制造表征：后殖民时代的博物馆》（Making Representations: Museums in the Post-Colonial Era，1996）和《博物馆与返还》（Museums and Repatriation，1997）。

乔治·埃里斯·博寇（George Ellis Burcaw，1921— ）

乔治·博寇是美国著名的博物馆学家、人类学家。他曾在二战期间在美国海军陆战队服役，战后进入芝加哥大学攻读人类学研究生。在芝加哥菲尔德自然历史博物馆（Field Museum of Natural History）的实习经历为其后期从事博物馆学研究打下了坚实的基础。随后，他在美国多地从事考古工作并担任博物馆馆长。此后的20余年，博寇一直任教于爱达荷州立大学，同时担任其所创立的博物馆学系主任及学校博物馆馆长。

他的著作主要有《美国和加拿大的博物馆培训课程》（Museum Training Courses in the United States and Canada，1971）、《博物馆这一行》（Introduction to Museum Work，1972）、《撒克逊之家：欧洲民族志中的文化索引》（The Saxon House: a Cultural Index in European Ethnography，1973）等。

迈克尔·A. 佛普（Michael A. Fopp，1947— ）

迈克尔·A. 佛普是名飞行员、警察，同时也是博物馆馆长、讲师、教育家、社会史学家。他出生于战斗机飞行员之家，于是追随儿时梦想，在伦敦大都会警察局骑警分局工作了10多年。1979年，佛普加入英国空军博物馆（Royal Air Force Museum），担任不列颠战役收藏管理员。1984年，他被伦敦城市大学授予硕士学位，并担任了9年的管理学客座讲师。次年，成为伦敦交通博物馆（London Transport Museum）馆长。1988年，他回到英国空军博物馆担任馆长，并在一年后取得管理学博士学位。随后，他将博士论文汇编付梓，也就是《管理博物馆和美术馆》（Managing Museums and Galleries）这本书。后于2010年退休。

警察工作经历、管理学博士学位、近10载的管理学讲师经历、25年的馆长身份等诸多原因使佛普成了一个颇有信服力的管理学专家和实践者，为博物馆以及其他组织提供有针对性的管理方案。在其任职的22年间，英国空军博物馆的三个馆址——亨顿（Henton）、科斯福德（Cosford）和斯塔福德（Stafford）——扩展迅猛，佛普功不可没。

菲奥娜·麦克莱恩（Fiona McLean，不详）

菲奥娜·麦克莱恩是苏格兰高地与岛屿大学（University of the Highlands and Islands）校长。麦克莱恩于英国诺森比亚大学（Northumbria University）获得博士学位，后在斯特林大学（University of Stirling）、格拉斯哥加利多尼亚大学（Glasgow Caledonian University）任教。终其一生，她对文化遗产都充满热情，尤其支持苏格兰当地的遗产事业，曾担任凯恩戈姆国家公园管理局（Cairngorms National Park Authority）的非执行董事，并与当地的社区团体广泛合作，帮助制定和完成遗产保护目标，在英国国内外享有广泛的学术声誉。

在斯特林大学任教期间，她的主要研究兴趣集中在博物馆市场营销的理论与实践方面，并于1997年出版《营销博物馆》（Marketing the Museum）一书。

史蒂芬·康恩（Steven Conn，1965—）

史蒂芬·康恩是多个知名博物馆、报社、出版社以及学术项目的顾问，也是美国历史学家组织（Organization of American Historians）荣誉讲师。1987年，康恩在耶鲁大学获得历史系硕士学位，1994年在宾夕法尼亚大学获得博士学位。作为19—20世纪美国文化和知识史、城市历史和公共史的专家，他曾在多所院校任职。在俄亥俄州立大学（Ohio State University）历史系任教的21年时间里，他创办了在学界颇有影响力的在线月刊杂志《起源：历史视角中的时事》（Origins: Current Events in Historical Perspective）。2015年起，担任迈阿密大学（Miami University）历史系教授。

康恩的学术成果数量颇丰，代表著作还有《历史的阴影：19世纪的美洲原居民和历史意识》（History's Shadow: Native Americans and Historical Consciousness in the 19th Century，2004）、《博物馆还需要物品吗？》（Do Museums Still Need Objects?，2010）、《美国人与城市的对抗：20世纪的反城市主义》（Americans Against the City: Anti-Urbanism in the Twentieth Century，2014）等。

乔治·E.海因（George E. Hein，1932—）

乔治·海因是美国马萨诸塞州莱斯利大学（Lesley University）艺术与社会科学研究院的名誉教授，也是项目评估研究组（Program Evaluation and Research Group）的高级研究员。海因最先涉足的领域是化学而非博物馆学，他早年就读于美国康奈尔大学，于1954年获得化学学士学位，后赴密歇根大学攻读化学硕士学位，并于1959年获得密歇根大学博士学位。毕业之后，他曾在加州理工、波士顿大学、哈佛医学院进行化学研究工作。随后基于自己的兴趣，海因开始在波士顿大学和莱斯利大学进行教育研究工作，活跃在博物馆教育领域的研究前沿，并在国际博物馆界享有崇高的威望。他曾担任国际博物馆协会教育文化委员会（ICOM-CECA）的秘书及主席、美国博物馆联盟的理事，并于1998年退休。

他的研究兴趣有博物馆观众研究、博物馆教育理论等，先后出版《学在博物馆》（Learning in Museum，1998）、《进步的博物馆实践：约翰·杜威与民主》（Progressive Museum Practice: John Dewey and Democracy，2012）等。

后 记

国内的大多数学科都是近代以来西学东渐的产物。无论怎样强调学科的本土化和中国特色，系统了解相关学科在西方社会的学术思潮和发展轨迹应当是首要的。用中国博物馆研究的拓荒者苏东海先生的话来说就是，我们既要立足国内，同时也要放眼国际。既要对他者世界有所了解，又要对自我情况了然于胸，两者的碰撞、协商与对话才会带来真正有价值的本土化和中国特色。

不可否认，博物馆学和人类学、社会学、考古学一样，都是西方舶来品。相较而言，人类学、社会学和考古学在国内起步更早，其对国外相关理论流派和经典学者的引介也更加系统。目前来看，它们对于学科缘起和发展轨迹几近达成基本共识。在大学课堂上，以"西方社会学理论""西方人类学理论流派""国外考古学理论与方法"等类似标题命名的教材非常普及，甚至有些基础性的原著也已经是课程指定的教材或考研参考书目。相应地，学生从本科阶段就开始接触学科最基础的学术史和知识体系，反过来，这样发展起来的系统认识又会进一步促进学科知识的深化和细化。很显然，博物馆学尚未走上这样一条良性循环的道路。

早在21世纪初，江西人民出版社就曾出版过"西方学术名著提要丛书"，其内容涵盖政治学、宗教学、社会学、人类学、文学理论、教育学、心理学等多个学科或领域。然而，博物馆学在这方面却处于非常滞后的尴尬境地，在国内，很多人都不认为博物馆学是一门学科，也不认为学习与博物馆研究有关的理论是必要的。在大多数人来看，博物馆学就是一门讲求实践的行当，其最终衡量标准在于如何将博物馆的工作做好。在我看来，什么才算是"好的工作"恰恰是博物馆学要探讨的问题。除此之外，博物馆学或与博物馆有关的理论还能对博物馆与其所处的社会——历史情境、知识状况、意识形态之间的复杂关系有所裨益。近些年，国内博物馆界已经注意到西方博物馆研究的价值，从最初的北京市文物局组织编译的"当代博物馆学前沿译丛"到湖南省博物馆组织引介的"博物馆学史译丛",再到浙江大学组织出版的"博物馆学认知与传播译丛"。这些文博单位、博物馆和大学相继推出了一系列与博物馆学有关的研究译著和丛书,对于改善国内博物馆界对西方博物馆研究发展情况不甚了解的现状非常有帮助。从目前来看,这些努力虽然意义重大,前方的道路却依然漫长又遥远。

虽然学界对此种类型的入门性读物褒贬不一,但鉴于博物馆学在目前国内"不上不下"的尴尬处境,我决定做一点基础性的工作,为国内博物馆状况的改善尽一点微薄之力。编著《20世纪西方博物馆研究著作指南》的原因有两个:一是以书评的形式引介经典著作,厘清西方博物馆研究的演变轨迹,二是探究不同国家的博物馆研究传统,进而思考中国博物馆和博物馆学的历史、现在与未来。

在介绍完本书的学术价值后,我将在接下来的部分梳理本书的成书过程。

大概在2019年,我萌生了进行博物馆学学科建设的想法。作为参考,我想起了研究生期间曾经读过的一本书——《20世纪西方人类学主要著作指南》。当时,几乎每位人类学研究生的书架上都有这本书。有些人将其作为人类学入门的参考书,有些人将其作为人类学考研的参考教材,有些人则将其视为在课堂上讲述某本人类学原著的捷径。无论是何种使用方式,这本书的大量普及证明了其自身存在的价值。总体而言,这本导读性质的编著之作由一篇篇书评组成,勾勒了20世纪人类学在西方学界的演变轨迹。对于这本书的相关介绍是这样的:"本书便是以改变人类学现状这一使命为编辑宏旨,对20世纪的著作遗产加以整理并辅以简要介绍,意在梳理学术脉络,为读者提供科学的人类学入门基本阅读的指南,从而使读者准确把握人类学思潮的流变……"

如果能够把所有构想的内容都付诸行动,那么每位学者都有机会成为顶尖学者。上述构想虽然不时从我的脑海冒出,并在不同场合向很多人"宣布过",但是真正落实却拖到了2022年。2022年5月,我参加了"博翼"平台组织的培训活动,这次活动邀请的主讲嘉宾是阿姆斯特丹自由大学人类学在读博士冯小旦。在会后的讨论中,她认为这件事情很有价值,而且非常可行。就在这样的鼓励下,我邀请吉林大学的汪彬分别罗列了20世纪和

21世纪博物馆领域的重要著作清单。在几经讨论后最终确立了备选书目，随后，我开始正式准备文案，细数了该项目的价值和意义，并希望更多的人能够加入一起完成这项工作。2022年6月23日，"博翼"平台发布"招募：《20世纪西方博物馆研究著作指南》需要你的加入！"推文。推文一经发出，大批对此感兴趣并愿参与其中的青年教师和学生便联系了我。在此，我将不再罗列他们的姓名，想必读者已经在正文中看到了这些有志于此并为之付出努力的博物馆人。一切就这么巧妙地开始了。在分配完书单之后，7月初，我们召开了启动会议，对书评写作的格式、结构和注意事项进行了集中说明。

按照时间节点，大多数书评在2023年1月悉数交到我手中。实际上，从2022年8月第一篇书评初稿完成到2023年8月最终书稿上交的过程中，从论文结构到格式规范，从遣词造句到标点符号，我对所有的书评进行了事无巨细的批注，有些稿件来回修改多达五六次。在此期间，有些述评人因为种种原因放弃了书评写作，我不得不临时找人来救场，在此特别感谢汪彬、张书良、刘皓妍等同学的帮助。为了尽可能完整地呈现20世纪西方博物馆研究的整体图景，我不仅将之前已经发表过的相对成熟的书评纳入本书，而且还在项目过程中不断添加新的书目。最后我们也不得不接受一个事实，即本书尚未穷尽20世纪西方博物馆研究的所有著作。不过，除了世纪之初的约翰·达纳（John Dana）和世纪之交的阿尔玛·维特林（Alma Wittlin）等人的早期作品，我自认为已经在能力范围内搜罗了尽可能多的对博物馆世界产生重要影响的著作。

最后，我想感谢对本书出版做出贡献的所有人。首先是参与其中的各位述评人，从最初的写作到后期的修改，从删减字数到审核稿件，你们这一年多的投入终于得到了回报，是你们的热情与坚持才使得这么一个有点异想天开的构想与宏愿得以实现，特别感谢这场奇妙的相识。其次，我要感谢安来顺教授和段晓明院长的资助与支持。由于没有相应的出版经费，在修改书评的过程中，我一直从各大出版社寻求免费出版此书的机会，但是并没有成功。2023年6月，我将书稿的整合版本发给安教授，并申请加入"21世纪国际博物馆学基础书系"，很快，安教授就给予了我肯定的答复，并安排上海大学的王思怡老师以及江苏凤凰文艺出版社的相关老师与我共同商讨出版事宜。再次，我想感谢出版社的费明燕和叶姿倩老师，以及责编胡雪琪老师，她们的专业态度对书稿的排版、设计、布局贡献颇多，不仅非常理解和尊重我们的前期工作，而且从专业出版的角度给予了很多宝贵意见。最后，感谢思怡老师和她的小伙伴对本书封面给出的创意设计。

希望这本书能够在中国博物馆和博物馆学的漫长发展历程中留下有意义的印记。

尹凯

2023年11月23日

山东青岛乐水居